国家卫生健康委员会"十三五"规划教材

全国高等学校教材

供基础、临床、预防、口腔医学类专业用

预防医学

Preventive Medicine

第7版

主　编　傅　华

副主编　段广才　黄国伟　王培玉　洪　峰

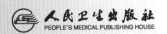 人民卫生出版社

PEOPLE'S MEDICAL PUBLISHING HOUSE

图书在版编目（CIP）数据

预防医学/傅华主编.—7 版.—北京：人民卫生出版社，2018

全国高等学校五年制本科临床医学专业第九轮规划教材

ISBN 978-7-117-26641-3

Ⅰ.①预…　Ⅱ.①傅…　Ⅲ.①预防医学-高等学校-教材　Ⅳ.①R1

中国版本图书馆 CIP 数据核字（2018）第 165871 号

| 人卫智网 | www.ipmph.com | 医学教育、学术、考试、健康，购书智慧智能综合服务平台 |
| 人卫官网 | www.pmph.com | 人卫官方资讯发布平台 |

版权所有，侵权必究！

预 防 医 学

第 7 版

主　　编：傅　华

出版发行：人民卫生出版社（中继线 010-59780011）

地　　址：北京市朝阳区潘家园南里 19 号

邮　　编：100021

E - mail：pmph @ pmph. com

购书热线：010-59787592　010-59787584　010-65264830

印　　刷：中农印务有限公司

经　　销：新华书店

开　　本：850×1168　1/16　印张：30　插页：8

字　　数：888 千字

版　　次：1989 年 10 月第 1 版　　2018 年 8 月第 7 版
　　　　　2022 年 3 月第 7 版第 8 次印刷（总第 59 次印刷）

标准书号：ISBN 978-7-117-26641-3

定　　价：72.00 元

打击盗版举报电话：010-59787491　E-mail：WQ @ pmph. com

（凡属印装质量问题请与本社市场营销中心联系退换）

编　委

以姓氏笔画为序

王　健（山东大学）

王培玉（北京大学）

左延莉（广西医科大学）

庄贵华（西安交通大学）

刘红波（中国医科大学）

刘爱忠（中南大学）

刘殿武（河北医科大学）

李晓霞（牡丹江医学院）

杨　燕（中山大学）

何永华（桂林医学院）

余日安（广东药科大学）

陆荣柱（江苏大学）

范广勤（南昌大学）

郑频频（复旦大学）

练雪梅（重庆医科大学）

赵景波（哈尔滨医科大学）

段广才（郑州大学）

洪　峰（贵州医科大学）

高　博（四川大学）

黄　芬（安徽医科大学）

黄国伟（天津医科大学）

景汇泉（首都医科大学）

傅　华（复旦大学）

编写秘书

丁永明（复旦大学）

融合教材阅读使用说明

融合教材介绍:本套教材以融合教材形式出版,即融合纸书内容与数字服务的教材,每本教材均配有特色的数字内容,读者阅读纸书的同时可以通过扫描书中二维码阅读线上数字内容。

《预防医学》(第7版)融合教材配有以下数字资源:

🔊 教学课件　🔊 案例分析　🔊 知识拓展　🔊 图片　🔊 自测试卷　🔊 英文名词读音

❶ 扫描教材封底圆形图标中的二维码,打开激活平台。

❷ 注册或使用已有人卫账号登录,输入刮开的激活码。

❸ 下载"人卫图书增值"APP,也可登录 zengzhi.ipmph.com 浏览。

❹ 使用APP"扫码"功能,扫描教材中二维码可快速查看数字内容。

配套教材(共计56种)

全套教材书目

全套教材书目

《预防医学》(第7版)配套教材

《预防医学学习指导与习题集》(第4版)　主编:洪峰

读者信息反馈方式

欢迎登录"人卫e教"平台官网"medu.pmph.com",在首页注册登录后,即可通过输入书名、书号或主编姓名等关键字,查询我社已出版教材,并可对该教材进行读者反馈、图书纠错、撰写书评以及分享资源等。

序　言

党的十九大报告明确提出,实施健康中国战略。 没有合格医疗人才,就没有全民健康。 推进健康中国建设要把培养好医药卫生人才作为重要基础工程。 我们必须以习近平新时代中国特色社会主义思想为指引,按照十九大报告要求,把教育事业放在优先发展的位置,加快实现教育现代化,办好人民满意的医学教育,培养大批优秀的医药卫生人才。

着眼于面向 2030 年医学教育改革与健康中国建设,2017 年 7 月,教育部、国家卫生和计划生育委员会、国家中医药管理局联合召开了全国医学教育改革发展工作会议。 之后,国务院办公厅颁布了《国务院办公厅关于深化医教协同进一步推进医学教育改革与发展的意见》(国办发〔2017〕63 号)。 这次改革聚焦健康中国战略,突出问题导向,系统谋划发展,医教协同推进,以 "服务需求、提高质量" 为核心,确定了 "两更加、一基本" 的改革目标,即: 到 2030 年,具有中国特色的标准化、规范化医学人才培养体系更加健全,医学教育改革与发展的政策环境更加完善,医学人才队伍基本满足健康中国建设需要,绘就了今后一个时期医学教育改革发展的宏伟蓝图,作出了具有全局性、战略性、引领性的重大改革部署。

教材是学校教育教学的基本依据,是解决培养什么样的人、如何培养人以及为谁培养人这一根本问题的重要载体,直接关系到党的教育方针的有效落实和教育目标的全面实现。 要培养高素质的优秀医药卫生人才,必须出版高质量、高水平的优秀精品教材。 一直以来,教育部高度重视医学教材编制工作,要求以教材建设为抓手,大力推动医学课程和教学方法改革。

改革开放四十年来,具有中国特色的全国高等学校五年制本科临床医学专业规划教材经历了九轮传承、创新和发展。 在教育部、国家卫生和计划生育委员会的共同推动下,以裘法祖、吴阶平、吴孟超、陈灏珠等院士为代表的我国几代著名院士、专家、医学家、教育家,以高度的责任感和敬业精神参与了本套教材的创建和每一轮教材的修订工作。 教材从无到有、从少到多、从多到精,不断丰富、完善与创新,逐步形成了课程门类齐全、学科系统优化、内容衔接合理、结构体系科学的立体化优秀精品教材格局,创建了中国特色医学教育教材建设模式,推动了我国高等医学本科教育的改革和发展,走出了一条适合中国医学教育和卫生健康事业发展实际的中国特色医药学教材建设发展道路。

在深化医教协同、进一步推进医学教育改革与发展的时代要求与背景下,我们启动了第九轮全国高等学校五年制本科临床医学专业规划教材的修订工作。 教材修订过程中,坚持以习近平新时代中国特色社会主义思想为指引,贯彻党的十九大精神,落实 "优先发展教育事业" "实施健康中国战略" 及 "落实立德树人根本任务,发展素质教育" 的战略部署要求,更加突出医德教育与人文素质教育,将医德教育贯穿于医学教育全过程,同时强调 "多临床、早临床、反复临床" 的理念,强化临床实践教学,着力培养医德高尚、医术精湛的临床医生。

我们高兴地看到,这套教材在编写宗旨上,不忘医学教育人才培养的初心,坚持质量第一、立德树人;在编写内容上,牢牢把握医学教育改革发展新形势和新要求,坚持与时俱进、力求创新;在编写形式上,聚力 "互联网+" 医学教育的数字化创新发展,充分运用 AR、VR、人工智能等新技术,在传统纸质教材的基础上融合实操性更强的数字内容,推动传统课堂教学迈向数字教学与移动学习的新时代。 为进一步加强医学生临床实践能力培养,整套教材还配有相应的实践指导教材,内容丰富,图文并茂,具有较强的科学性和实践指导价值。

我们希望,这套教材的修订出版,能够进一步启发和指导高校不断深化医学教育改革,推进医教协同,为培养高质量医学人才、服务人民群众健康乃至推动健康中国建设作出积极贡献。

2018 年 2 月

全国高等学校五年制本科临床医学专业
第九轮　规划教材修订说明

　　全国高等学校五年制本科临床医学专业国家卫生健康委员会规划教材自 1978 年第一轮出版至今已有 40 年的历史。几十年来，在教育部、国家卫生健康委员会的领导和支持下，以裘法祖、吴阶平、吴孟超、陈灏珠等院士为代表的我国几代德高望重、有丰富的临床和教学经验、有高度责任感和敬业精神的国内外著名院士、专家、医学家、教育家参与了本套教材的创建和每一轮教材的修订工作，使我国的五年制本科临床医学教材从无到有，从少到多，从多到精，不断丰富、完善与创新，形成了课程门类齐全、学科系统优化、内容衔接合理、结构体系科学的由规划教材、配套教材、网络增值服务、数字出版等组成的立体化教材格局。这套教材为我国千百万医学生的培养和成才提供了根本保障，为我国培养了一代又一代高水平、高素质的合格医学人才，为推动我国医疗卫生事业的改革和发展做出了历史性巨大贡献，并通过教材的创新建设和高质量发展，推动了我国高等医学本科教育的改革和发展，促进了我国医药学相关学科或领域的教材建设和教育发展，走出了一条适合中国医药学教育和卫生事业发展实际的具有中国特色医药学教材建设和发展的道路，创建了中国特色医药学教育教材建设模式。老一辈医学教育家和科学家们亲切地称这套教材是中国医学教育的"干细胞"教材。

　　本套第九轮教材修订启动之时，正是我国进一步深化医教协同之际，更是我国医疗卫生体制改革和医学教育改革全方位深入推进之时。在全国医学教育改革发展工作会议上，李克强总理亲自批示"人才是卫生与健康事业的第一资源，医教协同推进医学教育改革发展，对于加强医学人才队伍建设、更好保障人民群众健康具有重要意义"，并着重强调，要办好人民满意的医学教育，加大改革创新力度，奋力推动建设健康中国。

　　教材建设是事关未来的战略工程、基础工程，教材体现国家意志。人民卫生出版社紧紧抓住医学教育综合改革的历史发展机遇期，以全国高等学校五年制本科临床医学专业第九轮规划教材全面启动为契机，以规划教材创新建设，全面推进国家级规划教材建设工作，服务于医改和教改。第九轮教材的修订原则，是积极贯彻落实国务院办公厅关于深化医教协同、进一步推进医学教育改革与发展的意见，努力优化人才培养结构，坚持以需求为导向，构建发展以"5+3"模式为主体的临床医学人才培养体系；强化临床实践教学，切实落实好"早临床、多临床、反复临床"的要求，提高医学生的临床实践能力。

　　在全国医学教育综合改革精神鼓舞下和老一辈医学家奉献精神的感召下，全国一大批临床教学、科研、医疗第一线的中青年专家、学者、教授继承和发扬了老一辈的优秀传统，以严谨治学的科学态度和无私奉献的敬业精神，积极参与第九轮教材的修订和建设工作，紧密结合五年制临床医学专业培养目标、高等医学教育教学改革的需要和医药卫生行业人才的需求，借鉴国内外医学教育教学的经验和成果，不断创新编写思路和编写模式，不断完善表达形式和内容，不断提升编写水平和质量，已逐渐将每一部教材打造成了学科精品教材，使第九轮全套教材更加成熟、完善和科学，从而构建了适合以"5+3"为主体的医学教育综合改革需要、满足卓越临床医师培养需求的教材体系和优化、系统、科学、经典的五年制本科临床医学专业课程体系。

其修订和编写特点如下：

1．教材编写修订工作是在国家卫生健康委员会、教育部的领导和支持下，由全国高等医药教材建设研究学组规划，临床医学专业教材评审委员会审定，院士专家把关，全国各医学院校知名专家教授编写，人民卫生出版社高质量出版。

2．教材编写修订工作是根据教育部培养目标、国家卫生健康委员会行业要求、社会用人需求，在全国进行科学调研的基础上，借鉴国内外医学人才培养模式和教材建设经验，充分研究论证本专业人才素质要求、学科体系构成、课程体系设计和教材体系规划后，科学进行的。

3．在教材修订工作中，进一步贯彻党的十九大精神，将"落实立德树人根本任务，发展素质教育"的战略部署要求，贯穿教材编写全过程。全套教材在专业内容中渗透医学人文的温度与情怀，通过案例与病例融合基础与临床相关知识，通过总结和汲取前八轮教材的编写经验与成果，充分体现教材的科学性、权威性、代表性和适用性。

4．教材编写修订工作着力进行课程体系的优化改革和教材体系的建设创新——科学整合课程、淡化学科意识、实现整体优化、注重系统科学、保证点面结合。继续坚持"三基、五性、三特定"的教材编写原则，以确保教材质量。

5．为配合教学改革的需要，减轻学生负担，精炼文字压缩字数，注重提高内容质量。根据学科需要，继续沿用大16开国际开本、双色或彩色印刷，充分拓展侧边留白的笔记和展示功能，提升学生阅读的体验性与学习的便利性。

6．为满足教学资源的多样化，实现教材系列化、立体化建设，进一步丰富了理论教材中的数字资源内容与类型，创新在教材移动端融入 AR、VR、人工智能等新技术，为课堂学习带来身临其境的感受；每种教材均配有2套模拟试卷，线上实时答题与判卷，帮助学生复习和巩固重点知识。同时，根据实际需求进一步优化了实验指导与习题集类配套教材的品种，方便老师教学和学生自主学习。

第九轮教材共有53种，均为**国家卫生健康委员会"十三五"规划教材**。全套教材将于2018年6月出版发行，数字内容也将同步上线。教育部副部长林蕙青同志亲自为本套教材撰写序言，并对通过修订教材启发和指导高校不断深化医学教育改革、进一步推进医教协同，为培养高质量医学人才、服务人民群众健康乃至推动健康中国建设寄予厚望。希望全国广大院校在使用过程中能够多提供宝贵意见，反馈使用信息，以逐步修改和完善教材内容，提高教材质量，为第十轮教材的修订工作建言献策。

全国高等学校五年制本科临床医学专业第九轮规划教材
教材目录

序号	书名	版次	主编			副主编			
1.	医用高等数学	第7版	秦 侠	吕 丹		李 林	王桂杰	刘春扬	
2.	医学物理学	第9版	王 磊	冀 敏		李晓春	吴 杰		
3.	基础化学	第9版	李雪华	陈朝军		尚京川	刘 君	籍雪平	
4.	有机化学	第9版	陆 阳			罗美明	李柱来	李发胜	
5.	医学生物学	第9版	傅松滨			杨保胜	邱广蓉		
6.	系统解剖学	第9版	丁文龙	刘学政		孙晋浩	李洪鹏	欧阳宏伟	阿地力江·伊明
7.	局部解剖学	第9版	崔慧先	李瑞锡		张绍祥	钱亦华	张雅芳	张卫光
8.	组织学与胚胎学	第9版	李继承	曾园山		周 莉	周国民	邵淑娟	
9.	生物化学与分子生物学	第9版	周春燕	药立波		方定志	汤其群	高国全	吕社民
10.	生理学	第9版	王庭槐			罗自强	沈霖霖	管又飞	武宇明
11.	医学微生物学	第9版	李 凡	徐志凯		黄 敏	郭晓奎	彭宜红	
12.	人体寄生虫学	第9版	诸欣平	苏 川		吴忠道	李朝品	刘文琪	程彦斌
13.	医学免疫学	第7版	曹雪涛			姚 智	熊思东	司传平	于益芝
14.	病理学	第9版	步 宏	李一雷		来茂德	王娅兰	王国平	陶仪声
15.	病理生理学	第9版	王建枝	钱睿哲		吴立玲	孙连坤	李文斌	姜志胜
16.	药理学	第9版	杨宝峰	陈建国		臧伟进	魏敏杰		
17.	医学心理学	第7版	姚树桥	杨艳杰		潘 芳	汤艳清	张 宁	
18.	法医学	第7版	王保捷	侯一平		丛 斌	沈忆文	陈 腾	
19.	诊断学	第9版	万学红	卢雪峰		刘成玉	胡申江	杨 炯	周汉建
20.	医学影像学	第8版	徐 克	龚启勇	韩 萍	于春水	王 滨	文 戈	高剑波 王绍武
21.	内科学	第9版	葛均波	徐永健	王 辰	唐承薇	周 晋	肖海鹏	王建安 曾小峰
22.	外科学	第9版	陈孝平	汪建平	赵继宗	秦新裕	刘玉村	张英泽	李宗芳
23.	妇产科学	第9版	谢 幸	孔北华	段 涛	林仲秋	狄 文	马 丁	曹云霞 漆洪波
24.	儿科学	第9版	王卫平	孙 锟	常立文	申昆玲	李 秋	杜立中	母得志
25.	神经病学	第8版	贾建平	陈生弟		崔丽英	王 伟	谢 鹏	罗本燕 楚 兰
26.	精神病学	第8版	郝 伟	陆 林		李 涛	刘金同	赵旭东	王高华
27.	传染病学	第9版	李兰娟	任 红		高志良	宁 琴	李用国	

序号	书名	版次	主编		副主编			
28.	眼科学	第9版	杨培增	范先群	孙兴怀	刘奕志	赵桂秋	原慧萍
29.	耳鼻咽喉头颈外科学	第9版	孙 虹	张 罗	迟放鲁	刘 争	刘世喜	文卫平
30.	口腔科学	第9版	张志愿		周学东	郭传瑸	程 斌	
31.	皮肤性病学	第9版	张学军	郑 捷	陆洪光	高兴华	何 黎	崔 勇
32.	核医学	第9版	王荣福	安 锐	李亚明	李 林	田 梅	石洪成
33.	流行病学	第9版	沈洪兵	齐秀英	叶冬青	许能锋	赵亚双	
34.	卫生学	第9版	朱启星		牛 侨	吴小南	张正东	姚应水
35.	预防医学	第7版	傅 华		段广才	黄国伟	王培玉	洪 峰
36.	中医学	第9版	陈金水		范 恒	徐 巍	金 红	李 锋
37.	医学计算机应用	第6版	袁同山	阳小华	卜宪庚	张筠莉	时松和	娄 岩
38.	体育	第6版	裴海泓		程 鹏	孙 晓		
39.	医学细胞生物学	第6版	陈誉华	陈志南	刘 佳	范礼斌	朱海英	
40.	医学遗传学	第7版	左 伋		顾鸣敏	张咸宁	韩 骅	
41.	临床药理学	第6版	李 俊		刘克辛	袁 洪	杜智敏	闫素英
42.	医学统计学	第7版	李 康	贺 佳	杨土保	马 骏	王 彤	
43.	医学伦理学	第5版	王明旭	赵明杰	边 林	曹永福		
44.	临床流行病学与循证医学	第5版	刘续宝	孙业桓	时景璞	王小钦	徐佩茹	
45.	康复医学	第6版	黄晓琳	燕铁斌	王宁华	岳寿伟	吴 毅	敖丽娟
46.	医学文献检索与论文写作	第5版	郭继军		马 路	张 帆	胡德华	韩玲革
47.	卫生法	第5版	汪建荣		田 侃	王安富		
48.	医学导论	第5版	马建辉	闻德亮	曹德品	董 健	郭永松	
49.	全科医学概论	第5版	于晓松	路孝琴	胡传来	江孙芳	王永晨	王 敏
50.	麻醉学	第4版	李文志	姚尚龙	郭曲练	邓小明	喻 田	
51.	急诊与灾难医学	第3版	沈 洪	刘中民	周荣斌	于凯江	何 庆	
52.	医患沟通	第2版	王锦帆	尹 梅	唐宏宇	陈卫昌	康德智	张瑞宏
53.	肿瘤学概论	第2版	赫 捷		张清媛	李 薇	周云峰	王伟林	刘云鹏	赵新汉

第七届全国高等学校五年制本科临床医学专业教材评审委员会名单

顾　　问

吴孟超　王德炳　刘德培　刘允怡

主 任 委 员

陈灏珠　钟南山　杨宝峰

副主任委员（以姓氏笔画为序）

王　辰　王卫平　丛　斌　冯友梅　李兰娟　步　宏

汪建平　张志愿　陈孝平　陈志南　陈国强　郑树森

郎景和　赵玉沛　赵继宗　柯　杨　桂永浩　曹雪涛

葛均波　赫　捷

委　　员（以姓氏笔画为序）

马存根　王　滨　王省良　文历阳　孔北华　邓小明

白　波　吕　帆　刘吉成　刘学政　李　凡　李玉林

吴在德　吴肇汉　何延政　余艳红　沈洪兵　陆再英

赵　杰　赵劲民　胡翊群　南登崑　药立波　柏树令

闻德亮　姜志胜　姚　智　曹云霞　崔慧先　曾因明

颜　虹

傅　华

　　男，复旦大学公共卫生学院教授，博士研究生导师。为中国高校精品课程"非预防医学专业《预防医学》"负责人，上海市教学名师，获复旦大学本科生"我心目中的好老师"称号。现任国际健康促进与教育联盟理事、全国爱卫会爱国卫生专家委员会健康促进分委会委员，中华预防医学会健康促进与教育分会、慢性病预防与控制分会以及劳动卫生与职业病分会副主任委员，上海市健康促进协会副会长等。

　　主要从事的研究方向为场所健康促进与社区慢性病防治。1997年获上海市教委"育才奖"；2002年获复旦大学普康奖；2007年获复旦大学复华奖；2008年评为复旦大学优秀研究生导师。教学成果获奖有：2005年获上海市教学成果三等奖；2005年主编《预防医学》第4版获全国高等学校医药优秀教材三等奖，第5版获上海市高等学校优秀教材二等奖。科研成果获奖有：2014年获上海市科技进步二等奖、2007年获中华预防医学会科学技术奖二等奖及上海市科技进步二等奖、2006年获上海医学科技进步三等奖等。作为通讯作者和第一作者发表论文100多篇；除主编《预防医学》外，还主编《临床预防医学》《现代健康促进理论与实践》《社区预防与保健》《社区卫生服务管理》等教材以及《健康城市理论与实践》《慢性病自我管理》《健康自我管理活动指南》《健康自我管理手册》《高血压自我管理》《糖尿病自我管理》等著作。

段广才

　　男，教授，博士研究生导师；1993—1995 年在中国预防医学科学院流行病学微生物学研究所任副研究员。 1994—1995 年在 CHIRON IRIS（意大利）研究所从事博士后研究。 1996 年至今在郑州大学（原河南医科大学）任教。国家百千万人才工程第一二层次人选，国务院特殊津贴专家，中华医学会公共卫生分会主任委员，中华预防医学会流行病学分会常委、分子流行病学学组组长。

　　从事公共卫生和流行病学教学、科研工作 34 年；主要研究方向为传染病与分子流行病学，发表学术论文 350 余篇，SCI 收录 50 余篇，出版著作教材 20 部。 获得省部级科技成果奖 3 项。

黄国伟

　　男，教授，博士研究生导师，国务院特殊津贴专家，天津市教学名师，国家预防医学实验教学示范中心主任，教育部高等学校公共卫生与预防医学类专业教学指导委员会委员等职。

　　从事预防医学教学科研工作至今 29 年。 研究方向营养与疾病，主持科研项目 21 项，其中国家自然科学基金重点项目 2 项，面上项目 4 项等项目。作为通讯作者发表 SCI 收录论文 60 余篇。 曾获天津市科技进步二、三等奖，中华预防医学会公共卫生与预防医学发展贡献奖。 主编教材 3 部，副主编教材 4 部。

王培玉

男，教授，博士研究生导师。 1982 年底毕业于北京医学院卫生系，1991 年赴日本留学，1996 年获日本山梨大学医学部医学博士学位，之后留该校任教。 2003 年回到北京大学，任社会医学与健康教育系主任，从事预防医学、慢性病流行病学、健康教育与健康管理以及营养学等方面教学、科研与社会实践。 近 10 年来，主持多项国家自然科学基金、国际合作研究项目、北京市自然科学基金以及多项产学研横向合作课题等，在国内外学术杂志发表论文 200 多篇，主编、副主编《健康管理学》等 3 部专著及教材，担任《中华健康管理学杂志》副总编辑、*Journal of Epidemiology* 副主编，*Environmental Health and Preventive Medicine* 副主编、中国营养学会·营养与慢性病控制分会副主任委员、中华预防医学会理事、中国健康促进与教育协会常务理事、中华医学会·健康管理分会常委等。

洪　峰

男，教授，贵州省优秀青年科技人才。 中国环境诱变剂学会致癌专委会副主任委员、中国毒理学会毒理学教育专委会常务委员、中国地方病协会氟砷委员会委员、贵州省环境诱变剂学会副理事长、贵州省预防医学会常务理事、贵州省食品安全专家委员会委员、贵州省卫生标准化技术委员会委员、贵阳市预防医学会副会长。

从事公共卫生与预防医学教学和科研工作 18 年。 主编、副主编教材 5 部、参编教材 11 部。 获贵州省教学成果特等奖 1 项。 主持国家重点研发计划课题、国家自然科学基金及省部级科研项目 10 余项，发表科研论文 70 余篇。 获中华医学会中华医学科技二等奖 1 项、贵州省科技进步奖二等奖 2 项、贵州省科技进步奖三等奖 1 项、第八届贵州省青年科技奖。

前　言

　　随着健康中国建设的大力推进,"健康""预防"已成为了政府、社会和大众非常关注的问题。中国的卫生服务越来越强调健康促进,突出预防为主,强调临床与预防的结合,实现医防融合。作为保障人民健康重要卫士的临床医务人员,预防疾病和促进健康更是义不容辞。预防医学作为医学教育的重要组成部分,是一门与临床医学密切相关的重要课程。1987年,受卫生部委托,上海医科大学顾学箕教授主编了我国第一本非预防医学专业使用的《预防医学》教材,并于1994年获得"卫生部第二届全国高等医学院校优秀教材奖";1992年由上海医科大学陆培廉教授主编修订了《预防医学》教材第2版;1999年,上海医科大学叶葶葶教授主编修订了《预防医学》第3版;2003年由复旦大学公共卫生学院傅华教授主编修订了《预防医学》第4版、第5版(第5版获"上海普通高校优秀教材奖二等奖")和第6版。前几版教材的使用促进了非预防医学专业《预防医学》教学的发展,取得了良好的教学效果。这次修订是在前6版的基础上,本着"培养促进全体人民健康的医生"的精神、贯彻"三基"(基本理论、基本知识和基本技能)和"五性"(思想性、科学性、先进性、启发性和适用性)的原则,根据我国当前的实际情况和长期的教学经验,针对教学对象为临床专业学生的特点而编写的。根据这些要求,在这一版的教材编写中,我们基本保持第6版的框架,对教材内容上作了一定幅度的改动。

　　全书的整体安排共分为4大篇23章。在绪论以后,第一篇主要是介绍人群健康研究的方法学问题,本应包括医学统计学和流行病学,但考虑到医学统计学不仅是预防医学的基础,也是整个医学的基础,并在医学教育课程早期就开课,所以医学统计学由另外教材介绍。本书第一篇主要是**流行病学原理与方法**。介绍流行病学的基本概念,阐述评价人群健康和疾病问题的主要指标、疾病的分布与影响因素、常用流行病学研究方法、在流行病学研究中偏倚控制以及如何进行病因的推断、诊断试验和筛检试验的评价、公共卫生监测。希望通过前期医学统计学和本书流行病学的学习,同学们熟悉人群健康研究的基本方法,能从人群的角度,掌握疾病与健康在人群中分布的原理、疾病及其危险因素分析和推断的原则以及疾病防制的策略。第二篇是**临床预防服务**,这是与临床医学生将来工作最为相关的内容。本篇不仅强调理论的介绍,更着重于技能的培养。在介绍临床预防服务的基本概念和内容后,重点讲述了在临床场所如何开展个体化的预防服务。主要介绍了基本的个体行为理论和行为的干预,与慢性病有关的吸烟、身体活动不足和不合理营养这三大不良健康行为的干预,以及疾病早期发现和处理的原则。第三篇是**社区预防服务**。根据目前我国人群健康所面临的主要问题以及在社区场所如何开展以群体为对象的预防服务。这篇的内容主要从疾病防控和环境卫生两条主线来展开。疾病防控着重介绍了传染病预防与控制、慢性病的预防与控制;环境卫生则介绍环境相关疾病的预防与控制、职业卫生服务与职业病管理、食品安全与食源性疾病、医院安全管理、突发公共卫生事件的应对。希望同学们通过这一篇的知识和技能的学习,练就一双在临床场所具备发现公共卫生问题的敏锐眼光,以及为将来成为合格的社区人群健康倡导者和实践者打下扎实的基础。第四篇是有关医务工作者如何从宏观和管理的视角来审视自己工作的问题,即**卫生服务体系与卫生管理**。首先介绍卫生系统包括医疗体系和公共卫生体系及其功能,然后从医疗保障制度、全球健康策略与健康中国这几个方面,介绍了有关卫生管理的一些基本知识。 目的是让同学们在将来的工作中既要看到"树木"，更要看到"森林"，从而成为一名合格的医疗决策者和服务管理者。

实习是整个教学的重要组成部分。 为培养学生独立思考和预防医学的思维能力，本书把以前课堂教学的许多内容以案例的形式，放在"实习指导"部分。 希望能把实习与课堂教学结合起来，同时也倡导学生学习的主观能动性，许多内容可通过自学的形式来达到教学的目的。 希望通过讲课、实习和自学等形式，提高学生的预防医学思维和实际工作的能力。 在课堂学习的基础上，我们建议再安排一定时间（半个月至一个月）的社区现场实践，在真实的社会里体察医学人文和民众的健康需求，通过理论与实际的有机结合，培养具有人文关怀和防治结合的医学人才。

本教材"立足国情"，但也注意吸收国外的先进经验。 希望既有助于培养学生预防为主的观念、掌握扎实的理论基础以及在本职的工作中开展预防服务的能力，同时又有助于树立面向未来和勇于开拓的创新精神，达到"培养促进全体人民健康的医生"的目的，真正成为一名合格的五星级医生。

在本书编撰过程中，各位副主编和编委与我真诚合作，齐心协力，不辞辛劳，以严谨治学和一丝不苟的科学态度，按时完成了书稿。 本书是在第 1～6 版基础上修订的，其中引用了前几版各位作者的部分资料，实习的大部分内容均来自第 6 版教材，凝结了他们的智慧及辛勤劳动的结晶，在此一并致以衷心感谢。

限于水平，谬误难免，还望兄弟院校同仁及读者提出宝贵意见。

傅 华

2018 年 5 月

防 病 未 然

原文一

是故圣人不治已病治未病，不治已乱治未乱，此之谓也。 夫病已成而后药之，乱已成而后治之，譬犹临渴而穿井，斗而铸锥，不亦晚乎。

选自《黄帝内经》

原文二

与其救疗于有疾之后，不若摄养于无疾之先；盖疾成而药者，徒劳而已。 是故已病而不治，所以为医家之法；未病而先治，所以明摄生之理。 夫如是，则思患而损防之者，何患之有哉？ 此圣人不治已病治未病之意也。

摘自元医学家朱震亨《丹溪心法》

大 医 精 诚

原文

凡大医治病，必当安神定志，无欲无求，先发大慈恻隐之心，誓愿普救含灵之苦。 若有疾厄来求救者，不得问其贵贱贫富，长幼妍蚩，怨亲善友，华夷愚智，普同一等，皆如至亲之想。 亦不得瞻前顾后，自虑吉凶，护惜身命。 见彼苦恼，若己有之，深心凄怆。 勿避险巇、昼夜、寒暑、饥渴、疲劳，一心赴救，无作功夫形迹之心。 如此可为苍生大医，反此则是含灵巨贼。

选自唐代医学家孙思邈《备急千金要方》

译文

优秀的医生在治疗各种疾病时，一定要集中精力，端正动机，不应存有个人的欲望和要求，首先要发扬慈爱，要有对患者痛苦的同情心，立志解救人类的病痛之苦。 如果有患者来要求治疗，不应问他们的地位的高低，家境的贫富；不论年龄大小，相貌美丑；不论是有仇人还是亲戚，是交往亲密还是一般的朋友；不论是中外患者，聪明与愚昧，都应当一样对待，把他们看作是自己最亲的人；也不应该思前虑后，考虑自己的利害得失，只顾保护和爱惜自己的身体。 应该把患者的痛苦看作是自己的痛苦，从内心深处去关心他们；出诊时，不避山川险阻，昼夜寒暑，饥渴疲劳，一心一意前往解救；不要掺杂故作姿态表现自己的思想，像这样的医生，可以称得上是百姓的好医生了，与此相反，就是人类的蠹虫。

（摘自:陈丽芬,等,医学精华.上海:科学技术出版社,1988:11.）

医学本科毕业生应具备的能力

《全球医学教育最低基本要求》提出，在完成本科医学教育学习时，毕业生应能显示出的专业能力：

- 确保在所有环境中领会和关注患者的适应性，在卫生保健的监控下提供最佳服务；
- 把对疾病和损伤处理的与健康促进和疾病预防相结合的能力；
- 团队中协作共事和在需要时进行领导的能力；
- 对患者和公众进行有关健康、疾病、危险因素的教育、建议和咨询的能力；
- 能认识自身不足、自我评估和同行评估的需要，能进行自导学习和在职业生涯中不断自我完善的能力；
- 在维护职业价值和伦理的最高准则的同时，适应变化中的疾病谱、医疗实践条件和需求，医学信息技术的发展，科学进步，卫生保健组织体系变化的能力。

摘自四川大学医学教育研究与发展中心、全国高等医学教育学会《全球医学教育最低基本要求》

目　录

实习指导　　　　　　　　　　　　　　　　　　　　　●。**412**

推荐阅读　　　　　　　　　　　　　　　　　　　　　●。**461**

中英文名词对照索引　　　　　　　　　　　　　　　　●。**463**

本书测试卷

第一章 绪 论

　　医学是人类为求生存和发展的过程中,通过与危害健康的各种因素斗争以及促进有利于健康的因素而产生和发展起来的。随着人类的进步,医学日渐具有更为丰富的内涵,从治疗疾病发展到预防疾病;从保护人群健康进入了更主动地促进健康和幸福、健康延年。中国早在《易经》里就提出"君子以思患而豫防之(豫同预)",《黄帝内经》中提出"圣人不治已病治未病""夫病已成而后药之,乱已成而后治之,譬犹临渴而穿井,斗而铸锥,不亦晚乎!"。西方医学之父希波克拉底认为"知道是什么样的人患病,比知道这个人患的什么病更重要"。这些哲学观构成了预防医学的思想基础。"预防为主"也是中华人民共和国卫生工作的一贯方针。为适应新形势新任务的要求,新时代党的卫生与健康工作方针确定为:**"以基层为重点,以改革创新为动力,预防为主,中西医并重,将健康融入所有政策,人民共建共享。"**这一工作方针明确了中国卫生与健康事业发展的整体思路,更加注重预防为主和健康促进,更加注重工作重心下移和资源下沉到基层,进一步强调了实现发展方式由以治病为中心向以健康为中心的转变,进一步强调了大卫生大健康观以及人人参与、人人尽力、人人享有的共建共享理念,这对我们学习《预防医学》具有十分重要的指导意义。

第一节　预防医学概念与健康生态学模型

一、预防医学的定义、特点和内容

　　预防医学(preventive medicine)是医学的一门应用学科,它以个体和确定的群体为对象,目的是促进和维护健康,预防疾病、失能和早逝。

(一)预防医学的特点

　　现代医学按其研究的对象和任务的不同,分为基础医学、临床医学和预防医学三部分,它们在整个医学科学的发展中,既有分工又有联系和相互渗透,都是医学科学中不可分割的部分。另外,尽管预防医学在目的和工作对象许多方面与公共卫生有重叠,但它也不等同于公共卫生。公共卫生(public health)主要是通过组织社会的力量来保护和促进全人群的健康,其对象是全社会整个人群,实施的措施更为宏观和宽泛(有关公共卫生的概念将在第二十章详细介绍)。预防医学作为一门应用学科,其特点表现为:

　　1. 思维的整体性　作为医学的一个重要组成部分,预防医学强调应用系统论的思维方式,把人的健康及其决定因素作为一个整体来认识,综合分析影响健康的有利和有害的因素,结合每个人的具体情况,提供"以人为本的一体化服务"(具体见第二节)。因此,它要求所有医生,不仅要应用医学的知识和技能为求医者诊断和治疗疾病,也要提供恰当的预防服务。为此,医学生除了掌握基础医学和临床医学的常用知识和技能外,还应树立预防为主的思想,学会如何了解个体的健康决定因素,学会健康和疾病问题在群体的分布情况,分析物质社会环境和人的行为及生物遗传因素对不同群体健康和疾病作用的规律,找出对不同群体健康影响的主要决定因素;并通过临床预防服务和社区预防服务,达到促进个体和群体健康、预防疾病、防治伤残和早逝的目的。

　　2. 服务的针对性　预防医学的工作对象主要是个体和特定的群体。这里的个体,既包括来看病的患者,也包括一般的健康个体。在临床场所,它强调在为患者看病的同时,也提供预防服务,其中临床预防服务是最为重要的服务形式。由于每个个体的背景以及健康相关的状况和需求不同,在提供预防服务前应该对每个个体进行个性化的评估,从而提供有针对性的预防服务。所谓的特定群体,可以是由地理区域来界定的群体,如生活社区、工作单位、学校、医院等;也可以是在一定区域范围内其他特征的群体:某一健康结局好或差的群体,某一健康问题如慢性病患者的群体,某一生物学特征如儿童、妇女、老年人等群体,某一经济状况如贫困群体,等等。特定群体的界定,有助于我们能更精准地为群体采取针对性的干预措施,提高预防的效果。群体的服务主要在社区,同时也属于公共卫生服务的一个部分。

3. **实践的主动性**　健康发生在我们每天的生活以及整个生命的过程之中。要达到促进和维护健康,预防疾病、失能和早逝的目的,所要实施的措施应该是积极主动的。这里的主动性,一方面是强调应该尽可能早地采取促进健康和预防疾病的措施,防患于未然,尤其是应用世界卫生组织倡导的"健康的生命全程路径"(具体见第二节),在整个生命过程中主动地预防疾病,促进健康老龄化。另一方面,医务人员要帮助服务对象增权(empowerment),充分发挥他们的主观能动性,使其能掌控自身健康的主动权,主动参与并自主管理好自身的健康。

(二) 预防医学的内容

预防医学的内容包括医学统计学、流行病学、环境医学、社会医学、健康教育学、卫生管理学(包括卫生系统功能、卫生决策和资源配置、筹集资金和健康措施评价等),以及在临床医学中运用三级预防措施。其中,医学统计学和流行病学是预防医学的方法学和基础。但鉴于医学统计学也是临床医学的方法学,已有专门课程安排学习,所以本书没有把医学统计学的内容安排进来。本教材在内容安排上,第一篇主要介绍基本的流行病学方法学;第二篇是临床预防服务;第三篇是社区公共卫生,又称为社区预防服务,主要是以确定的群体健康为对象;最后一篇是卫生服务体系与卫生管理。希望医学生学习完《预防医学》后,能具备预防医学的基本理论和树立预防为主的观念,掌握预防服务的基本实践技能,从而能在日常的临床工作中根据就诊者的实际情况提供个体化的健康咨询和指导,能敏锐地察觉和报告公共卫生问题,也能参与促进社区不同群体健康的工作。

二、健康的概念

促进健康和预防疾病是预防医学的目的,那么,什么是健康? 由于人们所处时代、环境和条件的不同,对健康的认识也不尽相同。受传统观念和世俗文化的影响,长期以来传统的健康观,认为"无病即健康",把有无疾病视为健康的判断标准,把健康单纯地理解为"无病、无残、无伤"。

随着人类文明的进展,人们对健康与疾病的认识逐步深化,于是形成了整体的、现代的健康观,这就是世界卫生组织所提出的定义:"健康(health)是身体、心理和社会幸福的完好状态,而不仅是没有疾病和虚弱"。"健康是日常生活的资源,而不是生活的目标。健康是一个积极的概念,它不仅是个人身体素质的体现,也是社会和个人的资源"。在这定义中,指出了"健康是什么"(它的组成)和"健康是做什么的"(它的作用)两个方面。

(一) 健康的组成(compositions of health)

健康是由身体、心理和社会 3 个维度组成的适应和自我管理的能力,这 3 个维度以相互作用的方式建立相互的联系,使得我们能够参与到日常的生活过程中。

1. **身体健康**　我们身体所构成的生理和结构的特征,包括体重、视力、力量、协调性、忍耐力程度、对疾病的易感水平和复原力等,可帮助我们完成一系列的生理功能去处理每天的事情。在与环境相互作用的过程中,一个健康的生物体可以通过不断适应和改变环境来维持生理的稳态(homeostasis)。机体这种通过积极的变化维持内在稳定性的适应过程称为复稳性应变(allostasis)。当面对生理压力时,一个健康的生物体能够产生保护性反应,减少伤害的可能性,恢复(或适应)平衡。但是,如果这种生理性的应对不力,仍然存在损害或"非稳性负荷(allostatic load)"的话,最终则可能会导致疾病。所以,身体方面是健康的最重要部分。

2. **心理健康**　包括智力、情绪和精神。

（1）智力：指人们接收和处理信息的能力（是健康素养的重要方面），因此在很多方面会有助于提高我们的生活质量。

（2）情绪：情绪往往表现为生气、快乐、害怕、同情、罪恶、爱和恨等。包括人们看待现实社会、处理压力，并能灵活和妥协地处理冲突的能力。我们常常都会被情绪状态所影响，比如，那些一直努力促进情绪健康的人，会让生活充满愉快，而不是让情感满是伤痕或生活没有快乐。

（3）精神：包括人们对整个宇宙的认识、人类行为的本性、还有服务他人的愿望。

在一个人的适应和自我管理能力中，心理上的一致感起着重要的作用。一致感（sense of coherence）是个体对生活的总体感受和认知，是个体内部稳定的心理倾向，是人们一种深入、持久但同时又具有动力性的自信心。一致感由可理解感（comprehensibility，指来自个体生命历程中内外部的压力是结构化的、可预测的和可解释的）、可控制感（manageability，指个体能够取得资源来应对这些压力）和意义感（meaningfulness，指这些压力是有挑战性同时又是值得为之投入的）共同构成的一种心理保护机制，即一种成功应对外界变化的能力，从而有助于人们从较强的心理压力中恢复过来，并防止发生创伤后应激障碍。增强心理一致感通常会改善主观幸福感，并能促进身-心的积极互动，增进健康。

3. 社会健康 个人的社会健康方面包括人们发挥其潜力和承担义务的能力，即使患有一些疾病也能以某种程度的独立性来管理自己生活的能力，以及参与包括工作在内各种社会活动的能力。作为一个社会人，人们从出生开始，就与父母以及其他家庭成员的来往；慢慢长大后，上幼儿园和学校，开始与同伴交往；工作后与同事以及更大范围的人们交往，等等。在与他人的交往以及与社会的接触过程中，人们能够工作或参与社交活动，通过建立良好的人际关系，应对外部社会和物质环境条件的挑战，成功地适应所患的疾病，从而能在有限的情况下也感到幸福。所以，一个人的社会健康主要表现为三个方面：

（1）独立：与一个相对不成熟的个体相比，一个社会成熟的个体应具有更大的独立性和自主性。

（2）人际关系：一个社会健康个人的特点应该是具有与人建立联系并与他们合作的能力。

（3）责任：一个社会成熟的人应该敢于承担义务和责任。

（二）健康的作用（role of health）

健康的组成是从健康的3个维度获取资源，并把它应用到每天的日常生活中，即健康的作用。

世界卫生组织在《关于老龄化与健康的全球报告》中指出，健康能否发挥其作用，取决于一个人的内在潜能和他/她所处的环境。内在潜能（intrinsic capacity）是指个体在任何时候都能动用的全部身体和心理能力的组合。在现实生活中，一个人要完成日常的各种活动，不仅取决于机体本身的内在潜能，还受他/她所处环境之间相互作用的影响。个体内在潜能与相关环境特征以及两者之间相互作用的组合称为功能发挥能力（functional ability），即个人和环境属性的总和，使人们能够或去做他们认为合理和有价值的事。如对于新生儿或婴儿，功能发挥能力可以通过进食和游戏来表现；而对于老年人来说，功能发挥能力则表现为具有独立行事的能力，而不依赖他人的照护。我们知道，任何时候，一个个体都可能储存一部分没有动用的功能发挥能力。一个人在面对逆境时，能够通过抵抗、恢复和适应来维持和改善功能发挥能力的水平，称为复原力（resilience）。复原力既包括个体内在潜能，也包括可以延缓或弥补能力不足的环境因素。在整个生命过程中，功能发挥能力和内在潜能可以在一定范围内变化，这种变化取决于个人的情况和影响健康轨迹的关键事件。

由此可见，好的健康可以使我们发挥适应和自我管理的能力，成功地应对周围环境的挑战，从事生活所需的各种活动，从而使我们的人生各个阶段经历丰富多彩的生活，并随着时间的推移，在日复一日的人生经历中积极地扮演不同生命阶段所需要的角色。在这一过程中，健康可以使我们对生活更为满意和快乐，产生幸福感（wellbeing，它反映一个人的整体状态和主观的感受，具有多维概念，包括：①感知生活满意度；②所体验的情感；③自我实现和觉得有意义），同时幸福感会进一步促发我们健康的潜能，改善个人的生活质量，直接提高个体劳动生产率。所以，健康是一个人使用与健康的各个维度联系的内在潜能和外在资源,从而充分地参与到对生命过程有益活动的能力反映。

从全人群的角度看,保证人人健康可以提高整个国民素质,延长人力资本的使用时间和提高使用效率,避免疾病造成的直接和间接的经济损失,减少社会医疗费用的支出,使社会收入再分配能够向高层次需求和提高生活质量转移,有利于促进社会的良性循环和经济的快速发展。一句话,健康是促进人的全面发展的必然要求,是经济社会发展的基础条件。实现国民健康长寿,是国家富强、民族振兴的重要标志,也是全国各族人民的共同愿望。因此,对健康概念的进一步理解,将有助于我们更好地制定促进健康和预防疾病的策略,积极地推进以治病为中心向以健康为中心的转变。

三、健康决定因素及健康生态学模型

(一) 健康决定因素

健康决定因素(determinants of health)是指决定个体、群体乃至全人群健康状态的因素。针对以前人们习惯于把健康的改进仅归因于卫生服务的狭隘理解,加拿大卫生与福利部前部长 Marc Lalonde 于 1974 年发表了一篇题为 "*A New Perspective on the Health of Canadians*" 的著名报告,把影响健康的众多因素归纳为 4 大类:人类生物学、生活方式、环境以及卫生服务的可得性,使人们对健康的决定因素的理解得到了很大的扩充。在这 4 大类的基础上,目前对社会经济环境和个人的因素又进一步细分和强调:

1. 社会经济环境 (social and economic environment)

(1)个人收入和社会地位:研究表明收入和社会地位是重要的健康影响因素。健康状态每一步的改进都与经济收入和社会地位(的提高)有关。但并不是收入的绝对水平,而是一个社会中收入的公平性(在一个社会内部,反映个人在社会层次中地位的相对收入)决定了社会经济状况对健康的影响程度。一个合理繁荣和社会福利公平的社会,人们会享受到更高的健康水平。

(2)文化背景和社会支持网络:文化包括人们的信仰、价值观、行为规范、历史传统、风俗习惯、生活方式、地方语言和特定表象等,它通过潜移默化的作用影响着人们的健康。社会支持网络是一个人在社会中所形成的人际关系。由人与人之间的信任、互惠、支持,及团体共同的社会规范和价值观称为人际资本(social capital),又称社会资本。这种通过社会网络或社会关系的建立而带来具有互惠和信任特性的"资源",会有助于个体甚至群体健康水平的改善。

(3)教育:健康状况与文化程度有密切关系。文化程度增加了就业和收入的机会,并提高了人们控制生活条件和自我保健的能力。

(4)就业和工作条件:拥有控制工作条件和较少担心失去工作的人,会有更健康的身体,而失业明显与不良的健康有关。工作条件还与下面介绍的物质环境有关。

2. 物质环境 (physical environment)   包括在生活和职业环境中的物理(如气温、气湿、气流、气压等气象条件,噪声和振动,电磁辐射和电离辐射等)、化学(如生活和职业环境中的各种有机和无机化学物,如农药、苯、铅、汞、二氧化硅粉尘、二氧化硫等)和生物因素(如自然界环境中的各种生物因子,包括寄生虫、支原体、真菌、细菌、病毒等),以及建成环境。它们是影响人们健康的重要因素。

(1)物理、化学和生物因素:这些因素可来自于自然环境、工业使用和生产过程产生的有害物质以及在农业耕种等条件下产生的各种有害因素。它们一般以空气、水、土壤和食物为载体,存在于家庭、学校、工作场所和其他生活场所中。人们接触后通过呼吸道吸入、消化道消化吸收或皮肤渗入,甚至被咬伤而进入机体,从而影响人们的身体健康。

(2)建成环境(built environment):是指为人类活动而提供的人工建造环境,如房屋和街道等建筑物,公园及其他绿化空间等。居民居住小区的建成环境成为了人们每天生活、工作和娱乐的人造空间,对促进居民养成健康的生活方式,促进身体活动和心理健康有着重要的影响。

3. 个人因素 (personal factors)

(1)健康的婴幼儿发育状态:良好而健康的人生早期阶段(围生期和婴幼儿期),包括良好的身

体素质、幸福的家庭生活、良好的生活习惯和处理问题的能力,是他们将来健康生活的基础。如低出生体重儿除了因免疫力低,在出生后比正常体重儿易患各种传染病外,将来患慢性病如糖尿病的风险也比较高;生活在充满家庭暴力或父母有不良生活习惯的儿童,容易染上不良的生活习惯。

(2)个人的卫生习惯:如吸烟、酗酒、滥用药物和吸毒、不健康的饮食习惯、身体活动少等不良的生活行为方式是当今人类健康的重要威胁。

(3)个人的能力和技能:人们具有健康生活的知识、态度和行为,处理健康问题的技能,从而在日常生活中能做出健康的选择,是影响健康的关键因素。

(4)人类生物学特征和遗传因素:人体的基本生物学特征如性别、年龄等是健康的基本决定因素。遗传的素质影响不同个体的健康问题和疾病状况。

4. 卫生服务(health services) 卫生服务尤其是指维持和促进健康、预防疾病和损伤、健全的卫生机构,完备和质量保证的服务网络,一定的经济投入,公平合理的卫生资源配置,以及保证服务的可及性,对每一个人乃至整个人群健康有着重要的促进作用。

(二)健康生态学模型

健康决定因素是如何作用于人体来影响健康的?有许多学说对此进行解释,但目前普遍公认的是健康生态学模型。健康生态学模型(health ecological model)强调个体和群体健康是个体因素、卫生服务以及物质和社会环境因素相互依赖和相互作用的结果,且这些因素间也相互依赖和相互制约,以多层面上交互作用来影响着个体和群体的健康。作为一种系统论的思维方式,它是指导预防医学和公共卫生实践的重要理论模型。如图1-1所示,该模型的结构由内向外可分为5层:核心层是先天的个体特质如年龄、性别、种族和其他的生物学因素以及一些疾病的易感基因等;在这核心层之外是个体的行为特点;再外一层是家庭、社区和社会的人际网络;第四层是生活和工作的条件,包括:心理社会因素、是否有工作以及职业的因素、社会经济地位(收入、教育、职业)、自然和建成环境(后者如交通、供水和卫生设施、住房以及城市规划的其他方面)、公共卫生服务和医疗保健服务等;最外一层(即宏观层面)是当地、国家水平乃至全球水平的社会(包括:引起对种族、性别和其他差别的歧视和偏见的有关经济公平性、城市化、人口流动、文化价值观、观念和政策等)、经济、文化、卫生、和环境条件,以及有关的政策等。尽管我们常察觉到的是包括基因敏感性在内的个体水平的健康影响因素对健康

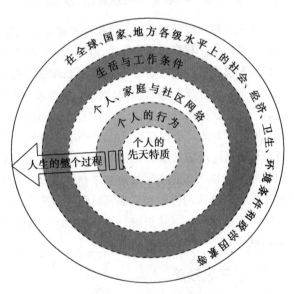

图1-1 健康生态学模型

的作用,但从群体健康的角度看,宏观水平的条件和政策如社会经济与物质环境因素是起着根本决定性作用的上游因素,这些因素又间接影响着中游(心理和行为生活方式)和下游(生物和生理)因素,成为"原因背后的原因"。

健康生态学模型有三个特点:

1. 多重性 无论我们拟解决的问题是行为、疾病或整体健康,它们都受到个体因素(基因、生物学特征、心理、认知、情感、知识和技能等)、物质环境因素(自然环境、地理位置、建成环境、工作环境、科技发展等)以及社会政治经济和文化因素(家庭、同辈、组织机构、社区、公共政策、商业行为政策等)的多重影响。

2. 交互性 影响人类健康及行为的多维因素不仅可以直接影响我们个体和群体的健康,各个层面的因素之间也会相互依赖和相互作用,并一直处于不断变动并相互影响的状态之中。

3. 多维性　人作为整个生态系统的组成成分之一，可单独存在，也可以家庭、单位、社区、乃至整个人群的水平存在于该系统中。因此，环境对人健康的影响也可体现在对个体、家庭、单位、社区、社会等多个维度上。

由此可见，当今影响健康的因素是广泛、复杂和多维的，并发生在我们每天的生活过程中，其影响不仅是接触的当时，同时也在影响一个人的一生。如许多的急性传染病、急性中毒，是由于短期接触就导致了人的健康和功能的损害。而另一方面，在人的一生中，整个宏观的社会和物质环境、父母的基因、母亲怀孕以及婴幼儿时期的营养状况、家庭环境和社会关系的影响、个人的生活习惯和成年期的工作环境等对人一生的生理功能和精神心理等健康都有长期的影响。如果是有利于健康的积极因素，则使人们更好地维护健康和提升幸福感。而那些致病因素长期作用于人体，使重要组织和细胞发生病理改变，这种改变在致病因素的持续作用下以多因相连、多因协同或因因相连，使致病效应累积并超过机体的代偿或修复能力，终于从复稳性应变发展为非稳性负荷，造成重要器官功能失调产生病理或临床症状，甚至死亡。

对健康决定因素这种生态学特点的认识，就是我们所说的"大健康观"。它要求我们必须克服传统一个原因导致一种健康问题的一对一线性思维习惯和以疾病为导向的生物医学工作模式，而是要应用系统论的思维方式考虑健康决定因素及其关系，并以此来指导我们健康的干预策略。

第二节　预防的策略

一、促进健康模式与疾病干预模式

从上述健康以及健康生态学模型的概念可以知道，健康是一个动态连续的过程，它发生在每天日常的生活之中。我们的所作所为，既可以对健康产生有利的作用，也可以对健康产生不利的影响；这些作用和影响有些是短期的，而很多是长期的。健康从个人的主观感受上可以有积极和消极两个维度。一般认为，"幸福感"代表健康的积极维度，病患则是健康的消极维度。但是，幸福感和疾病并不是这个连续谱的两端，它们可以同时存在，但往往又是独自在变化，一个可能影响另一个。如在无病状态时不同的人可能存在高或低水平的幸福感，而疾病的出现就可能会影响幸福感，但很多慢性病患者也可以通过增加幸福感来改善健康。因此，从促进健康和预防疾病的角度看，我们既要关注疾病的危险因素以及通过中断致病链来维护健康，即我们熟知的疾病干预模式，但也要从积极的角度关注如何促进人的健康和幸福，即促进健康模式。促进健康模式是根据"健康本源学"的理论，在健康和疾病这个连续体里，把重点放在促进健康和导致幸福感的条件上，让人变得更健康和体验幸福感。

二、三级预防

根据健康与疾病连续谱以及健康决定因素的特点，把预防按等级分类，称为三级预防（preventions at three levels），见图1-2。

1. 第一级预防（primary prevention）　是指通过采取措施促进健康，或消除致病因素对机体危害的影响，以及提高机体的抵抗力来预防疾病的发生。在第一级预防中，如果在健康的有害因素还没有进入环境之前就采取预防性措施，则称为根本性预防（primordial prevention）。如为了保障人民健康，从国家角度以法令的形式，颁发了一系列的法律或条例，预防有害健康的因素进入国民的生活环境。

第一级预防包括保障全人群健康的社会和环境措施和针对健康个体的措施。

（1）保障全人群健康的社会和环境措施：是从全球性预防战略和各国政府策略及政策角度考虑所采取公共卫生措施，如制定和执行各种与健康有关的法律及规章制度，把健康融入到所有的政策中，使所有的公共政策都有益于健康，从而从社会、经济、文化等层面来保障整个人群的健康；提供清

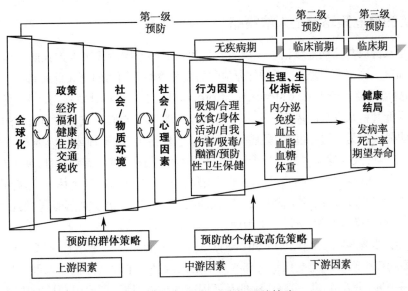

图 1-2　健康影响因素及预防策略

洁安全的饮用水和食品,针对大气、水源、土壤的环境保护措施,公众体育场所的修建,公共场所禁止吸烟;利用各种媒体开展的公共健康教育,提高公众健康意识和自律能力,防止致病因素危害公众的健康等。

（2）针对健康个体的措施:如,①个人的健康教育,注意合理营养和促进有规律的身体活动,培养良好的生活行为方式和心理健康;②有组织地进行预防接种,提高人群免疫水平,预防疾病;③做好婚前检查和禁止近亲结婚,预防遗传性疾病;④做好妊娠和儿童期的卫生保健;⑤某些疾病的高危个体服用药物来预防疾病的发生,即化学预防。

2. 第二级预防（secondary prevention）　在疾病的临床前期通过采取早期发现、早期诊断、早期治疗的"三早"预防措施,以控制疾病的发展和恶化。早期发现疾病可通过普查、筛检、定期健康检查、高危人群重点项目检查及设立专科门诊等。达到"三早"的根本办法是宣传,提高医务人员诊断水平和建立社会性高灵敏可靠的疾病监测系统。对于某些有可能逆转、停止或延缓发展的疾病,则早期检测和预防性体格检查更为重要。

3. 第三级预防（tertiary prevention）　对已患某些疾病者,采取及时的、有效的治疗措施,终止疾病的发展、防止病情恶化、预防并发症和伤残;对已丧失劳动力或残废者,主要促使功能恢复、心理康复,进行家庭护理指导,使患者尽量恢复生活和劳动能力,能参加社会活动并延长寿命。

不同类型疾病,有不同的三级预防策略。任何疾病或多数疾病,不论其致病因子是否明确,都应强调第一级预防。如大骨节病、克山病等,病因尚未肯定,但综合性的第一级预防还是有效的。又如肿瘤更需要第一级和第二级预防。有些疾病,病因明确而且是人为的,如职业因素所致疾病、医源性疾病,采取第一级预防,较易见效。有些疾病的病因是多因素的,则要按其特点,通过筛检、及早诊断和治疗会使预后较好,如心脑血管疾病、代谢性疾病,除针对其危险因素,致力于第一级预防外,还应兼顾第二和第三级预防。对那些病因和危险因素都不明,又难以早期发现的疾病,只有施行第三级预防这一途径。

对许多传染病来讲,针对个体的预防同时也是针对公众的群体预防。如个体的免疫接种达到一定的人群比例后,就可以保护整个人群。传染病的早发现、早隔离和早治疗,阻止其向人群的传播,也是群体预防的措施。有些危险因素的控制既可能是第一级预防,也是第二、第三级预防。如高血压的控制,就高血压本身来讲,是第三级预防,但对脑卒中和冠心病来讲,是第一级预防。

三、预防的高危策略与全人群策略

三级预防是从健康与疾病连续谱以及疾病发生和发展的不同阶段来考虑预防的策略,在具体选择干预的手段和落实到干预对象上,又可分为预防的高危策略和预防的全人群策略。

1. 预防的高危策略(high-risk strategy of prevention) 是指针对疾病高风险的个体采取预防干预措施来降低其将来发病的风险。采取高危预防策略,其优点是重点关注病因链的近端,干预针对性强和效果明显。因为通过一些手段把疾病风险高(包括生理、病理或行为因素)的个体检测出来,然后对这些个体的疾病危险因素进行干预,其作用不仅干预的措施有针对性,使干预对象易于接受,而且很容易在近期就看到干预的效果;加上干预仅针对小部分的高危个体,在医疗资源有限的条件下,可使投入产出会表现出在近期就可取得明显的收益。另外,采取高危预防策略还可避免其他人遭受干扰,具体实施中操作性强,所以也更为医务人员所接受。

2. 预防的全人群策略(population strategy of prevention) 是指针对影响整个群体(全人群)相应的健康决定因素,尤其是病因链上那些远端的因素进行干预来降低全人群发生疾病的风险。与高危预防策略不同,全人群预防策略干预的是病因链的远端因素(即原因背后的原因)来促进健康和预防疾病,使全人群受益。Rose 指出,大多数的健康(疾病)影响因素对健康的影响都呈连续性的分布,随着数量的累计而对健康(疾病)的影响逐渐增大。在临床上,被判断为非"高危"且往往不需要干预的个体,而实际上,这些个体依然存在发生疾病或健康危害的风险。因此,在影响因素造成的全人群绝对健康风险中,由平均水平者或接近平均水平者贡献最多,而不是处于曲线远端的个体,后者虽然发病相对危险度最高,但由于其在绝对数量上较少,造成的绝对健康风险并不高于前者。因此,关注个体的高危策略即便能够有效降低该高危人群个体的发病危险,但对全人群的疾病风险的降低作用有限。另外,所谓"高危"个体的危险因素往往受到其所处的环境与周围人的影响,要使个体的行为与其周围的环境和人不一致是很困难的。将社会中的某些个体定义为"不正常",脱离其所处的情境(context)而希望其发生改变,也是不现实的。与之相反,关注全人群的预防策略,即便只是将健康(疾病)的风险分布向左移动较小的程度,产生的健康收益就很巨大(图 1-3)。因此,全人群预防策略具有根本性以及持久且良好的成本效益。这就是著名的 Rose 预防医学策略。

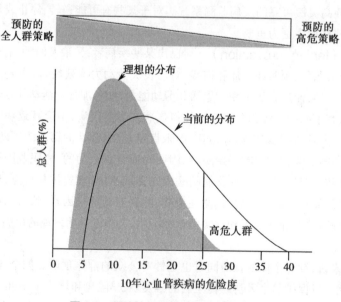

图 1-3 预防的高危策略与全人群策略

预防的高危策略与预防的全人群策略是针对整个病因链上不同环节所采取的预防措施,两者相辅相成,相得益彰。预防措施的落实,可根据干预对象是整个群体或个体,分为社区预防服务和临床预防服务。社区预防服务是以社区为范围,以群体为对象开展的预防工作。临床预防服务是在临床场所,以个体为对象实施个体的预防干预措施。社区预防服务实施的主体是公共卫生人员,而临床预防服务则是临床医务人员。

四、健康的生命全程路径与以人为本的一体化服务模式

(一) 健康的生命全程路径

许多健康的决定因素对健康的作用往往具有长期性和累积性。如图 1-4 所示,有些人在一生的过程中因接触有害健康因素多而有利健康因素少,到了一定年龄后,健康状况和功能就明显变差;但另一些人一生接触有害健康因素少而有利健康因素多,到了同样的年龄,健康状况和功能仍很好。因此,应从出生到死亡的整个人生过程促进个体和群体的健康。已有明确的科学证据表明,采用预防措施越早,其促进和维护健康的效益就越大。有着良好开端的孩子学习更好、生活更有成效;能掌控自己生活的成年人会有更大的经济和社会参与的能力,生活更健康;健康的老年人则可以继续为社会做出积极的贡献。健康的生命全程路径(life course approach to health)是一种从保证健康的生命起始,并根据整个人生各关键时期(如孕期、婴幼儿期、青少年期、成年期以及老年期)的需求,采取有针对性措施来提高健康干预有效性的策略。它不仅是在时间上关注一个人的一生和下一代,还从生态学的视角关注群体健康的多重原因,从而通过及时的健康投资让个人和整个社会获得健康和经济的高回报。健康的生命全程路径在实践上对个体和群体健康的指导意义是,我们可以通过把人生划分为几个明确的阶段("围生和婴幼儿期、青少年期、成年工作期和晚年期"四个时期),针对这些不同年龄组的群体在不同的场所(家庭、学校、工作场所、社区)中实施连续性预防服务措施,积极地有针对性地开展健康促进和疾病预防,就可以充分地发挥人的内在潜能和有利健康因素的作用,避免那些有害因素对健康的危害,保护劳动力,延长健康生命期限和改善生活质量;并且也能保证人生的不同阶段既能有效地获得有针对性的卫生服务,也不造成不必要的重复或遗漏,达到促进个体和群体健康既高效又节省的目的。所以它被认为是保证全人群健康,促进健康老龄化的最佳途径。

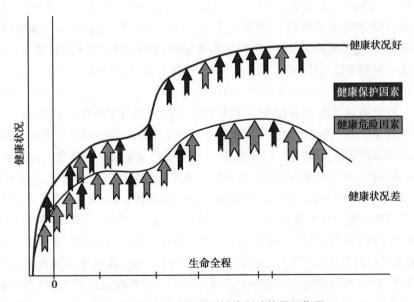

图1-4 健康决定因素对健康影响的累积作用

(二) 以人为本的一体化服务模式

根据预防医学的特点,预防服务应以需求为导向,整合其他健康相关需求的服务在一起,为服务对象提供整合式的服务。以人为本的一体化服务模式(people-centered integrated care,PCIC)是一种根

据居民及其家庭的健康需求来组织提供服务的模式。它包括"以人为本和一体化服务"。以人为本的卫生服务(people-centered care)是让患者、家属和所在社区作为卫生服务的受益人和参与者共同参与到卫生服务决策和实施过程中,从而使他们对卫生服务体系充满信任,而同时卫生服务体系也能够以人性化和一体化的方式,根据他们的需求和偏好提供服务。一体化卫生服务(integrated care,也称整合式卫生服务)是指根据健康需求,通过协调卫生系统内部各级各类卫生医疗机构,将包括健康促进、疾病预防、治疗、疾病管理、康复和临终关怀等在内的各种医疗卫生服务整合在一起,为服务对象提供终生连续性的服务。

PCIC 模式有效运行的基础是强有力的基层卫生服务体系,通过正式的上下协作的安排,优质数据、供方之间以及医患之间的信息共享,患者在就医过程中的积极参与,基层医疗机构与二、三级医疗机构实现服务一体化,才能为患者提供医防结合的综合全面的服务。

另外,PCIC 模式成功的关键不仅在于服务的供方,更为重要的是服务受方,即居民。因此,实施 PCIC 模式,必须鼓励居民的积极参与,帮助居民增权(empowerment),让居民拥有掌控自身健康的能力,依靠自己来应对和解决自身的健康需求,同时做出有关自身健康行为、提升自我和家人健康的选择。鼓励居民参与卫生服务的主要措施包括:提高健康素养、健康自我管理、医患共同决策以及建设支持性环境。我们将在下面的课程中具体展开介绍。

第三节 预防医学的成就及其学习的意义

由于预防可促进健康,提升幸福感,避免或延迟了疾病的发生,中止或减缓了可预防疾病的医疗费用的支出,同时也提高了社会生产力,所以,预防无论是对个人或社会,都具有明显的社会和经济效益,即"一盎司的预防胜于一英镑的治疗"。

一、中国卫生工作的主要成就和挑战

(一)中国卫生工作取得的主要成就

中国在 1949 年前因战争以及瘟疫流行和饥荒,人群的健康状况极差,人均期望寿命仅 35 岁。中华人民共和国成立后,由于认真贯彻了"预防为主"的卫生工作方针,通过大力开展爱国卫生运动、实施国家重大疾病防控、防治政策,采用免疫接种、消毒隔离、检疫监测、消灭病媒动物、垃圾粪便处理、食物和饮用水安全保障等综合性的预防措施,传染病得到有效控制,成绩斐然。1963 年,中国传染病发病率为 3200/10 万,死亡率为 20/10 万;到 2016 年,中国报告甲、乙类传染病总发病率为到 215.7/10 万,死亡率 1.3/10 万。早在 20 世纪 60 年代初期,中国在全世界第一个宣布成功消灭天花,比世界范围的天花绝灭提早了 16 年;中国也实现了无脊髓灰质炎目标;中国也成功地消灭了丝虫病;并有效控制了古典生物型霍乱、鼠疫、回归热、黑热病、斑疹伤寒等严重危害人民健康的传染病。结核病、艾滋病、乙型肝炎等防控工作取得重大成效。地方病严重流行趋势得到有效遏制,很多地方病,如血吸虫病、疟疾、丝虫病已基本控制;在总体上达到消除碘缺乏病阶段目标,有效控制了麻风病、血吸虫病、疟疾等曾经严重威胁人民群众健康的疾病。工、矿劳动条件逐步得到改善,中小学生体质得到了提高,食品安全卫生得到了保证,也进一步保障了人群的健康。中国各级卫生机构也都有了巨大的发展,全国覆盖城乡居民的卫生服务体系已经基本建立。卫生系统的服务和保障能力以及技术水平得到极大提升,中国基本医疗保障制度已基本覆盖城乡居民,人民群众得到发展带来的实惠。城乡医疗服务体系日臻健全完善,为城乡居民提供了综合、连续、安全、有效、方便、价廉的医疗卫生保健服务;在突发公共卫生事件、重大自然灾害中,发挥着维护人民群众生命安全、维护社会稳定的重要作用。尽管中国经济尚不发达,属发展中国家,而居民的一些重要健康指标如婴儿死亡率、总死亡率、期望寿命等,已超过其他发展中国家,高于世界平均水平,有些指标已接近发达国家的水平。中国人口死亡率已由 1949 年前的 25‰降低到 2017 年的 7.11‰;婴儿死亡率也由 1949 年前的 200‰下降到 2017 年

的 6.8‰,孕产妇死亡率下降到 2017 年的 19.6/10 万。人均平均期望寿命在建国前的 35 岁,到 2017 年人均期望寿命已达 76.7 岁。由此可见,中国的卫生事业在 1949 年以后的几十年里取得了举世瞩目的成就,人民健康水平不断提高。

（二）中国卫生工作面临的挑战

随着社会和经济的飞速发展,工业化、城镇化、人口老龄化、疾病谱变化、生态环境及生活方式变化等,也给维护和促进健康带来一系列新的挑战(见本书相应章节)。如中国正在面临着传染性疾病和慢性非传染性疾病带来的巨大双重挑战,健康服务供给总体不足与需求不断增长之间的矛盾依然突出,健康领域发展与经济社会发展的协调性仍有待增强。

面对这些挑战,中国正在积极推进"健康中国建设",以进一步提高人民健康水平(见第二十三章)。针对卫生服务供给,《"健康中国 2030"规划纲要》提出要"创新医疗卫生服务供给模式""建立专业公共卫生机构、综合和专科医院、基层医疗卫生机构'三位一体'的重大疾病防控机制,建立信息共享、互联互通机制,推进慢性病防、治、管整体融合发展,实现医防结合"。

二、医学生学习预防医学的意义

作为一名医学生和将来的医务工作者,除了具备扎实的医学基础知识和临床技能外,预防医学也是每一位医学生所应该掌握的。1988 年世界医学教育峰会,发布了"爱丁堡宣言",指出了"医学教育的目的是培养促进全体人民健康的医生"。此后,世界卫生组织又提出了"五星级医生(five star doctor)"的要求,即指未来医生应具备以下五个方面的能力:①卫生保健提供者(care provider):即能根据患者预防、治疗和康复的总体需要,提供卫生服务;②医疗决策者(decision maker),即能从伦理、费用与患者等多方面的情况,综合考虑和合理选择各种诊疗服务;③健康教育者(health educator):即医生不只是诊疗疾病,更应承担健康教育的任务,主动、有效地促进个体和群体的健康;④社区卫生领导者(community health leader):即能参与社区卫生决策,根据个人、社区和社会对卫生保健的需求做出合适的反应;⑤服务管理者(service manager):即协同卫生部门及其他社会机构开展卫生保健,真正做到人人享有卫生保健。

进入 21 世纪后,不仅突发公共卫生事件频繁发生,慢性病对人群健康的威胁也日益严重,而预防和控制这些人群健康的问题都需要临床医生的积极参与。在全国上下大力推进健康中国建设的过程中,人人参与、人人尽力、人人享有已成为了全社会的共识。作为保障人民健康重要卫士的临床医务人员,更是义不容辞。从目前中国一系列卫生政策可以看到,中国的卫生服务越来越强调健康促进,突出预防为主,强调临床与预防的结合,这是中国医学教育史上正反两方面经验的总结。因此,作为一名将来的医务工作者,学好预防医学具有非常重要的现实和战略意义。

为此,要求医学生通过本门课程的学习及参加预防医学的社会实践,达到:

1. **完整地认识现代医学的目标** 透彻理解健康、健康决定因素与疾病的关系,树立预防为主的思想,具备预防医学的基本理论和树立预防为主的观念;应用健康生态模型以及"三级预防"的原则,做好医疗卫生保健服务工作。

2. **掌握预防医学观念、知识和技能** 通过实践,深化这种认识,从而能将预防意识指导日常的临床工作,在临床场所能敏锐地察觉和报告公共卫生问题,在日常的临床工作中能根据就诊者的实际情况提供个体化的健康维护计划,能参与促进社区人群健康的工作,与公共卫生人员一起提高个体和群体的健康水平。

通过本课程的学习,结合在基础医学和临床医学所学到的知识和技能,真正成为一名防治结合的五星级医生。

（傅 华）

思 考 题

1. 什么是群体健康?
2. 健康概念对指导预防策略制定有何意义?
3. 如何理解功能发挥能力和健康老龄化的关系?
4. 健康的生命全程路径的现实意义是什么?
5. 什么是一体化卫生服务,如何才能实现一体化卫生服务?

笔记

第一篇
流行病学原理与方法

　　本篇主要介绍预防医学相关的方法学——流行病学原理与方法。在介绍了流行病学的基本概念以后,主要阐述评价人群健康和疾病问题的主要指标、疾病的分布与影响因素、常用流行病学研究方法、在流行病学研究中偏倚控制以及如何进行病因的推断、诊断试验和筛检试验的评价、公共卫生监测。希望通过医学统计学和本书流行病学方法的学习,熟悉人群健康研究的基本方法,能从人群的角度,掌握疾病与健康在人群中分布的原理、疾病及其危险因素分析和推断的原则以及疾病防制的策略。

第二章　流行病学概论

　　流行病学(epidemiology)是人类在与疾病进行长期斗争中逐渐发展起来的一门医学学科。据记载,流行病学的萌芽产生于两千多年前,但真正的学科形成不到二百年。有学者给流行病学下了一个最简洁的定义,即:流行病学是研究流行的学问;而所谓流行简单地说就是某事件在人群中的发生超乎了寻常水平。在早年由于传染病经常在人群中流行,给人们的生命、健康以及经济社会造成很大威胁,因此流行病学主要研究传染性疾病。随着慢性非传染性疾病在人群中的大量出现,以及流行病学自身理论和方法的发展,使其应用范围更加广泛,不仅应用于传染病,也应用于慢性非传染性疾病、伤害、健康状态等,如世界卫生组织(WHO)报告的 20 世纪全球公共卫生的十大成就主要体现在疫苗、安全工作场所、安全和健康的饮食、机动车安全、传染病控制、降低心脑血管病死亡率、计划生育、控烟、母婴保健、饮水加氟等十个领域,流行病学都直接或间接地做出了重要贡献。流行病学是现代医学的基础学科,不仅应用于公共卫生与预防医学,也应用于临床医学、基础医学、口腔医学、药学、护理学等,甚至应用于社会、经济与管理等领域。为便于全面了解流行病学这门学科,本章对其基本原理、方法和用途等作一概要介绍。

第一节　流行病学简史

一、流行病学发展简史

　　流行病学是人们在长期与疾病的斗争中形成的一门应用学科。在人类的医学史上,临床医学最早出现。临床医生以患者个体为对象,以治愈患者为目的,开展研究和探索。但随着社会的进步,人们意识到仅仅治疗患者是不够的。一是发病以后再治疗,患者承受了巨大的痛苦,而且花费很大;二是仅关注患者本身,如果不考虑患者患病的环境等因素,常常得不到正确的诊断和有效的治疗,如职业病、地方病等;三是治愈一批患者,还会有新的患者发生;尤其是在传染病的流行中,仅治疗患者不能有效控制疾病的流行;SARS 的全球流行再一次告诫我们,预防为主、防治结合的重大意义。因此,《黄帝内经》说:圣人不治已病治未病;夫病已成而药之,譬犹临渴而穿井,不亦晚乎。此时,研究群体中疾病发生、发展及预防控制策略和措施的流行病学就诞生了。

　　1. **流行病学的萌芽期**　这可以追溯到上古时期,如我国最早的医书《黄帝内经》(大约成书于春秋战国时期)记载"黄帝曰:余闻五疫之至,皆相染易,无问大小,病状相似"描述传染病的流行。"天有四时五行,以生长收藏,以生寒暑燥湿风"(大自然的变化,有春夏秋冬四时的交替,有木火土金水五行的变化,因此产生了寒暑燥湿风的气候,它影响了自然界的万物)。这与现代流行病学中疾病受自然因素的影响和季节性分布是一致的。希腊医生希波克拉底(Hippocrates,公元前 460—公元前375)著《空气、水和地点》写道:"无论何人欲想正确研究医学,首先应当考虑气候在疾病发生中的作用,风、热和冷这些在所有国家都有的环境,在局部地区有可能大不相同",对疾病与环境因素的关系进行了阐述;我国隋朝开设"疠人坊"以隔离麻风患者,宋朝创立人痘预防天花等;以上这些都是流行病学的萌芽,为学科的形成奠定了基础。

　　2. **学科形成期(简称形成期)**　大约始于 18 世纪末到 20 世纪 30、40 年代的 200 多年。这一时期是西方开始工业革命,城市化发展迅速,人们大量聚集,因而各种疾病尤其是传染病的广泛袭击使人类的健康和生命受到极大威胁。因此预防控制这些疾病的流行,成为医学的迫切任务和重要使命,流行病学就应运而生。在这一时期有许多流行病学研究和应用的典范,如 1796 年英国 Jenner 医生发明了接种牛痘预防天花,1846 年丹麦 Panum 医生对法罗群岛麻疹大流行进行调查,1848—1854 年英国 Snow 医生关于伦敦霍乱流行的调查等。这些都从不同角度揭示了传染病的流行(分布)特点和流行规律,并采取有效措施进行疾病预防控制。1850 年国际上首次在伦敦成立了流行病学学会,标志着流行病学学科的形成。

3. **学科发展期(简称发展期)** 主要是指 20 世纪 30、40 年代至今,也有学者称其为现代流行病学(modern epidemiology)时期。其主要特点是:研究内容由传染病扩展到一切疾病、伤害和健康状态,研究方法由简单的描述和分析扩展到一整套科学规范的方法,学科的分支层出不穷、应用范围空前广泛。

二、我国流行病学成就

我国近代流行病学的发展始于伍连德博士。他领导了 1910 年和 1920 年东北、华北两地鼠疫大流行的调查防控工作,查清了旱獭是鼠疫的主要储存宿主,并明确了肺鼠疫是通过空气飞沫传播而在东北流行。他不仅对鼠疫流行病学有巨大贡献,而且还是我国霍乱防控和海关检疫工作的领导者和先驱者,是中华医学会会长,在 1937 年成立的中华医学会公共卫生学会中担任第一任会长。

新中国成立后,国家坚持预防为主的卫生工作方针,成立了各级疾病防控机构主要进行传染病和寄生虫病的控制,并在医学院设立卫生系和流行病学研究机构,大力培养流行病学专业人才。经过短短几年努力,就基本上消灭或控制了血吸虫病等五大寄生虫病,并在古典霍乱、人间鼠疫、性病等方面的防控取得重大成就,常见传染病的发病率和死亡率大幅度下降。

新中国流行病的先驱者和奠基人之一的苏德隆教授在传染病和非传染性疾病的防治方面均做出了巨大贡献,他主持了全国的血吸虫病和霍乱的调查和控制工作。1972 年,他对上海不明原因皮炎进行调查,明确桑毛虫是主要病因。晚年,他将研究方向转移到肝癌,提出肝癌病因的饮水学说。另一位流行病学先驱者和奠基者是何观清教授,早年通过调查发现中华白蛉是我国黑热病的传播媒介,通过现场实验否定了痢疾噬菌体对痢疾的预防作用,证明了鼠脑制成的乙型脑炎疫苗可引起严重的不良反应,并领导建立了全国疾病监测网等工作。

20 世纪 70 年代以后,我国实现改革开放,加强了国际合作与学术交流,吸收了先进的流行病学知识和方法,学科得到了前所未有的发展。通过儿童的扩大免疫规划,实现了我国的"无脊灰(脊髓灰质炎)状态",常见的传染病得到有效的控制。此外在慢性非传染性疾病如肿瘤、糖尿病、肺结核和高血压等心脑血管疾病开展了大规模的人群调查,取得了可观的基线数据资料。特别是在 2003 年 SARS 流行以后,我国现场流行病学的机构和人才队伍建设方面有很大的进步。同年颁布了《突发公共卫生事件应急条例》,标志着我国突发公共卫生事件的应急处理工作纳入法制轨道。

第二节 流行病学的定义

一、流行病学概念的演变

流行病学的英文来源于希腊字 EPI(在……之中、之上)和 DEMO(人群);直译为"研究在人群中发生(事情)的学问(学科,OLOGY)"。流行病学作为医学的分支学科,这个事情首先是指人群中的疾病或健康问题。由于不同时期影响疾病和健康的因素不同,人们在不同的历史时期所面临的疾病和健康问题也不同;因此不同时期流行病学的概念或定义随着社会的发展而变化,具有明显的时代特征。

在传染病肆虐流行的时期,流行病学主要是为传染病防治服务的。如英国 Stallybrass(1931 年)定义为"流行病学是关于传染病的科学——它们的原因、传播蔓延以及预防的学科"。苏联(1936 年)出版的《流行病学总论教程》中定义为"流行病学是关于流行的科学,它研究流行发生的原因、规律及扑灭的条件,并研究与流行作斗争的措施";此处的流行主要指传染病的流行。

随着传染病的发病率和死亡率的下降,慢性非传染病的发病率和死亡率的上升,流行病学不仅研究传染性疾病,也研究慢性非传染性疾病。此时一些知名学者给出的定义主要有:"流行病学是医学中的一门学科,它研究疾病的分布、生态学及防治对策"(苏德隆,1964 年)。"流行病学是研究人类疾病的分布及决定疾病频率的决定因素的科学"(MacMahon,1970 年)。"流行病学是研究人群中疾病之表现形式(表型)及影响这些表型的因素"(Lilienfeld,1980 年)。这些定义都显示流行病学研究所有疾病(包括传染病和慢性非传染性疾病),其不仅是医学方法学,也是医学防治疾病的应用学科。

到 20 世纪后期,人们不仅关注疾病,也普遍关注健康状况。因此流行病学此时的定义又有了新的变化,如:"流行病学是研究人群中与健康有关状态和事件的分布及决定因素,以及应用这些研究以维持和促进健康的学问"(Last,1983 年)。

二、流行病学的定义

我国近年来的著作给出了一些意义相近的流行病学定义。应用比较广泛的是下述定义:"流行病学是研究人群中疾病与健康状况的分布及其影响因素,并研究防治疾病及促进健康的策略和措施的科学"。这个定义内容极其丰富,概括起来有以下四层意思。

1. **流行病学的研究对象是人群**　这里的人群是一个特定的群体,可以是特定的一群患者,也可以是特定的一群健康人,还可以是特定的一个包含患者和健康人的人群。这是流行病学区别于临床各学科的主要特征之一,也是流行病学被称为群体医学的主要原因。

2. **流行病学关注的事件包括疾病与健康状况**　疾病又包括传染性疾病(含寄生虫病)、非传染性疾病;健康状况包括机体生理的、心理的以及社会适应性的各种状况。简而言之,流行病学关注与人类疾病和健康相关的一切事件。

3. **流行病学主要研究内容和流行病学研究的三个阶段**　①某(些)事件在人群中是怎样分布的,即揭示现象;②什么因素导致某(些)事件在人群中呈现如此分布,即找出原因;③用什么策略和措施可以改变这种分布,即提供疾病预防控制的策略和措施。

4. **流行病学研究和实践的目的**　防治疾病、促进健康。

第三节　流行病学原理与方法

一、流行病学基本原理

由于疾病与健康状况在人群中的分布不是随机的,因此流行病学从研究这些分布入手,了解其分布状况,分析其原因,制定干预措施并评价其效果。与此相对应,流行病学的基本原理主要有:

(一)疾病分布论

疾病分布论的基本思想是:疾病或健康状况在不同人群(包括人群特征、地区特征、时间特征)中的发生是非随机的,因此可以通过不同人群疾病或健康状况分布的描述,阐明疾病或健康状态的流行特征。

描述疾病与健康状况的分布主要从以下几个方面:一是人群特征,如不同性别,不同年龄,不同民族,不同职业等;二是时间特征,如不同季节,不同年份等;三是地区特征,如沿海与内陆,山区与平原等。疾病的人群、时间、地区分布也称疾病的三间分布。分布论是流行病学最基本的理论,其不仅在疾病分布的描述中具有指导意义,同样对于疾病病因分析和预防控制措施效果的评价都具有重要指导价值。

(二)病因论

病因论的基本思想是:人群中疾病的发生发展是由多种原因造成的,这些原因以及互相之间的关系是复杂的、多样的、可变的;对于一种疾病来说,所有能引起疾病发生概率增高的因素都可以称为是该病的病因或危险因素。

按病因的自然社会属性大致可以分为：①自然因素：可以是生物的、物理的、化学的等因素，如空气、水、土壤等；②社会因素：如交通运输、人员流动、医疗卫生条件、医疗制度等；③饮食行为因素：如吸烟、饮酒、高脂饮食等；④机体因素：如机体易感状态、营养状况、心理因素等。影响疾病或健康状况分布的原因是复杂的，单一病因论的观点已经过时，多因论、概率病因论的观点逐渐得到广大学者们的认同。

（三）健康-疾病连续带的理论

健康-疾病连续带（health-disease continuum，HDC）的主要思想是：机体由健康到疾病是一个连续的过程，在这个过程中受多种因素的影响，有一系列相互联系、相互依赖的机体疾病或健康标志发生，见图 2-1。

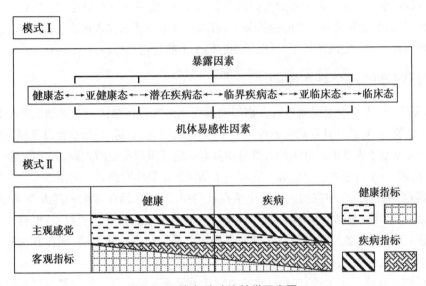

图 2-1 健康-疾病连续带示意图

对于个体来说，从健康到疾病（从疾病到健康）是一个连续的过程；对于群体来说，从健康高分布（健康问题低分布）到健康低分布（健康问题高分布）再到健康高分布（健康问题低分布），也是一个连续的过程，如传染病在人群中的流行过程，从开始流行到流行高峰，再到低流行或散发，甚或暂时停止流行，这就是我们常说的疾病分布或健康问题分布的连续性。这一观点在现代医学实践中非常重要，对预防医学实践是这样，对临床医学实践也是如此。基于健康-疾病连续带理论，流行病学揭示了疾病的"冰山现象（iceberg phenomenon）"（图 2-2）。

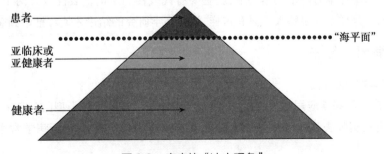

图 2-2 疾病的"冰山现象"

了解和认识疾病的"冰山"全貌是十分重要的，因为只看到"冰山"的顶端对于防治疾病和促进健康是不全面的，有时是非常危险的。如在传染病的防治中，如果只知道对典型患者进行治疗或采取预防控制措施，后果将是非常严重的，因为隐性感染者、病原携带者等对传染病的传播和流行具有无法估量的作用。对于慢性非传染性疾病来说,认识"冰山"的全貌,对认识疾病的发生发展过程和采取相应的预防控制措施、对于优化医疗卫生资源、对于促进全体人群的健康也具有重要的意义。

(四) 疾病预防控制论

疾病预防控制论是指根据疾病发生、发展和健康状况的变化规律,疾病预防控制可以采取三级预防控制。第一级预防(primary prevention)是病因预防,即防止疾病的发生;第二级预防(secondary prevention)是早发现、早诊断、早治疗(慢性非传染病的"三早")或早发现、早诊断、早报告、早隔离、早治疗(传染病的"五早");第三级预防(tertiary prevention)是合理治疗疾病早日康复并防止伤残或延长生命。在疾病的预防控制中,不同的疾病所采取的策略和措施是不相同的;即便是同一种疾病,在不同的地区或不同的人群采取的预防控制策略和措施也是不相同的。

(五) 疾病流行数理模型

疾病流行数理模型是指人群中疾病与健康状况的发生、发展及分布变化,受到环境、社会和机体多种因素的影响,它们之间具有一定的函数关系,可以用数学模型来描述疾病或健康状况分布的变化规律及其影响因素。在一定的条件下,可以预测它们未来的变化趋势。

二、流行病学的几个基本原则

1. **群体原则**　在人群中宏观地考察事物的动态变化是流行病学区别于其他医学学科最显著的特点。流行病学研究中,虽然其观测对象可以是个体,但其描述、分析、判断事物以及做出疾病预防控制策略和措施都是基于人群的。这里的人群是指具有一定范围和特征的人群,其可以是一个家庭、一个单位、一个社区、一个国家乃至全世界。它超出了临床医学只注意患者的局限。

2. **现场原则**　流行病学研究的人群是生活在社会中的人群,因此常把一群人与周围的环境(现场)联系起来。这个环境包括社会环境、自然环境在内的一个生态系统。所以说,没有现场的人群对流行病学是毫无意义的。流行病学是将人群与现场结合在一起进行研究的,同样其预防控制策略和措施的研究和实施也是基于人群和现场的。

3. **对比原则**　在流行病学研究中,对比的原则几乎无处不被体现。对比是流行病学研究方法的核心。只有通过对比,才能发现疾病发生的原因,才能考察诊断的正确性和治疗方法的有效性。可以毫不夸张地说,任何流行病学结论均来自于对比资料。对比的方式可归纳为两类:一类是按结局分,比如比较有病与无病,有效与无效,康复与死亡等不同人群组间因素是否有差别;另一类按因素分,比如暴露与非暴露,干预与非干预,治疗与对照以及不同地区、不同人群、不同时间疾病或其他卫生事件的差别,对照的形式可以千变万化,对比的原则却始终如一。

4. **代表性原则**　流行病学研究的对象是人群,进而实施预防控制措施的对象也是人群。但在研究中,一般情况下不可能或没有必要把全部人群作为研究对象,而常常是选取其中的一部分人作为研究对象,即样本。这个样本有一个基本要求,就是要有代表性。所谓代表性具有两个特征,一是样本的产生是随机的,二是样本要足够大。只有这样,流行病学研究的结论才能够推论到总体。

三、流行病研究方法

(一) 流行病学方法分类

流行病学既是一门医学应用学科,也是一门医学方法学。按照设计类型归纳起来有三大类:观察法(也有称观测法)、实验法、数理法;在观测法中,又有描述法和分析法;流行病学常用的方法及其分类见图2-3。

(二) 流行病学方法的特点

1. **观察法**　就流行病学而言,观察法(observational method)就是不对研究对象施加任何干预或实验措施,观察人群在自然状态下疾病、健康状况及有关因素的分布情况。观察性研究不能人为地控制实验条件,只能在自然条件下模拟实验性研究,尽量控制非研究因素,以获得真实的结果。根据选

笔记

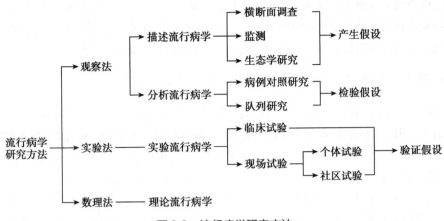

图 2-3　流行病学研究方法

择的研究对象及研究内容不同,观察法又有描述法(也称描述流行病学,descriptive epidemiology)和分析法(也称分析流行病学,analytical epidemiology)之分。描述流行病学主要是揭示人群中疾病或健康状况的分布现象,当然也可以用于描述人群中疾病流行影响因素的分布现象,目的是描述分布、产生病因假设;分析流行病学主要是在描述分布现象的基础上,通过对比分析,找出影响分布的决定因素或病因,即检验病因假设。

2. **实验法**　观察是指对自然现象的"袖手旁观",而实验是指对研究对象有所"介入"或"干预",并前瞻性地观察介入手段或措施的效应。实验法(experimental method),也称实验流行病学(experimental epidemiology),可以人为地控制实验条件,直接验证危险因素或可疑病因与疾病之间是否有关联及是否为因果关联,也用于评价疾病防治和健康促进中的预防干预措施及其效果,所以实验研究可以验证病因假设或评价干预措施的效果。

3. **数理法(mathematical method)**　也称数学模型法(mathematical model)或理论流行病学(theoretical epidemiology),是用数学模型来定量地表达病因、宿主与疾病发生发展的数学关系,以客观定量地描述疾病流行状况或预测疾病流行趋势,从理论上探讨疾病的流行规律和防制措施的效果。

第四节　流行病学应用

流行病学的学科体系主要由三部分组成,即原理、方法和应用。随着流行病学方法的快速发展,流行病学的用途也越来越广泛,其已逐渐深入到医药卫生的各个领域。

一、描述疾病及健康状况的分布

在医疗卫生工作中,我们常常需要知道疾病在人群中的危害程度(如发病情况、患病状况)等,需要知道人群中的健康状况;在病因探讨中,我们同样需要知道哪些人群发病高、哪些地区发病高、哪个时间(期)发病高等。所有这些都需要进行流行病学研究,即疾病的三间分布研究:疾病的人间分布、时间分布、空间(地区)分布。通过疾病/健康状况的三间分布研究,我们可以了解疾病在人群中的发生、发展规律,可以发现高危人群,从而为我们探索疾病病因、合理配置卫生资源、有效地采取预防控制措施提供依据。

二、探讨疾病的病因

在防治疾病、促进健康的工作中,很重要的一点是知道病因或了解发病危险因素,只有透彻地了解疾病发生的原因,才能更有针对性开展疾病的防控。但疾病的发生和流行是很复杂的,到目前为止,很多疾病的病因或危险因素我们并不完全清楚,尤其是慢性非传染性疾病中的恶性肿瘤、高血压、心血管病等;即使像一些病原体明确的传染病,它们发病或流行的影响因素也在变化之中。比如结核、细菌性痢疾的菌株耐药性变化,再比如性传播疾病的重新蔓延等。而流行病学通过描述流行病学提出病因假设,运用分析流行病学检验病因假设,实验流行病学则用于证实假设。

三、研究疾病自然史,提高诊断治疗水平和预后评估

疾病从发生、发展,直到结局的自然过程,我们称之为疾病自然史(natural history of disease),主要有易感期、临床前期、临床期、结局四个阶段。如传染病的潜伏期、前驱期、发病期、恢复期等,慢性非传染病的亚临床期、症状早期、症状明显期、症状缓解期、恢复期等。而疾病的发生发展在每个人可能都是不相同的,要全面了解疾病的自然史就必须应用流行病学方法对患者群体进行深入研究,只有这样才能提高疾病的临床诊断、治疗和预后水平,也才可以全面揭示疾病的"冰山现象"。另外,疾病在人群中的流行也有其自然史,即疾病流行强度的不同程度、病情轻重的变化等,称为人群疾病自然史。

四、疾病的预防控制及其效果评价

流行病学的根本任务之一就是预防疾病。可以根据疾病自然史的不同阶段,采取不同的措施,来阻止疾病的发生、发展或恶化,即疾病的三级预防。预防控制疾病时要考虑策略和措施,策略是指导全局的方针,措施是开展工作的具体技术手段。两者应该同样重视,应在正确、合理的策略指导下,采取有效可行的措施,才能达到预防疾病的目的。

疾病的防治效果到底如何,很多情况下需要进行流行病学研究。如儿童接种某种疫苗后,疾病的发生是否下降了,下降了多少,需要实验流行病学进行评价。再比如新药的疗效及其不良反应,都需要大规模的人群研究和观察。这是药物流行病学、临床流行病学得以广泛应用的重要原因。目前国内外在临床上广泛开展的循证医学无一不是流行病学理论和方法的应用。

五、为医学研究提供科学方法

近几十年来,流行病学群体研究方法发展迅速并逐步被医学界认可。流行病学应用广泛,涉及社会科学、自然科学和医学科学的各主要学科。广大医学工作者借用流行病学的研究思路和方法探讨各方面的科学问题,形成了诸多学科分支。例如在临床研究和医疗的实践中,创造性地将流行病学及卫生统计学的原理和方法,有机地与临床医学相结合,形成了临床流行病学;运用到传染病的防控中形成了传染病流行病学,此外还有几十种不同的分支。虽然流行病学有如此之多的分支,但其基本理论和方法是一致的。因此掌握了流行病学的基本理论和方法,就可以融会贯通地应用。

第五节　流行病学进展

1. **从黑箱到白箱再到工具箱**　长期以来,流行病学的研究主要集中在病因或危险因素以及防治措施与疾病发生或流行的关系。至于这些危险因素或干预措施是如何影响疾病发生率的变化的,并不知晓;这一分析判断原理,我们称其为"黑箱理论(black box theory)"(图 2-4)。

由于分子生物学理论和技术的发展,使分子流行病学、基因组流行病学等得以产生。由于分子流行病学主要是研究疾病从暴露到疾病发生发展过程中一系列相互联系、相互依存的生物标志的识别、测量及其相互关系,因此可以使原来的"黑箱"变成"灰箱",甚至"白箱"。通过对"白箱"中一系列生物标志的应用研究,可以为疾病的预防控制和诊断治疗提供多种指标,使"白箱"变成"工具箱"。

2. **从疾病到健康再到卫生**　流行病学既往的研究和实践主要重点是疾病。因此,我们常说疾病的三间分布,疾病预防控制等。随着社会的进步,人们对健康的要求越来越高,社会也把健康作为一种社会资源。所以,保障和促进人群健康也逐渐成为流行病学所关注和研究的重点。同时,由于流行病学理论和方法的群体性特征,其不仅仅研究人群中的疾病和健康状况,也扩展到研究卫生相关事

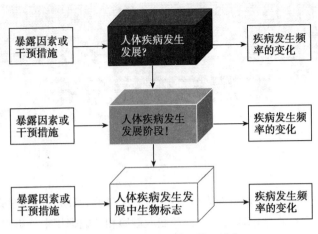

图2-4 流行病学"黑箱理论"

件,如卫生事业管理、灾害预防控制等,被广泛应用于医疗卫生的各个领域。

3. **从群体到社区再到社会** 防治疾病、促进健康,首先应从不同人群入手,如男性、女性、儿童、青年、老年等。但由于人类的社会属性和环境、社会因素的整体性作用,如医疗卫生保健体制、食品安全、环境污染与环境卫生、工作压力与心理健康等,都对全人群产生着健康影响。因此,创造良好的社区生态环境(包括自然环境和社会环境),甚至良好的全社会生态环境对防治疾病、提高人群健康水平都是至关重要的。流行病学在"人人享有健康"这一伟大的历史使命中具有不可替代的作用。

4. **从宏观到微观再到大数据** 流行病的研究对象是人群,主要是在宏观的层面研究和健康有关的事件。随着分子医学的发展,流行病学充分利用分子生物学、人类基因组学等方面的研究成果,发展"微观"的流行病学,即分子流行病学。近年来随着高通量技术、现代信息化管理系统和云计算等技术,为流行病学研究提供丰富的生物医学大数据。同时基因组学、蛋白组学、转录组学、微生物组学、代谢组学等组学分析技术的建立,产生了系统流行病学和组学流行病学,使得流行病学能更细致的定义疾病分类、更深入地阐明发病机制、更准确的预测疾病发生风险。

(段广才)

思 考 题

1. 流行病的定义及其内涵是什么?
2. 流行病学在医学研究中的地位和作用?
3. 流行病学研究方法的分类依据?

第三章 流行病学资料的来源与疾病分布

流行病学的研究对象是人群,通过对人群现象的描述、分析,判断人群的健康状况,这要依赖健康相关数据资料来进行。流行病学家通过多种途径获取健康相关数据用来分析健康相关测量指标与风险。疾病分布是指疾病在不同人群、不同时间、不同地点的存在状态及发生、发展规律。一般来说,一种疾病的分布规律与该病的病因、宿主及环境密切相关,因此了解疾病分布的特点是流行病学研究的基础性工作。

第一节 健康相关数据资料的来源

流行病学研究数据资料的来源,即统计数据的信息来源有很多,根据信息来源可将数据分为三类:①常规收集的数据资料,包括工作记录、报告卡和各种统计报表。②专题调查研究的数据资料,包括现场调查(field survey)资料和实验研究(experiment study)资料。③健康大数据资料(health big data),泛指所有与生命健康有关的大数据(big data)。资料的收集(data collection)过程,就是按照研究设计所拟定的方法与过程,通过对研究对象的观察及实验,测量并记录结果,形成原始统计数据。

在流行病学研究中计算常用测量指标(率)需要有分子数据和分母数据,分子是指被研究事件与状态的数据,分母是指风险人群的数据。一般的,人口统计数据用作分母,各种卫生、疾病、死亡的登记和调查机构的统计数据用作分子。

一、常规收集的数据资料

常规收集的数据资料主要来源于各种工作记录和报告卡,如门诊病历、住院病历、体检记录、户籍与人口资料、医疗保险资料、出生报告、死亡报告、传染病报告卡、职业病报告卡等;还有各种统计报表,如人口出生报告和居民的疾病、伤害及传染病的月份、季度及年份报告等资料。这是流行病学家和临床医生了解和判断人群健康和疾病状况的主要信息来源。这些信息又通过相应的信息呈报系统,报送到国家疾病预防控制中心、国家卫生和计划生育委员会和国家统计局,由这些部门对呈报的信息再进行统计、汇总、发布。

(一)人口资料与健康相关数据

1. **人口普查与卫生数据(又称健康相关数据)** 大多数国家都会定期(例如中国每10年)进行人口普查以获取人口学数据及其分布特征,也通过国家生命统计登记系统(national vital statistics registration systems)的长期登记和报告来收集人口出生与死亡的数据及分布特征,用人口普查数据作为分母来计算出生率和死亡率。对国家间的统计量的进行比较,可以了解不同国家的人口学统计情况。

并非所有的国家都具备有效的疾病报告系统,并且人口普查数据和生命统计数据的准确性也因国家而异。收集这些数据是国家的一种责任,大多数国家会把本国的人口学、经济和社会发展的数据报告给联合国,把生命和疾病统计数据报告给世界卫生组织。若想获取某一国家的人口普查数据,最简单的方法是搜索该国的网站或者国家统计局的网站。

2. **中国人口普查与卫生数据** 中国大多数的出生与死亡数据和多种卫生相关的统计数据都来

自中华人民共和国国家统计局和中国卫生和计划生育统计年鉴。省、市、县政府部门和机构都会频繁地收集各种数据,所有关于出生、死亡、死因、胎儿死亡、结婚、离婚等事件的数据都会被登记。出生证明由医师、接生员填写,死亡证明书由具有执业医师资格的医疗卫生人员、法医填写。各地各级医疗卫生、统计机构把原始的数据通过相应信息报告系统报送上级疾病预防控制机构、妇幼保健机构和统计机构,最终到国家疾病预防控制中心和国家统计局汇总。

《全国人口普查条例》于 2010 年 5 月 12 日国务院第 111 次常务会议通过并于 2010 年 6 月 1 日起施行,条例规定人口普查由国务院统一领导,地方各级人民政府按照国务院的统一规定和要求,设立由统计机构和有关部门组成的人口普查机构,负责人口普查的组织实施工作。全国人口普查每 10 年进行一次,尾数逢"0"的年份为普查年度,标准时点为普查年度的 11 月 1 日零时。普查内容包括姓名、性别、年龄、民族、国籍、受教育程度、行业、职业、迁移流动、社会保障、婚姻、生育、死亡、住房情况等信息。普查数据由国家统计局发布,并可以在国家统计局的网站上查询。

(二) 中国卫生数据库

在临床流行病学方面,相关数据常常来自对患者的体检、诊疗记录和对特殊临床人群的研究。当研究大规模人口卫生问题时,更多的是使用已有的数据库,因为这样既可减少费用,又可有效提高应答率。下面介绍一些中国常用卫生数据系统:

1. 中国卫生和计划生育统计年鉴　由国家卫生健康委员会主编,协和医科大学出版社出版,国家卫生健康委员会网站上也有发布,是反映中国卫生健康事业发展情况的资料性年刊。《中国卫生和计划生育统计年鉴(2016)》分为 14 个部分,即医疗卫生机构、卫生人员、卫生设施、卫生经费、医疗服务、基层医疗卫生服务、中医药服务、妇幼保健与计划生育、人民健康水平、疾病控制与公共卫生、居民病伤死亡原因、食品安全与卫生计生监督、医疗保障、人口指标,另附主要社会经济指标、世界各国卫生状况,其中收录了全国及 31 个省、自治区、直辖市卫生计生事业发展情况和居民健康水平的统计数据,以及历史重要年份的全国统计数据。全书数据资料来源于各地卫生统计年报和抽样调查的数据。

各地卫生健康行政部门、卫生健康事业单位统计机构或综合统计工作所在机构分别统一管理本部门、本单位的卫生健康统计资料。同一卫生健康行政部门、卫生健康事业单位内的其他机构须向本部门、本单位统计机构或综合统计工作所在机构提供各项业务统计数据。

因为分析结果的质量与基础数据的质量密切相关,所以各级卫生健康事业单位需建立健全原始记录、登记表、台账和统计资料档案,尽可能地确保统计数字数准确无误。尽管在数据统计过程中存在很多潜在的产生错误的原因,如未报告的出生与死亡,不准确的死亡证明诊断,以及出生与死亡证明上的错误的人口与临床信息等,《中国卫生和计划生育统计年鉴》的数据仍是大规模人群研究最可靠的依据。

2. 国家人口与健康科学数据共享服务平台(http://www.ncmi.cn)　由中国医学科学院管理,它由基础医学、临床医学、公共卫生、中医药学、药学、人口与生殖健康、地方服务等七个国家级数据中心和若干国家级专项调查研究的数据库组成。用户可以登录这些中心的网站,查询和申请使用这些数据资料。

公共卫生科学数据中心(http://cdc.ncmi.cn/Share/index.jsp)由中国疾病预防控制中心管理和维护,是国家人口与健康科学数据共享服务平台七个数据中心之一,是疾病预防控制工作中经常使用的数据库。该数据库提供的数据信息分为传染性疾病、慢性非传染性疾病、健康危险因素、生命登记、基本信息五个方面。用户可以通过申请使用这些数据资料。公共卫生科学数据中心在审核用户的申请后以在线方式提供数据的发布和下载等服务,或通过磁盘、光盘、纸介质等形式向用户提供离线方式的数据复制、加工服务。公共卫生科学数据中心主要提供以下数据库:

(1) 传染性疾病部分包括法定报告传染病数据库、甲型 H1N1 流感、艾滋病、肺结核、肝炎等项目,涵盖了目前我国法定检测的所有传染病种。

（2）慢性非传染性疾病部分包括糖尿病、慢性病患病率、高血压病、慢性疾病系统别构成数据等项目。

（3）健康危险因素部分包括中国健康与营养调查数据库、地方病防治数据库、中国老年人口健康状况调查数据库、中国吸烟行为调查等项目。

（4）生命登记部分包括全国疾病监测系统死因检测网络报告数据库等项目。

（5）基本信息部分包括人口数据库、行政区划数据库、疾控机构基本信息数据库等项目。

二、专题调查研究的数据资料

专题调查研究的数据指专题科学研究工作所获得的现场调查数据资料和实验研究数据资料。现场调查是对特定对象群体进行调查，由于客观存在影响调查结果的因素，研究者只能被动地观察和如实记录数据。实验研究是以人群、动物或标本（血、痰、尿等）为研究对象，在研究过程中研究者可以主动地对研究对象加以干预措施。

由于专题调查研究是针对某一专门问题而进行的深入、具体的调查研究，因此要求研究者有一个详细周密的调查研究设计（有关各种专题调查研究数据资料的收集方法见本书第一篇第五章）。

在大规模的人群研究中，尽可能使用已有的数据库，如中国卫生和计划生育统计年鉴、公共卫生科学数据中心、法定报告传染病数据库、全国疾病监测系统死因监测网络报告数据库等。临床流行病学研究的数据经常来自对患者的查体、实验室检验、物理诊断检查及其他特殊研究方法、临床报告、特别问卷或者大型保险公司关于这些数据的汇总。

三、健康大数据资料

麦肯锡全球研究所（McKinsey Global Institute）把大数据定义为一种规模大到在获取、存储、管理、分析方面大大超出了传统数据库软件工具能力范围的数据集合，具有海量的数据规模、快速的数据流转、多样的数据类型和价值密度低四大特征。健康大数据泛指所有与生命健康有关的大数据，来源涵盖但不限于医疗临床数据、生物信息学数据、环境监测数据、金融保险数据、气候地理数据、互联网数据等，其中医疗临床数据包括门/急诊记录、住院记录、护理记录、影像记录、实验室记录、用药记录、手术记录、随访记录、社区居民健康档案等，主要从医院的医院管理信息系统（hospital information system，HIS）、社区的居民健康档案系统中获取；生物信息学数据，主要指基于生物标本的各类组学数据，一般来自实验室基因组学、转录组学等实验结果数据和 GenBank、EBI、Uni-Prot 等医学数据库；环境监测数据，如水质监测、空气监测、土壤监测、固体废物监测、生物监测、噪声和振动监测、电磁辐射监测、放射性监测、热监测、光监测、卫生监测（病毒、寄生虫等病原体）等数据可以从国家生态环境部信息中心（http://datacenter.mep.gov.cn）获取；金融保险数据，如各级政府卫生收支数据、医疗保险数据、全国和地方经济发展数据、家庭个人收支数据等，可从国家人力资源和社会保障部网站（http://www.mohrss.gov.cn/）、国家统计局网站（http://www.stats.gov.cn/）和社会商业保险机构获取；气候地理数据，如水文气象数据、地球卫星遥感测绘数据等可从国家气象科学数据共享服务平台网站（http://data.cma.cn/）、自然资源部网站（http://data.mlr.gov.cn/）获取；互联网数据，如用户健康信息搜索浏览数据、智能穿戴设备记录数据等，这类数据一般由相关企业掌握，如 Google 公司曾尝试根据汇总的 Google 搜索数据，近乎实时地对全球流感疫情进行估测的 Google 流感趋势（Google flu trends，GFT）。

健康大数据的根本是数据。近年来，人们逐渐认识到数据是未来重要的战略资源，进而引发了对数据资源进行收集和抢占的热潮。未来，大数据将主要由数据所有机构所有和管理。大数据的获得和开发也需要数据所有机构共享、整合、开发数据资源，而由于健康大数据的内容涉及个人隐私、国家安全等方面的敏感信息，目前国内相应的伦理、法律、制度等方面仍有待完善，所以对健康大数据的真正开发和利用还远未实现。

第二节 健康相关数据资料的测量

人群现象是流行病学研究的基础,必须准确测量,才能建立假设和检验假设,所以流行病学家需要正确的测量方法来确定人群中发生了什么。基础的流行病学测量就是对所观察人群健康相关事件(如疾病、伤害、死亡)频数的测量,描述其在不同人群、不同时间、不同地区的频率和表现形式。

一、频数的测量

对疾病、伤害、死亡频数的测量有很多方法,并且依据研究的目的和数据的适用性,可以有不同的源人群。其中发生数(incidence)和现患数(prevalence)对流行病学来说是最重要的概念。

1. 发生数(或发病数) 指新发病例数,是疾病、伤害、死亡发生的频数,即被研究人群在研究期间从健康转变为疾病的例数,从无伤害转变为伤害的例数,从存活转变为死亡的例数。图 3-1 显示了 1999—2009 年中国 AIDS 新发病和患病例数。

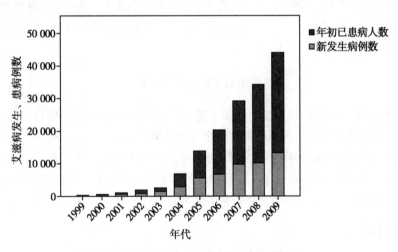

图 3-1 1999—2009 年艾滋病患病情况

图 3-1 每个直条的高度代表当年艾滋病的患病人数,直条的浅灰色部分代表当年新发生的艾滋病患者数,直条的深灰色部分代表当年年初已经存在的艾滋病患者数(数据来源于《2010 中国卫生统计年鉴》)。

2. 现患数(或患病数) 即患者总数,指观察人群中在某一个特定时间患某种疾病或处于某种状态的总人数。现患数可以根据观察时间的长短分为时点现患数和期间现患数,时点现患数观察时间比较短,通常指某一时间点,一般不超过一个月。而期间现患数的观察时间则比较长,一般为几个月甚至一年。由于期间现患数是在一定时间段内的患者总数,是期间开始时的时点患病数与期间发生数之和,既体现时点患病数,也体现发生数,所以不适合做病因研究。

关于发生数和现患数的概念关系,图 3-2 中显示已知某人群中 6 个某病患者的情况,假设该人群在观察期间没有人迁入和迁出。从 1 到 6 是每个患者的编号,一条线代表一个患者,●代表发病、○代表康复、⊕代表死亡、线长表示病程的长短。符号 t_1 表示观察时间的开始,符号 t_2 表示观察时间的终止。

先看 1、2、3 号患者,他们年初就已经是患者,1 号患者到年末时还活着,且仍然患病,2、3 号患者在年内有的痊愈,有的死亡;4、5、6 号患者,他们在年内发病,4、5 号患者在年内或痊愈,或死亡,而 6 号患者,到年末时仍然存活且患病。

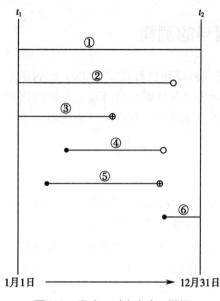

图 3-2　发病、时点患病、期间患病概念分析图

如此,我们可以计算出:这一年中有 3 例新发病例(4、5、6 号)。在 t_1 时点患病数为 3 例(1、2、3 号)。t_2 时点患病数为 2 例(1、6 号)。期间患病数等于 t_1 时点患病数加上 t_1 和 t_2 期间的发病数,即 3+3=6。虽然 1 个人只能是 1 次新发病例,但他可以是时间段内多个时点的现患病例,包括研究期间的开头和结尾。

3. 发生数与现患数的关系　发生数与现患数关系比较复杂,它们都和疾病的定义、诊断标准有关,如果疾病的定义和诊断标准发生变化,发生数与现患数的时间趋势就会发生改变,从而改变发生数与现患数原有的比例关系,影响人们对疾病流行趋势的看法,因此一种疾病稳定的定义对合理地进行率的时间趋势比较是非常重要的。

现患数受很多因素的影响,如年新病例数,患者的迁入和迁出,还有疾病持续时间—病程,即从开始发病到死亡或治愈的时间。公式 3-1 是一个计算现患数的近似概念公式,它并不是精确的科学计算,但是它对理解和预测社会疾病负担很重要。

$$现患数 = 发生数 \times 病程 \qquad\qquad 公式 3\text{-}1$$

上式只有当疾病发生数和病程不变的时候才能成立,说明疾病现患数的增长,可以是年新病例数的增长,也可以是患者患病生存时间或康复时间延长的结果。

近年来艾滋病发生数的增长并不很大,而现患病例却大量增加,究其原因,是与新的治疗药物和其他治疗方法、预防方法的应用,延长了艾滋病患者的生存期有关,使艾滋病现患数的涨幅远远超过其发生数的涨幅(见图 3-1),给社会和家庭带来了沉重的经济负担。

二、风险的测量

1. 风险的概念　风险(risk)是指在某一特定环境和时间段内,某种风险事件发生的可能性。风险事件可以是死亡、疾病、伤害或其他健康相关事件。

从流行病学角度来看,风险是指在研究开始时没有受到侵害,而在研究期间发生风险事件的人数的比例。把研究期间开始时确定的观察人群叫做队列,也称风险人群(或危险人群),即有可能发生风险事件的人群。如果研究者随访了队列中所有的人若干年,那么计算风险事件发生可能性的分母就不会改变(除非有失访的人)。

所以,在一个队列中,计算死亡或疾病 n 年风险的分母和计算 1 年风险的分母是一样的,因为它们的分母都是在研究开始时进入队列的人数。

把实际风险估算应用于个体时要特别谨慎。如果死亡、疾病、伤害发生于单个患者,那这个人的风险就是 100%。最好地解答患者死于手术的风险的问题,不是给他一个数字(如,你的生存机会是 99%),患者会担心自己到底属于 1% 还是 99%,相反,如果把手术的风险与其他一些生活中常见的风险(如长途驾车旅行)结合在一起讲解也许更好。事情的实质是患者是否愿意为换取手术潜在的益处而接受任何风险。

2. 风险概念的局限性　一般来说,对一种风险进行测量时,很难确定准确的分母,即谁肯定处于风险中?如只有妇女才有怀孕的风险,但是即使是这种情况也可能因为实际的原因而确定为只有 15 ~ 49 岁的妇女才有可能怀孕,而即使在这个人群中,一部分人也会因为子宫切除或其他原因而不孕。

再如,传染性疾病的易感人群是很难知道的,除非知道人群中缺乏抗体的人数,理论上讲,对于一种传染性疾病的风险,只有不具有抗体的人才是易感人群,并且作为分母,但是抗体的水平一般是未知的,因此在实际应用中,常选择一个地区的人群或某个可能缺乏抗体的年龄段的人群作为分母。

一种传染性疾病的死亡风险看似简单,实际上非常复杂,这是因为总人群中有不同的亚人群(图3-3),即总人群中有一部分是易感人群,易感人群中有一部分是暴露人群,暴露人群中有一部分会被感染,被感染人群中有一部分会患这种疾病,患这种疾病人群中有一部分会因这种疾病而死亡。

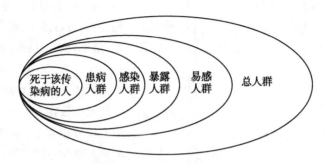

图3-3 传染性疾病的人群现象(亚人群分布)

因此,有临床疾病而死亡的人数比例称作病死率。病死率越高,感染的毒性越强。感染人群中的临床患者人数比例反映病原体的致病性。暴露人群中感染的人数比例反映机体的易感性,但是它也受暴露情况的影响。若要彻底了解一种传染性疾病的流行病学现象,需要知道图3-3所示的全部率。类似的特征也可以用于非传染性疾病中。

风险概念的另一个局限性。假设3个不同的人群,其规模和年龄分布相同(如:在研究期间没有新患者加入的3个养老院),在某年(1月1日到12月31日)有相同的总死亡风险(如8%)。尽管风险相同,但三个人群的死亡时间不同。假设A人群在这年1月有严重的流感流行,则A人群当年的大部分死亡发生在年初的第1个月;假设B人群到12月才有流感流行,则B人群中的大部分死亡发生在年末的12月;假设C人群没有发生流感流行,则它的死亡平稳地持续全年。虽然3个人群全年死亡风险相同(8%),但是死亡率却不同,A人群的死亡率最大,B人群最小,C人群居中。显然,风险的测量方法不能区分这三种不同的死亡模式,而用另一种测量方法——率,可能更合适。

三、率的测量

1. **率的概念** 率(rate)等于一定时间内某事件发生的频数除以研究期间内处于风险的人群的平均人口数。因为期中的人口数常被认为是研究期间平均人数的较好估计值,故期中人口数就经常被用作率的分母。率的计算公式如下:

$$率 = \frac{分子(某事件发生的频数)}{分母(研究期间平均人数)} \times k \qquad 公式3-2$$

风险和率的值一般都小于1,除非观察事件会重复地发生,比如腹泻和哮喘。率通常要乘以一个比例基数 k,k 可以是 100%,1000‰,10 000/万,100 000/10 万等,来保证分子大于1以便于讨论(如,每年每千分之一)。

例如,粗死亡率的计算,2015年我国人口粗死亡率是0.00711,可以把它乘以1000‰得7.11‰,可以表达为每千人每年7.11人死亡。计算公式如下:

$$粗死亡率 = \frac{死亡数(同一地区,同一期间)}{期中人口数(同地区,同时期)} \times 1000‰ \qquad 公式3-3$$

我们可以按照理解速度的方法理解率,例如,一段时间内的平均率和平均速度,平均速度是以移动距离除以所需时间得来的千米每小时;同样,一个事件的平均率(如死亡)等于观察时间段内(如1

年)事件发生的总数除以暴露于该事件的平均人口(如每年每千人10人死亡)。

　　2. 风险和率的关系　在前面风险概念局限性的例子中,人群A、B、C的规模相同,在相同的年份都有相同的死亡风险。但是它们的死亡模式却有很大的不同,图3-4表明用率的概念来说明死亡率差别要优于风险的概念。

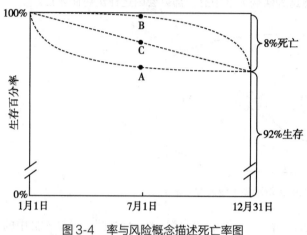

图3-4　率与风险概念描述死亡率图

　　因为人群A的大部分死亡发生在上半年,其年中人口数可能是3个人群中最小的,因为分母最小,而分子3个人群是相同的,结果死亡率最高;人群B因为大部分死亡发生在年末,其年中人口数是3个人群中最大的,结果死亡率最低;人群C因上半年的死亡数在人群A和人群B之间,其年中人口数也居中,结果死亡率也处在人群A和人群B之间。尽管全年的风险没有显示出死亡率的差别,而率则通过准确地反映3个人群死亡时间做到了这一点。可见,生命质量较好的人,大多数可能是在B人群中,因此人群B中的人口生存时间越长越要归因于其低的死亡率。

　　率经常用来估计风险。当研究时期很短,在研究期内,分子所代表的事件每个个体只发生1次,受这个事件影响的人口比例又较小(如<5%),则率和风险近似,率可以是风险的良好估计;如果研究时期较长,或者人口死亡比率较大,则率显著地大于风险,这是因为率的分母由年中时仍然存活的人数组成,而年中的人口数比年初的人口数减少了,所以年率比年风险高;如果分子代表的事件在研究期间不止发生1次,就像发生感冒或者腹泻一样,则相应的要用发病密度(见第一篇第五章)来代替率。

　　虽然队列研究计算n年风险的分母和1年风险的分母完全相同,但率的分母其实一直在变化,它随着一些患者的死亡和迁出而降低,随着有人出生和健康人迁入而增加。在现实的人群中,上述4种情况可能会同时发生。率就是通过使用期中人口数估计处于风险人群的平均值来反映这些变化的。

　　3. 率的应用注意事项

　　(1)率的计算:在进行率的计算时,要正确理解和计数分子和分母,分子和分母要相对应,第一,分子中所有被计数的事件必须发生在处于分母中的人身上;第二,所有计入分母的人必须处于与分子相关的事件风险中。例如,子宫颈癌的分母不应该包括男性。

　　(2)率的比较:率和风险的比较有三种情况。一是实际率或风险与目标率或风险的比较。如,原国家卫生和计划生育委员会确定了国家卫生计生事业"十三五"发展目标,有关于各种死亡率的改善,包括婴儿死亡率和孕产妇死亡率,到"十三五"结束的最终统计数据发布时,全国或各地的实际观测婴儿死亡率和孕产妇死亡率要与国家或各地政府设定的目标值比较。

　　二是同一时期两个不同人群的比较。这也是最常用的一种。例如,比较2017年2个不同的国家、地区、民族的死亡率或患病率。再比如,比较随机临床试验中处理组和对照组的结果。这里要注意的是,比较的2个总体要用完全相同的测量方法,保证其可比性。

　　三是同一总体在不同时期的比较。在研究时间变动趋势时使用,比较时要注意随着时间的推移人口年龄构成的变化和诊断水平的变化对发病率和死亡率的影响。

　　在进行率的比较时,要求所有参与比较的组的分子都应该有相同的定义或诊断标准;比例基数必须一致;时间段必须相同。这些要求看似很浅显,但是在实际比较时间间或人群间的率时很容易被忽视。如果医疗诊断标准、质量不能保证,那么就很难对分子进行比较。

　　如,1948年国际疾病分类方法做了一次大的修订,结果使许多疾病的报告数和率都出现了重大改变,不仅使追踪死因的变化很难,而且对不同人群,特别是不同国家间疾病专率的合理比较也很难。

另外,不同的国家医疗服务水平不同,患者所能接受的医疗服务质量也不同,诊断的方式方法也有差别,所以很难确定有多少报告的死因差别是实际存在的,有多少差别是由诊断方式和诊疗质量的差别所造成的。

(3)率的标准化:在两个或两个以上总体率或大组间率的比较中,如果人口的年龄(老年和青年)或者性别的组成不同,或者,进行两组患者间风险或率的比较时,而两组的病情轻重比例不同,会误导结果,产生错误的结论,因此需要对年龄、性别或病情进行校正。

同样,在用死亡率或病死率评价不同医院的诊疗质量时,也要对不同医院患者的病种、手术类型和疾病严重程度进行校正,否则那些治疗重患的医院在比较中就会处于不利的地位。

标准化率,也称校正率,就是为了控制年龄或其他因素的影响对率进行校正,以便于做率间合理的比较。率的标准化有直接法和间接法,具体做法参见《医学统计学》。

第三节　常用测量指标

一、发病率

发病率(incidence rate,morbidity)指在一定期间内(一般为 1 年)、特定人群中某病新发病例出现的频率。发病率等于在研究期间新发病例数除以研究期中处于风险的人口数。发病率一般表示成每千、每万、每十万人口下的值。

$$发病率 = \frac{某期间(年)某人群中某病新病例数}{同时期暴露人口数} \times k \qquad 公式 3\text{-}4$$

$k = 100\%, 1000\permil, 或 10\ 000/万 \cdots\cdots$

计算发病率时,分子是一定期间内的某病新发生的病例数。若在观察期间内 1 个人多次发病时,则应多次计为新发病例,如流感、腹泻等急性疾病,其发病时间容易确定,易区分新旧病例。而对发病时间难以确定的一些疾病,如高血压、恶性肿瘤等,则应根据统一的标准来确定新病例,一般可将初次诊断的时间作为发病时间来确定新病例;分母规定的是风险(暴露)人口,指有可能发生该病的人群,对那些不可能患该病的人,如传染病的非易感者(曾患某病的人)、有效接种疫苗者,不能算作风险人口。但在实际工作中,有时由于人群较大,具体暴露人口数不易得到,分母多采用该人群该期间内的平均人口数作为暴露人口。

期间平均人口数的计算有两种方法:一个是可以用该期间的期初人口数与期末人口数之和除以 2 所得的人口数为期间平均人口数,也可以用该期间的中间时间点的人口数作期间平均人口数。如:若观察期间为 1 年,则可用该人群该年年初(1 月 1 日零时)与该年年终(12 月 31 日 24 时)的人口数之和除以 2 所得的人口数,或以当年年中(即 7 月 1 日)的人口数做该年的年平均人口数。以此类推,可求任何期间的平均人口数。

此外,疾病报告、登记、记录制度以及诊断的正确性也可影响发病率的准确性。

发病率还可按不同的年龄、性别、民族、种族、职业、婚姻状况、病种等特征分别计算,称为发病专率。

在流行病学研究中,发病率可用作描述疾病的分布,它能反映疾病发生的频率。发病率的变化意味着影响发病的因素发生变化,通过比较某病不同人群的发病率可探讨发病因素,提出病因假说,还可评价防制措施的效果。

二、罹患率

罹患率(attack rate)与发病率一样,也是测量人群新病例发生频率的指标,计算方法同发病率;与发病率相比,罹患率适用于小范围、短时间内疾病频率的测量,观察期限可以以日、周、旬、月为单位,可以精确地测量发病的几率,常用于疾病暴发或流行时的调查,如传染病、食物中毒及职业中毒等暴发的调查。

三、续发率

续发率(secondary attack rate)也称二代发病率,指某传染病易感接触者中,在最短潜伏期与最长潜伏期之间续发病例的人数占所有易感接触者总数的百分率。

$$续发率=\frac{易感接触者中续发病例的人数}{易感接触者总人数}\times100\%$$　　　　　公式 3-5

续发病例指在一个家庭或某较小的群体单位如集体宿舍、幼儿园班组中第一个病例发生后,在该病最短与最长潜伏期之间出现的病例,亦称二代病例。计算续发率时,须将原发病例从分子及分母中去除。

续发率可用于比较传染病传染力的强弱,分析传染病流行因素,如年龄、性别、家庭中儿童数、家庭人口数、经济条件等对传染病传播的影响,衡量日常生活接触传播在传染病流行中的作用,以及评价免疫接种、隔离、消毒等卫生防疫措施的效果。

四、患病率

所谓的患病率(prevalence rate)也称现患率,其实质是一个比例而不是率。在这里一般用来表示被研究人口中患某疾病或处于某种状态的人口比例。患病率可以用于描述风险因素、疾病或其他情况。

$$患病率=\frac{某特定时间内一定人群中现患某病的新旧病例数}{同期的平均人口数(被观察人口数)}\times k$$　　　　公式 3-6

$k=100\%,1000‰,$ 或 $10\ 000/万……$

患病率的分子包括调查期间被观察人群中所有的病例,包括新、旧病例,分母为被观察人群的总人口数或该人群的平均人口数。按观察时间的不同,患病率又可分为时点患病率和期间患病率。

$$时点患病率=\frac{某一时点一定人群中现患某病的新旧病例数}{该时点人口数}\times k$$　　　　公式 3-7

$$期间患病率=\frac{某观察期间内一定人群中现患某病的新旧病例数}{同期的平均人口数}\times k$$　　　公式 3-8

$k=100\%,1000‰,$ 或 $10\ 000/万……$

患病率主要用来描述病程较长的慢性病的发生或流行情况,如冠心病、糖尿病、肺结核等,可为制定卫生政策、医疗卫生设施的规划、合理分配医疗卫生资源、评估医疗质量以及医疗费用的投入等提供科学的依据。

五、感染率

感染率(infection rate)是指在某个时间内被检查的人群中,某病现有感染者人数所占的比例。感染率的性质与患病率相似。

$$感染率=\frac{受检者中阳性人数}{受检人数}\times100\%$$　　　　　公式 3-9

在流行病学工作中这一指标常用于研究某些传染病或寄生虫病的感染情况和防治工作的效果,估计某病的流行趋势,也可为制定防制措施提供依据。它是评价人群健康状况常用的指标,尤其是对乙型肝炎、结核、乙型脑炎、寄生虫等的隐性感染、病原携带及轻型和不典型病例的调查较为有用。

六、病残率

病残率(disability rate)指在一定的期间内,某人群中实际存在病残人数的比例。可以通过询问调查或健康检查,获得确诊的病残人数;病残率可说明病残在人群中发生的频率,也可对人群中严重危害健康的任何具体病残进行单项统计,是评价人群健康状况的指标之一。

$$病残率 = \frac{病残人数}{调查人数} \times k \qquad 公式3-10$$

$k = 100\%, 1000\permille, 或 10\ 000/万 \cdots\cdots$

七、死亡率

死亡率(mortality rate)指在一定期间(通常为1年)内,某人群中死于某病(或死于所有原因)的频率。死亡率是测量人群死亡危险最常用的指标。其分子为死亡人数,分母为可能发生死亡事件的总人口数(通常为年中人口数)。常用千或万分率来表示。

$$死亡率 = \frac{某时期内某人群中死亡总数}{同期平均人口数} \times k \qquad 公式3-11$$

$k = 100\%, 1000\permille, 或 10\ 000/万 \cdots\cdots$

死于所有原因的死亡率也称全死因死亡率或粗死亡率(crude mortality rate)。死亡率也可按年龄、性别、种族、病种等不同特征分别计算死亡专率,如年龄别死亡率、性别死亡率、某病死亡率等。

死亡率是用于衡量某时期、某人群死亡危险性大小的一个指标。是一个国家或地区卫生、经济和文化水平的综合反映,可为当地经济建设及卫生保健工作的规划提供科学依据。对于病死率高的疾病,死亡率基本可以代表其发病率,并且其准确性高于发病率,而死亡专率可提供某病死亡的三间变化的信息,故也常用作探讨病因和评价防制措施的指标。

八、病死率

病死率(fatality rate)表示一定时期内,患某病的全部患者中因该病死亡者所占的比例。

$$病死率 = \frac{某时期因某病死亡人数}{同期患该病人数} \times 100\% \qquad 公式3-12$$

病死率表示确诊患者的死亡概率,它可反映疾病的严重程度和医疗、诊断水平,主要用于病程短且易引起死亡的疾病,多用于急性传染病。用病死率作为评价不同医院的医疗水平时,要注意不同医院接收患者的病种、病情、病程等是否可比。

九、存活率

存活率(survival rate),又称生存率,指随访期终止时仍存活的病例数与随访期满的全部病例数之比。

$$n\ 年存活率 = \frac{随访\ n\ 年仍存活的病例数}{随访满\ n\ 年病例数} \times 100\% \qquad 公式3-13$$

研究存活率必须有随访制度。首先确定随访起始时间及终止时间。一般以确诊日期、手术日期或住院日期为起始时间。n 通常以 1、3、5 或 10 年计算。

存活率是用于评价某些慢性的、病死率较高的疾病如癌症、心血管病等的远期疗效的重要指标。

十、反映母婴健康状况的率

（一）婴儿死亡率

婴儿死亡率（infant mortality rate，IMR）指活产胎儿在不满 1 周岁死亡的人数与同期活产数的比率。一般以年为单位，用千分率表示。IMR 的计算公式如下：

$$IMR = \frac{某年某地 1 周岁以内婴儿死亡人数}{该地同期的活产数} \times 1000‰ \qquad 公式 3-14$$

联合国及世界卫生组织对活产的定义是妊娠的产物完全从母体排出时具有生命现象，生命现象包括呼吸、心跳、脐动脉搏动或肯定的随意肌运动等。大多数婴儿死亡发生在出生后的第 1 周，并且多是因为早产或者宫内发育迟缓，以及由此造成的发育不全，这些原因往往导致呼吸衰竭。有些在出生后 1 个月内死亡的婴儿是由于先天畸形所致。

应当注意的是，在计算任何的年份（如 2016 年）的婴儿死亡率时，其分子和分母从没有准确的对应起来。因为有些出生于 2016 年的婴儿，在 2017 年才会死亡，而在 2016 年死亡的婴儿却有些是在 2015 年出生的。虽然缺乏这种准确的对应关系对于一个大规模的人群来说没有什么影响，但是对于一个小规模的人群就会有影响。想要在小规模人群中研究婴儿死亡，最好累计 3~5 年的数据，如果要做详尽的婴儿死亡原因的流行病学研究，最好把每个婴儿的死亡和他的出生联系起来。

婴儿死亡率经常作为衡量一个国家、民族居民健康状况和社会经济发展水平的综合指数，是反映妇幼保健工作水平的重要指标。因为婴儿的健康与产妇的健康行为，尤其母亲的营养、吸烟、饮酒、用药等，以及环境因素和卫生服务质量有密切的关系。

婴儿死亡率的优点是对大多数国家都适用，是年龄别死亡率，其分子和分母来自相同的数据采集系统（生命统计报告），所以在同一地区，婴儿的出生和死亡都会被报告，而在报告不完善的地区，则出生和死亡的报告同时都会受到影响。

（二）新生儿期和新生儿后期死亡率

新生儿期死亡率（neonatal mortality rate）是指死亡发生在出生后 28 天内的新生儿数与该地同期的活产数之比。新生儿后期死亡率（postneonatal mortality rate）是指死亡发生在出生后 28 天到满 1 周岁的新生儿数与同期活产数与新生儿死亡数之差的比。计算公式如下：

$$新生儿死亡率 = \frac{某年某地小于 28 天新生儿死亡数}{该地同期的活产数} \times 1000‰ \qquad 公式 3-15$$

$$新生儿后期死亡率 = \frac{某年某地 28~365 天内婴儿死亡数}{该地同期的活产数 - 新生儿死亡数} \times 1000‰ \qquad 公式 3-16$$

即

$$新生儿后期死亡率 = \frac{某年某地 1 周岁以内婴儿死亡数 - 新生儿死亡数}{该地同期的活产数 - 新生儿死亡数} \times 1000‰ \qquad 公式 3-17$$

由计算公式可见，新生儿死亡率和婴儿死亡率非常相似。而新生儿后期死亡率应用时，必须注意率的有效性，特别是在分母中的个体必须与分子有相同的风险。活产婴儿如果在新生儿期死亡，就不应该归入新生儿后期的人群中，因此，新生儿后期死亡率分母等于活产数减去新生儿期死亡数。当新生儿期死亡数较小时（<5‰），可以用下面的近似公式估计新生儿后期死亡率。

$$近似新生儿后期死亡率 = 婴儿死亡率 - 新生儿死亡率 \qquad 公式 3-18$$

通常，新生儿死亡率能够反映医疗服务质量和孕妇产前行为（如营养、吸烟、饮酒、服药等）的影响,而新生儿后期死亡率则反映家庭环境条件的影响。

（三）围产期死亡率和比

新生儿死亡率在死因研究中有一定的局限性,因为随着出生时间的推移,不仅可能的致死因素在快速的变化,而且活产婴儿数与产前和围产期的护理有关。不难理解,护理方面的改进可以增加婴儿死亡率。例如,如果医疗保健的改善使病重的胎儿存活时间延长而能活产,结果是他们在出生后才死亡,并被记录为婴儿死亡,而不是死产。为此,提出了围产期死亡率和比(perinatal mortality rate and ratio)的概念,这个率在各国间的定义稍有不同。中国将其定义为:妊娠 28 周(即胎儿达到或超过体重1000g 或身长 35cm)至产后 1 周内的胎、婴死亡人数与同期全部出生人数之比。如以出生儿的体重来划分,指体重在 1000g 以上的出生儿中的死胎、死产和 1 周内死亡的新生儿,与同期体重 1000g 以上出生数之比。计算公式如下:

$$围产期死亡率 = \frac{某年体重1kg以上死产婴数+1kg以上婴儿及初期新生儿死亡数}{同期体重1kg以上死产婴数+1kg以上活婴数} \times 1000‰$$

公式 3-19

围产意为"出生前后"。分母中包括死产是为使分子分母相对应,这里要强调的是,所有妊娠满28 周的胎儿都有随后胎死腹中或活产的风险。

围产期死亡率最初是用来评估孕妇产前和分娩期间的护理,以及母婴在产后的看护。近年发展成对所谓的围产期风险的研究,重点是围产期死亡及其导致的低风险人群死亡期望值的增高。

如,将胎儿死产且体重在 500g 至<1500g 的病例作为一组,通过随访调查,以探讨社区因素对胎儿幼体产生易感性的影响以及母亲的健康状况;对于胎儿死产且体重≥1500g 的病例,要调查对母亲的护理情况;对于新生儿期死亡且体重≥1500g 或更重的病例,要研究分娩时的医疗护理情况;对于新生儿后期死亡且体重≥1500g 的病例,则要仔细研究对婴儿的看护情况。尽管社区研究是一种有发展的方法,但它的重要意义尚未完全确定。

（四）孕产妇死亡率

孕产妇死亡率(maternal mortality rate)是评价一个国家或者地区怀孕妇女的营养和医疗保健情况的指标。

虽然怀孕一般被认为是一个正常的生理过程,但是却使怀孕的妇女处于出血、感染、妊娠毒血症等风险中,通常情况下她们是不会有此风险的。而且,怀孕也使其他疾病的表现变得更为复杂,如心脏病、糖尿病、肺结核。

因此,为怀孕妇女提供充分的营养和良好的医疗保健尤为重要,也反映了一个国家和地区的经济、文化水平。孕产妇死亡率的计算公式如下:

$$孕产妇死亡率 = \frac{怀孕相关死亡数}{活产数} \times 100\,000/10\,万$$ 公式 3-20

公式 3-20 是基于怀孕相关(产褥热)死亡的,如果一个怀孕妇女或一个刚刚分娩的产妇死于交通事故、外伤或凶杀事件中,则不被认为是有怀孕相关疾病的。

理论上讲,分母应该是怀孕妇女数,但是为了简化,常用活产数来估计怀孕妇女数。比例基数一般都是 10 万,因为近年,许多国家的孕产妇死亡率已经降低到每万活产中死亡不到 1 人。

十一、疾病负担指标

（一）潜在减寿年数

潜在减寿年数(potential years of life lost,PYLL)是某病某年龄组人群死亡者的期望寿命与实际死亡年龄之差的总和,即死亡所造成的寿命损失。潜在减寿年数的计算公式如下:

$$PYLL = \sum_{i=1}^{e} a_i d_i \qquad\qquad \text{公式 3-21}$$

公式 3-21 中 e 为预期寿命（岁），i 为年龄组，a_i 为剩余年龄，$a_i = e - (i + 0.5)$，其意义是当死亡发生于某年龄组 i 时，至活到 e 岁还剩的年龄，在计算时加 0.5 是考虑到死亡年龄通常以上一个生日计算，所以应加一个平均值 0.5 岁，d_i 为某年龄组的死亡人数。

潜在减寿年数是在考虑死亡数量的基础上，以期望寿命为基准，进一步衡量死亡造成的寿命损失，强调了早亡对健康的影响。该指标是根据"平均死亡年龄大时，对期望寿命影响较小；反之，平均死亡年龄小时，对期望寿命的影响较大"这一原理提出的。因此，在对同一种疾病的死因顺位与潜在减寿顺位较小比较时，结果会有所不同。同时，用潜在减寿年数来评价疾病对人群健康影响的程度，可消除死亡者年龄构成的不同对预期寿命损失的影响。此外该指标可用来计算不同疾病或不同年龄组死亡者总的减寿年数，因此，PYLL 是评价人群健康水平的一个重要指标。

（二）伤残调整寿命年

伤残调整寿命年（disability adjusted life years，DALY）是指从发病到死亡所损失的全部健康寿命年，由因早死所致的寿命损失年（years of life lost，YLL）和疾病所致伤残引起的健康寿命损失年（years of lived with disability，YLD）两部分相加而得，计算公式如下：

$$DALY = YLL + YLD \qquad\qquad \text{公式 3-22}$$

其中 YLL 计算公式如下：

$$YLL = D \times L \qquad\qquad \text{公式 3-23}$$

式 3-23 中 D 为分年龄组、分性别的死亡人数，L 为个年龄组、各性别的寿命损失值，即标准寿命表中该年龄段所对应的期望寿命值，实际上反映的是某人因某病死亡时的年龄与期望寿命的差。YLD 计算公式如下：

$$YLD = P \times DW \qquad\qquad \text{公式 3-24}$$

式 3-24 中 P 为分年龄组、分性别的患病人数，DW 为伤残权重（disability weight），取值介于 0 至 1 之间，0 代表完全健康，1 代表死亡，反映了疾病导致的伤残的严重程度。

伤残调整寿命年是一个定量的计算因各种疾病造成的早死与残疾对健康寿命年损失的综合指标。

疾病可给人类健康带来包括早死和残疾（暂时性失能与永久性失能）两方面的危害，这些危害的结果均可减少人类的健康寿命。定量计算某个地区每种疾病对健康寿命所造成的损失，可以科学的指明该地区危害健康严重的疾病和主要卫生问题，这种方法可以科学的对发病、残疾和死亡进行综合分析。

第四节 疾 病 分 布

疾病分布（distribution of disease）又称疾病的人群现象或疾病的三间分布，是指疾病在不同地区、不同时间和不同人群中的存在状态及其发生、发展规律，即疾病在三间所表现的发病率、患病率、死亡率等疾病频率状况。研究疾病分布是流行病学研究工作的起点，是描述流行病学的主要内容，也是分析流行病学的基础。

一、疾病的三间分布

（一）地区分布

无论哪种疾病的发生都或多或少存在地域上的差异，疾病这种地区分布的差异反映了不同地区致病因子分布的差别,与不同地区的自然环境和社会环境因素有关。如自然环境中的特殊地理位置、地形、地貌、气象条件等,社会环境中的政治、经济、文化、风俗习惯等因素均可影响疾病的地区分布。因此,研究疾病的地区分布常可为疾病的病因、流行因素等提供线索,以便制订有效的防制对策。

地区的划分一般有两种方法:

一是行政区划法。在世界范围内可按半球、洲、地域、国家为单位;在一个国家内,如我国可按省、市、自治区、直辖市、县、乡等行政区域为单位划分。这样可以比较容易地获得完整的人口数据和发病与死亡的记录资料。但在同一行政区域常常自然环境又不尽相同,若疾病的分布是受自然因素的影响,则以行政区域为单位来描述疾病的分布,就可能掩盖了自然环境因素的作用。

二是自然环境划分法。可按自然条件形成的自然边界划分,如依山区、平原、湖泊、河流、森林和草原等为单位划分,以显示自然条件对疾病分布的影响,而特殊的地理环境往往对形成当地独特的风俗习惯、文化传统、遗传素质等有影响,因此这种划法也可反映这些因素对疾病地区分布的影响。

另外,不同的人口组成地,如城市、农村、住宅区、商业区等的文化水平、政治活动、交通条件等都跟疾病的分布有关。因此,用何种方式划分地区来描述疾病分布,可根据研究目的和病种的不同选择合适的划分方法。

1. **疾病在国家间的分布**　有些疾病只在一定国家或地区发生,例如黄热病主要见于非洲和南美洲,其分布与埃及伊蚊的分布相一致。野鼠型出血热只发生在有特定的野生动物宿主存在的地区,日本国内无黑线姬鼠存在,所以在日本不发生野鼠型出血热。这种严格的地区性主要受特定的地理环境及病原的媒介和储存宿主的影响。

有些疾病在全世界均可发生,特别是一些常见病和多发性疾病,并无严格的地区界限,但不同的国家和地区的分布不同,有的区域性不明显,有的则有明显的高发区和低发区。

例如乳腺癌的 2012 年发生率排位是北美洲、大洋洲、欧洲、拉丁美洲、非洲、亚洲(表 3-1)。这种分布的原因是许多因素造成的,其中环境因素中社会经济因素和膳食组成可能是重要因素。肝癌在东亚、东南亚、非洲东中部、西太平洋地区高发,而在澳大利亚、欧洲、北非、北美洲的大部分地区发病率较低,高低发病区的发病率之比可达 80 余倍。

2. **疾病在国家内分布**　疾病在一个国家内的分布也有差别。我国疆域辽阔,人口众多,地处温带和亚热带气候区,南北气温相差悬殊,地势高低起伏,各民族人口呈现"大杂居,小聚居"的格局,各地人民生活习俗和卫生文化水平差异明显,是了解疾病流行因素和探讨病因的有利条件。

血吸虫病在我国仅限于南方一些省份,这是因为北方干燥、寒冷,缺乏钉螺孳生繁殖条件所致。食管癌发病在我国北方多于南方。北方以太行山脉地区的山西、河南、河北 3 省交界处食管癌

表 3-1　全球女性乳腺癌年龄调整发病率(2012 年)

地区	发病率(1/10 万)
北美洲	91.6
大洋洲	79.2
欧洲	69.9
拉丁美洲	47.2
非洲	36.2
亚洲	29.1
全球	43.1

(资料来源:International Agency for Research on Cancer)

死亡率最高,且以此为圆心,以同心圆形式向周围扩散,逐渐降低,这些地区多属低山丘陵地带,年降雨量较少,自然植被稀疏,水土流失严重,土壤和饮水多偏碱性,农产品以旱田作物玉米、小麦、谷子、棉花及红薯等为主,水果蔬菜一般较少。

肝癌则是南方高于北方,东部高于西部,沿海高于内地,尤以江河三角洲地区和沿海岛屿为高发,如福建、广东等沿海地区,这可能与这些地区共有的气候条件和地理环境有关。

胃癌则多发生在北方地区和沿海地区,特别是西北的甘肃、青海,沿海地区的江苏和上海发病率较为突出。另外,鼻咽癌广东多见;肺癌高死亡率较高的地区主要集中在华北、东北、浙江沿海等地区;原发性高血压北方高于南方等。

3. **疾病的城乡分布**　城市的特点是人口稠密,居住拥挤,交通方便,工业较集中,青壮年人口比

例大。因此出生率比较稳定,各类易感者有相当的比例,流行性感冒、流行性脑脊髓膜炎、百日咳等呼吸道传染病常年发生,容易流行;环境污染严重,自然生态恶化,高血压、恶性肿瘤等慢性病及职业性疾病患病率明显升高;交通事故、意外伤害及精神心理压力等问题较为严重。

此外,城市的公共设施(如供、排水系统)完善,管理健全,食品种类丰富,医疗卫生条件较好,故较少有经水传播的传染病流行,自然疫源性疾病、虫媒传染病等地方性疾病也较农村少见,医疗保健和疫情控制均较及时、有力。

农村及偏远地区的特点与城市正好相反,人口稀少,居住分散,交通不便,呼吸道传染病不易发生流行,但一旦有患者或携带者传入,便可引起较大的流行。如河南省某县的百战坪、大埠河两村1985年3月9日起,46天发生麻疹病例84例,罹患率达7.46%。两村彼此相邻,位于大别山深山区,距离县城较远,交通极不方便。1985年前已有8年没有麻疹病例报告。此次流行是以学校为中心而开始传播的。患者年龄最小为5个月,最大为56岁。后经调查证实是外地一位13岁儿童春节来百战坪拜年时将麻疹带入而引起的。

有些传染力强的传染病,如流行性感冒新变异株或亚型出现,则无论农村和城市都可迅速传播,酿成流行。

农村的公共设施不完善,卫生与生活的基础条件较差,接近自然环境,且传统的生产、生活方式和习惯不易改变,所以易发生肠道传染病的流行,疟疾、流行性出血热、钩端螺旋体病、地方性甲状腺肿、大骨节病等自然疫源性疾病、虫媒传染病及地方病等的发病率明显高于城市。

随着我国社会经济的发展,农村得到极大改善,农村居民生活水平、医疗卫生条件有了明显的好转,城乡之间的各种疾病的分布差异已经大大缩小,表3-2为2015年中国城乡死因顺位,可见目前城乡之间的死因差异并不大。当然也应该看到随着城乡间人口交流逐年增加,为一些传染病在城乡间相互传播创造了条件,同时随着农村物质生活水平的提高,一些过去在城市居民中常见的慢性非传染性疾病在农村居民中发病率正在逐年提高。

表3-2   2015年中国城乡前五位死因顺位

位次	城市	农村
1	恶性肿瘤	恶性肿瘤
2	心脏病	脑血管病
3	脑血管病	心脏病
4	呼吸系统疾病	呼吸系统疾病
5	损伤和中毒等外部原因	损伤和中毒等外部原因

资料来源:中国统计年鉴(2015年)

4. 疾病的地方性   由于自然环境和社会因素的影响而使一些疾病无需从外地输入,只存在于某一地区,或在某一地区的发病率水平总是较高,这种现象称为疾病的地方性(endemic)。

(1) 疾病地方性的种类

1) 自然疫源性:一些疾病的病原体不依靠人而是在自然界的野生动物中绵延繁殖,只在一定的条件下才传染给人,这种性状称自然疫源性,具有这种性状的疾病称为自然疫源性疾病,如鼠疫、森林脑炎等,这类疾病的流行地区称自然疫源地。

2) 自然地方性:如果一些疾病在某地区发病水平较高或仅在该地区发生与当地的自然环境有关,则称其为自然地方性,这些疾病称为自然地方性疾病。自然地方性疾病主要有两类:一类是自然地方性传染病,有些传染病的传播媒介受自然环境影响,只能在一定地区生存,如血吸虫病分布在长江中、下游各省,主要与钉螺的地区分布有关,还有疟疾、丝虫病等均属此类。另一类是地方病(endemic disease),是由于该地区的自然地理环境中过多存在或缺乏某些人体正常代谢所需的微量元素造成的,其病因存在于土壤、水和粮食中,经饮水和食物作用于人体而致病,如大骨节病、地方性甲状腺肿、地方性氟中毒等,这类疾病具有严格地方性。

3）统计地方性：由于生活习惯、卫生条件或宗教信仰等社会因素导致疾病在某地区发病水平较高，这与当地自然环境无关，只在疾病统计上这些疾病经常高于其他地区，这种现象称为统计地方性。如由于卫生条件较差，尤其饮水设施不完善，生活习惯不良，使某些地区伤寒、痢疾等会常年处于较高发病水平。

此外，凡本国没有而从国外传入的疾病，称为输入性疾病，如我国最初发生的艾滋病。如在一个国家内，某种疾病由一地区传入另一没有该病或已消灭了该病的地区，则称为带入性疾病。

（2）判断疾病地方性的依据

1）该病在当地居住的各人群组中发病率均高，并随年龄增长而上升。

2）在其他地区居住的相似的人群组中，该病的发病率均低，甚至不发病。

3）外来的健康人，到达当地一定时间后发病，其发病率逐渐与当地居民接近。

4）迁出该地区的居民，该病的发病率下降，患者症状减轻或呈自愈趋向。

5）当地对该病易感的动物也可能发生类似的疾病。

（二）时间分布

疾病分布随着时间的变化不断变化，这种变化是一个动态过程，不同时间疾病分布的不同，不仅反映了致病因素的动态变化，也反映了人群特征的变化。因此，了解疾病发生的时间分布形式可为探索病因和流行因素提供极有意义的信息。疾病的时间分布特征包括以下四种类型：

1. **短期波动（rapid fluctuation）**　是指在一个地区或一个集体的人群中，短时间内某病的发病数明显增多的现象，亦称为时点流行或暴发，只是暴发一词常用于较局限的区域和较小的人群，而短期波动或时点流行则用于较大区域和较大的人群。此外，短期波动没有疾病暴发来势凶猛。

短期波动和暴发均是由于该群体中许多人在短期内暴露或接触同一致病因子而引起。由于暴露者个体差异和接触致病因子的剂量、时间的不同，使疾病的发生有先有后、病情轻重不一，但大多数病例集中发生在该病最短和最长潜伏期之间，发病高峰与该病常见潜伏期基本一致。因此，可由发病高峰推算暴露时间，从而推测出短期波动的原因，也可根据发病时间推测疾病的潜伏期。

传染病常可发生短期波动或暴发，如食物中毒、痢疾、伤寒、甲型病毒性肝炎等的暴发；非传染性疾病也可发生短期波动或暴发，如化学毒物食物中毒、环境突遭污染导致居民发病突然增多等。

2. **季节性**　疾病每年在一定的季节内出现发病率升高的现象称为季节性（seasonality），也称季节性波动（seasonal variation）。季节性分布表明该季的致病因子或传播因素特别活跃，由于全年病例中绝大多数发生在流行季节，因此，弄清疾病的季节性，不但可探讨流行因素、传染源，还可为防制对策的制订提供依据，有的放矢地采取防制措施。

传染性疾病大多存在季节性，且有些具有严格的季节性，发病多集中在少数几个月内，其他时间几乎不发生，这种情况多见于虫媒传染病。

如我国北方7、8、9三个月为流行性乙型脑炎的高发季节，在此前后则很少有病例发生，而南方稍早，其原因是媒介节肢动物密度、吸血频率、体内病原体的发育和致病力等均适应这个季节的气候条件所致。

有些则呈季节性升高，这类疾病一年四季均可发生，但在一定月份发病升高，有的地区季节性高峰内的病例占全年病例数的40%以上。其原因是该季节存在有利于该病传播的因素。

如细菌性痢疾等肠道传染病，四季皆可发生，但以夏秋季最多，一般为8、9月，南方稍早，北方稍晚；呼吸道传染病则以冬春季较高，因该季节寒冷，呼吸道黏膜抵抗力下降，室内活动增多，经空气飞沫传播感染的机会增加，病原体在外界存活时间延长等所致。

有一些传染病季节性不明显，如乙型病毒性肝炎、结核、麻风、梅毒等发病无季节性。究其原因，可能与这些疾病的传播方式有关。

非传染性疾病多无明显的季节性。但个别疾病也有季节性升高的现象。如我国东北、西北克山病区各型克山病患者多集中出现在冬季11月到次年的2月，尤以12月和次年1月多发，而西南病区则以 6~8 月高发;由花粉引起的支气管哮喘多发生在春夏之交;脑卒中和冠心病均在冬季多发。

3. 周期性 疾病依规律性的时间间隔发生流行,称为周期性(cyclic variation,或 periodicity)。某些传染病如麻疹、百日咳、猩红热、流感等,常可表现为周期性流行。最明显的是流感,每隔 10~15 年出现一次世界性大流行。实施有效预防措施后,这种周期性可以改变或消失。

如我国麻疹疫苗在普遍使用前,在人口众多的城市中常表现为每隔一年流行一次。自 1965 年广泛推广使用疫苗后,我国麻疹的发病率降低,周期性流行已不复存在。某市 1950—1988 年流行性脑脊髓膜炎发病情况(图 3-5),7~9 年流行一次,1980—1988 年采取免疫接种措施后,发病率明显降低呈散发。

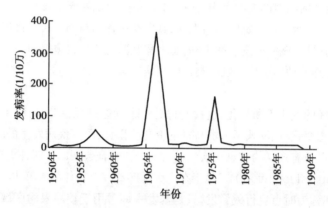

图 3-5 某市 1950—1988 年流行性脑脊髓膜炎发病曲线

了解疾病的周期性变化规律,对致病因素的探讨、疾病流行的预测及防治对策的制定具有重要的意义。

疾病呈现周期性常见的原因有:①足够数量的易感人群,尤其新生儿积累使易感者数量增加;②该病的传播机制容易实现;③病后可以获得稳固的免疫力;④病原体变异。

周期性间隔时间的长短取决于:①易感者积累的速度;②病原体变异的速度;③病后免疫持续时间的长短。

4. 长期变异 经过一个相当长的时期(通常为几年或几十年),疾病的分布状态、感染类型、临床表现等逐渐发生显著的趋势性变化,这种现象称为长期变异(secular change),或长期趋势(secular trend)。

无论传染病、慢性非传染性疾病均有长期的变动趋势。其原因可能是自然条件和社会生活条件的变化、环境污染以及医疗技术的提高等因素使宿主和致病因子发生了变化。

如近百年来猩红热发病率和死亡率都有明显下降,临床上轻型和不典型患者比例逐年增多,重症患者的比例明显减少,梅毒也有类似情况存在。其原因与病原体型别、毒力、致病性的变异,机体状况,疾病的防治措施等因素有关。

慢性非传染性疾病,如糖尿病在很多国家呈上升趋势,在我国糖尿病的患病率由 1980 年的 0.67% 上升至 2008 年的 9.7%;缺血性心脏病患病率 2003 年为 4.6‰,2008 年为 7.7‰,2013 年为 10.2‰;脑卒中(年龄标化)死亡率在 1994—2013 年间,男性下降了 18.9%,女性下降 24.9%,与 30 年前比较城市居民脑卒中死亡率下降了 31%,农村地区居民下降约 11%;2001—2011 年,我国恶性肿瘤的男性发病率稳定,女性发病率有显著增高,但死亡率均显著下降,但实际死亡人数却增加了 73.8%,这是我国人口老龄化的必然结果。从 2000—2011 年,在男性最常见的 10 种癌症中,发病率增加的有胰腺癌、结直肠癌、脑和中枢神经系统癌症、前列腺癌、膀胱癌、白血病,而胃癌、食管癌、肝癌则有所下降,肺癌的趋势则比较稳定;在女性最常见的 10 种癌症中,发病率增加的有结直肠癌、肺癌、乳腺癌、宫颈癌、子宫体癌、甲状腺癌,与男性相同,胃癌、食管癌、肝癌有下降趋势。

根据国家统计局公布的数据显示,我国部分市县前五位死因变化(表3-3),表明了我国疾病死亡谱的长期变化趋势。这种变化反映了50年间疾病致病因素和防治对策的综合作用。新世纪,我国城市居民死因构成基本稳定,根据2015年国家统计局统计当年我国城市居民死因顺位为恶性肿瘤、脑血管疾病、心脏病、呼吸系疾病、损伤和中毒,与10年前相同。

表3-3 我国部分城市前5位死因变化(1957—2006年)

位次	1957	1963	1975	1985	1995	2006
1	呼吸系疾病	呼吸系疾病	脑血管疾病	心脏病	脑血管疾病	恶性肿瘤
2	急性传染病	恶性肿瘤	心脏病	脑血管疾病	恶性肿瘤	脑血管疾病
3	肺结核	脑血管疾病	恶性肿瘤	恶性肿瘤	心脏病	心脏病
4	消化系疾病	肺结核	呼吸系疾病	呼吸系疾病	呼吸系疾病	呼吸系疾病
5	心脏病	心脏病	消化系疾病	消化系疾病	损伤和中毒	损伤和中毒

长期变异的原因有:①病因或致病因素发生了变化;②抗原型别变异,病原体毒力、致病力的变化和机体免疫状况的改变;③诊疗技术的进步、防制措施的改善;④社会人口学资料的变化及疾病的诊断、报告标准的改变等。

了解疾病的长期变异,探索其变化的原因,可为制定防治疾病的长远规划提供理论依据。

(三)人群分布

人群的特征有年龄、性别、职业、家庭、民族、行为、收入等,有些是固有的生物性的,有些是社会性的特征,这些特征有时可能成为疾病的危险因素。研究疾病人群分布有助于确定危险人群和探索致病因素。

1. **年龄分布** 年龄与疾病之间的关系极为密切,几乎所有疾病的发病率或死亡率都与年龄有关。不同类型的疾病可有不同的年龄表现,通常慢性非传染性疾病的发病率随年龄增长而增加,急性传染性疾病的发病率随年龄的增长而降低。

易于传播且病后有较巩固免疫力的传染病,多见于儿童,如麻疹、百日咳、水痘,学龄前儿童发病率高,流行性腮腺炎在学龄儿童中多见,实施计划免疫后有些疾病发病高峰后移,如麻疹在大龄儿童、甚至成人中都有发生,且症状往往较重和不典型。这与人群免疫状况有关。

隐性感染为主的传染病,儿童发病率高,成年人少见,如流行性乙型脑炎、脊髓灰质炎等。

病后无巩固免疫力的传染病则无明显年龄发病率差别,如流感、菌痢等,各年龄组发病率的差别,主要取决于暴露于该病的机会多少。

恶性肿瘤、心脑血管病、糖尿病等的发病率多随年龄增加而增高,可能由于致病因子长期积累,长期作用于机体和机体退行性变的结果,但白血病则在儿童期和老年期均多见,乳腺癌在青春期和更年期有两个发病高峰,提示致癌因素可能不同。

职业病和自然疫源性疾病以青壮年多发,伤害死亡的高发年龄为15~59岁,可能与暴露机会不同有关。同一疾病因流行的型别不同,其年龄分布也不同。如钩端螺旋体病,稻田型和洪水型流行时青壮年发病较多,雨水型流行时则儿童发病者多。

某地疾病的流行历史,常可影响疾病的年龄分布。一个地区若传入一种新传染病,则流行时往往不分老幼皆患病。但如果一种疾病经常存在,反复流行,则以婴幼儿患病较多,如一些地区的疟疾,流行性乙型脑炎等。

年龄不仅与发病频率有关,且与疾病的严重程度也有关系,如年幼和年长者对于一些病原微生物比较敏感,如肺炎球菌和沙门菌,对于年幼和年老者均可引起严重症状。

疾病年龄分布出现差异的原因:①免疫水平的差异;②暴露机会和方式的不同。

研究疾病年龄分布的目的:①提供病因线索,探讨病因;②帮助发现高危人群,以便保护重点人群;③有助于观察人群自然免疫状况和规律,确定计划免疫和预防接种对象。

疾病年龄分布的分析方法：

（1）横断面分析（cross sectional analysis）：主要分析同一时期不同年龄组的发病率和死亡率等频率变化，常用于急性疾病，如传染性疾病。若作多次横断面分析，则可显示不同年代各年龄组的疾病分布的变化。

从1914—1950年肺癌年龄别死亡率横断面分析中可以看出肺癌各年龄组死亡率在本世纪均显著增加（图3-6），在60~70岁时达到高峰，然后又呈下降趋势。这未必反映肺癌死亡率与年龄关系的客观真实情况，因为慢性病暴露时间可能很长，且致病因子强度在不同时间内可能不同。因此用横断面分析法，有时不能正确显示致病因子与年龄的关系，而出生队列分析可以纠正这一缺点。

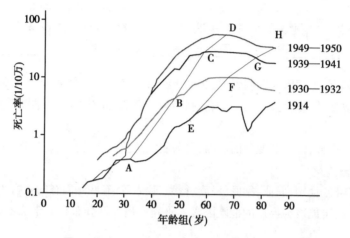

图3-6　1914—1950年男性肺癌年龄死亡率

（2）出生队列分析（birth cohort analysis）：将同一时期出生的人划归为一组称为一个出生队列（birth cohort），对其随访观察若干年，观察死亡等情况。

图3-6中，A点是1914年34岁时的死亡率；B点为1931年51岁时的死亡率；C点是1940年60岁时的死亡率；D点为1949年69岁时的死亡率。将ABCD各点连接起来即为1880年出生队列的人群肺癌死亡率曲线，图3-6中的EFGH连接一条1860年出生者组成的出生队列的肺癌死亡率曲线，E点代表该队列在1914年54岁时的死亡率，F点代表1931年71岁时的死亡率，G点为1940年80岁时的死亡率，H点是1949年89岁时的死亡率。

可以看出随年龄增加，死亡率随之上升，即使在70岁以后亦无下降趋势。且出生年代越晚，肺癌死亡率上升速度愈快，表明这些出生者暴露于致病因素的时间可能更早，暴露量可能更大。所以，出生队列分析更能真实显示致病因素与年龄的关系，并避免了上述横断面分析中高年龄组死亡率呈下降趋势的假象。

2. **性别**　疾病的发病率和死亡率常有性别的差异，其原因主要包括：

（1）男女的解剖、生理特点及内分泌代谢等不同：如宫颈癌仅发生于女性，乳腺癌女性多见；冠心病的患病率男高于女，而胆囊炎、胆结石女性多发，可能与女性某些生理特点有关；地方性甲状腺肿、克山病亦女多于男，可能因碘、硒缺乏不能满足女性较多的生理需求有关。

（2）男女生活方式、嗜好、体力等不同：使男女暴露或接触致病因素的机会不同。如肺癌、肝癌均男多于女，很大程度上是由于男性吸烟、饮酒者所占的比例多于女性所致。癌症死亡率，除乳腺癌和宫颈癌外，绝大多数癌症的死亡率都是男性高于女性，尤其膀胱癌、胃癌、肝癌、肺癌及食管癌等，可能与男子接触致病因子的机会较多有关。血吸虫病、野鼠型出血热、钩端螺旋体病、森林脑炎等皆可因接触病原体的机会不同而致男女两性发病率不同。

（3）男女职业特点不同：造成某些职业相关性疾病的发病率或死亡率的差异。危险性大的职业男性较多，故职业中毒男性高于女性。

另外,女性较男性对健康的重视程度要高,如女性人群的就医频率平均高于男性,就医的时间也明显早于男性。

男女两性在发病率、死亡率的差异,有些与环境因素有关,有些与机体内在因素有关,探讨疾病的性别分布,常有助于探索致病因素。

3. **职业**　疾病的发生与职业有密切关系,与暴露于某些职业性有害因素有关。其原因包括:

(1)与感染或暴露于致病因子的机会不同,而暴露机会的多少又与劳动条件有关:如接触放射线或苯的职业易患白血病,生产联苯胺等染料的工人易患膀胱癌,林业、勘探等野外作业人员易患森林脑炎、疟疾、流行性出血热,皮毛厂的工人易患炭疽;农牧场工人易患布鲁氏菌病等。

(2)不同职业反映了劳动者所处的经济地位和卫生文化水平的差异,而这些因素对疾病的发生亦有影响:英国的一份调查结果显示,专业技术人员的年龄调整死亡率较其他人员低。

(3)不同职业的体力劳动强度和精神紧张程度不同,影响疾病的发生:如凡体力劳动少的职业人群易患冠心病和高血压,汽车司机、飞行员多患高血压和胃炎、消化性溃疡。

4. **社会阶层(social class)**　是指社会成员在社会生产和生活的某方面如政治、经济、教育、文化等具有相同的地位特征的社会成员群体,每个人所处的社会阶层由其家庭出身、文化教育程度、职业和所拥有的财富决定。社会阶层体现了各种社会因素的综合,常用于分析和描述社会因素尤其社会经济因素与人群健康及疾病分布的关系。

目前,我国关于社会阶层与疾病的关系的相关研究较少,但随着我国经济的快速发展,不同社会阶层间的差距日渐加大,不同阶层的人的生活方式、营养状况和卫生保健水平不同,各阶层人群疾病分布的特点也有差异,相应的对策也有所区别。

英国、美国等一些发达国家的研究结果显示,心血管疾病、呼吸系统疾病以及胃癌、肺癌、宫颈癌等疾病在社会阶层较低的人群中高发;高社会阶层的人群中仅有乳腺癌和卵巢癌等少数几种疾病有高发现象;由吸烟引发疾病而导致的死亡,低级阶层是高级阶层的 2 倍。

社会阶层的划分有多种,可按照职业、教育水平、收入等。如对英格兰和威尔士的一项调查就是按职业特征划分的阶层(表3-4)。

表3-4　1970—1972 年英格兰和威尔士不同社会阶层 15~64 岁男性和婴儿死亡率

	粗死亡率 (1/10 万)	年龄调整死亡率(1/10 万)	SMR	婴儿死亡率(‰)	
				男	女
专业性职业阶层	399	462	77	14	10
半专业性职业阶层	554	486	81	15	12
非手工技术职业阶层	580	591	99	17	12
手工技术职业阶层	608	633	106	19	15
部分技术职业阶层	797	681	114	22	17
非技术职业阶层	989	832	137	35	27
全部15~64 岁男性或婴儿	597	597	100	20	15

(引自:Great Britain Office of Population Censuses and Surveys. 1978)

5. **种族或民族**　不同种族和民族之间疾病的频率有明显差异,其原因有:

(1)遗传因素不同:同一种族或民族的人具有某些相同的遗传特质,而不同种族或民族间则有一定的差异,因此对某些疾病的遗传易感性不同。如镰状细胞贫血只见于黑种人;我国广东省是世界上鼻咽癌的高发区,而移居到东南亚、美国的中国广东籍人鼻咽癌发病率仍远高于其他种族的人,提示遗传因素在鼻咽癌发病中的重要作用。

(2)生活、饮食、风俗习惯以及宗教信仰不同:如实行男性割礼的民族,男子阴茎癌发病率很低;新疆锡伯族好食"米送乎乎"造成察布查尔病的流行。

(3)各民族所处定居点的自然条件和社会条件不同:如食管癌具有明显的种族分布特点,在世界范围内,如前苏联的哈萨克族和乌兹别克族等高发,我国亦以哈萨克族最高,其次为回族、维吾尔族、蒙古族,而苗族最低,这种民族聚集性可能与其环境条件和生活习惯关系密切。我国太行山区居民食管癌患病率高,可能与常年摄入含亚硝胺的酸菜有关。

（4）不同民族间社会经济状况和医疗卫生质量、水平不同:美国黑种人和白种人的发病率和死亡率有很明显的区别。黑种人多死于高血压性心脏病、脑血管意外、结核、梅毒、犯罪和意外事故,而白种人的死亡率比较高的是血管硬化性心脏病、自杀和白血病。另外,宫颈癌黑种人中多发,乳腺癌则白种人较多。

6. **行为特征**　近年研究发现许多不良行为对人体危害很大。据世界卫生组织报告,在发达国家和部分发展中国家,危害人群健康和生命的主要疾病,有60% ~ 70%是由社会因素、不良行为习惯和生活方式造成的,如恶性肿瘤、冠心病、高血压、糖尿病等。常见的不良行为有吸烟、酗酒、吸毒、偏食、不洁性行为、长期静坐等生活方式。

在各种不良行为中,吸烟是最典型的,也是社会危害最严重的。吸烟与1/3的癌症有关,在日本和其他国家多次队列研究结果表明,吸烟者的肺癌、喉癌、咽癌、食管癌、胃癌、肝癌、胰腺癌、膀胱癌的死亡率均高于不吸烟者,而且存在剂量反应关系。戒烟后5 ~ 10年可下降到不吸烟水平。

妇女因被动吸烟也使肺癌等癌症死亡率上升,增加患乳腺癌、缺血性心脏病的危险。儿童也因被动吸烟而增加呼吸道疾病的危险性,影响智力和身体发育。

我国2015年人群吸烟率为27.7%,其中男性吸烟率为52.1%,与5年前的调查相比,没有显著变化。2014年的在校青少年吸烟调查显示在校青少年吸烟率为6.4%,82.3%的在校青少年在13岁前就接触了烟草,72.9%的在校青少年接触二手烟。因此大力宣传戒烟,开展各种戒烟活动是十分必要的。

饮酒也是一种不良行为。长期过量饮酒危害更大,饮酒是肝硬化、食管癌、咽癌、胃癌、肝炎、高血压等的危险因素。饮酒还与吸烟及其他致癌因素起协同作用,且酒后往往增加或诱发某些潜在危险因素的效应,如醉酒后往往发生事端,甚至犯罪,也是车祸、意外事故等的诱因。

静脉注毒、不安全性行为已成为我国目前感染艾滋病的主要途径;静坐生活方式使冠心病、脑血管意外发病的危险性增加,同时也易使机体功能减弱,而易发生高血压、糖尿病及各种骨关节疾病等。随着医学模式的发展、疾病谱的改变,行为因素对人类健康的影响显得越来越重要。

7. **婚姻状况**　婚姻状况的负性事件对人群的健康有明显的影响,如离婚、丧偶等对精神、心理和生活行为等影响很大,是导致发病或死亡的重要原因;正常的婚育和婚姻生活在维持女性人群健康方面的作用尤为重要;近亲婚配严重影响人口素质,应引起人们的足够重视。

8. **流动人口**　所谓流动人口是指某地外出或流入的人口,随着社会、经济、技术的发展,出现了人力资源的再分配,外出或外来求知、经商、务工的人员不断增加,人口大流动已成为客观事实。流动人口对疾病分布的影响逐渐引起注意,尤其对传染病的影响,流动人口是其暴发流行的高危人群,是疫区与非疫区间疾病传播的纽带,增加了落实儿童计划免疫的难度。

如报道,安徽省怀远县2005年共报告麻疹病例229例,其中流动人口11例,有37.55%的麻疹病例发生在县城城关和城乡结合部,确诊病例中有麻疹免疫史者占35.37%,无免疫史者占27.95%,免疫史不详者占34.5%。说明城乡结合部特别是流动人口是计划免疫工作的薄弱环节,要加强管理。

另外某些流动人口在性传播疾病的传播中起着举足轻重的作用。由于人口流动加剧了疾病的暴发和流行,为疾病的防治工作提出了新问题。

（四）疾病的人群、时间、地区分布的综合描述

以上分别叙述了疾病的地区、时间、人群分布,但在实际工作中疾病的描述往往是三间综合进行的。只有这样,才能更多获得病因线索和流行因素的信息,有利于提出病因假设。

如通过对新疆"察布查尔病"的时间、地区、人群的"三间分布"的描述,如每年春季发病,在一个多民族混居县,发病集中在锡伯族人居住区,以儿童、妇女多发。据此分析认为,该病的发生可能与锡

伯族人春季某种生活习惯有关。调查证实,锡伯族妇女、儿童喜爱的特殊食物"米送乎乎"——晒干的发酵馒头是锡伯族人在阴历 4 月 18 日做面酱用的,在其中发现肉毒杆菌,揭开了"察布查尔病"的病因——肉毒毒素中毒。

移民流行病学(migrant epidemiology)是利用移民人群综合描述疾病的三间分布,从而找出病因的一种研究方法。通过观察某种疾病在移民人群、移居地当地人群及原居住地人群中疾病的发病率或死亡率差别,区分遗传因素与环境因素在疾病发生中的作用,从而发现病因线索。目前主要应用于肿瘤、慢性病和一些遗传性疾病的病因研究中。移民流行病学进行病因探索主要依据以下两点:

1. 若某病发病率或死亡率的差别主要由环境因素造成,则该病在移民人群中发病率或死亡率与原居住地的人群不同,而与移居地当地人群的发病率或死亡率接近。

2. 若某病发病率或死亡率的差别主要是遗传因素的作用,则该病在移民中的发病率或死亡率与移居地当地人群不同,而与原居住地人群的发病率或死亡率相同。

如近百年来日本人移居美国者很多,日本是胃癌高发区,而美国则是低发区,两国人民生活习惯、自然地理环境均不相同。调查发现,移居美国后的日本人,其胃癌死亡率高于美国人,但明显低于日本国内的日本人,说明环境因素与胃癌的发生关系较大;乳腺癌发病是美国远高于日本,而移居美国的日本女性乳腺癌的死亡率有所升高,但仍远远低于美国人,说明遗传因素在乳腺癌的发生中起主要作用(表 3-5)。

表 3-5　日本人、在美国的日本移民、美国白人一些死因的标化死亡率比(1959—1962 年)

	日本人	日本移民		美国白人
		非美国出生	美国出生	
食管癌(男)	100	132	51	47
胃癌(女)	100	55	48	18
肠癌(男)	100	374	288	489
乳腺癌(女)	100	166	136	591
宫颈癌(女)	100	52	33	48
脑血管疾病	100	32	24	37
动脉硬化性心脏病	100	226	165	481

(引自:MacMahon. Epidemiology. 1970)

在应用移民流行病学探讨病因时,还要考虑移民人群生活条件改变的程度、两地医疗卫生水平的差异、移居的原因、移民的世代数及移民本身的年龄、职业、文化程度、经济状况等,这些因素均与研究结果的正确与否有关。

二、疾病流行强度

疾病的流行强度是指某疾病在某地区、某人群中,一定时期内发病数量的变化及各病例间联系的程度。常用散发、流行、大流行和暴发等术语来表示。

(一)散发

某病发病率维持历年的一般水平,各病例间无明显的时、空联系和相互传播关系,表现为散在发生,数量不多,这样的流行强度称为散发(sporadic)。确定某病在某地区是否属于散发,应参照当地前 3 年该病的发病率,如当年的发病率未明显超过既往的一般发病率水平,即为散发。散发不适于小范围的人群,一般用于较大范围的地区。疾病分布出现散发主要见于:

1. 该病病因在当地常年存在或因预防接种而使人群对该病维持一定的免疫水平。如麻疹流行后,易感人群减少或因实行计划免疫后人群中具有一定的免疫力,而出现散发。

2. 以隐性感染为主的疾病,如脊髓灰质炎、乙型肝炎。

3. 传播机制不容易实现的传染病,如斑疹伤寒。

4. 潜伏期较长的传染病,如炭疽、麻风。

另外,非传染性疾病在人群中大多数表现为散发。

(二)流行

流行(epidemic)指某病在某地区的发病率显著超过历年(散发)的发病率水平。它是与散发相比较的流行强度指标,疾病流行时,各病例间有明显的时、空联系,发病率高于当地散发发病水平的 3~10 倍。如果某地某病达到流行水平,意味着当地有促进该病发病率升高的因素存在,应当引起注意。流行的判定应根据不同病种、不同时期、不同的历史情况进行。

(三)大流行

当疾病迅速蔓延,涉及地域广,短时间内可跨越省界、国界或洲界,发病率超过该地一定历史条件下的流行水平,称为大流行(pandemic)。如流行性感冒、霍乱历史上曾多次发生世界大流行。

(四)暴发

暴发(outbreak)是指在一个局部地区或集体单位中,短时间内,突然出现大量相同患者的现象。暴发是流行的一个特例,暴发的病例在时间、空间上高度集中,病例多局限于某集体单位或小范围人群中、在该病的最短和最长潜伏期之间出现,大多有共同的传染源或传播途径(或致病源)。例如集体食堂的食物中毒、托幼机构中的麻疹等暴发。

(李晓霞)

思 考 题

1. 描述疾病分布的指标主要有哪些,其意义是什么?

2. 以一种慢性病为例,试述如何描述疾病分布特征?

3. 发生数和现患数的区别和联系?

第四章　常用流行病学研究方法

　　人类的历史是与疾病斗争的历史,人类最早面临着的问题是如何认识疾病、诊断、治疗及预防等问题。在没有任何生物学实验技术的年代,通过对多个对象(人群)的观察获得简单的归纳性的结论成为当时解答疾病有关问题唯一可行的方法,这就是流行病学研究方法的雏形。经过几百年来的发展,逻辑学的完善、广义因果律(概率论的因果观)的出现、辩证唯物主义的科学技术方法论的成熟、数理统计学的发展,皆为流行病学研究方法的形成奠定了理论基础。历经了近200年的思考和探索,流行病学家终于根据上述理论,结合人类的生物学特征,提出了一套了解疾病分布规律、探讨病因、评价预防措施效果的群体研究方法。

第一节　流行病学研究方法的发展历史概述

　　流行病学的主要任务是研究疾病的病因和疾病预防,在针对这两项任务实施过程中,流行病学的方法参与其中,从科学的角度来说,流行病学研究方法就是观察法和实验法。经过长时期的发展和总结,观察法演化成描述性流行病学研究和分析性流行病学研究,实验法演变成实验流行病学研究。之后,为从理论上认识疾病,数学模型应用于疾病的防治研究,发展成理论流行病学。

一、描述流行病学研究方法的发展

　　描述流行病学是利用常规记录或通过专门调查获得的数据,按照不同人群、不同时间及不同地区人群特征分组,描述人群中疾病或健康状况或暴露因素的分布情况。在描述性研究的历史长河中,寻找早期最有名的著作,要首推希波克拉底所著的《空气、水和住所》(*Airs*, *Waters and Places*),它集中体现了希波克拉底的描述流行病学的思想。而描述性研究专门调查的实例中,1850 年 Snow 对伦敦霍乱爆发的调查研究,使用病例分布的标点地图法被认为是描述性研究更为详细精准的楷模,被后人誉为现代流行病学的开端,也是统计学与流行病学相结合进行因果推断的经典。

　　利用常规数据进行描述性研究,早期至少有两件事件值得推荐:一个是 1662 年,英国的 John Graunt 首次利用英国伦敦一个郊区的死亡数据进行了死亡分布及规律性研究;另一个是在十八世纪英国统计总监 William Farr 在英国首创了人口和死亡的常规资料收集,通过分析提出了许多流行病学重要概念,如人年、标化死亡率等。

　　日本人移民美国的移民研究可称为典型的描述性研究,它涉及疾病在地区、时间和人群间的综合描述,它是通过观察疾病在移民、移民移入国当地居民及原居住地人群间的发病率、死亡率的差异,从其差异中探讨病因线索,区分遗传因素或环境因素作用的大小。

　　个案报告等其他形式的描述性研究发展更为较早,如西方医学史上最早的关于瘟疫详细记载大约是公元前 430 年发生于古希腊的瘟疫,希腊的城邦人口将近 1/4 因此而丧生,并且间接导致了古希腊文明的衰落。早期医学个案报告主要是针对传染病的,如鼠疫、霍乱、结核的个案报告等,个案研究的主要作用是描述临床现象、提示病因线索和防治方向等。在医学研究的历史上,截至目前个案报告多不胜举。近代的 AIDS 发现的报道也为个案研究报告的楷模,至目前为止,后人对个案研究的报告给予总结使得个案研究报告更加规范化。

二、分析流行病学研究方法的发展

在流行病学方法中,分析流行病学研究包括病例对照研究和队列研究。病例对照研究最早用于临床上,主要是探索疾病的病因。19 世纪的病例对照研究主要用于传染性疾病研究(如 Snow 关于霍乱和宽街水井供水的流行病学调查),但可查到的文献并不多,直到 20 世纪,Lane-Claypon(1926 年)报告的生殖因素和乳腺癌关系的研究,现代模式下的病例对照研究雏形出现。

到了 20 世纪,病例对照研究的文献数量逐渐增多,有研究对比上个世纪 70 年代和 80 年代两个不同时期发表在国际著名的流行病学杂志上的病例对照研究数量,惊奇地发现,无论是文章绝对数量还是占同期论著的相对比例,80 年代都明显多于 70 年代。

从研究内容看,在 19 世纪早期,人们对病例对照的应用还只是局限于传染病的研究,因为当时霍乱、鼠疫等传染病是威胁着人类生存和健康的首要问题。但进入 20 世纪,病例对照研究的应用范围迅速扩大,涉及的应用领域逐渐增多,如对癌症危险因子的评价、关于乳腺癌的研究、吸烟和肺癌关系的研究、对高血压、冠心病等慢性疾病的研究等。

从研究方法上,呈现日趋成熟,如涉及病例及对照的选择、分层分析、匹配的技术以及偏倚的控制等方面都有长足的发展。截至目前,病例对照研究发展已跨越了两个世纪,如今已衍生出众多如巢式病例对照研究等新的研究设计方法。可以看出,病例对照研究方法学的发展是与研究内容直接相关,随着研究领域从传染病扩大到慢性非传染性疾病,研究因素的增多对方法学提出了更高的要求,而随着研究方法不断充实和完善,研究领域不断扩大,研究内容包括宏观和微观,从而影响并推动着整个流行病学学科的发展。

队列研究是研究暴露与结局关联的最佳观察性研究。队列研究与病例对照研究的起源时间接近,但是由于在设计上如资料收集和随访、组织管理、统计分析与研究总结等方面的复杂性,其发展较病例对照研究稍晚。早期的队列研究,能够追踪到的队列研究文献很少。队列研究的雏形出现在如 John Snow 霍乱调查等一些传染病的调查中,确切地说,这些研究是对比分析思想指导下的自然实验,但已经反映出现代流行病学中回顾性队列研究的理念。

1935 年美国流行病学 Frost 最早使用队列研究(cohort study)一词,但德国人 Weinberg 1913 年发表的一篇关于结核病父母的孩子死亡率研究,应该是较早的一个前瞻性队列研究。20 世纪后随着西方工业的发展,人们开始注意到特定职业的疾病危险,职业危险因素长期暴露的回顾性队列研究先后加以报道。对于职业危险的队列研究,充分体现了在病因黑箱未明的情况下流行病学研究的意义。

二战结束后,队列研究方法迅速发展并得到广泛应用,发表的文献剧增,几乎每十年翻一番。不仅数量增长,研究的规模也大大增加,出现了很多大规模研究。如较早的有 20 世纪 50 年代先后开展的英国医生研究、弗明汉心脏研究、美国癌症协会关于吸烟与肺癌的研究等堪称为经典研究。目前大队列、大样本、多中心研究成为提供循证医学的证据之一的经典方法。

三、实验流行病学研究方法的发展

实验流行病学研究,由于设立对照、随机分组、盲法和安慰剂的应用,使得该方法成为评价干预措施效果的不可缺少的方法。早在 1865 年 Bernard 在实验研究中应用了"对照"一词,而 1893 年新英语词典将该词定义为"一种在比较研究中设立的标准对比组",至此"对照"才有了的确切含义。安慰剂(placebo)一词为拉丁语,意为"我很满足"。安慰剂效应的发现始于 1784 年,路易十六下令调查是否真的存在"动物磁场"或是"催眠术"。1799 年,Haygarth 的研究更加证实了安慰剂效应的存在。随机化概念最早由 Fisher 于 1923 年引入于农业实验研究,而在医学实验研究中,使用随机化分组方式进行试验较早的实例有 17 世纪 Van Helmont 使用了抽签法随机分配发热患者分别至放血疗法组和对照组、1929 年 Colebrook 采用掷硬币来分配干预措施等。在 1946 年英国医学研究委员会开展了链霉素治疗肺结核的临床试验中,详细描述了随机方法及隐匿法的实施过程。盲法也是实验研究需运用一

笔记

个方法。1799 年 Haygarth 木棒代替金属棒的研究使用了单盲法,被认为是早期开展的单盲试验之一;双盲试验较早的实例如 1931 年 Amberson 治疗肺结核的研究,患者和医生均不了解分组情况。三盲相对开展较晚,是在双盲基础上,对负责资料收集和分析的人员也设盲,现在三盲可在国际杂志发表的实验性研究中见到。

实验性研究早期最有名的研究为 1747 年英国医生 James Lind 尝试用临床试验的方法来探讨坏血病维生素缺乏症的病因及其治疗方法。而临床实验,1946 年英国医学研究委员会开展了一项使用链霉素治疗肺结核的临床试验,该研究肯定了链霉素治疗肺结核的效果,1948 年发表于英国医学杂志,称为第一个现代随机化双盲临床试验,在当时该研究结果具有里程碑意义,而其研究设计包含了流行病学实验研究的每个重要特征。目前大样本多中心的临床随机化实验被认为是当前循证医学证据的主要来源,已广为推广。

病例对照研究、队列研究和随机对照试验的出现称为现代流行病学的开始,它们也同时形成现代流行病学研究方法的三大基石,标志着流行病学已经发展成为一套以研究方法为主要内容的学科,也成为病因学研究及疾病防治的方法脊梁。

第二节　流行病学研究设计的基本内容

流行病学研究方法可大致分为观察法、实验法、数理法三类,每类中又有多种具体方法。但无论采用何种方法,均应有系统的研究思路和可操作性的工作方案,这是成功的基本保障。因各种研究方法的设计内容大体相同,为避免重复,本节简要介绍各种研究方法在设计方面的共性问题。

一、查阅有关文献提出研究目的

研究的设计者需根据自己掌握的信息提出此次研究将探讨的科学问题(研究目的)。例如要了解某人群某病的发病率或患病率;想知道引发某疾病的病因有哪些或某因素是否是某疾病的病因;欲判断某药物治疗某疾病是否有效或与另一药物相比孰优孰劣。研究目的是研究设计的前提,之后的所有设计思路都将围绕这一前提展开。

需要注意的是,研究目的应该是具体的、可实施的,过于宏大而又复杂的目标将使整个研究陷于困境。

二、根据研究目的确定研究内容

研究内容是说明研究目的的要素,是论证研究结论的依据。研究者应对所研究的科学问题及其相关知识有着深刻的理解,否则将无法用最适宜的研究内容得出的研究结果论证出无懈可击的研究结论。重视环境与疾病的关系、莫忘流行病学多病因论的思想框架是确定研究内容的前提。临床医学生对"探讨病因离不开多病因论的指导"毫无疑义,但对"临床研究与多病因论有何必然联系"却常常茫然。试想,几乎每种生物现象都是多种因素共同作用的结果,患者的病情、病程、疗效哪一个不受年龄、性别、身体状况、经济水平、心理状态、环境因素等诸多因素的影响。这些因素与研究事件之间又存在着充分原因或必要原因、直接作用或间接作用、混杂作用或效应修饰等复杂关系。试想,一项未考虑上述细节的设计,如何能实现对临床疗效的全面评价?

细节的设计取决于对研究内容的理解。研究内容的范围、研究指标的多少都要适当。过多、过细,超出了研究的需要当然不可取;但研究内容过少、过粗,无法说明研究目的则会毁掉整个研究。

三、参考具体条件选择研究方法

根据研究目的和内容,要认真思考:哪些研究方法能回答本研究所提出的科学问题? 这些方法中哪个是回答该问题最适宜的方法? 现有的人力、物力、技术条件适合采用哪种方法? 设计者要认真地综合分析上述问题后,在几类流行病学研究方法中选择既能实现研究目的又力所能及的方法用于本次研究。

四、按照研究方法确定研究对象

研究方法一经确定,在什么地点、什么时间,以什么方式获得研究对象以及需要多少研究对象的问题将摆到设计者面前。根据不同研究方法的要求,研究对象的来源与特征也大不相同,后面将详细叙述。

关于研究对象与总体,流行病学常用到以下名词:

目标人群(target population):即研究结果能够适用和推论到的人群。

源人群(source population):是目标人群中适合研究的人群,或者说能够产生合格的研究对象的人群。

研究对象(study participants):是来自源人群的直接用于研究的个体。

除描述性研究偶尔会用到普查外,各种流行病学研究一般都是采用抽样调查。因而,样本的代表性成为决定研究成败的首要因素。研究对象为研究提供信息,从信息中获得的研究结论能否推论至源人群乃至目标人群都与研究对象的代表性有关。为保证样本的代表性,应时刻注意抽样方法、样本含量等问题。有关内容将在具体研究方法中介绍。

五、结合研究内容设计调查表格

调查表是将研究内容具体化到一系列标准提问形式的一种表格,也是现场调查工作的内容与提纲。调查表中所列的问题包含了所有研究内容,其设计的成败与否往往关系到整个调查的成败。为保证表格质量,应根据研究内容设计出调查表,并在调查正式开始之前,在少数人中进行预调查,根据使用情况加以修改。

按调查表的填写者不同,可将调查表分为自评和他评两类。前者由被调查者根据要求自己填写;后者是由调查者向调查对象提问或采集某些数据后由调查者填写。调查者进行询问时,一般使用"标准化"调查,即,对所有调查对象应用同样的方式提出同样的问题。该方法可以避免因提问方式不同使得不同调查者获得的信息之间存在偏倚。另外,调查表应尽量避免使用专业术语和使人反感的词句,且问题不能有暗示。无论是自评调查表还是他评调查表,问句的措词都要求明确、易懂,一个问题不可出现多种理解或不知如何回答的情况。例如:"你吸烟吗",若没有界定吸烟者应具备的吸烟程度,那些会吸烟但尚未形成吸烟习惯的调查对象对此问题可能选择"是",也可能选择"否"。为避免出现类似问题,要么改变提问方式,要么给出"执行定义",即吸烟量达到什么程度可视为吸烟。

调查表中的内容分为两大部分:一是备考项目,一般用来再次访问调查对象和找到填表责任人,比如调查日期、调查员签名、调查对象的姓名、性别、住址、电话号码等;二是分析项目,对这类项目的统计分析可获得研究结果。设计表格前应对分析项目有充分的理解,并尽可能收集到暴露的完整资料。如吸烟习惯,除调查是否吸烟外,还可以调查开始吸烟年龄、每日吸烟量、吸烟年数、深吸烟还是浅吸烟等。一般来说,定量的项目比定性的项目更有分析价值,可以揭示一些更深层次的问题。比如,将暴露因素按暴露剂量分级可提供暴露因素与疾病间的剂量—反应关系。

可采用编码调查表,在每个分析项目的右边画出方格,格内填写编码,以方便数据的计算机录入。为便于编码,多倾向于将问题的各种可能答案及编码罗列在调查表上,填表者可直接使用。另外,也可对问题的回答不加任何限制。连续变量均应采用该方式填写,如身高、体重、血压等。

六、控制调查过程保证研究质量

流行病学调查常涉及众多工作人员和调查对象。如何有条不紊地组织好整个调查,确保研究质量,是研究的实施过程中应着力解决的关键问题。

　　研究质量的高低不仅取决于测量仪器的稳定性和调查对象的配合程度,更取决于调查者的工作能力和科学态度。因此,现场工作开始之前,调查员的培训尤其重要。调查员要能对调查材料保密,要有高度的工作责任心和实事求是的科学态度,还要有娴熟的业务技能才能保证测量指标的准确性和询问项目的可靠性。

　　应注意,收集资料的方法一旦确定,除有特殊情况,在整个科研过程中都应保持一致,以保证信息的同质性。建立检查、监督机制是保证信息质量的必要手段,如抽样重复调查、计算机逻辑检错等都可以使信息质量问题得以及时发现、及时解决。

　　要想高效、顺利地完成一项调查,研究的组织者应具有很强的组织能力。他不仅要有简捷、清晰的工作思路,还要能够组织、协调好各方面的关系,将所有参与人员的行为统一在项目的执行上。

七、理顺分析思路得出正确结论

　　获得调查资料后,应先仔细检查这些原始资料的完整性和准确性,有漏项要补充,有错误应及时纠正,无法纠正的应予以剔除。

　　面对纷繁复杂的研究资料,首先要理清分析思路。如何利用最合适的统计学方法,恰如其分地说明面前的科学问题绝不是一个单纯的统计学问题,而需要依赖统计学、逻辑学和医学三方面知识的完美结合。例如,划分一项描述性研究资料的比较组,首先要符合医学知识的前提,即,这种分组在医学上是合理的;其次这种分组必须达到逻辑学的要求,否则比较结果无效;最后还要考虑资料的性质适合采用什么样的统计方法。

　　总之,在研究的设计过程中,设计者面临着诸多抉择。只有时刻保持清晰的思路才能做出正确的判断,将研究引向成功。

第三节　描述性研究

一、概述

　　描述流行病学(descriptive epidemiology)又称描述性研究(descriptive study),是将专门调查或常规记录所获得的资料,按照不同地区、不同时间和不同人群特征分组,以展示该人群中疾病或健康状况分布特征的一种观察性研究。通俗地讲,描述性研究可以回答所描述的事件存在于什么时间、什么地点、什么人群、数量多少。对这些问题的回答可以为病因研究提供线索、为疾病防制工作提供依据。

　　专门设计的调查研究,如现况研究、生态学研究、个案调查以及暴发调查可以提供描述性资料;各种常规记录资料,如死亡报告、出生登记、出生缺陷监测、药物不良反应监测和疾病监测等同样也可提供描述性资料。限于篇幅,本节仅介绍描述性研究的现况研究,同时简述生态学研究。

二、描述性研究的种类

　　描述性研究主要包括现况研究、病例报告、病例系列分析、个案研究、历史资料分析、随访研究和生态学研究等。

　　1. **现况研究**　现况研究是针对某一特定时点或时期的特定范围人群,研究某病的患病率,同时研究某些特征与疾病之间的关联。详见本章第三节。

　　2. **病例报告**　病例报告主要通过对病例的描述,试图在疾病的表现、机理、诊断和治疗等方面提供第一手临床数据,属于定性研究的范畴,该方法已成为医学期刊论文上的一种常见体裁。病例报告主要是针对某种罕见病或少数病例或新发病例的描述,如艾滋病、军团病都是通过病例报告被人发现的,探讨其背后的产生原因。病例报告的好处在于人们不但发现新病例,也可发现在已知疾病的特殊临床表现、检验、影像学、疾病的特殊临床转归、临床诊断治疗过程中的特殊的经验和教训等。病例报告的意义是为进一步临床研究提供线索,是临床研究新思路的丰富源泉。

3. 病例系列分析　病例系列分析是针对相同疾病的临床资料进行收集、整理、描述和分析,总结得出结论。这类研究不仅对于临床信息积累、临床经验总结有益处,而且对疾病诊断、治疗技术的研究都是很好的基础资料。一个单一的病例报告没有理由形成研究的假设,但日常积累的病例系列可用来提示一个新疾病或流行的出现,可用于探索病因提供线索,并能展示某些病变的自然进程的规律,提示研究的方向和重点。

病例系列分析的缺点是它建立在单个病例个体经历的基础上,任何危险因素的出现可能是偶然因素造成的。尽管病例样本可足够大,但是由于缺少足够的对照,其结果应用受限制。

4. 个案研究　也称为个案调查。在医学上,指研究以个体或某几个个体为研究对象,研究疾病或健康状况的一种方法。它包括对一个或几个个案资料的收集、整理和分析,写出个案报告。研究方法通常为对现场的观察、面谈、问卷、测验、录像等方法收集证据。个案研究可以是针对传染病、也可以是针对非传染病或原因不明疾病的研究。个案调查是医疗卫生及疾病预防部门日常处理疾病报告登记工作的组成部分。传染病患者、临床病例及高危个体的个案调查最为常见。个案研究的优点有:①可能发现用传统研究或分析忽视的特殊现象;②不但对个体的疾病或健康进行详细的描述,而且对现象背后的原因进行深入的分析,为病因研究提供线索;③个案来源于实际,是对疾病或健康的真实反应,从个案出发研究健康、病因、临床特征、高危个体等医学现象,确实增加实证的有效性。个案研究也有缺点:①个案研究的结果不易归纳为普遍结论;②个案研究,由于缺少对照,结果容易受到质疑;③个案研究,即使是几个个案研究,通常不会调研大量的案例,由于属于小样本,研究可能出现偏倚。

5. 历史资料分析　这种研究是在研究者开展研究前,研究资料就已存在,研究者需要通过回顾性调查、提取和利用这些已存在的资料。这些已存在的资料,往往是日常工作的记录、登记、各类日常报告等,如每年的体检资料、婚检数据、征兵检查、传染病报告等,对这些资料进行统计分析获得结果。

6. 随访研究　是通过定期随访,观察疾病或健康状况随着时间推移的动态变化情况。随访研究可用于研究疾病的自然史,为该疾病的病因研究提供线索。随访研究不同于现况研究,因为后者是在特定时点或特定时期内研究人群中有关因素与疾病的关系,而随访研究可对研究对象进行连续多次的随访,随访间隔和方式根据具体的研究内容有所不同,在随访研究中可进行多次的现况研究。这里的随访研究,只要研究对象能够按照暴露因素分组,就可以构成队列研究。而这里说的随访研究就是无法或不特异按照暴露因素分组的定期随访研究。

7. 生态学研究　是在群体水平上研究暴露因素与疾病之间的关系。有关生态学研究详见本章本节第四部分。

三、现况研究

(一)现况研究的概念

现况研究是描述性研究中应用最为广泛的一种方法。它是应用普查或抽样调查的方法收集特定时间、特定人群中疾病、健康状况及有关因素的资料,并对资料的分布特征加以描述。因现况研究收集的资料是时间的某一横断面上的,故又称横断面研究(cross sectional study)。又因它得到的率是在特定时间、特定人群中的患病率,因而又称为患病率研究(prevalence study)。

现况研究强调在一定时间内完成,若调查的时间跨度过大,会给调查结果的解释带来困难。因调查时间短,一次现况调查一般无法得到疾病的发病率,而利用间隔适当时间的两次现况研究获得的患病率之差同样可估计发病率。

(二)现况研究的用途

该研究的具体用途有:

1. 为病因研究提供线索　现况研究可将调查资料按某特征(如年龄、性别、生活嗜好等)分组,比较各组间疾病或健康的分布有无差别,如有差别,则可提示某个分组特征与疾病或健康状况有关联。

现况研究只能在同一个时间横断面上获得疾病、健康状态及有关因素的资料,因而只能判断它们之间是否有关联,至于是否为因果关联还有待其他研究方法证实。1988 年上海甲肝暴发,通过现况研究发现食用毛蚶与甲肝有密切关联,提示毛蚶为可疑病因。之后又经分析性研究证实了这一推测。

2. 了解疾病和病因的分布状况为疾病防制工作提供依据　对某疾病或某疾病相关因素的一次现况研究能获得一定时间横断面上的描述性资料,使卫生行政部门了解该病或该因素目前的分布状况,例如,1992 年进行的吸烟调查可以了解不同地区、年龄、性别、职业和民族的吸烟率状况。间隔一定时间的多次现况研究可实现纵向观察的目的,使卫生行政部门了解该病或该因素的变化趋势,例如我国分别于 1959 年、1979 年和 1991 年前后三次进行的高血压病抽样调查,提示了我国高血压病在人群中的发展趋势。无论是疾病、健康状况还是相关因素,其目前的分布状况或发展趋势对卫生行政部门制定今后的工作计划都是必不可少的。

3. 评价预防疾病、促进健康的策略和措施的效果　现况调查可以通过比较干预前后疾病患病率和某项健康指标的差别来判断策略和措施的效果。例如,在同一人群中,选择高血压病干预前和干预后两个时点,重复进行现况研究,比较两个时点高血压患病率的差别,用以评价干预措施对人群有无保护作用。

4. 早期发现患者　从表面健康的人群中进行现况研究,发现可能患有某种疾病的人。这项工作也被称为筛检。通过筛检可早期发现某病患者,实现早诊断、早治疗的二级预防的目的。例如,在某一时点对某女性人群中的所有人员进行宫颈涂片检查,可以发现其中的早期宫颈癌患者,使其得到早期治疗。

5. 确定机体某项指标的正常值范围　临床医生在日常工作中,需要了解许多人体测量指标的正常值,并以此为依据对就诊者做出是否患病和病情轻重的判断。借用现况研究的方法,在有代表性的正常人群中进行测量,就可得到该指标的均数及 95% 的正常值范围。

(三) 现况研究的种类

根据不同的研究目的,现况研究可以采用普查也可以采用抽样调查。

1. 普查(census)　对总体中所有个体均进行调查称为普查。现况研究中普查的含义为在特定时间对特定范围内人群中的每一成员进行的调查。普查分为以了解人群中某病的患病率、健康状况等为目的的普查和以早期发现患者为目的的筛检(screening)(详见第六章)。

当工作目的是早发现、早诊断患者,使其得到及时治疗时,就必须采用筛检。除有特殊需要,流行病学研究一般都首选抽样调查。道理很简单,普查获得的信息虽然没有抽样误差,但因工作量大,需大批人员参加及使用较多设备,由此引起的质量问题难以控制,获得的信息往往比较粗糙。此时若系统误差超过了抽样误差,普查则会得不偿失。

2. 抽样调查

(1) 抽样调查的概念:按一定的概率从总体中随机抽取有代表性的一部分人(样本)进行调查,以样本统计量估计总体参数,称为抽样调查(sampling survey)。样本代表性是抽样调查能否成功的关键所在,而随机抽样和适当的样本含量是保证样本代表性的两个基本原则。

随机抽样是在一个有 N 个观察单位的总体中,若抽取 n 个单位组成随机样本,则每个单位被抽到的概率均应为 n/N。如某单位有 1000 人,欲从中抽取 100 人组成随机样本,每人被抽到的概率应为 1/10。

样本含量适当是指将样本的随机误差控制在允许范围之内时所需的最小样本含量。虽然样本含量越接近总体,抽样误差越小,但样本含量过大,普查的缺陷又会在抽样调查中重现。

抽样调查的工作量小,既可节省时间和人力、物力,又可集中力量将调查工作做得更细致,是流行病学研究最常用的方法。但该方法仅适用于患病率较高、变异程度不太大的疾病。若疾病患病率很低、变异程度很大,则需很大样本量才能实现对抽样误差的控制,若样本扩大到接近总体的 75% 时,不如直接进行普查更有意义。

（2）抽样方法：常用的抽样方法有以下几种

1）单纯随机抽样（simple random sampling）：也称简单随机抽样。该方法要求从总体 N 个对象中，利用抽签、随机数字表等方法抽取 n 个对象组成一个样本。

单纯随机抽样是所有抽样方法中最简单、最基本的方法。该方法虽然简便易学，但当总体较大时，不仅编号和抽样变得十分繁琐，而且抽到的个体分散，导致资料收集十分困难。如，欲从一个 100 万人口的城市中采用单纯随机抽样方法随机抽取 5 万人进行现况研究，试想，这 100 万人如何编号、如何抽样。即使抽样完成，抽到的 5 万人散布在该城市的各条大街小巷，要完成这 5 万人的逐个调查，任务之艰巨可想而知。由于这一缺陷，单纯随机抽样方法在大型流行病学调查中的应用受到了限制，但它是理解和实施其他抽样方法的基础。

2）系统抽样（systematic sampling）：又称机械抽样，是按照一定顺序，机械地每隔若干单位抽取一个单位的抽样方法。具体方法如下：设总体单位数为 N，需要调查的样本数为 n，抽样比例 $K=N/n$，抽样间隔为 $K-1$。即以 K 个单位为一组，用单纯随机抽样的方法抽出第一组中一个单位，把它作为起点，之后每间隔 $K-1$ 个单位抽取一个单位进入样本。例如，某人群有 2 万人，决定抽取 1 千个人组成样本，则 $K=20\ 000/1000=20$，抽样间隔 $=20-1=19$，应从 1～20 号中按照单纯随机抽样的方法抽取 1 个号码作为起点，之后每隔 19 个号码抽取一个单位。

应注意：假如总体各单位的排列有某种规律，而该规律与研究结果有关联，若利用该排列做系统抽样，可使样本产生偏倚。比如，全班同学排好队，按 1/3 比例做系统抽样，调查身体发育情况。若队伍由矮往高排列，恰巧抽样起点是队列中的第 1 名，之后每间隔两人抽 1 人，该样本的平均身高应低于全班平均身高。

若研究总体已具备某种排序或编号，系统抽样与单纯随机抽样相比可省去编号和抽样的烦恼，是一种更简单的抽样方法。但该方法同样具有当总体较大时，抽到的个体分散，资料难以收集的缺陷，也不适于大型流行病学研究。

3）分层抽样（stratified sampling）：是将调查的总体按照某种特征分成若干层，然后在每层中进行随机抽样的方法。分层变量应是导致总体内部变异的主要因素。层中的抽样方法可用简单随机抽样或系统抽样。例如，某地区要调查乙型肝炎表面抗原携带率，若不同职业间乙型肝炎表面抗原携带率差别很大，就可以将职业作为分层变量将人群分成若干层，然后按照事先计算的样本含量在每层中随机抽取所需的调查对象。该方法要求层间变异越大越好、层内个体变异越小越好。

将样本含量按每层在总体中所占比例分配到各层中，然后再在每层中按分配的数额抽取研究对象，称为按比例分层抽样。例如，某层的人口数占总体的 1/5，就应在该层中抽取样本含量的 1/5。

分层是将一个内部变异很大的总体分成一些内部变异较小的层，并保证总体中每一层都有相应比例的个体被抽到，所以抽样误差较其他抽样方法小。但是归根结底，该方法的抽样基础没有脱离单纯随机抽样或系统抽样，因而该方法同样具有当总体较大时，抽到的个体分散，资料难以收集的缺陷，也不适于大型流行病学研究。

4）整群抽样（cluster sampling）：将总体分成若干群组，以群组为抽样单位进行随机抽样，被抽到群组中的全部个体均作为调查对象。如某市有 30 所中学，共有 3 万在校生，欲从中抽取 3 千学生组成样本调查其近视眼患病率，只需随机抽取约 3 所学校即满足样本含量。抽到的学校，全部学生均进行视力检查。

整群抽样要求抽样单位的人口数不能相差太大，否则需先合并或拆分成人数大致相当的单位，然后抽样。虽然整群抽样便于组织，也易被调查对象接受，但是抽样误差较大。

5）多级抽样（multistage sampling）：就是综合运用上述抽样方法进行多次抽样，亦称多阶段抽样。根据需要，每个阶段的抽样都可以采用上述 4 种方法中的任意一种，原则是优势互补。例如，一般流行病学调查多采用先分层后整群的抽样方法，这种组合方式既利用了分层抽样误差最小的优点又兼顾了整群抽样易于组织的长处。而国家组织的大规模调查多采用按行政区域逐级进行整群抽样的方法,这样既易于组织实施又覆盖面大。具体方法是从总体中先抽取范围较大的单元,称为一级抽样单元(例如省、自治区、直辖市),再从每个抽中的一级单元中抽取范围较小的二级单元(例如县、区、街道办事处),最后抽取其中部分范围更小的三级单元(例如村、居委会、学校)作为调查单位。对抽到的调查单位中的个体均进行调查。

(3)抽样调查样本含量的估计:抽样研究中,样本所包含的研究对象的数量称为样本含量。样本含量适当是抽样调查的基本原则。样本含量过大不仅可造成人力和物力的浪费而且还会因工作量大难以保证质量,使结果出现偏倚。样本含量过小则使抽样误差过大,样本失去代表性。现况研究中,抽样调查的目的是以样本统计量估计总体参数所在的范围,因而要采用做参数估计时的样本含量计算方法。

1)分类变量样本含量的估计方法:即,以样本率估计总体率时样本含量的计算方法。

当总体率接近 0.5(比如 0.2~0.8)时,可按正态近似原理,采用公式 4-1 估计样本含量。

$$n = \frac{u_\alpha^2 \times pq}{d^2}$$ 公式 4-1

式中:n 为所需样本含量;p 为总体率的估计值,该值可采用前人的类似研究获得的样本率;$q = 1 - p$;d 为允许误差,即允许样本率与总体率之间的差别可以有多大,一般用 p 的百分比估计;α 为第一类错误的概率;u_α 为确定 α 后的 u 值,可查 u 值表获得,$u_{0.05} = 1.960$。

流行病学现况研究中常用的抽样条件是:允许误差 $d = 0.1p$,$\alpha = 0.05$,$u_{0.05} = 1.96 \approx 2$,此时公式 4-1 可简化为公式 4-2:

$$n = 400 \times \frac{q}{p}$$ 公式 4-2

例 4-1:某地欲了解其 50 岁以上人口中高血压病的患病率,估计该人口的患病率 $p = 25\%$,设 α 为 0.05,允许误差为 0.1p,样本含量为:

$$n = 400 \times \frac{q}{p} = 400 \times \frac{0.75}{0.25} = 1200(\text{人})$$

以上样本含量的估计公式仅适用于 $n \times P > 5$ 的情况。总体率很低时,如肿瘤、某种出生缺陷,可按公式 4-3 估计样本含量,也可参照泊松分布可信限表估计样本含量。

$$n = \left[\frac{57.3 \times u_\alpha}{\sin^{-1}\left[d / \sqrt{p(1-p)} \right]} \right]^2$$ 公式 4-3

由以上公式可知,允许误差越小需要的样本含量越大。

2)数值变量样本含量的估计方法:以样本均数估计总体均数时样本含量的计算公式为:

$$n = \left(\frac{u_\alpha \sigma}{\delta} \right)^2$$ 公式 4-4

式中:n 和 u_α 同公式 4-1;σ 为估计的总体标准差;δ 为允许误差,即允许的样本均数与总体均数的误差范围。

例 4-2:拟用抽样调查了解某地健康成人白细胞计数的平均水平,希望误差不超过 $100/\text{mm}^3$。已知健康成人白细胞计数的标准差约 $1000/\text{mm}^3$,如定 α 为 0.05,需抽查多少人?

按公式 4-4 计算:

$$n = \left(\frac{1.96 \times 1000}{100} \right)^2 = 384.2 = 384（人）$$

简单随机抽样、系统抽样、分层抽样的样本含量皆按上述公式计算。整群抽样由于抽样误差大，需扩大样本含量以减少抽样误差，故样本含量需在按以上公式计算的基础上增加50%。

（四）现况研究资料的收集

现况研究可收集的信息多种多样，大体来自研究对象的各种特征（疾病、健康状况、行为特征、心理特征、遗传学特征、人口学特征等）和研究对象所处的自然环境和社会环境几方面。随信息的特征不同，获取信息的方式各异。可以采用询问或信函的方式，也可采用各种医学检查；有时一些常规记录资料，如疾病登记、体检记录、医疗记录或其他现有的档案资料也可为现况研究所用。

调查中应注意调查对象的"无应答"率，它是影响数据质量的重要因素。一般认为调查对象的"无应答"率不得超过15%，否则将会出现无应答偏倚，影响结果的真实性。

（五）现况研究的资料分析和结果解释

在进行资料分析前，首先要对原始资料查漏补缺、纠正错误，有缺陷不能弥补者要予以剔除。查漏补缺过后，资料进入以下分析程序。

1. 资料分析应从描述三间分布入手　首先应描述资料的人口学特征，如年龄、性别、民族、职业等构成，以介绍该资料所代表的总体。然后描述不同空间、不同特征人群中某事件或多个事件的分布特征。分类变量常用的有患病率、阳性率、检出率等。为了便于不同地区之间比较，常采用标准化率。数值变量可计算平均数、几何均数、中位数等。此项工作的目的是找出某事件在不同地区、不同特征人群中分布的差异，为进一步分析提供线索。

2. 进一步分析形成病因假设　在了解事件分布特征的基础上，还要依赖各种推理方法，科学地对资料加以分类、比较，以确认在两事件或多个事件之间确实存在关联。能实现此类目的的统计方法很多，有单因素分析也有多因素分析。无论采用哪种方法，都需要事先思考所有分析变量之间谁可能是因、谁可能是果。据此，可以理清分析思路，确定统计学分析方案，并在分析的过程中不断修正分析思路。现况研究的结论是事件之间在时间横断面上是否存在统计学关联。统计学关联是因果关联的基础，因此现况研究发现的统计学关联可以提出病因线索。

四、生态学研究

（一）概念

生态学研究（ecological study）又称为相关性研究，它是以群体为观察和分析的单位。描述不同人群中某因素的暴露情况与疾病的频率，分析该因素与疾病之间的关系。疾病的频率可以是发病率、患病率或死亡率等，而因素的暴露可以是暴露的有无或暴露量的多少。例如，研究20个自然村，分析各村人群盐的消耗量与人群高血压患病率的关系。

（二）特点

生态学研究，特点有三点：①生态学研究因素与疾病之间的关系，不是以个体为观察和分析的单位，而是以群体为观察和分析的单位；②这个研究能够描述不同人群中某因素的暴露与疾病频率的关系，但无法得知个体的暴露与疾病的关系；③生态学研究是从多因素中探索病因线索，提供的信息是不完全，只是一种粗线条的描述性研究。

（三）用途

生态学研究探索的是有关因素与疾病之间的关系，特点是以群体为观察对象，尽管不清楚个体的暴露情况，但是有关因素与疾病之间若存在统计关系，就可提示病因假设。另外，通过人群中某些干预措施的实施及某些疾病的发病率或死亡率的变化，可用于评价干预措施的效果。同时，在疾病监测中，可应用生态学研究来评估疾病发病率或死亡率的变化趋势，为疾病的防治和控制提供依据。

第四节　分析性研究

流行病学的分析性研究(analytical study)也称分析流行病学(analytical epidemiology),是进一步在有选择的人群中观察可疑病因与疾病和健康状况之间有无关联的一种研究方法。

分析性研究主要有病例对照研究和队列研究两种方法。前者按是否患病将研究对象分组,了解他们对研究因素的暴露有无差别;后者则按是否暴露于所研究的因素将研究对象分组,前瞻性地观察他们发病水平有无差别。无论何种方法,它们的研究目的都是检验病因假设、估计病因与疾病的关联程度;它们的研究设计都是按照归纳推理中穆勒五法的求异法原则,要求除研究因素外,其他与结局有关的因素在比较组之间皆应均衡可比。本节主要依据单因素分析的思路介绍分析性研究的基本原理和方法,所以要求设计之初便考虑比较组间的均衡可比的问题。其实,设计之初无法实现的均衡可比,可在资料分析时借用多因素分析方法调整其他因素的影响,同样可以分析目标因素与研究疾病之间有无关联。具体方法请阅读有关医学统计学书籍。

一、队列研究

(一) 队列研究的概念

队列研究(cohort study)是将一个范围明确的人群按是否暴露于某可疑因素或暴露程度分为不同的亚组,追踪各组的结局并比较其差异,从而判定暴露因素与结局之间有无关联及关联程度大小的一种观察性研究方法(图4-1)。

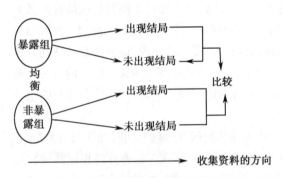

图4-1　队列研究原理示意图

"cohort"原意是指古罗马军团中的一个分队,流行病学借用该词表示一组具有某个共同特征的研究对象。因对"cohort"一词的翻译不同,队列研究有多个名称,如群组研究、定群研究等。又因该研究的性质是前瞻性的,有人又称之为前瞻性研究(prospective study)。目前国内已统一使用队列研究一词。

一群人共同暴露于某种因素称暴露队列,反之则称非暴露队列,这两种队列构成了队列研究的研究对象。无论是暴露队列还是非暴露队列,研究对象都必须是有可能出现研究结局。

在前瞻性观察中,若研究对象同时(某一固定时间或一个短时期之内)进入队列、观察期间没有新成员的加入、直至观察终止基本没有成员的退出,观察期内队列保持着相对固定,这种队列称为固定队列(fixed cohort)。若观察中原有的队列成员可以不断退出,新的观察对象可以随时加入,队列成员在不断变化,就叫动态队列(dynamic cohort)。

队列研究按照研究对象的暴露状态分组,暴露与否是自然确定的不是人为给予的,属于观察法。另外,因队列研究是按暴露与否分组,已知的混杂因素可采用统计分析的方法排除,未知的混杂因素则必然导致混杂偏倚,因此,进行一个问题的研究,专业知识的考虑,明确混杂因素并加以确定更为重要。

(二) 队列研究的用途

1. **检验病因假设**　由于队列研究是由"因"及"果"的研究,检验病因假设的能力较强,因此它的主要用途是探讨某种因素与某疾病或多种疾病的关联。例如,在研究吸烟是否与肺癌的发生有关联的同时,还可研究吸烟是否与冠心病和慢性支气管炎的发生有关联。

2. **描述疾病的自然史**　队列研究经过前瞻性的随访,观察到人群从暴露到发生疾病直至出现各种结局的全貌,包括亚临床阶段的变化与表现。这些信息对临床医生做出诊断和治疗决策至关重要。因为,不了解疾病自然史就不知道疾病不同阶段的症状和体征,也就无法做出及时而准确的诊断;不了解疾病自然史就不知道疾病可否自愈,也就无法辨别治与不治孰优孰劣。

(三)队列研究的类型

依据研究对象进入队列时间及观察终止时间不同,队列研究可分为前瞻性队列研究、历史性队列研究和双向性队列研究三种。三种方法的示意图见图4-2。

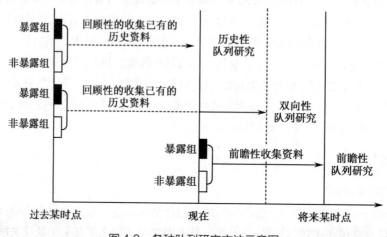

图4-2   各种队列研究方法示意图

1. **前瞻性队列研究(prospective cohort study)**   前瞻性队列研究也称同时性或即时性队列研究(concurrent cohort study),研究对象的分组根据研究开始时研究对象的暴露状况而定。此时结局尚未出现,需要追踪观察一定时间才能得到,其性质是前瞻性的。更确切地说,该方法是从现在开始至将来结束。前瞻性队列研究是队列研究的基本形式。该方法可以直接获得暴露与结局的第一手资料,因而信息准确,不易产生信息偏倚。但因该研究需长时间随访,费时、费力,因此整个工作的组织与后勤保障相当艰巨。

2. **历史性队列研究(historical cohort study)**   历史性队列研究也称非同时性队列研究(non-concurrent cohort study)或回顾性队列研究(retrospective cohort study),研究对象的分组根据其既往暴露资料而定,研究伊始,便可从历史资料中获得每位研究对象的结局。即研究开始之时便是观察结束之日。该方法虽然收集暴露资料和判断结局同时完成,但性质还是属于前瞻的,是从过去暴露记录(档案)中获得有无暴露,追踪到现在的结局。若有完整的历史记录,该方法的资料收集和分析可在较短时间内完成,可达到事半功倍的效果。

3. **双向性队列研究**   有时历史资料积累的时间较短,达不到疾病的潜隐期,需继续观察一段时间以满足研究的要求。这种在历史性队列研究之后继续前瞻性地观察一段时间的研究称双向性队列研究,也称混合性队列研究。

(四)研究对象的选择

选择研究对象前首先要考虑选择研究对象的地点,即研究现场。现场人口的代表性当然是队列研究不可缺少的条件,但从某种意义上讲,研究现场的配合程度更是决定成败的关键因素。之所以这样说是因为队列研究多需长时间随访,若没有良好的配合,研究将以失访而告失败。因此,队列研究的现场除应具有足够数量的符合条件的研究对象外,还应具备领导重视、群众乐于接受、人口流动性小等基本条件,以避免失访。

1. **暴露组的选择**   队列研究要求暴露组的研究对象应暴露于研究因素并可提供可靠的暴露和结局信息。若研究需要,暴露组还可分成不同暴露水平的亚组。暴露组人群多有以下几种选择。

(1)特殊暴露人群:由于生活或工作的原因,使得一部分人暴露于某种特殊因素。研究该特殊因素的致病作用时,只能以该因素的特殊暴露人群为研究对象。如研究某化学物质对人体造血机能的影响,就应以接触该化学物质的人员为暴露组成员。

(2)一般人群:有时研究的暴露因素是一般人群经常接触的因素,如生活嗜好、饮食习惯、遗传特征等,此时可从一般人群中获得暴露组。暴露组可以来自某行政区域或地理区域,是该地暴露者的全体或随机样本。

(3)有组织的团体:医学会会员,工会会员,机关工作人员、社会团体成员、学校或部队成员等都属于有组织的团体。选择这些人中的暴露者进入暴露组,优点是可以利用其组织系统收集随访资料。如 Doll 和 Hill 就选择英国医师会员进行了吸烟与肺癌关系的队列研究。

2. **对照组的选择**　队列研究的对照组应是暴露组来源的人群中非暴露者的全部或其随机样本。按照求异法的原则,除研究因素之外,其他与结局有关的因素在暴露组与非暴露组间皆应均衡可比。若研究吸烟与肺癌的关系,年龄、性别与肺癌有关,这些因素在比较组间就应均衡。对照常采用以下形式:

(1)内对照:研究人群内部如果包含暴露与非暴露两种人群,就可将其中暴露于所研究因素的人作为暴露组,非暴露者作为对照组。这种对照组称为内对照。

内对照与暴露组来自同一人群,较易实现比较组间的均衡。有时,研究因素不仅是一连续变量且人人暴露,如食盐摄入量、血压、体重,此时可按暴露剂量划分为几个等级,按等级将人群分成若干亚组。

(2)外对照:当选择特殊暴露人群做暴露组时,该人群内部往往没有非暴露者,常需在该人群之外寻找对照组,故称外对照。如前所述,研究某化学物质对人体造血机能的影响时,以接触该化学物质的某个车间的工作人员为暴露组成员,对照只能来自该厂的其他车间或其他工厂。特殊暴露人群,尤其是职业方面的特殊暴露人群,多具有某些与普通人群不同的特征。使用外对照时要格外注意比较组间的可比性问题,以避免健康工人效应带来的偏倚。

(3)总人口对照:就是以该地区全人群的发病或死亡资料与暴露组比较。总人口对照虽有免去了选择对照组困难的优点,但很难实现比较组间的均衡。因此,研究设计前,明确暴露因素、结局因素以及混杂因素特别重要。选择总人口对照,混杂因素的控制或调整显得特别重要,要在设计上或统计分析上采取措施。试想,专门设计的对照组尚难免与暴露组之间存在不均衡问题,未考虑任何均衡性的总人口对照与暴露组之间的差异会有多大就可想而知了。因此谨慎选用总人口对照,假如选择总人口作对照,对总人口对照的研究结论也应慎重对待。

(4)多重对照:即从上述对照的形式中选择两组或两组以上对照,以加强研究结果的说服力。

(五)样本含量的估计

队列研究是比较某指标在样本之间的差异有无统计学意义。队列研究多是研究某因素与多个疾病之间的关联,比较的指标既有数值变量也有分类变量(尤其是二分类变量),如血压值和高血压病发病率。此时,多以发病率估计样本含量。因为分类变量资料所需样本含量一般大于数值变量资料,满足了分类变量的样本含量也就同时满足了数值变量的样本含量。

分类变量资料样本含量的估计　该类研究的样本含量计算公式如下:

$$n=\frac{\left(u_\alpha\sqrt{2\overline{p}\,\overline{q}}+u_\beta\sqrt{p_1q_1+p_0q_0}\right)^2}{(p_1-p_0)^2}$$　　　　公式 4-5

n 为暴露组或非暴露组人数。

α 为假设检验第 I 类错误的概率。

β 为假设检验第 II 类错误的概率。

u_α 和 u_β 分别为 α 和 β 水平下的正态分布界值,可从表 4-1 中查得。

p_0 为估计的观察结局在非暴露组中的发生率。

p_1 这为估计的观察结局在暴露组中的发生率,该值既可通过查文献估计,也可由 RR 值计算而来。计算公式:

$$p_1 = RR \times p_0 \qquad \text{公式 4-6}$$

$\bar{p}$ 为平均发病率,$\bar{p} = (p_1 + p_0)/2$ 公式 4-7

$$\bar{q} = 1 - \bar{p} \qquad \text{公式 4-8}$$

公式 4-5 还可以简化为:

$$n = \frac{2\bar{p}\bar{q}(u_\alpha + u_\beta)^2}{(p_1 - p_0)^2} \qquad \text{公式 4-9}$$

以上公式是单因素分析时的样本含量计算公式。有时队列研究需采用多因素分析,目前尚无成熟的估计其样本含量的方法。

表4-1 α 和 β 对应的 u 值表

α 或 β u_β(单侧或双侧检验)	u_α(单侧检验)	u_α(双侧检验)
0.001	3.090	3.290
0.002	2.878	3.090
0.005	2.576	2.807
0.010	2.326	2.576
0.020	2.058	2.326
0.025	1.960	2.242
0.050	1.645	1.960
0.100	1.282	1.645
0.200	0.842	1.282

例 4-3:拟用队列研究探讨孕妇孕期服用某种药物与婴儿先天性心脏病之间的联系。已知:$p_0 = 0.007$,估计该药暴露的 RR = 2.5,设 $\alpha = 0.05$(双侧),$\beta = 0.10$,则:

$u_\alpha = 1.96, u_\beta = 1.282, q_0 = 1 - 0.007 = 0.993$

$p_1 = 2.5 \times 0.007 = 0.0175$

$q_1 = 1 - 0.0175 = 0.9825$

$\bar{p} = (0.007 + 0.0175)/2 = 0.0123$

$\bar{q} = 1 - 0.0123 = 0.9877$

代入公式 4-5:

$$n = \frac{\left(1.96\sqrt{2 \times 0.0123 \times 0.9877} + 1.282\sqrt{0.0175 \times 0.9825 + 0.007 \times 0.993}\right)^2}{(0.0175 - 0.007)^2} = 2310$$

即暴露组和非暴露组各需要调查 2310 人。

在队列研究的随访过程中失访在所难免。为避免失访造成样本含量不足,应适当扩大样本含量。例如将计算出来的样本含量扩大 10% 作为实际样本量。

（六）资料的收集

1. 基线资料的收集 确定研究对象后,首先要收集研究对象的基础信息,也称基线资料(baseline information)或基线信息。通常需要经查阅档案、访问、体检以及环境检测等方式获得以下几方面的信息:

（1）暴露于研究因素的信息：研究开始，首先应收集研究对象目前对研究因素的暴露情况，据此划分暴露组与非暴露组，或不同暴露水平的亚组。

（2）与结局有关的其他信息：疾病是多种因素共同作用的结果。倘若本次队列研究只研究一个危险因素，按照设计原则，与疾病有关的其他变量在比较组间应该实现均衡。队列研究需收集这些与疾病有关的资料，并在分组过程中对其在组间的均衡性加以充分考虑。

（3）人口学资料：人口学资料指年龄、性别、婚姻状况、文化程度、家庭人口、人口迁移等情况。该类资料有两方面的作用：首先它本身可能就是与结局有关的因素，如年龄、性别与许多疾病都相关；其次在计算各种结局的发生频率时人口学资料是必不可少的。因而确定研究对象后，需收集各组人群准确的人口学资料。

2. 随访和结局资料的收集

（1）结局变量（outcome variable）：亦简称结局，是观察人群中出现的预期结果事件，结局是队列研究的观察终点。

虽然队列研究可以观察一种暴露与多个结局的关系，但观察的结局越多，设计中应考虑的问题就越多，比较组间需要均衡的变量也越多。因而，设计队列研究时，应根据当时的具体条件确定适当数量的结局变量。

对结局的判断应有严格而统一的标准。若结局是某疾病的发生，就应该按照国内外公认的诊断标准判断结局；若结局是某项血清学指标，则要以标准化的实验室操作技术加以测定，并确定达到结局的标准。例如，以血清抗体阳转为结局，应明确规定何谓抗体阳转。

（2）随访：随访的方法有面谈、电话访问、自填问卷、定期体检、环境与疾病的监测、有关记录的收集等。应根据随访内容确定随访方法。随访方法一旦确定，如无特殊情况，在整个随访过程中应保持不变。

随访是队列研究的关键环节。这一环节应着力避免信息偏倚和失访偏倚。无论是暴露组还是对照组都应采用相同的方法和态度同时进行随访。调查员高度的工作责任心、和蔼的工作态度可在很大程度上减少失访偏倚和信息偏倚，保证研究质量。

观察终点：研究对象出现了预期的结局就达到了观察终点（end-point），之后将不再对其继续随访。未达到观察终点而脱离随访的情况称为失访。例如，某研究对象死于非研究疾病就应视为失访。

观察终止时间：观察终止时间是研究的随访工作截止的时间。观察终止时间决定着观察期的长短。终止时间应该以潜伏期为依据，在此原则上尽量缩短观察期，以节约人力、物力，减少失访。

（七）资料分析及结果解释

随访结束以后，对资料进行整理、归类是必不可少的常规工作。在此基础上，要对资料做统计学描述和推断。

1. 统计描述　应首先描述暴露组和非暴露组在性别、年龄、民族、职业、出生地、居住地等方面的分布特征。描述一般特征的目的，一是介绍和比较组之间的均衡性；二是阐明本研究所选择的研究对象代表了哪种特征的有限总体，含义是本研究结论只适于该特征人群，不能随意外推至其他特征人群。根据描述资料的不同，可选择构成比、均数或其他指标实现统计描述的目的。另外，还应介绍研究对象的失访情况，以使读者对该研究随访资料的质量有一个大体估计。

2. 统计推断

（1）资料的整理模式：队列研究中，最受关注的是暴露因素导致疾病的强度即发病率。有些难以及时确诊但病死率很高的疾病，也常以死亡率反映暴露因素的致病强度。慢性非传染性疾病潜伏期长，同时暴露的一批人将在几年甚至十几年、几十年的时间内陆续发病，多需随访较长时间，因此需要将多年随访获得的发病或死亡例数累积起来计算频率。队列研究的资料可按表4-2整理，之后多种计算都依照表格中的数字进行。

表4-2　队列研究资料整理表

组别	病例	非病例	合计	发病率
暴露组	a	b	$a+b=n_1$	a/n_1
非暴露组	c	d	$c+d=n_0$	c/n_0
合计	$a+c=m_1$	$b+d=m_0$	$a+b+c+d=T$	

（2）率的计算：根据资料的特点，队列研究可计算两种率。

1）累积发病率（cumulative incidence）：若研究对象为固定队列可计算累积发病率或死亡率。即，无论其观察时间长短，均可用观察开始时的人口数作分母，以整个观察期内的发病例数作分子，计算某病的累积发病率（死亡率）。计算公式为：

$$累积发病率 = \frac{观察期间发病例数}{观察开始时的人数} \qquad 公式4-10$$

2）发病密度（incidence density）：通常，队列研究随访时间较长，很难要求研究对象不流动，实现所谓固定队列的要求。他们可能进入队列的时间先后不一，也可能观察中途因迁移、死于其他疾病等原因而退出。上述情况会使得不同研究对象之间观察时间长短不一。一项为期10年的队列研究，各研究对象的随访时间可能会几个月至10年不等。此时以观察开始时的总人数为分母计算发病率显然是不合适的。一是失访者未必在研究结束前不会出现结局，但他们做了分母而没有机会成为分子；二是后续进入队列的研究对象没有进入分母，但他们却可能成为分子。为合理地利用随访资料，可用观察人时做分母计算队列的发病频率，称发病密度，或人时率。

$$发病密度 = \frac{观察期间发病例数}{观察人时数} \qquad 公式4-11$$

计算人时的时间单位依观察期不同而定，可长可短，周、月、年皆可。时间单位确定后，人时的计算公式为：

$$观察人时数 = 观察人数 \times 观察时间 \qquad 公式4-12$$

例如，1人观察了10年为10人年；10人观察了1年也是10人年。

常用的人时计算方法有三种：①精确法：该法以个人为单位计算人时，虽计算结果精确，但耗费时间。②近似法，如果研究样本太大可用平均人数乘以观察时间得到总人时数。平均人数一般取相邻两年年初人口的平均数或年中人口数。该法计算简单，但精确性较差。③寿命表法：该方法规定将观察当年（当月、当周）进入或退出队列的个人视为观察了1/2个人年。该法的计算过程比精确法简单，计算结果比近似法精确。

计算了各比较组的率，紧跟着要进行率之间的差异显著性检验。样本率的分布类型不同，应用的统计学方法也不同，尤其应该注意的是发病密度的检验。由于发病密度的分母被成数倍地扩大，样本率的分布常不近似正态，应选择适当的统计学方法。

（3）标化比：当遇到结局发生率低、暴露组人数少，达不到计算频率要求的条件时，可以将全人口死亡（发病）率作为标准，算出该暴露人群的理论死亡（发病）人数。然后将暴露组实际死亡（发病）人数做分子，理论死亡（发病）人数做分母计算比值，即得标化死亡（发病）比。标化死亡比（standardized mortality ratio）的英文缩写是 SMR。

$$SMR = \frac{实际死亡数}{理论死亡数} = \frac{O}{E} \qquad 公式4-13$$

SMR 是相对比,表示实际死亡数是理论死亡数的多少倍。

(4) 估计暴露与发病的关联强度:队列研究可直接计算研究对象的结局发生率,并借此估计暴露与发病之间的关联强度。常用的反映关联强度的指标有以下几个:

1) 相对危险度(relative risk,*RR*):*RR* 也叫危险比(risk ratio)或率比(rate ratio),是暴露组发病率(或死亡率)与非暴露组发病率(或死亡率)的比值。

$$RR = \frac{I_e}{I_0} = \frac{a/n_1}{c/n_0}$$
公式 4-14

I_e:暴露组的发病率

I_0:非暴露组的发病率

RR 是暴露组与非暴露组发病概率之比。含义为:暴露于某因素者发生疾病的概率是不暴露于某因素者的多少倍。*RR* 是两个率的比值,其数值范围从零到无限大的正数。当 *RR*=1 时表示暴露组发病概率与非暴露组发病概率相等,暴露与疾病无关;当 *RR* >1 时说明暴露组发病概率大于非暴露组发病概率,暴露增加了发生疾病的危险,可能是疾病的危险因素;当 *RR* <1 时说明暴露组发病概率小于非暴露组发病概率,暴露减少了发生疾病的危险,可能是疾病的保护因素。*RR* 值越大,因素与疾病的关联强度越大。

由于队列研究多为抽样调查,每次研究所得到的 *RR* 值都是一个样本人群的点估计值。既然样本存在抽样误差,点估计值也不可避免地存在抽样误差。解决这一问题的方法就是按一定的概率来估计总体 *RR* 值所在的范围——*RR* 的可信区间(confidence interval,*CI*)。当样本 *RR* 值不等于 1,但其 95%的可信区间包含了 1 时,说明总体的 *RR* 值有可能是 1,即因素和疾病之间可能无关联。常用的可信区间估计方法有 Miettinen 法和 Woolf 法。

Miettinen 法估计 *RR* 值的 95%的可信区间的计算公式为:

$$RR_L, RR_U = RR^{(1 \pm u_\alpha / \sqrt{\chi^2})}$$
公式 4-15

u 为正态离差值,计算 *RR* 值的 95%可信区间时,$u = 1.96$,计算其 90%可信区间时,$u = 1.645$。

Woolf 法计算 *RR* 值可信区间的公式为:

$$\ln RR 95\% CI = \ln RR \pm 1.96 \sqrt{Var(\ln RR)}$$
公式 4-16

上式计算结果取反自然对数即为 *RR* 的 95%可信区间。

RR 自然对数的方差为:

$$Var(\ln RR) = 1/a + 1/b + 1/c + 1/d$$
公式 4-17

2) 归因危险度(attributable risk,*AR*):也叫特异危险度或超额危险度(excess risk)。因为它是暴露组发病率与对照组发病率的差值,还可称之为率差(rate difference)。

$$AR = I_e - I_0 = (a/n_1) - (c/n_0)$$
公式 4-18

AR 表示暴露人群与非暴露人群比较,所增加的发病(死亡)率。对暴露人群而言,消除了这个暴露因素就可减少这个数量的发病概率。

3) 归因危险度百分比(*AR%*):又称病因分值(etiologic fraction,*EF*),是指暴露人群因某因素暴露所致的某病发病或死亡占该人群该病全部发病或死亡的百分比。计算公式为:

$$AR\% = \frac{I_e - I_0}{I_e} \times 100\%$$
公式 4-19

根据已知的 RR 也可计算 $AR\%$,公式为：

$$AR\% = \frac{RR-1}{RR} \times 100\%$$

公式 4-20

4）人群归因危险度（population attributable risk, PAR）: PAR 是人群中某病发病（死亡）率与非暴露人群该病发病（死亡）率的差值,表示总人群因暴露于某因素而导致的某病发病（死亡）率。

$$PAR = I_t - I_0$$

公式 4-21

I_t 为全人群的发病（死亡）率, I_0 为非暴露组的发病（死亡）率。

5）人群归因危险度百分比（population attributable risk%, $PAR\%$）: 也称人群病因分值（population etiologic fraction, PEF）,是指总人群因暴露于某因素所致的某病发病或死亡占总人群该病全部发病或死亡的百分比。

$$PAR\% = \frac{I_t - I_0}{I_t} \times 100\%$$

公式 4-22

用估计的人群暴露率和已知的 RR,也可计算 $PAR\%$:

$$PAR\% = \frac{P_e(RR-1)}{P_e(RR-1)+1} \times 100\%$$

公式 4-23

p_e 是总人群对某因素的暴露率。

RR、AR 和 $AR\%$ 都特指暴露因素对暴露者的危害,而 PAR 和 $PAR\%$ 则特指暴露对一个具体人群的危害程度,以及消除这个因素后可能使该人群发病率或死亡率减少的程度。PAR 和 $PAR\%$ 既与 RR 和 AR 有关,又与总人群的暴露率有关。

表 4-3 分别给出了吸烟与心血管病和吸烟与肺癌关系的队列研究资料,以帮助大家理解上述关联指标。

表4-3　吸烟者死于肺癌和心血管病的 RR 和 AR(1/10 万人年)

疾病	吸烟者死亡率	非吸烟者死亡率	RR	AR
肺癌	50.12	4.69	10.7	45.43
心血管疾病	296.75	170.32	1.7	136.43

（根据李立明主编《流行病学》第 5 版改编）

由表 4-3 可见,吸烟死于肺癌的危险是非吸烟者的 10.7 倍,RR 为 10.7,而该值在吸烟与心血管疾病的队列研究中仅为 1.7,表明吸烟与肺癌的关联强度远大于心血管疾病。但是,因为心血管疾病的死亡率远高于肺癌,所以,吸烟人群若原本不吸烟就可减少 136.46/10 万人年的心血管疾病死亡率,但只能减少 45.43/10 万人年的肺癌死亡率。由此可见 AR 更具有公共卫生学意义。

根据表 4-3 提供的数字还可计算 $AR\%$ 。

$$AR\% = \frac{50.12-4.69}{50.12} \times 100\% = 90.6\%$$

说明吸烟者中发生的肺癌有 90.6% 是由吸烟引起的。

已知非吸烟者的肺癌年死亡率为 0.0469‰,全人群的肺癌年死亡率为 0.2836‰,代入公式 4-21 和公式 4-22 得：

$$PAR = I_t - I_0 = 0.2836‰ - 0.0469‰ = 0.2367‰$$

$$PAR\% = \frac{I_t - I_0}{I_t} \times 100\% = \frac{0.2367}{0.2836} \times 100\% = 83.5\%$$

计算结果显示,虽然吸烟导致肺癌的 $AR\%$ 达 90.6% ,但因人群中只有部分人吸烟,其 $PAR\%$ 仅为 83.5% ,即,若全人群都不吸烟,将减少 83.5% 的肺癌死亡率。

(八) 队列研究的优点和局限性

1. 优点

(1) 研究结局是亲自观察获得,暴露资料是在结局发生之前收集的,一般不存在回忆偏倚。

(2) 是由"因"至"果"观察,符合因果关系的时间顺序,论证因果关系的能力较强。

(3) 可计算暴露组和非暴露组的发病率,能直接估计暴露因素与发病的关联强度。

(4) 一次调查可观察多种结局。

2. 局限性

(1) 不宜用于研究发病率很低的疾病,否则需要的研究对象数量过大,费用过高。

(2) 观察时间长;易发生失访偏倚。

(3) 耗费的人力、物力和时间较多。

(4) 设计的要求高,实施复杂。

(5) 在随访过程中,未知变量引入人群,或人群中已知变量的变化等,都可使结局受到影响,使分析复杂化。

二、病例对照研究

(一) 病例对照研究的概念

病例对照研究(case-control study)是选择患有和未患有某特定疾病的人群分别作为病例组和对照组,调查各组人群过去暴露于某种或某些可疑危险因素的比例或水平,通过比较各组之间暴露比例或水平的差异,判断暴露因素是否与研究的疾病有关联及其关联程度大小的一种观察性研究方法。若病例组有暴露史的比例或暴露的程度显著高于对照组,且其差异有统计学意义,则可认为这种暴露与疾病存在关联(图4-3)。

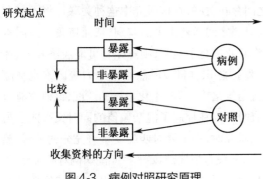

图4-3　病例对照研究原理

暴露(exposure)是指研究对象曾经接触过某些因素或具备某些特征。这些因素或特征称为暴露因素,如接触过某种化学物质,具备性别、年龄或职业的某种特征等。

病例对照研究有以下特点:①该研究只是客观地收集研究对象的暴露情况,而不给予任何干预措施,属于观察性研究。②病例对照研究可追溯研究对象既往可疑危险因素暴露史,其研究方向是回顾性的,是由"果"找"因"的。因此,病例对照研究验证因果关系的能力有限,弱于队列研究,一般只能初步检验病因假设而难以证实因果关联。③病例对照研究按有无疾病分组,研究因素可根据需要任意设定,因而可以观察一种疾病与多种因素之间的关联。

(二) 病例对照研究的用途

1. 初步检验病因假设　在有病因假设的前提下,病例对照研究将可疑病因作为研究因素,其研究结果可以初步检验病因假设是否成立。这是病例对照研究最常见的用途。

2. 提出病因线索　病例对照研究也可广泛筛选疾病的相关因素,经过分析提出病因线索。不过,在没有任何病因线索的情况下,一般不首先使用病例对照研究,而是使用描述性研究。有时,病因的寻找范围很局限,如食物中毒的致病因素仅在发病前几餐食物中寻找即可,此时可以直接采用病例对照研究,比较病例与非病例某段时间内食谱的差别,从食谱中逐一排查致病食物。

3. 评价防制策略和措施的效果　在病例与对照之间比较接受某预防措施者所占的比例,若病例组接受某预防措施者明显少于对照组,或根本就没人接受过该措施,而对照组接受该措施者比例明显高于病例组,则可提示预防措施效果明显。

(三) 病例对照研究的种类

1. 非匹配病例对照研究　在病例和对照人群中分别选取一定数量的研究对象,仅要求对照数量等于或多于病例数量,除此之外再无其他规定,这种方法称非匹配病例对照研究。

2. 匹配病例对照研究　匹配(matching)也称配比,是以对研究结果有干扰作用的某些变量为匹配变量,要求对照组与病例组在匹配变量上保持一致的一种限制方法。例如,若以年龄做匹配变量,则要求病例与对照在年龄方面均衡可比,以免由于年龄构成的差异歪曲研究结果的真实性。匹配又有频数匹配与个体匹配两种方法。

(1) 频数匹配(frequency matching):该方法要求匹配变量所占比例在病例组与对照组之间基本相同。其中,分类变量要求各类别的构成比基本相同,如病例组与对照组成员的性别构成比基本相同;数值变量可划定多个组段,要求各组段在病例组与对照组中的构成比基本相同,例如以 5 岁为一个年龄组,病例组与对照组中各年龄组所占比例的差异无统计学意义。

(2) 个体匹配(individual matching):以病例和对照的个体为单位,在其间均衡匹配变量的方法叫个体匹配。1 个病例可匹配一个或一个以上对照,表示为 1:1、1:2、1:3、……1:M。1:1 匹配也称配对(pair matching)。在每对病例与对照中匹配变量匹配到什么程度才可视为一致取决于变量的性质和实际需要。分类变量可以完全匹配,例如均为男性或均为女性。数值变量往往划定一个范围,要求病例与对照的匹配变量都在这一范围内。如进行年龄匹配时,成年人可要求病例与对照年龄相差不超过 5 岁,儿童多要求病例与对照年龄相差不超过 1 岁。但要注意,匹配标准一定要适当。要求太高,不仅没有意义,还增加了工作难度;要求太低又达不到控制混杂的目的。

在病例对照研究中,采用匹配的目的有两个:一是为提高研究效率(study efficiency),使每位研究对象提供的信息量增加,所需样本含量减少;二是为控制混杂因素,以避免研究中存在混杂偏倚。所以,匹配变量必须是已知的混杂因素,或有充分的理由怀疑为混杂因素,否则不应匹配。

某个变量被匹配之后,与匹配变量直接或间接相关的其他变量也将随之被匹配。假如这些无意中被匹配的变量恰好是研究因素,即使其原本与疾病之间存在关联,在该研究中这种关联也将不复存在。原因很简单,匹配无意中缩小了这些因素在病例与对照之间暴露水平的差别,从而掩盖了该因素暴露与疾病的关联。倘若一项冠心病的病例对照研究将职业进行了匹配,则意味着可能经济收入、体力劳动、文化水平、社会地位、医疗保障、饮食结构、自我保护意识、居住环境、心理压力等因素也被随之匹配。进一步分析,上述因素的匹配又牵扯到血压、血脂等诸多生理、生化指标的匹配,该研究有可能获得冠心病与上述变量皆无关联的荒谬结论。因而,有时匹配在控制了混杂偏倚的同时又引入了另外的偏倚。为防止上述现象的发生,在进行匹配病例对照研究时,一定要对匹配变量有充分的了解,搞清它与哪些因素存在潜在关联,这些因素是否是研究因素。若没有把握,不要选择匹配病例对照研究。

另外,一旦对某个变量做了匹配,就不能分析它与疾病的关系,同时也不能分析它与其他变量对疾病的交互作用。另外,匹配同时还增加了选择对照的难度。把不必要的项目列入匹配,企图使病例与对照匹配因素尽量一致,就可能徒然丢失信息,增加工作难度,反而降低了研究效率,这种情况称为匹配过度(over-matching),应注意避免。

(四) 研究对象的选择

病例对照研究涉及病例与对照两类研究对象。由于该类研究一般皆为抽样调查,所以要求无论病例还是对照均应是各自总体的随机样本。

1. 病例的选择

(1) 选择病例时应考虑的问题

1）疾病的诊断标准：病例对照研究以有无某种疾病为分组标准，因而，对有无疾病的判断尤为重要。疾病应有明确的诊断标准，而且该标准应尽可能是得到公认的。若需要自订标准，应注意控制诊断标准的假阳性率和假阴性率。有时研究因素的暴露剂量与疾病的严重程度有关、病因亦可能只与所研究疾病的某种病理型别有关。若有上述情况，诊断标准中还要有疾病分期、分型的相应规定。

2）病例的确诊时间：收集病例时，所研究疾病的新发病例、现患病例和死亡病例均可见到。死亡病例仅能从医学记录或他人代述中获得其暴露资料，误差更大，尽量不用。由于新发病例是刚刚确诊，尚未接受临床干预措施，平时的行为习惯尚未因患病而改变，加之收集资料的时间与暴露时间接近，所以由新发病例可以获得较为全面而真实的信息，应作为研究对象的首选。现患病例是过去发生的病例中的存活者。他们一则因患病后接受治疗、健康教育等干预措施，生活习惯和机体许多指标等皆已发生改变；二则因时间过长对既往暴露情况有所遗忘。从该类病例中获得的信息往往不够准确或根本就不是患病前的真实情况。因而，从现患病例获取可疑病因的暴露信息时应格外注意，否则会产生现患-新病例偏倚。

3）病例的代表性：抽样调查的目的是以样本说明总体。病例不仅要在病情、疾病分型等方面能代表总体，而且在人口学特征（如年龄、性别、种族等）、所处的社会环境、生活环境等与疾病发生有关的诸多方面也能代表其总体。

应该辩证地看待病例对照研究中的总体问题。总体的范围越大，收集病例的费用越高、困难越多，代表性越难保证。通常，研究者只需划定一个有限总体，并将研究结论推论至该总体即可，切不可，也没有必要给研究划定一个无限总体，使其成为工作中不可逾越的障碍。由于是有限总体，在解释研究结果时应特别注意对总体推论的表述，不可随意外延。理由显而易见：不同有限总体对同一因素的暴露水平不同，结论也截然不同。例如，吸烟是肺癌的病因，在吸烟暴露率较高的某地区男性人群中，此关联易被发现，而在暴露率很低或无暴露的该地区女性人群中，吸烟就不会被纳入肺癌的病因模型。结论是：在该地区，男性肺癌的病因之一是吸烟，女性肺癌的发生与吸烟无关。此时，两个人群的研究结论虽然不同但都是真实的，若将一个人群的结论推至另一人群，则会产生谬误。还需注意，虽然因暴露率低或无暴露，吸烟没有成为该地区女性肺癌的病因，但不等于在该地区女性中吸烟不会发生肺癌。吸烟能否导致该地区女性发生肺癌？答案需来自进一步的流行病学研究。

4）对病例某些特征的限制：有时为更好地处理干扰因素，病例对照研究允许在选择研究对象时对研究对象某些特征加以限制。如，为避免年龄的干扰，可将病例和对照限制在某个年龄组。限制与匹配的作用是相同的，因匹配不当给研究结果带来的偏倚同样可出现在限制中，使用时应慎重。

（2）病例的来源：病例主要来自于两方面，一是医院，二是社区。

1）来源于医院的病例：该类病例为某一所或若干所医院在一定时期内诊断的全部病例或其随机样本，称为以医院为基础的（hospital-based）病例。医院来源的病例具有易收集、好配合、信息质量高的优点，但易发生选择偏倚是其明显缺陷。到某医院就医的病例在住址、病情、职业、经济水平、病种等方面可能具有某些特征，而这些特征又往往与病因有着千丝万缕的联系。因而，以医院为基础的病例对照研究，即使设计完美、真实性很好，其结论也只能推论至到该医院就医的人群（有限总体），不可能代表某地区全部人口中的某病病例，结论的外延性不好。

2）来源于社区的病例：该类病例是在某一地区内，通过普查、疾病统计或医院资料得到的全部病例或其随机样本，称以社区为基础的（community-based）病例。以社区为基础的病例对照研究，结论可推及该社区人群。若该社区人群在与疾病有关的诸多特征方面能代表更大的人群，则研究结论还可进一步外延。但进行以社区为基础的病例对照研究时病例较难获得，除非有疾病筛检、队列研究、疾病监测等发现的病例可以直接利用，否则费时、费力，不宜作为首选的病例来源。

2. 对照的选择　对照是病例来源的人群中未患所研究疾病的人。与选择病例相比，选择对照更为复杂和困难。

（1）选择对照时应考虑的问题

1）确认对照的标准：对照应是经过与病例相同的诊断技术确认的不患所研究疾病的人。

2）对照的代表性：对照应是产生病例的人群中全体未患该病者的一个随机样本。即首先确定病例来源的总体，对照应当从该总体的非该病患者中随机抽取。在以医院为基础的病例对照研究中，到该医院就医的人群是一特殊的有限总体，它的对照也应来自该总体。

3）对照与病例的可比性：要求除了研究因素之外，所有与疾病发生有关的因素在病例与对照之间均有可比性。这是求异法所要求的基本条件，否则研究将无科学性可言。

4）对照不应患有与研究因素有关的其他疾病：例如，研究吸烟与肺癌的关系时，不能以慢性支气管炎患者为对照。因为，已知吸烟是支气管炎的病因，将支气管炎病例作对照，对照组中必有较高的吸烟暴露史，即使吸烟与肺癌有关，也会得到吸烟在比较组间没有差别的研究结果。又如研究阿司匹林与心肌梗死的关系时，风湿性关节炎患者不宜作对照，因为他们多常规服用阿司匹林。

5）可同时选择两种以上对照：一种方法是既从一般人口中选择对照，又从住院患者中选择对照，若研究结果一致，则能增加评价的依据；若研究结果不一致，则需分析其原因，找出可能存在的偏倚。有时，设立多组其他疾病的对照还可加强研究结果的说服力。

（2）对照的来源：根据实际需要，对照多有以下来源。

1）同一或多个医疗机构中诊断的其他疾病病例。

2）社区人口中未患该病的人。

3）病例的邻居中未患该病的人。

4）病例的配偶、同胞、亲戚。

5）病例的同事。

不同来源的对照说明不同的问题。前两种对照是为了实现"对照应代表病例来源的人群中未患所研究疾病者"的原则。邻居对照可能有助于控制社会经济地位、居住环境等因素的混杂作用。同胞对照可以均衡遗传因素的干扰。配偶或同事对照则主要用于排除生活环境或工作环境的影响。

（五）样本含量的估计

病例对照研究多是研究某病与多个变量之间的关联，现有的样本含量计算公式仅适用于单因素分析，多因素分析时的样本含量估计尚无成熟方法，一般都以分析变量个数的 5 ~ 10 倍为参考，最好10 倍以上。

1. 非匹配病例对照研究分类变量资料样本含量的估计　非匹配病例对照研究与队列研究相同，也是比较某指标在样本之间的差异有无统计学意义，因而使用的样本含量估计公式一样。只是，病例对照研究比较的是暴露率，p_0 和 p_1 分别为对照组和病例组的暴露率，其他再无区别。公式仍为：

$$n = \frac{\left(u_\alpha\sqrt{2\overline{p}\,\overline{q}} + u_\beta\sqrt{p_1 q_1 + p_0 q_0}\right)^2}{\left(p_1 - p_0\right)^2}$$

该公式也可简化为：

$$n = \frac{2\overline{p}\,\overline{q}\left(u_\alpha + u_\beta\right)^2}{\left(p_1 - p_0\right)^2}$$

若有相对危险度 RR 或相对危险度估计值 OR 时，可用来估计 p_1，公式见4-24。

$$p_1 = \frac{OR \times p_0}{1 + p_0 \times (OR - 1)} \qquad\qquad 公式4\text{-}24$$

例4-4：拟进行一项胃内幽门螺杆菌感染与胃癌关系的病例对照研究。估计胃内幽门螺杆菌感染者发生胃癌的相对危险度为 2.0，人群胃内幽门螺杆菌感染率约为 20%，设 $\alpha = 0.05$（双侧），$\beta = 0.10$，

笔记

请估计样本含量。

已知:$p_0=0.20$,估计的 $RR(OR)=2.0$,则:

$$p_1=(2\times0.2)/(1+0.2\times1)=0.333$$
$$\bar{p}=(0.2+0.333)/2=0.267$$
$$\bar{q}=1-0.267=0.733$$

代入公式4-9

$$n=2\times0.267\times0.733(1.96+1.282)^2/(0.333-0.2)^2=232(人)$$

即病例组和对照组各需调查232人。

为能更便捷的获得样本含量,人们计算了各种条件下的样本含量并列于表4-4。例4-4查表得样本含量为229人。

表4-4　病例对照研究样本含量(非匹配,两组人数相等)

[$\alpha=0.05$(双侧),$\beta=0.10$]

OR	p_0						
	0.01	0.10	0.20	0.40	0.60	0.80	0.90
0.1	1420	137	66	31	20	18	23
0.5	6323	658	347	203	176	229	378
2.0	3206	378	229	176	203	347	658
3.0	1074	133	85	71	89	163	319
4.0	599	77	51	46	61	117	232
5.0	406	54	37	35	48	96	194
10.0	150	23	18	20	31	66	137
20.0	66	12	11	14	24	54	115

(节录:Schlesselman,1982)

若能同时给出 p_0 和 p_1 两个率,可以根据两个率的差值查表4-5得出样本含量。

表4-5　两样本率比较时所需样本含量(双侧)

上行:$\alpha=0.05,1-\beta=0.80$;中行:$\alpha=0.05,1-\beta=0.90$;下行:$\alpha=0.01,1-\beta=0.95$

较小率(%)	δ=两组率之差(%)													
	5	10	15	20	25	30	35	40	45	50	55	60	65	70
5	420	130	69	44	31	24	20	16	14	12	10	9	9	7
	570	175	93	59	42	32	25	21	18	15	13	11	10	9
	960	300	155	10	71	54	42	34	28	24	21	19	16	14
10	680	195	96	59	41	30	23	19	16	13	11	10	9	7
	910	260	130	79	54	40	31	24	21	18	15	13	11	10
	1550	440	220	135	92	68	52	41	34	28	23	21	18	15
15	910	250	120	71	48	34	26	21	17	14	12	10	9	8
	1220	330	160	95	64	46	35	27	22	19	16	13	11	10
	2060	560	270	160	110	78	59	47	37	31	25	21	19	16
20	1090	290	135	80	53	38	28	22	18	15	13	10	9	7
	1460	390	185	105	71	51	38	29	23	20	16	14	11	10
	2470	660	310	180	120	86	64	50	40	32	26	21	19	15

续表

较小率(%)	δ=两组率之差(%)													
	5	10	15	20	25	30	35	40	45	50	55	60	65	70
25	1250	330	150	88	57	40	30	23	19	15	13	10	9	—
	1680	440	200	115	77	54	40	31	24	20	16	13	11	—
	2840	740	340	200	130	92	68	52	41	32	26	21	18	—
30	1380	360	160	93	60	42	31	23	19	15	12	10	—	—
	1840	480	220	125	80	56	41	31	24	20	16	13	—	—
	3120	810	370	210	135	95	69	53	41	32	25	21	—	—
35	1470	380	170	96	61	42	31	23	18	14	11	—	—	—
	1970	500	225	130	82	57	41	31	23	19	15	—	—	—
	3340	850	380	215	140	96	69	52	40	31	23	—	—	—
40	1530	390	175	97	61	42	30	22	17	13	—	—	—	—
	2050	520	230	130	82	56	40	29	22	18	—	—	—	—
	3480	880	390	220	140	95	68	50	37	28	—	—	—	—
45	1560	390	175	96	60	40	28	21	16	—	—	—	—	—
	2100	520	230	130	80	54	38	27	21	—	—	—	—	—
	3550	890	390	215	135	92	64	47	34	—	—	—	—	—
50	1560	390	170	93	57	38	26	19	—	—	—	—	—	—
	2100	520	225	125	77	51	35	24	—	—	—	—	—	—
	3550	880	380	210	130	86	59	41	—	—	—	—	—	—

2. **匹配病例对照研究分类变量资料样本含量的估计**　个体匹配后,将病例与对照暴露情况不一致的对子数进行比较才有意义。基于这一原理,Schlesselman 推荐的计算公式如下:

$$m=\frac{\left[u_{\alpha}/2+u_{\beta}\sqrt{p(1-p)}\,\right]^{2}}{(p-0.5)^{2}}$$

公式 4-25

式中:

m 为需要结果不一致的对子数。

$$p=OR/(1+OR)\approx RR/(1+RR)$$

公式 4-26

其他符号的含义与公式 4-5 相同。

需要的总对子数 M 为:

$$M\approx m/(p_0q_1+p_1q_0)$$

公式 4-27

其中 p_0、p_1 分别为目标人群中对照组和病例组的估计暴露率,p_1 也可以下式估计。

$$p_1=OR\times p_0$$

公式 4-28

$$q_0=1-p_0,q_1=1-p_1$$

（六）资料的收集

研究对象一经确定,就应按事先考虑好的研究内容收集资料。具体收集何种资料因研究内容不同而异,此处不再赘述。应该注意的是,病例对照研究中应以同样的方式收集病例与对照的资料,比如相同的调查表、相同的态度、相同的提问方式、相同的调查环境等,以避免出现信息偏倚。

（七）资料分析和结果解释

调查研究获得的资料要先经核查、整理等前期工作后方可进入统计分析阶段。

1. **统计描述**　统计描述的目的有两个,一是表明本研究所选择的研究对象代表了哪种特征的有限总体;二是说明本研究的比较组间是否实现了求异法所要求的均衡。

(1) 描述研究对象的一般特征:与队列研究相同,病例对照中描述性统计分析的目的也是为了阐明研究人群的代表性和比较组之间的均衡性,所用的统计学方法也大体相同,在此不再赘述。

病例对照研究应首先描述病例和对照在性别、年龄、职业、出生地、居住地、疾病类型等方面的分布特征。匹配资料还要描述匹配情况,如频数匹配时要描述匹配因素的频数比例。

(2) 比较组间进行均衡性检验:多采用单因素分析方法,如 t 检验和 χ^2 检验等方法。此项工作是为了说明本研究的比较组间是否实现了求异法所要求的均衡。其实,流行病学研究并不强求在资料收集时便实现比较组间的均衡,人们可以在资料分析过程中利用多因素分析排除其他因素的干扰从而实现暴露因素在病例组与对照组暴露比例的比较。倘若研究伊始便将诸多因素加以均衡,有可能丢失许多信息,带来"配比过头"的后果。

2. **统计推断**　病例对照研究中,资料分析的中心内容是比较病例与对照中暴露的差别有无统计学意义并由此估计暴露与疾病的关联程度。人类病因的复杂性使得流行病学研究的资料以多因素分析居多,病例对照研究也不例外。本节仅介绍几种单因素分析方法,借此阐明病例对照研究中资料分析的基本思路。

(1) 成组病例对照研究资料的分析:非匹配与频数匹配的病例对照研究资料皆属此类。

1) 列出四格表:将病例组与对照组的资料按有无暴露分组,归纳于表4-6。

表4-6　成组病例对照研究资料整理表

暴露史	病例	对照	合计
有	a	b	$a+b=n_1$
无	c	d	$c+d=n_0$
合计	$a+c=m_1$	$b+d=m_0$	$a+b+c+d=N$

2) 假设检验:利用 χ^2 检验推断病例组与对照组暴露率的差异是否有统计学意义,见公式4-29。

$$\chi^2 = \frac{(ad-bc)^2 n}{(a+b)(c+d)(a+c)(b+d)} \qquad \text{公式4-29}$$

若两组差异有统计学意义,说明该暴露因素与疾病的关联很可能不是由抽样误差造成的。

3) 估计暴露与疾病的关联强度:RR 简单、易于理解,但是病例对照研究不能计算发病率,也就无法得到 RR,只能以 OR 估计 RR,并以此估计暴露与疾病之间的关联强度。OR 也称比值比、优势比或交叉乘积比。

OR 的计算方法如下:

比值(odds)是指某事物发生的可能性与不发生的可能性之比。在病例对照研究中:

$$\text{病例组的暴露比值} = \frac{a/(a+c)}{c/(a+c)} = a/c$$

$$\text{对照组的暴露比值} = \frac{b/(b+d)}{d/(b+d)} = b/d$$

$$OR = \frac{\text{病例组的暴露比值}}{\text{对照组的暴露比值}} = \frac{a/c}{b/d} = \frac{ad}{bc} \qquad \text{公式4-30}$$

OR 值的意义:OR 的意义与 RR 相同,但是,在不同患病率或发病率下,OR 与 RR 的接近程度不同。疾病频率小于5%时,OR 与 RR 较接近。

OR 值可信限估计:与队列研究相同,病例对照研究也多为抽样调查,每次研究所得到的 OR 值都是总体中暴露与疾病关联程度的一个点估计值,都需要按一定的概率来估计 OR 的可信区间。其估计方法与队列研究相同,在此,不再赘述。

例 4-5:Doll 和 Hill 在 1950 年报告吸烟与肺癌关系的病例对照研究结果如表 4-7,资料分析如下:

表 4-7   吸烟与肺癌的成组病例对照研究资料整理表

吸烟史	肺癌患者	对照	合计
有	688	650	1338
无	21	59	80
合计	709	709	1418

第一步 χ^2 检验:将表 4-7 的数据代入公式 4-29。

$$\chi^2 = \frac{(688 \times 59 - 650 \times 21)^2 \times 1418}{(688+650)(21+59)(688+21)(650+59)} = 19.13$$

自由度 $=1$,$P<0.001$

第二步计算 OR:将表 4-7 的数据代入公式 4-30。

$$OR = \frac{688 \times 59}{650 \times 21} = 2.97$$

第三步计算 OR 值的 95% 可信限:将 χ^2 值和 OR 代入公式 4-15。

$$OR_L, OR_U = 2.97^{(1 \pm 1.96/\sqrt{19.13})}$$
$$OR_L = 1.83 \qquad OR_U = 4.90$$

OR 值的 95% 可信区间为 1.83 ~ 4.90,不包括 1,说明吸烟与肺癌有关联。

(2) 1:1 匹配病例对照研究资料的分析:配对资料中,依每对研究对象的暴露情况不同可出现四种组合:两者皆暴露、两者皆不暴露、病例暴露而对照不暴露、对照暴露而病例不暴露。将这 4 种组合的对子数整理于表 4-8 中。其分析步骤与成组资料相同,只是计算公式不同而已。

1) 列出四格表:

表 4-8   1:1 匹配病例对照研究资料整理表

对照	病例		对子数
	有暴露史	无暴露史	
有暴露史	a	b	$a+b$
无暴露史	c	d	$c+d$
合 计	$a+c$	$b+d$	$a+b+c+d=N$

2) 假设检验:χ^2 计算公式如下:

$$\chi^2 = \frac{(b-c)^2}{b+c} \qquad \text{公式 4-31}$$

当 $b+c<40$ 时,应该使用校正公式

$$\chi^2 = \frac{(|b-c|-1)^2}{b+c} \qquad \text{公式 4-32}$$

由计算公式可看出,配对 χ^2 检验考虑的是暴露情况不一致的对子数。若差异显著,说明病例暴露

而对照不暴露的对子数与对照暴露而病例不暴露的对子数的差异有统计学意义。

3）计算 OR：其公式为：

$$OR = \frac{c}{b} \quad (b \neq 0)$$

公式 4-33

4）计算 OR 值的 95% 可信区间：计算方法同分组资料。

（八）病例对照研究的优点和局限性

1. 优点

（1）因为病例对照研究可在病例的集散地——医院收集病例，与其他研究方法相比，该方法收集病例更方便，更适用于罕见病的研究，有时甚至是唯一可行的选择。

（2）该方法所需研究对象的数量较少，节省人力、物力，容易组织。

（3）一次调查可同时研究一种疾病与多个因素的关系，既可检验病因的假设，又可经广泛探索提出病因假设。

（4）收集资料后可在短时间内得到结果。

2. 局限性

（1）不适于研究暴露率很低的因素，因为暴露率越低样本含量越大。

（2）常难以判断暴露与疾病出现的先后顺序。

（3）选择研究对象时易发生选择偏倚。

（4）获取既往信息时易发生回忆偏倚。

（5）易发生混杂偏倚。

（6）不能计算发病率、死亡率等，因而不能直接分析相对危险度。

（九）病例对照研究的衍生类型

1. 巢式病例对照研究（nested case-control study，case-control study nested in a cohort）　以队列研究随访到的发病者和未发病者为研究对象进行的病例对照研究称为巢式病例对照研究。该设计方法由美国流行病学家 Mantel 于 1973 年提出，当时称综合式病例对照研究，1982 年被正式命名为巢式病例对照研究。该研究是先在暴露队列和非暴露队列中做研究队列，收集队列内每个成员的相关信息和生物标本，随访一段预定的时间，以队列中随访期内发生某疾病的全部病例作为病例组，未发生该疾病者的一个样本作对照组，然后将两组成员的生物标本做必要的化验，结合已收集到相关信息进行统计分析，获得暴露与疾病是否有关联的判断。由于队列研究结束时，未发生疾病者数量众多，从中随机抽取对照组确有难度，所以，该研究多以匹配方式选取对照。

巢式病例对照研究是嵌套于队列研究中的一种设计形式，随队列研究的种类不同，该研究也可分为前瞻性巢式病例对照研究和回顾性巢式病例对照研究两种。前者嵌套于前瞻性队列研究，后者嵌套于回顾性队列研究。

巢式病例对照研究中，病例与对照的暴露信息均来自对研究对象长时间的随访，很少存在回忆偏倚，也不会出现现患-新病例偏倚，信息质量要明显优于病例对照研究。

2. 病例队列研究（case-cohort study）　该研究也称病例参比式研究（case-base reference study），也是一种在队列研究中嵌入病例对照研究的设计。该方法要求队列研究伊始便从所有研究对象中（全队列）抽取一个有代表性的样本（子队列）作对照组，随访结束时，将随访期间发生的所有某病病例做病例组，对照组发生的病例在对照组和病例组皆作为研究对象，然后，用随访获得的病例组与对照组的暴露信息加以统计分析，判断暴露与疾病是否存在关联。

病例队列研究是 Prentice 于 1986 年提出，虽然与巢式病例对照研究有许多相似之处，但区别还是存在的。例如，因病例出现在抽取对照之后，所以对照是随机抽取的，不能采用匹配设计。

第五节　实验性研究

一、概述

（一）实验性研究的概念

流行病学实验性研究也称实验流行病学（experimental epidemiology）或流行病学实验。该方法将来自同一总体的研究对象随机分为实验组和对照组，实验组给予实验因素，对照组不给予该因素，而给予对照措施或安慰剂，然后前瞻性地随访各组的结局并比较其差别的大小，从而判断实验因素的效果（图4-4）。

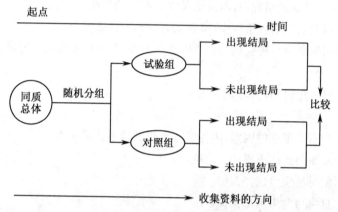

图4-4　实验性研究原理示意图

实验性研究属于同质总体随机分组，比较组间差异，已知和未知的混杂因素皆被均衡，若控制了其他可能发生的偏倚，该类研究应该能确认实验措施与观察结局之间是否有因果关联。

（二）实验研究的基本特征

一个标准的流行病学实验必须具备下列4个基本特征：

1. 施加干预措施　这是实验的最重要特征，没有干预措施不能称为实验。

2. 前瞻性观察　流行病学实验性研究要求研究资料的收集过程是前瞻性的，以保证信息的真实性。即，给予干预措施后，要经过前瞻性随访获得研究结果，而不是靠历史纪录或其他方式获得。

3. 有平行对照　设立对照的目的是为了通过比较其与实验组结局的差别，说明实验措施的效果。流行病学实验性研究不仅要求设立对照组，而且还要求是平行随访的对照组。含义是在同一时点划分实验组与对照组，各组同时前瞻性随访，收集研究结果。

4. 随机分组　根据研究的需要，实验研究可以划分两个或多个比较组。无论需要几个比较组，都要严格遵循随机分组的原则使每位研究对象都有同等的机会被分配到实验组或对照组。随机分组的目的是使所有与结局有关的特征，包括已知的和未知的，在比较组间皆均衡可比。只有这样才能实现求异法的基本要求，证实实验措施与结局之间的因果关联。

流行病学实验研究以人群为研究对象，出于对医学论理学等问题的考虑，有时无法同时实现以上4个条件。当一项实验研究缺少前瞻性观察、平行对照、随机分组三个特征中的一个或更多时就称为类实验或准实验（quasi-experiment）。

（三）研究方法的分类

根据研究场所的不同，一般将流行病学实验分为现场试验和临床试验两类。

1. 临床试验（clinical trial）　临床试验是在医院或其他医疗照顾环境下进行的试验。该方法以临床患者为研究对象，常用于评价药物、副作用或治疗方法的效果。具体内容将在后面详细叙述。

2. 现场试验（field trial）　现场试验又称干预试验（intervention trial），按照现场试验中干预对象的基本单位不同,可分为社区试验和个体试验。

(1) 社区试验(community trial):是以未患病的人群为研究对象,以社区为实施单元,试验组给予某试验措施,对照组不给予该措施,然后随访两组人群疾病的发生情况,评价措施的效果。

社区试验接受干预的基本单位是人群,不是个体,如某个社区、某个学校、某个班级。例如,某研究为评价碘盐预防地方性甲状腺肿的效果,将碘盐在某个地区出售,以另一具有可比性的地区作对照未销售碘盐,随访若干年后,比较两地区地方性甲状腺肿患病率的差异。该例的试验措施施加到了人群而不是个体。碘盐在人群中出售,有人吃得多、有人吃得少,少数人可能未食用,但该地区的多数人接受了碘盐,措施在当地的效应就会有所反映。

(2) 个体试验(individual trial):是将未患所研究疾病的人群随机分为两组,以个体为施加试验措施的基本单位,每位分配到试验组的个体均给予试验措施,对照组不给予该措施而给予对照措施,然后观察两组人群结局的发生情况,评价措施的效果。例如评价乙肝疫苗的预防效果时,每位试验组成员均要接种疫苗。

现场试验与前瞻性队列研究有诸多相似之处,例如,都设有比较组和进行前瞻性随访;在随访过程中必须避免失访和保证信息质量;最后都是经比较各组结局的差异判断分组特征与结局的关联;因为都是对两个样本率差异的检验,连估计样本含量也是采用同一个公式。

但是,二者毕竟来自两类不同的研究方法,必然有本质上的区别。现场试验将研究对象随机分组,而队列研究按照研究对象的自然暴露状态分组;前者施加干预措施,后者不采取任何措施。就是这些设计上的差别,使得队列研究和实验研究验证因果关联的能力也有了明显差别。如前所述,队列研究并非随机分组,无法排除潜在的混杂偏倚。实验研究要求将研究人群随机分组,所有已知和未知的与疾病相关的因素在试验组和对照组间皆可实现均衡。在此基础上,试验组给予研究因素,对照组不给予该因素,比较各组今后一段时间内结局发生频率的差别。该设计恰好弥补了队列研究不能均衡未知因素的缺陷,比较组间唯一的差别就是有无试验因素,此时可认为组间结局发生频率的差别是试验因素造成。理论上讲,流行病学实验性研究能验证因果关联。但实际工作中,包括临床试验在内的大部分实验性研究,因受各种因素限制,很难实现完全随机分组,对其研究结果还应保持清醒的认识。

流行病学实验虽有利于验证因果联系,但医德标准不允许随意向人体施加措施,通常必须在观察法提出充分证据后方可使用。

二、临床试验

临床试验是临床医学中最常用的研究方法。它以患者为研究对象评价药物或措施的临床疗效。临床试验也有实验和类实验之分。

(一) 随机对照临床试验

随机对照临床试验(randomized controlled clinical trial)又称随机对照试验(randomized controlled trial,RCT)、随机对照并行试验或同期随机对照试验。该方法是将临床患者随机分为试验组与对照组,试验组给予某临床干预措施,对照组不给予该措施而给予对照措施,通过比较各组效应的差别判断临床干预措施效果的一种前瞻性研究,是典型的按照实验法的 4 个原则设计的研究类型。RCT 分组随机、各组观察条件一致,研究结果的可靠性最好,是各种临床试验中最受认可的一种。

临床试验与现场试验一样,整个研究过程都要遵循实验法的基本原则。不同的是,前者以临床患者为研究对象,后者以未患病的人群为研究对象。正因为二者涉及的研究对象不同,使得临床试验在设计和实施细节上与现场试验有许多差别。

1. **研究因素的规定**　临床试验以评价临床干预措施对患者的干预效果为主要目的,如评价某药物、手术方法、护理条件、理疗措施等对患者预后的影响。这些临床干预措施就是所谓的研究因素。临床试验要求给研究因素以详细的规定。以药物为例,如每日给药次数、每次给药剂量、总共给药天数、采用的给药途经等都要有明确规定。设计时就要给出研究因素的实施方案,在正式试验中一般不允许随意变动。

2. 观察结局的选择　临床试验与队列研究和现场试验一样,都是以研究对象出现结局事件为观察终点。研究因素作用于研究对象可产生多种结局。它们可以是二项分类或多项分类变量,如痊愈、有效、好转、缓解、死亡、恶化、某个并发症等;也可以是有序多分类变量,如尿糖、尿蛋白等;还可以是数值变量,如血压、血脂、谷丙转氨酶等。多数情况下,痊愈、好转等结局是对某个或多个数值或有序多分类变量达到某一水平时的定义。该定义最好要有公认的界定标准,以便他人参照。

任何外界因素施加于患者都可能带来正、反两方面的作用——治疗作用和副作用。临床试验随访的结局事件应该既有反映疗效的也有反映副作用的。每种疾病都有多个反映疗效和副作用的结局,全部观察是不现实的。到底应该以哪些为本研究的结局呢?此时应考虑:①哪些结局的临床意义最大:临床意义最大,首先意味着相比较而言这些结局在反映患者的预后或副作用方面最有代表性;另外,这些结局应与研究的疾病有着本质上的、特异性的联系,最好不出现假阴性和假阳性。②哪些结局是最科学的和最不易产生偏倚的:即,这些结局最好能被客观而准确地测量。③哪些结局对现有研究条件是最合适的:每次临床研究都有经费、观察手段、随访时间等具体条件,可以观察的结局很多,但适合于现有条件的却很少,确定观察结局时一定要量力而行。

美国和加拿大的研究者设计了一项临床试验,旨在了解加强疗法(更频繁地注射胰岛素和检测血糖)是否比常规疗法治疗糖尿病的效果更好。该研究可以反映疗效的结局有以下几个:①试验开始之后的一个特定时点上患者的生存率;②患者维持正常生活状态的能力;③发生任意一种与糖尿病有关的心脑血管事件的危险;④糖化血红蛋白 A1-C(HbA1c)水平,该指标能代表较长时间的血糖水平;⑤某一特定时点上的血糖水平;⑥糖尿病视网膜病变分级。虽然对于糖尿病这种可以危及性命的疾病来说,生存率和生存质量十分重要,但研究者最后还是选择了视网膜病变作为判断疗效的结局事件。理由是:①一般糖尿病患者至少要在发病 10 年以后才会出现死亡或生存质量问题,若以生存率或生存质量为结局,研究将不会在适当的时间内完成;②糖尿病的严重并发症视网膜病变与机体其他部位的血管病变是相关的,而血管疾病是造成糖尿病高死亡率和病死率的主要病理生理过程;③眼睛是唯一可以用非创伤性方法观察到血管病变的门户,更重要的是,视网膜的状况可以拍成照片,便于盲法标准化评判视网膜病变分级,避免观察者偏倚;④视网膜病变被认为可以预示生存率和生存质量这两个重要的研究终点。

近年来,随着生活水平的提高,人们对医疗行为的评价由过去的生物层面扩大到了精神心理层面。评价一种疗法或药物的作用,除以生物学指标和疾病状态指标反映结局外,还以患者及其照顾者的自我感受反映健康状况的变化及临床措施的可接受程度。例如,某措施虽不能延长肿瘤患者的生存期,但可明显提高患者的生存质量,该疗法同样可受到患者及家属的认可。为能综合收集临床措施对患者的干预效果,患者报告结局(patient report outcome,PRO)应运而生。患者报告结局是在不受医生或其他人影响的前提下,患者自身对疾病临床结局的测量。它以患者描述的自身感受为测量基础,以量表的形式实现,在临床试验中的应用日趋广泛。因这种方法的指标较"软",一份成熟的 PRO 量表必须经过严格的信效度评价方可付诸实施。

3. 研究对象的确定　临床试验的研究对象是一群患某病的患者。通常,研究对象来自一所医疗单位。有时,一所医院难以在短时间内收集到足够的样本,需要多个医疗单位共同收集病例并进行观察,这种方式称为多中心临床试验。无论病例来自一个还是多个医疗单位,在确定研究对象时都应注意如下问题:

(1)研究对象的诊断标准:应该用公认的诊断标准确诊所研究疾病的病例。若确实没有公认的诊断标准,则应尽量参考相对有权威的诊断标准。强调此点的目的一是为了使研究结果能够得到公认,能推论至用公认的诊断标准确诊的该病患者,二是为了使该研究与同类研究的结果有可比性。

有时,临床干预措施对不同病因、临床分型、病程分期的患者效应是有区别的或是有选择性的,研究这类干预措施时应规定相应的分型、分期标准。这些标准同样也要遵循公认的原则。例如,在尼莫地平对蛛网膜下腔出血后脑血管痉挛保护作用的研究中,由于蛛网膜下腔出血可由颅内动脉瘤、脑外伤、高血压脑出血等原因引起,该研究就分别制定了上述疾病引起的脑血管痉挛的诊断标准。

(2) 研究对象的代表性:要求入选的研究对象在病型、病情以及年龄、性别、一般状况等方面能够代表目标人群,以保证研究结论具有推广价值,可以指导今后的临床实践。值得一提的是,为提高研究结果的实用性,要特别关注对有限总体的研究,比如,研究某药物对某一特定类型的某病患者的疗效。以所有某病患者为总体的研究结果,可以获得该药对各种病理分型、临床分期、不同病情患者的平均疗效和疗效的变异范围。但临床医生每天要面对的是各种病理分型、临床分期以及不同病情的单个患者。某药在试验中有 80% 的有效率,并不说明对医生面前的这位患者是否有效。此种局面可能会使医生做出错误的临床抉择。

(3) 研究对象的入选和排除条件:为保证研究结果的真实性和最大限度地减少失访,临床试验在选择研究对象时都要有多个入选条件和排除条件。例如,一项晚期结肠癌的化疗临床试验,入选条件有:①经组织病理学证实的结肠癌或直肠癌;②已不适合外科手术;③肿块能用物理的方法或 X 线测量其大小;④未曾用过化疗;⑤无严重的营养缺乏、恶心、呕吐,预期寿命不少于 3 个月;⑥白细胞计数、血小板计数、血红蛋白、肌酸正常;⑦获得患者接受试验的同意书。上述 7 条中有诊断标准、医德方面的规定、化疗的适用条件和疗效判断的考虑。

患者具有某种或某些合并症、年龄太大、病情过重、预期寿命过短等往往被列为排除条件。如观察口服药物的效果,腹泻患者就不宜做受试对象。

(4) 医学伦理学问题:按照伦理学的要求,每位患者都应在医院获得最佳的治疗。为不出现论理学问题,研究者应对试验措施和给予对照组的措施都有充分的了解。如评价某种新药的疗效,以另一种常规药物为对照时,研究者不仅应清楚地掌握新药的作用机理、适应证、禁忌证等资料,保证试验组患者的安全,还应估计常规药物是否会延误某些对照组患者的治疗,致使病情恶化或病程延长。无论是试验组的患者还是对照组的患者,都应该从临床试验中受益,而不应该受到伤害。所谓伤害是与不参加试验时医生对患者的最佳个性化处理结果相比较而言的。已知试验对其有害的人群不能作为研究对象。

临床试验中,基本的医学伦理学原则是:①根据既往研究的结果,本次试验给试验组和对照组采用的治疗措施没有优劣之分;②应该在知情同意的前提下让患者自由选择是否参加本次临床试验,要让患者知道他将被随机分组及治疗措施的益处和危险;③研究的问题应该是有临床价值的、旨在为今后的临床实践提供依据的。

(5) 样本含量的估计:临床试验最后要通过两个或多个样本均数或样本率差异的统计学检验做出研究结论,其样本含量估计也应借用相应的计算公式。若观察指标是分类变量,如有效率、缓解率等,计算公式与队列研究的相同,用公式 4-5 或公式 4-9。若观察指标为数值变量,则用下式:

$$n = 2\left[\frac{(u_\alpha + u_\beta)\sigma}{\delta}\right]^2 \qquad \text{公式 4-34}$$

式中,σ 为标准差,一般都假定两个样本标准差相等;u_α 和 u_β 分别为 α 和 β 水平下的 u 值,即标准正态离差,可由 u 值表查得;δ 为两样本均数之差。估计 δ 时,应考虑试验组与对照组之间的结局差别多大才有临床意义,即:多大的差别能预示患者的病情确实有所改善、预后确实会更好;多大的差别能使人相信即使新疗法费用更高、副作用更大也还是有使用价值的。

例 4-6:欲评价某新药的降血压作用,研究者希望试验组比安慰剂组多降低 20mmHg 才有实际的临床意义。已知人群血压的标准差约 30mmHg,定 α 为 0.05、β 为 0.10,单测检验,查表 $u_\alpha = 1.645$,$u_\beta = 1.282$。代入公式 4-34 计算样本含量:

$$n = 2 \left[\frac{(1.645 + 1.282) \times 30}{20} \right]^2 = 38.55 \approx 39 (人)$$

即：试验组与对照组各需 39 人。

近年来，人们将优效性、等效性和非劣效性试验的名称赋予了不同研究目的的临床试验。优效性试验（superiority trial）是以显示试验措施的疗效优于对照组措施为目的临床试验。等效性试验（equivalence trial）是考察试验措施的疗效是否与对照措施相等的临床试验。非劣效性试验（noninferiority trial）是了解试验措施的疗效是否不比对照措施差的临床试验。三种试验之间，样本含量的估计方法略有差别，主要体现在 δ 的变化和 α 取单侧还是双侧界值方面。具体知识详见有关书籍。本节给出的例题属于应用最多的优效性试验。

4. 研究对象的随机分组　随机分组的目的是将研究对象随机分配到试验组和对照组，以使比较组间具有相似的临床特征和预后因素，即两组具备充分的可比性。这种理想的设置均衡对照的方法，理论上可使已知和未知的影响疗效的因素在两组间均衡分布，消除选择偏倚和混杂偏倚的影响。常用的随机化分组的方法有：

（1）简单随机分组：可以采用抛硬币、抽签、掷骰子、查随机数字表等手段进行简单随机分组。临床试验一般样本含量较小，简单随机分组方便可行。

随机数字表在简单随机分组中应用最多。其用法是：事先随机规定进入各组的数字，例如奇数进试验组、偶数进对照组，然后以随机数字表的任一行、任一列为起点，第一位就诊患者对应起点数字，之后的就诊患者依次向后对应随机数字表上的数字。对应到奇数的病例进试验组，对应到偶数的病例进对照组，直至分组完毕。随机数字表虽然使用方便，但小样本时易出现各组研究对象数量不等的情况，原因在于表中的任意一段随机数字都可能奇数与偶数出现的频率不等。

（2）区组随机化（block randomization）：为解决两组研究对象人数不一致的问题，临床上经常采用随机区组的方法进行随机分组。该方法将研究对象分成例数相等的若干区组，在每个区组中再进行完全随机化分组，既可以使两组人数相同，又保证了随机化。例如，某临床试验需将患者分成 A、B 两组，若设计含量为 4 的区组，则应有 6 种排列组合（6 个区组），共 24 名病例。具体方案见表 4-9。

表 4-9　每个区组 4 名患者的分配方案

1	2	3	4	5	6
A	B	A	B	A	B
A	B	B	A	B	A
B	A	A	B	B	A
B	A	B	A	A	B

之后，随机排列这 6 个区组，再按区组的 A、B 顺序给患者分组。具体方法如表 4-10。如病例多于设计，可继续随机排列表 4-10。

表 4-10　24 例患者的随机化分组

区组顺序	3				2				5				4				1				6			
分组顺序	A	B	A	B	B	B	A	A	A	B	B	A	B	A	B	A	A	A	B	B	B	A	A	B
病例顺序	1	2	3	4	5	6	7	8	9	10	11	12	13	14	15	16	17	18	19	20	21	22	23	24

（3）分层随机分组：为最大限度地实现组间均衡，可以把对预后有明显影响的因素作为分层变量，将研究对象分层后再做随机分组。例如，将患者按病情分成轻、中、重三层，每层随机分为两组，一组进试验组、一组进对照组。

例如，一项临床试验，研究慢性心房纤颤复率后用抗心率失常药物维持治疗的效果。鉴于该类患

者的预后与病因、心脏大小、病程长短有关,要以上述因素为分层变量进行分层随机分组。分层设计如下(图4-5):

病因:分为风湿性心脏病与非风湿性心脏病两层;

心脏大小:分为心胸比例≥0.5和<0.5两层;

病程:分为心房纤颤≥6个月和<6个月两层。

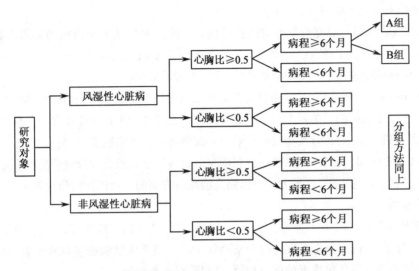

图4-5　慢性心房纤颤患者分层随机分组示意图

该例经三次分层,最后可以分出8个A组和8个B组。A组与A组合并、B组与B组合并,随机确定A组和B组谁是试验组、谁是对照组。

虽然一次分组可设多个分层变量,每个分层变量又可分出多个层次,但也应适可而止,否则分组过程会变得十分复杂。

5. 对照组的处理方法　研究对象确定后,对照组应该如何处理的问题也就摆到了面前。可以给予对照组的措施有多种,不同的对照措施可以得出不同的研究结论。

(1)空白对照(blank control):就是不给予对照组任何措施。这种对照可以观察药物对自愈性疾病的真正效应,但不给予临床患者任何治疗措施会引发伦理学方面的争议,使得这种对照较少使用。

(2)安慰剂对照(placebo control):安慰剂是感官性状与试验药物相似但没有效应的物质。常用淀粉、生理盐水等成分制成,其外形、颜色、大小、味道与试验药物极为相近。给对照组以安慰剂可以满足对照组对治疗的心理需求,而心理状态往往对临床疗效产生一定的影响。有研究表明,安慰剂或多或少都会对疾病产生一定效应。试验组的效应减去安慰剂组的效应才是试验措施特异性的效应。

Fisher对严重慢性瘙痒症的患者进行一项临床试验。他将瘙痒病例随机分为4组,分别给予赛庚啶、阿利马嗪、安慰剂和空白对照,观察其效应。由表4-11可见,安慰剂与两种药物的瘙痒计分接近,药物的特异性作用并不明显。

与空白对照一样,给患者以无疗效的安慰剂也会存在医学伦理学方面的问题。

表4-11　安慰剂、空白对照与两种药物控制
慢性瘙痒的作用

药物	瘙痒计分
赛庚啶	27.6
阿利马嗪	34.6
安慰剂	30.4
空白对照	49.6

(3)标准疗法对照:即,给对照组以常规或现行最好的疗法。这是临床试验中最常用的对照形式,能证明试验措施与现行治疗方法的差别。由于不存在伦理学问题,使用最为广泛。

(4)不同给药剂量、不同疗程、不同给药途径相互对照:可将研究对象分成不同剂量组、不同给药途径组等,观察哪个剂量、哪个给药途径治疗效果最佳。

6. 资料的收集   临床试验前瞻性的收集资料,一切结局都从观察中得到,本应该较易获得高质量的信息。但是,由于研究对象是临床患者,随访中患者对措施的耐受程度、心理接受程度以及病情的变化都会使随访工作变得十分困难。如何保证随访资料的质量是临床试验中应着力解决的关键问题。为避免偏倚,资料收集过程中应尽量实现以下要求:

(1)盲法观察:为避免研究者和被研究者主观因素带来的偏倚,临床试验中要求采用盲法(blindness)。依据实施对象的不同,盲法有以下几类:

1)单盲(single blind):研究对象不知道自己被分在哪组和接受干预措施的具体内容称为单盲。单盲可以避免研究对象的主观因素对疗效造成的影响但不限制观察者的知情权,这样可使观察者及时处理研究对象在试验过程中发生的异常现象,保障患者的安全。

2)双盲(double blind):研究对象和观察者均不知患者分组情况和接受治疗措施的具体内容称为双盲。此法最大限度地控制了两者主观因素对研究结果的影响,但实施起来有一定难度。为确保双盲,需要在患者随机分组、药品分发和观察疗效等方面要有一套严格制度,并要求工作人员切实遵守。

3)三盲(triple blind):研究对象、观察者和资料分析者均不知患者的分组情况和接受治疗措施的具体内容称为三盲。理论上讲,这种方法可以完全消除各方面的主观因素给研究带来的信息偏倚,但要真正落实非常困难。

(2)规范观察方法:对结局的观察,要求统一观察时间、统一操作标准、统一记录方法。观察方法一旦确定,要贯穿始终,确保整个观察过程严格遵守。若一项临床试验有多位观察者,最好使每位观察者所观察的试验组和对照组患者的例数相等,以扣除观察者偏倚。

(3)提高研究对象的依从性:依从性是指患者执行医嘱的程度。不依从(noncompliance)是指研究对象未遵从医嘱,未接受或部分接受了研究给予的措施。

不依从的表现有以下几种:①患者中途退出试验组或对照组;②患者中途退出试验组或对照组后又改换了试验未涉及的其他措施;③对照组成员不遵守规定私下接受了试验组的干预措施;④试验组成员不遵守规定私下接受了对照组的干预措施;⑤患者虽未退出试验,但未按时、按量接受措施。

研究对象不依从的原因一般有以下几种:①试验或对照措施副作用明显,患者不能耐受;②患者症状轻微;③因经济和社会的原因而不能接受系统的治疗;④疗程太长难以坚持;⑤医务人员服务态度欠佳,或技术水平较低,使患者不满或失去信任;⑥就诊手续繁杂;⑦研究对象的情况发生改变,如病情加重等。

不依从是造成失访的主要原因。为防止不依从者的出现,一方面要做好宣传教育工作,另一方面要注意设计的人性化、合理化,提高服务质量和水平,取得研究对象的支持与合作。

7. 资料的分析   由于在设计中就均衡了有关因素的影响,所以临床试验的资料以单因素分析为多。依据观察指标的资料类型不同可选择不同的分析方法。生存分析在临床试验中也常被用到。该方法是一类专门用于分析随访资料的统计分析方法,可有效处理失访资料。它不仅可用于生存状况的分析,还可用于治愈、复发等其他结局的分析。具体的统计分析方法请参见医学统计学方面的书籍。

临床试验中常用到的率有:

(1)有效率(effective rate):指治疗有效人数占接受治疗总人数的百分比。

$$有效率=\frac{治疗有效例数}{治疗总例数}\times100\%$$ 公式4-35

(2)治愈率(cure rate):指治愈人数占接受治疗总人数的百分比。

$$治愈率=\frac{治愈例数}{治疗总例数}\times100\%$$ 公式4-36

（3）生存率（survival rate）：指接受某种治疗措施的患者中，经过 n 年的随访仍存活的病例数占总观察例数的百分比。

$$n\text{ 年生存率} = \frac{\text{存活满 }n\text{ 年的病例数}}{\text{随访满 }n\text{ 年的病例数}} \times 100\%\qquad \text{公式 4-37}$$

（二）临床试验的其他类型

RCT 备受临床医学界的推崇，其研究结果一直被奉为临床疗效的最佳证据。医生们广泛实践 RCT 并不断完善实施细节，使其达到了几乎尽善尽美的境地。但是，事物都是一分为二的。为减少失访和实现求异法的设计原则，每项 RCT 都会给受试对象设定多条入选和排除标准，有合并症者不要、需服用其他药物者不要、身体条件差者不要、预期寿命短者不要、儿童和孕妇不要，等等。在上述苛刻条件下进行的 RCT，虽然保证了研究的真实性，但限制了研究结果的外延性和实用性。临床实践中，多数患者与受试对象大不相同，有合并症、服用其他药物、年龄大、身体差者比比皆是，RCT 评价过的药物对他们有多大疗效，医生们不得而知。再者，RCT 的研究结果只反映一组受试对象对药物的平均效应。若一次 RCT 的研究总体过于宽泛，包括某病各种分型、分期的患者，则会出现试验判定有效的药物对某位患者未必有效，无法指导个性化治疗；若研究总体过于狭窄，限定某疾病的分型、分期，考虑患者的年龄、性别、一般状况、其他合并症，甚至考虑药物基因组学问题，将需要实施无数个 RCT 才能全面评价一种药物。后者虽可指导个性化治疗，但似乎又难以完成。更需关注的是，祖国医学博大精深，根据辨证论治的原则，同种疾病患者之间处方多有不同。如何用 RCT 评价中草药的疗效？受试者之间如何实现求异法的均衡原则？如果一味地迁就 RCT 的设计原则，如何传承中医传统的个性化治疗特色？

由此可见，RCT 虽然是经典的，但不是万能的。为了解决 RCT 实施中出现的问题、得到 RCT 不能给出的答案，人们对它做了审慎的变通，衍生出了多种评价临床疗效的方法，其中多数属于类实验。本章仅简要介绍几个比较成熟的方法。

1. **同期非随机对照临床试验**　该试验也称非随机对照并行试验。试想，按照严格的随机化方法划分试验组和对照组，各组患者将分布于同一病房，若盲法难以实现，偏倚将在所难免。同期非随机对照临床试验可以弥补这一缺陷。该方法的试验组和对照组是由研究者指定而不是随机分配，除此之外其他设计皆与 RCT 相同。例如某个病房指定为试验组、另一个病房指定为对照组，或某个病区指定为试验组、另一个病区指定为对照组，以此避免患者之间的干扰。这种设置对照的方法既易被患者和医生接受，也可避免来自患者的偏倚。但不同病区或病房收治的患者若基本临床特征和主要预后因素的分布不均衡，可由此带来偏倚。

2. **历史对照临床试验**　有时一种新的药物或疗法已被证实优于既往的药物或疗法，但尚需进一步评价它临床应用方面的一些细节，比如疗程、剂量、剂型、成本、副作用等。若采用 RCT，对照组势必不能接受新药的治疗。当研究的疾病是恶性肿瘤等致死性疾病时，就意味着对照组患者可能失去了延长生命的机会。此时临床试验必将面临医学论理学的考问。历史对照（historical control）临床试验可以避免这一问题。该方法是将一组患者作为试验组接受新疗法，其疗效与过去某时期用某疗法治疗的同类患者（对照组）相比较，以判断新疗法的效应。该方法是一种非随机、非同期的对照类型。它不仅免去了随访对照组的工作，还不会出现医德方面的争议。但是，对照组与试验组之间由于是非随机分组，可能存在组间差异；或即便试验措施与对照措施的疗效相同，也会由于患者在不同时期的经济、治疗、护理、诊断等条件的不同造成疗效的差别。

3. **自身对照临床试验**　即不另设对照组，仅比较同一批研究对象试验前后观察指标的差别，说明临床干预措施的效果。自身对照（self control）的优点是不仅消除了研究对象的个体差异对疗效的影响，而且节省了一半的研究对象。但自身对照仅适用于研究病程长且病情稳定的疾病。若病情不稳定或病程不足以延续到观察结束，研究对象治疗前后病情的差异很难说就是干预措施的效果。

有些皮肤科、眼科疾病可以采用一种特殊的自身对照方式。如牛皮癣患者,身体的一侧给予试验措施,另一侧给予对照措施观察疗效。

4. 交叉设计(cross-over design)临床试验　该种试验的具体做法是,将研究对象随机分为两组,用随机的方法确定一组接受试验措施、另一组接受对照措施。一个疗程后,两组经过一个洗脱期再交换处理措施,继续观察一个疗程后比较措施的效果。此种设计也称自身交叉设计临床试验,图4-6对实施过程做了简要示意。

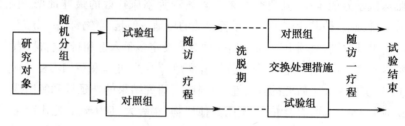

图4-6　交叉设计对照临床试验示意图

此类设计既有同期的随机对照,又有前后的自身对照,从理论上讲是最严格、最合理的试验类型。但交叉设计临床试验与自身对照临床试验有一共同的缺陷,仅适用于病程长且病情稳定的疾病。此外,该设计由两阶段随机对照并行试验组成,理论上讲,在每阶段的始点,组间的病情都应具有可比性,此点加大了实施的难度,限制了这种研究设计的应用。

5. 单病例随机对照试验(randomized controlled trials in individual patient, N-of-1 trial)　它以单个病例自身作为对照,评价某种药物与对照措施对患者本身疗效的差异,是由自身交叉设计演变而来。该方法的最大用途是可为单个患者从两种治疗方法中选择疗效最好的。试验的具体设计框架为:每一轮试验包括一个使用试验药物的观察期和一个使用对照药物的观察期,每个单病例随机对照试验至少应完成3轮观察。试验中,受试者交替接受试验药与对照药,以随机的方法确定先后顺序。研究过程中要求采用双盲,在每个观察期及每轮试验之间设有一段合理的药物洗脱期。当试验数据能充分表明试验药物是否有效时即可终止试验。图4-7是本研究方法的示意图。

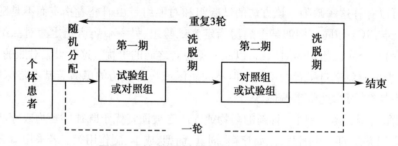

图4-7　单病例随机对照临床试验示意图

因该研究具有自身交叉设计的特征,所以两者具备相似的缺陷。它要求所研究的疾病属于非自愈性疾病,病情稳定,需要长期治疗;还要求待评价的药物应能够快速起效并且药物滞留期较短,否则试验无法在可接受的时间内完成。

6. 适应性设计　在临床试验开始后,根据试验中已经积累的信息,动态地修改试验设计的某些方面,而不破坏试验的有效性、科学性和完整性的试验设计称适应性设计(adaptive designs)。动态修改的过程也称为适应性修改过程。

新药研发充满变数。试验伊始,研究者没有足够的信息去设计一个完美的试验,因此要求临床试验应该具备可变动性和灵活度。试验过程中,研究者要阶段性地分析现有试验数据,并基于分析结果对试验设计中的某些参数做出适当修改,以实现提高研究效率、减少无效受试者的目的。例如,若资料分析发现数据的实际方差远大于期望值,此时应调整样本含量;若资料显示某一亚组疗效显著高于另一亚组,此时应调整分组方案;若随访结果提示疗效出现的时间与研究者预想的不同,此时应调整疗效指标和疗程。

除用于新药研发外,适应性设计同样适用于其他目的的临床试验。只是后者多用于评价较为成熟的干预措施,可预见性好于前者,需要调整设计方案的概率也小于前者罢了。

适应性设计的优点是能够帮助研究者尽早地在试验过程中终止因安全性、有效性或合理性方面的不足给试验带来的风险。但是,既要随心所欲地对试验方案进行调整又不破坏原有方案的有效性、科学性和完整性并非易事。适应性设计不是 RCT,无标准化"生产线",有的只是设计者对流行病学和统计学方法地灵活掌控。归根结底,能承担适应性设计的人应是同时具备知识、经验和悟性的人。由于此类佼佼者数量有限,所以适应性设计目前使用并不广泛。

7. 实用性临床试验 经典的 RCT 通常要求在理想状态下评价干预措施的效果,即受试对象患单一疾病、采用单一干预措施。然而,临床实践中,患者常罹患多种疾病,需同时接受多种措施。如何评价治疗方法对此类患者的实际疗效,RCT 面临着挑战。近年来提出的实用性临床试验(pragmatic clinical trials,PCT),为解决这一问题提供了新的思路。

实用性临床试验属类试验,特点是:①通常选择两种待比较的临床干预措施或方案;②多采用宽泛的入选标准,有并发症、合并症者皆可纳入试验,以保证结论的外延性;③可根据患者的具体情况或意愿划分组别,不强求按照严格的随机原则分组;④研究在现实的临床条件下进行,一般不限制受试对象的其他治疗。

由于实用性临床试验观察到的最终疗效是多种临床干预措施的综合效果,所以给资料分析带来了一定难度。单因素分析不能使用,因为比较组间本底(性别、年龄、并发症、合并症、病情、一般状况、用药情况等)不均衡;多因素分析也十分复杂,因为需调整的变量关系复杂而类型繁多。欲完成资料的完美分析,要么医生和统计学家在统计分析中实现完美结合,要么医学背景和数学背景在统计者身上实现完美结合。

8. 临床病例随访 在医疗机构中,收集某病患者的人口学资料、症状、体征、诊断试验结果、疾病诊断、治疗措施,直至治疗结束,利用该数据评价各种临床干预措施对该病患者的疗效。此种疗效评价方法属于没有随机分组的类实验。资料的积累过程完全在临床自然状态下,患者无需任何入选和排除条件,医生们也皆按自己的习惯诊治患者,所有与诊断和疗效有关的变量皆可记录。此类随访资料也称以实践为基础的证据(practice-based evidence for clinical practice improvement,PBE-CPI),除用于评价治疗措施外还可用于评价诊断试验的价值和医学预后的因素。

一般要求,随访的病例需达到几千人甚至近万人方可实现对疗效的全面评价。样本越大研究结果就越稳定。疾病的治疗方法越多、病情越复杂,随访队列所需的样本含量就越大。原因不难理解:临床病例千变万化,病情、病程、分型、并发症、合并症、一般状况、性别、年龄各有不同;临床医生千差万别,药物搭配、用药剂量各有千秋。只有当随访队列中各种患者和各种医生的各种治疗方案皆积累到一定数量时,数据分析结果才是稳定的、全面的,才能得出何种患者用何种措施疗效最佳的结论。另外,病例随访研究的资料性质比实用性临床试验更加复杂,建议资料分析不仅是多因素的,而且最好选用数学网络模型,以恰到好处地解释不同干预措施的临床疗效。

应指出,病例随访研究不能替代新药的 RCT,因为未经批准上市的新药临床疗效不确定,不允许用于临床。

韦斯特福尔(Westfall)说:"以实践为基础的研究可以在研究与实践间搭起一座桥梁,使研究所推荐的医疗服务应用到实践中时能够真正地提高医疗水平。"此话正是对实用性临床试验和病例随访队列最恰当的评价。

除上述方法之外,可以分析交互作用的析因设计和可以节省研究对象的序贯试验,理论上讲也可用于临床疗效评价,但这些停留于统计学层面的设计在临床试验的操作层面遇到了挑战。析因设计可行性受限,序贯试验的诸多操作细节尚有待细细考量,本章不再赘述。

（三）临床试验的注意问题

1. 伦理问题　以人作为研究对象开展科学研究,应该是非常严肃的事情,为了确保人体安全,防止试验中自觉或不自觉地发生不道德行为,必须注意以下几个问题:①开展的科学研究,必须要有充分的科学依据。没有很好的逻辑推理,没有科学的研究假设,设计上存在缺陷,前期准备不充分,不会得出很好的研究结论。②开展的人体试验,要有研究的试验方案,并将试验方案提交伦理委员会进行审批,是否符合《赫尔辛基宣言》。③受试人群能够从研究的结果中获益。④受试者必须是自愿参加并对研究项目知情同意,包括试验研究的目的、方法、预期结果及可能的危险性,受试者同意并签署知情同意书。⑤尊重受试者的自身权利、尊重受试者的隐私、对患者资料需保密,尽可能采取措施降低对受试者身体、精神及人格的不良影响。⑥研究的预防或干预措施一般应当同目前常用的措施(如某药物或某手术)比较,在不存在确切有效的预防或干预措施时,或者不采取措施也不会导致"延误"的问题,可以考虑使用安慰剂或空白对照。如果预防或干预措施被证实有效,需要对安慰剂或空白对照的参加者给予"善后"处理。⑦试验研究期限较长,可能会导致"延误"问题,因此要对"延误"可能造成的健康损害风险进行评估,如果风险较大,那么这个试验研究应该被叫停。

2. 可行性问题　一般在正式试验前,须进行小样本的预试验,以评估进行大规模试验的设计构思及研究假设,评估研究的可行性,是否继续做下去。通过预试验,可先取得一些数据,可作为修订试验设计的参考依据。

3. 随机化分组与均衡性问题　试验研究,重要的特点是分组随机化,这样保证大样本研究,干预措施外的其他因素在各组之间均衡可比,这是随机化分组研究优越于观察性研究的独特之处;但如果是进行得小样本研究,随机化并不一定保证干预措施外的其他因素在各组之间均衡可比。

4. 临床试验研究结果报告的规范化问题　为使研究结果反映研究的真实过程,提高试验报告质量,很多医学杂志要求遵循试验报告统一标准(consolidated standards of reporting trials,CONSORT)指南。CONSORT 指南是 1995 年制定的,主要包括试验设计方案、实施过程、分析方法和结果解释,要求作者必须完整清晰地将这些内容表达出来。至今经过多次修改完善,2010 年更新后的清单由 25 个条目组成。针对每一个条目,解释文件提供了纳入清单的理由、方法学背景和已发表的报告实例。目前国际上绝大多数医学期刊规定,投稿必须按照 CONSORT 指南或者扩展版本撰写临床试验的论文,才可进入审稿过程。

（赵景波）

思　考　题

1. 什么是描述性研究,种类有哪些？在流行病学研究中的地位和作用是什么？
2. 描述性研究与分析性研究的联系和区别是什么？
3. 病例对照研究与队列研究的联系和区别是什么？
4. 实验性研究与观察性研究的区别是什么？实验研究要注意什么？

第五章　偏倚控制与病因推断

病因学研究是流行病学研究的最主要任务之一,可以说流行病学对病因的研究情有独钟。真实准确的病因推断结果是正确进行疾病防治的重要依据。偏倚是影响病因学研究中病因推断真实性和准确性的主要影响因素之一,偏倚的存在可能导致错误的因果关联推论。因此,识别和控制偏倚是正确进行因果推断的一个重要前提。

第一节　流行病学研究中的偏倚

在流行病学研究中产生的偏倚可影响研究结果的真实性和可靠性,甚至有时还可能导致错误的结论。因此,熟悉流行病学研究中产生偏倚的来源,掌握有效控制偏倚的方法措施,对保证流行病学研究结果真实、可靠,具有重要意义。

一、偏倚的概念与分类

任何研究的目的都是要发现真相。研究为什么会错过真相(得到错误的答案)?即研究结果与客观实际存在不符合的地方,这就是研究误差,它是影响研究真实性的因素。在流行病学研究中,有许多因素会影响研究结果的真实性,使研究结果与客观实际不一致,我们称之为误差(error)。误差一般分为随机误差(random error)和系统误差(systematic error)两种。

随机误差又称偶然误差,包括抽样误差和随机测量误差,没有固定方向,研究中难以避免,只能通过科学严谨的研究设计和(或)适当的统计学方法予以控制和评价。研究中减少随机误差可以提高研究的精确性(precision)。系统误差在流行病学中又称为偏倚。

(一)偏倚的概念

偏倚(bias)是指在流行病学研究中样本人群所测得的某变量值系统地偏离了目标人群中该变量的真实值,使研究结果(推论结果)与真实情况之间出现偏差,导致错误的结果或结论。研究中减少或避免偏倚可以提高研究的真实性(validity)。偏倚可以发生于研究的各个环节,有方向性,理论上可以避免。当偏倚使研究结果高于真值时,称之为正偏倚,反之,偏倚使研究结果低于真值时,称之为负偏倚。流行病学研究从设计、实施、分析至推断过程中均可发生偏倚。偏倚可存在于各种研究类型中,如现况研究、病例对照研究、历史性或前瞻性队列研究和临床试验等。

(二)偏倚的分类

偏倚的种类很多,目前已识别的偏倚达上百种,有学者认为将所有偏倚归为3对(6种)对立的偏倚,即混杂偏倚和选择性偏倚、效应修饰偏倚和病因通路偏倚、信息偏倚和思维偏倚,更易于对偏倚的正确认识和理解。但目前学科中仍按偏倚产生的原因和特点将其分为三大类,即选择偏倚(selection bias)、信息偏倚(information bias)和混杂偏倚(confounding bias)。

二、选择偏倚及其控制

选择偏倚是指在研究对象的选取过程中,由于选取方式不当,导致入选研究对象的某些特征与未入选对象之间存在系统差异所导致的偏倚。如研究对象的选取采用志愿者或方便样本,资料收集过程中存在无应答或失访等。选择偏倚在各类流行病学研究中均可产生,但在病例对照研究和现况研究中最为常见。

（一）常见的选择偏倚

1. **入院率偏倚（admission rate bias）** 又称伯克森偏倚（Berkson bias）是指以医院患者为研究对象进行病例对照研究时，由于患者入院率的不同所导致的系统误差。Berkson 于 1946 年首次证实了采用住院患者进行的病例对照研究容易产生潜在的选择偏倚，这种偏倚来自于患者入院的可能性与疾病症状的严重程度、患者就医的条件、人群对某一疾病的认识程度，以及医疗保健制度和社会文化经济等多种因素有关。由于具有某因素和不具有某因素的患者入院率的不同，导致该因素与研究疾病形成虚假关联。下面用 Lilienfeld 的模拟例子加以说明。

假定某社区中患 A 病和 B 病者各为 1000 人，患 A 病和 B 病的人群中各有 20% 的人具有某因素 X，以此社区为基础进行因素 X 与疾病 A 关系的病例对照研究，以 B 病为对照可获得如表 5-1 的数据，病例组和对照组的 X 暴露率均为 20%，$OR=1.0$，A 病与因素 X 无统计学关联。

表 5-1 以社区为基础的 X 因素与 A 病关系的病例对照研究

暴露因素	病例组（A 病）	对照组（B 病）
有 X 因素	200	200
无 X 因素	800	800
合计	1000	1000

假设，上述病例组和对照组按照 A 病入院率 20%，B 病入院率 50%，暴露于 X 者入院率 40% 的比例到某医院就医，则实际入院人数应为：患 A 病又具有 X 因素的 200 人中，因 A 病入院率为 20%，则入院人数为：200×20% ＝40 人，余下的 160 人中 40% 的患者因具有 X 因素而入院，即入院人数为：160×40% ＝64 人，二者合计入院人数为 40+64＝104 人。患 A 病而不具有 X 因素的 800 人中，因 A 病而入院人数为：800×20% ＝160 人。按照同样原理计算，因 B 病具有 X 因素的 200 人中入院人数为：200×50% +（200−200×50%）×40% ＝140 人。患 B 病而不具有 X 因素的 800 人中入院人数为：800×50% ＝400 人。

在该医院进行以医院为基础的因素 X 与疾病 A 关系的病例对照研究，以 B 病为对照可获得如表 5-2 的数据，A 病与 X 因素的关联强度比值比 $OR=1.86$。

表 5-2 不同入院率 X 因素与 A 病的关系

暴露因素	病例组（A 病）	对照组（B 病）
有 X 因素	104	140
无 X 因素	160	400
合计	264	540

由此可见，A 疾病与 X 因素并不存在真实关联，而是由 A 病、B 病及 X 因素的入院率差异引起，使以医院为基础的病例对照所获得的研究结果产生了偏倚，即入院率偏倚。

2. **检出症候偏倚（detection signal bias）** 是指某因素与某疾病虽无关联，但因暴露于该因素可引发该病的某些症状或体征，使患者及早就医，以致该病在该人群中的检出率高于一般人群，从而得出该因素与该疾病相关联的错误结论，由此而产生的系统误差。例如，1975 年 Ziel 等人进行病例对照研究探讨服用雌激素与发生子宫内膜癌之间的关联，发现病例组服用雌激素的比例明显高于对照组，即服用雌激素是子宫内膜癌的危险因素，两者存在关联。但 1979 年，Horwitz 等人研究发现这种关联是虚假关联。服用雌激素会刺激子宫内膜增生，易发生子宫出血，因而无症状子宫内膜癌患者因服用雌激素出现子宫出血到医院就诊接受检查的机会增加，使早期子宫内膜癌患者在检查子宫出血原因的过程中被发现。而那些虽然患子宫内膜癌，但从未服用过雌激素的患者，因无子宫出血的症状而未能及时就诊接受检查，其被诊断的机会就很少。由此，服用雌激素对子宫内膜癌的危险关联被人为夸大。

3. **现患病例-新发病例偏倚（prevalence-incidence bias）** 又称奈曼偏倚（Neyman bias），是

指以现患病例为对象进行研究和以新发病例为对象进行研究时相比,因研究对象的特征差异所致的系统误差。例如在病例对照和现况研究中,研究对象一般为某病的现患病例或存活病例,不包括死亡病例、病程短的病例和不典型病例。而在队列研究中,可以观察到各种临床类型的新发病例。两种研究的结果相比较时,因纳入对象的疾病特征差异,所得到的暴露因素与疾病的关联就会出现偏倚,即现患病例-新发病例偏倚。

例如在现况研究中,选择偏倚主要是由于入选的现患病例引发,作为病例入选现况研究需要满足2个条件:首先要发生疾病,其次病例存活时间较长,有机会被选中进入研究。也就是说与现患病例有关的暴露因素可以是与疾病的发生有关,也可以是与患病后存活有关,或者与两者都有关。如果研究目的是探讨与疾病发生有关的因素,当研究因素与患病后生存有关,则得到的现患比肯定是存在偏性的。例如研究吸烟与肺气肿的关系。吸烟是致肺气肿的原因之一,有肺气肿的人继续吸烟较不吸烟者,生存期缩短。因此,对肺气肿患者进行现况研究,可能更多接受调查的是不吸烟的人(因为继续吸烟的人生存期也短)。所以,对当前吸烟与肺气肿开展现况研究,计算出来的现患比(prevalence ratio)会低估真实的关联:发病比(incidence ratio)。

此外,某病的幸存者会因疾病或其他因素改变了生活习惯,调查时夸大或缩小了患病前生活习惯上的某些特征。现况研究或病例对照研究中,选择现患病例为研究对象,得到的暴露因素可能不能代表过去的情况;而队列研究是客观地观察暴露因素的频率和程度,故能代表观察期新发病例的暴露情况,因此这两类病例所得到的某因素与某疾病的关联就存在差异。例如,Friedman等人用血清高胆固醇水平与冠心病关联的实例说明了此种情况的现患病例-新发病例偏倚,结果显示,高胆固醇者与低胆固醇者相比,队列研究患冠心病的相对危险度(RR)为2.4;而在同一人群中进行的病例对照研究中比值比(OR)为1.16。进一步分析发现,队列研究中,冠心病新发病例中,高胆固醇者占42.3%。而病例对照研究中,冠心病现患病例中,高胆固醇者只占25.1%,表明冠心病的存活病例已经改变了患病前的生活习惯,因此病例对照研究所获得的结论低估了高胆固醇水平与冠心病的真实关联。

4. 无应答偏倚(non-respondent bias) 是指研究中对调查信息没有予以应答的研究对象在某些特征上与应答者有差异而产生的系统误差。例如,Taylor于1966年对美国西北部铁路系统男员工冠心病的患病情况进行调查发现,职员冠心病现患率为43‰明显高于扳道工为24‰。6年后,调查员随访该铁路系统男员工发现,有73.6%的职员和58.2%的扳道工参与了初次调查,而未参与初次调查的扳道工中有较多是因害怕患病被解雇,职员则不需要担心这个问题,导致扳道工的冠心病患病率被明显低估。

无应答的原因很多。有对敏感问题避而不答者,有因种种原因未在调查现场而漏查者,更不乏因惧怕检查而故意逃避者。一般而言,关心个人健康的人乐于参加调查及检查,而对健康状态不够重视或躯体及精神状况不佳的人则不愿意或不主动参加调查及检查。随访研究中的失访(lost to follow-up)是无应答的另一种表现形式,是指由于某些原因,研究对象未能按照研究设计方案的计划被随访。在队列研究中,由于随访的时间长,较易发生失访偏倚。

5. 易感性偏倚(susceptibility bias) 是指在观察性研究中,由于样本人群与总体人群之间或对比组人群之间对所研究疾病的易感性不同而引起的偏倚。健康工人效应(health worker effect)就是一种易感性偏倚。当研究某种职业毒物对机体的危害时,常以有毒作业的工人为暴露组,以一般人群为非暴露组。鉴于工作性质的需要,有毒作业工人的健康水平可能高于一般人群,其对毒物的易感性低于一般人群,此时既便所研究的毒物对人体有害,职业暴露队列的死亡率也可能会低于非暴露组,得到该因素对人体无害甚至有保护作用的结论,此即健康工人效应。

典型的易感性偏倚实例:若观察麻疹在成人和婴儿中的发病率,由于婴儿普遍对麻疹易感,故无论观察何种暴露因素,都会出现婴儿组发病率高的现象,这是易感性偏倚造成的误差,有时会被忽视。

(二) 选择偏倚的控制

在一项研究中,要明确选择偏倚的大小及方向并予以校正是很难的。因此,研究者要在研究进行之前采取合适的研究设计与实施方案,从根本上减少选择偏倚的产生。选择偏倚主要发生在研究对象的选择和随访环节,针对不同的环节要采取相应的措施。

1. 研究设计阶段 在进行研究前研究者应该对整个研究过程中可能出现的选择偏倚有一个充分的了解,尽量避免或进行合理限制。例如,当病例对照研究选择研究对象时,应该考虑是否有入院率偏倚、现患病例-新发病例偏倚、检出症候偏倚等存在的可能性,分别采用相应的措施进行控制。

如要消除或控制入院率偏倚可以选取社区患者,或选取不同地区,不同等级的医院的患者。因为在病例对照研究中,理想的研究对象是社区人群中的全体病例和未患该病的所有人,或者是该人群的有代表性的样本,但实际很难获得。因为以医院为基础的研究对象对于临床科研工作者来讲更方便、易行、应答率高,常被采用,但是这种做法往往存在入院率偏倚,因此要使样本的代表性好,就要选取不同类型的多个医院的病例。控制现患病例-新发病例偏倚可以在病例对照研究设计时尽量采用新病例,若新病例较少时可以在设计中增加新老病例的比较;控制检出症候偏倚可以通过选取早、中、晚期不同程度的病例。

2. 资料收集阶段 严格遵照研究设计的要求进行。纳入和排除研究对象的标准在实验组和对照组保持一致。实施时还要做好组织和说服工作,争取受试对象的合作,尽量提高应答率。对于失访偏倚,研究者要尽可能提高研究对象的依从性。

3. 资料分析阶段 如果出现了无应答或失访,要针对产生的原因采取补救措施。如有可能,应在无应答者或失访者中进行随机抽样调查以获得应答,并将抽样结果与应答者的结果相比较,若结论一致,则表明无应答或失访对结果影响不大;若差异明显,则出现选择偏倚的可能性很大。此外,也可在资料分析时加以处理,即试验组中无应答或失访对象作为无效或阳性事件发生者,对照组中无应答或失访对象作为有效或阴性事件发生者,进行统计学分析,如果两者的结果相近无统计学差异,则无应答或失访对研究无明显影响,否则,结论要慎重。

三、信息偏倚及其控制

信息偏倚(information bias),又称观察偏倚(observation bias)或错误分类偏倚(misclassification bias),是指在收集整理信息过程中由于测量暴露与结局的方法(工具)有缺陷,使收集到的信息不准确(即不完全真实),造成对研究对象的归类错误。

流行病学研究中造成错误分类的原因主要包括以下几方面:①问卷的问题:不准确的回忆;不明确的问题;过分热情或冷淡的调查员。②生物标本的问题:标本采集、处理或保存过程中的问题;检测方法固有的限制;仪器故障。③数据管理的问题:编码问题。④设计或分析的问题;测量时间不合适;不适当的汇总变量。

流行病学研究中错误分类包括无差异错误分类(non-differential misclassification)和有差异错误分类(differential misclassification)。若暴露或疾病的错误分类在各比较组间等同的发生则称为无差异错误分类。若暴露或疾病的错误分类在各比较组间的发生存在差异,则称为有差异错误分类。例如,研究高脂膳食与心肌梗死的关系,选择心肌梗死患者和对照各100人,其中心肌梗死组中60人是高脂膳食,40人是低脂膳食,对照组中40人是高脂膳食,60人是低脂膳食,高脂膳食人群发生心肌梗死的 $OR = (60 \times 60)/(40 \times 40) = 2.3$。当研究中发生无差异错误分类时,如表5-3 心肌梗死组和对照组中各有20%样本低报告了脂肪摄入量,导致 OR 估计值被低估。

表5-3 无差异错误分类示例

	高脂膳食	低脂膳食	OR
心肌梗死	48	52	2.0
对照	32	68	

在有差异错误分类中,第一种情况如表5-4,病例组全部正确回忆了膳食脂肪摄入状况,而对照组有20%摄入高脂膳食者低报了脂肪摄入量,使 *OR* 被高估。第二种情况如表5-5,病例组有20%摄入高脂膳食者低报了脂肪摄入量,而对照组正确报告了膳食脂肪摄入量,使 OR 被低估。

表5-4　有差异错误分类高估研究效应值示例

	高脂膳食	低脂膳食	*OR*
心肌梗死	60	40	3.2
对照	32	68	

表5-5　有差异错误分类低估研究效应值示例

	高脂膳食	低脂膳食	*OR*
心肌梗死	48	52	1.38
对照	40	60	

(一) 常见的信息偏倚

1. 回忆偏倚(recall bias)　是指研究对象不真实的回忆所导致的误差。多见于病例对照研究。由于所调查的因素发生于过去,其准确性必然受回忆间期长短的影响。而且既往经历对病例和非病例的意义往往不同,病例组对既往暴露情况的记忆深度和详细程度通常超过对照组,特别是有严重疾病的病例努力回忆暴露来理解为什么会患病,而没患病的对照可能不太记得起暴露,因为暴露对他们没多大意义或不重要,由此造成了回忆偏倚在各比较组中分布不同。

回忆偏倚的产生主要是由于调查时间久远的暴露,研究对象记忆不清,或暴露内容太普通如日常饮食、某次服用药物等未给研究对象留下深刻印象。

例如,在探讨类风湿关节炎家族史与类风湿关节炎关系的研究中,发现不同对照组报告的阳性家族史不同,类风湿关节炎的患者比未患该病的对照更有可能提供阳性家族史,而病例家庭中未患该病的同胞兄弟姐妹和对照组相比就不存在这种关联,见表5-6。

表5-6　类风湿关节炎家族史调查(%)

类风湿关节炎家族史	病例组	对照组	患者同胞
双亲均无	27	55	50
双亲之一有	58	37	42
双亲均有	15	8	8

2. 报告偏倚(reporting bias)　是指研究对象因某种原因有意的夸大或缩小某些研究信息而导致的系统误差。产生报告偏倚的因素:①主观愿望,病例组往往试图表明得病并非是他们自己的过错,因此会故意隐瞒某些与自身行为有关的因素,而强调与工作或环境有关的因素。例如:病例对照研究中病例往往将自己的疾病归咎于某些特定因素如职业暴露等,而对照并不会特意强调这些因素。②暴露因素涉及生活方式或隐私,如饮酒、收入水平、婚姻生育史和性行为时,研究对象会因种种原因而隐瞒或编造有关信息,导致报告偏倚发生。③研究对象遇到某些敏感问题或社会不认同行为,如调查青少年的吸烟史、性病患者的性接触史等,会因种种顾虑而故意歪曲或隐瞒实情。报告偏倚的影响因在各比较组的发生程度有差异,故其作用是双向的。

3. 暴露怀疑偏倚(exposure suspicion bias)　是指研究者若事先了解研究对象的患病情况或某结局,可能会对其采取与对照组不可比的方法探寻认为与该结局有关的暴露因素,如多次认真地询问病例组某因素的暴露史,而不认真地询问对照组,由此产生的系统误差被称为暴露怀疑偏倚。多见于病例对照研究。例如,1962年 Nishiyama 和 Kaventos 等人报告,使用不可比的方法分别调查两组儿童甲状腺癌病例放射性物质的照射史,发现若按照常规的调查方法或根据患者的医疗记录调查发现,放射性物质照射史在两组病例中分别为 28% 和 0。然而进行深入询问调查则发现,放射性物质照射史在两组病例中分别为 47% 和 50%。由此可见用不可比的调查方法获得的照射率有明显的差异,暴露怀疑偏倚对结果的真实性有不容忽视的影响。

4. **诊断怀疑偏倚(diagnostic suspicion bias)**　是指由于研究者更想得到暴露于某因素者易发生某疾病的结论,故而在诊断疾病时对暴露组采取了比非暴露组更认真的方法和态度,致使暴露者更易做出某疾病诊断的情况,而产生的系统误差。多见于临床试验和队列研究。由于研究者渴望获得因素与疾病相关的结论,故而对暴露者使用多种诊断手段,进行详细的检查,提高方法的灵敏度,使暴露组的诊断率和检出率提高,而对于非暴露组则因不怀疑他们患有某种疾病而对诊断和检查不够认真,使比较组之间在诊断疾病的方式、方法上失去了可比性,非暴露组较暴露组会漏掉更多的病例,使疾病错分。如某研究拟探讨口服苯乙双胍治疗 2 型糖尿病是否可升高心血管病病死率,研究者为证实两者有关,将服药组的所有死亡者都进行了尸体解剖以寻找死于心血管病的证据,而对照组却很少做尸体解剖,使服药组增加了被发现心血管病的机会。

5. **测量偏倚(detection bias)**　是指研究者对研究所需数据进行测量时产生的系统误差。测量偏倚可发生在流行病学研究设计、实施和资料处理等过程中。例如同一调查过程的不同调查点使用的仪器型号,或使用年限不同,或精确度差异较大;各调查点对同一研究指标采用不同的实验室检测方法,或尽管使用同一检测方法,但其检测试剂的供货商、品牌或批号不同,均可能得到不一致的结果。此外,资料收集时所用调查表设计的科学性、记录的完整性,调查人员的熟练程度、认真程度及调查方式等均可影响测量信息的可靠性,导致测量偏倚。

6. **发表偏倚(publication bias)**　是指阳性结果的研究比阴性结果的研究更易得到发表,使人们从公开发表的刊物上获得的信息与真实情况不符而产生的系统误差。一般来讲,阴性结果的研究者一般不愿投稿,或投稿后不容易获得发表,因而造成对某种结论的歪曲即发表偏倚。

(二) 信息偏倚的控制

信息偏倚的产生主要在研究设计和资料收集阶段,如对调查表设计、指标设立和检测方法等的选择缺乏科学性和合理性,以及资料收集和解释过程中的不准确的信息。因此,信息偏倚的控制也要针对不同阶段采取不同的措施。

1. **研究设计阶段**

(1) 统一方法、统一标准:对拟进行的研究要制定严格、详细的资料收集方法。对调查内容要有明确、客观的标准,并力求量化或等级化。研究中使用的仪器、设备应予以校准,试剂、药剂应符合测试要求。要设计统一的信息收集用表,调查员要经过培训,使其了解调查项目的意义,统一标准,统一方法。根据调查内容,对研究对象要做好宣传、组织工作,以取得配合,客观地提供研究所需的信息。

(2) 采用客观指标:根据研究的内容,尽量采用客观指标作为研究信息。如采用研究对象的现场测量数据、实验室分析结果,查阅研究对象的健康档案、诊疗记录、体检记录作为信息来源等。在以常规资料作为资料来源进行研究时,常常可获取许多研究所需的客观指标信息,如特定时间内的患病情况、生理生化指标、某些药物的使用情况等。

2. **资料收集阶段**

(1) 盲法收集信息:根据研究内容,收集研究所需信息时尽可能地采用盲法。如单盲、双盲法,必要时还可以采用三盲,以避免因研究对象、调查者和数据分析者主观原因而产生的报告偏倚、暴露怀疑偏倚以及诊断怀疑偏倚等。在这种情况下,调查过程中虽然仍有可能发生信息偏倚,导致错误分类,但由于对比组间信息获取的准确性相似,即便发生错误分类,属于无差异错误分类的可能性也较大,可据此对研究结果的真实性予以估计。

(2) 调查技术的应用:对敏感问题进行调查时,应尽量采用敏感问题调查的技术方法,如设计适当的问卷,应用随机应答技术等,以获得可靠的信息,避免报告偏倚。此外对某些信息的问卷调查,询问时可同时收集一些与调查内容看似无关的变量来分散调查者或研究对象的注意力,以减少主观因素对信息客观性的影响。如在阿司匹林与心肌梗死关系的研究中,可同时调查、询问阿司匹林以外的其他多种药物的暴露史。这种方法在不能采用盲法收集研究信息的研究中特别适用。

3. 资料分析阶段　信息偏倚可应用错分分析(analysis of misclassification)予以分析与评价,对结果效应估计值予以校正。在此不做详细介绍,具体请参见詹思延主编的《流行病学》第 7 版的相关内容。

四、混杂偏倚及其控制

混杂偏倚(confounding bias)或混杂(confounding)是指研究因素与疾病之间的关联程度受到其他因素的歪曲或干扰而产生的系统误差。导致混杂产生的因素称为混杂因素。混杂因素具有以下特点,也是混杂因素成立的基本条件:①是疾病的危险因素;②与研究因素有关;③不是研究因素与研究疾病因果链上的中间病因。混杂因素在比较的人群组中分布不均就可能会歪曲研究因素和疾病之间的真正关联,从而产生混杂偏倚。例如,在携带火柴与肺癌关系的病例对照研究中,吸烟即是混杂因素,由于病例组和对照组吸烟者数量的分布不均,导致得出携带火柴是肺癌的一个危险因素的错误结论。

(一) 混杂的大小和方向

在流行病学研究中,判断研究因素与疾病之间的统计学关联是否为因果关联的前提是必须排除潜在的混杂因素的影响。通过对可疑混杂因素进行分层分析,比较存在和排除某可疑混杂因素时研究因素与疾病的效应估计值(OR 或 RR)来判断可疑混杂因素是否为混杂因素,以及混杂的大小和方向。下面以 OR 为例介绍混杂因素的判断方法。

OR 粗为总的未调整的比值比,OR 调整为调整后的比值比。通过比较 OR 粗的值同控制了某可疑混杂因素(C)后求出的 OR 调整值大小,即可判断 C 是否起混杂作用。

如果 OR 粗 = OR 调整,C 无混杂作用;如果 OR 粗 ≠ OR 调整,C 有可能存在混杂作用。

例如:研究某因素和某疾病的关联程度,如果粗 OR 为 4,按混杂因素分层分析后,调整 OR 值为 2,提示混杂因素存在正混杂作用,即混杂的作用高估了 OR 值。在上述吸烟、携带火柴和肺癌的例子中,携带火柴与肺癌的关联中,吸烟就是正混杂作用。

对于保护因素,如果粗 OR 值呈现为保护因素(OR 粗为 0.2),按混杂因素分层后,各层 OR 均趋向无效假设(OR 调整为 0.9),即粗 OR 值比调整的 OR 值高估了这种保护效应,也属于正混杂。比如雌激素预防心血管疾病的观察性研究中,服用雌激素的女性比不服用雌激素的女性,可能会采取更健康的生活方式/行为,在这里良好的生活方式/行为起到了正混杂的作用,即雌激素的效应被高估。

负混杂的例子如下:如果粗 OR 为 4,但调整 OR 是 8,意味着混杂因素的存在缩小了真实的效应,低估了 OR 值。同样,粗 OR 为 0.9,但分层后调整的 OR 为 0.2,提示混杂因素缩小了保护效应,也是负混杂作用。这种情况常见于药物治疗效应的观察性研究中,如预后较差的重症患者经常被首先给予新治疗方法(常常为获得许可的新药),因此,治疗的有益效果常会被造成预后差的因素所掩盖,而使效应估计值趋向 1。

混杂的极端效应是颠倒,如粗 OR 为 4,意味着暴露于某因素患病的危险性是非暴露者的 4 倍,但调整的 OR 值是 0.5,却为保护作用,反之亦然。

(二) 混杂偏倚的控制

通过科学的设计、周密的分析和合理的解释来避免混杂因素对研究结果的影响。在研究设计阶段可以采用随机化、限制和匹配,在数据分析阶段可以采用分层分析和多因素分析等方法对混杂偏倚进行控制。

1. 随机化(randomization)　随机分组是指用随机化的原则和方法使研究对象以相同的概率分配到各比较组中,使所有已知和未知的混杂因素在组间得到最大限度的均衡,从而避免研究者主观意愿对分组的影响。随机分组尤其适用于临床试验研究,可有效地控制混杂偏倚。

2. 限制（restriction）　是指针对某些潜在的混杂因素,通过对研究对象的选择标准予以限制,即通过限制使混杂因素在比较组间一致。例如,进行吸烟与冠心病关系的病例对照研究,若认为年龄是混杂因素,研究中只入选某个年龄组的个体,这样,病例组和对照组的研究对象均处于该年龄段,使年龄在比较组之间具有均衡性,从而控制了年龄的混杂作用。

限制虽可控制混杂偏倚,保证研究结果的内部真实性,但其对研究对象纳入标准的限制会影响研究结果的外推性。

3. 匹配（matching）　又称为配比,是指为研究对象选择对照时,针对一个或多个潜在的混杂因素,使其与研究对象相似。即将可疑混杂因素作为匹配因素,使各比较组同等分配具有同等混杂因素的对象,以此来消除混杂作用。目的是消除这一（些）混杂因素对研究结果的影响,提高统计学效率。例如在上述携带火柴与肺癌的关系研究中,吸烟是一个可能的混杂因素,则研究携带火柴与肺癌关系时,针对吸烟因素进行配比,吸烟的病例要匹配吸烟的对照,不吸烟的病例则匹配不吸烟的对照,使吸烟者的数量在两组中均衡,从而得出携带火柴与肺癌的真实关联。

但应注意,匹配在控制匹配因素的混杂作用、提高统计效率的同时也失去了对匹配因素进行分析的机会,既不能分析其对研究疾病的病因作用,又不能分析其与研究因素之间的交互作用,造成信息的丢失。因而,匹配变量不宜太多,即不能匹配过度（over-matching）,以只匹配主要的混杂变量为宜。目前随着疾病监测体系和流行病学统计分析方法的日益发展及完善,匹配的局限性已越来越受到关注。

4. 分层分析（stratified analysis）　是指在混杂因素水平同质的层内评价暴露因素与疾病结局之间的关系,每一层实际上相当于"限制"了的小样本。分层分析的缺点是分层后各层间样本数相差悬殊,有些层样本数过小,为分层分析带来困难。此时,应减少层数后再做分析,或采用多因素分析的方法。

5. 多因素分析（multifactor analysis）　当研究中样本量不够大,不足以进行分层分析时,或研究中混杂因素不止一个时,或研究多个因素对疾病的影响时,应考虑应用多因素分析方法。常用的多因素分析方法有多元回归分析、Logistic 回归分析、COX 回归分析等。

混杂因素是存在于各种研究中的自然现象,只要能够在研究设计、实施和资料分析阶段给以充分考虑,就可有效地预防其带来的混杂偏倚。流行病学研究中最不应发生的是由于对混杂因素的无知,而使研究功亏一篑。

第二节　病因及其推断

流行病学研究的主要目的是预防和控制疾病,促进健康。明确疾病病因对疾病的病因学诊断、针对性治疗和预防干预有着极其重要的意义。

一、病因的概念与分类

（一）病因的概念

病因是一个复杂的概念,不同的学科有不同的表述。基础学科和临床医学通常从发病机制的角度阐述病因,如认为冠心病的病因是动脉壁组织增生,其病理机制的研究非常重要。流行病学认为病因的概念必须更为广泛,不应该只针对发病机制,而应当从常见的多因素病因及从可以影响这些因素的预防策略来考虑。

现代流行病学的病因定义是 20 世纪 80 年代美国的流行病学家 Lilienfeld 首先提出来的。Lilienfeld 认为那些能使人群发病概率增加的因素,就可以认为是疾病的病因,其中某个或多个不存在时,人群疾病发生频率就会下降。该定义具有多因素性、群体性和可预防性的特点,体现了现代流行病学的重要特征。

因素在明确为疾病的病因之前,被称为危险因素(risk factor)。危险因素可能是疾病发生的原因或条件,也可能是疾病发生的一个中间环节。其含义就是与疾病发生有明显正相关关联,但又不足以单独引起疾病的因素。例如,在分析冠心病的病因时,常把肥胖、吸烟、运动过少、高血脂、高血压和糖尿病等称为危险因素。危险因素的暴露可以增加疾病发生危险,是与疾病的发生密切相关的因素。

流行病学的病因观在疾病预防控制上有着重要的意义。疾病肆虐时,即使我们不知道该疾病明确的病因是什么,但依然可以通过控制该疾病的危险因素达到使人群疾病的发病率下降,从而达到控制疾病的目的。例如,发现霍乱弧菌前 30 年,人们还不知道霍乱是由霍乱弧菌引起的,但依然可以采取改善饮水供应的措施来控制霍乱的流行。

19 世纪末至今,为了更好地理解病因,流行病学家提出了诸多疾病发生的病因模型。病因模型是用简洁的概念关系图来表达病因与疾病相互作用的框架和路径。下面着重介绍几种有代表性的病因模型。

1. **三角模型** 也称为流行病学三角(epidemiologic triangle),该模型强调疾病的产生是致病因子、宿主和环境三大因素相互作用的结果如图 5-1。三个因素各占等边三角形的一个角,当三者处于相对平衡状态时,人体保持健康;当模型中某一因素发生变化,三者平衡状态被打破,则疾病产生。由于该模型是在研究传染性疾病的过程中被提出来的,因此更适用于传染性疾病的病因研究。相较于 19 世纪末期提出的单一病因观,三角模型充分考虑到了宿主和环境因素在疾病发生中的重要作用,有助于人们对疾病发生条件的进一步认识。但模型中三大因素等量齐观,有失偏颇;另外,三角模型也不适用于多病因的慢性非传染性疾病的病因研究。

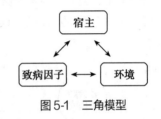

图 5-1 三角模型

2. **轮状模型**(wheel model) 与三角模型相比,轮状模型的病因更为细化也更有弹性。如图 5-2 轮子的核心是宿主,其中遗传物质作为内核发挥重要作用,外围的轮子是环境,分为生物环境、理化环境和社会环境。机体生活在环境之中,而病因则存在于机体和环境之中。该模型强调了机体和环境的密切联系。轮状模型各部分的相对大小具有伸缩性,可随不同的疾病而相应变化,如以遗传为主的疾病,遗传核相对大些;职业病则以理化环境相对其他大些;传染病则生物因素更大些。这种病因占比可伸缩的理念更贴近于实际,也更有利于疾病病因的探讨和防治,因此,轮状模型是当前流行病学研究中应用最广泛的模型之一。

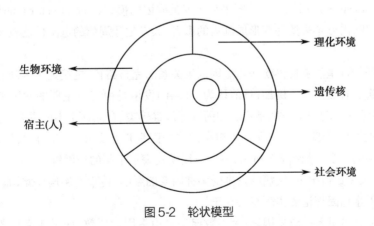

图 5-2 轮状模型

3. **健康生态学模型** 上述的三角模型和轮状模型的提出都是以个体为基础,并不完全符合现代流行病学病因观的群体性特点。近年来,随着健康生态学模型的提出,人们进一步认识到流行病学的研究对象显然不是个体的简单叠加,而是组成一个更高层次上的有机整体。从某种意义上讲,个体与群体的区别就如单个细胞同组织、组织器官同有机体的区别。例如,个体想要不患麻疹需接种麻疹疫苗降低个体的易感性,而群体想要降低麻疹的感染率只要大部分个体接种麻疹疫苗就可以形成一个保护屏障,大大降低麻疹的人群易感性,而里面个别没有接种麻疹疫苗的个体也不会感染麻疹。因此,现代的健康生态学模型(health ecological model)以群体为中心构建的病因模型,向内有个体因素,向外有家庭、社会、环境等整个生态系统的因素如图5-3。在此基础上将各种因素展开并标明其相互关系,就可以构建出复杂的健康生态学模型。

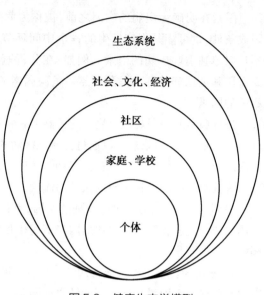

图5-3　健康生态学模型

4. 疾病因素模型　疾病因素模型(disease factor model)将疾病的危险因素分为内外两个层次:内因是指与疾病发病直接相关的医学生物学因素,如致病基因、生理性缺陷和病理性改变等,而外因则是内因以外的包括社会经济、生物、环境、心理行为和卫生保健五大因素如图5-4。各种因素的作用可以是独立的,也可以是相互影响的。疾病因素模型在病因分类上可操作性强,具有较好的实践指导意义。

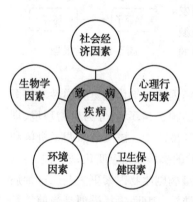

图5-4　疾病因素模型

5. 病因链和病因网模型　根据生态学模型或疾病因素模型提供的框架可以寻找疾病多方面的病因,这些致病因素相互之间可能存在十分复杂的联系,即病因的交互作用。将导致某种疾病发生的多种致病因素按照先后或同时连续作用的顺序连接起来,则构成该疾病一条病因链(chain of causation)。例如,龋齿的产生首先是由于变形链球菌的作用,使食物黏附在牙齿表面形成菌斑,菌斑长期与食物中的糖发生化学反应,产生酸性物质,久而久之,牙釉质被破坏,形成龋洞。这样就形成了一条以时间为主线的龋齿发生的病因链。

研究表明,大多数疾病的发生并不是单一病因、单一病因链的作用,而是两条以上病因链并行发作,并彼此纵横交错,交织如网,形成病因网(web of causes),用概念关系图来表示就是病因网模型(web of causes model)。例如,口腔卫生不良、菌斑聚集、内分泌失调并存形成龋齿的患者,其发生牙周病的危险性远较没有这些因素,或仅有一种因素者大。

病因网模型的特点是能够提供疾病与病因因果关系的完整路径,更接近于客观实际情况,从而有的放矢地指导疾病的有效预防。例如,目前认为,肝癌的发生是由三条主要的病因链,并交织成病因网所致,三条病因链的始动因素分别是乙肝和丙肝等病毒感染、食品饮水中的毒素作用和精神行为因素(如精神紧张、饮酒和吸烟等)。三条病因链中的多个因素相互交叉、相互协同,加之遗传因素的作用最终导致肝细胞的癌变。如图5-5所示,不同连线模式表示不同的病因链。

由此可见,绝大多数情况下,疾病的发生受多种因素的影响,传染性疾病如此,非传染性疾病更是如此。而提出多因素病因理论的实际意义在于:

(1)避免遗漏许多重要的致病因素:大多数疾病是由多因素所致,如果研究仅考虑单因素,则结果必定是片面的,许多重要的致病因素将被遗漏。例如上述肝癌的病因研究中,除要考虑肝炎病毒的感染、酒精、寄生虫等因素外,还要考虑到饮食中接触到的毒素、精神因素和遗传因素等。

(2)采取综合性防治措施:导致疾病发生的因素既然是多方面的,相应的防治措施也应是系统的、综合性的。例如,糖尿病的防治中强调采取"五马驾车"的策略,即饮食控制、药物治疗、合理运

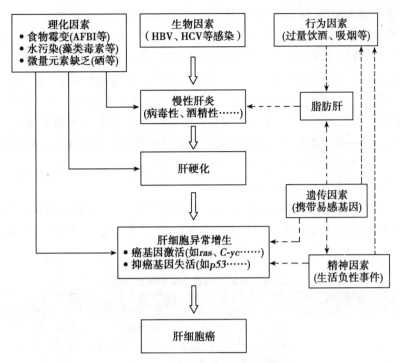

图 5-5　肝癌发病的病因链和病因网模型

动、糖尿病教育及心理治疗以及自我检测。

（3）采取针对性防治措施：针对病因链和病因网中的某些关键和薄弱环节采用针对性的措施，就可能降低疾病的发生率，尤其是在复杂病因还尚未完全明了的情况下更能体现出多因素病因理论对制定针对性防治措施的重要意义。例如，在还没有发现霍乱弧菌的情况下，通过改善饮水达到控制霍乱发病和蔓延的目的。

（二）病因的分类

根据不同的分类依据可以将疾病的病因分为不同的类型：

1. 按照病因的来源，可以分为宿主因素、环境因素和社会因素。

（1）宿主因素：如遗传、年龄、性别、民族、免疫状况、心理、行为习惯等。除遗传性疾病是主要由遗传因素作用以外，大多疾病的发生中，遗传因素都或多或少发挥了一定作用。例如，2 型糖尿病亲属中的发病率比非糖尿病亲属高 4～8 倍，遗传度>60%。后天因素主要包括免疫情况、发育、营养状况、心理行为特征等。例如，艾滋病患者发生结核病的概率远远高于健康个体，这与机体免疫功能低下密切相关，C 型性格的人患癌症的危险性要比其他类型性格的人高。

（2）环境因素：主要包括生物、物理和化学因素。生物致病因素（各种病原体、生物性毒素等），通常引起机体发生感染性和中毒性疾病，如肉毒梭菌污染食物产生毒素引起食物中毒。物理因素（声、光、电、放射线等），放射性物质照射引起的白血病就是典型的物理因素致病。化学因素（各种有机和无机毒物）致病是指各种化学物质污染导致的人体急慢性中毒或肿瘤。如现在已十分明确的职业病的致病因素：石棉导致肺癌，联苯胺导致膀胱癌等。

（3）社会因素：是指社会政治体制、经济文化水平、医疗卫生设施、生活劳动条件、宗教信仰等与疾病发生发展和预防的密切联系。这种联系既可以是保护作用也可以是危害作用。例如，人口流动和拥挤是耐药性肺结核在人群中传播的最大风险，而计划免疫则是控制疾病的有效措施。

2. 按照病因对疾病解释的充分程度，可以分为充分病因和必要病因。

（1）充分病因（sufficient cause）：是指有该病因存在，相应疾病就一定会发生（概率为 100%）。人类各种疾病的病因中，只有个别的属于充分病因的，即因素的暴露和疾病发生之间存在着必然联系

（如个别理化因素所致的电击、烧伤）。通常情况下，充分病因是指与疾病发生有关的所有因素的集合。例如，结核病的发生除与结核杆菌的感染有必然的关系外，还与机体的免疫状况、营养不良、精神紧张、过度疲劳、遗传背景等因素有关，这些因素的集合就是结核病发生的充分病因。

（2）必要病因（necessary cause）：是指没有该病因存在，相应疾病就不会发生（概率为100%）。人类各种疾病的病因中，有些属于必要病因，即该类病因对特定疾病来讲是必不可少的（如各种传染病的病原体）。例如上述的结核病，结核杆菌感染是必要病因，没有结核杆菌感染，就不会发生结核病。但有必要病因存在，不一定会发病。不吸烟或没有被动吸烟时，也会发生肺癌，说明吸烟不是肺癌的必要病因。研究显示，即使不吸烟，但如果接触氡气和其他放射性物质、砷、石棉、铬、镍、煤焦油等，以及其他有机化学物质，也可能会发生肺癌。

对于某种疾病发生有关的特定病因而言，可有以下四种情况：A 即是充分病因又是必要病因；B 是充分病因但非必要病因；C 是必要病因但非充分病因；D 是非充分病因又是非必要病因，如表 5-7 所示。

表 5-7　充分病因和必要病因的关系

情况	充分病因	必要病因	解释和实例（X、Z、W 为病因，Y 为疾病）
A	+	+	X 是引起 Y 的充分病因和必要病因。X 存在即可引起 Y，且 Y 的发生必然有 X，即 X→Y；例如在密闭的环境中，一定浓度的 CO 作用一定时间，即可引起 CO 中毒
B	+	−	X 是 Y 的充分不必要病因。X 存在可以引起 Y，但 Y 的病因不只有 X，即 X→Y，Z→Y。例如，严重车祸可致骨折，高处坠落也可致骨折
C	−	+	X 是 Y 的必要不充分病因。X 存在不足以引起 Y 发生，必须有其他因素共同作用，但 X 不存在 Y 一定不发生，即 X+Z→Y。例如，结核杆菌单独作用不足以导致结核病，需与机体营养不良、免疫低下等共同作用，但结核病的发病必须有结核杆菌的感染
D	−	−	X 是 Y 的非充分非必要病因。Y 发生时 X 可存在或不存在，X 存在时，需与其他因素共同作用才能引起 Y，即 X+Z→Y，W+Z→Y。例如，丁型肝炎病毒单独作用不会引起肝炎，但合并有乙型肝炎病毒感染就可以引起肝炎发病。而肝炎的发病可以有丁型肝炎病毒的感染，也可以没有

绝大多数人类疾病几乎找不到充分病因。概率论的因果观抛弃的正是充分原因，取而代之的是"原因是使结果发生概率升高的因素"。因此，流行病学的病因研究不需要追求充分病因，而是测量某因素使疾病发生率升高的程度。另外，许多非传染性疾病也得不到"必要病因"的证据。流行病学研究中，可以测量病因的必要性或必要程度，也不必刻意追求"必要病因"。

3. 按照病因在病因链上的位置，可分为直接病因和间接病因。

病因 X_1→X_2→疾病 Y，即病因 X_1 导致病因 X_2，最终引起疾病 Y。这里，直接导致疾病 Y 的 X_2 称为直接病因，它与疾病之间没有中间病因；相对的，X_1 则称为间接病因，它与疾病之间有一个 X_2 中间病因。间接病因实际上反映了引发疾病的阶段性或中间过程。例如，静脉注射吸毒→共同使用注射器→注射器污染 HIV→HIV 病毒感染→艾滋病发作。这里，HIV 病毒感染就是直接病因，而它之前的所有病因都是间接病因。当然，HIV 感染与艾滋病发作之间还可以插入 T 细胞（CD4⁺）减少这个中间因素，那么 HIV 感染也成了间接病因。因此，直接与间接的区别是相对的。

近年来，随着预防医学的发展，人们发现直接病因和间接病因的分类对于公共卫生的意义有限，因此又提出近端病因（proximal cause）、中间病因（intermediate cause）和远端病因（distal cause）的概念。如图 5-6 所示，在冠心病、糖尿病、肿瘤等常见慢性病的病因链上，高血压、高血糖和超重/肥胖是近端病因，而导致这些近端病因发生的相关因素，如不合理膳食、少体力活动、吸烟等，则可看成是中间病因，更远端的全球化、城市化和人口老龄化等属于远端病因。近端和中间病因在病因链上距离疾病结局近,病因学意义相对明确。但是越靠近病因链近端的病因,涉及的人群面越窄,预防受益的人群越少。而远端病因与疾病之间的因果机制可能不是那么明确,但是针对此环节的干预措施受益的人群面广。

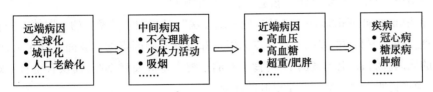

图 5-6 常见慢性病的病因链

二、病因研究的流行病学方法与基本步骤

(一)病因研究的流行病学方法
流行病学病因研究有自身完善而独立的方法体系,包括描述性研究、分析性研究和实验性研究。

1. **描述性研究是提出病因假设的主要方法** 包括现况研究、生态学研究、病例报告和病例分析等。现况研究通过描述疾病在不同时间、不同地区和不同人群中的疾病分布特征寻找病因线索。生态学研究通过对某一自然群体的疾病发生率与某些可能致病因素的相关分析来探索可能的病因。病例报告和病例分析是通过分析患者的暴露特征而从中获得可能的病因线索。

2. **分析性研究是更加深入地探索和检验病因假设的研究方法** 主要包括病例对照研究和队列研究。病例对照研究通过病例组和对照组危险因素暴露水平的比较,估计研究的危险因素与疾病的关系。队列研究是基线调查后获得暴露的基本信息,通过若干年的随访观察,计算并比较暴露组和非暴露组疾病发生的频率,从而估计暴露因素与疾病的关系。

3. **实验性研究是验证病因假设的方法** 主要包括临床试验、现场试验和社区干预试验。三种试验类型分别是以患者、自然人群和社区人群为研究对象,通过干预减少危险因素的暴露水平,从而验证危险因素或疾病流行因素的致病作用。实验性研究是验证病因假设最为可靠的手段之一。

目前,循证医学的迅猛发展,为病因学研究提供了更加有效的手段,如多项随机对照试验的 meta 分析和系统综述被认为是论证强度最高的研究证据。另外,利用现代科学技术,在人为的条件下对动物、组织细胞和基因等进行实验,更是为病因学研究提供了丰富的手段。尤其是在解决暴露与疾病之间的黑匣子、疾病发生的易感标志物、筛查高危人群等问题中发挥着重要作用。例如,在吸烟与肺癌的病因研究过程中,曾经先后在香烟的烟和焦油里证实有苯并芘、砷和一氧化碳等几十种致癌物的存在。同时研究还发现,雌性大鼠和小鼠终身暴露于烟草吸入也出现了鼻腔和肺部的肿瘤。这些研究结果都强有力地支持了吸烟致肺癌的假设。有关具体的研究方法,可参见本书第四章。

(二)病因研究的基本步骤
流行病学病因研究主要根据疾病在人群中的分布特征提出病因假设,进而予以验证并进行因果推断,其基本步骤如图 5-7 所示。

1. **建立病因假设** 提出假设是病因研究的起点。通过描述性研究方法,可以得到某疾病在人群中的分布特征,比较分布差异的原因而提出病因线索。根据该线索,结合对疾病自然史的了解及其他相关文献资料进行分析推理,建立病因假设。

在形成病因假设的思维、分析和推理中,Mill 准则(Mill canons)是常用的逻辑推理方法。

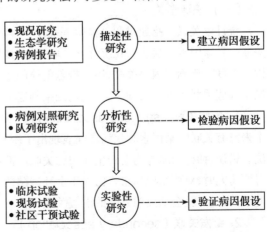

图 5-7 流行病学病因研究方法与基本步骤示意图

（1）求同法（method of agreement）或称"异中求同法"：是指在发生相同事件的不同群体中寻找共同点。即如果在不同特征的某疾病患者中均观察到与某因素的联系时，那么该因素极有可能是该疾病的病因。例如，1988年上海市甲肝暴发调查发现，不同性别、年龄、职业、饮用水水源的甲肝患者都有生食毛蚶的历史，则提示生食毛蚶可能是甲肝暴发的原因。

（2）求异法（method of difference）或称"同中求异法"：是指在事件发生的不同情况的相同群体之间寻找不同点。即某一疾病的发病率在暴露某因素和不暴露某因素的群体间差异很大，则该因素可能是该疾病的病因。例如，上述案例中，生食毛蚶的上海人甲肝发病率高，而没有生食毛蚶的上海人几乎不发病，同样说明生食毛蚶可能是甲肝的病因。

（3）同异并用法（joint method of agreement and difference）：是指同时应用求同法和求异法。即某病的不同人群中均暴露于某因素，而不患该病的不同人群中均未暴露于该因素，则说明该因素可能是该疾病的病因。例如，一起婚宴导致的食物中毒暴发调查中，中毒的人均食用了凉拌海蜇皮，而没中毒的人均未食用或食用很少凉拌海蜇皮，则提示凉拌海蜇皮可能是此次食物中毒的主要原因。

（4）共变法（method of concomitant variation）：是指如果某因素出现的频率或强度发生变化时，某事件发生的频率与强度也随之变化，则该因素很可能与该事件有关。例如，20世纪中叶，英国肺癌的发病率呈逐年上升的趋势，同时发现烟草的销售量也成逐年上升的趋势，且肺癌的发病率上升比烟草销售量的上升晚了近30年，刚好是一个肺癌发病的潜伏期，由此提出吸烟可能是肺癌的危险因素。

（5）剩余法（method of residues）：是指当某事件的发生是由多种因素所致时，把已知有关联的因素排除后，仍不能排除的因素就有可能是病因。例如，既往研究发现肝癌的发生与乙肝和丙肝等病毒感染有关，也与食物中的黄曲霉毒素有关。但还有部分患者无法用上述危险因素解释，提示可能还有其他因素是肝癌的病因，如饮水中的藻类毒素。

2. **检验病因假设**　病因假设提出后，需经分析性研究进一步检验病因假设。论证的步骤一般是先病例对照研究，后队列研究。病例对照研究可以同时研究一种疾病和多个因素的关联，比较不同因素与疾病的关联强度（即比值比 *OR*），筛选出与疾病关联最为密切的危险因素，再进一步进行队列研究来验证该危险因素。队列研究是由"因"及"果"的研究，因此论证病因假设的能力较强。

3. **验证病因假设**　无论是通过流行病学，还是通过基础医学或临床医学研究方法获得的病因假设，最终仍要回到人群中，用实验流行病学的方法进行验证。通过实验干预，减少人群中暴露因素的存在，疾病的发病率随之下降或消失，即证明该暴露因素是该疾病的病因。但实际中，由于实验性研究涉及伦理学问题，往往难以进行。因此，多采用分析性研究方法检验病因假设。必要时或可行的情况下，再用实验性研究方法。

三、统计学关联与因果关联

（一）统计学关联

统计学关联是指通过假设检验等统计学方法排除了抽样误差后暴露因素（E）与疾病（D）存在的关联。暴露因素与疾病存在统计学关联，只能说明两者的关联排除了随机误差的干扰，并不一定存在因果关联。要确定因果关联，还需排除偏倚的干扰，以及确定暴露在疾病发生之前。只有在排除或控制了虚假关联和继发关联后，才能用因果判定标准进行因果判断。

1. **虚假关联（spurious association）**　是指由于在研究过程中的某些人为误差或机遇，使得本来没有关联的某因素和疾病之间表现出了统计学上的关联。研究对象选择不恰当、测量数据的方法有错误、抽样误差等均会产生虚假的关联。例如，在开展口服避孕药与子宫内膜癌因果关联的病例对照研究时，对照组中如果将已采用上环避孕的妇女也纳入的话，由于这些研究对象不需要再用口服避孕药，这样就会造成两者间的虚假关联。

2. **继发关联（secondary association）**　也称为间接关联（indirect association），是指怀疑的暴露因素原本与某疾病不存在因果关联，但由于两者都与另外的一种因素有关，导致暴露因素与疾病出现了统计学上的关联,即产生了混杂。例如,高血清胆固醇是冠心病的危险因素,高血清胆固醇可产生沉积于眼睑的黄色瘤,从而导致眼睑黄色瘤与冠心病之间存在统计学关联。这种关联是继发于两者有共同影响因素的前提下,并不是真正的因果关联。

(二)因果关联

流行病学的病因观中,病因是指那些能使疾病发生概率升高的因素。病因暴露组发病率高于非暴露组或病例组病因暴露水平高于对照组,则认为暴露与疾病相关。但这种相关只是统计学关联。统计学关联是判断因果关联的基础,但统计学关联并不一定都是因果关联。其中可能会有各种偏倚的干扰。排除和控制偏倚后,两者仍有相关,且符合先因后果的关联时序性及其他因果推断的标准才能认为两者存在真实的因果关联。

确定某因素与某疾病存在统计学关联后,并不能确定该因素就是该疾病的病因,还需要进一步判断两者的因果关联,即进行因果推断。因果推断是指研究者根据流行病学研究资料,对某因素与某疾病(或健康状况)之间的关系做出判断的过程。如图5-8所示,其基本步骤包括:

1. 确定两者是否存在统计学关联 在资料分析阶段,应用假设检验的方法判断因素与疾病之间是否存在统计学关联。

2. 判断两者间统计学关联的性质 因素与疾病存在统计学关联,不代表两者一定存在因果关联。因为统计学上的关联,除因果关联外,还可能是由于各种选择、信息偏倚导致的虚假关联;另外,还可能是由于某个第三因素的作用导致的继发关联。因此,判断因素和疾病存在有统计学关联后,还应排除虚假关联和继发关联对因果关联的混淆。

3. 检验两者的关联是否符合因果关联的判断标准 确定因素与疾病存在排除了虚假关联和继发关联的真实统计学关联后,根据下文中的因果关联判断标准判断该关联是否为因果关联。

4. 进行科学概括与推理,做出判断 根据以上分析结果,结合其他资料或现有知识进行概括、推理,并做出两者是否为因果关联的结论。

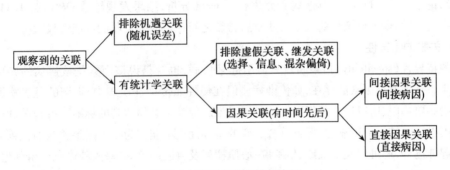

图5-8 因果关联的推导步骤

四、因果关联的判断标准

美国学者于1964年在"吸烟与健康"报告中确认吸烟引起肺癌时建立了判断病因的5条标准。该标准弥补了 Koch 法则只能用来确定特异性病原体的不足,适用于所有疾病的病因推断,被视为人类病因判断标准的第二个里程碑。1965年,Hill 又将病因判断标准在前5条的基础上扩展为9条,被国际上称之为 Hill 标准(Hill's criteria)。目前常用的因果推断标准如下:

(一)关联的时序性(temporality)

指因和果出现的时间顺序,作为原因一定要出现在结果的前面,这是病因推断中要求必备的条件。病例对照研究是回顾性研究,疾病已经发生,通过调查比较病例组和对照组某因素的暴露情况说明因素与疾病的关系,对于一些潜伏期长的疾病,无法说明先有的暴露因素还是先有的疾病。例如,在一次肝癌的横断面研究中,发现肝癌患者的 HBsAg 阳性率明显高于非肝癌患者,但该结果并不能说明是先有乙肝病毒感染而后引发肝癌,还是先有肝癌而后又发生了乙肝病毒感染。而队列研究是追踪随访暴露组和非暴露组一定时间后,比较两组疾病的发生率,有很明确的先因后果的关系。因此,队列研究有较强的病因论证能力。

（二）关联的强度

关联的强度(strength)是指暴露因素与疾病之间关联强度的大小,在病例对照研究中用 OR 表示,在队列研究中用 RR 表示。某暴露因素与疾病的关联强度越大,即 OR 值或 RR 值越大,则越有理由认为两者相关,此时两者存在虚假关联和间接关联的可能性越小,误判的可能性越小,成为因果关联的可能性越大。例如,在吸烟与不同疾病发生的关联研究中发现,吸烟者发生肺癌的 RR 值是非吸烟者的 4~12 倍,而吸烟者发生胃癌的 RR 值是非吸烟者的 1.42~1.65 倍,提示吸烟与肺癌的因果关联成立的可能性较吸烟与胃癌的因果关联可能性大。一般认为,在作因果关联推断时,RR>2 时关联强度可被考虑为较强。但有时弱的关联强度也可作为一种因果关联。因为按照多病因学说的理论,单独暴露于某一致病因子时,机体可不发病,但同时有其他一些致病因素共同作用,则机体发病的可能性大大增加。例如,研究发现饮食与冠心病之间呈现弱相关,但生态学研究发现很多发达国家的冠心病发病率较高,支持饮食与冠心病之间的因果关联。造成这种情况的原因考虑主要是个体间的饮食差异很小,还需要其他危险因素(如吸烟、高血压、高血脂、精神紧张等)的协同作用。还要注意的是,呈弱关联时更需要考虑偏倚作用的可能性,因果判断时要更慎重。

（三）关联的可重复性

关联的可重复性(repeatability)指某暴露因素与疾病的关联在不同研究背景下、不同研究者用不同研究方法均可获得一致性的结论。重复出现的次数越多,因果推断的结果越有说服力。近年来应运而生的系统综述和 meta 分析方法为多项研究结果的定性和定量合并提供了技术支撑。但是,不同研究结果间缺乏重复性不能作为没有因果关联的凭证,可能与研究纳入的样本量的大小、不同人群中病因暴露的水平不同等有关。例如,有关母亲孕期吸烟与儿童唇腭裂的因果关联研究论文不下百篇,通过对其中 113 项病例对照研究和 2 项队列研究的结果进行分析发现,早期几项研究的样本量较小,因果关联结论不一致。Little 等对这些研究进行了 meta 分析,结果发现综合 OR 值为 1.34(95% CI:1.25~1.44)。从而提示母亲孕期吸烟与儿童唇腭裂之间存在因果关联的可能性较大。

（四）关联的特异性

关联的特异性(specificity)指某因素只能引起某疾病,也就是说该因素是该疾病的必要病因,该疾病的发生一定要有该因素的存在,如传染病。但在慢性非传染性疾病中,强调的是多病因论,很难找到疾病的必要病因,所以这一条标准并不是因果推断标准中必须达到的标准。符合关联的特异性,可以增加因果推断结果的可靠性,但不符合关联的特异性也不能作为排除因果关联的依据。例如,吸烟除可引起肺癌外,还可引起膀胱癌、口腔癌、心肌梗死及胃溃疡等。例外,肺癌也可由其他危险因素引起。两者并不存在绝对的特异性。但我们不能说吸烟与肺癌的发生没有因果关联。

（五）剂量-反应关系

剂量-反应关系(dose-response relationship)指疾病发生的概率随暴露因素的累计暴露量的增加而增大,即某因素暴露的剂量越大、时间越长,某疾病发生的概率也越大。例如,吸烟的量越大年限越长,发生肺癌的危险性越高,两者呈现明显的剂量-反应关系。暴露因素与疾病之间存在剂量-反应关系则为两者存在因果关联的有力证据,但由于某些生物学效应表现为"全无"或"全有"的形式,如肿瘤的发生,所以不存在剂量-反应关系也不能作为排除因果关联的依据。

（六）生物学合理性

生物学合理性(biologic plausibility)指能从生物学发病机制上建立因果关联的合理性,即所观察到的因果关联可以用已知的生物学知识加以解释。一般认为,能被已知的生物医学知识解释的因果关联误判的可能性极小。例如,尽管幽门螺杆菌感染导致溃疡发生的确切机制还不明确,但是大量研究表明,其感染后定植于胃窦部黏膜的上皮细胞表面,释放细胞毒素,引起胃窦炎,直接刺激胃窦 G 细胞增加胃泌素的分泌导致胃酸过多,同时可造成胃窦 D 细胞释放生长抑素导致胃肠黏膜上皮细胞修复功能损害。胃酸分泌异常也导致了十二指肠酸液浓度的升高,从而引起十二指肠溃疡的形成。但也有学者认为,幽门螺杆菌并不直接定植于十二指肠,而是通过它感染后引起的细胞毒素、炎性介质及持续的免疫反应造成十二指肠损伤,并引起溃疡。从生物学合理性上看,支持两者之间存在因果关联的证据较强。但也有部分因果关联还不能被现有的生物医学知识合理解释,可能是我们现有的知识的局限,随着医学的发展,未来仍有可能被证实。所以尚不能用生物学合理性证实的因果关联,不能认为其不存在。

(七)关联的一致性

关联的一致性(coherence)与生物学合理性相似,是指暴露因素与疾病的关联与该病已知的自然史和生物学原理一致。例如,如上所说,许多流行病学研究表明幽门螺杆菌可引起胃窦炎和胃酸分泌过度。另外,Ohkusa 等将 3 株从患者中获得的不同幽门螺杆菌菌株经口服分别接种于 5 周龄和 14 周龄的蒙古沙土鼠,12 周后发现各组的感染率高达 80% ~ 100%,其中一组 14 周龄的沙土鼠十二指肠浅表溃疡发生率达 33%,而对照组沙土鼠均无感染和溃疡的发生($p<0.05$)。因此支持两者之间因果关联的一致性。同样,没有一致性证实的因果关联不能认为其不存在。

(八)实验证据

实验证据(experimental evidence)指通过实验干预去除某暴露因素可引起疾病发生率的下降或消失,则表明该因果关联存在终止效应,其作为因果关联的判定标准论证强度很高。例如,既往十二指肠溃疡经用抑酸药物治疗,8 周之内可有 90% 以上的溃疡获得治愈,但在此后不作维持治疗的情况下,于 1 年后会有 60% ~ 90% 出现复发。但是自从采用根除幽门螺杆菌治疗方法以来,十二指肠溃疡年复发率已降低到 5% 以下。Ford 等人对 52 项随机对照试验进行 meta 分析,结果表明,在促进十二指肠溃疡的愈合方面,幽门螺杆菌根除治疗组明显优于抑酸药物治疗组和未治疗组;在预防溃疡复发方面,根除治疗组效果也远优于未治疗组。这些研究结果是两者之间存在因果关联的最有力证据之一。

综上所述,流行病学整个病因推断过程,自始至终遵循着严密的逻辑思维。在因果推断过程中,并不一定要求上述八条标准都要符合,但关联的时序性是必要条件,且满足的条件越多,研究所发现的关联为因果关联的可能性越大。

(刘爱忠)

思 考 题

1. 简述什么是选择偏倚、信息偏倚和混杂偏倚。
2. 简述流行病学研究中常见的选择偏倚和信息偏倚。
3. 简述选择偏倚、信息偏倚和混杂偏倚的控制方法。
4. 描述病因的概念及因果关联的推断标准。
5. 简述统计学关联和因果关联的关系。

第六章　筛检与诊断试验

疾病的筛检和诊断是进行临床干预的基础,正确了解筛检试验和诊断试验的评价设计和评价指标,不仅可加强对筛检和诊断试验内涵的认识,还可以避免对试验的误用和滥用。筛检试验和诊断试验评价设计的不规范,可能会造成对试验效能的高估,误导临床医生的判断,给医疗实践带来负面的影响。通过本章的学习,让医学生能更全面地掌握试验评价的基本方法和运用评价的常用指标。

第一节　概　　述

随着社会的发展,生活水平的提高,人们对医疗保健的要求已不仅仅局限于有病能治,而是希望不得病或有病能尽早发现、尽早诊断、尽早治疗,为此筛检得到了广泛的应用。筛检、诊断和治疗可以组成一个完整的疾病防治过程。筛检是早期发现疾病的有效手段;诊断是正确判断疾病的手段,是医疗服务的基础。无论筛检还是诊断都需要借助一定的手段或方法来完成试验,试验方法的优劣直接关系到筛检和诊断的效果。因此,作为临床医师应具备这方面的知识和能力,懂得如何并能够正确地选择、使用和评价这些试验方法。

一、概念、目的和分类

(一) 筛检与筛检试验

筛检(screening)也称筛查,是针对临床前期或早期的疾病阶段,运用快速、简便的试验、检查或其他方法,将未诊断或未察觉疾病的人群中那些可疑有病或有缺陷的、但表面健康的个体,同可能无病者鉴别开来的一系列医疗卫生服务措施。筛检所用的各种手段和方法称为筛检试验(screening test),它可以是体检、实验室检查和问卷调查等。筛检只是将人群中可疑有病或有缺陷者(试验阳性者)与那些可能无病者(试验阴性者)区分开来,仅是一个初步的检查,对筛检结果阳性或可疑阳性者需进一步做诊断检查,对确诊者还需进行治疗。图6-1为筛检与诊断流程示意图。

筛检不是诊断,筛检的目的有:①早期发现可疑患者,做到早诊断、早治疗,提高治愈率,实现疾病的二级预防。如乳腺癌、宫颈癌的筛检。②发现高危人群,并从病因学的角度采取相应的干预措施,预防或延缓疾病的发生,降低疾病的发病率,实现疾病的一级预防。例如,筛检高血压预防脑卒中。③识别疾病的早期阶段,帮助了解疾病的自然史,揭示疾病的"冰山现象"。④合理分配卫生资源,如利用高危评分法,筛选出高危孕妇,将其安排到条件好的县市级医院分娩,而危险低的则留在本地乡镇卫生院进行分娩,降低产妇死亡率。

筛检有多种形式,按筛检对象的范围可分为整群筛检和选择性筛检。整群筛检(mass screening)是对整个目标人群进行筛检,如当某病患病率很高时,对该范围内人群的全体对象进行普遍筛检,找出其中患病可能性较大的对象即整群筛检;选择性筛检(selective screening)是在高危人群中进行筛检,例如,对矿工进行尘肺的筛检。

按筛检项目的数量可分为单项筛检、多项筛检和多病种筛检。单项筛检(single screening)是用某一种筛检试验筛查某一种疾病,如检测餐后2小时血糖筛检糖尿病。多项筛检(multiple screening)是同时用多种筛检试验筛查一种疾病,如用胸透、血沉和痰中结核杆菌等检测可疑肺结核患者,可增加

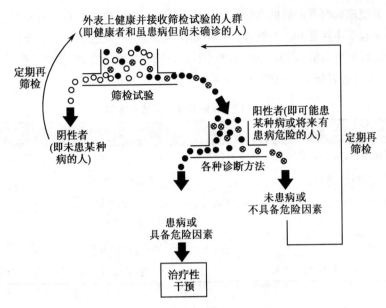

图6-1 筛检与诊断流程示意图

患者的发现概率。多病种筛检(multiphasic screening)则是指同时在一个人群中开展多种疾病的筛查,如在中国农村女性开展的"两癌筛查",筛查乳腺癌和宫颈癌。

(二) 诊断与诊断试验

诊断(diagnosis)是指在临床上医务人员通过详尽的检查及调查等方法收集各种信息,经过整理加工后对患者病情的相对准确的认识和判断。据此制定下一步的治疗或干预方案,完成救治任务。因此诊断对指导治疗有决定性意义。用于诊断的各种检查及调查的方法称诊断试验(diagnostic test)。诊断试验的含义是广泛的,它既包括各种实验室检查,也包括放射线、B超等物理检查手段,还包括病史、体检等临床资料。

诊断主要目的是对患者病情做出及时、正确的判断,以便采取相应有效的治疗措施。其他目的有:①针对筛检阳性、但无症状者的进一步检查、确认。②判断疾病的严重性。③估计疾病的临床过程、治疗效果及其预后。④监测药物不良反应等。

二、筛检的应用原则

筛检的对象是表面健康的人群,且人数众多,不易合作,为确保受试者的利益,顺利完成筛检工作,必须制定好筛检计划,明确筛检目的、估计筛检收益、权衡利弊。具体要从被筛检的疾病和人群及所用筛检试验是否合适、筛检计划是否完善和社会伦理等几方面考虑,遵循以下原则:

1. 被筛检的疾病或缺陷是当地重大的公共卫生问题,即疾病的现患率或死亡率高,影响面广,不控制将会造成严重的后果。

2. 对被筛检的疾病或缺陷有进一步确诊的方法与条件。

3. 对发现并确诊的患者及高危人群有条件进行有效的治疗和干预,且应有统一的标准。

4. 了解被筛检疾病的自然史,被筛检的疾病或缺陷或某种危险因素有可供识别的早期症状和体征或测量的标志。

5. 筛检试验必须要快速、简便、经济、准确、可靠、安全及易为群众所接受。

6. 被筛检疾病有较长的疾病潜伏期,便于筛检出更多的病例。

三、筛检试验和诊断试验的区别

诊断试验与筛检试验都是应用一些试验、检查等手段,确定受检者的健康状况,两者并无本质的区别。只是为了方便理解两者的目的和对象的不同,而区分为筛检试验和诊断试验。当一项诊断试验方法满足筛检试验基本特征并用于筛检工作中即是筛检试验,两者在方法学和评价方面也是相同的。针对一般人群或高危人群(表面健康或自己不知有病),筛检方法要求更简便、快速、价廉、损害小,易于操作和易被检查者接受。如要表示两者相对区别,见表6-1。

表6-1　筛检试验与诊断试验的区别

	筛检试验	诊断试验
目的	发现可疑患者,区分可疑患者与可能无病者	区别患者与可疑有病但实际无病的人
对象	健康或无症状的患者	患者或筛检阳性者
要求	快速、简便,有高灵敏度,尽可能发现所有可能的患者	复杂、灵敏度和特异度高,相对于筛检试验要求有较高的准确性
费用	简单、廉价	一般花费较高
处理	阳性者须进一步用诊断试验确诊	阳性者需要进一步观察和及时治疗

第二节　筛检试验和诊断试验的评价

筛检试验和诊断试验的评价方法基本相同,除考虑安全可靠、简便快速及经济可行外,还要考虑其准确性和有效性,即该方法对疾病进行诊断的真实性和价值。试验的评价主要从真实性、可靠性和预测值三方面进行。

一、真实性

真实性(validity),也称效度或准确性(accuracy),是指测量值与实际值(金标准的测量值)符合的程度,即正确地判定受试者有病与无病的能力。

(一)研究设计

真实性评价是比较待评价试验与疾病的标准方法,即"金标准"判断结果的一致程度。研究设计一般有以下两种:一是回顾性研究设计的病例-非病例(对照)设计,即先用"金标准"确定某病的患者和非患者,组成病例组和非病例组,再用待评价的试验方法盲法检测两组对象;二是横断面设计,即抽取一个目标人群的代表性样本,同时用金标准和待评价试验方法盲法检测所有研究对象。两种研究设计最终都可以计算出一系列的真实性指标。

横断面设计要求试验的目标人群具有较好的代表性,但需要有足够的病例,往往需要样本量较大,研究成本较高。病例-非病例设计较为经济、操作简便,临床上较为常用。现以病例-非病例设计为例说明设计要点:

1. **确定金标准**　一种试验的优劣,理论上是看其结果与实际是否一致,而实际上谁真的有病或无病,也需要一个方法来判定。目前被公认的最可靠、最权威的、可以反映有病或无病实际情况的诊断方法称为金标准(gold standard),亦称标准诊断。常用的金标准有病理诊断、活检、手术发现、微生物培养、尸检、特殊检查以及临床长期随访的结果等。

应注意,金标准会随着医学的发展不断更新,如金标准选择不当,则可造成错误分类偏倚,影响对试验的正确评价。一些较难诊断的疾病可能没有真正意义上的金标准,或金标准复杂且昂贵、甚至使受检者遭受痛苦或冒一定风险,此时可选一种相对公认的诊断方法作金标准,但要考虑此类金标准的假阳性率和假阴性率。

2. **选择研究对象**　用于评价筛检试验和诊断试验的研究对象,应能代表筛检试验和诊断试验可能应用的目标人群。因此,筛检的研究对象应从社区人群中选择,诊断试验的研究对象应从可疑人群或高危人群中选择。无论哪种选择方法均包括两组,即经金标准确诊的某病患者——病例组和由金标准确认未患该病者——非病例组(对照组)。应注意,患者在年龄、性别、疾病类型、病情轻重、是否经过治疗等可能影响试验结果的因素方面对总体要有代表性,以使评价结果具有普遍意义。来自男性、年轻人群的试验评价结果一般不能适用于女性、老年人群。

病例-非病例(对照)设计的病例可以来自社区和医院,但以医院新诊断病例为最佳。以医院为现场的设计,非病例组应除金标准判断未患某病外,在其他可能影响试验结果的因素和特征方面尽量与病例组可比,他们可以是其他疾病的患者或健康人。若为前者,还需考虑包括易与被研究疾病相混淆的其他疾病患者,以了解待评价试验的鉴别诊断能力。由于无法对待评价试验鉴别诊断能力进行评价,一般情况下健康人不纳入对照组。

3. 确定样本含量　研究对象是否能代表目标人群还与样本含量有关,适当的样本含量,可以在最经济的基础上获得最大的效益,是指求得的灵敏度和特异度与总体的灵敏度和特异度的差值小于允许误差的最小样本量。

与样本量大小有关的因素:

(1)灵敏度或特异度的估计值 p:病例组样本含量由灵敏度估计,非病例组样本含量由特异度估计。

(2)容许误差 δ:一般在 $0.05 \sim 0.10$, δ 越小,样本含量越大,δ 越大,样本含量越小。

(3)显著性检验水平 α:第一类错误的概率,α 值越小,样本含量越大,一般取 $\alpha = 0.05$。

样本含量的计算公式:

$$n = \left(\frac{z_\alpha}{\delta}\right)^2 p(1-p) \qquad \text{公式 6-1}$$

式中 n 为所需样本量;z_α 为正态分布中累计概率等于 $\alpha/2$(双侧检验)时的值,如常用 $z_{0.05} = 1.96$,$z_{0.01} = 2.58$;δ 为允许误差,多定在 $5\% \sim 10\%$;p 为灵敏度或特异度的估计值。此公式适用于 p 接近 50% 时,当待评价的灵敏度或特异度小于 20% 或大于 80% 时,样本率的分布呈偏态,需对灵敏度或特异度的估计值做平方根反正弦转换,公式如下:

$$n = \left[57.3 \times z_\alpha / \sin^{-1}\left(\delta / \sqrt{p(1-p)}\right) \right]^2 \qquad \text{公式 6-2}$$

例 6-1:欲评价某试验的临床应用价值,据文献估计该试验的灵敏度为 60%,特异度为 80%,设定 $\alpha = 0.05$,$\delta = 0.06$,试求出病例组和非病例组所需的样本量。

根据已知条件,利用公式 6-1 计算如下:

病例组:$n = \left(\dfrac{1.96}{0.06}\right)^2 (1-60\%) \times 60\% = 256.11$

非病例组:$n = \left(\dfrac{1.96}{0.06}\right)^2 (1-80\%) \times 80\% = 170.74$

即该试验所需病例组样本量为 257 例,非病例组为 171 例。待评价试验的样本含量估计也可利用查表法,具体参阅相关医学统计学或流行病学相关书籍。

以上是以病例-非病例设计为基础的计算方法。其他研究设计,由于研究对象入组时并不知道有病还是无病,在大致了解目标人群的患病率后,研究者还需进一步测算需要多少样本量才能最后满足在这组人群中至少有 257 病例和 171 例非病例者。

4. 盲法测试　对用金标准所确定的病例组与非病例组的研究对象,用待评价试验进行盲法测试。

5. 整理分析资料　对所获得的资料进行检查核对,确保准确无误。由金标准确定的病例组和非病例组,经待评价试验检测后,其结果可有四种情况。整理成四格表如表 6-2:

表 6-2　评价试验的整理表

待评价试验	金标准确诊		合计
	病例	非病例	
阳性	a(真阳性)	b(假阳性)	$a+b$
阴性	c(假阴性)	d(真阴性)	$c+d$
合计	$a+c$	$b+d$	N

表 6-2 中,a(真阳性)是指经金标准确诊的该病病例中,待评价试验判断为阳性的例数;b(假阳性)是指经金标准确诊的无该病的研究对象中,被待评价试验判断为阳性的例数;c(假阴性)是金标准确诊的该病病例中,被待评价试验判断为阴性的例数;d(真阴性)是指在金标准确诊无该病的研究对象中,被待评价试验判断为阴性的例数。第一列 $a+c$ 表示为所有患者数,第二列 $b+d$ 表示所有未患病者数。

整理后可对待评价试验的真实性、可靠性和预测值进行全面地分析和评价。

6. 质量控制　在收集和分析试验资料时,盲法的使用具有非常重要的意义,可以减少人为的主观偏差。假设未实施盲法,研究者可能对同样可疑的结果,倾向于将金标准确诊的患者判断为试验阳性,金标准诊断为非患者的判断为试验阴性,这样就会过高估计待评价试验的真实性,产生偏倚。除采用盲法测试以保证结果的真实性外,对试验所用的仪器型号、试验条件、试验方法、所用试剂的质量、标号等要统一、标准化,尽量采用客观指标,对调查员要进行严格培训,将误差减小到最低。

（二）真实性的评价指标

评价试验真实性的指标有灵敏度、特异度、假阳性率、假阴性率、约登指数、粗一致性和似然比。

1. 灵敏度和特异度　灵敏度(sensitivity,Sen)又称敏感度或真阳性率,指金标准确诊的病例中待评价试验也判断为阳性者所占的百分比。它可反映待评价试验能将实际患病的病例正确地判断为患某病的能力。理想值应为 100%。

$$灵敏度 = \frac{a}{a+c} \times 100\%　　　　　公式 6-3$$

灵敏度的标准误的计算公式如下

$$SE_{(sen)} = \sqrt{\frac{Sen(1-Sen)}{n}}　　　　　公式 6-4$$

式中 n 为实际患者数,即计算灵敏度的分母。

特异度(specificity,Spe)又称真阴性率,指金标准确诊的非病例中待评价试验也判断为阴性者所占的百分比。它可反映待评价试验能将实际未患某病的研究对象正确地判断为未患某病的能力。理想值也应为 100%。

$$特异度 = \frac{d}{b+d} \times 100\%　　　　　公式 6-5$$

特异度的标准误计算公式如下

$$SE_{(Spe)} = \sqrt{\frac{Spe(1-Spe)}{n}}　　　　　公式 6-6$$

式中 n 为实际非患者数,即计算特异度的分母。

2. 假阳性率和假阴性率　假阳性率(false positive rate)又称误诊率,是指金标准确诊的非病例中待评价试验错判为阳性者所占的百分比,理想值应为0%,误诊率＝1−特异度。特异度越高,误诊率越低。

$$假阳性率=\frac{b}{b+d}\times100\%$$ 公式6-7

假阴性率(false negative rate)又称漏诊率,是指金标准确诊的病例中待评价试验错判为阴性者所占的百分比,理想值也应为0%,漏诊率＝1−灵敏度。灵敏度越高,漏诊率越低。

$$假阴性率=\frac{c}{a+c}\times100\%$$ 公式6-8

灵敏度与特异度是评价试验真实性的两个基本指标。临床上,患者和医生都希望获得高灵敏度和高特异度的诊断试验或筛检试验,即尽可能没有漏诊和误诊,但大多数情况下是难以达到的。

因为许多试验是用定量或半定量方法判定阳性与阴性,而患者与非患者的测量值多不能截然分开,有重叠现象,故灵敏度与特异度之间往往顾此失彼。往往提高了试验的灵敏度却降低了试验的特异度,而提高了试验的特异度却又降低了试验的灵敏度,图6-2说明了两者的关系,当判断标准移向 B 时,提高了特异度降低了灵敏度,当判断标准移向 A 时,提高灵敏度降低特异度。

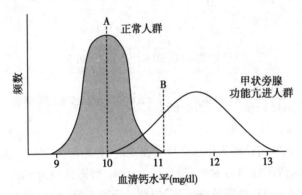

图6-2 人群中血清钙水平的分布图

3. 约登指数(Youden index) 又称正确指数,是灵敏度和特异度之和减1。

$$约登指数=(灵敏度+特异度)-1=1-(漏诊率+误诊率)$$ 公式6-9

指数范围为0～1,灵敏度和特异度之和越大,约登指数越接近于1,试验的真实性越好,反之越差。约登指数表示试验能够正确地判断患者和非患者的总能力。但应注意,正确指数大时,并未明确是灵敏度高还是特异度高,因此,它不能代替前述四项指标。

4. 粗一致性(crude agreement) 是指试验所检出的真阳性和真阴性例数之和占受试人数的百分比。它反映试验结果与金标准诊断结果的符合程度。其计算公式如下:

$$粗一致性=\frac{a+d}{a+b+c+d}\times100\%$$ 公式6-10

该值越大,试验的真实性越好。

例6-2:假设连续有80名可疑患者来到内分泌科门诊就诊,测定他们血清中的钙水平并且同时做甲状旁腺功能亢进检查,来判断是否患病。

假定正常人群血清钙含量的上临界点为11mg/dl,血清钙含量超过11mg/dl定为"阳性",等于或低于11mg/dl为"阴性"。现以表6-3的数据说明各项试验评价指标的计算及用途。

表 6-3　人群某病患病状况与试验结果的关系（虚拟数据）

血清钙水平	甲状旁腺功能确诊结果		合计
	亢进	正常	
阳性（>11mg/dl）	12	3	15
阴性（≤11mg/dl）	8	57	65
合计	20	60	80

灵敏度 $=\dfrac{a}{a+c}\times100\%=\dfrac{12}{20}\times100\%=60.00\%$ ，结果表示在甲状旁腺功能亢进确诊的患者中血清钙试验阳性或异常者占 60.00% 。

假阴性率（漏诊率） $=\dfrac{c}{a+c}\times100\%=\dfrac{8}{20}\times100\%=40.00\%$ ，结果表示在甲状旁腺功能亢进确诊的患者中血清钙试验阴性或正常者占 40.00% 。

特异度 $=\dfrac{d}{b+d}\times100\%=\dfrac{57}{60}\times100\%=95.00\%$ ，结果表示在无甲状旁腺功能亢进的人中血清钙试验阴性或正常者占 95.00% 。

假阳性率（误诊率） $=\dfrac{b}{b+d}\times100\%=\dfrac{3}{60}\times100\%=5.00\%$ ，结果表示在无甲状旁腺功能亢进的人中血清钙试验阳性或异常者占 5.00% 。

$$约登指数 = (0.60+0.95)-1=0.55$$

粗一致性（符合率） $=\dfrac{a+d}{a+b+c+d}\times100\%=\dfrac{12+57}{80}\times100\%=86.25\%$ ，结果表示血清钙试验阳性和阴性结果均正确的概率是 86.25% 。

例 6-2　可疑患者中，有 20 名诊断为甲状旁腺功能亢进（患病率为 25% ），其中 12 名血清钙试验阳性或异常，灵敏度为 60% ，假阴性率为 40% ，特异度为 95% ，假阳性率为 5% 。

如表 6-2 所示，患病率为所有患者数（a+c）除以总的调查人数（a+b+c+d）。假设患病率为 1%（很多情况下是相当低的），平均 100 个测试者中可能会出现 1 个真阳性结果（实际计算值为 0.6 ）。如果假阳性率为 5%（一般试验中比较常见），99 个非患者中可能会有 5% 的假阳性结果，这也意味着每一百个试验中会有 5 个假阳性结果（实际计算值为 4.95 ）。以此类推，每 6 个阳性结果中可能有 5 个为假阳性结果，因而临床医学的筛检试验和诊断试验的可信度就存在一定的疑问。

当临床医生在检测罕见症状时，无论是常规的临床体检，还是大型社区筛检项目，都必须做好大部分阳性结果是假阳性的准备，并且准备好要对阳性结果者进行进一步试验的随访，以确定是否为真阳性。虽然如此，但并不是意味着患病率低的人群不需要筛检。因为，需要随访诊断的人可能是整个人群中的小部分，因此筛检仍然具有价值。需要注意的是，根据一次试验的结果并不能做出确诊，除非是能够直接反映是否患病的确诊试验。

当一位患者抱怨胸痛的时候，临床医生会收集其既往病史，对其进行体格检查，列出可能致使胸痛的诊断分析。诊断分析中有医生逻辑性的主观假设，首先，医生必须通过各种试验来筛检或排除错误的假设。这些试验，包括实验室分析和影像分析，应具有高的灵敏度。高灵敏度试验的假阴性率低，可以保证不会遗漏过多的病例。其次，临床医生需要用一些试验来证实诊断的准确性，这些试验应具有高的特异度，高特异度试验的假阳性率低，可以确保不会将患者误诊为其他的疾病。

5. 似然比（likelihood ratio）　是指病例组中某种试验结果出现的概率与非病例组中该试验结果出现的概率之比。因试验结果有阴阳之分，所以似然比也有阳性似然比和阴性似然比。似然比属于同时反映灵敏度和特异度的复合指标。

（1）阳性似然比（positive likelihood ratio，LR+）：是指试验结果真阳性率与假阳性率之比，说明患者中出现某种试验结果阳性的概率是非患者的多少倍。其值越大，试验结果阳性者为真阳性的概率越大。一个诊断价值高的试验，LR+应显著高于1。

$$阳性似然比 = \frac{真阳性率}{假阳性率} = \frac{灵敏度}{1-特异度} \qquad 公式6-11$$

（2）阴性似然比（negative likelihood ratio，LR-）：是指试验结果假阴性率与真阴性率之比，说明患者中出现某种试验结果阴性的概率是非患者的多少倍。其值越小，试验结果阴性者为真阴性的可能性越大。

$$阴性似然比 = \frac{假阴性率}{真阴性率} = \frac{1-灵敏度}{特异度} \qquad 公式6-12$$

如果LR+值大，LR-值小，那么是个理想的试验。试验分析时有时会计算LR+和LR-的比值，来评价试验的阳性和阴性。

由表6-3资料，

阳性似然比 $= \frac{12/20}{3/60} = \frac{0.60}{0.05} = 12$，其含义为甲状旁腺功能亢进患者血清钙试验结果阳性者是非甲状旁腺功能亢进患者的12倍。

阴性似然比 $= \frac{8/20}{57/60} = \frac{0.40}{0.95} = 0.42$，其含义为甲状旁腺功能亢进患者血清钙试验结果阴性者仅是非甲状旁腺功能亢进患者的0.42倍。

LR+/LR-为12.0/0.42，等于28.5，这个数值没有预期的高（一般<50试验效果弱）。如果数据来源于2×2表，可以通过计算比值比（$ad/bc=28.5$）得到相同的结果。

如果提高血清钙的异常临界点（例如甲状旁腺功能亢进者的血清钙水平临界点设为13mg/dl），会减低灵敏度，但得到更高的LR+。临界点的提高，虽然真实患病者遗漏的更多，但常常真阳性结果减少的幅度低于假阳性结果，LR+与LR-的比值增高。高LR+意味着当医生在个体试验中发现血清钙水平高时，他们可以有依据确信存在着甲状旁腺功能亢进，或者其他有关钙代谢的疾病。同样的，如果用一个极低的临界值，当医生发现患者的血清钙含量低于临界值时，可以确信不存在甲状旁腺功能亢进，或者其他有关钙代谢的疾病。

尽管根据上述原则可以将试验结果分成不同组别来进行判断，但是当试验结果一组或多组落在中间（例如，图6-2线条A和B之间）时仍存在问题，医生需要针对结果落在中间的组别者，进行进一步的试验。

似然比具有比值的独特性，因此可以在多水平的试验中运算，无论表格的分析是横向还是纵向，结果都一样，具体参阅相关医学统计学或流行病学书籍。

二、可靠性

可靠性（reliability）亦称信度或可重复性（repeatability）、精确性（precision），是指在相同的条件下用某测量工具（待评价试验）重复测量同一受试对象时获得相同结果的稳定程度。在临床研究中经常出现评价不一致的情况，如能保证观察者自身以及观察者与观察者之间评价的一致性，那么所得的结果更具有可靠性，影响试验可靠性的因素及评价的方法和指标如下：

（一）影响试验可靠性的因素

1. **受试对象自身生物学差异** 指因受试对象某些生理、生化、免疫学等指标受各种因素，如机体、精神、环境等因素的影响，使同一测量者以同一方法对同一受试对象进行重复测量时，测得的结果出现差异。如血压、心率、血糖值等,可因测量的时间、地点及受试者的情绪等的不同而有差异。

2. 观察者差异　指由同一或不同观察者对同一受试者的同一指标进行测量时,结果会出现差异。包括观察者自身的差异(如不同时间、条件等)和观察者之间的差异,如不同的观察者测量同一对象的血压值,会出现不同的结果,同一观察者在不同时间和不同地点对同一试验结果判断不同。观察者差异常因观察者技术不熟练、责任心不强、生物学感觉差异以及预期偏倚等所致。

3. 试验方法的差异　重复试验时,因试验方法本身不稳定,或所用的仪器、设备、试剂不稳定,致使测量结果出现误差。

在评价诊断试验的可靠性时,应充分了解影响因素的来源及控制方法,如仪器设备统一校准、试剂同批次、检测步骤标准化、试验条件和方法严格控制,对工作人员统一培训等,将这些因素的影响控制在最低限度,保证可靠性评价的准确性。

（二）可靠性的指标

1. 变异系数（coefficient of variance，CV）　该指标适用于作定量测定试验的可靠性分析。变异系数越小,可靠性越好。其计算公式如下:

$$变异系数 = \frac{测定值均数的标准差}{测定值均数} \times 100\% \qquad 公式6\text{-}13$$

2. 符合率（agreement rate，consistency rate）　又称观察一致率,是筛检试验或诊断试验判断结果与金标准诊断的结果相同的数占总受检人数的比例。符合率可用于比较两个医师筛检或诊断同一组患者,或同一医师两次筛检或诊断同一组患者的结果。如果一个试验采用的是二分类变量(如结果为阳性和阴性),同一个试验在相同条件下对同一批受试对象做两次检测,可得表6-4。

表6-4　可靠性评价的资料归纳表

第二次试验	第一次试验		合计
	阳性	阴性	
阳性	a	b	$a+b(r_1)$
阴性	c	d	$c+d(r_2)$
合计	$a+c(c_1)$	$b+d(c_2)$	N

$$符合率 = \frac{a+d}{N} \times 100\% \qquad 公式6\text{-}14$$

然而仅仅通过符合率来评价筛检试验或诊断试验的一致性是不全面的。第一,符合率未表明结果不一致性的具体原因:是两个观察者所得的阳性结果和阴性结果都不同? 还是其中一个观察者更倾向于阳性结果? 第二,许多一致性是由偶然性造成的,然而符合率不能表明偶然性的大小。若要考虑机遇因素对观察一致性的影响,则需进行 *Kappa* 分析。

3. *Kappa* 值　是一个有用的测量分类变量的可靠性分析指标,该值表示不同观察者对同一批结果的判定或同一观察者两次对同一批结果判定的一致程度。*Kappa* 值不同于观察一致率,它在判断两次测量的一致性时,考虑了机遇因素对试验一致性的影响。*Kappa* 值的取值范围为 $-1 \sim +1$,若 $K<0$,说明观察一致率比机遇造成的一致率还要低;$K=-1$,说明两结果完全不一致。$K=0$,表明观察一致率完全是由机遇所致。如 $K>0$,说明观察一致率比机遇所致的一致率高;$K=1$,说明两结果完全一致。*Kappa* 值越高一致性越好,<0.2 以下一致性可忽略不计,$0.2 \sim 0.4$ 较差一致性,$0.4 \sim 0.6$ 中度一致性,$0.6 \sim 0.8$ 较好一致性,>0.8 以上极好一致性。

例6-3:两位临床医生分别检查100名患者心脏杂音,检查结果列于表6-5。

表6-5　两位临床医生对100名患者判定心脏杂音的一致性比较

临床医生2	临床医生1		合计
	有杂音	无杂音	
有杂音	30(a)	7(b)	37(r_1)
无杂音	3(c)	60(d)	63(r_2)
合计	33(c_1)	67(c_2)	100(N)

分析指标及其方法：

观察的一致性(observed agreement, A_0) = $a+d$ = 90

观察的一致率(P_0) = $[(a+d)/N]×100\%$ = $(A_0/N)×100\%$ = 90%

最大可能的一致性(maximum possible agreement, N) = $a+b+c+d$ = 100

a 的机遇一致性 = $[(a+c)(a+b)]/(a+b+c+d)$ = $(c_1r_1)/N$ = 12.2

d 的机遇一致性 = $[(c+d)(b+d)]/(a+b+c+d)$ = $(c_2r_2)/N$ = 42.2

总机遇一致性(Ac) = $(c_1r_1)/N + (c_2r_2)/N$ = 54.4

总机遇一致率(Pc) = $(Ac/N)×100\%$ = 54.4%

$$Kappa\ 值(K) = \frac{A_0-A_c}{N-A_c} = \frac{(a+d)-\left(\frac{c_1r_1}{N}+\frac{c_2r_2}{N}\right)}{N-\left(\frac{c_1r_1}{N}+\frac{c_2r_2}{N}\right)} = \frac{N(a+d)-(r_1c_1+r_2c_2)}{N^2-(r_1c_1+r_2c_2)}$$ 公式6-15

K 值的标准误$[SE_{(K)}]$的计算公式如下：

$$SE_{(K)} = \sqrt{P_0(1-P_0)/N(1-P_C)^2}$$

由表6-5资料：

$$K = \frac{90-54.4}{100-54.4} = 0.78\ 或\ 78\%$$

$$SE_{(K)} = \sqrt{0.90(1-0.90)/100(1-0.544)^2} = 0.066$$

上例中，*Kappa* 值为0.78或78%，表明两位临床医生的诊断一致性较好。在评价试验时应注意，一个诊断试验具有较好的真实性，不一定具有较好的可靠性，而可靠性较好，不一定有较好的真实性。真实性和可靠性不是必定相关的。因此在选择评价试验时既要考虑其真实性，又不能忽略其可靠性。

在临床工作中，有些研究结果的变量为多分类，如疗效评价的治愈、好转、无效、恶化等有序分类资料，血型的A、B、O、AB型等无序分类资料。对于这一类数据，可以使用加权 *Kappa* 检验。加权的 *Kappa* 检验与非加权的在原理上相同，但是计算过程较复杂，具体可参阅相关医学统计学或流行病学书籍。

三、收益

筛检试验或诊断试验是否切实可行，除了考虑其真实性、可靠性外，还须考虑其应用收益，特别是筛检试验更应注重收益。这里介绍和计算反映试验收益的一些指标。

（一）预测值（predictive value）

又称预告值或诊断价值，是表示试验结果判断正确的概率。根据试验结果的不同，预测值有阳性预测值和阴性预测值。预测值估计分为直接计算法和间接计算法。

1. **直接计算法**　经金标准和待评价试验盲法判断的结果有真阳性、真阴性、假阳性和假阴性，见表6-2。

（1）阳性预测值（positive predictive value, PV+）：指试验结果阳性人数中真阳性人数所占的比例。

即试验结果阳性者中真正患目标疾病的概率,也表示某一受检者的试验结果为阳性时,其患病的可能性是多少。

$$阳性预测值 = \frac{a}{a+b} \times 100\%$$ 公式6-16

(2)阴性预测值(negative predictive value,PV-):指试验结果阴性人数中真阴性人数所占的比例。即试验结果阴性者中真正没有患该病的概率。也表示某一受检者的试验结果为阴性时,能排除其患病的可能性有多少。

$$阴性预测值 = \frac{d}{c+d} \times 100\%$$ 公式6-17

由表6-3资料,

阳性预测值 $= \frac{a}{a+b} \times 100\% = \frac{12}{15} \times 100\% = 80.00\%$,结果表示血清钙试验阳性者中有80.00%的人确实患有甲状旁腺功能亢进。

阴性预测值 $= \frac{d}{c+d} \times 100\% = \frac{57}{65} \times 100\% = 87.69\%$,结果表示血清钙试验阴性者中有87.69%确实未患甲状旁腺功能亢进。

2. 间接计算法

可以利用试验的灵敏度、特异度和群体中所检疾病的患病率,通过贝叶斯公式来估算:

$$阳性预测值 = \frac{灵敏度 \times 患病率}{灵敏度 \times 患病率 + (1-患病率)(1-特异度)}$$ 公式6-18

$$阴性预测值 = \frac{特异度 \times (1-患病率)}{特异度 \times (1-患病率) + (1-灵敏度) \times 患病率}$$ 公式6-19

试验的预测值与试验的灵敏度、特异度及受检人群中所检疾病的患病率高低有关。在患病率一定时,试验的灵敏度越高,阴性预测值越高;试验的特异度越高,阳性预测值越高。灵敏度和特异度一定时,受检人群中所检疾病的患病率越高,阳性预测值越高,阴性预测值越低;受检人群所检疾病患病率越低,阳性预测值越低,阴性预测值越高。临床医生判断一个试验的阳性或阴性结果的临床价值时,必须结合被检查人群的患病率高低,才能做出正确的评价。表6-6反映了预测值与患病率变化的关系。

表6-6   不同患病率时心电图运动试验的预测值

患病率(%)	阳性预测值%	阴性预测值%
90	97	29
80	92	48
70	88	61
60	82	71
50	75	79
40	67	85
30	57	90
20	43	94
10	25	97

(引自:林果为,沈福民主编. 现代临床流行病学,上海医科大学出版社,2000)

由于各级医院的诊治水平不同,以及各地区疾病的患病率也有差异,故到不同医院就诊的人员中所检测疾病的患病率也差别较大。因此在一所医院或一个地区进行的诊断试验评价,其预测值不能外延至其他级别或其他地区的医院。而似然比的计算不受患病率的影响,只与灵敏度和特异度有关,虽然不如预测值直观,但在医院评价诊断试验时不失为一种有效方法。

笔记

（二）验前概率和验后概率

验前概率（pre-test probability）是指在未诊断之前判断受试者患病的概率。验前概率的大小可以根据患者病史、体征等临床资料估计，也可以用该疾病诊断试验的患病率代替。进行诊断试验的目的是提高对疾病诊断的准确性，及时进行合理的治疗。因此，临床医生应善于估计就诊个体患病的验后概率（post-test probability），即诊断试验为阳性（或阴性）时研究对象患某病（或未患某病）的概率。计算如下：

$$验前比=验前概率/（1-验前概率）\qquad 公式6\text{-}20$$
$$验后比=验前比×LR\qquad 公式6\text{-}21$$
$$验后概率=验后比/（1+验后比）\qquad 公式6\text{-}22$$

在诊断试验中，如果患病率为验前概率，那么阳性预测值即为验后概率。诊断试验的似然比综合了灵敏度、特异度的信息，在已知患病率与似然比的情况下，可以根据诊断试验特定测量值相应的似然比计算验后比，从而准确地估计单个患者的患病概率，以帮助临床医生进行诊断决策。

例6-4：患者，男性，60岁，有间歇性的胸前绞痛，当地医生怀疑心肌梗死，根据该病病例统计，此年龄段有该症状的男性患心肌梗死可能性为60%。实验室进一步做血清肌酸激酶检查，结果为异常。血清肌酸激酶试验的灵敏度为90%，特异度为83%。该患者患急性心肌梗死的概率是多少？

$$验前概率=患病率=0.60$$
$$验前比=验前概率/（1-验前概率）=0.60/（1-0.60）=1.5$$
$$阳性似然比=真阳性率/假阳性率=0.9/（1-0.83）=5.3$$
$$验后比=验前比×LR=1.5×5.3=7.95$$
$$验后概率=验后比/（1+验后比）=7.95/（1+7.95）=0.8883$$

该患者在血清肌酸激酶试验阳性后，患急性心肌梗死概率比验前概率明显上升，为88.83%，因此，对该患者患急性心肌梗死的诊断有88.83%的把握。

Fangan等绘出了验前概率、似然比和验后概率的换算图，见图6-3，简化了换算过程，方便医生在临床工作中应用。例如，本例中，验前概率为60%，似然比为5.3，用直尺连线可以判断出验后概率大约为88%。

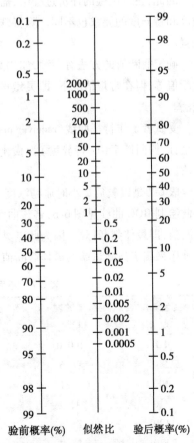

验前概率(%)　　似然比　　验后概率(%)

图6-3　验前概率与似然比和验后概率的换算图

（三）经济学评价

筛检试验和诊断试验除了需要进行真实性和可靠性评价外，由于每种试验方法都要消耗一定的费用，因此也应该进行卫生经济学评价。该评价主要从三个方面进行：

1. 成本效果分析（cost-effectiveness analysis）　是指分析实施筛检试验或诊断试验计划后取得的生物学效果，如复发率、死亡率的下降，生存期的延长等。

2. 成本效益分析（cost-benefit analysis）　效益是指通过筛检或诊断所取得的经济效益，如经过筛检早期发现患者所节约的医疗费用，正确诊断后因避免误治而节省的医疗费用，健康改善折算的用货币单位衡量的健康收益等。筛检效益的估计是复杂的，可用直接和间接投入的成本与直接和间接获得的效益进行比较。

3. 成本效用分析（cost-utility analysis）　是指实施计划投入的费用与获得的生命质量改善。

四、试验阳性结果截断值的确定

截断值(cutoff value)是判定试验阳性与阴性的界值,即确定某项指标的正常值,以区分正常与异常。一个合理的截断值就是要使试验的真实性最好,使灵敏度和特异度尽量高,或正确诊断指数最高,尽可能没有漏诊和误诊,但多数情况下是难以达到的。如前所述,因为许多试验是用定量或半定量方法判定阳性与阴性,故患者与非患者的测量值大多不能截然分开,有重叠现象,而使正确判定阳性与阴性、正常与异常,以及正确地区分患者和非患者出现了许多困扰。理想的正常与异常的分布应如图 6-4 所示,截然分开;但现实中正常与异常的分布常如图 6-5 所示,发生重叠。故灵敏度与特异度之间常常是提高了试验的灵敏度(截断点左移)却降低了试验的特异度,而提高了试验的特异度(截断点右移)却又降低了试验的灵敏度,见图 6-5。

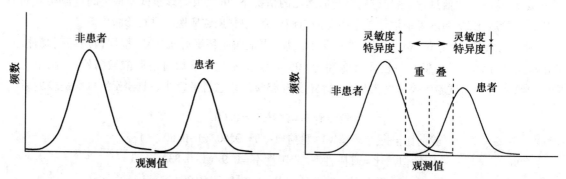

图 6-4　理想的非患者与患者的观测值分布　　　　图 6-5　现实的非患者与患者观测值分布

因此,在对试验的评价过程中,需要确定该试验的截断值。一般在实践中,试验的应用不同,对灵敏度和特异度的要求也不同。除特殊需要外,通常试验的截断值应选灵敏度和特异度均相对理想的位置。

确定截断值的方法有多种,如均数±2 标准差法、百分位数法、从治疗和预防的实际应用出发确定截断值等,但在常规情况下,即灵敏度、特异度均很重要的情况下,最常用的还是受试者工作特征曲线法。

受试者工作特征曲线(receiver operating characteristic curve,ROC 曲线)是以真阳性率(灵敏度)为纵坐标,假阳性率(1-特异度)为横坐标所做的曲线,以表示灵敏度与特异度之间相互关系的一种方法。

表 6-7 是以餐后 2 小时血糖浓度(mg/dl)作为糖尿病的诊断试验的灵敏度和特异度的变化情况,据此绘制 ROC 曲线见图 6-6,将该曲线最接近左上角的一点(A 点)或曲线左上方的拐点处定为最佳截断值,即最佳判断标准,因为此点灵敏度和特异度均较高,假阳性和假阴性之和最小。故 ROC 曲线常被用来确定诊断试验的最佳截断值。

表 6-7　不同血糖浓度诊断糖尿病的灵敏度和特异度

血糖浓度 (mg/dl)	灵敏度 (%)	特异度 (%)	血糖浓度 (mg/dl)	灵敏度 (%)	特异度 (%)
80	100.0	1.2	150	64.3	96.1
90	98.6	7.3	160	55.7	98.6
100	97.1	25.3	170	52.9	99.6
110	92.9	48.4	180	50.0	99.8
120	88.6	68.2	190	44.3	99.8
130	81.4	82.4	200	37.1	100.0
140	74.3	91.2			

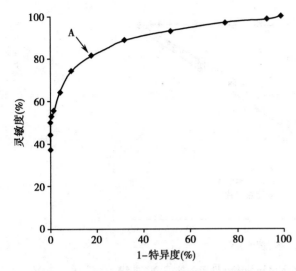

图 6-6　按不同血糖浓度诊断糖尿病的 ROC 曲线

此外,两种或两种以上诊断方法进行比较时,可将各试验的 ROC 曲线绘制到同一坐标中,以直观地比较不同试验的诊断价值。

最理想 ROC 曲线是纵坐标垂直上升,横坐标缓慢增加,如图 6-7 最上方的曲线(最优曲线)。若计算所得的灵敏度总与假阳性率相同,那么所得的 ROC 曲线为一条从左下角到右上角的对角线,即图 6-7 中最下方的线(无意义线)。临床试验中,所得的 ROC 曲线一般位于两者之间,如图 6-7 中所标记出的较优曲线和一般曲线。

图 6-8 ROC 曲线表示一个滤泡型甲状旁腺肿瘤研究的灵敏度和假阳性率。

研究者通过测量肿瘤直径的大小来判定其为恶性肿瘤可能性的大小。通常,患者年龄若不分段,所得到肿瘤直径的 ROC 曲线不是很明显(图 6-8 未标出)。因此按年龄将患者分为两组(<50 岁为一组,≥50 岁为一组),图 6-8 可见,≥50 岁病例组的肿瘤直径大小更能反映其患恶性肿瘤的可能性,并且曲线的起点不在原点而在 Y 轴上,当然这可能与样本量相对较少有关(样本量为 90)。比较两组曲线可知,当肿瘤直径设定在 4.5cm 时,≥50 岁病例组的灵敏度约为 75%,而 <50 岁病例组的灵敏度仅为 35%。且两者的假阳性率分别为 0% 和 25%。当肿瘤直径设定在 3.5cm 时,两者的灵敏度无太大差异,≥50 岁病例组的灵敏度约为 75%,<50 岁病例组的灵敏度为 65%。然而两组的假阳性率相差很大,分别为 15% 和 45%。当肿瘤直径设定在 3cm 时,两组相应的灵敏度为 100% 和 65%,假阳性率为 35% 和 60%。

ROC 曲线在各领域运用的十分广泛。其中一种方法就是通过比较各 ROC 曲线下的面积来进行显著性检验。曲线下面积越大,试验的诊断价值就越高。在图 6-8 中,ROC 曲线为对角状的无效曲线(灵敏度与假阳性率相同)下的面积为 50%,<50 岁病例组的曲线下面积约为 60%,≥50 岁病例组的曲线面积可占 90%。因此,在得到病理报告前,≥50 岁患者的肿瘤直径大小对临床医生决定是否要摘除肿瘤更具有指导意义,而对年轻的患者来说,意义不大。

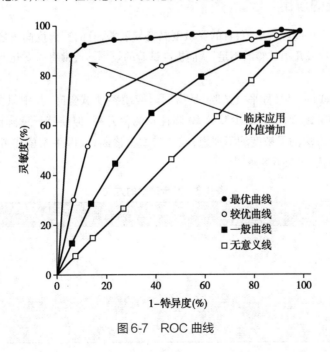

临床应用价值增加

● 最优曲线
○ 较优曲线
■ 一般曲线
□ 无意义线

图 6-7　ROC 曲线

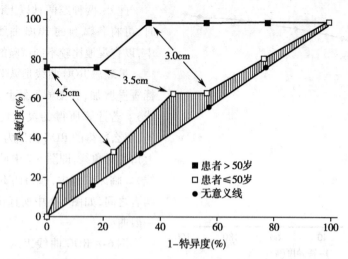

图6-8   滤泡型甲状旁腺肿瘤直径大小与肿瘤恶性有关的 ROC 曲线

第三节   提高试验效率的方法

在实际工作中,临床医生最关心的是如何利用现有的试验方法,提高试验的效率,一般可通过以下途径实现。

一、优化试验方法

试验方法的优劣直接关系到试验效率的高低,客观的试验指标,合适的截断值,试验方法、步骤及条件的标准化等,可以有效地提高试验的真实性,减少试验假阴性(漏诊)和假阳性(误诊)的发生。同时尽量避免偏倚的产生,是提高试验效率的重要因素。

临床医生在优化试验方式的同时,还须依据患者情况和临床目的,合理选择使用现有试验。如以发现患者为目的人群筛检,就选灵敏度高、简便易行、费用低的试验;若以诊断患者为目的,在选择灵敏度高的前提下,要特别注重特异度高的试验,尽量避免假阳性的发生。

二、联合试验的应用

任何一种试验都不可能尽善尽美,有的灵敏度高特异度差,有的特异度高灵敏度低,但多项试验联合应用便可弥补某一项或几项试验的不足,从而提高试验的效率。通常有以下几种联合应用的方法:

(一)并联试验

并联试验(parallel tests)又称平行试验,是指同时应用多项试验时,其中只要有一项阳性即判为阳性。并联试验可使灵敏度提高、减少漏诊率、阴性预测值升高,但使特异度降低,增加误诊率,阳性预测值下降。当几种方法的灵敏度均不理想,或急需做出诊断,或医生希望尽可能发现患者、漏诊后果严重时才采用此方法,见表6-8。

表6-8   联合试验的方式

联合试验	试验 A	试验 B	判断结果
并联试验	+	不必做	+
	+	−	+
	−	+	+
	−	−	−
串联试验	+	+	+
	+	−	−
	−	不必做	−

笔记

（二）串联试验

串联试验(serial tests)又称系列试验,是指依次应用多项试验,当所有试验结果均为阳性时才判为阳性。串联试验可提高特异度和阳性预测值、降低误诊率,但使灵敏度降低、漏诊率升高、阴性预测值下降。当几种方法的特异度均不理想,或不必急于做出诊断,或进一步确诊费用高且不安全,或误诊可能造成严重后果时,常应用此法,见表6-8。

在做联合试验时,既要交代各单项试验的评价指标,还要计算联合试验的相关指标。理论上,如果两个诊断试验的结果彼此独立,应用概率论原理可以估计联合试验的灵敏度和特异度,但在临床实践中,能够诊断同一种疾病的多个诊断试验,彼此独立的可能性很小。

例6-5:某医生采用平均红细胞体积(MCV)和Hb电泳试验对地中海贫血进行诊断,结果见表6-9。

表6-9　MCV和Hb电泳联合试验诊断地中海贫血结果

试验结果		地中海贫血患者	非地中海贫血患者
MCV	Hb 电泳		
+	-	35	30
-	+	10	5
+	+	110	5
-	-	5	70
合计		160	110

MCV 试验:

灵敏度: $\dfrac{35+110}{160}\times100\%=90.63\%$

特异度: $\dfrac{5+70}{110}\times100\%=68.18\%$

Hb 电泳试验:

灵敏度: $\dfrac{10+110}{160}\times100\%=75.00\%$

特异度: $\dfrac{30+70}{110}\times100\%=90.90\%$

并联试验:

灵敏度: $\dfrac{35+10+110}{160}\times100\%=96.88\%$

特异度: $\dfrac{70}{110}\times100\%=63.64\%$

串联试验:

灵敏度: $\dfrac{110}{160}\times100\%=68.75\%$

特异度: $\dfrac{30+5+70}{110}=95.45\%$

以上结果表明通过并联试验可明显提高灵敏度,但特异度有所下降;而串联试验可提高特异度,却使灵敏度下降。因此在临床实践中要根据具体情况来确定联合试验的方式,并考虑其社会效果和经济效益。

应用联合试验时,并联常先做简便、易行、价廉、安全的试验。出现阳性结果时,可以做出结果判断。串联时,需要考虑各个试验的临床价值、风险和价格等因素。若几个试验的繁简程度、费用差不多,建议先用特异度高的试验,后做灵敏度高的试验,这样可以减少受检查人数和检查成本。

在并联试验中,若多个试验结果都呈阴性,有利于在临床上排除疾病;而在串联试验中,若多个试验结果都呈阳性,有利于临床上确诊疾病。

(三)并联和串联混合应用

根据各试验的特点,兼顾灵敏度和特异度,将试验既串联又并联,以得到较好的诊断或筛检效果。比如 4 项试验联合应用,可定为 1 项阳性再加上其他 3 项中任何一项阳性判断为阳性,否则判断为阴性;或有某 2 项阳性再加另 2 项中的任何一项阳性时即判断为阳性等。

三、选择患病率高的人群作为受试对象

如前所述,当灵敏度和特异度一定时,试验的阳性预测值随患病率升高而升高。将试验应用于患病率较高的人群,可以使新发现病例数增加,阳性预测值升高,降低试验成本,以提高试验的收益。临床实践中下列人群的患病率相对较高:①专科门诊和专科医院;②主动转诊的患者;③有某些生理特征、临床表现的人;④暴露于某些危险因素的人。当然,也应考虑到因患病率升高、阴性预测值降低带来的影响。

第四节   筛检和诊断试验评价中的常见偏倚

一、筛检效果评价中的常见偏倚

筛检效果评价中的偏倚主要有领先时间偏倚、病程长短偏倚、过度诊断偏倚和志愿者偏倚等。

1. **领先时间偏倚(lead time bias)**   领先时间(lead time)是指临床前期筛检诊断的时点到常规临床诊断时间之间的时间间隔。领先时间偏倚是指筛检诊断时间和临床诊断时间之差被解释为因筛检而延长的生存时间。表面上是延长了生存时间,实际是筛检导致诊断时间提前所致的偏倚。

2. **病程长短偏倚(length bias)**   也称为预后偏倚,疾病被检出的可能性和疾病的进展速度有关。一些恶性程度低的肿瘤患者常常有较长的临床前期,而恶性程度高的肿瘤患者临床前期较短。因此,前者被筛检到的机会比后者大,而前者的生存期又比后者长,从而产生筛检者比不筛检者生存时间长的假象。这样,筛检的效果被高估了,即产生了病程长短偏倚。

3. **过度诊断偏倚(over diagnosis bias)**   筛检出来的疾病可能并不具有临床重要性,患者可能在出现临床症状前就死于其他竞争性疾病。因为筛检,这些惰性病例被发现、确诊患病并被计入病例总体之中,导致筛检发现的患者有较多的生存者或较长的平均生存期,从而高估了筛检的效果,产生了过度诊断偏倚。筛检发现过多的早期病例增加了诊断治疗的负担,并对患者造成损害,因此我们必须重视筛检中可能存在的过度诊断偏倚。

4. **志愿者偏倚(volunteer bias)**   也称为自我选择偏倚。参加筛检者和未参加者之间,可能存在某些特征的不同,如文化水平、卫生保健知识水平等。如参加筛检者往往文化水平较高,平时比较关注健康问题,具有好的生活方式,对身体出现异常症状也较为警惕,对筛检的后续治疗依从性也较高,这些因素都可能使筛检人群的生存率更高或生存时间更长,从而高估了筛检的效果,产生了志愿者偏倚。

二、诊断试验评价中的常见偏倚

诊断试验评价中常见的偏倚有疾病谱偏倚、病情检查偏倚和参考试验偏倚等。

1. **疾病谱偏倚(spectrum bias)**   诊断试验的研究对象应具有代表性,病例应该包括各种临床类型,如不同疾病严重程度,不同病程阶段,有无并发症等等,对照应包括与该病易混淆的病例。疾病谱偏倚是一种选择性偏倚,由于趋向于选择较典型的病例和不容易混淆的对照,往往高估诊断试验的效果,使灵敏度和特异度虚高。

2. **病情检查偏倚(work-up bias)**   指只有对诊断试验阳性的结果进一步用金标准加以确诊,

阴性结果通常不做进一步的检查就直接简单认定无病,或抽出一部分对象进行检查,从而导致灵敏度提高,特异度下降。

3. 参考试验偏倚（reference test bias） 也称金标准偏倚,是指金标准不妥导致的偏倚。由于诊断试验的各项指标都是试验结果与金标准结果比较之后得出来的,金标准不妥,就会导致错分,从而影响诊断试验的准确性。

（黄 芬）

思 考 题

1. 简述筛检与诊断的区别。
2. 筛检试验与诊断试验的评价应该包括哪些方面?
3. 试述灵敏度、特异度、患病率与预测值的关系。
4. 试述试验阳性结果截断值的确定原则和方法。
5. 如何提高试验的效率?

第七章 公共卫生监测与疾病暴发调查

公共卫生监测是公共卫生的常规和基础性工作,它为计划、实施和评价公共卫生实践提供重要依据。疾病暴发调查是针对人群突发疫情的应急性工作,它指导尽快控制、扑灭疫情。两者有明显不同,但又存在密切联系。前者为后者预警、处置提供依据,后者为前者补充数据或资料。

第一节 公共卫生监测

一、概述

(一)定义

监测(surveillance)可被简单地理解为"为行动的情报信息工作"。公共卫生监测(public health surveillance)就是为了促进大众健康而开展的情报信息工作。其具体是指连续、系统地收集、分析、解释大众健康相关数据或资料,并将转化的有价值的信息及时传播给所有应该知道的人(包括决策者、执行者和公众),用于计划、实施和评价公共卫生实践,促进大众健康。任何监测工作都有以下三个基本属性:第一,监测是一个需要周密计划、组织、实施的长期、系统性工作,而非一时性、碎片化任务;第二,监测是一个围绕数据或资料开展工作的完整过程,包括收集、分析、解释和传播四个阶段或环节,它需要将收集到的原始数据或资料进行科学分析和解释,并及时、有效地将重要信息传播给需要的人;第三,监测的最终目的是为了产生或促进行动,而非仅为知晓,不产生行动的监测是无意义的监测。

公共卫生监测是公共卫生的常规和基础性工作,它是指导公共卫生实践的主要信息来源。通过公共卫生监测,可以掌握人群中什么健康问题正在发生以及它们的变化规律,确定是否需要采取干预,并获得干预是否有效的证据。人类不可能改善他们未知的世界,公共卫生监测就是为了促进大众健康而开展的及时认知相关世界的工作,所以,公共卫生监测被看作公共卫生实践的基础。

(二)目的

公共卫生监测的目的就是给决策者、执行者和公众及时提供有价值的大众健康相关信息,用于指导和推动公共卫生实践。其具体目标或功能主要包括以下相互关联的五个方面。

1. **认识人群健康状况、发现公共卫生问题** 通过连续、系统的公共卫生监测可以掌握人群的健康状况、疾病负担、相关因素水平以及它们的分布和变化规律,发现存在的主要公共卫生问题,如重点疾病、高危人群、主要危险因素等。

2. **预警突发公共卫生事件** 监测是预警的基础,平时连续、系统的监测才能及时发现异常情况,如发现病例数量、因素水平显著变化,为预警乃至确认突发公共卫生事件提供数据支持,为尽早采取干预提供依据。

3. **制定公共卫生政策、策略和措施** 公共卫生监测信息无疑是各级决策者制定公共卫生政策、策略和措施的重要依据。例如,正确估计卫生服务需求,合理配置卫生资源,选择需要优先解决的公共卫生问题以及适合的对策,制定具体防病措施等。同时,公共卫生监测信息也是执行者提高业务能力、公众提高健康素养的重要知识来源,从而促进公共卫生工作的具体落实和自我保健行动的广泛开展。

4. **评价干预效果**　因为公共卫生监测是连续地进行观察获取信息,所以疾病或相关事件的变化趋势可以为干预策略和措施的效果评价提供直接的实证证据。

5. **触发公共卫生研究**　通过公共卫生监测可以发现存在的主要公共卫生问题,但是问题产生的原因、如何去解决并不一定清楚,这会引起社会关注,促使科技工作者开展针对性研究。

（三）发展

疾病监测作为公共卫生体系的一项重要功能已经存在了一个多世纪。然而,含义更为广泛的"公共卫生监测"概念初始于20世纪80年代早期。随着公共卫生的重要性被广泛认识,公共卫生工作不断加强,以及信息科技迅猛发展,公共卫生监测涉足的范围在不断扩大,内容在不断丰富,方法和技术在不断完善。

公共卫生监测的范围已不只局限在疾病、伤害、死亡、症状等健康结果或结局,已扩大到多种健康影响因素,如大气污染、食品卫生、医疗保健、行为等,乃至扩大到健康状况和特定事件,如营养状况、学生体质健康、居民健康档案、突发公共卫生事件等,各种监测系统应运而生。尽管一些领域并不在公共卫生体系直接管辖的范围,但是它们都与大众健康密切相关,都属于公共卫生监测的范畴。公共卫生监测的最终目的是要产生或改进公共卫生实践、促进大众健康,及时、有效地将监测信息传播给需要的人,促使他们更好开展公共卫生实践,这是公共卫生监测不可或缺的一个环节。信息传播是监测的出口,是信息到行动的桥梁,它已成为公共卫生监测的重要内容。计算机技术的发展使得庞杂数据的处理变得容易,甚至实现了自动化,结合复杂的流行病学、统计学方法可以进一步模拟仿真、预测未来;各种检测技术的发展使得原始数据更为细致和准确,促使公共卫生监测向精准化发展;信息技术的发展更是改变了监测工作的方式,使得数据收集、信息传播变得及时和便捷。这些新技术和新方法的运用不仅完善了公共卫生监测的手段,也丰富了公共卫生监测的内容。

面对不断扩展的监测范围、不断增加的监测系统、新技术的应用、公共卫生走向国际化、个人利益与公共利益权衡等问题带来的诸多挑战,公共卫生监测正在构建多系统和多渠道数据融合、部门合作、国际合作、信息互联互通、伦理和法治支撑的新格局。世界卫生组织（WHO）于1952年建立并不断发展壮大的全球流感监测网络（Global Influenza Surveillance Network，GISN）是公共卫生监测开展国际合作的典范。该网络于2011年更名为全球流感监测和响应系统（Global Influenza Surveillance and Response System，GISRS）,以进一步加强全球及时反应和处置流感大流行的能力。目前该系统由来自113个国家的143个国家级流感中心组成。中国国家流感中心于1981年加入该系统,并于2009年成为其目前6个参比和研究合作中心之一。GISRS在监测全球流感病毒变异,指导流感实验室诊断、疫苗生产,评估抗流感病毒药物敏感性及耐药风险,预警流感大流行等方面发挥着领导性作用。WHO于2017年发布了《世界卫生组织关于公共卫生监测伦理问题指南》（WHO Guidelines on Ethical Issues in Public Health Surveillance）,这是第一个指导公共卫生监测伦理规范的国际框架。

二、内容与方法

公共卫生监测包括数据收集、数据分析、结果解释和信息传播四个阶段或环节,每一个阶段都有其相应的内容和方法。

（一）数据收集

数据收集是公共卫生监测的入口。连续、系统收集真实、准确、完整的原始数据是保证监测工作质量的基础。大众健康相关数据是以人群为基础的健康相关数据,包括疾病、伤害、死亡、健康状况及与之有关的各方面影响因素数据。

1. **数据来源**　健康相关数据主要来源于个体、医疗卫生体系及其他组织机构。通过调查和检测可以直接从个体获得健康相关数据,如从智能穿戴设备直接获取个体生理指标数据,从电子药盒直接获取患者用药数据。中国《传染病防治法》要求"任何单位和个人发现传染病患者或者疑似传染病患者时,应当及时向附近的疾病预防控制机构或者医疗机构报告"。各级医疗卫生机构是健康相关数据的主要来源。中国《传染病防治法》规定,"疾病预防控制机构、医疗机构和采供血机构及其执行职务的人员发现本法规定的传染病疫情或者发现其他传染病暴发、流行以及突发原因不明的传染病时,应当遵循……原则,按照……报告","不得隐瞒、谎报、缓报传染病疫情"。医疗机构的门诊登记资料、住院病案资料、实验室检查资料、体检资料,疾病预防控制机构的疫苗接种资料,卫生监督机构的行政执法资料,食品药品监督机构的检测资料等都是重要的健康相关数据。其他组织或机构包括环境保护部门、公路交通部门、气象部门、统计部门等,也是健康相关数据的重要来源。随着互联网等新媒体的迅猛发展,网络信息也逐步成为健康相关数据的一个来源,如公众对健康热点问题的关注,对突发异常事件的报道等。电子化数据的普及丰富了数据来源,也提高了数据收集的效率。

2. **收集方法**   主要通过报告登记、调查和检测等手段收集健康相关数据。建立报告登记制度是收集健康相关数据的常规手段。中国在 1950 年建立了法定传染病报告制度,形成了针对传染病的最基本监测系统。2003 年席卷中国、影响很多国家和地区的 SARS 疫情引起全社会对传染病、特别是突发公共卫生事件防控的高度重视,此后,中国政府投入大量经费强化了法定传染病报告系统并建立了网络直报信息平台,监测的法定传染病也由最初的 18 种增加到目前的 39 种,并且建立了针对重大传染病如艾滋病、结核病的专病报告系统。出生死亡登记、死因登记、癌症登记、职业病登记、突发公共卫生事件报告、医院门诊和住院记录等一系列报告登记制度的建立和完善为公共卫生监测连续、系统、及时收集健康相关数据提供了保障。有计划地组织对重大公共卫生问题开展重复调查也是收集健康相关数据的重要手段。1979 年、1992 年、2006 年和 2014 年中国疾病预防控制中心组织了 4 次全国病毒性乙型肝炎血清流行病学抽样调查,调查结果为掌握中国乙型肝炎流行状况及变化趋势、评价乙型肝炎疫苗免疫预防策略效果、制定乙型肝炎防治规划提供了重要依据。相似工作还有定期开展的全国结核病流行病学抽样调查、国家卫生服务调查、全国慢性病及危害因素监测点调查、全国城乡居民健康素养调查、全国人口普查等等。数据收集离不开检测方法,连续或定时地检测大气、土壤、水体卫生质量,动物传染源或病媒生物分布、密度及带毒率、病原体的变异,或者定点实验室按规定定时上报检测数据等同样是收集健康相关数据的重要手段。

3. **三种监测方式**   按照数据收集组织方式不同,常见有三种公共卫生监测方式。

(1) 被动监测(passive surveillance):是指下级单位按照规定要求常规地向上级单位报告监测需要的数据,而上级单位被动地接受。被动监测是最常使用的一种监测方式,中国的法定传染病报告系统、癌症登记系统、突发公共卫生事件报告系统、药品不良反应报告系统等都属于这一方式。相对于主动监测,被动监测简单、花费小,可以覆盖大的区域或人口,但易发生漏报,数据质量偏差。例如传染病报告,不仅会漏报到医疗机构就诊的患者,更无法上报不到医疗机构就诊的患者。

(2) 主动监测(active surveillance):是指上级单位主动地、有计划地组织到下级单位收集资料或开展定期的调查收集资料。它是在关键时期(如传染病暴发流行期间)或针对重大公共卫生问题经常采取的监测方式。传染病漏报调查、中国的历次全国范围的乙型肝炎血清流行病学抽样调查、结核病流行病学抽样调查、国家卫生服务调查等都属于这一方式。相对于被动监测,主动监测的数据全面、不易遗漏,并且质量高,经常被用于校正被动监测的数据,但其组织繁琐、花费大,难以覆盖大的区域或人口,数据代表性差。

(3) 哨点监测(sentinel surveillance):是指为了更清楚地掌握特定的公共卫生问题,依据疾病、健康状况或危险因素分布特点,选择若干个有代表性的地区和(或)人群作为监测点,按照统一规定要求收集资料。这种监测方式收集资料可以是被动的,也可以是主动的。相对于常规的、能够覆盖大的区域或人口的被动监测,哨点监测是因为目标数据收集困难、卫生资源有限不得已而采取的一种监测方式。例如艾滋病哨点监测,选择有代表性的地区或艾滋病高危人群,用统一的检测方法和试剂,连续开展艾滋病病毒抗体检测,同时收集检测对象的艾滋病高危行为信息,从而深入了解艾滋病感染状况及行为危险因素的空间、人间和时间分布规律及变化趋势。流感监测网络也是由选定的医院组成最基层的监测点,为上级实验室定时、定量提供流感样病例采样标本。伤害数据的收集也常采取哨点监测方式。

(二) 数据分析

监测收集到的数据一般要比一次单纯科学研究收集到的数据庞杂的多,也往往存在很多质量问题。在正式分析前,一定要认真分析原始数据的质量,做必要的数据清洗工作,并且详细记录原始数据存在的问题以及数据清洗的过程,以备结果解释之需,如删除重报记录、纠正逻辑错误、处理变量的缺失值、重新归组等。

数据分析主要是为了完成两个方面的任务:一是要呈现"果",例如疾病发生或流行状况、人群健康水平、大气污染状况,以及它们的变化趋势;二是要分析"因",也就是为什么会有这样的"果"。不论监测收集到的数据多么庞杂,由浅入深分析是基本思路。从时间、空间和人间三间分布入手,开展统计描述是首先要做的工作,这不仅可全面、系统地展示重要的"果",也为后续深入分析"因"打下基础。进一步的统计推断是必需的,不仅要估计总体参数,更要比较不同组间的差异,以发现联系或区别。在估计总体参数时要注意加权调整各组分的权重,在不同地区、不同时间、不同人群比较时要注意对有关指标的标化处理。

计算机和相关软件性能不断提升促使了复杂数据分析方法和技术在监测领域的应用,例如聚类分析、时间序列分析、时空统计、地理信息系统、数学建模、数据挖掘技术等等,这无疑增强了人们对复杂问题认识的能力。但是,在应用这些方法和技术之前,首先要考虑两点:一是所选用的方法是否为达到数据分析目标最适合的方法;二是监测收集到的数据是否满足该方法的要求。

在做数据分析时还要特别注意一点,那就是尽量用简单、直白的方式展示你的分析结果,绘制适宜的图表不失为一种好的方法。要始终牢记,监测的目的是要传播信息,听众能理解、接受才是好的东西。

(三) 结果解释

结果解释伴随数据分析同行,不可或缺。数据分析获得的结果仅停留在统计学意义的层面,还需要汇总其他相关证据并结合专业知识对其进行综合解读和研判,才能得出最后结论,即产生有价值的信息。这个过程如同"由关联到统计学联系、再到因果联系"因果推论的基本过程。在逐步深入推论的过程中,既要排除随机误差导致的偶然现象,更要排除系统误差即偏倚导致的虚假的统计学联系。

首先,要充分理解监测系统在数据收集过程中可能存在的问题,例如监测点或抽样人群的代表性、数据的准确性和完整性,数据清洗过程中发现的问题以及处理是否恰当,以尽量从源头避免选择偏倚和信息偏倚导致的对结果的误读、误判。例如,以高流行区为主要监测点的监测结果不能代表整个国家的水平,传染病报告登记资料通常会低估发病率。

其次,在解读因果分析结果时,更要注重混杂偏倚的干扰。"果"的产生是多种因素共同作用的结果,在没有充分证据排除或控制其他因素的效应前,不能贸然得出某个或某些因素效应大小或有无的结论。监测不是一次单纯科学研究,它没有利用限制、匹配、随机分组等手段控制混杂偏倚,更需要在数据分析和结果解释时逐一考虑各方面因素的作用,以分清主次、辨别真伪。一个好的策略是,罗列出所有可能的原因,逐一分析、研判,排除或保留,并主次排序。它可以帮助你捋清思路、考虑周全。

例如,某地艾滋病监测统计结果显示,艾滋病报告感染人数在逐年上升,并且男男性行为者在报告感染人数中的比例也在逐年上升。这表明当地艾滋病流行强度在增强,特别是在男男性行为者中的流行强度在增强? 得出这个结论前,必须考虑其他相关因素的影响或作用。在这里,我们假定当地总人口和男男性行为者人数没有扩大,收集到的数据是真实的。简单罗列部分因素如下:

1. 检测艾滋病感染的实验方法有改变吗? 若方法的灵敏度提高,会更容易发现感染者。

2. 艾滋病监测发现感染者的方法改变了吗? 除外常规的医疗机构发现报告、自愿咨询检测、主动哨点监测外,又增加了什么其他方法?

3. 由于对艾滋病的高度关注,监测工作的力度在加强吗? 例如扩大了对高危人群主动监测的人数。

4. 由于宣传工作加强,有更多的人愿意参加自愿咨询检测吗?

5. 是否更加关注了男男性行为者,而不断增加对该人群的检测人数?

另外,为了肯定流行强度在增强,主动哨点监测人群的感染率是否在上升? 危险行为频率和程度是否在增强? 前后监测的人群可比吗?

通过这样逐一分析、研判,可以引导我们得出正确的结论。

最后,在下结论前,还要与过去、其他地区、其他人群的经验进行比较,发现相同与差异,相同可作为支持证据,对差异要做出解释,若不能解释,不可妄下结论。同时,还要能够从相关专业知识做出合理解释。例如,监测结果发现人群肺癌发病率伴随着大气 PM2.5(细颗粒物)污染程度上升而增高,若要得出两者之间因果关系的结论,PM2.5 的成分如何,这些成分毒性作用如何,其导致肺癌发病机制如何等专业知识对解释结果起到基础理论支撑。

(四) 信息传播

信息传播是公共卫生监测的出口,及时、有效地将信息传播给各类需要的人,才能实现公共卫生监测的目的。这里强调"及时",即快速,恰逢需要;"有效",即发挥了应有的作用,达到了预期目标;"各类需要的人",即要注重不同目标人群的特点和需要,做到有的放矢。要做好这三点,仅靠被动地按时发布信息、待需要的人获取这种"发—收"单向工作方式远远不够,而需要主动计划、实施,"发—收—获取反馈"双向交流工作方式才能实现。具体实践中,应按照以下步骤开展工作。

1. **明确目标**　每一个监测系统围绕着自己关注的问题可以产生很多相应的监测结果。这些结果可用于不同的具体目标,如认识人群健康状况、发现公共卫生问题,预警突发公共卫生事件,制定公共卫生政策、策略和措施,提高公众健康素养等。不考虑具体目标,只是笼统地发布信息,难以引起具体人员的关注,难以指导、推动具体工作。明确具体目标是信息传播的第一步,后续工作都要围绕此目标开展。

2. **确定目标人群**　公共卫生监测需要把产生的有价值的信息传播给所有需要的人,包括决策者、执行者和公众。不同人群在公共卫生实践中扮演的角色不同、需求不同、认知水平也不同,所以信息传播一定要针对其既定目标确定相应的受众即目标人群。大众媒体是信息间接到达目标人群尤其是公众的重要桥梁,它也是信息传播特别要关注的对象。

3. **凝练信息**　围绕既定目标,针对目标人群的需求和认知水平等特点,将结果解释环节产生的较为复杂的相关信息凝练成明确、清晰、简单、直白的信息是信息传播的一个重要环节。直接、清楚地告诉你的对象最重要的信息,并保证他们能够快速理解是关键。

4. **选择传播渠道**　信息传播渠道很多,包括直接面对面交流、纸质报告或视听材料、大众媒体、网络及其他电子新媒体等。信息技术发展不仅丰富了信息传播渠道,也促使各渠道之间的相互融合,多渠道传播信息可以保证信息更容易、快速到达目标人群。了解目标人群喜欢用哪种渠道接收信息是选择信息传播渠道的依据。

5. **实施**　在实施过程中要切记"以目标人群为中心",采取"发—收—获取反馈"双向交流工作方式,而不是以我为中心,把信息形成一个报告或放到网上等待需要的人去查阅,没有进一步互动和交流。要向市场营销学习,借鉴其成熟的技术。例如采取"推—拉"技术,不仅要主动推出信息,还要备有其他材料以拉动并满足需要者进一步搜寻的需求。

6. **获取反馈并评估效果**　注重获取目标人群的反馈意见并评估信息传播的效果,以及时发现问题修正工作方法,不断完善信息传播工作。

三、种类

公共卫生监测是以健康结果或结局为导向的监测,所以早期的公共卫生监测只是针对疾病、伤害、死亡开展工作。为了更早地发现问题、预警和做出快速反应,将疾病监测的时间窗提前,扩展到针对症状开展监测。为了掌握人群健康水平、存在的主要健康问题,主动开展疾病预防、健康促进工作,公共卫生监测已跳出了针对一个或一类具体疾病的监测,直接针对人群的健康状况开展监测。疾病发生是因为多种危险因素暴露所致,针对这些因素开展监测、采取措施,大大提升了疾病早期预防的能力。沿着这条公共卫生监测由被动到主动、不断扩大前移监测目标的发展轨迹,可将公共卫生监测分为以下四大类。

（一）疾病监测

疾病监测是最早产生和发展的公共卫生监测,相应的监测系统也较为成熟。这里包含传染病监测、慢性非传染性疾病监测、职业病监测、伤害监测、死因监测、孕产妇死亡监测、出生缺陷监测等等。症状监测是疾病前的监测,也归于此类。

传染病监测是最早出现的疾病监测,不论国家经济社会发展水平如何,各个国家均对传染病监测给予了高度重视。WHO 也在不断构建和完善全球传染病监测系统,如全球流感监测和响应系统。中国已建立了依托疾病预防控制体系较为完善的法定传染病监测系统,全面实现了网络直报。面对突发传染病疫情,如 2003 年全球 SARS、2009 年全球甲型 H1N1 流感大流行,应急建立对应的报告登记制度及监测系统,可为及时了解疫情发展变化、制定和调整防控策略、评估干预效果提供重要依据。

心脑血管病、恶性肿瘤、糖尿病等是损害人群健康、导致死亡最主要的慢性非传染性疾病,也是全球重点关注的公共卫生问题。美国国立癌症研究所（U. S. National Cancer Institute, NCI）从 20 世纪 70 年代起就开始对癌症进行监测。美国疾病预防控制中心从 20 世纪 80 年代起开展慢性病健康促进活动,针对严重影响患者生活质量并可采取措施预防的冠心病、糖尿病、肝硬化、乳腺癌等疾病开展监测。由 WHO 于 1979 年提出,随后多国参与的心血管病及其决定因素监测计划"MONICA（MONItoring CArdiovascular disease）"为跨越地缘政治壁垒、开展国际疾病监测合作提供了典范。中国于 20 世纪 60 年代开始建立监测点开展肿瘤登记工作,随着癌症发病形势严峻监测点在不断增加,监测系统在不断完善,全国肿瘤登记中心定时发布全国癌症监测数据,为中国制定癌症预防控制策略和措施提供了重要依据。中国已开始建立并不断完善慢性非传染性疾病和健康危害因素监测系统。

死因监测可了解人群各类疾病（包括伤害）的死亡率和死因分布,掌握人群健康水平,确定不同时期主要死因及疾病防治重点。中国于 1989 年和 1992 年分别建立了全国孕产妇死亡监测网和全国 5 岁以下儿童死亡监测网。中国疾病预防控制中心分别于 2005 年和 2007 年制定并下发了《全国疾病监测系统死因监测工作规范（试行）》和《全国死因登记信息网报告工作规范（试行）》,使死因监测工作更加规范。

症状监测又称为综合征监测或症候群监测,它特别适用于一些新发疾病、病因不明疾病、临床上尚无明确诊断方法的疾病。例如,基于哨点医院发热门诊的"发热+症候群"监测。对流感的监测就是采取这种方法,通过症候群确定流感样病例,监测人群流感样病例波动的频率,并采集流感样病例的标本检测流感病毒的型别和变异,用于早期预警、做出快速反应。

（二）健康状况监测

健康状况监测由重点人群扩大到了一般居民,监测的项目或内容也在不断增加。1975 年,在原卫生部领导下,中国成立了专门协调组,对北京、哈尔滨、西安等 9 个城市及其郊区农村的儿童进行了体格发育调查,这是中国历史上第一次大规模、具有国家代表性的儿童体格发育调查,获得了中国第一份比较系统、完整的儿童生长发育基础数据。此后,每隔 10 年进行一次定时间、定地点、定人群的大样本连续性儿童体格发育专项调查,截至目前已开展了 5 次。此项工作不仅客观地记录了不同历史时期儿童体格发育状况,还可研究社会发展进程中儿童体格发育的影响因素,以便针对性地制定政策措施,更好地促进儿童健康成长。类似的监测工作还有学生体质健康监测、国民体质监测、居民营养与健康监测、居民健康素养监测等等。

2009 年,中国启动了全民健康档案计划。计划要求到 2020 年,初步建立起覆盖城乡居民的,符合基层实际的,统一、科学、规范的健康档案建立、使用和管理制度。在具体实施中,计划要求"及时记录、补充和完善健康档案,并了解和掌握辖区内居民的健康动态变化情况"。全民健康档案的建立与不断完善必将大大提升中国全民健康状况监测能力,为早日实现全民健康的既定目标做出重要贡献。

(三) 危险因素监测

危险因素监测包含的范围非常广泛,涉及自然环境因素、社会环境因素和行为因素。自然环境因素又可分为理化和生物环境因素。针对大气、水体、土壤污染的监测,针对异常气候变化的监测,针对食品卫生的监测,针对植被覆盖变化的监测,针对传染病动物传染源和传播媒介节肢动物分布及带毒率的监测等等都属于自然环境因素监测的范畴。近年来,中国对大气污染问题高度重视,不断完善监测体系、提高监测能力,尤其是针对 PM2.5 的监测。

医疗保健制度、健康公平性、药品价格等社会因素与人群健康密切相关。WHO 于 2008 年发布报告呼吁"用一代人的时间弥合差距:针对健康的社会决定因素采取行动以实现健康公平"。该报告推荐,"各个国家应该建立健康公平性监测体系,定期收集关于健康社会决定因素和健康不公平问题的数据";并且,提供了健康公平性监测的框架,它包括政治、经济、医疗保健制度等社会环境因素。该监测体系已在一些国家建立并发挥了重要作用。随着中国医药体制改革不断推进,国家卫生计生委于 2013 年底启动了"全国医疗服务价格和成本监测与研究网络"在线直报工作,其目标是建立覆盖全国的集医疗服务价格和成本监测、管理、研究于一体的服务网络,目的是监督各医疗机构对国家价格政策的执行情况,动态监测其医疗服务价格行为和医药费用结构等,建立全国性数据档案库,以全面深入分析中国医疗行业的经济运行现状,并作为中国未来医疗支付制度改革的测算依据之一。

随着疾病模式的改变,慢性病、伤害和性传播疾病逐渐成为影响人类健康的主要问题,这些疾病与个人生活习惯、行为密切相关,促进行为改变成为预防控制这些疾病的主要策略。行为危险因素监测已成为公共卫生监测的一个重要组成部分,包括中国在内的越来越多的国家建立了行为危险因素监测系统,吸烟、饮酒、体力锻炼、饮食习惯、交通安全等多种行为因素在监测之列。

另外,针对特定环境开展的卫生监测如学校卫生监测、地铁环境卫生监测、作业场所职业危害因素监测等也属于危险因素监测的范畴。

(四) 其他监测

除外以上三大类公共卫生监测,还有一些针对特定事件、特定医疗卫生问题的公共卫生监测,如中国的突发公共卫生事件管理信息系统、救灾防病信息报告系统,各国普遍开展的医院感染监测、药物不良反应监测、预防接种不良反应监测、抗生素耐药监测等。

四、监测系统的建立与评价

(一) 监测系统的建立

监测是一个连续、系统的基础性工作,涉及面广、投入大,所以建立一个新的监测系统需要充分论证和周密设计。按以下步骤设计一个监测系统可以尽量避免工作失误。

1. **明确目的**　清楚地认识监测系统建立的目的,也就是它欲回答或解决什么问题。

2. **明确监测问题的定义**　对欲监测的疾病、事件或因素应给予准确、可操作的定义。例如,确诊病例、疑似病例的诊断标准。

3. **确定数据来源和收集方法**　数据主要来源于个体,医疗卫生体系,还是其他组织机构? 主要通过报告登记,还是调查或检测获得? 采取哪种监测方式,被动还是主动监测? 哨点监测?

4. **开发数据收集量表**　通常需要一个标准的、便于计算机数据录入和分析的量表或调查表。

5. **确定现场检测方法**　简便、快捷,准确、可靠的检测方法在大面积现场工作中才可能实施。

6. **开发和测试数据分析方法**　恰当的数据分析方法,并针对监测系统必要的开发完善是在设计时就应该考虑的。收集的数据的特点与选择的分析方法密切相关。

7. **设计信息传播方法**　这是监测系统的一个重要组成部分,在本节前边已重点谈及。

8. **确保监测信息使用**　监测信息被使用是监测系统价值的体现,这也是监测系统设计最后要考虑的问题。

（二）监测系统的评价

对运行中的监测系统要给予定期评价,以发现不足、不断改进和完善,确保监测系统能够持续、高效地实现它的目标。在评价中,首先要考虑监测系统是否实现了它的目的:监测系统回答或解决了目标问题吗？它对决策者、执行者和公众有用吗？监测产生的信息是如何被使用的？确实值得为此付出这么大的努力吗？那些参与监测系统运行的人愿意继续参加吗？然后,再从以下监测系统应该具备的技术特点对其进行质量评价。

1. **简单性** 是指监测系统的结构和操作简单易行。在保证实现目的前提下,监测系统应该尽可能简单。

2. **灵活性** 是指监测系统能够适应不断变化的信息需求或技术方法要求,而无需增加较多的时间、人力或物力成本。

3. **数据质量** 是指监测系统记录数据的完整性和准确性。

4. **可接受性** 是指个人或组织参与监测系统运行的意愿。

5. **灵敏性** 是指监测系统能够发现、报告患者或事件的比例,还指监测系统能够及时预警疾病暴发或流行的能力。

6. **阳性预测值** 是指监测系统报告的"病例"或"事件"中属实的比例。比如,报告的病例确实符合诊断标准的比例。

7. **代表性** 是指监测系统发现的问题能够代表目标人群实际存在情况的能力,即尽量要减少选择偏倚。

8. **及时性** 是指监测系统在各环节内、各环节间运行和衔接的速度。快速的运行和衔接才能保证信息及时产生并传递给需要的人。

9. **稳定性** 是指监测系统可靠、不产生差错,并且需要时可用。

第二节　疾病暴发调查

一、概述

（一）定义

疾病暴发(disease outbreak)是指在局限的区域范围(例如,一个单位,一条街道)短时间内突然出现了很多症状相同或相似的病例的现象。其表现特征为病例数明显增多,并且在时间、空间和人间分布上高度集中。因多见于传染病,又称为暴发疫情。除传染病外,也时有因中毒发生疾病暴发的情况。疾病暴发一般是由共同的来源引起,如污染的食物或水。但是,有些呼吸道传染病,由于潜伏期短,近距离人传人又容易实现,也易在短时间内形成疾病暴发。

对疾病暴发开展调查,尽快查明原因,采取措施控制、扑灭疫情,是疾病预防控制人员经常面对的工作。在一次疾病暴发调查中,可以集中体现流行病学从描述性研究到分析性研究、再到实验性研究各方法在因果关系逐层深入探讨中的作用。

（二）目的

疾病暴发调查的目的有以下四个方面。

1. **查清疫情性质** 首先要查清究竟是什么病;同时搞清楚是否为疾病暴发。

2. **查清来源或病因** 对传染病而言,经过调查分析,确定具体流行因素;对中毒性疾病既要确定具体发生条件,也要确定病因。对病因尚不明的疾病,经过调查分析,可寻求病因线索及危险因素,为进一步研究指出方向。

3. **采取措施并评价效果** 根据病因或流行因素的分析,采取相应措施,控制、扑灭疫情,并评价各项措施的效果。

4. 预测疫情的发展趋势。

二、步骤、内容及方法

平时做好准备并开展针对性演练是做好疾病暴发调查工作的基础。当遇到疾病暴发时,一般应按照以下步骤开展工作,每个步骤有自己的内容和方法。

(一) 核实疫情与制订计划

1. 核实疫情　到达现场后,首先要做的工作就是核实疫情。核实疫情包括两方面内容:一是尽早确定诊断;二是确定是否为疾病暴发。

只有确定了诊断,才能针对性地制订调查计划。疾病预防控制人员到达现场前,在一线工作的临床医生对疫情所发生的病例都会有一个初步诊断,但是到达现场开展全面调查前,必须对诊断进行核实。核实诊断既要尊重临床医生的意见,又要有自己的见解。一般来说,确定诊断要从三方面考虑:临床表现、实验室检查和流行病学。在多数暴发疫情中患者症状大同小异,所以确定何种疾病暴发,只要根据部分病例的诊断即能做出。对病例的诊断主要根据症状和体征,实验室检查作为参考,实验室检查阳性者可帮助确诊,阴性者一般不能否定。在确定诊断时,要特别注意病例所呈现的时间、空间和人间分布规律与诊断的疾病是否符合。

在开展上述工作的同时,通过与有关人员座谈或走访的方法,了解疫情的基本情况,包括发病地区(或单位)的一般情况,本次疫情发生以来病例的数量以及时间、空间和人群分布特点,本地区(或单位)以往有无类似事件,周边地区(或单位)目前有无相同情况,目前怀疑的原因或线索等等。掌握这些情况,不仅是确定疾病暴发的重要依据,也为制定调查计划打下了基础。在确定是否为疾病暴发时,一定要与本地区(或单位)以往平时情况相比,也要与周边地区(或单位)目前情况相比。

2. 制订计划　即便疾病暴发调查时间紧迫,制订一个相对全面、细致的调查计划对把握全局、捋清思路是非常重要的。在制订计划时,以下几点应该被重点考虑。

(1) 制定病例诊断标准:尽管很多疾病在临床上已有明确的诊断标准,但是在一次暴发疫情中,病例的临床表现、实验室检查结果会有很大不同,并非都是典型病例。另外,在一些暴发疫情中,并不是一开始就能很快确定是哪一种疾病暴发,甚至会遇到不明疾病或新发疾病。所以,为了不遗漏病例,又要尽量避免误诊,要制定一个病例调查时需要统一遵循的"诊断标准",可以分确诊标准与疑似标准,或实验室诊断标准与临床诊断标准。

(2) 确定病例搜索方法:对一次暴发疫情中的病例要尽量收集完整、不要遗漏,尤其是疫情初期的首批病例,这对搞清疫情来龙去脉、确定暴露时间至关重要。可以采取逐户走访的方法,也可以采取宣传+报告登记的方法。对隐性感染占比重大的传染病,必要时还应对发病地区(或单位)内的可疑暴露人员进行采样和检测,以确定是否感染。

(3) 编制病例调查表:在对病例调查时,一般需要一个流行病学调查表,其内容根据不同病种可不同,但总的来说,应包括以下几个方面:①患者一般情况:姓名、性别、年龄、职业、工作或劳动单位、家庭住址、联系方法等。②临床情况:何时发病? 按疾病潜伏期长短或疫情发生急缓准确问到小时、天、周,要有统一的发病时间确定标准;有关症状和体征记录。③实验室检查结果:包括采样时间、样品名称、检查项目、检查结果。④流行病学情况:在可能暴露时间内的暴露史或接触史,如可疑食物进食史,主要为了发现或核实病因线索。

(4) 确定采集的样品和检测方法:采集的样品可能是病例和(或)可疑暴露人员的相关样品(可用于确诊病例或感染,也可用于发现传染源),也可能是可疑动物的或其他因素的样品,如食物、饮用水等。只要没有最终确定疫情来源,随着调查逐步深入,对随时发现的可疑线索,均应尽早采样检测,以免错过最佳时机。同时,要选择好准确、可靠的检测方法。在疾病暴发调查中,有时因为采集不到可疑因素样品或错过了最佳采样可检出的时机,实验室证据会失灵,所以澄清疫情原因不能完全依赖于实验室证据,流行病学推论也能得出结论。但是,要切记实验室证据至关重要,特别是在检测技术迅速发展的今天,它已成为快速、直接抓住"元凶"最有利的工具。

(5)可能采取的措施:疾病暴发调查绝不是只调查,尽快控制、扑灭疫情是最终目的。控制措施不能等到所有问题都澄清才采取,而是要根据调查了解到的情况适时跟进,并随着调查深入、疫情变化做出更具针对性地选择。同时,要对措施的效果进行评估。

(二)初步调查与分析

描述疾病三间分布是流行病学研究的入手点,它不仅可发现病因线索为进一步调查指明方向,而且也为制定控制策略和措施提供科学依据。初步调查的主要任务就是为描述疾病三间分布收集必要的数据或资料;初步分析的主要任务就是要掌握疾病三间分布,并分析可能原因、提出控制措施建议。

1. 初步调查　真实、完整、准确的资料是正确描述疾病分布的前提。在这里,需要收集三方面资料:①病例资料:按照前边制定的病例"诊断标准",在发病地区(或单位)全面搜索病例,并填写病例调查表获得病例相关信息。②发病地区(或单位)的人口统计学资料:从户籍管理或人事部门获取,必要时直接走访获取。内容包括性别、年龄、职业、工作或劳动单位、家庭住址等,用于确定家庭数、总人口数、各类别人口数等计算罹患率等指标所需的分母。③可疑因素相关资料:通过询问、采样检测或从有关部门获取一切怀疑与疫情发生有关的因素的详细资料,例如食品加工、供应及卫生状况,饮用水来源及卫生、污染状况,居住或工作环境、条件及卫生状况,特殊集体活动中可疑的因素,厂矿企业污染物外泄等。不仅要收集发病地区(或单位)的资料,同时还要收集周边未发病地区(或单位)的资料,以用于比较和分析。

2. 初步分析　对初步调查收集到的资料应按以下步骤进行整理分析,提出病因或流行因素的假设。

(1)核对、排除、确定:在开始分析前,应对调查收集到的资料(不仅是病例资料,还包括其他资料)——进行核对,尽可能补齐、纠错。根据前边制定的病例"诊断标准"对所有收集到的病例进一步核实,排除假病例,确定"确诊"或"疑似"病例。若根据调查发现的新情况,确实需要修订"诊断标准",也要按照新标准重新确定。

(2)描述疾病三间分布:按时间、空间和人间逐一描述疾病分布,并注意三间分布的综合描述。在描述疾病时间分布时,要使用直方图,根据疾病的潜伏期长短或疫情发生急缓确定时间归组单位(如小时、天、周等)。直方图可清晰地展示发病数量随疫情发生、发展到结束变化的时间脉络,它是判断暴露时间及传染病传播方式、预测疫情走势、评价控制措施效果的重要工具。在描述疾病空间分布时要注意使用统计地图,它能直观地展示病例与空间的关系及病例的空间聚集特点。描述疾病分布不只是要展示疾病在时间、空间和人间上的分布特点,还要结合收集到的可疑因素资料,按照暴露有无或暴露水平探讨其在时间、空间和人间层面上与疾病发生的关系,发现病因或流行因素线索。例如,怀疑某一学生食堂食物污染导致了学生中的疾病暴发,可以比较平时在该食堂就餐与不在该食堂就餐学生罹患率的差别。

(3)分析、推理、假设:通过以上对疾病三间分布的描述,可以获得很多重要病因线索,综合这些线索细致分析、推理,提出疾病暴发原因的假设。下面针对疾病的时间分布看如何分析、推理。

无论是传染病还是非传染病(如食物中毒)均有其从致病因素暴露到发病的潜伏期,但潜伏期长短因病而异,各有不同。例如,细菌性食物中毒的潜伏期只有数小时,白喉、猩红热的潜伏期以日计,而病毒性甲型肝炎以周计。针对同一种疾病,因致病因素(如病原体、毒物)进入机体的量不同,个体对致病因素的敏感性不同,每个病例的潜伏期长短也有不同,所以就有了最短、最长和常见潜伏期的概念。因此,暴发疫情的态势直接与疾病的潜伏期有关:潜伏期短的疾病,暴发时一般来势凶猛,短时间内会出现大量病例,但也会很快消失;潜伏期长的疾病,暴发时一般来势温和,病例会在一段较长时间内增多、减少,直到逐渐消失。利用疾病的潜伏期,可以进一步分析疾病暴发的来源,常见有以下几种情况:

1)如果疾病暴发是由共同来源一次暴露引起,例如,集体食堂的某餐食物被污染,那么,绝大部分病例发病时间会在最短和最长潜伏期之间,并且以常见潜伏期为发病高峰时间,呈现对数常态分布特点,形似常态分布而高峰稍偏左。这时,由发病高峰时间向前推一个常见潜伏期可以基本确定本次疫情的暴露时间。如果是传染病发生此种类型的暴发,并且该传染病能通过接触传播,如病毒性甲型肝炎、痢疾,若没有对患者及时采取隔离措施,常会在发病高峰过后看到较长时间的发病拖尾现象。

2)如果疾病暴发是由共同来源多次暴露引起,例如在一段时间内水源连续多次被污染,那么,病例出现的时间跨度会远超过最短和最长潜伏期的时间间隔,发病高峰会呈现一个平台或有不止一个发病高峰,当去除病源后,发病数量迅速下降到消失。

3)如果疾病暴发是由不同来源引起,例如急性呼吸道传染病在密切接触者中链式传播,那么,病例出现的时间跨度也会远超过最短和最长潜伏期的时间间隔,病例呈逐渐增加、最后达到发病高峰的态势,当采取隔离、消毒等措施后,发病数量迅速下降到消失。

通过以上分析,不仅可以进一步核实诊断,而且可以推测暴露时间、疫情来源、传染病传播方式。结合对其他方面病因线索的分析,可以对疾病暴发的原因做出假设,为进一步调查工作指明方向和重点;甚至基本可以阐明疾病暴发的原因。

(三)进一步调查与分析

围绕初步调查分析得出的假设,需要进一步调查收集数据或资料,当然包括收集必要的样品做检测,然后进一步分析以检验假设是否正确。在这一步,主要用到流行病学分析性研究方法,即病例对照研究和队列研究的思路与技术,以对比分析为核心进一步阐明问题。另外,还要注意收集特殊事例作为重要的佐证。

1. 暴露时间的确定　前边谈到针对共同来源一次暴露引起的疾病暴发,从发病高峰向前推一个常见潜伏期可以基本确定暴露时间。如果怀疑食堂食物被污染,可以在估计的时间范围内,从不同日期在食堂用餐与不在食堂用餐者罹患率的差别寻找暴露时间线索。还可从特殊事例中找线索:例如,某单位一次食物中毒暴发,偶在某天吃客饭的人中见到发病;又如,某单位一次伤寒食物型暴发,根据潜伏期推算其暴露时间可能在6月初,经调查发现6月8日前离开该单位和6月10日及以后返回该单位与患者同一食堂就餐的人群中没有发病,从这一事实可推测暴露时间为6月8日或9日。确定准确的暴露时间对追踪疫情来源至关重要。

2. 病例对照研究和队列研究　这里举例说明:在某大学学生中发生了一起急性腹泻暴发事件,前期调查推测可能与某一个学生食堂7月8日中午供应的食物被污染有关,但是,事发已3天,无法获得当日食物样品,只获得了当日菜谱。为了澄清具体是哪一种食物污染导致了本次疫情,采用病例对照研究方法,选择全部确诊病例作为病例组,给每个病例选择同宿舍一名未发病者作为对照,按菜谱编制饮食问卷,调查他们7月8日中午饮食情况。通过比较分析两组各种食物的暴露率可以得到有效证据。

另一案例,采用队列研究的思路,调查某社区伤寒暴发事件中具体污染食物来源。经前期调查分析,高度怀疑本次伤寒暴发与社区内销售的自制冷饮有关,但是,该社区有两家冷饮店自制销售冷饮,主要是冰淇淋和果汁。究竟是哪个冷饮店、哪种冷饮出了问题?通过调查获得了该社区居民疾病暴发前食用两家冷饮店自制的两种冷饮的情况,按照吃与未吃统计各组总人数和发病人数。由表7-1分析结果,可以确定是甲店自制的冷饮出了问题;由表7-2分析结果,可以进一步确定是甲店自制果汁出了问题。在此案例分析过程中,考虑了有人同期饮用两家冷饮店的自制冷饮、同期饮用甲店两种自制冷饮而导致混杂干扰的情况,并采取方法加以控制,这是病例对照研究或队列研究在分析资料下结论前特别要注意的问题。

3. 收集特殊事例作为重要佐证　早在1854年约翰·斯诺对伦敦宽街水井污染引起霍乱暴发的调查中,就曾描述了这么一个有趣的事例。"……E太太(她的儿子叙述)已有好几个月没有去过宽街了,但她天天托一马车夫从宽街水站携带一大壶水回来,因为她喜欢喝这个水站的水。8月31日她喝了这个水站的水,9月2日得了霍乱死亡。同时,她的侄女来探望她,也喝了宽街水站的水,回家后也得了霍乱死亡。她的女仆也喝了此水,得了腹泻,但未死亡。在 E 太太住的地区及附近,当时并无霍乱发生和流行……。"这个事例对宽街水井可能为该次霍乱暴发的来源提供了有力证据。

表7-1　甲、乙两店冷饮吃与未吃罹患率比较

	总人数	发病人数	罹患率(%)	P
吃甲或乙店冷饮	509	87	17.1	<0.001
未吃甲或乙店冷饮	811	3	0.4	
吃甲店冷饮	275	78	28.4	<0.001
未吃甲店冷饮	1045	12	1.1	
吃乙店冷饮	286	24	8.4	0.234
未吃乙店冷饮	1034	66	6.4	
仅吃甲店冷饮	223	63	28.3	<0.001
未吃甲店冷饮	1045	12	1.1	
仅吃乙店冷饮	234	9	3.8	0.138
未吃乙店冷饮	1034	66	6.4	
吃甲店和乙店冷饮	52	15	28.8	<0.001
未吃甲或乙店冷饮	811	3	0.4	

表7-2　甲店冰淇淋、果汁吃与未吃罹患率比较

	总人数	发病人数	罹患率(%)	P
吃甲店冰淇淋或果汁	275	78	28.4	<0.001
未吃甲店冰淇淋或果汁	1045	12	1.1	
吃甲店冰淇淋	165	36	21.8	<0.001
未吃甲店冰淇淋	1155	54	4.7	
吃甲店果汁	188	74	39.4	<0.001
未吃甲店果汁	1132	16	1.4	
仅吃甲店冰淇淋	87	4	4.6	0.973
未吃甲店冰淇淋	1155	54	4.7	
仅吃甲店果汁	110	42	38.2	<0.001
未吃甲店果汁	1132	16	1.4	
吃甲店冰淇淋和果汁	78	32	41.0	<0.001
未吃甲店冰淇淋或果汁	1045	12	1.1	

(四) 采取措施并评价

根据调查得到的信息,控制措施要适时跟进,并且,还要对其效果进行评价。评价不仅是为了发现问题、完善措施,而且可以验证前边的假设是否正确。这里对措施效果进行评价,不能像严格设计的流行病学实验性研究那样——通过随机分组控制混杂因素的干扰,而应结合各方面信息做出综合评判。在评价措施效果时要注意两点:①必须从措施实施之日起向后推一个该病的最长潜伏期,此后见到的发病数减少、疫情缓解才能肯定与措施有关;②针对共同来源引起的疾病暴发,若采取措施的时间落后于发病高峰时间,则疫情缓解显然与措施关系不大。

在评价措施效果的同时,可对疫情的发展趋势做出预测。

三、总结与结论

在一次疾病暴发调查结束、也就是疫情扑灭后,要及时对工作进行全面总结,在做出结论的同时,还要总结经验和教训,以利指导今后工作。

在下结论时,应注意三(或四)符合:

1. 疾病诊断、疾病分布特点和初步假设三者相符合。

2. 初步假设和进一步调查结果相符合。

3. 进一步调查结果和采取相应措施的效果相符合。

4. 患者的临床诊断、实验室检查结果与确认的病因因素检测结果相符合。此点对于潜伏期较长的疾病往往难以做到。

（庄贵华）

思 考 题

1. 什么是公共卫生监测？为什么说公共卫生监测是公共卫生实践的基础？

2. 公共卫生监测包括哪四个环节？每个环节都有哪些具体内容？

3. 什么是疾病暴发？开展疾病暴发调查的目的是什么？

4. 在一次疾病暴发调查中,一般应按照什么步骤逐步开展工作？

第 二 篇
临床预防服务

　　预防医学的一个重要服务对象是为个体提供预防服务,医疗服务机构则是为个体提供预防服务最佳的场所,而临床预防服务则是在医疗服务机构提供预防服务的主要形式。在本篇里,我们在讲述临床预防服务一般性概念(第八章)以及以行为干预理论为指导的健康咨询技能(第九章)的基础上,将重点介绍目前与慢性病发病密切相关的吸烟(第十章)、不合理膳食(第十一章)、和身体活动不足(第十二章)3个主要行为的干预以及临床预防服务中的疾病早期发现和处理(第十三章)。希望通过本篇的学习,同学们能够了解为个体提供临床预防服务的基本概念和原则,以及在临床场所开展临床预防服务的基本技能。

第八章　临床预防服务概论

　　随着医学模式的转变,越来越要求临床医生将预防保健与医疗工作结合,以个体预防为特征的临床预防服务是将疾病的治疗和预防结合最密切的一个连接点。由于是个体化的服务,其服务的措施也更为精准和有针对性,因此,对个体而言所获得的效益就更大。临床预防服务不仅每年能挽救数万人的性命,而且能够有效地减少患者和社会经济负担。临床医生在临床实践中往往能体会到多数疾病待出现临床特征之后,许多的治疗只能是治标和缓解症状,尤其是心脑血管疾病、肿瘤、代谢综合征、肾功能衰竭等慢性迁延性疾病发生后,已无有效的根治方法,此时常感觉到疾病预防的价值。医学实践早已证实,早期发现疾病,早期治疗可以显著提高临床疗效,早期预防阻断疾病的发生和发展可以取得更加显著的效果。近年来国际上很多国家,为摆脱慢性病发病率和死亡率的不断上升以及不堪负担的医疗费用,开始重视和加强预防,在各医院开展临床预防服务工作。随着中国经济的蓬勃发展和"健康中国"成为国策,中国临床预防服务工作已开始逐步走上规范化的轨道。

第一节　临床预防服务基本概念

一、临床预防服务的兴起与发展

　　临床预防服务是随着人类疾病谱的变化和医学模式的转变而逐渐形成并迅速发展。20 世纪中期,随着一些发达国家经济的快速发展,工业化、城镇化、人口老龄化的加快,疾病谱发生明显改变,影响人类健康的主要疾病由传染病转变为心脑血管疾病、恶性肿瘤和糖尿病等慢性非传染性疾病。这些慢性病找不到病原体,发病原因尚未完全阐明,其危险因素大多与个体的生活方式和行为因素有关。随着慢性病发病率和死亡率不断上升,新药、新手术等医疗卫生领域的高科技投入越来越大,但对总体人群健康、人类健康长寿的贡献却越来越小。显然,花费昂贵的医疗费用,针对生物因子的措施并不能有效地控制这些疾病与死亡,也不能有效地延长寿命,加之政府及个人不堪重负的医疗费用,越来越多地要求临床医师把预防保健与医疗工作相结合。为了让临床医务人员能在临床场所实施通过科学论证有效的预防服务,1976 年加拿大卫生福利部首先提出临床预防的理论体系和研究方法,组织了专家组专门研究提供有效的健康促进和疾病预防的服务,1979 年正式出版了他们对 78 种疾病检测方法进行系统总结的报告。1984 年,美国预防服务工作组(U. S Preventive Services Task Force, USPSTF) 成立,采纳了加拿大临床预防服务的理论和方法,运用系统研究的方法评价并系统总结临床预防服务的措施及效果,提出临床预防服务方案,1989 年出版了第一版《临床预防服务指南》,对 60 种疾病筛选、咨询、免疫和化学预防的 169 种预防措施进行系统评述。随后,《临床预防服务指南》不断更新,添加新的内容和建议,如在《2014 年临床预防服务指南》中就包含了 2004—2014 年所提出的临床预防服务建议,2014 年以后,也根据新的进展不断发布针对某一健康问题的单个推荐意见。

　　中国自 20 世纪 60 年代起贯彻"以医院为中心扩大预防"的卫生工作方针,在各级医院先后建立了预防保健科(组),逐步形成了三级预防保健网,开展了许多临床预防服务工作。在计划免疫、血吸虫病等寄生虫病的查治、疟疾抗复发化学预防、宫颈癌、乳腺癌的查治等取得了一定成绩。随着中国经济的快速发展,社会结构、经济结构以及人们的生活方式都发生了一系列的变化,面临着多重疾病威胁并存,多种健康影响因素交织的复杂局面。自 2009 年开始启动实施国家基本公共卫生服务项目,在城乡基层医疗卫生机构普遍开展健康教育、预防接种、慢性病(如 2 型糖尿病、高血压等)的检查发现、随访评估和分类干预等工作。2016 年 8 月第一次全国卫生与健康大会召开,"健康中国"首次被上升为中国优先发展的国策。《健康中国 2030 规划》指出:要"推进慢性病防、治、管整体融合发展,实现医防结合"。随着健康中国建设的推进,健康服务体系不断调整优化,早诊断、早治疗、早康复不断强化,临床预防服务的重要性日益突出,在卫生服务中得到广泛的应用。

二、临床预防服务的概念

临床预防服务(clinical prevention services)是指医务人员在临床场所对"健康者"和无症状"患者"的健康危险因素进行评价,实施个性化的预防干预措施来预防疾病和促进健康。临床预防服务的提供者是临床医务人员,服务的地点是在临床场所,服务对象是健康者和无症状"患者",在具体预防干预措施上,注重不良行为、生活方式等危险因素的收集和纠正,强调医患双方以相互尊重的方式进行健康咨询并共同决策,重视第一级和第二级预防的结合,开展疾病的早期诊断和早期治疗,推行临床与预防一体化、连续性的卫生保健服务。这里需要说明的是,其服务对象中的无症状"患者",并不是说就医者没有症状,而是就可能危及其本人生命的疾病而言,就医者目前还没有出现明显症状。为此,医务人员有了在临床场所开展疾病预防工作的绝佳机会。临床医务人员占整个卫生队伍的大多数,他们在疾病预防和健康促进中具有很大潜力。

临床预防服务的提出具有其现实的意义,开展临床预防服务是解决卫生系统所面临健康问题的方法之一,也是当今最佳的医学服务模式之一。首先,随着经济的发展,城镇化、老年化进程加快,慢性病患病率迅速上升,慢性病相关危险因素的流行日益严重,随之而来的是个人、家庭及社会所面临的沉重医疗和经济负担。然而,当前严重威胁人们生命健康的疾病如心脑血管疾病、恶性肿瘤、意外伤害和慢性阻塞性肺部疾病等都与不合理膳食、缺乏运动和吸烟、饮酒等个人生活方式有关,改变人们的不良生活行为方式需要有一套针对个体化的措施。其次,临床医生所处的特殊地位,使其有机会与就医者面对面的交谈,如果每位医务工作者都能在医疗卫生服务过程中将预防保健与日常医疗工作有机地结合,进行个体化的健康教育和咨询,及时纠正就医者的不良生活方式,提高他们的自我保健意识和能力,其收益甚大。此外,临床医生与患者面对面接触过程中可以了解患者的第一手资料,所提出的建议有针对性,就医者对临床医生的建议或忠告有较大的依从性,并可通过随访了解患者的健康状况变化和行为改变情况,及时有针对性地提出建议。患者决定戒烟、进行乳腺检查和儿童的免疫常常是医生的鼓励下做出的。再者,许多预防服务如宫颈涂片、乙状结肠镜筛检、激素替代疗法只有医生才能进行。许多免疫接种、性病防治和孕期保健等工作也主要由一级医院的医生来具体实施。临床预防服务通过影响健康的各种相关危险因素进行评价、干预和控制,将疾病的被动治疗转为主动的疾病预防,最大限度地促进健康,带来良好的成本-效果和成本-效益。

三、临床预防服务的特点

1. **个性化**　临床预防服务是对来就医的健康者和无症状的"患者"采用个性化预防措施。与临床医疗服务相似,优良的预防服务基础是收集患者的全面资料。若临床医生不首先考虑患者的危险因素就不能确定这一患者该提供何种的预防服务。因此,在设计一个预防方案时,危险因素的诊断方法就像在确定治疗有症状患者前的诊断方法一样重要。用单一健康维护计划服务所有的患者,就像让一种治疗方案治疗所有发热的人一样不恰当。只有全面收集个人信息、体检和实验室检查资料后,制订个性化的危险因素评价框架,才能对预防措施的选择和计划地制订进行优先考虑。

2. **一体化**　临床医务人员除了通过诊断和治疗方法为患者解除身体的病痛外,也是患者及其家人的医学顾问,帮助他们解答医学上的疑问和忧虑,同时可根据对患者及其家人情况的了解,有针对性地为患者提供健康咨询,提出个性化的健康处方,利用为患者看病的机会为其作简单的体格检查,及时为患者找出疾病的早期变化,大大改善和减少严重疾病的发生。临床医务人员能够在常规临床工作中提供预防服务,对健康者和无症状的"患者"采取第一级预防和第二级预防措施,推行临床与预防一体化的卫生服务。

3. **民主化**   临床预防服务的一个重要特点是应用增权的原则,医患双方共同做出决策,并以相互尊重的方式进行教育和咨询。这不同于传统的方式——"医生说,患者做",而是只向患者提供如何在生活中做好保健的建议,把健康危险因素的利弊等必要信息告知患者,医生尊重患者的选择。临床医生有责任保证患者为维护他(她)的健康而做出正确决定,但并不会迫使患者该做什么。

4. **综合化**   健康的干预是一个系统工程,一个人的健康问题既有其本人的因素,也同时受到周围物质和社会环境的影响。从事临床预防服务的医务人员应树立系统全面的观点,积极参加个体、社区、职业和其他人群的健康危险因素干预规划。因此,开展临床预防服务的专业人员应掌握相应的临床预防服务知识和技能既有针对个体也涉及环境,包括:①鉴别和评估个体疾病危险因素的方法与技能;②应用生物、行为和环境的方法,纠正或减少疾病/损伤的危险因素,并能有针对性地为患者提供健康咨询,提出个性化的健康"处方";③掌握组织管理和协调能力,将临床预防与医疗工作相结合,并成为开展个体健康促进活动的实践者;④对社区各类人群包括职业群体实施危险因素评价,减少人群健康危险因素,并通过大众传媒等手段,成为一名在社区中实施健康促进活动和利用预防策略信息和资源的倡导者;⑤评估用于减少个人和社区危险因素的技术的有效性,了解相关信息,成为医生、工作场所和政府对临床预防服务的发展和评价的顾问。

5. **规范化**   临床预防服务的规范化具有两层含义,一是形成规范化:通过遵循科学的方法,应用最充分的证据来获得有效的临床预防服务内容,形成为就医者推荐和选择的最佳预防服务措施,即临床预防服务的循证和推荐;二是服务规范化:临床医务人员需严格按照临床预防服务基本步骤向就医者提供服务内容,保证标准化、规范化、科学化的做好预防服务,其基本内容包括健康信息收集,健康风险评估以及个体化健康维护计划的制订与实施。

第二节   临床预防服务的规范

一、临床预防服务的内容

临床预防服务主要针对健康者和无症状"患者",因此,在选择具体措施时应是医务人员能够在常规临床工作中提供的第一级预防和第二级预防服务。其服务的内容主要有:对就医者的健康咨询(health counseling)、筛检(screening)、免疫接种(immunization)、化学预防(chemoprophylaxis)和预防性治疗(preventive treatment)等。

1. **健康咨询**   健康咨询是通过收集就医者的健康危险因素,对个体进行有针对性的健康教育,提高就医者自我保健意识,并与就医者共同制定改变不良健康行为的计划,督促就医者执行干预计划等,促使他们自觉地采纳有益于健康的行为,消除或减轻影响健康的危险因素。健康咨询是一种特定的干预方式,是医务工作者日常医疗实践的组成部分。通过健康教育咨询改变就医者的不健康行为是预防疾病最有效的方式,是临床预防服务最重要的内容之一。根据当前疾病主要以不良行为生活方式导致的慢性非传染性疾病为主的现状,建议开展的健康咨询内容主要有:劝阻吸烟、倡导有规律的身体活动、增进健康饮食(平衡膳食、避免三餐无规律、偏食及节食等)、保持正常体重、预防意外伤害和事故、预防人类免疫缺陷病毒(human immunodeficiency virus, HIV)感染以及其他性传播疾病等。主要危险因素的具体预防和控制措施请参见后面的章节。

2. **筛检**   筛检指运用快速简便的测试、体格或实验室检查等方法,在健康人群或"无症状"患者中发现未被识别的可疑患者、健康缺陷者及高危个体的一项预防措施。筛检的主要目的是将处于早期或亚临床阶段的患者、缺陷者及高危个体从人群中挑选出来,以便早期诊断,及时治疗。美国预防服务工作组对65种疾病的筛检做了系统阐述,包括对高血脂、胆固醇及其他类脂异常的筛检,高血压的筛检、绝经后骨质疏松的筛检、青少年特发性脊柱侧凸的筛检等,临床医生可根据推荐在相应领域开展筛检工作。筛检不是一种诊断性试验,仅是一种初步检查,筛检试验阳性提示为某病的可疑患者,需要进一步确诊。有关筛检的具体介绍请参见第十三章。

3. 免疫接种　是指用人工制备的疫苗类制剂(特异性抗原)或免疫血清制剂(特异性抗体),通过适当的途径接种到机体,使人体或群体产生对某种传染病的自动免疫或被动免疫,从而保护易感人群,预防传染病发生。通常包括儿童计划免疫、成人常规接种、应急接种、免疫血清制剂的临床治疗和免疫预防。免疫接种是预防控制相关传染病最经济、最有效、最方便的手段,也是临床治疗疾病的重要手段。中国对 7 岁以下儿童(包括新生儿)实行的是计划免疫(planned immunization),即指根据疫情监测和人群免疫状况分析,按照规定的免疫程序,有计划地进行预防接种,以提高人群免疫水平,达到控制乃至最终消灭相应传染病的目的。成人预防接种的疫苗主要有乙肝、甲肝、麻疹-腮腺炎-风疹、流脑、狂犬、流感等疫苗,2016 年人乳头瘤病毒(HPV)吸附疫苗获得国家食品药品监督管理总局的上市许可,成为中国首个获批的预防宫颈癌的 HPV 疫苗,适用于 9 ~ 45 岁女性。经常外出就餐者、有基础疾病的患者、育龄妇女、学生特别是初高中毕业班的学生、老年人等易感或易患重症的人群,应尽量根据自己的情况选择接种相应疫苗。免疫接种的实施必须要按照《中华人民共和国传染病防治法》《中华人民共和国急性传染病管理条例》《全国计划免疫工作条例》《计划免疫技术管理规程》《疫苗流通和预防接种管理条例》及《预防接种规范》等相关法律法规来执行。

4. 化学预防　指对无症状者使用药物、营养素(包括矿物质)、生物制剂或其他天然物质作为第一级预防措施,提高人群抵抗疾病的能力,防止某些疾病的发生。化学预防不仅是使用药物,还包括使用激素、维生素、无机盐、脂肪酸、氨基酸等营养素、生物制剂和天然动植物的提取物。化学预防是对健康人群和无症状患者进行病因预防,属第一级预防范畴,已出现症状的患者以及有既往病史的人使用上述物质治疗疾病不属于化学预防。常用的化学预防方法主要有:对育龄或怀孕妇女和幼儿补充含铁物质降低罹患缺铁性贫血的危险;在缺氟地区补充氟化物降低龋齿患病率;孕期妇女补充叶酸降低神经管缺陷婴儿出生危险;绝经后妇女使用雌激素预防骨质疏松和心脏病;用阿司匹林预防心脏病、脑卒中等。化学预防必须在医务人员指导下进行,使用雌激素或阿司匹林尤其应注意其禁忌证和副作用。

5. 预防性治疗　指通过应用一些治疗的手段,预防某一疾病从一个阶段进展到更为严重阶段,或预防从某一较轻疾病发展为另一较为严重疾病的方法。前者如早期糖尿病的血糖控制(包括饮食和身体活动等行为的干预以及药物治疗)预防将来可能出现更为严重的并发症;后者如手术切除肠息肉,预防发展为大肠癌等。

二、临床预防服务的循证

疾病的预防是重要的,但不是每一项预防措施对人群都是有益的。因此,预防的策略必须以科学研究为基础。循证临床预防服务是指在临床预防服务的实践中,遵循科学的方法获得最充分证据来为服务对象提供最佳的预防措施。

循证临床预防服务内容确定的步骤有:

1. 疾病及其相关危险因素的选择

(1)疾病的选择:选择所需要针对的疾病有 6 个标准:①疾病的严重程度;②未确定其合理性的干预措施;③适时性;④成本;⑤数据资料的可获得性;⑥评估的可行性。在描述疾病的严重程度和危害性方面,使用伤残(失能)调整生命年(disabled adjusted life year, DALY),以全面评价疾病负担。

(2)危险因素的选择:选择应该干预的危险因素主要从两个方面考虑:①导致疾病发生的危险因素在人群中的流行情况;②危险因素对疾病的影响大小。危险因素在人群中的流行广且影响大的,则应优先考虑。但是,一个相对弱的危险因素假如流行范围广,它比一个相对强但流行范围小的危险因素更值得考虑。

2. 干预措施的评价

（1）干预效果的评价：干预效果用影响程度来评判。影响程度是指通过干预措施，人群健康改善的净效益。这里的"净效益"是指"获得的益处"减去"不良的影响"进行临床预防服务最根本的原则是干预带来的益处大于不良影响，这也是判断干预效果好坏的根本原则。关于效果有两点应该加以考虑：第一，干预能否减少疾病的发病率或减轻其严重程度（获得的益处）。第二，干预是否增加了副作用，包括是否引起其他疾病的发生，有无经济上的影响、医源性的损伤、时间的消耗和伦理道德上的影响。例如，服用阿司匹林可以用来预防冠心病，但可能会并发出血。

在评价干预效果时，应该充分考虑干预效果的评价是否来自最有说服力的证据。假如采用的预防措施来自设计优良的随机试验，而且得到完全正确的实施，在最后比较采用和不采用预防措施的试验组时，其结果表明前者的健康状况明显好于后者，那么这就是有力的证据。然而，这在实践中可能很难做到。首先是设计和实施不可能每一步都完善，而且健康产出需要长期的随访跟踪。因此，在评价时只能通过一些分散的干预试验研究获得信息，而且往往用干预产生的中间结果来代替最终的健康结果。中间结果是可以被预防服务干预的生理、病理、心理以及社会行为检查结果，比如血压、血清胆固醇、维生素水平、病毒含量和身体活动状况；健康结果则是患者的体验和感受以及影响其生存质量和生命长度的结局。因而，在用中间结果代替最终健康结果时，需要通过收集中间结果和健康结果之间联系证据，选择科学系统的方法，精确判断中间结果变化与可预测的健康结果一致性。

（2）干预措施的特征评价：除了评价干预措施的有效性以外，还应对干预措施的其他特征进行评价，包括：操作的难易、费用、安全性和可接受性。全科医生和临床医生要求干预措施简单易行，使其能方便地在临床场所开展和随访。所采用的措施应该具有较好的成本-效果，安全可靠，没有副作用且为人们所接受的特征。

3. 循证证据质量的评价　在对疾病负担、危险因素、预防干预措施的科学阐述时，是通过文献评阅法获取相关研究证据，并形成在临床上进行干预的意见。因而，对研究证据本身的质量进行评价十分重要。对经过良好研究设计且证明研究的质量可靠者，给予一定的权重以示区别。研究设计如随机试验、队列研究和病例对照研究都应该按照其应用条件和范围来进行，这样才能保证结果的可靠性。研究质量可用证据肯定性的级别来表示。其肯定性可分为：

（1）高：获得证据充分，包括研究设计和实施良好，评估了预防服务（干预）的健康产出，而且所得的结论不可能受到以后研究的影响。

（2）中等：所获得的证据足以确定预防服务对健康产出的效果，但在估计其可信性方面受到下面因素的影响：①研究数目、规模和质量；②在不同研究的结果之间不一致；③研究结果要普及到初级保健实践中有一定的限制；④在证据链中缺乏相关性。

（3）低：所获得的证据不足以评估预防服务对健康产出的效果，证据不足的原因主要有：①研究数目或规模有限；②研究设计或方法有严重的缺陷；③在不同研究的结果之间不一致；④在证据链中有裂痕；⑤研究结果不能普及到初级保健实践中；⑥缺乏重要的健康产出的信息。

三、临床预防服务的推荐

临床预防服务推荐内容可以通过网页资源，出版期刊等多种方法进行交流和传播，但是临床预防服务的相关内容是否值得推广主要是依据研究证据及净效益的综合结果，证据充分且得到有效的预防服务应该大规模推广；证据链缺乏连贯性，设计方法可能存在缺陷，但效果良好的预防服务应该给予肯定，值得推广使用；有些预防方法无明显副作用，能够降低疾病的发病率，应建议普遍使用；有些预防服务能够使用在高危人群中降低危险因素，仍然具有推广的价值。临床上无效甚至有害的方法应该给予抵制。对有些临床预防服务至今还缺乏有效的证据应持审慎的态度。根据美国预防服务工作组建议其推荐分级可区分为五个等级，表格详见表8-1：

表 8-1　临床预防服务推荐分级表

证据的肯定性	干预效果的净效益			
	大	中	小	零/负数
高	A	B	C	D
中	B	B	C	D
低	I	I	I	I

A:推荐,高度肯定性研究表明有很大的净效益;

B:推荐,高度肯定性的研究表明有中度的净效益,或中度肯定性的研究表明有中到大的净效益;

C:不作常规应用推荐,但可考虑推荐给个别患者。中度肯定性的研究表明有小的净效益;

D:不推荐,中到高度肯定性的研究表明无净效益甚至是有害的;

I:目前的证据还不足以评价其有益或有害,证据缺乏包括研究质量差或缺乏、或相互矛盾,因此不能衡量其有益和有害的情况。

截止到 2018 年 6 月,A 和 B 等级的临床预防服务建议见表 8-2*。

表 8-2　美国预防服务工作组 A 和 B 等级的临床预防服务建议

内容	说明	推荐分级	发布日期
RH(D)不兼容的筛检	强烈建议所有孕妇在第一次怀孕期间进行 Rh 血型及其抗体的检测	A	2004.02
新生儿镰刀型细胞贫血症筛检	建议对新生儿进行镰刀型细胞贫血症的筛查	A	2007.09
先天性甲状腺功能低下症的筛检	建议对新生儿出现先天性甲状腺功能低下筛查	A	2008.03
新生儿苯丙酮尿症筛检	建议对新生儿进行苯丙酮尿症的筛查	A	2008.03
成人无症状性菌尿的筛检	建议在妊娠 12～16 周的妊娠期或第一次产前检查时筛查	A	2008.07
孕妇梅毒感染的筛查	建议对所有孕妇进行梅毒感染的筛查	A	2009.05
孕妇乙型肝炎感染的筛查	强烈建议在孕妇进行首次产前检查时筛查乙肝病毒感染	A	2009.06
新生儿淋病预防性用药	建议所有新生儿预防性眼部局部用药以预防淋球菌眼炎	A	2011.06
宫颈癌筛查	建议每 3 年通过细胞学检测方法(巴氏涂片)对 21～65 岁的女性进行宫颈癌筛查或对 30～65 岁女性每 5 年通过人乳头瘤病毒(HPV)检测进行筛检	A	2012.03
HIV 病毒的筛检	建议临床医生在 15～65 岁的成人中筛检 HIV 病毒感染	A	2013.04
孕妇 HIV 病毒筛检	建议临床医生对所有孕期妇女进行 HIV 病毒筛检	A	2013.04
吸烟健康咨询和干预	建议临床医生询问患者的吸烟情况,建议他们戒烟,并提供健康教育或者推荐美国食品和药物管理局(FDA)批准的用于终止成年人使用烟草的药物疗法	A	2015.09
孕妇吸烟健康咨询	建议临床医生询问孕妇吸烟情况并劝阻戒烟,提供健康教育	A	2015.09
成年人高血压筛检	建议对 18 岁或以上的成年人进行高血压筛检。	A	2015.10
大肠癌筛检	建议在 50～75 岁的成人进行结肠癌、直肠癌的筛检	A	2016.06
梅毒筛检	建议在高危人群中进行梅毒感染筛检	A	2016.06
化学预防(补充叶酸)	建议备孕或怀孕妇女每日补充 0.4～0.8mg(400～800μg)叶酸	A	2017.01
乳腺癌筛查	建议对 40 岁以上的女性每 1～2 年进行乳房摄影筛检	B	2002.09

续表

内容	说明	推荐分级	发布日期
RH(D)不兼容的筛检:24~28周妊娠	建议除非亲生父亲是 Rh(D)阴性,否则对于 Rh(D)阴性的妇女在妊娠24~28周重复进行抗体检测	B	2004.02
女性骨质疏松筛查	建议对65岁及以上的妇女进行骨质疏松的筛查,也对骨折风险等于或大于65岁的、没有额外危险因素的年轻妇女进行筛查	B	2012.01
成人肥胖筛检及健康咨询	建议对所有成年人进行肥胖筛查。临床医生应予以 BMI≥30kg/m² 的患者实施强化、多元的行为干预措施	B	2012.06
育龄女性亲密伴侣暴力的筛查	建议临床医生应观察关于生育年龄女性的亲密伴侣暴力情况(如家庭暴力)并对结果阳性的女性提供干预服务	B	2013.01
酗酒的筛检和健康咨询	建议临床医生对18岁或以上的成年人进行酗酒的筛查,并为其提供健康咨询和干预措施	B	2013.05
丙型肝炎病毒感染的筛检	建议在高危人群中,对丙型肝炎病毒(HCV)感染进行筛查。也建议为1945—1965年出生的成年人提供丙型肝炎病毒感染筛检	B	2013.06
儿童和青少年吸烟干预	建议临床医生提供干预措施,包括教育或咨询,以防止学龄儿童和青少年开始吸烟	B	2013.08
乳腺癌的预防性用药	建议临床医生对患乳腺癌高风险妇女进行用药咨询,以降低她们的风险。对于那些罹患乳腺癌风险较高但药物不良反应发生风险较低的女性,临床医师应提供降低风险药物治疗的处方,他莫西芬或雷洛昔芬等	B	2013.09
肺癌筛检	对肺癌每年一次的筛查建议是:对年龄在55~80岁、有30年的吸烟史,并且在过去的15年里吸烟或戒烟的成年人进行肺部低剂量CT筛查。如果一个人在15年内没有吸烟,或者出现了一个严重限制了预期寿命的健康问题,或者有能力或愿意接受手术治疗,那么就应该停止筛查	B	2013.12
BRCA 基因相关的癌症风险评估、癌症遗传咨询和遗传测试	推荐如果家族史中存在 *BRCA1* 或 *BRCA2* 基因突变高危风险的妇女可进行 *BRCA* 基因遗传咨询和评估测试	B	2013.12
妊娠期糖尿病筛检	USPSTF 推荐妊娠24周后对无症状孕妇进行妊娠糖尿病筛查	B	2014.01
龋齿预防(婴儿和5岁以下儿童)	建议在初级保健措施中在乳牙萌发的年纪开始对所有婴儿和儿童的乳牙应用氟化物涂膜。初级保健医师应为饮水缺氟儿童在其年龄6个月大开始口服氟化物补充剂	B	2014.05
乙型肝炎病毒感染的筛检	推荐对高感染风险人群进行乙型肝炎病毒感染筛检	B	2014.05
男性腹主动脉瘤的筛检	建议65~75岁有吸烟史的男性进行一次超声筛检	B	2014.06
健康饮食和体育活动预防心血管疾病	推荐超重或肥胖以及存在额外心血管疾病(CVD)风险因素的成年人加强健康教育,促进健康饮食和预防心血管疾病	B	2014.08
女性衣原体感染筛检	建议在24岁及以下性行为活跃和无症状,有高感染风险的女性进行衣原体筛检	B	2014.09
女性淋病的筛检	建议在24岁及以下性行为活跃和无症状,有高感染风险的女性进行淋病筛检	B	2014.09
性病健康咨询	建议对性行为活跃的青少年以及对存在高风险的成年人加强健康教育和咨询	B	2014.09

续表

内容	说明	推荐分级	发布日期
阿司匹林预防性用药(先兆子痫)	建议怀孕 12 周后的子痫前期高风险女性服用低剂量的阿司匹林(81mg/d)作为预防药物	B	2014.09
糖尿病筛检	建议在 40～70 岁超重或肥胖的成年人中筛检,发现血糖异常应作为心血管风险评估的部分依据。临床医生应向异常血糖患者提供或推荐强化行为的咨询干预,以促进健康的饮食和身体活动	B	2015.10
抑郁症(成人)的筛检	建议在一般成年人群中进行抑郁症筛查,包括孕妇和产后妇女,如果有工作人员能帮助抑郁症的护理支持工作,以确保准确的诊断、有效的治疗方法和随访	B	2016.01
儿童和青少年重度抑郁症的筛检	建议在 12～18 岁的青少年中进行重度抑郁症(MDD)的筛查,如果有体系能确保可以有准确的诊断,心理治疗和随访	B	2016.02
阿司匹林预防性用药	建议 10 年心血管病风险≥10% 的 50～59 岁心血管疾病和结肠、直肠癌患者使用低剂量阿司匹林作为心血管疾病的初级预防措施,其不会增加流血的风险,有至少 10 年的期望寿命,同时要求每日服用低剂量阿司匹林至少 10 年	B	2016.04
结核筛检	建议对高危人群进行结核菌感染的筛检	B	2016.09
母乳喂养干预	建议在孕期以及在产后实施相应的干预,以保证母乳喂养	B	2016.10
他汀类药物预防性用药	建议无心血管疾病史(心血管疾病,例如有症状的冠状动脉疾病或缺血性脑卒中)成年人使用低到中等剂量的他汀类药物以预防心血管疾病和降低死亡率	B	2016.11
先兆子痫筛检	建议在孕妇怀孕期间进行血压测量	B	2017.04
儿童和青少年肥胖筛检	建议临床医生筛检 6 岁及以上肥胖的儿童、青少年,为他们提供或转介,对他们进行全面强化的行为干预,以促进体重状况的改善	B	2017.06
儿童视力检查	检测弱视或其危险因素,建议在 3～5 岁的儿童中至少进行一次视力筛查	B	2017.09
皮肤癌健康咨询	建议对青年、青少年、儿童和其父母进行健康教育,告知 6 个月到 24 岁白种皮肤类型的人尽量减少紫外线辐射的暴露,以降低皮肤癌的风险	B	2018.03
老年人预防跌倒	建议 65 岁及以上具有跌倒高风险的老年人通过运动干预预防跌倒	B	2018.04
65 岁及以上女性骨质疏松症筛查	建议 65 岁及以上的妇女通过骨测量测试来进行骨质疏松筛查,以防止骨质疏松性骨折	B	2018.06
有骨质疏松症高风险并小于 65 岁的绝经后女性骨质疏松症筛查	建议在经正式临床风险评估工具确定,具有患骨质疏松症高风险并小于 65 岁的绝经后女性通过骨测量测试来进行骨质疏松筛查,以防止骨质疏松性骨折	B	2018.06

*(引自:www. USPreventiveServicesTaskForce. org. 截止到 2018 年 6 月,A 和 B 等级的临床预防服务建议共 51 项)

第三节　临床预防服务的实施

一、临床预防服务的实施原则

1. **重视危险因素的收集**　临床预防服务的基础是全面收集就医者的资料。临床预防服务的实施过程应全面收集个人信息、体检和实验室检验资料,并对个人的健康危险因素进行评价,选择最佳的预防措施和方案。

2. **医患双方共同决策**　根据临床预防服务民主化的特点,实施临床预防服务的又一原则是医患双方共同决策,并以相互尊重的方式进行教育和咨询。医务人员通过其方式把不利于健康的危险因素和后果的相关信息告知就医者,并有责任保证他们为了自己的健康而做出正确的决定,但这个决定是有患者参与共同决策的,并不是医务人员迫使患者接受的。研究表明采用权威的方法使患者改变行为的收效甚微,而医患共同决策的模式才是最佳的决策模式。

3. 注重连续性　临床预防服务的连续性原则体现在两个方面:一是服务供需双方最好建立长期、连续的服务关系,虽然在一定程度上可能限制了患者就医自由的选择权利,但却有利于双方信任关系的建立和对患者个体全程系统的管理。二是健康资料收集的连续性更加有利于临床预防服务的效果。有了双方连续的服务关系,资料可不间断收集,对个体健康维护方案得到不断修正和完善。

4. 以健康咨询为先导　在健康咨询、筛检、免疫、化学预防和预防性治疗等主要临床预防服务内容中,医务人员常常偏爱于健康筛检、化学预防和预防性治疗,因为这些措施和建议易为患者所接受,并有一定的经济回报。但从疾病发生、发展的过程来看,通过健康教育和咨询改变不良行为比体检或筛查可更早地预防和逆转疾病的进程。科学研究也表明,通过健康咨询、教育与指导改变人们的不良行为生活方式是最有效的预防干预方式。

5. 合理选择健康筛检的内容　临床预防服务需要根据个体不同性别、不同年龄和不同危险因素,制定有针对性的疾病筛检策略,而不是笼统地以1年1次的方式进行全面的健康检查。对于何种疾病值得筛检,流行病学部分的章节和后面的第十三章已具体阐述涉及。美国预防服务工作组根据循证医学原则制定的《临床预防服务指南》,对于我们选择筛检内容也有很好的参考价值。

6. 根据不同年龄阶段的人群特点开展针对性的临床预防服务　不同的年龄阶段个体健康问题不同,健康危险因素也具有差异。临床预防服务中,一般需根据各年龄段的特点和主要健康问题来开展有针对性的预防工作。譬如婴幼儿时期,除了常规的免疫接种和婴幼儿保健外,意外伤害、肥胖、被动吸烟以及环境铅接触问题也须引起关注。青少年时期,意外伤害、饮食习惯和体力活动、吸烟、未婚先孕和性传播疾病、心理问题等是这个时期比较常见的健康问题。在中青年时期,主要健康问题往往与职业有害因素、健康有关的生活行为方式、心理问题(尤其是女性)等有关。老年期,除了要关注健康有关的生活行为方式和心理问题外,老年的认知功能、用药问题、乃至社会支持网络等都与改善老年人的生活质量有明显的关系。

二、临床预防服务的实施基本步骤

(一)健康信息收集

收集个人健康信息是临床预防服务的第一步。健康危险因素是在机体内外环境中存在的与疾病发生(尤其是慢性病)、发展和死亡有关的诱发因素。这类因素有很多,概括起来有环境危险因素、行为危险因素、生物遗传因素和医疗服务的危险因素。

健康信息一般通过问卷调查、健康体检和筛查等获得,也可通过门诊、住院病历的查阅获得,不论通过何种途径取得,其准确性都是首先需要保证的。临床预防服务中,一般通过门诊询问获得就医者的健康信息。

在临床预防服务过程中,由于时间的限制,通过门诊询问获得就医者的健康信息有其特殊的方式和技巧。在初次与患者接触时,有必要确定危险因素询问的主要内容,以求在与患者接触后能建立患者的危险因素档案。这些问题一般包括:吸烟、身体活动、日常饮食、性生活、酒精和其他毒品的使用、预防伤害、口腔卫生、精神卫生及其功能状态、疾病史和家族史中的危险因素、接触职业与环境的危险因素、旅游史以及接受所推荐的筛检试验、免疫和化学预防状况。表8-3列出了一些重要危险因素的初筛问题。

在以后与患者接触时,临床医务人员应简单复习病史记录,了解已讨论的危险因素,回顾患者在减少危险因素方面成功与失败的尝试,确定本次应诊时需注意的危险因素。同时有些病史记录封面内页有危险因素"存在问题目录"或上次应诊记录的提示,这将有助于提高复习的速度。就医者在临床预防服务过程中危险因素得到控制,如停止吸烟,则在本次应诊时,医生应提供积极的强化措施,并核实该患者有无反复。然后,识别尚未询问的其他危险因素,确定本次应诊中值得注意的危险因素。

表 8-3　重要危险因素的初筛问题实例

1. 您吸烟吗?

2. 您每天有多少时间进行身体活动?

3. 最近 24 小时内您吃过哪些食品?

4. 您的朋友中有婚外性生活的人吗? 您是否有这种行为? 您使用什么避孕措施?

5. 您差不多每天喝酒吗? 您的朋友中有吸海洛因或鸦片的人吗? 您吸过吗?

6. 您一直遵守交通规则吗? 您曾骑自行车猛拐、抢道吗? 您曾经酒后驾车吗? 您是否曾乘坐由酒醉司机驾驶的汽车?

7. 您每天刷牙吗? 或隔多久刷一次? 您的牙出血过吗? 您最近一次看牙医是什么时候?

8. 近来您的情绪怎样?

9. 医生曾经诊断你患有心脏病、癌症、糖尿病或哪种传染病?

10. 您是否有心脏病、癌症或糖尿病的家族史?

11. 您目前从事何种工作? 过去曾从事过什么工作?

12. 您到过其他地方或其他国家吗? 或正准备去什么地方或国家?

13. 您最近一次参加的体检是在什么时候? 查什么?

14. 您最近一次接受的免疫接种是在什么时候? 什么免疫接种?

15. 您服用雌激素吗? 您每天服用阿司匹林吗?

任何诊疗接触时,医生都应遵循尊重患者以及医学访谈的基本原则。包括确定与患者的讨论议程、应用开放式问题和保持目光接触等。在应诊过程中转到讨论生活方式的细节时,患者常无思想准备,所以提出危险因素问题时患者可能会被突然的主题转变弄得不知所措,甚至感到被冒犯,以致不乐于配合回答问题。在询问时,医生应注意患者的情绪反应,患者的措词、语调、语音、语速和非语言性交流可能表示他们的不自在、不耐烦或不愿意讨论某种生活方式问题。识别这些反应,并向患者提出与其共同分担是十分重要的。

（二）健康风险评估

健康风险评估(health risk appraisal, HRA)是一种用于描述和评估个体的健康危险因素所导致的某一特定疾病或因为某种特定疾病而死亡可能性的方法和工具。具体的做法是,根据所收集的个体健康信息,对个人的健康状况及未来患病或死亡的危险性用数学模型进行量化评估。这种分析过程的目的在于估计特定时间发生某种疾病的可能性,而不在于做出明确的诊断。

健康风险评估的方法主要包括一般健康风险评估、疾病风险评估等。一般健康风险评估主要是对危险因素和可能发生疾病的评估。对危险因素的评估包括生活方式/行为危险因素评估、生理指标危险因素评估,以及个体存在危险因素的数量和严重程度的评估,发现主要问题以及可能发生的主要疾病。例如《中国成人血脂异常防治指南》对血脂异常患者进行心血管疾病危险度分层,则是通过检测个体的生理指标,针对个体或人群各项生理指标的严重程度及其他危险因素数量,评估个体或人群的危险度。疾病风险评估一般有两种方法。第一种是建立在单一危险因素与发病率的基础上,将这些单一因素与发病率的关系以相对危险性来表示强度,得出各相关因素的加权分数即为患病危险性。典型代表是哈佛癌症风险指数。第二种是建立在多因素数理分析的基础上,采用统计学概率理论的方法得出患病危险性与危险因素之间的关系模型。常见方法有多元回归(logistic 回归和 Cox 回归),基于模糊数学的神经网络方法等。这类方法的典型代表是 Framingham 的冠心病模型,很多机构以 Framingham 模型为基础构建其他模型并由此演化出适合自己国家、地区的评价模型。两种常见疾病风险评估方法的比较见表 8-4。

在临床预防工作中常以某种特定疾病为基础,对健康危险因素进行评价,其步骤主要包括:第一,选择要预测的疾病(病种);第二,不断发现并确定与该疾病有关的危险因素;第三,应用适当的预测方法建立疾病风险预测模型;第四,验证评估模型的正确性和准确性。以心血管疾病的风险评估为例,许多国家和地区在借鉴和引用 Framingham 模型的同时,也在积极研究和使用新的简易预测工具。中国"十五"攻关"冠心病、脑卒中综合危险度评估及干预方案的研究"在预测模型的基础上,进一步将各连续变量危险因素转化为分组变量拟合出适合中国人群的心血管病综合危险度简易评估工具(表8-5,表8-6),该工具是根据简易预测模型中各危险因素处于不同水平时所对应的回归系数,确定不同危险因素水平的分值,所有危险因素评分之和即对应于缺血性心血管病事件的 10 年发病绝对危险。

表 8-4　两类常用疾病风险评估方法的比较

评估方法	定义	方法	结果表示
单因素加权法	判断个人死于某些特定危险因素的可能性	多为借贷式计分法,不采统计概率论方法计算	多以健康评分和危险因素评分方式
多因素模型法	判断一定特征的人患某一特定疾病或死亡的可能性	采用疾病预测模型法,以数据为基础,定量评价	患病危险性,寿命损失计算,经济指标计算

表 8-5　缺血性心血管病事件(ICVD)10 年发病危险度评估表(男)

第一步:评分

收缩压(mmHg)	得分
<120	-2
120 ~	0
130 ~	1
140 ~	2
160 ~	5
≥180	8

年龄(岁)	得分
35 ~ 39	0
40 ~ 44	1
45 ~ 49	2
50 ~ 54	3
55 ~ 59	4
≥60 每 5 岁累加 1 分	

体重指数(kg/m²)	得分
<24	0
24 ~	1
≥28	2

总胆固醇(mmol/L)	得分
<5.20	0
≥5.20	1

吸烟	得分
否	0
是	2

糖尿病	得分
否	0
是	1

第二步:求和

危险因素	得分
年龄	_____
收缩压	_____
体重指数	_____
总胆固醇	_____
吸烟	_____
糖尿病	_____
总计	_____

10 年 ICVD 绝对危险参考标准

年龄	平均危险	最低危险
35 ~ 39	1.0	0.3
40 ~ 44	1.4	0.4
45 ~ 49	1.9	0.5
50 ~ 54	2.6	0.7
55 ~ 59	3.6	1.0

第三步:绝对危险

总分	10 年 ICVD 危险(%)
≤-1	0.3
0	0.5
1	0.6
2	0.8
3	1.1
4	1.5
5	2.1
6	2.9
7	3.9
8	5.4
9	7.3
10	9.7
11	12.8
12	16.8
13	21.7
14	27.7
15	35.3
16	44.3
≥17	≥52.6

笔记

表8-6　缺血性心血管病事件(ICVD)10年发病危险度评估表(女)

第一步:评分

收缩压(mmHg)	得分
<120	-2
120 ~	0
130 ~	1
140 ~	2
160 ~	3
≥180	4

年龄(岁)	得分
35 ~ 39	0
40 ~ 44	1
45 ~ 49	2
50 ~ 54	3
55 ~ 59	4
≥60 每5岁累加1分	

体重指数(kg/m²)	得分
<24	0
24 ~	1
≥28	2

总胆固醇(mmol/L)	得分
<5.20	0
≥5.20	1

吸烟	得分
否	0
是	2

糖尿病	得分
否	0
是	2

第二步:求和

危险因素	得分
年龄	
收缩压	
体重指数	
总胆固醇	
吸烟	
糖尿病	
总计	

10年ICVD绝对危险参考标准

年龄	平均危险	最低危险
35 ~ 39	0.3	0.1
40 ~ 44	0.4	0.1
45 ~ 49	0.6	0.2
50 ~ 54	0.9	0.3
55 ~ 59	1.4	0.5

第三步:绝对危险

总分	10年ICVD危险(%)
-2	0.1
-1	0.2
0	0.2
1	0.3
2	0.5
3	0.8
4	1.2
5	1.8
6	2.8
7	4.4
8	6.8
9	10.3
10	15.6
11	23
12	32.7
≥13	≥43.1

评估表的使用第一步是按照表格对年龄、收缩压、体质指数、总胆固醇、吸烟、糖尿病相关指标进行评分;第二步:求出评分总和;第三步:查得分表中总分所对应的10年发生ICVD的绝对危险值。表中下方同时又给出了不同年龄组的平均危险和最低危险,以便医生了解该患者的绝对危险相对于人群平均危险和最低危险的严重程度。平均危险是指同年龄所有人的平均发病危险。最低危险是指同年龄人中,SBP<120mmHg,BMI<24kg/m²,TC<5.20mmol/L,不吸烟,无糖尿病者的发病危险。

(三)个体化健康维护计划

1. 个体化健康维护计划的制订原则　健康维护计划(health maintenance schedule)是指在明确个人健康危险因素分布的基础上,有针对性地制定将来一段时间内个体化的维护健康的方案,并以此来实施个性化的健康指导。与一般健康教育和健康促进不同,临床预防服务中的健康干预是个性化的,即根据个体的健康危险因素,由医护人员等进行个体指导,设定个体目标,并动态追踪效果。个体化健康维护计划的制订要遵循以下几个原则:

(1)健康为导向的原则:临床预防服务的核心思想是以健康为中心。因此,制定个性化的健康维护计划要充分调动个体的主观能动性,这对健康维护计划的顺利实施意义重大。

(2)个性化的原则:个体的健康状况和健康危险因素都不一样,不同个体的生活方式、经济水平、可支配时间以及兴趣爱好等都可能是不一样的。因此健康维护计划应根据个人的实际情况而制定，不能千篇一律。

（3）综合性利用的原则：健康维护计划是一套围绕"健康"制定的个性化的健康促进方案，是全方位和多层次的。从健康定义看，包括生理、心理和社会适应能力三个层面的内容；从管理项目上看，包括综合体检方案、系统保健方案、健康教育处方、运动及饮食指导等内容，因此制订个性化的健康维护计划应从多个角度出发，运用综合性措施对健康进行全面管理。

（4）动态性原则：人的健康状况是不断变化的，生命的每个阶段所面对的健康危险因素也是不一样的，某些意外事件（如车祸、自然灾害等）也可能会突然降临，因此健康维护计划也应该是动态的，要坚持经常对服务对象进行随访，并根据服务对象健康危险因素和健康状态的变化进行相应的调整，只有这样才能对个人健康进行有效的维护和管理。

（5）个人积极参与的原则：个性化健康维护计划改变了以往被动型的健康保健模式，强调个人健康促进活动的主动性和参与性。无论是健康信息的收集、个性化健康维护计划的制订还是计划的最终实施都需要服务对象的积极参与和配合。

2. **干预措施的选择**   健康维护计划的制订需根据危险因素的评估结果以及"患者"的性别、年龄等信息，确定具体的干预措施，包括健康咨询、健康筛检、免疫接种、化学预防和预防性治疗等。由于危险因素与健康之间常常是多因多果关系，应采取综合性的干预措施。医务人员应根据这些原则性建议，结合患者的具体情况、资源的可用性和实施的可行性，选择合适的、具体的干预措施列入健康维护计划中，同时还应根据"患者"的需求等因素进行修改或增减。

3. **干预实施的频率**   在决定采取什么干预措施后，则需要确定干预实施的频率。有些干预措施实施频率已被广泛认同，如某种免疫接种，而健康指导如劝告戒烟，并没有一个明确的频率。对于多数疾病的筛检，频率过高会增加费用，增加产生假阳性结果可能性，筛检间隔时间太长将增加重要疾病漏诊的危险性。确定筛检频率的主要因素是筛检试验的灵敏度和疾病的进展，而不是疾病发生的危险度。而危险度是决定是否要做这项筛检的主要因素，高危人群应得到更多特别的帮助，以保证他们能实施健康维护计划，但不需要更频繁地作筛检。

4. **个体化健康维护计划的实施**

（1）建立流程表：为了便于健康维护计划的实施与监督，一般要求为每位"患者"制定1张健康维护流程表。表8-7所示的是1张固定格式的成年人健康维护流程表。它除了有编号、年份和年龄外，主要内容包括三个部分：①健康指导；②疾病筛检；③免疫接种。每一部分都留有空白的项目，以便医务人员根据患者的具体情况确定其他需要开展的项目并做记录。表的最下一栏是为上级检查做记录所用。在具体操作时，医务人员应根据患者的特征与需求增删项目，使流程表体现个体化。已建立的流程表允许医务人员在随访过程中根据"患者"的需要作适当修正。

（2）单个健康危险因素干预计划：在已建立的健康维护流程表基础上，为了有效地纠正某些高危人群的行为危险因素，还需与"患者"共同制订另外一份某项健康危险因素干预行动计划，如吸烟者的戒烟计划、肥胖者的体重控制计划等。由于不良行为生活方式改变的困难性与艰巨性，纠正不良行为危险因素最好分步实施，一个成功后再纠正另一个。并从最容易纠正的开始。制定的目标不能要求太高，应在近期通过努力就可达到，使"患者"看到自己的进步，逐步树立纠正不良行为危险因素的自信心，从而能长期坚持，达到维护健康的效果。具体的制定方法将在其他章节介绍。

（3）提供健康教育资料：为了提高"患者"对计划执行的依从性，应给他们提供一些有针对性的相关健康教育资料。应强调只有"患者"自己下决心主动承担起健康责任，改变不良行为生活方式，才能真正提高其健康水平和生活质量。

（4）健康维护随访：健康维护随访是指在干预计划实施后，医务人员跟踪"患者"执行计划的情况、感受和要求等，以便及时发现曾被忽视的问题。一般而言，所有"患者"在执行健康维护计划3个月后都需要进行定期随访，随访时间应根据具体情况确定。建议50岁以下健康成年人，2年随访1次；50岁以上成年人，每年随访1次。若出现某一健康问题，应根据该健康问题的管理要求来确定。

表 8-7　成人健康维护流程表

姓名:_____　出生年月:_____　编号:_____

(代码)项目		(代码)项目									
			年龄								
健康指导	(1)吸烟　(7)计划生育 (2)饮酒　(8)职业卫生 (3)营养与饮食　(9)心理卫生 (4)运动　(10)吸毒 (5)损伤　( )_____ (6)性行为　( )_____		日期								
			项目代码								
			日期								
			项目代码								
			日期								
			项目代码								
检查与试验	(项目)	(频率)										
	体检	每3年1次,<50; 每年1次,≥50	日期	○	○	○	○	○	○	○	○
			结果代码								
	血压	每2年1次	日期	○	○	○	○	○	○	○	○
			结果代码								
	胆固醇	每5年1次, 35~60	日期	○	○	○	○	○	○	○	○
			结果代码								
	大便隐血试验	每年1次,<50	日期	○	○	○	○	○	○	○	○
			结果代码								
	听力	每两年1次, ≥65	日期	○	○	○	○	○	○	○	○
			结果代码								
	乳房检查	每3年1次, <40	日期	○	○	○	○	○	○	○	○
			结果代码								
		每年1次,≥40	日期	○	○	○	○	○	○	○	○
			结果代码								
	乳腺X线拍片	每年1次,≥50	日期	○	○	○	○	○	○	○	○
			结果代码								
	巴氏涂片	每3年1次, 18~65	日期	○	○	○	○	○	○	○	○
			结果代码								
			日期	○	○	○	○	○	○	○	○
			结果代码								
			日期	○	○	○	○	○	○	○	○
			结果代码								
			日期	○	○	○	○	○	○	○	○
			结果代码								
免疫接种	(项目)	(频率)										
			日期	○	○	○	○	○	○	○	○
			厂商与批号								
			日期	○	○	○	○	○	○	○	○
			厂商与批号								

结果代码说明:N——正常;A——异常;R——拒绝;E——在其他地方已做;把日期右上角"○"涂成"λ"——下次检查的时间。

（范广勤）

思 考 题

1. 何为临床预防服务？试述临床预防服务的特点及意义。

2. 在临床预防服务的循证中，循证证据质量的评价十分重要，循证证据质量可根据证据肯定性分为哪几级？其每一级的含义是什么？

3. 临床预防服务的实施原则有哪几条？

4. 试述临床预防服务实施的基本步骤。

第九章　健康行为干预

通过健康咨询对行为干预是临床预防服务的主要内容之一,也是临床预防服务最为重要的干预措施。国内外的研究均显示,行为与生活方式因素在疾病的发生发展中占据了突出地位。第66届联大预防和控制非传染性疾病问题高级别会议所达成的共识指出:人们的生活条件和生活方式影响其健康和生活质量。贫穷、财富分配不均、缺乏教育、迅速城市化和人口老化以及经济、社会、性别、政治、行为和环境方面的健康决定因素等等,都是导致非传染性疾病发生率和流行率上升的因素。根据杨功焕等对中国疾病负担归因危险度的分析,表明不良生活方式因素已经占到58%。健康的生活方式是促进健康、获得更长期望寿命的重要保障。而那些不健康的生活行为方式,如不合理膳食、吸烟酗酒、身体活动不足已经成为了直接导致中国人群疾病负担的主要原因。基于行为与生活方式因素同疾病发生发展的关系及它的可改变性,采取措施改善服务对象人群的健康相关行为,无疑是当前临床医学和预防医学的共同任务。

第一节　健康行为及其影响因素

一、行为与健康行为的概念

1. 行为(behavior)　是指在内外环境刺激下有机体为适应环境所产生的反应,也是有机体为维持个体生存和种族延续,在适应不断变化的环境中所做出的反应。

人类行为(human behavior)是人类在内外环境影响下所引起的内在生理和心理的变化以及外在的能动反应;是指具有认知、思维能力并有情感、意志等心理活动的人对内外环境因素刺激所做出的能动的反应。行为既是内外环境刺激的结果,又会反过来对内外环境产生影响。

人的行为可以分为外显行为与内隐行为。外显行为:可以被他人直接观察到的行为,如言谈举止。内隐行为:不能被他人直接观察到的行为,如意识、思想等心理活动。一般可通过观察外显行为了解其内隐行为。

2. 健康行为(health behavior)　这一概念最早由Kasl等于1966年提出,认为健康行为是个体为了预防疾病或早期发现疾病而采取的行为。Rice认为,健康行为是个体为了预防疾病、保持自身健康所采取的积极行动,它包括改变危险生活方式,减少或消除健康危险行为(如吸烟、酗酒、不良饮食以及无保护性行为等),采取积极的健康行为(如有规律的体育锻炼、定期体检等),以及遵从医生指导等行为。Pender等认为,健康行为是指个体为维持健康或促进健康,达到自我满足、自我实现而采取的包括健康责任、运动和锻炼、人际关系、压力应对、自我实现、营养6个方面的行为。

广义而言,健康行为不仅包括个体或群体可观察到的、外显的行动,也包括人的思想活动和情感状态。David Gochmant将健康行为定义为"与促进、维护或恢复健康相关的个体心理、情感状态和外显的行为模式"。从狭义上理解,Kasl和Cobb认为健康行为是个体为了预防疾病或早期发现疾病而采取的行为,并将健康行为定义为三类:

(1)预防行为(preventive health behavior):自信健康者在无疾病症状情况下所采取的任何旨在维护健康、预防疾病的行为。如平衡膳食、合理运动等。

(2)疾病行为(illness behavior):不确定是否健康或自我感觉生病者所采取的任何旨在确定健康状况或寻求恰当治疗的行为。如求助行为等。

（3）患者行为（sick-role behavior）：被确诊有病或自信生病者所采取的任何旨在恢复健康的行为，包括主动获得治疗、照料、静养、康复、主动休息等。

二、影响健康行为的因素

行为是一种外显的行动，导致这些行动有许多影响因素。如果把影响人行为的因素归纳起来，可大致分为三大类：倾向因素、促成因素和强化因素。

1. **倾向因素（predisposing factors）**   指为行为改变提供理由或动机的先行因素。它通常先于行为，是产生某种行为的动机或愿望，或是诱发产生某行为的因素，其中包括知识、信念、价值观、态度及自信心，以及现有技能、自我效能等。

2. **促成因素（enabling factors）**   指允许行为动机或愿望得以实现的先行因素，即实现或达到某行为所必需的技术和资源，包括干预项目、服务、行为和环境改变的必需资源以及行为改变所需的新技能等，如：健康食品的供应情况、保健设施、医务人员、诊所等资源；医疗费用、诊所的距离、交通工具、个人保健技术；政府的重视与支持、法律、政策等。

3. **强化因素（reinforcing factors）**   指对象实施某行为后所得到的加强或减弱该行为的因素，这类因素来自行为者周围的人，如配偶、亲属、医生、教师、同伴、长辈等；也包括行为者自己对行为后果的感受，如社会效益（如得到尊重），生理效益（如通过体育锻炼后感到舒展有力、经治疗后痛苦缓解）、经济效益（如得到经济奖励或节省开支）、心理收益（如感到充实愉快）等。

事实上，无论是倾向、促成亦或强化因素，都反映了人的行为受到多个层次上不同因素的影响。例如，倾向因素往往和个体的认知、态度等有关，但也会受到家庭和社会环境的影响。强化因素可以来自自我激励，也可以来自家庭或组织。促成因素可能更多来自社会资源。健康行为的生态学模式强调人的行为受多重环境的影响，若按照层次来描述它们之间的关系，则形成如图 9-1 所示的健康行为生态学模型。在这一模型中，影响人的行为有 4 个层次，由小到大依次为个体、人际、组织机构、社区（文化、经济和政策）因素。该模型认为，健康行为的发生发展受到多个

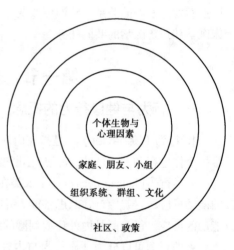

图 9-1   健康行为的生态学模型

水平的因素影响：个体水平；家庭、朋友等人际水平；组织、群组水平；社区、社会水平。同时，在这些因素和水平间存在相互联系，即人的行为与环境是相互作用的。

为了充分地利用生态学模型的优势，我们提倡多学科、多部门、多项目间的合作。比如在烟草控制方面，立法部门可以通过法律和政策等方式保护非吸烟者的权利，保证室内公共区域无烟；媒体应该抵制烟草公司的广告与赞助，并传播烟草控制的信息；公共场所应制定并实施具体的控烟政策，创建无烟医院、无烟校园和无烟餐厅等；社区医务人员应把戒烟劝导列为日常工作的重要内容；学校应把无烟教育长期贯穿于对青少年的健康教育之中；家庭成员应支持和配合吸烟者戒烟。上述这些干预作用于环境中的各个层面，是社会各界在各方面对控烟工作的共同贡献。

生态学模型是一个宏观模型，强调的是一种思维方式，而不是某个具体变量。在设计健康促进的干预性实验时，可以考虑运用生态学模型作为总体框架，同时结合使用其他微观的、具体的行为理论。例如研究者在某社区设计一个促进身体活动的项目时，可以在大框架上运用生态学模型划分和定义环境，然后在环境中的具体层面上结合使用相关的理论模型，如在个体层面上使用健康信念模式，在人际层面上使用社会认知理论等。

第二节　常用健康行为改变理论

生态学模型提供了行为改变的基本框架,但在改变具体的健康相关行为时,还需要具体理论的指导。健康行为改变理论能帮助解释和预测健康相关行为的演变、分析内外部影响因素对行为的作用、探索行为改变的动力和过程,以及帮助评价健康教育干预的效果。因此,适用的相关理论有助于确定健康教育活动最佳的目标、制定有效的干预策略和措施、设计效果评价方案等。

根据上述健康生态学模型,健康相关行为理论可分为三个水平:

1. **应用于个体水平的理论或"模式"(model)**　包括健康信念模式(health belief model,HBM)、阶段变化理论(transtheoretical model and stage of change,TTM)、理性行为理论和计划行为理论(theory of reasoned action and theory of planned behavior);

2. **应用于人际水平的理论**　社会认知理论(social cognitive theory,SCT);

3. **应用于社区和群体水平的理论**　社区组织模型(community organization model)、创新扩散理论(diffusion of innovation)。

本章根据临床场所的特点,仅选择个体水平的健康信念模式、阶段变化理论以及人际水平的社会认知理论作简单介绍,读者想进一步了解其他的行为理论,可参考相关的书籍。

实际上,一项实际工作往往不只运用某一种行为理论或模式,因为没有哪一个理论或模式能适用于所有的情况。根据关注的对象不同和目标行为类型的不同,需要应用不同的理论或同时运用多个理论。

(一)　健康信念模式

我们通常认为,人们的决策是明智的,一旦他们了解到自己的不良行为会对健康造成威胁时,他们将会改变行为以降低健康风险。可事实上,这样的假设往往不成立。生活中充满了知识和行为相违背的例子。行为改变的经典理论之一健康信念模式可以解释这一现象。健康信念模式是最早运用于解释个体健康行为的理论模型,是目前被接受程度较高也相对比较成熟的健康行为改变理论。半个世纪以来健康信念模式被成功地用于促进安全带使用、遵医行为和健康筛检等领域。

1. **健康信念模式的基本内容**　健康信念模式(health belief model,HBM)认为要使患者接受医生的建议而采取某种有益健康的行为或放弃某种危害健康的行为,需要具有以下几方面的认识。

(1) **感知到威胁(perceived threat)**:知觉到某种疾病或危险因素的威胁,并进一步认识到问题的严重性。

1) **对疾病严重性的认识(perceived seriousness of the condition)**:指个体对罹患某疾病的严重性的看法,包括人们对疾病引起的临床后果的判断,如死亡、伤残、疼痛等;对疾病引起的社会后果的判断,如工作烦恼、失业、家庭矛盾、社会关系受影响等。

2) **对疾病易感性的认识(perceived susceptibility to an ill-health condition)**:指个体对自己罹患某疾病或陷入某种疾病状态的可能性的认识,包括对医生判断的接受程度和自己对疾病发生、复发可能性的判断等。

(2) **行为评价(behavioral evaluation)**:对采取某种行为或放弃某种行为的结果的估计,相信这种行为与上述疾病或危险因素有密切联系。包括认识到该行为可能带来的好处,同时也认识到采取行动可能遇到的困难。

1) **对行为有效性的认识(perceived benefits of specified action)**:指人们对于实施或放弃某种行为后,能否有效降低患病的危险性或减轻疾病后果的判断,包括减缓疼痛,减少疾病产生的社会影响等。只有当人们认识到自己的行为有效时,人们才会自觉地采取行动。

2) **对实施或放弃行为的障碍的认识(perceived barriers to take that action)**:指人们对采取该行动的困难的认识。如有些预防措施花费太大、可能带来痛苦、与日常生活的时间安排有冲突、不方便等。对这些困难的足够认识,是使行为巩固持久的必要前提。

(3) **自我效能(self-efficacy)**:指一个人对自己实施或放弃某一行为的能力的自信,相信自己一定能通过努力成功地采取一个导致期望结果(如戒烟)的行动。自我效能的重要作用在于当认识到采取某种行动会面临的障碍时,需要有克服障碍的信心,才能完成这种行动。

(4) 行为线索(cues to action):指的是诱发健康行为发生的因素,是导致个体行为改变的"最后推动力",指任何与健康问题有关的促进个体行为改变的关键事件和暗示,包括内在和外在两方面。内在线索包括身体出现不适的症状等,外在的线索包括传媒有关健康危害行为严重后果的报道、医生的劝告、家人或朋友的患病体验等。实际上健康教育项目的开展也是行为线索的一种。行为线索越多,权威性越高,个体采纳健康行为的可能性越大。

健康信念模式也受社会人口学特征因素的影响,如年龄、性别、民族、人格特点、社会阶层、同伴影响,以及个体所具有的疾病与健康知识。具有卫生保健知识的人更容易采纳健康行为。不同年龄、性别、个性特征和生活环境的人对采纳健康行为的态度和采纳程度并不相同。

整合上述各因素可以得到图 9-2。

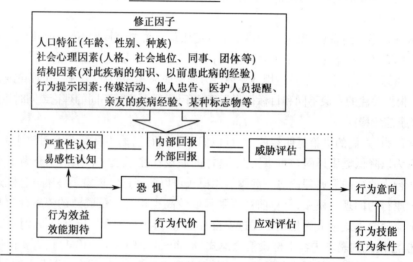

图 9-2　健康信念模式示意图

2. 健康信念模式的应用　健康信念模式的核心是个人对疾病易感性和严重性的认识,对预防性行为的相对益处和障碍的认识。因此干预措施的目标是改变个人不切实际的想法。例如,一个多性伴的女性不愿意接受艾滋病病毒检测。如果原因是因为她认为这是一种男性同性恋者才会感染的疾病,自己并无感染艾滋病病毒的风险,则咨询的重点应该告知她目前行为感染艾滋病的风险;如果她认为艾滋病不是严重的问题,有些人已经被治愈,则咨询的目标应该强调艾滋病的严重性,对于患者健康的巨大威胁。如果她觉得一旦感染了该病,检测也没有意义,则咨询的目标是告知早期诊断和及时治疗可以大大提高艾滋病患者的健康和生活质量;如果她觉得艾滋病病毒检测有太多障碍,如担心保密性,不愿付费等,则应该和她沟通克服这些障碍的信息(例如告知艾滋病检测的免费、匿名服务等)。

(二) 行为改变的阶段变化理论

为什么对于没有戒烟意愿的人们单纯提供戒烟方法收效甚微? Prochaska 和 DiClemente 通过研究吸烟者戒烟过程发现人的行为的改变必须经过一系列过程,因此他们针对行为变化的不同阶段而提出了阶段变化理论(transtheoretical model and stage of change, TTM)。由于整个变化过程跨越且联结了许多理论,所以又命名为跨理论模型。阶段变化理论将行为变化解释为一个连续的、动态的、由 5 个阶段逐步推进的过程。该理论注重个体内在因素,并认为人们修正负向行为或采取正向行为实质上是一种个人决策过程。最初该理论应用于戒烟行为的探讨,但它很快被广泛推广到酒精及药物滥用、饮食失调及肥胖、高脂饮食、AIDS 预防等方面的行为干预研究,并被证明是有效的。

阶段变化理论最突出的特点是强调了根据个人和群体的需求来确定健康促进的策略的必要性。该理论除了重视变化过程外,还重视对不同人群的具体需求进行了解,特别强调应选择适宜的项目以满足人们真正的需求和适合各种人的具体情况,而不要企图把同一个策略用于所有的人群。

1. 行为变化阶段(stages of change)　阶段变化理论认为人的行为变化通常需要经过以下 5 个阶段:

(1)无打算阶段(precontemplation):处于该阶段的人,在未来 6 个月中没有改变自己行为的考虑,或有意坚持不改。人们可能是还没有意识到自己的行为存在问题,也可能是以前曾尝试过改变,但因失败而觉得没有能力改变。这两种情况下,人们可能避免想到或提及其目前所具有的疾病危险行为。

(2)打算阶段(contemplation):处于该阶段的人打算在未来(6 个月内)采取行动,改变疾病危险行为。这个阶段的人们已经意识到自己的行为问题,也已经意识到行为改变后的好处,但同时也意识到会有一些困难与阻碍,在好处与困难之间权衡而处于一种矛盾心态,因而可能长期停留在这个阶段,不再继续前进。

(3)准备阶段(preparation):进入"准备阶段"的人将于未来 1 个月内改变行为。这些人们在过去 1 年中已经有所行动,并对所采取的行动已有打算,例如参加一些有关课程或购买需要的资料等。

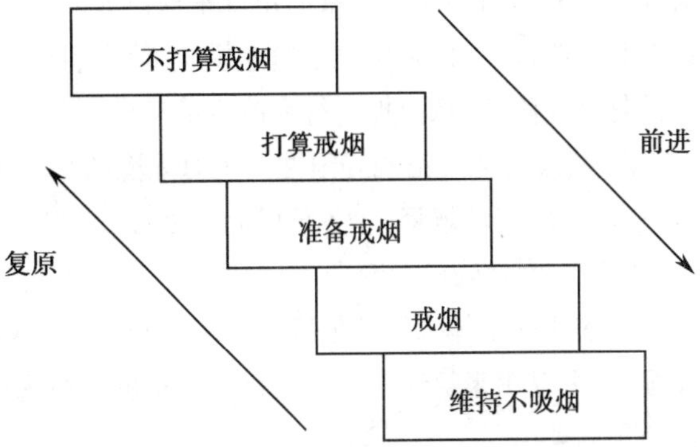

(4)行动阶段(action):在此阶段的人,在过去的 6 个月中目标行为已经有所改变。在行为阶段变化模式中,不是所有的行动都可以看成行为改变。行为的改变必须符合科学家或专家的判断已达到足以降低疾病风险的程度。以吸烟为例,减少吸烟量只属行动阶段,还没有达到行为改变,完全不吸烟才意味着改变了行为(达到了行为维持阶段)。

图9-3　行为改变阶段模式示意图

(5)行为维持阶段(maintenance):处于此阶段的人已经维持新行为状态长达 6 个月以上,已达到预期目的。人们努力防止旧行为复发,但其已比较自信,不易再受到诱惑而复发旧行为。(图9-3)

在 5 个阶段的变化过程中还包含了 10 个认知和行为步骤,如表9-1 所示。

表9-1　不同行为变化阶段的行为变化过程

行为变化阶段	行为变化过程
无打算阶段和打算阶段	提高认识(consciousness raising):增加对危险行为的认识,包括行为的原因、后果和治疗方法
打算阶段和准备阶段	情感唤起(dramatic relief or emotional arousal):知觉到如果采取适当的行动,可以降低不良行为带来的负面影响
准备阶段和行动阶段	自我再评价(self-reevaluation):在认知与情感上对自己的健康风险行为进行自我评价,认识到行为改变的重要性 环境再评价(environmental reevaluation):在认知与情感上对自己的健康风险行为对社会环境产生的影响进行评价,例如评估自己吸烟对他人健康的影响 自我解放(self-liberation):在建立行动信念的基础上做出要改变行为的承诺 社会解放(social-liberation):意识到社会环境在支持健康行为
维持阶段	反思习惯(counterconditioning):认识到不健康行为习惯的危害,学习一种健康的行为取代它 强化管理(reinforcement management):增加对健康行为的奖赏,反之实施处罚,使改变后的健康行为不断出现 控制刺激(stimulus control):消除诱发不健康行为的因素,增加有利行为向健康方向改变的提示 求助关系(helping relationships):在健康行为形成过程中,向社会支持网络寻求支持

实践中,为保证行为干预的有效性,医学工作者必须先了解目标人群在各行为阶段的分布,分析其不同的需要,然后有针对性地采取措施帮助对象进入下一阶段。在无打算阶段、打算阶段,应重点促使他们进行思考,认识到危险行为的危害、权衡改变行为的利弊,从而产生改变行为的意向、动机;在准备阶段和行动阶段,应促使他们针对危险行为对于自身、他人和环境的影响做出评判,尽快开始改变危害健康的行为;这一阶段也应促使参与者作出改变行为的承诺;在行为维持阶段,应改变环境来消除或减少诱惑,通过帮助建立自我强化和学会信任来支持行为改变。该阶段应了解参与者行为改变的障碍并对于如何解决作出建议,并提供足够的社会支持。如干预不理想或不成功,对象的行为会停留在某一阶段甚至倒退。

与健康信念模式不同的是,阶段变化理论是从一个动态的过程来描述人们的行为变化,而健康信念模式则是从行为诱发因素的角度来探讨人们行为变化的原因。但是两者并非割裂。在无打算阶段以及打算阶段,可以利用健康信念模式,使患者认识到行为导致疾病的严重性与易感性,以及行为改变的好处与障碍,从而提高行为改变的动机。

2. 阶段变化理论的局限性　①对环境的影响作用考虑较少;②此模式是对行为变化的描述性解释,而不是原因性解释;③各阶段间的划分和相互关系不够明确。

(三)社会认知理论

与前述的个体水平的健康信念模式与阶段变化理论不同,社会认知理论属于人际水平的行为改变理论,可以用来解释广泛人类行为包括健康行为的综合行为理论,也是为设计行为干预措施而最广泛使用的理论。

社会认知理论(social cognitive theory,SCT)源于社会学习理论(social learning theory,SLT)。社会认知理论将重点放在个体信念方面,主要强调人们对自己能力的信心。社会认知理论的主要观点认为:个体在特定的社会情境中,并不是简单地接受刺激,而是把外界刺激组织成简要的、有意义的形式,并把已有经验运用于要加以解释的对象,在此基础上才决定行为方式。例如,结识一位陌生人时,我们首先确定是在什么场合,对方的职业、地位、性格等,对方在做什么,其意图、动机及对自己的期望是什么,然后再决定做出何种反应。

社会认知理论多年来应用于理解健康相关行为,并进而设计促使有利于健康行为形成的健康教育干预活动,积累了很多成功经验,日渐成熟。

1. 社会认知理论的主要概念　表9-2列出了社会认知理论框架涉及的主要概念。

表9-2 社会认知理论的概念及其在健康教育中的运用

概念	定义	应用
环境 environment	客观存在的外部因素	提供机会和社会支持
情境 situation	个人对外部环境的理解	修正错误概念,促进健康规范
行为能力 behavioral capability	执行特定行为的知识和技能	通过技能培训,促进主动学习
结果预期 outcome expectation	预期的行为结果	模拟健康行为的有利结果
结果期望 outcome expectancies	对特定的行为结果的价值的判断,把预期的行为结果量化	展示行为改变的有意义的结果
自我控制 self-control	对针对目标的行为或行为实施的个人调节	提供目标设定、决策、问题解决、自我监督和自我奖励的机会

笔记

续表

概念	定义	应用
观察学习 observational learning	通过观察其他人的行为和结果而形成 自己行为的过程	提供目标行为的角色模式
强化 reinforcements	对行为的应答,可进一步增强或减弱该 行为发生的可能性	促使自我奖励和激励
自我效能 self-efficacy	个人对实施某特定行为并克服困难的 信心	通过能确保成功的小步骤来开始行 为改变;寻找该种改变的特点
情感性应答反应 emotional coping respon- ses	个人处理感情刺激的策略和战术	提供处理紧张和解决问题的培训, 包括实践针对因情景而产生的情绪 的应对技能
交互决定论 reciprocal determinism	在个人、行为和环境的动态交互影响中 形成行为	考虑促使行为改变的多种因素,包 括环境改变、技能和个人变化

2. 社会认知理论的主要内容 社会认知理论认为,个体的行为既不是单由内部因素驱动,也不是单由外部刺激控制,而是行为、个人的认知和其他内部因素、环境三者之间交互作用所决定的(图9-4)。因此,社会认知理论又被称作"交互决定论"(reciprocal determinism),这是一种综合性的人类行为理论。环境、行为、个人三者之间的交互作用将会因人而异,并因特定行为和行为发生的特定情形而不同。

(1) 交互作用:交互作用因素包括人的思想、情绪、期望、信念、自我知觉、目标和意向、生物学特性(如性别、种族、气质和遗传易感性)与人的行为等。例如人的期望、信念等决定自己的行为方式与方向,反过来所采取的行为又会影响自己的思想和情绪。

环境和个人特性的双向作用表现为人的期望、信念和认知能力的形成和改变要受到环境中社会因素与物质因素的影响。这些社会因素通过诸如榜样的作用、指导和社会规劝等传递信息和激发情绪反应;反过来,人对社会环境产生的影响取决于不同的个人特征,如年龄、身材、种族、性别等个人特质。

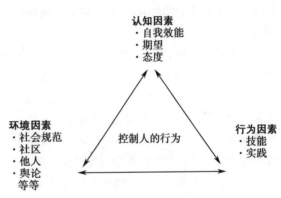

图9-4 个人-行为-环境交互影响示意图

环境和人的行为之间也有双向交互作用,人是其环境的产品和生产者。人的行为将会决定他们暴露于环境的方式,而行为又被环境改变。交互决定论认为人有能力影响自己的命运,同时也承认人们不是自己的意愿的自由行动者。

(2) 观察学习:社会认知理论对个体通过观察来学习,了解社会环境,进而形成行为作了系统的说明,例如通过模仿过程可形成自己的行为。大量的心理学研究结果表明,人类的大多数行为都是通过观察学会的。模仿学习甚至可以在既没有示范也没有奖励的情况下发生,个体仅仅通过观察其他人的行为反应,就可以达到模仿学习的目的。人的不良行为也常常是通过这一途径而形成,如模仿电视明星的吸烟行为。健康教育也可以通过榜样的示范作用,诱导人们建立有利健康的行为。行为一旦形成,便由三个方面调节与维持:①刺激,特定刺激可以决定某些特定行为在适宜的时间出现;②强化,在对象以特定方式活动时予以奖励;③认知,把行为同内在标准比较,提供自我强化或惩罚,从而指引行为。

观察学习必需具备以下条件:第一,必须引起对象的注意,才能使其接受有关的外界刺激加以学习;第二,对象要将观察的行为保持在记忆中,以便在一定的情境中加以模仿;第三,对象需具有言语和动作能力,才能模仿一定的行为;第四,对象要有适当的动机,才会促进学习的效率;最后,应在实施正确行为之后加以强化。

(3)自我效能:自我效能是社会认知理论的核心内容,它对行为的形成、改变至关重要。自我效能是一种信念,即相信自己能在特定环境中恰当而有效地实施行为。自我效能不同于一般意义上的自信。它是对能力的自我认识。自我效能以多种方式影响着人们的知觉、动机、行动及其效果,也影响环境。自我效能不是天生就有的,在行为实践中,在能力训练和强化刺激下,自我效能会逐渐增强。

(4)情感:情感的控制也是行为形成和转变的重要因素。在行为形成和改变的过程中会出现一些情感性问题,包括心理性的防御机制。例如,表现出否定新行为、美化旧行为倾向;畏难学习新行为,不愿改变旧行为;或者感到紧张,有压力,等等。这种情感干扰因不同的人,在不同的文化环境中有很大不同。如有些体重超重的人在面对体重控制时会碰到某种困难。由于一般人对体重超重持负向态度,会使超重者产生焦虑情绪,这可能使他们以进食来缓解焦虑,结果使情况更加恶化。在戒除一些成瘾性行为时,也往往由于阶段作用出现焦虑、情绪低落等改变。因此健康教育者需要考虑如何帮助行为改变者控制自己的情绪。

(5)环境:环境在人们健康行为的形成中有非常重要的作用。环境要通过人的主观意识(情境)起作用。当人们意识到环境提供了采取某类行为的机会时,人们可能克服障碍而形成该行为。如当工作场所禁止吸烟,员工戒烟成为风尚,其中的吸烟者就容易克服种种困难而戒烟。当人们没有察觉到环境提供的机会时,环境的影响力也会受到限制。人的认知活动决定了在多种外部因素中的哪一些是可以被观察到的,并能进而影响个体如何应对环境。没有对象认知的参与,就没有真正意义上的对教育影响的接受。环境也通常是个人和人际间行为互动的结果。例如儿童喜好吃某些食品的行为就受到家长喜欢吃哪些食品,在家里能得到哪些食品,以及在当地或在当时能够得到哪些食品等综合因素的影响。

(6)强化:强化是指能使今后行为频率增加的结果。强化理论(reinforcement theory,RT)认为行为发生(或再发生)与否及其频度同"行为前件"和"行为后件"有关。行为前件指能引发某行为的提示性事件,如摆在桌上的烟盒引发吸烟者的吸烟行为,"桌上的烟盒"即为行为前件。行为后件指紧接着某行为的结果而发生的,能对该行为再发生与否和发生频度、强度产生影响的事件。如参加锻炼而受到父母鼓励,有可能促使孩子今后更多地开展体育活动,父母的鼓励即为行为后件。强化指通过改变行为后件使行为反应发生频度提高的技术,能够提高行为反应频度的条件性事件(行为后件)称为强化因素。强化可分外部强化和内部强化。

外部强化一般通过他人的反应或其他环境因素来实现。人们通过观察了解到周围的人对某些行为的正面反应,因而自己的行为受到强化。这些行为既可能是自己的行为,也可能是他人的行为。例如儿童可以观察其父母的饮食习惯、饮酒或吸烟行为是否得到周围人的赞赏或批评。在学习过程中,体会到周围环境对行为价值的判断,还有助于产生效果期望。

内部强化来自于个人的经验或自身的价值观。在内部强化中,结果预期和结果期望是重要成分。结果预期是通过在类似情境中的经验,观察(或听说)其他人在该情境的情况,使人们相信这样做会达到某种预期的结果。如青少年从对成人或同伴的观察中形成吸烟好玩、令人激动或使自己显得更成熟的预期。相应地,健康教育项目应让孩子讨论吸烟的负面后果,怎样承受拒绝吸烟所产生的压力等。结果期望,即对行为结果的价值判断,能进一步加强内部强化的作用。

根据刺激的性质,强化也可以分为正向强化和负向强化。正向强化是指在行为发生后呈现愉快刺激来使得今后特定行为增加,如人们参加锻炼后感觉愉快轻松,这种愉悦的正向强化增加了今后的锻炼行为。负向强化是指行为发生后,不愉快的刺激得以消除或终止,从而使今后类似行为增加。例如痛风患者通过减少食用高嘌呤食物来减少疼痛,从而增加合理饮食行为。

惩罚与强化相反,惩罚可以降低特定行为在个体受到了惩罚的这种情境下再执行的可能性。其中Ⅰ型惩罚是在行为发生后通过呈现厌恶刺激来减少今后行为发生频率。如纠正一些不良行为的厌恶疗法；Ⅱ型惩罚是通过消除使人愉悦的刺激来减少今后类似行为的发生频率,如,家长通过减少游戏时间来减少孩子不做作业的行为。

临床医学应用强化理论来实施行为矫正治疗已有很长历史,在健康教育中强化理论也是解释健康相关行为和指导干预工作的有力工具。

总之,社会认知理论为解释、预测健康相关行为和制定健康教育干预策略提供了有用的理论工具。许多健康教育工作者都应用该理论来设计健康教育项目。但因内容较广和结构复杂,应用该理论需要广泛的知识、经验和训练。同时,健康教育帮助目标人群形成一些特定的目标行为,也应注意相应的培训,包括与这种行为有关的知识和技能。

第三节　健康教育与健康促进

健康教育和健康促进是促使人们建立和形成有益于健康的行为和生活方式,规避危害健康的因素,促进和保护人民群众健康的实践。

一、健康教育的概念

(一) 健康教育的定义

健康教育(health education)是有计划地应用循证的教学原理与技术,为学习者提供获取科学的健康知识、树立健康观念、掌握健康技能的机会,帮助他们作出有益健康的决定和有效且成功地执行有益健康的生活行为方式的过程。健康教育既是引导人们自愿采取有益健康行为而设计的学习机会,也是帮助人们达成知行合一的实践活动,其核心是健康行为的养成。

(二) 健康教育的五个主要环节

健康教育是由健康教育的教学者(健康教育工作者)把健康相关的信息(health related information)借以教学活动(educational activities)传达给学习者(learner),从而把人类有关医学或健康科学的知识和技术转化为有益于人们健康的行为。这个过程包括如下五个主要环节:

1. **教学者**　健康教育的教学者可以是学校里健康教育的教师、医学或卫生的专业人员、社会工作者等。根据健康教育的属性,专业性健康教育工作主要由医疗卫生机构中的公共卫生医师、临床医生或健康教育老师承担,普及性健康教育工作主要由担负基本公共卫生服务任务的基层卫生工作者和社区社会工作者承担。

2. **健康相关的信息**　由于健康是一个非常宽泛的概念,所以健康相关的信息涉及的范围也很广,包括在人的一生中从生长发育、养生保健、疾病和伤害预防、健康筛查、疾病治疗、管理和康复等一系列的健康主题。科学地选择健康相关信息的原则:首先必须确保信息的正确性,对提升人们的健康是有益的;第二是证据充分,即选择有循证结论(evidence-based findings)的健康相关信息;第三是要适合学习者的需求。

3. **教学活动**　健康教育的教学活动涉及一系列的教学方法和技巧,从狭义上看主要包括个体咨询、指导,人际和小组活动,课堂讲授、培训、训练,各种媒体的传播等;从广义上看,一切有目的、有计划的健康知识传播、健康技能传授或健康相关行为干预活动都属健康教育范畴。

4. **学习者**　学习者可以是个人(不同年龄和性别,不同教育背景和教育程度,不同信仰,不同的生理、心理或病理状况等),也可以是一个团体(如学校的学生、企业员工、医院的患者),或者是没有确定边界的大众。把健康教育的目标人群称为学习者而非听众或受众,是强调健康教育不是单向的健康信息的传递,而是教学者和学习者之间的沟通和互动,且通过健康教育让目标人群养成为了自身健康而能终身学习的习惯。强调目标人群应主动学习而不是被动接受,积极地参与活动前的需求评估、教学活动的过程以及教学效果的评价,即以学习者为中心的教学。以学习者为中心,应让学习者针对自身来发现问题,在讨论和辩论中澄清观念和树立正确的价值观,运用各种方法寻找问题的解决方法,在多种解决方案中明智做出选择,在亲身参与中实地体验和学会实践的技能。

5. **效果**　健康教育的目的是通过开展教育活动,提高健康素养,增强人们自身的健康决策能力,作出有益于健康的理智决定和明智选择(个人增权和社区增权),让人们养成有益于健康的生活行为方式,激发对社区健康议题的重视和参与改善健康的社区行动,从而维持、促进和改善个人和社区的健康。

(三) 健康教育与增权

健康教育的目的是让人们作出有益于健康的理智决定和明智选择。这与健康教育学的一个重要概念"增权"有关。增权(empowerment)是指人们增强对决定他们生命事件掌控力的过程,即有能力对决定自身健康的问题作出明智的选择。增权的核心是:它不能够被给予,必须是自己获得。在许多健康教育活动中,我们的专业人员尤其是医生往往利用我们拥有医学专业知识的优势,强制要求服务对象必须做的事情,或者从教育者自身出发,灌输很多的专业知识给服务对象"洗脑",而服务对象只是处于被动接受甚至是一种知识奴隶的地位。服务对象表面上服从而心理有抗拒是不利于行为改变的,而且由于剥夺了服务对象自身做主的权利,也会严重损害他/她的自尊和自信心,这同样不利于其行为的改变和生活的幸福感。

另外,人的行为在很多场合也受到相关法律的约束。我们在讲述健康促进时将提及应用立法来规范人们的健康行为。但与健康相关法律管束人的行为不同,健康教育是一个内化和增权的过程,通过教育,使人们由衷、自愿和乐意地采纳某一健康相关行为。而健康相关法律是借以法律的条文禁止或取缔违法行为。法律的管束可以在短时间内看到人们行为的改变,但外在的改变必须也要让人们内在信服。这就需要加强健康教育,使人们开始遭到强制而表现出来的行为改变逐渐通过内化变成持久的自觉行为。所以,面对一些公共卫生的问题,遇到威胁性大或急迫的状况,借助法律来约束特定的行为是必要的,但多数情况下,还是以采取健康教育帮助人们养成良好的健康行为为主要的途径。

(四) 健康教育与健康素养

健康教育与健康信息及现代信息化技术密切相关。我们正处于一个信息化的社会,与几十年前国民愚昧落后、卫生知识匮乏不同,当今的社会是海量的信息铺天盖地而来,真伪难辨。但另一方面是人们对自身的健康越来越关注,主动寻求健康知识的能动性也越来越大。这样,正确寻求和辨识科学的健康相关信息成为了人们关心的问题。在就医看病方面,很多高精尖技术的发展使当今的医疗系统变得越来越复杂,怎样能正确地寻医问药,正确地理解医生的医嘱,也成为人们寻求卫生服务过程中的一个挑战。因此,如何正确地获取、理解和应用健康信息,即健康素养,成为了学术、政府和社会关注的议题。

1. **健康素养的定义**　健康素养(health literacy)是在进行与医疗服务、疾病预防和健康促进有关的日常活动时,获取、理解、评价和应用健康信息来做出健康相关决定以维持或提高生活质量的知识、动机和能力。健康素养是一种可由后天培养训练和实践而获得的技巧或能力,它包含阅读书面材料,以及听、说、写和计算等一系列对人维持健康产生影响的能力。在人的一生中,随着时间和情景的变化,健康素养也在不断地发展,贯穿于整个生命全程。但健康素养不等同于文化程度。正如知识并不一定能转化为信念,信念也不一定能转化为行动一样,一个人的受教育程度并不一定能决定其是否具备能维持健康的能力。健康教育和健康促进是提高健康素养的主要手段。健康教育不仅在于增加人们的健康知识,更在于让人们能通过获取、理解、评价和应用健康信息做出合理的健康决策,从而维持或提升健康状况的能力。健康素养之所以重要,是因为它是可以作为衡量个体或者群体是否有能力保持健康的指标,同时它也是健康促进与健康教育干预效果的评估指标。健康素养被认为是公众在医疗服务、疾病预防和健康促进环境中的一种健康的资产。它不仅关乎个人自身,同样关乎整个社会。

2. **健康素养的理论框架**　根据健康素养的定义以及其应用的层面,世界卫生组织欧洲区办事处

(EU WHO)从健康信息处理过程中所涉及的获取、了解、评价及应用4个过程以及在医疗服务、疾病预防和健康促进3个层面所形成的12个维度,构建了健康素养整合模型的理论框架,见图9-5。

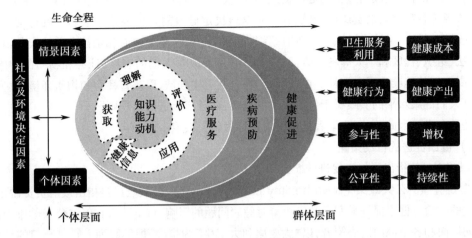

图9-5　健康素养整合模型的理论框架

在这个整合模型的理论框架中,同心椭圆形的中心是健康素养的核心要素,即处理健康有关信息的四个过程(获取、理解、评价、应用)和所涉及健康相关的知识、能力和动机。获取、理解、评价、应用这四方面各代表一个维度,既需要信息接受者本人特定的认知能力,也取决于所提供信息的特性,即:个体的理解力、健康信息的易理解度、切合度和可信度都会影响健康信息的获取和使用;对信息的处理和评价受术语、信息的复杂性等影响;有效地应用信息取决于对信息的综合理解力。

在同心椭圆中心以外有三个不断扩大的同心椭圆,是健康素养的核心要素贯穿公众在健康领域的三大方面:①身为患者,则处在医疗服务系统中;②具有疾病风险的状态,则处在疾病预防系统中;③作为健康公民,则与社区、工作等场所中的健康促进工作有关。人们在这三层面上通过所具备的健康素养,能够运用基本的听说读写和计算技能以获得并理解必要的信息,也能够对信息进行批判性的分析和评价,克服个人、社会和经济上的障碍,自觉采取健康行为,为健康负责。处理健康信息过程中的四个维度具体体现在这三个层面上,由此形成了健康素养3×4的矩阵模型。

另外,健康素养整合模型图形左侧所展现的影响因素按逻辑由近及远进行排列,个人因素和情境因素为近端影响因素,社会和环境因素为远端影响因素。健康素养和健康相关产出之间的联系表现在图形右侧,包括:卫生服务的利用与健康成本、健康行为与健康产出、参与增权,以及公平性与可持续性。

该整合模型图形的上侧表明健康素养与整个生命全程息息相关,下侧则展现出健康素养从个体扩展到群体,结合上面所说的三个层面,健康素养整合到了"临床"与"公共卫生"领域之中,强调了健康素养在三级预防以及减轻医疗负担的作用。

二、健康促进的概念

(一)健康促进的定义

随着人们对行为改变研究的深入,认识到一个人和群体的行为问题不仅有个人的因素,包括物质和社会环境在内的行为背后的原因起着更大的作用,而仅靠健康教育所能取得的效果也是很有限的。于是把健康教育和支持性环境结合起来的健康促进越来越受到学者、政府和社会的关注。1986年,世界卫生组织在加拿大首都渥太华召开了第一届国际健康促进大会,发布了《渥太华宪章》(Ottawa Charter),提出了健康促进的定义、内涵、行动领域和基本策略。《渥太华宪章》指出,健康促进(health promotion)是"促使人们维护和提高他们自身健康的过程"。同时指出,健康促进是一个综合的社会政治过程,它不仅包含了加强个人素质和能力的行动,还包括改变物质、社会环境以及经济条件,从而削弱它们对大众及个人健康的不良影响。2005 年,世界卫生组织《曼谷宪章》又重新把健康促进定义为"增加人们对健康及其决定因素的控制能力,从而促进健康的过程"。

作为一个综合社会政治过程的健康促进,它不仅只针对行为的改变,同时也强调了个人、社会、政治、公共资源等各种因素对健康的影响,并针对这些决定健康的多种因素采取切实的行动。因此,健康促进是健康、教育、经济、政治、社会等有组织行动的组合,以整个政府和全社会的健康共治路径,对环境、立法、组织、社区和个人等各个方面进行干预,从而改善人们的态度、社会和物质的健康支持性环境,提高人们的健康水平和福祉。由此可见,在公共卫生领域,以改善社会和物质环境,改变个人行为来提高人们健康水平的实践属于健康促进的范畴;而健康促进的出现则赋予了公共卫生更深刻、丰富和广泛的含义。因此,也有些学者把健康促进称为新公共卫生。

（二）健康促进的行动策略

《渥太华宪章》指出了健康促进的 5 大行动领域:

1. 制定健康的公共政策（build healthy public policy）　公共政策是指由政府负责制定且影响公众利益的政策。健康促进强调了政府决策对健康问题的影响,重申政府在促进公众健康中的责任,要求不同层面和各个部门的决策者,以"大健康和大卫生"为指导,把健康列入自己部门的议事日程,将健康融入所有政策。在制定公共政策时要确保该政策应有益于公众的健康,至少不得对公众的健康有害,即健康公共政策。健康公共政策包括法令、规章和规范,它在不同层面上都可以制定。健康公共政策的实施将有助于保护社区、家庭和个人远离危险因素,寻求如何实现资源的平等分配,以实现健康的公平性,使人们便于做出最利于健康的选择。

2. 营造支持性环境（create supportive environments）　营造支持性环境是指在促进人群健康的过程中,必须使物质环境、社会经济和政治环境都有利于健康,保证环境与人类的协调和可持续发展。健康促进通过营造一种安全、舒适、满意、愉悦的生活和工作条件,人们在这样的环境下培养良好的生活行为方式,同时也保证环境对公众健康产生积极有利的影响。

3. 强化社区行动（strengthen community action）　如果说制定健康的公共政策强调了自上而下的政府决策以保证最多数的受益者,社区行动则体现了自下而上的群众参与。社会公正与平等是人民获得较好健康状况和幸福生活的先决条件,民主和对人权的尊重是社会公正、和平的内在品质。因此,如果没有个人和社区居民的参与,就不可能创建和谐健康的环境。健康促进的另一项策略就是通过具体和有效的社区行动（包括确立优先问题、做出决策、设计策略及其实施和评价）,以达到更健康的目的。在这一过程中,核心问题是让社区拥有当家做主、积极参与和主宰自己命运的权力,即对个人和社区增权。它是一个社会、文化、心理或政治的过程,个人或团体通过这一过程表达他们的需求以及在参与决策中阐明他们的想法,并参与实现他们需求的政治、社会和文化的行动。人们通过参与这一过程,体验他们生活的目标与采取行动实现这些目标之间的紧密联系,以及他们的努力和生活结局之间的关系,增强社区成员对社区的归属感,以及对健康的拥有权和控制权,从而提升社区、组织和个体的健康掌控力,即社区增权。

强化社区行动的核心是社区增权（community empowerment）,它指通过社区的集体决策和行动,更大地影响和控制他们所在社区决定健康与生活质量的因素,这是社区健康行动的重要目标。社区增权通过动员群众参与解决健康问题的决策过程,可以保证决策的有效性,消除社区成员的无助和失落感,从而促进社区乃至社会的进步。另外,社区增权的重要性还在于人的行为受社会力量的支配,所以,要改变个人的行为,必须要改变其社会条件,使个人通过参与集体行动和制定有效策略使行为得到强化,从而提高个人有关健康的权利和责任的意识,加强个人保健、发展个人能力和健康的生活方式,而不是简单地把个人不良的行为方式归咎于该行为本人,责怪受害者（victim blaming）。

4. 发展个人技能（develop personal skills）　尽管影响一些健康的决定因素超出个人的控制范围,但个体的行为或生活方式会直接影响健康和生活质量,如吸烟、饮酒、饮食、体力活动和性行为等。健康促进通过健康教育,提供健康相关信息、提高生活技能和创建支持性环境,来支持个人和社会的发展。发展个人技能,这不仅仅意味着养成健康的生活方式,更使群众能更有效地维护自身的健康和所生存的环境,并做出有利于健康的选择,即个体层面的增权。除了影响人们对生活方式的选择,增权更促成人们终身学习,了解人生各个阶段的健康特点、掌握处理慢性疾病和伤害的方法,作出健康的选择,最终改善自身的健康。学校、家庭、工作场所和社区都有责任这样做。这种活动需要通过教育、职业、商业和志愿者的团体,并在这些机构内部来完成。

5. **调整卫生服务方向(reorient health services)** 卫生部门是健康促进的关键倡导者,卫生服务是健康社会决定因素之一。调整卫生服务方向的目的就是更为合理地解决资源分配问题,改进服务的质量和服务的内容,提高人们的健康水平。卫生系统和卫生服务方向的重新调整,就是要使之满足健康促进和疾病预防的需求,从以供给为导向的片段化模式转变为以人群和社区为中心的卫生服务,加强社区卫生服务、疾病预防和健康促进的服务和体系建设;同时需要调整政府内部和政府之间的工作关系,以实现全民健康覆盖(universal health coverage,UHC)体系中的健康改善和公平性的最优化。

(三)健康促进的 3 项基本策略

在上述 5 大行动领域中,健康促进主要采取如下 3 项基本策略。

1. **倡导(advocate)** 是指提出有益的观点或主张,并尽力争取其他人给予支持的一种社会活动。健康是社会、经济、个人发展的重要资源,也是生活质量的重要组成部分。政治、社会、文化、环境、行为和生物因素等都有可能对健康产生有益的或有害的影响。健康促进通过倡导,游说制定健康的公共政策,动员社会共同关心健康和参与有益健康的活动,促使人们作出共同努力,主动控制和改变这些影响因素,实现健康共治,使之朝着有利于健康的方向发展。

2. **增强能力(enable)** 是指增强人们控制健康决定因素的能力,与上面介绍的增权同义,包括健康素养的提高以及在健康方面作出正确选择和决定的能力。人们通过增强控制健康决定因素的能力,并能够平等地得到健康的机会和资源,才能在保护和促进健康方面提升责任感、效能感、获得感和自主意识,才能采取有益于健康的决定和行动。健康促进的目标是改善健康公平,为此必须投入资金,创建健康支持性环境,开辟使人们更好地获取健康信息和健康技能的途径,为人们创造选择健康生活方式的机会,提高人们控制健康危险因素的能力,这些都需要"增权"来实现。

3. **协调(mediate)** 控制健康的影响因素,实现健康的愿望,仅仅靠卫生部门是不能达到的,需要协调各利益相关方,建立伙伴关系,共同努力。政府机构、卫生部门和其他社会经济部门、非政府和志愿者组织、地方权威机构、企业和媒体等都是利益相关方,个人、家庭和社区成员都应该参与进来。为了促进人们的健康,专业人员、社会机构和卫生服务人员应承担社会协调责任。同时,在进行社会协调时,应保证健康促进的策略和项目切合本地区的实际需要,并应考虑到不同的社会、文化和经济系统对这些策略和项目的接受程度。

(四)健康共治

健康共治(governance for health)是指各级政府及其相关部门以"整个政府和全社会的路径(whole-of-governments and whole-of-society approach)"引导社会组织、企业和公众为了健康和福祉共同采取的行动。通过 30 年健康促进的实践以及面临新世纪健康公平性问题、环境恶化以及老龄化的挑战,人群健康需要思考更为全面的方法来解决。在第九届全球健康促进大会上,《上海宣言》提出了"健康共治",强调以"整个政府和全社会的路径"来应对当今社会所面临的健康问题和挑战,突出全球、国家、地方和社会事务的共治,并为此构建多元主体共同参与的平台、完善多元主体平等协商的机制,从而激发社会活力,而落脚点是全体人民的健康和福祉。如图 9-6 所示,健康促进通过健康教育,提高个人和公众的健康素养以及强化社会的健康倡导,同时通过健康共治,制定和实施健康的公共政策和动员全社会的参与,营造健康的支持性环境(包括社会和物质环境),促成健康的生活行为方式,结合重整卫生服务方向,从而促进人群健康和福祉。健康促进的出现标志着对行为干预的重点开始从"健康的选择"到"使健康选择成为简单选择"的转变。所以,健康促进的范围可以简单地总结成一个公式:健康促进=健康教育×健康共治。健康教育与健康共治不是简单的相加,而是相乘、协同的关系。

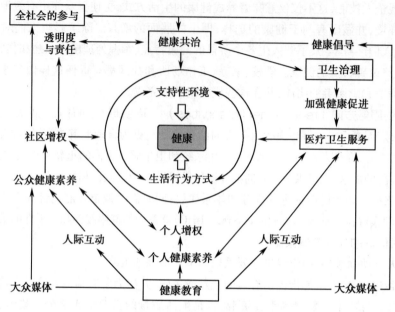

图9-6　健康促进模式图

（五）健康教育与健康促进的关系

　　健康教育与健康促进密不可分。如上所说,健康促进是健康教育发展到一定阶段后的产物,在概念上,健康促进包括了健康教育,而健康教育是健康促进策略中最活跃的一部分。健康促进通过倡导、增强能力和协调,促使人们承担对健康所应负有的责任,推进有益于健康的公共政策改革和支持性环境的创建,推动有益于健康的社会行动的实施。健康促进实质上是政治和社会运动,通过健康共治,制定和实施健康的公共政策和动员全社会的参与,来营造健康的支持性环境,使"健康的选择成为简单的选择"。而健康教育是帮助个体和群体掌握健康知识和技能,提高健康素养等内化的作用,做出"健康的选择",提高自我保健能力,养成有益于健康的行为和生活方式的过程。健康教育是健康促进的重要策略和方法之一,是重要的基础和先导,融合在健康促进的各个环节之中。无论是健康政策开发还是社会动员,无论是倡导还是增权,都要首先对人们进行健康教育,提高人们的健康素养,帮助人们树立正确的健康意识,掌握必要的健康知识和技能。但健康教育必须以健康促进战略思想为指导,健康教育欲改善人们的行为需要得到环境和政策的支持。一句话,健康教育不能脱离健康促进,健康促进也不能没有健康教育。

第四节　健康咨询的基本模式与原则

　　健康咨询是在临床场所帮助个体及家庭改变不良行为最常用的一种健康教育方式。咨询(consultation)指的是一个有需求的个体(通常是患者)与一个能提供支持和鼓励的个体(咨询者)接触,通过讨论使有需求的个体获得自信并找到解决问题的办法。咨询的成功与否很大程度上取决于咨询者的交流技巧。根据上述增权的原则,咨询是为咨询对象提供各种选择,不是强迫对方接受你认为正确的建议,因为有时你认为合理的建议并不适用于对方。在临床场所,医务人员在为个体或家庭提供服务的过程中,有许多可提供健康咨询服务的机会。健康咨询可以作为治疗的一部分而提供给患者,也可以是疾病预防和健康促进的重要手段之一,这是由于咨询可以帮助人们了解到他们自己能努力做什么来避免疾病的发生和提高生活质量。

一、健康咨询的基本模式——"5A 模式"

　　许多国家的临床预防服务指南均建议临床医生使用 5A 模式来开展健康咨询帮助患者改变各种

不良行为。5A 模式不是一个理论,而是由医务人员在临床场所为患者提供健康咨询的五个基本的步骤,即评估(Ask/Assess,包括行为、病情、知识、技能、自信心等),劝告(Advise,指提供有关健康危害的相关信息,行为改变的益处等),达成共识(Agree,指根据患者的兴趣、能力共同设定一个改善健康/行为的目标),协助(Assist,为患者找出行动可能遇到的障碍,帮助确定正确的策略、解决问题的技巧及获得社会支持),安排随访(Arrange,指明确随访的时间、方式与行动计划),最终通过患者自己的行动计划,达到既定的目标。

由此可见,5A 模式(图 9-7)是帮助/协助患者改变行为的一系列步骤,是指导"如何做"的一套程序,是做到以患者为中心的一种实践方式。医务人员可用许多特定的工具(事先印刷好的表格、计算机、电话)来完成对患者的健康咨询和促进行为的改变。虽然 5A 模式适用于几乎所有行为改变的健康咨询,但在进行不同的行为改变的咨询时,其每个步骤的干预内容是有所不同的。另外,在实施 5A 模式时,可以从任何一个步骤开始,也可以在任何一个步骤结束,并非每个患者每次健康咨询都需要从"评估"开始,以"安排随访"结束。这是因为人们的行为可处于行为改变的不同阶段,干预可以从适当的阶段开始。

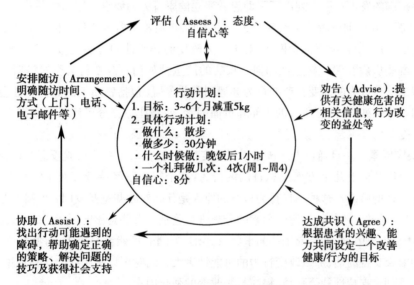

图 9-7　健康咨询的 5A 模式

二、健康咨询的原则

咨询者应牢记以下的几条原则:

1. 建立友好关系　咨询者应对寻求咨询的对象表示出关心和爱护。应重视首先与将要帮助的人建立友好的关系,赢得信任。因为人们更愿意向自己信任的人敞开心扉,谈论自己的问题。

2. 识别需求　咨询者应设法了解到服务对象存在的问题并让他(她)识别出自身存在的问题。咨询者不要帮服务对象找问题,主要任务是仔细地听。

3. 移情　咨询者应对服务对象的感受表示理解和接受,而不是对他(她)表示同情。人们对他们所存在的问题不可避免地会有担心和害怕。一个好的咨询者应帮助人们认识到他们自身的不良情感(担心、害怕)并设法克服,而不是简单地叫他们不要担心害怕。

4. 调动参与　作为一个咨询者永远不要试图劝人们接受你的建议。因为若你的建议是错误的或对服务对象不合适的话,人们可能会很生气并不再信任你;如果建议是对的,人们便会变得越来越依赖于咨询者来解决所有面临的问题。一个好咨询者应帮助人们找出各种与其所存在问题相关的因素,并鼓励人们找出最适合他们自己的解决问题的办法,这也是个体增权的一部分。

5. 保守秘密　咨询者可能被告之许多个人的隐私和令人尴尬的问题,咨询者一定要替求助者保守这些秘密。如果一个正向你寻求咨询服务的人发现没有帮助他(她)保守秘密,对你就失去了以往的信任和尊重。接受服务者也可能因为咨询者没有保守秘密而遭遇麻烦。因此,除非得到允许或者客观需要,绝不要泄露寻求咨询者的信息。

6. **尽量提供信息和资源** 尽管咨询者不一定能给所有的求助者提供直接的建议,但应该与咨询对象分享有用的信息,并为其提供所需的资源,供求助者自己作出决定。例如许多人可能不知道他们的行为与其自身健康的关系,咨询者不是要给他们上课,而是在讨论时为他们提供一个简单的事实来帮助他们对自己的问题有一个清楚的认识。

任何卫生服务人员都能在其日常工作中提供健康咨询服务。同样,老师、家人、朋友等只要愿意仔细倾听并鼓励别人承担应有的责任来解决自己的问题,都可以成为咨询者。

三、帮助患者建立健康行为

当今的临床医学实践表明,单单给予药物治疗或者手术已经无法应对如今以慢性非传染性疾病为主要健康威胁的局面。那么,作为医务工作者,如何结合上述理论,帮助患者建立健康行为以降低慢性非传染性疾病的发生? 以下列出了帮助患者建立健康行为的要点。

1. **提高认识** 在帮助患者决定改变什么行为之前,必须要明白这些危险因素对于健康具有什么样的影响。这里,可以结合健康信念模式,对于行为改变的必要性和可能性做一个完整的回顾:目前的不良行为与哪些疾病有关? 易感性如何? 疾病的严重性如何? 改变行为会对健康有什么样的好处? 有哪些因素支持行为的改变? 改变行为会遇到哪些障碍(包括物质上的障碍和社会支持方面)? 对健康相关因素作一列表,列出所有的正面和负面因素,能够让你充分了解目前所需要改变的行为,以及如何去改变。

2. **分析决定因素** 一旦通过上一步建立了改变行为的打算,下一步就是反思自己目前需要改变的不良行为。可以从以下几个方面反思自己的行为:这个行为已经持续多久了? 发生的频率如何? 行为会产生什么样的后果? 这种不良行为持续的原因是什么? 哪些是激发因素? 哪些是阻碍因素?

在这里,可以通过上述的行为影响因素的分类进行鉴别。有些是倾向因素,如对吸烟这种危险因素的认识;有些是促成因素,如果周围的同事经常递烟,吸烟的可能性会更大;有些是强化因素,如果戒烟能够得到家人支持的话,那么改变行为的可能性更大。同时可以采用社会认知理论,有意识地引导患者帮助自己创建支持性社会环境,提高行为改变的强化因素。

一旦打算改变不良行为,就应该帮助患者建立一个改变的目标。可能同时有几个行为需要改变,但是建议先帮助患者找到一个最优先的目标。需要明确的是:需要改变什么? 为什么改变对于自身很重要? 改变的原因越具体越好。

自我效能也很重要。可以结合社会认知理论,回顾以往行为改变的成功经历,借鉴别人行为改变的经验以及自我和他人的勉励、激发提高行为改变的自信。医生要对患者的行为改变的决定予以肯定和支持。

3. **制定可行的目标** 在这一阶段,建立更加切实可行的具体行为改变目标。可以采用 SMART 原则,保证目标具体(specific),可以测量(measurable),以行动为导向(action-oriented),现实(realistic),时间节点(time-oriented)。例如,把每月减去 1kg 体重的健康目标转变为每周参加 5 次跑步,每次 30 分钟等切实可行、可以测量的行动目标。

在这里,循序渐进的原则非常重要。例如,对于一个很少参加锻炼的人来说,上述指定的每周 5 次、每次 30 分钟的跑步计划可能难以马上执行,则可以采用分步的原则,从每周 2 天,每次 20 分钟开始。在自己能够完全达到目标后,再进一步提高要求。这样不仅可以更加容易实现目标,而且每一次在达到既定目标的过程中,自我效能也在不断提升。

当患者知道自己的行为受到关注和支持后,行为改变的可能性将会大大提高。医务人员可以与患者,或者鼓励患者与家人制定一个行为改变的健康协议。医务人员或者家人的提醒、支持会成为行为改变的促成因素和强化因素。

4. 自我激励　在采取行动前,应该对行为的改变形成美好的愿景,即有积极的结果预期。例如,想象自己恢复正常体重后可以穿着合身衣服的快乐有利于培养坚持锻炼的行为。同时,也要学会处理行为改变中的各种挑战,比如没有时间、劳累、压力等等都可能成为行为改变的障碍。在行为改变之前,就应该回顾以往的经历,哪些情况可能会诱发不健康行为? 对此有所准备并且制定对策。例如,如果和朋友聚会时很容易吸烟,那么在戒烟初期就要尽量避免此类场合或者预先说明自己已经戒烟了。经常自我鼓励,不断提高自己的自我效能。对于自己的每一个进步自我奖励,不断对改变的行为予以强化。

比较理想的情况是,医务人员能够和患者一起评估行为危险,帮助制订计划,签订健康协议,并且随访,帮助患者完成整个行为的转变。需要指出的是,这里的要点与前述的健康咨询模式相辅相成,应该把这些要点贯穿于 5A 模式中关于劝告、达成共识、协助等基本步骤中。在干预中不仅涉及各种健康行为改变理论的应用,健康咨询的基本原则也应贯穿其中。

(景汇泉)

思 考 题

1. 什么是健康行为和健康相关行为?
2. 试述健康信念模式、阶段变化理论及社会认知理论的要点。
3. 阐述健康促进的基本策略。
4. 在临床工作中如何提高患者的健康素养?
5. 健康咨询的基本模式是什么?

第十章　烟草的控制

　　烟草流行是当今世界上最严重的公共卫生威胁之一。根据2013年全球烟草使用监测结果,全球人群中有21%为现在吸烟者,男性和女性的现在吸烟率分别为36%和7%。吸烟者中约半数会因吸烟相关疾病提早死亡。在目前全球30岁以上人群的死亡中,有12%可以归因于烟草的使用。烟草使用增加卫生保健费用并降低生产力,由此给经济造成巨大负担。全球每年因为烟草使用引起疾病和早死而导致的医疗保健支出和生产力损失达到1.4万亿美元。

　　大量的实践经验表明,医务人员在控烟中作用举足轻重。但是,目前中国控烟的问题远没有受到应有的重视,医生对患者的影响力被严重低估,这意味着医务人员的潜在能动性远未得以发挥。医务人员,作为扭转中国控烟严峻现状最有希望的群体,应该承担起时代赋予的重任,承担起控烟责任,起到示范作用。

第一节　吸烟的危害

一、烟草的类型及主要的有害成分

　　烟草是一种在世界上分布范围很广的植物,原产于美洲,最早可以追溯到公元前6000年,印第安人用于宗教等祭祀活动中。1492年航海家克里斯多佛·哥伦布航海归来,将其带到欧洲。烟草在明朝万历年间被带入中国,而后被广泛地种植和吸食。目前世界上大约有120个国家开展烟草种植,而中低收入国家占了85%。

　　烟草制品(tobacco products)指全部或者部分有烟叶作为原材料生产的供抽吸、吸吮、咀嚼或者鼻吸的制品。按照吸食过程是否产生烟雾主要分为两大类型,有烟烟草和无烟烟草。有烟烟草是指吸食时需要点燃并吸入烟草烟雾,也是最普遍的烟草吸食方式。点燃烟草后可释放烟草中的生化活性成分,例如尼古丁和烟草特有的亚硝胺(TSNA),并通过肺部将其吸收。有烟烟草包括机器制造的卷烟、自卷烟、雪茄烟、比迪烟、丁香烟、水烟、烟斗等。其中机制卷烟在全球烟草制品中占据最大份额。无烟烟草则是不用点燃而直接用口或鼻子吸用的烟草产品。无烟烟草产品多种多样,其中最常见的为鼻烟和咀嚼烟草。无烟烟草虽然不释放环境烟雾,但是同样具有成瘾性,并导致口腔、喉咙等部位肿瘤。值得注意的是,不存在无害的烟草制品,所有形式的烟草制品都会危害健康。

　　卷烟在点燃吸食的过程,由于烟草不完全燃烧产生烟草烟雾。烟雾中含有7000余种化学成分,其中已发现数百种成分对人体有害,如一氧化碳、一氧化氮、氨、硫化氢、氰化氢等。根据国际癌症研究机构(IARC)提供的数据,目前已经在烟草主流烟雾中检出确定对于人类有致癌性的Ⅰ类致癌物11种,对人类很有可能致癌的2A类致癌物14种,对人类有可能致癌的2B类致癌物56种。

　　尼古丁是烟草成瘾的主要物质。它具有交感神经活性,可促进交感神经和肾上腺释放儿茶酚胺,导致心率增快,血压升高。这也是烟草使用导致心脑血管疾病的重要原因之一。尼古丁在吸入肺部后数秒钟到达大脑,作用于大脑中的尼古丁受体,刺激多巴胺释放,产生快感;同时,血中尼古丁水平很快升高。尼古丁的半衰期为2~3小时,停止吸烟后,体内尼古丁的浓度会迅速下降,导致吸烟者会迫不及待地吸下一支烟,于是多巴胺再次得到迅速释放,周而复始,在大脑中形成了对于多巴胺依赖的奖赏回路。由于大脑由于长期处于被尼古丁激活的状态,对于尼古丁的敏感性下降,导致大部分人吸烟量逐步增加,日久形成对尼古丁的依赖即成瘾性。

一氧化碳(CO)是烟草烟雾中的主要成分。研究显示,规律吸烟者,体内碳氧血红蛋白水平平均在5%左右,重度吸烟者可高达10%以上。吸烟者体内CO浓度一天24小时均处于高于正常水平。CO与血红蛋白结合,不仅降低氧合血红蛋白的数量,同时降低红细胞携氧能力,抑制血红蛋白中氧的释放,从而导致机体处于相对低氧状态。为了应对低氧,红细胞体积和数目代偿性增加,使红细胞可以携带更多的氧供给器官组织。红细胞体积和数量的增加使血黏滞度增加,导致体内处于高凝状态。

多环芳香烃是烟草焦油中的成分,是一种常见的致癌物质。大量研究显示,烟草烟雾中的多环芳香烃类(PAHs)、N-亚硝胺类、芳香胺类以及某些易挥发的有机物在吸烟诱发肿瘤中发挥了重要作用。动物实验显示多环芳香烃还可加速动脉粥样硬化。烟草烟雾中的细颗粒物(PM2.5)是室内污染的重要来源,可以被吸入呼吸道深部,进入血液循环,导致肿瘤和心血管系统疾病。

需要指出的是,烟草制品的改良,无论是低焦油卷烟或者中草药卷烟都无法真正降低吸烟带来的疾病风险,而仅仅是烟草业的营销手段。事实上,吸烟者吸入的焦油量往往高于卷烟上标注的机器测定的焦油含量值。尤其是吸食低焦油卷烟后,由于吸烟者为了获得更多的尼古丁以满足成瘾性,往往会采取补偿行为,吸得更多更深,实际吸入的焦油含量远高于标注值。所谓安全、低害的卷烟是不存在的。

烟草吸食过程中产生两种烟雾:主流烟雾(mainstream smoke)和侧流烟雾(sidestream smoke)。主流烟雾(mainstream smoke)是指当吸烟者吸卷烟时从卷烟嘴端或者烟蒂端吸入的烟雾,最终仍有部分由吸烟者呼出。侧流烟雾(sidestream smoke)是指从卷烟的燃烧端在两次抽吸之间阴燃(没有火焰缓慢燃烧现象)时产生的烟雾,也包括从包装烟草烟纸扩散出来的烟雾。吸烟者呼出的主流烟雾和侧流烟雾,与周围的空气混合,形成我们通常所说的环境烟草烟雾(environmental tobacco smoke,ETS)。环境烟草烟雾暴露又称"二手烟(secondhand smoke)",是指不吸烟者吸入吸烟者呼出的主流烟雾及卷烟燃烧产生的侧流烟雾。由于被动吸烟一词可能被烟草业用来支持"自愿接受二手烟暴露是可以接受的"立场,因此本章节不予采用。由于侧流烟雾因为燃烧温度更低,燃烧更不完全,而且不经过任何过滤,所以一些有害物质的浓度比主流烟雾更高。因此,吸烟不仅危害吸烟者的健康,还危害周围非吸烟者的健康。世界卫生组织指出,二手烟的暴露没有安全水平,任何浓度、任何时间的暴露都可能对人体产生危害。100%无烟环境是唯一有效预防烟草危害的方法。

三手烟的问题也开始得到关注。三手烟指吸烟之后残留在头发、皮肤、衣服、地毯、窗帘、床铺等各种物体表面的有害物质,包括细颗粒物、尼古丁、致癌物、重金属、放射性物质等。婴儿由于口手活动更为频繁,容易将环境中有害物质直接入口,应引起重视。

电子烟近年来应用日益普遍。电子烟(e-cigarettes 或 ecigs)包含一个雾化装置,用于加热特殊溶液并产生蒸气供使用者吸入。溶液主要成分包括尼古丁、丙二醇,以及甘油和添味剂等。目前大多数电子烟未经过独立的检测,但有限的检测已揭示了各种成分和释放物在毒性方面的巨大差异。使用电子烟的短期影响包括因接触丙二醇引起的眼部和呼吸道不适。有足够的证据说明应警告儿童和青少年、孕妇以及育龄妇女不要使用电子烟,以避免对大脑发育产生远期后果。由于电子烟兴起较晚,因此近年内甚至数十年内还无法获得关于长期使用电子烟与慢性疾病关联的确凿证据。电子烟使用时也会向室内排放可吸入的液体细颗粒物和超细颗粒物、尼古丁等有害物质,因此电子烟不能避免二手烟暴露。而且,虽然有证据证明电子烟的危害小于传统卷烟,而且可能有助于戒烟,但是仍然存在着使用电子烟让戒烟者复吸以及青少年使用电子烟可能导致吸传统卷烟等忧虑。越来越多的国家开始对于电子烟制定限制措施。目前至少36个国家禁止电子烟的销售,其他的限制措施包括禁止公共场所使用电子烟,禁止电子烟广告,增加电子烟税。

二、烟草使用对健康的影响

烟草使用危害健康是不争的医学结论。烟草每年使全球700多万人失去生命,其中有600多万人源于直接使用烟草,超过因艾滋病、结核、疟疾导致的死亡人数之和。此外,还有大约89万非吸烟者死于二手烟暴露。在二十世纪,全球有1亿人死于吸烟相关的疾病。如果目前的流行趋势不得到控制,在二十一世纪,烟草造成的死亡将高达10亿。

自从1964年《美国卫生总署报告》首次对吸烟与健康问题进行系统论述以来,随着科学研究的深入,大量的证明表明,吸烟可以引发多种疾病,包括心脏病、脑卒中、肺癌和其他癌症(喉、口腔、咽、食道、胰腺、膀胱、子宫颈、白血病)及慢性阻塞性肺部疾患。不仅如此,吸烟还可以导致生殖与发育异常,并和多种疾病密切相关。与不吸烟者相比,长期吸烟者的寿命可以减少5~10年。关于吸烟危害的新的科学证据仍在不断地被揭示。

如前所述,烟草烟雾里含有至少69种已知的致癌物,这些致癌物可以引发机体内的关键基因突变,影响正常的生长调控机制,最终诱发癌变。已经有充分的证据表明,吸烟可以导致肺癌、口腔癌、鼻咽癌、喉癌、食管癌、胃癌、肝癌、胰腺癌、肾癌、膀胱癌和宫颈癌。还有证据提示吸烟可以导致结肠直肠癌、乳腺癌和急性白血病。

吸烟对于呼吸道免疫功能、肺功能均会产生不良影响,引起多种呼吸系统疾病。有充分证据证明吸烟可以导致慢性阻塞性肺病和青少年哮喘,增加肺结核和其他呼吸道感染的发病风险。而戒烟后可以明显降低上述疾病的风险,并改善预后。

吸烟会损伤血管内皮功能,导致动脉粥样硬化的发生,使动脉血管腔变窄、动脉血流受阻,引发多种心脑血管疾病。有充分的证据说明吸烟可以导致冠心病、脑卒中和外周动脉疾病,戒烟可以显出降低这些疾病的发病和死亡风险。

烟草烟雾中含有多种可以影响人体生殖和发育功能的有害物质。吸烟会损伤遗传物质,对内分泌系统、输卵管功能、胎盘功能、免疫功能、孕妇及胎儿心血管系统及胎儿组织器官发育造成不良影响。有充分的证据说明女性吸烟可以降低受孕概率,导致前置胎盘、胎盘早剥、胎儿生长受限、新生儿低出生体重以及婴儿猝死综合征。此外,有证据提示吸烟还可以导致异位妊娠和自然流产。吸烟还可以导致男性勃起功能障碍。

吸烟可以导致髋部骨折、牙周炎、白内障、手术伤口愈合不良以及手术后呼吸系统并发症,皮肤老化。幽门螺旋杆菌感染者可以导致消化道溃疡。有充分证据说明吸烟可以导致牙周炎和核性白内障。

此外,有证据提示,吸烟可以导致2型糖尿病,并且可以增加糖尿病患者发生大血管和微血管并发症的风险,影响疾病预后。

二手烟暴露能使非吸烟者的冠心病风险增加25%~30%,肺癌风险提高20%~30%。由于二手烟雾包含多种能够迅速刺激和伤害呼吸道内膜的化合物,因此即使短暂的暴露,也会导致上呼吸道损伤,诱发哮喘频繁发作,增加血液黏稠度,伤害血管内膜,引起冠状动脉供血不足,增加心脏病发作的危险等。二手烟可以导致新生儿猝死综合征,中耳炎,低出生体重等。

综上,吸烟是人类最大的可预防的致病致死因素,吸烟者减少吸烟量并不降低其发病和死亡风险,也不能获得健康益处,而戒烟才是降低吸烟对健康危害的唯一方法。戒烟可显著降低吸烟者的死亡风险。与持续吸烟者相比,戒烟者的生存时间更长。研究表明,与持续吸烟者相比,在60岁、50岁、40岁、30岁戒烟,则分别能够延长3年、6年、9年和10年的预期寿命。戒烟可以降低肺癌、冠心病、慢性阻塞性肺病等多种疾病的患病风险。对于已患上述疾病的患者,戒烟可以延缓疾病的进展,改善预后。吸烟的女性在怀孕前或怀孕早期戒烟,可以降低多种妊娠风险。任何年龄戒烟均可获益。早戒比晚戒好,戒比不戒好。戒烟时间越长,健康获益越大,因此,我们一方面要鼓励年轻的吸烟者尽早戒烟,以最大程度地减少吸烟导致的危害;同时,即便是老年吸烟者,依然鼓励他们从戒烟中获益。值得说明的是,吸烟者减少吸烟量或者选择细支烟、低焦油烟或者中草药卷烟等并不能有效降低其患病和死亡风险。戒烟是唯一的选择。

三、烟草使用的现状及其对健康影响的特点

2015年,全球11.5%的死亡可以归因于烟草的使用,而这其中52.2%的烟草归因死亡发生在4

个国家:中国、印度、美国和俄罗斯。

中国是世界上最大的烟草生产国与消费国,全球44%的卷烟在中国生产,在排名前30的烟草消费国中,中国每年消费的烟草数量超过了其后29名国家的消费量总和。目前中国的吸烟人群高达3.16亿,暴露于二手烟雾的人群高达7.4亿,其中15岁以下儿童达1.8亿。烟草使用每年在中国导致100万人的死亡,因二手烟导致的死亡人数超过10万。

虽然烟草几乎伤害了人体所有的器官,但是很多人并没有意识到吸烟的危害如此严重。这要从吸烟与健康关系的流行病学特点谈起。

与其他许多立竿见影的危险因素不同,因吸烟引发的疾病和死亡通常数年甚至数十年后方才显现。在烟草的流行极为普遍的情况下,这种烟草的延迟健康效应容易使人们低估了烟草的危害。

1994年,WHO提出了烟草流行四阶段概念模型。该模型在没有国家和国际方面的烟草控制的强力干预的背景下,基本成功地解释了大多数国家的烟草流行情况。阶段一是烟草流行阶段,主要是男性吸烟率的上升,但依然低于20%,这一时期的吸烟归因死亡比例也非常低。阶段二是男性吸烟率的快速增长,并在这一阶段达到巅峰(40%~80%),并且女性的吸烟率出现上升趋势。同时男性的烟草归因死亡也有所上升,达到10%。阶段三对于男性吸烟率而言进入平台期或者下降期,但是男性的烟草归因死亡急剧上升,达到30%,烟草危害的延迟效应得以显现。而这一时期女性的吸烟率继续上升或者进入平台阶段;到阶段四,无论男性和女性的吸烟率都开始下降了,但是烟草归因死亡还会持续一段时间才会下降。总体而言,达到峰值时,男性烟草归因死亡比例约为33%,女性则为20%,见图10-1。

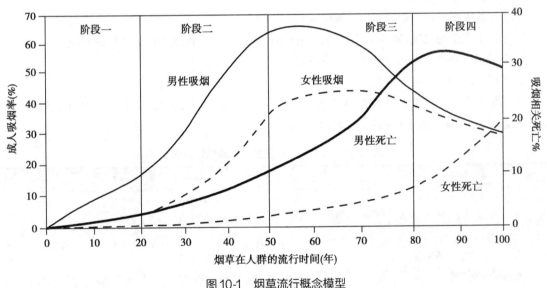

图10-1　烟草流行概念模型

根据该模型,当吸烟率快速上升时,吸烟导致的死亡可能并不明显;然而,当人群的吸烟率达到高峰后,再经过30年,面临的就是吸烟导致死亡的高峰。虽然男性的吸烟率的升高比女性要早,其峰值的吸烟率也较女性高,但无论男性还是女性,都体现出吸烟导致疾病的延迟效应。

对男性而言,目前大部分中低收入国家处于烟草流行的上升阶段,而高收入国家则处于烟草流行的下降阶段。1984—2015年,中国进行了5次与烟草使用相关的全国流行病学调查,基本描述中国人群的吸烟流行病学的时间趋势。根据2015年中国成人烟草调查报告结果,中国男性人群吸烟率为52.1%,和5年前比没有明显下降,而且由于总人口的增长,现在吸烟人群达到了3.16亿,比5年前增加了1500万,吸烟者的平均每日吸烟量达到15支。如果这样的趋势继续,2030年中国每年死于吸烟的人数将达200万,到2050年将达到300万。严重的烟草流行现况和不容乐观的前瞻估计,已经成为政府和公众必须高度关注的重大健康和社会问题。

第二节   吸烟的个体干预策略

一、烟草依赖疾病的概念

卷烟、雪茄、烟斗燃烧所产生的烟雾中以及无烟烟草中所含有的尼古丁,是可以导致成瘾的物质。使用烟草一定时间后,就可以成瘾,即所谓的烟草依赖疾病。它是一种慢性高复发性疾病,其本质是尼古丁依赖(nicotine dependence)。烟草成瘾的药理和行为过程与海洛因和可卡因等毒品类似。烟草依赖特点为无法克制的尼古丁觅求冲动,以及强迫性地、连续地使用尼古丁,以体验其带来的欣快感和愉悦感,并避免可能产生的戒断症状。

尼古丁为尼古丁乙酰胆碱受体(nicotinic acetylcholine receptor, nAChRs)的兴奋性物质,在烟草中的浓度约为1%~3%。它与主要位于大脑神经元突触前终端的乙酰胆碱受体结合后,可刺激脑中多种神经递质的释放,使吸烟者出现愉悦的快感以及其他奖赏感受。当吸烟者减少烟量或停止吸烟时,尼古丁浓度降低到一定水平,吸烟者无法继续体验愉悦感,从而引起对尼古丁的渴求,产生强烈的吸烟的欲望。

WHO已将烟草依赖作为一种疾病列入国际疾病分类(ICD-10,F17.2)。按照世界卫生组织国际疾病分类中ICD-10的诊断标准,诊断为烟草依赖综合征通常需要在过去1年内体验过或表现出下列6条中的至少3条:

1. 对吸烟的强烈渴望或冲动感;
2. 难以控制吸烟行为;
3. 当停止吸烟或减少烟量时出现戒断症状;
4. 尼古丁耐受的表现,例如必须使用较高剂量的烟草才能获得过去较低剂量的效应;
5. 因吸烟放弃或减少其他的活动或者喜好;
6. 不顾吸烟的危害而坚持吸烟。

依赖程度可根据吸烟量、戒断症状严重程度、临床评定量表得分判定。目前,临床评定量表使用较多的是Fagerström尼古丁依赖量表(表10-1)。

表10-1   Fagerström尼古丁依赖性评分表

评估内容	0分	1分	2分	3分
您早晨醒来后多长时间吸第1支烟?	>60分钟	31~60分钟	6~30分钟	≤5分钟
您是否在许多禁烟场所很难控制吸烟的需求?	否	是		
您认为哪一支烟您最不愿意放弃?	其他时间	早晨第1支		
您每天抽多少支卷烟?	≤10支	11~20支	21~30支	>30支
您早晨醒来后第1个小时是否比其他时间吸烟多?	否	是		
您卧病在床时仍旧吸烟吗?	否	是		

注:积分0~3分为轻度依赖;4~6分为中度依赖;≥7分提示高度依赖

二、临床日常诊疗中的戒烟指导

烟草成瘾是一种慢性病,需要提供全面的干预服务。从2006年起,中国在一些大中城市相继开设戒烟门诊,帮助吸烟者成功戒烟。但是仅靠戒烟门诊难以满足中国三亿多吸烟者的戒烟需求。另一方面,这些吸烟者每年有许多接触医生、护士等卫生保健人员的机会,所以另一种有效的戒烟帮助模式是,医生在临床日常诊疗服务中,用3~5分钟的时间为吸烟者提供专业有效的戒烟帮助,也称为简短戒烟干预。由于吸烟者在患病时更容易遵从医嘱,因此这个时期的干预能够增加吸烟者的戒烟

笔记

意愿,提升戒烟成功率。研究表明,对于一些慢性病的控制,与其他常规临床治疗相比,戒烟干预效果更佳。一项综合了 20 个评价戒烟对于冠心病患者预后影响的前瞻性研究的 meta 分析结果表明,单纯戒烟一项,可以降低冠心病患者的死亡风险的 36%,高于其他药物治疗的效果。同时,戒烟更符合成本效益。比较每挽救一个生命年的成本,戒烟所花费的成本远低于使用降血压或者降血脂药物的成本。以下介绍在临床日常诊疗中的戒烟方法——5A 戒烟法,即简短戒烟干预。

(一)5A 戒烟法

5A 戒烟法是由 5 种活动所组成,每一个都由字母"A"开始,即:Ask 询问所有患者关于吸烟的问题;Advise 建议吸烟者戒烟;Assess 评估吸烟者的戒烟意愿;Assist 提供戒烟药物或者行为咨询治疗等;Arrange 安排随访,故称之为 5A 戒烟法。这个方法不仅用于吸烟患者,也可用于任何吸烟者干预中。

1. 询问吸烟情况　当患者第一次来就诊或检查时,护士或其他工作人员就应常规地询问患者,"你吸烟吗?"或"你还吸烟吗?"一旦发现吸烟的患者(或以前曾吸烟)就应在患者的病历上作一个永久性的标记,以提醒医生在每次诊疗时考虑其吸烟的问题。对于从不吸烟或已经戒烟的患者应给予肯定。可以通过医疗系统数据共享确保所有吸烟者在所有医疗机构就诊时都能够被询问并记录他们的吸烟情况。

2. 建议所有的吸烟者戒烟　医生要对患者讲清楚吸烟的危害并建议其戒烟,态度必须明确、强烈,并且个体化。在这个过程中,态度明确是劝告的第一要点。如"作为医生,现在我必须忠告您停止吸烟"。应告诉吸烟者毫不犹豫地戒烟,以强烈的语气告诉吸烟者戒烟的重要性。例如"您从现在就应该开始戒烟。要完全戒掉,而不能只是减少吸烟量。"

个体化的建议意味着根据患者的临床状况、社会、个人爱好以及家庭的情况结合起来,使建议个性化,将会有利于吸烟者理解和记忆,提高建议的效果,并大大地促进患者戒烟行动。在劝告中,要强调戒烟的重要性。不同的患者其戒烟的动机是不同的,医生要根据患者的个体特点,个性化地提高其戒烟的动机。例如告知老年吸烟者,任何时候戒烟都不晚,戒烟可以延长寿命和提高生活质量。青年人也是医生的戒烟劝导的重要人群,因为大多数吸烟者在青少年时期开始吸烟,因此这是干预的重要时期。一般说来,吸烟成瘾的青少年往往自尊较低,缺少相关知识,并且可能还伴有酗酒、吸毒等其他不良行为,提供给这些年轻人与其年龄及发展阶段相适应的早期指导非常必要。教育青少年戒烟要给予吸烟所造成直接不良影响的忠告,如吸烟导致牙齿变黄、难闻的气味及体育表现不良等,而并非吸烟可致肿瘤等慢性病的信息,因为这些疾病对青少年来说比较遥远,相关性不强。

另外,选择恰当的时机给予戒烟忠告是重要的。当患者所处的情况使他们更愿接受忠告时,这个时间就称之为"可教育的时机(teachable moment)"。这往往是患者本身发生了与吸烟有关的疾病,或进行身体检查发现异常。这时应该传递的信息是:吸烟已经危害你的健康,必须尽快戒烟才能改善预后。例如"戒烟是你恢复健康的最重要的一步"。如果吸烟者尚未发生吸烟有关的疾病,则应该从健康风险角度说明吸烟的潜在风险。

与戒烟建议相辅相成,医院的就诊环境也应该布置一些和吸烟危害或者戒烟好处等相关的宣传手册或者海报,帮助吸烟者接受戒烟建议。

3. 评估吸烟者的戒烟意愿　对患者戒烟意愿的评估是戒烟咨询的重要环节。在交谈中,应该评估吸烟者的戒烟意愿:"您打算在未来 1 个月内戒烟吗?"如果患者本次有戒烟意愿,应提供进一步的帮助,给予更加具体的戒烟方法,帮助制定戒烟计划,推荐到戒烟门诊就诊或者推荐使用戒烟药物等;如果患者明确表示还不想戒烟,应给予适当的干预以提升其戒烟动机。具体见表 10-2 5R 法。

5R 动机干预的过程是一个利弊权衡的过程,反复、全面地分析吸烟的利弊,提升戒烟的信心,从而引导吸烟者做出戒烟的选择。

在第二节介绍的吸烟者的尼古丁依赖程度的评估也可以放在这一阶段完成。同时了解吸烟者的成瘾性和戒烟意愿,有助于医生确定下一步的戒烟帮助方案。

表 10-2　提高戒烟动机的干预措 5R 法

5R	具体做法
相关性（relevance）	使患者认识到戒烟与他们密切相关,越个体化越好。如患者目前的健康状态或发生某种疾病的风险、家庭或周围环境、年龄、性别等
风险（risk）	应该使患者认识到吸烟的潜在健康危害,应该建议患者戒烟并强调那些与他们最密切相关的健康危害。强调使用低焦油/低尼古丁含量的卷烟或其他形式的烟草(无烟烟草、雪茄等)、电子烟不会降低烟草对身体的危害,戒烟是避免吸烟造成危害的最有效方法
益处（rewards）	应该使患者认识到戒烟的益处,突出说明那些和吸烟者最可能相关的益处,并强调任何年龄戒烟都可以获益,但戒烟越早获益越大
障碍（roadblocks）	医生应该使患者认识到在戒烟过程中可能会遇到的障碍以及可以为他们提供的治疗手段(如咨询和药物)。典型的障碍包括:戒断症状;对戒烟失败的恐惧;体重增加;缺少支持;抑郁;吸烟冲动;周围吸烟者的影响;缺乏有效的戒烟治疗知识
反复（repetiton）	利用每次与患者接触或者沟通的机会,反复加强戒烟动机的干预,不断鼓励吸烟者积极尝试戒烟。每次可以选择不同的角度。对于那些尝试过戒烟却失败的吸烟者,应该告诉他们大多数人在戒烟成功之前都曾有过反复多次的戒烟尝试

4. **帮助患者戒烟**　对于那些有强烈戒烟愿望的患者,医生应该帮助他们确定具体的戒烟日。有关的研究表明,如果患者已确定了戒烟日期,他们就更可能会在戒烟方面作一系列的尝试。一般来说,所确定的戒烟日通常在一周到两周的准备期后,给患者在戒烟心理以及其他方面准备留出必要的时间。戒烟的准备包括在戒烟日到来前,处理掉周围与烟草有关的全部物品,并避免在停留较长时间的地方(如工作场所、家里、汽车内)吸烟。此外,应该鼓励吸烟者为自己创造一个有助于戒烟的环境。如告诉家人、朋友、同事自己戒烟的决定,并获得他们的理解和支持。

戒烟日一般选择一个吸烟者心理上比较放松的日期,也可以选择一个对于吸烟者有特殊意义的日期。一旦患者已选择了戒烟的特定日期,就必须为他们提供关于戒烟的必须知识,如戒烟小技巧、戒烟后的症状及处理、如何获得戒烟支持等。

常用的戒烟技巧可以用 5D 来概括:Declare 宣布自己的戒烟计划,获取周围人的支持;烟瘾出现时,可以采用:Delay 延迟吸烟行为;Deep breathing 深呼吸降低焦虑;Drink water 饮水缓解不适;Do something else 改做其他事情分散注意力,降低吸烟渴求。

5. **安排随访**　当患者知道医生要检查他们戒烟的进展时,其戒烟成功的机会将会提高。随访可以通过面对面的方式或者电话沟通。许多吸烟者在刚开始戒烟的时候容易出现戒断症状,因此,在刚开始戒烟的 1~2 个月内最好每周能够和患者进行交流,增强他们戒烟的决心,处理戒烟过程中出现的问题。之后的随访可以每月 1 次,连续 3 个月。随访内容应该包括对患者戒烟进展的评价,对于戒烟行为的鼓励,对任何已经发生或可能发生问题的讨论。如有必要,也可以讨论戒烟的药物治疗等。

如果时间不充足,或者尚不具备完成戒烟帮助的能力时,则必须完成以下三步:询问(ask)、建议(advice)、转诊(refer),即 2A+R 模式。前两个步骤同 5A,第三步为将转向更为专业的部门进行进一步诊治(如戒烟热线或者戒烟门诊),构建联动的立体戒烟干预网络。

5A 和 5R 的方法不仅是在实践中行之有效的临床场所戒烟干预方法,也是行为改变理论在实践中的应用。5A 戒烟法这一完整的临床戒烟干预流程,其中的 Assess 步骤强调通过评价吸烟者的戒烟意愿决定采取的干预措施正是行为改变阶段模式的体现。2A+R 模式其实同样遵循这一原则。而对于没有戒烟意愿的吸烟者,5R 的动机干预正体现健康信念模式的五个关键因素:疾病的严重性、疾病的易感性、行为的有效能、行为改变的障碍以及自我效能。

（二）对不同类型人群的戒烟干预指导

图 10-2 列出了临床场所处理烟草使用和烟草依赖的干预模式。该模式以“5A”戒烟法为主线,根据对求医者吸烟状况及戒烟意愿的评价,将他们分成 4 类给予相应的干预措施:①现吸烟并愿意尝试戒烟的人;②现吸烟但目前不愿尝试戒烟的人;③曾经吸烟现已戒烟的人;④从未吸过烟的人。

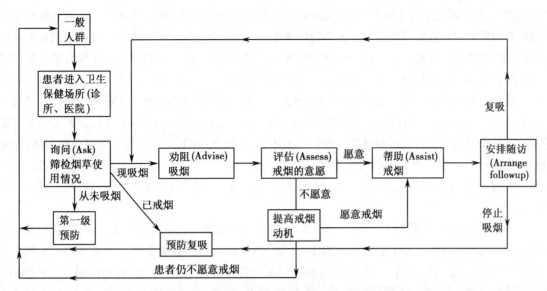

图 10-2 临床场所处理烟草使用和烟草依赖的模式

1. 对于有戒烟意愿的吸烟者 对于有戒烟意愿的吸烟者应提供简单的戒烟帮助,如处方戒烟药物和(或)进行简短戒烟咨询,并推荐他们到戒烟门诊或拨打戒烟热线。

2. 对于尚无戒烟意愿的吸烟者 对于本次没有准备好戒烟的患者,医生应该给予简短的干预使他们产生戒烟的意愿。可以采用前述的 5R 动机访谈。由于这是一种专业技能,因此需要对相关医生进行动机访谈的专业培训。

3. 戒烟者复吸的预防 复吸一般是指吸烟者在正式的戒烟日之后开始规律吸烟。戒烟后偶尔吸一支不是复吸,但要意识到问题产生的原因以及今后遇到类似境遇后的应对措施。虽然大多数的复吸发生在戒烟的早期,但也可能在戒烟后数月甚至数年后出现复吸。对于复吸者,应对于他们以往的戒烟尝试表示肯定,并鼓励他们重新开始戒烟。目前提高长期戒烟成功率的手段是使用最有效的戒烟治疗方法,也就是在患者有意愿戒烟时给予他们使用经证实有效的戒烟药物及相对强化的戒烟咨询(如给予 4 次或更多的咨询,每次持续时间 10 分钟或更长)。

对于最近戒烟的患者,医生应肯定患者取得的成功,回顾戒烟的益处,帮助患者解决遇到的问题。医生对患者的关注会使他们在出现复吸时主动寻求帮助。对已经戒烟成功且不再需要进行戒烟治疗的患者,医生可以与他们探讨戒烟成功的经验。这些已经戒烟的患者也可能遇到戒烟相关的问题,医生应对这些问题进行解答或干预。

4. 针对从未吸烟者的快速干预策略及措施 在临床场所对从未吸烟者的干预一般是给予表扬并鼓励继续远离烟草。

临床场所戒烟干预应该成为社区控烟综合项目的重要组成部分,因为只有整合不同场所的资源,医学专业人员及非医学专业人员通力协作才能促使吸烟者戒烟成功。临床场所医生戒烟干预的实施,必须有卫生保健系统水平上的改变(政策、环境、资源、能力建设)才能真正持久和富有成效。最后,具体干预特别是采用行为干预进行戒烟时,应根据特定情况、特定人群特点选择合理的行为改变理论来指导控烟工作,以能保证干预措施的针对性及高效率。

第三节 常用的戒烟药物及使用方法

在戒烟治疗的过程中,尼古丁替代疗法(nicotine replacement therapy,NRT)类药物、盐酸安非他酮和伐尼克兰是常用的戒烟药物。

1. NRT 类药物 该类药物主要是通过向人体提供外源性尼古丁以代替或部分代替从烟草中获

得的尼古丁,从而减轻尼古丁戒断症状,如注意力不集中、焦虑、易怒、情绪低落等。这种外源性尼古丁的吸收和释放速度远低于烟草中尼古丁的代谢速度,因此,可以保证吸烟者可以较长时期地把体内的尼古丁浓度维持在较低水平,从而减轻戒烟者戒烟过程中的不适。NRT 类药物现有剂型包括咀嚼胶、贴片、吸入剂、喷雾剂、含片等。因此,药物选择应考虑戒烟者的意愿。另外一个常见的问题是吸烟者经常由于未能使用足量的 NRT 类药物而不能达到最佳的治疗效果,故需督促 NRT 类药物使用者按要求使用足够的量,以保证疗效。在疗程方面,NRT 类药物使用应持续 8 ~ 12 周,少数吸烟者可能需要治疗更长时间(5% 可能需要继续治疗长达 1 年)。长期的 NRT 类药物治疗无安全性问题,但近期患心肌梗死(2 周内)、严重心律失常、不稳定型心绞痛患者慎用。妊娠期吸烟者应鼓励其通过非药物方式戒烟。不同的 NRT 类药物能否帮助怀孕期吸烟者戒烟尚无定论,对于哺乳期吸烟是否有效尚未进行评估。

2. **盐酸安非他酮（缓释片）**   是一种有效帮助吸烟者戒烟的非尼古丁类戒烟药物,盐酸安非他酮可以抑制多巴胺及去甲肾上腺素的重摄取以及阻断尼古丁乙酰胆碱受体。研究表明其长期(>5 月)戒烟率为安慰剂组的 2 倍。盐酸安非他酮为口服的处方类药,剂量为 150mg/ 片,至少在戒烟前 1 周就开始服用,疗程为 7 ~ 12 周。副作用有口干、易激惹、失眠、头痛和眩晕等。癫痫患者、厌食症或不正常食欲旺盛者、现服用含有安非他酮成分药物者或在近 14 天内服用过单胺氧化酶抑制剂者禁用。对于尼古丁严重依赖的吸烟者,联合应用 NRT 类药物可增加戒烟效果。

3. **伐尼克兰**   是一种新型非尼古丁类戒烟药物。伐尼克兰对神经元中 α4β2 尼古丁乙酰胆碱受体具有高度亲和力及选择性,是尼古丁乙酰胆碱受体的部分激动剂,同时具有激动及拮抗的双重调节作用。伐尼克兰与尼古丁乙酰胆碱受体结合发挥激动剂的作用,刺激释放多巴胺,有助于缓解戒烟后吸烟者对烟草的渴求和各种戒断症状;同时,它的拮抗特性可以阻止尼古丁与受体的结合,减少吸烟的欣快感。伐尼克兰常见的不良反应为消化道和神经系统症状,其中以恶心最为常见,多发生在治疗的早期,大多数患者均可耐受并继续使用。

4. **联合用药原则**   联合使用一线药物已被证实是一种有效的戒烟治疗方法,可提高戒断率。有效的联合药物治疗包括:长程尼古丁贴片(>14 周)+其他 NRT 类药物(如咀嚼胶和鼻喷剂);尼古丁贴片+盐酸安非他酮。

第四节   戒烟过程的常见问题及解决方法

戒烟是一个克服生理成瘾性和心理成瘾性的过程,首先需要解决的是戒烟意愿,在此基础上才会有戒烟行动。因此,本节针对戒烟意愿和戒烟过程两个阶段常见的问题分别阐述。

一、影响戒烟意愿的常见因素

研究显示,中国吸烟者的戒烟意愿很低。根据 2015 年的全国烟草使用流行病学调查结果,仅有 17.6% 的现在吸烟者有戒烟意愿,其中计划在 1 个月内戒烟的仅为 7% 。可见,提升吸烟者的戒烟意愿是提升戒烟率的第一步。

根据认知失调理论(cognitive dissonance),当个体面对新情境,暴露于新的信息的时候,如果这种新的信息、认知或情境与自己原有的认知、态度与行为之间存在着矛盾,会产生紧张和不适。吸烟者在得知吸烟危害的信息时,可能接受并考虑行为的改变,也可能找出一些"知识"或者看法作为自己吸烟合理化的证据,包括对于风险的易感性或者危害性的弱化。这种证据降低了传统吸烟危害健康的知识所产生的影响。

吸烟合理化信念在吸烟者中相当普遍。通过研究我们总结中国男性吸烟者的吸烟合理化信念的 6 个维度,分别为吸烟有益信念、怀疑及自我赦免信念、社会环境信念、安全减害信念、戒烟有害信念和生活风险论信念。

笔记

吸烟有益信念主要是强调吸烟的好处，并作为自己继续吸烟的理由，如"吸烟有利于提神""吸烟有利于拉近彼此的距离"等。吸烟者往往会片面看重吸烟的"好处"而无视吸烟对于健康的巨大危害。事实上，吸烟对于身体百害而无一利，所谓的解除疲劳不过是短暂的多巴胺释放，有利于社会交往也是人们的误解。随着社会文明进步，这种陈旧、危害健康和环境的交往方式也渐渐被人们所摒弃。

也有人认为吸烟有利于国家税收。的确，作为世界最大烟草生产与消费国，烟草业是中国重要的支柱产业之一，部分省份对于烟草业的依赖性也较高。但是由于吸烟而产生的社会成本正逐年增加，且增幅不断扩大，事实上烟草业的净效益已成负债。2010年，烟草业带来的社会负效益已经达到618亿元。吸烟成为影响中国居民健康水平和制约社会经济发展的不堪承受之重。推进健康中国建设，实现社会的可持续发展，需要最大限度地压缩和限制"健康危害型"产业的发展。烟草业的转型符合中国经济发展的根本方向。

怀疑及自我赦免信念包括怀疑吸烟对于健康的危害程度，不相信吸烟危害的科学证据以及自认为自己可以赦免于这一危害等。常见的想法譬如："有的吸烟者很长寿，而不吸烟者也不一定长寿，所以吸烟不一定有害健康"等。事实上，吸烟是最大的可预防的死因。一项危险因素对于健康的影响是从人群的角度进行论证的，而从某个吸烟者个体经历得到的"吸烟无害"推论是无法成立的。自我赦免则是即便承认吸烟的危害，却找出理由认为自己能幸免这一危害，如"我吸烟到现在为止，并没有感受到对身体的伤害"。必须看到，吸烟对于健康的危害具有累积效应，从人群来说，从吸烟率达到高峰至烟草相关死亡率达到高峰，需要20~30年的时间，目前的自我感觉良好并不意味着没有危害。恰恰相反，风险正悄悄累积。

社会环境信念则是强调社会环境对于吸烟的作用，如"名人伟人亦吸烟，我吸烟也很正常"，"现在整个社会环境吸烟的人那么多，你很难免俗"等等。健康是一个人生活的资源，每个人都应该为自己的健康负责，纵然环境对于行为有影响，但是简单地把一切归咎于环境，而放弃个人努力是不负责任的，况且环境也是由大家共同缔造的。同时，我们更应该看到，无烟环境是未来发展的趋势，我们应该顺应这样的社会发展潮流。

安全减害信念是吸烟者认为改变吸烟方式和卷烟种类可以降低危害。如"吸低焦油烟可以大大降低危害"，"吸得浅一点，不把烟气吸到肺里，危害就会减少"等给吸烟者造成错误的安全感。事实上，无论低焦油、细支烟亦或改变吸烟方式或减少烟量都无法从根本上消除吸烟的危害。世界上不存在安全的卷烟，不存在安全的吸烟方式。远离烟草是唯一的选择。

戒烟有害信念在中国吸烟者中也相当普遍，很多吸烟者甚至认为戒烟亦会有害健康。"如戒烟后会发胖，同样有害健康""吸烟久了，身体会适应产生平衡，戒烟反而可能生病"等。事实上，从开始戒烟的那一刻起，戒烟者就会感受到戒烟的好处。从短期就可以感受到的味觉嗅觉提升，肺活量增加，到长期戒烟后慢性病的患病风险明显下降等，戒烟的确是值得的。戒烟后的增重可以通过增加身体活动，控制饮食等方法预防的。戒烟后因为尼古丁成瘾性可能会有短期的尼古丁戒断症状，如失眠，注意力不集中，易怒等是正常的戒断反应。戒烟后查出的严重疾病往往是长期吸烟所致，而绝非戒烟。

生活风险论是强调生活中风险无处不在，从而从认识上弱化的吸烟的危害。如"空气污染、食品安全、生活压力等对于健康的影响比吸烟大得多"，或"可以通过改变其他的生活方式，比如吃健康食物和规律锻炼等来抵消吸烟带来的危害"。事实上，大气雾霾和烟霾中PM2.5可以叠加，对自身和周围人都造成更大的危害。而且吸烟是一个独立的危险因素，是无法依靠其他生活方式来消解其危害的。

对于吸烟合理化信念这一现象的认识有助于了解吸烟者的心理，分析提高吸烟者戒烟意愿的瓶颈，从而为今后针对吸烟者的健康教育提供关键的信息和干预方向；广大的医务工作者在进行戒烟干预的时候，不仅要积极提供烟草危害的相关信息，也应该认真倾听吸烟者的困惑，帮助他们走出误区，提升戒烟动机。

二、戒烟过程遇到的常见问题

1. 戒断症状 由于戒烟后尼古丁浓度突然降低,吸烟者可能出现不适,包括对吸烟的渴望、烦躁不安、抑郁、紧张、易怒、注意力无法集中、精神萎靡、睡眠障碍等戒断症状。戒断症状在戒烟后几个小时就会出现,是机体在戒烟过程中的一种自我调整状态,一般来说,在戒烟第 1 周最为明显,多数在3 ~ 4 周后减弱或消失。要让戒烟者理解,这是戒烟过程中一种正常反应,而且很快会过去。

2. 增重 对于许多想要戒烟的患者来说,增重是一个重要问题。许多患者诉说体重增加是他以前戒烟后再次复吸的原因。戒烟后平均体重增加约 3 ~ 5kg,不同个体差异较大。可从以下两个方面忠告患者防止增重,首先是避免在对付戒断症状时进食高热量食物,鼓励患者进食低热量的健康食品。其次建议戒烟者加强身体活动,不仅可以帮助预防增重,还可以预防戒烟初期导致的烦躁、注意力不集中等症状,并促使吸烟者参与到与吸烟不相关的活动中去,可以进一步巩固戒烟的行为。

3. 多次复吸 许多吸烟患者,尤其年龄在 40 岁以上者,往往已曾多次尝试过多种戒烟方法,但没有成功。由于多次的失败而使他们缺乏信心,因此不愿意再尝试。对于这些患者以及他们的保健人员,需要认识到复吸是戒烟的一个重要部分,即使是在相对短的临床沟通过程中,医生也可以帮助患者从过去的复吸中吸取经验,而不是将其看作为戒烟失败或逃避未来戒烟的一个原因。医生可以帮助患者分析过去复吸的情况,采用一些对策避免这些情况的出现或者用其他方式应对这种情况。临床医生可提出一些简单的问题如"你什么时候又开始吸烟的? 你的第一支烟是从哪里来的?"以此开始复吸原因的讨论。常见引起复发的原因有:停止吸烟后出现较为明显的症状、体重增加、情绪波动或焦虑、饮酒或社会压力。一旦患者描述了复吸的情形,医生可以引导"如果这种情况再发生时,您会怎样处理呢?"或"今后您怎样避免这种情况的发生?"一般来说,工作或家庭的压力、人际关系紧张等常常是患者复吸的原因。医生需要提醒吸烟者事先考虑戒烟可能遇到的困难时刻,并且找到适合自己的应对措施如咀嚼口香糖、散步、或做一些放松的锻炼。其中最为关键的是对于这些造成心理紧张的情况有预先制订一个具体的处理计划。

4. 缺少社会对戒烟的支持 社会因素常常是导致戒烟复吸的一个原因,尤其是面临朋友极力劝烟的处境时。聚会常常是复吸的诱因,尤其那些经常饮酒的吸烟者更容易发生。应当鼓励所有的吸烟者将自己的戒烟决定告诉家人、朋友及同事,以寻求他们的支持和鼓励。没有戒烟社会支持的患者,如果他们愿意的话,可以动员他们集体参加戒烟小组,以求助于咨询人员或其他保健人员。如果他们的家人吸烟,应鼓励一起加入戒烟的行列。其实,倡导无烟政策,本身也是戒烟帮助的一部分。

第五节 人群的控烟策略

一、《烟草控制框架公约》及 MPOWER 战略

前面谈到了吸烟对于人群健康的威胁。事实上,吸烟还加剧了健康不平等。在世界上逾 10 亿的吸烟者中,约有 80% 的吸烟者生活在烟草相关疾病和死亡负担最沉重的中低收入国家,2. 26 亿吸烟者处于贫困状态,吸烟成为导致疾病、死亡和贫困的重要原因,成为社会可持续发展的严重障碍。

在全球粮食危机愈演愈烈,耕地面积有限的情况下,烟草种植必定会挤占本已紧缺的土地资源。烟草也成为生态环境的重大威胁。每天,高达 100 亿支卷烟成为环境废弃物,而烟草烟雾排放也造成了大量的致癌物、有毒物质和温室气体。2017 年世界无烟日的主题为:"烟草——对发展的威胁"。控烟是保护健康,减少贫困和促进发展的重要途径。

吸烟是最可预防的导致人类早亡或致残因素,对吸烟者的干预比治疗任何慢性病的成本-效益都好,但在实际工作如果仅仅干预吸烟个体而忽视环境则无法得到理想的效果。最主要原因是吸烟不仅仅是个体行为,吸烟行为受到特定的政策、文化、习俗、社会、经济环境的影响。因此提倡以全人群为干预对象,采取包括政策、环境、税收、传播相结合的综合策略来开展控烟工作,这也符合健康生态

学模型的基本原则。

《烟草控制框架公约》(Framework Convention on Tobacco Control, FCTC)是世界卫生组织首次制定的一份国际法约束力的全球性公约,是针对烟草的第一个世界范围的多边协议,其宗旨是遏制烟草在全世界的蔓延,尤其是在发展中国家的蔓延。它的基本思路是通过采取综合性措施以减少烟草的需求和供应,从而保护当代和后代免受烟草消费及接触烟草烟雾对健康、社会、环境和经济造成的破坏性影响,实现控烟目标。FCTC 在 2003 年 5 月第 56 届世界卫生大会上获得一致通过,共有 11 部分 38 个条款,对烟草及其制品的成分、包装、广告、促销、赞助、价格、税收、非法贸易、大众教育、戒烟服务、烟盒包装和监测等问题均做出相应的规定,制定的主要思路是通过采取综合性措施减少烟草的需求和供应。FCTC 至今已经拥有 180 个缔约方(179 个国家和欧盟)。

2015 年联合国可持续发展峰会通过了一份由 193 个会员国共同达成的成果文件——《改变我们的世界:2030 年可持续发展议程》。这是一份包括 17 项可持续发展目标和 169 项具体目标的纲领性文件。目标 3 提出:确保健康的生活方式,促进各年龄段人群的福祉。目标 3.4 提出,旨在到 2030 年将全球包括心血管疾病、癌症和慢性阻塞性肺病在内的非传染性疾病导致的过早死亡减少 1/3。烟草控制是实现该项目标的有效手段之一。3a 明确提出:酌情在所有国家加强执行世界卫生组织《烟草控制框架公约》。由此,进一步明确了烟草控制与慢病防控、健康福祉以及社会可持续发展的关系。

世界卫生组织在各国控烟相关研究和实践基础上,总结了各国控烟履约的现状和经验,结合 FCTC 条款的要求,从减少烟草需求的角度提出了 6 项十分重要且有效的烟草控制政策,即 MPOWER 战略,其中字母 M(monitor)代表监测烟草使用与预防政策,P(protect)代表保护人们不接触烟草烟雾,O(offer)代表提供戒烟帮助,W(warn)代表警示烟草危害,E(enforce)代表执行禁止烟草广告、促销和赞助的规定,R(raise)代表提高烟草税。

(一) 监测烟草使用

监测数据是 MPOWER 系列政策中各项干预措施取得成功的保证。全面监测能够让人们了解烟草流行带来的危害,也可以用于评价政策的效果,以便根据需要适时调整。一个完整烟草监测系统需要包括:①烟草使用的流行率;②政策干预的影响;③烟草业的营销、促销策略等。对于监测结果要进行有效的传播,以便于政府相关部门和社会组织能够利用这些结果制定、评价控烟政策,开展能力建设等。

任何监测系统必须使用规范、科学的数据收集和分析方法。调查可以针对烟草使用单独进行,也可以结合政府关注的其他健康问题开展综合调查。一般来说,调查需要足够大的样本并通过随机抽样,这样可以准确估计国家层面的烟草使用情况并能按照按年龄、性别、收入等社会人口学特征分类。

调查应定期、重复进行,以掌握烟草流行的变化情况并评估控烟措施的实施效果。目前广泛采用的是全球成人烟草调查(GATS)以及针对 13~15 岁学生的全球青少年烟草调查(GYTS)。

(二) 保护人们免遭烟草烟雾危害

由于二手烟的暴露没有安全水平,无论是通风、过滤、指定的吸烟室、吸烟区(无论是否有专门的通风系统)都无法完全阻止环境烟雾的扩散。完全禁止在室内公共场所、工作场所、交通工具内吸烟是保护不吸烟者免受二手烟的重要措施。自愿的政策是无效的,无烟环境必须通过法律来实现,而且立法必须体现"所有人都要受到保护"的原则。

国际经验表明,公共场所的无烟立法还可以促进家庭的无烟化,从而保护儿童和其他家庭成员免受二手烟的危害。大量研究表明,无烟环境不会对于经济造成负面影响,相反,它对商业活动产生效果是中性的,甚至是良性的。无烟环境也受到广大公众的欢迎。

无烟法律是全球广泛采用的控烟措施,简单且具有较高的成本效益。截至 2016 年,全球 55 个国家的近 15 亿人群都受到全面的无烟保护。

(三) 提供戒烟帮助

如果吸烟者能够充分认识到烟草的危害,大部分的吸烟者会考虑戒烟。但是由于尼古丁的成瘾性,在没有任何戒烟帮助的情况下,戒烟者可能遇到各种障碍。戒烟干预则可以大大提高戒烟的成功率。医疗卫生系统在治疗烟草依赖问题上负担着主要责任。戒烟干预包括三大类:①融入初级卫生保健服务的简短戒烟咨询:个性化的简短戒烟咨询可以把戒烟率提升3%;②便捷且免费的戒烟热线:戒烟热线可以将戒烟率提升4%,如果能够进行随访,效果会更理想;③提供药物治疗:至少应提供尼古丁替代疗法(NRT),无论是单独使用或者与其他戒烟药物联合使用,都可提升戒烟率至少7%。戒烟干预不仅有效,比起其他的健康干预技术,也更加符合成本效益原则。

近年来移动应用技术的发展为戒烟干预提供了新的途径。例如,通过短信戒烟可以提供个性化的戒烟建议,在和其他戒烟干预项目如戒烟热线、简短戒烟干预结合后,产生更好的效果。新媒体戒烟干预等消除了时间和空间限制,可以随时随地产生作用,且在干预实施方和接受方建立实时联系,节约了成本。

关于电子烟是否能够戒烟问题目前依然存在较大争议,目前由于科学证据不足尚不能定论。世界卫生组织要求"电子烟经销商应该停止无证据的戒烟功效宣传"。

(四)警示烟草危害

虽然人们大致知道吸烟有害健康,但事实上大多数吸烟者并不充分了解使用烟草带来的危害。控烟的一个要素是改变烟草在人们心中的形象,使人们全面了解烟草的成瘾性和严重健康后果,从而降低社会对于吸烟行为接受度,即烟草和吸烟行为的"去正常化"。要达到这一目的,必须全面警示烟草的危害,可以通过大众传播以及人际传播等途径,开展全媒体、多渠道的控烟健康传播,让公众全面了解吸烟危害和成瘾性,也可以通过澄清误区,从而减少吸烟意愿,提升戒烟动力。

烟草制品包装上的健康警示标示是警示烟草健康危害的重要平台。烟草包装警示语可以降低烟草业市场营销的效果,向吸烟者揭示烟草使用的风险和后果,有效说服吸烟者戒烟。运用图片形式展示疾病以及其他的健康危害能够比单纯的文字信息达到更好的效果,也特别适用于低教育水平的吸烟者。为了达到效果,警示信息必须占据足够大的面积,且清晰易懂,既要包括图片也要包括文字。警示信息至少应占包装主要展示区域面积的一半以上,包含有吸烟导致危害和具体疾病的描述内容。信息内容应该用本国的主要语言,指定颜色、背景字体和尺寸,以达到最佳的视觉效果,并且容易理解。截至2016年底,采用图形警示烟包的国家和地区已经达到105个,覆盖全球人口的58%。无论不同民族、历史、文化的国家,采取图形烟草警示已成为烟草包装的主流。

平装是图形烟草警示的进一步优化。平装(又称标准化包装)是指除以标准颜色和字体显示品牌名称和产品名称外,限制或禁止在包装上使用其他标识、颜色、品牌形象或推销文字的措施。平装标准化包装采用统一形状和包装方式、令人反感的颜色,具有震撼力的图片,大而清楚的文字警示,从而大大降低烟草制品的吸引力,消除烟盒包装作为一种广告和促销方式的可能;并使健康警示更明显、更有效。

自2012年澳大利亚开始实施平装以来,英国、法国和匈牙利也相继实施。另外还有14个国家正在制定或考虑平装。平装,作为高效可行的控烟措施,成为烟草包装的新趋势。

(五)执行烟草广告、促销和赞助禁令

烟草业每年在全球范围内花费数十亿美元的经费利用烟草广告、促销、赞助等营销烟草产品。从烟草业的营销策略入手,全面禁止烟草直接和间接广告、促销和赞助,可以保护人们免受烟草企业营销手段的误导,能够起到保护公众特别是青少年远离烟草的作用。据测算,仅单独采取全面禁止烟草广告和促销一项措施,即可使烟草消费降低约7%,在部分国家的烟草消费下降比例可达16%。应全面禁止在大众传播媒介(包括新媒体)或者公共场所、公共交通工具、户外发布烟草广告。禁令还应包括诸如产品价格折扣和免费赠品等促销手段。应禁止所有间接形式的烟草广告、促销和赞助,包括音乐、文化和体育活动赞助;利用非烟草物品宣传烟草品牌或公司以及禁止名人担任形象大使。应严格落实在影视等娱乐媒体中限制烟草形象的措施。

根据2014年世界卫生组织履约进展报告,目前除了传统媒体的烟草广告禁令外,54个国家对于销售点的烟草制品展示进行管制和约束,66 个国家禁止烟草制品品牌延伸,75 个国家禁止利用互联网进行烟草广告和促销,73 个国家对于禁止跨国境烟草广告做出明确规定,90 个国家限制了烟草赞助。

（六）提高烟税

价格和税收手段在世界各国的控烟政策中,已经被公认为最有效的单项控烟政策需求措施,尤其是针对青少年和低收入人群。经验数据表明,烟草价格每提升 10%,发达国家的烟草消费会下降 4%,在发展中国家,则会下降 8%。WHO 建议,在采取综合有效控烟措施的国家,理想的烟草税收应该占其零售价格的 67%~80%。提高烟税不仅能增加政府的收入直接带来效益,增加的收益又可以用于烟草控制和其他重要的卫生和社会项目。目前,包括法国、新西兰在内的 34 个国家及地区的烟草税已经达到较高水平。

二、中国的控烟进展

中国于 2003 年 11 月 10 日签署《公约》,成为全球第 77 个签约国。2005 年 8 月 28 日,《公约》通过中国人大常委表决批准,于 2006 年 1 月 9 日正式生效。这是中国签署的第一个国际公共卫生条约。作为全球最大的烟草生产和消费国,签署公约表现了国家对于中国人民健康的重视,也是中国对全球卫生和烟草控制作出的承诺。

自从《公约》2006 年 1 月在中国生效以来,中国在包括公共场所无烟、提供戒烟帮助、警示烟草危害、禁止烟草广告、促销和赞助以及提高烟草税收和价格等方面做出了一些努力,但总体而言,政策制定以及执行力度都比较薄弱。

《公约》生效后,中国在卫生计生系统、教育系统以及政府机关开展无烟场所创建。各个地方也纷纷出台地方性无烟环境法规。2015 年起,北京、深圳与上海实施了地方性控制吸烟条例,实现了室内公共场所和工作场所以及公共交通工具的全面禁烟,基本达到了 FCTC 的要求,保护生活在这三座一线城市的 6000 多万市民。目前中国有 18 个城市出台了地方性控烟法规,但尚没有统一的国家级无烟立法。地方性法规仅覆盖全国 10% 的人口。建立国家级的无烟立法不仅是完善中国现有法律体系的重要内容,也为履行《公约》、维护公民免受二手烟暴露提供重要的法律依据和实施保障。建立全国性的、严格的无烟法律是维护公众健康并实现健康公平性的重要途径。

由于烟草业的阻挠,中国的烟盒包装警语只有笼统的文字警示(如"吸烟有害健康,尽早戒烟有益健康"),且面积仅占 30%,对吸烟者的健康警示作用十分有限;2015 年,全球 198 个国家和地区的烟盒健康警示国际排名中(共计 144 位,包括并列排名),中国大陆名列第 110 位,处于落后位置。

在烟草税收方面,中国在 2009 年与 2015 年两次提高卷烟消费税。尤其是 2015 年消费税政策调整后,将增加的税负与烟草价格联动,平均每包烟的零售价格达到 12.8 元,一包烟中税占零售价格的比重达到 56%,事实上,随着物价上涨和个人收入增加,现有的税率远未达到降低卷烟消费和卷烟使用率的最佳效果,离世界卫生组织推荐的 75% 的标准仍有较大距离。在未来,利用税收和价格手段控制烟草流行还有很大的空间。

帮助吸烟者戒烟是减少烟草导致的疾病负担的最直接的方法。近年来,中国逐步开展了戒烟门诊、简短戒烟干预、药物戒烟以及戒烟热线等多种戒烟方法的综合运用,提升了中国的戒烟服务体系。但是,由于戒烟服务尚未纳入社区卫生服务和基本公共卫生服务项目,相关费用也没有纳入医保,因此,戒烟干预措施难以落到实处。另一方面中国市场上戒烟药物种类很少,截至目前仅有伐尼克兰和安非他酮两种戒烟药物,且可及性不高。

2015 年 4 月,中国颁布了修订后的《广告法》,禁止在大众传媒、公共场所、公共交通工具以及户外发布烟草广告,禁止搭借其他服务或者商品广告或者公益广告宣传烟草制品,对于烟草广告的控制迈出了重要一步,但是还需要完善的实施细则。而对于烟草促销与赞助,中国的法律约束力度很弱。2016 年由全国人大审议通过的《慈善法》第四十条第二款规定:"任何组织和个人不得利用慈善捐赠违反法律规定宣传烟草制品,不得利用慈善捐赠以任何方式宣传法律禁止宣传的产品和事项"。此条款仍无法禁止烟草业以赞助或者企业社会责任等手段开展的赞助与捐赠。

中国的控烟要顺利推进,必须调整控烟履约工作体制,实施政企分开,国家烟草专卖局退出履约机制。新组建的国家卫生健康委员会有望从体制上解决这一问题。将工业和信息化部牵头的《烟草控制框架公约》履约领导小组的职能划分给卫生健康部门,有利于排除烟草业的干扰,切实加快出台全国性无烟立法;尽快实施烟盒图形警示;将戒烟服务纳入基本医疗卫生服务范畴;全面落实《广告法》有关烟草广告的相关规定,全面禁止烟草广告、促销和赞助;提高烟草税率,并确保税价联动。以健康共治的理念,通过公共政策、媒体倡导与公众动员等手段来调动社会各方面的力量,共同开展控烟工作。

第六节　医生在控烟中的职责

世界卫生组织前总干事李钟郁博士指出:医生、护士、助产师、口腔医生、药剂师、推拿师、精神科医生和其他医务工作者能够帮助人们改变其行为,他们站在面对烟草流行的最前沿,能够为千万人提供建议。

根据2015年中国成人烟草调查数据,中国男性医务人员的吸烟率为43%,仍然处于较高的水平。医务人员向现在吸烟者提供戒烟建议的比例明显增加,从2010年的33.2%上升至2015年的58.2%,但仍有较大的提升空间;医务人员中了解吸烟导致中风、心肌梗死、肺癌以及勃起障碍的比例为54%,虽高于其他职业人群,但距离医务人员在控烟中的地位和责任,还有较大的差距。医务人员的在控烟工作中的表率作用也远未得以充分发挥。

医务人员在烟草控制领域担负着重要使命。医务人员是健康维护者,是控烟的宣传者和带头者,其吸烟行为及态度直接影响着一般人群的吸烟行为。首先,作为医务工作者,理应成为不吸烟的行为模范。只有医务人员远离烟草,才可能在公众中成为健康的引领者,也才可能对吸烟者采取行之有效的干预。

其次,医务人员要成为戒烟的引导者。由于医务人员的权威性,他们的建议更容易被吸烟者听从。中国目前有200万临床医生,如果每人每年能够为10个吸烟者提供戒烟干预,其中如果有一个人能够戒烟成功,那么每年中国有200万吸烟者能够告别烟草。由于每两个长期吸烟者将有一人死于吸烟相关疾病,那就意味着会有100万人避免死于吸烟相关的疾病。因此,戒烟干预应该融于医生日常临床诊疗工作中。询问、记录患者吸烟情况,利用"可教育时期"提高戒烟意愿,为患者提供最有效的个体化的戒烟建议,并帮助吸烟者制定戒烟计划。由于烟草依赖是慢性成瘾性疾病,医务人员应该具有戒烟帮助意识和技能,使吸烟者尽快摆脱烟草的成瘾性。

在社区和社会层面,医务人员应该成为无烟的倡导者。医务人员可以作为倡导者和支持者,利用自己的专业知识和技能,宣传控烟的知识,倡导无烟政策,让民众了解烟草的危害和控烟的意义,开展人群的控烟健康传播,从而将医生的控烟影响力从就诊患者提升至全人群。作为受人尊敬且具有社会公信力的群体,医务人员的倡议可以增加在国内和国际相关政策中的控烟权重,推动控烟政策的制定和实施。

控烟是一项系统的社会工程,需要全社会的健康共治,而医务人员则应成为其中的先行者。

(郑频频)

思 考 题

1. 结合健康生态学模型,考虑如何从不同水平制定人群控烟策略?
2. 作为一名医生,你将如何在今后的从医职业生涯中开展控烟工作?
3. 如何理解控烟需要全社会的健康共治?

第十一章　合理营养指导

食物是人类赖以生存的物质基础,供给人体必需的各类营养素。合理营养能够维持机体的正常生理功能,促进体力和智力的发育,促进健康,预防疾病,增进劳动效率,延长寿命,有助于患者康复等。营养失衡将会导致机体营养缺乏或营养过剩以及慢性疾病发生等方面的危害。

第一节　合理营养

合理营养是通过合理膳食来实现的,不同的食物所含营养素的数量与质量不同。因此,膳食中的食物组成是否合理,即提供机体所需各种营养素的数量与质量是否适宜,其比例是否合适,对维持生理功能、生长发育、促进健康及预防疾病至关重要。

一、营养素参考摄入量的概念

(一) 营养与营养素

1. 营养(nutrition)　指机体从外界环境中摄取食物,经过体内消化、吸收和代谢,以满足机体生理功能、生长发育、组织更新和体力活动所必需的生物学过程。

2. 营养素(nutrient)　指为维持机体繁殖、生长发育和生存等一切生命活动和过程,需要从外界环境中摄取的物质。食物的营养物质种类繁多,人类所需大约 50 多种,按其化学性质或生理功能可分为五大类,即蛋白质(protein)、脂类(lipids)、碳水化合物(carbohydrate)、矿物质(mineral)和维生素(vitamin)。根据人体对各种营养素的需要量或体内含量多少,可将营养素分为宏量营养素(macronutrients)和微量营养素(micronutrients),水和其他生物活性物质。人体对宏量营养素需要量较大,包括碳水化合物、脂类和蛋白质,这三种营养素经体内氧化可以释放能量,又称为产能营养素(calorigenic nutrients),人体对微量营养素需要量较少,包括矿物质和维生素。水(water)不仅构成身体成分,还具备调节生理功能的作用。由于水在自然界中广泛分布,一般无缺乏的危险,所以营养学专著中多不把水列为必需营养素。人类的食物中,除了含有碳水化合物、脂类、蛋白质、矿物质和维生素外,还含有数百种以上的其他化学物质,这些化学物质对人类健康的影响已经日益引起关注,如植物化学物。营养素的生理功能主要表现在以下三个方面:

(1) 提供能量:以维持体温并满足各种生理活动及体力劳动对能量的需要,能量来自三大营养素,即蛋白质、脂肪和碳水化合物。

(2) 构成细胞组织,供给生长、发育和自我更新所需的材料:蛋白质、脂肪、碳水化合物与某些矿物质经代谢、同化作用可构成机体组织,以满足生长发育与新陈代谢的需要。

(3) 调节机体生理活动:营养素在机体各种生理活动与生物化学变化中起调节作用,使之均衡协调地进行。

(二) 膳食营养素参考摄入量

膳食营养素参考摄入量(dietary reference intakes,DRIs)是为了保证人体合理摄入营养素,避免缺乏和过量,在推荐膳食营养素供给量(recommended dietary allowance,RDA)的基础上发展起来的每日平均膳食营养素摄入量的一组参考值。制定 RDA 的目的是预防营养缺乏病。2000 年我国制定的DRIs 把 RDA 的单一概念发展为包括平均需要量(estimated average requirement,EAR)、推荐摄入量

179

（recommended nutrient intake，RNI）、适宜摄入量（adequate intake，AI）、可耐受最高摄入量（tolerable upper intake level，UL）在内的一组概念，其目的是预防营养缺乏病和防止营养素摄入过量对健康的危害。2013 版中国营养学会修订的 DRIs 增加了与慢性非传染性疾病有关的三个参数：宏量营养素可接受范围（acceptable macronutrient distribution ranges，AMDR）、预防非传染性慢性病的建议摄入量（proposed intakes for preventing non-communicable chronic diseases，PI-NCD，简称建议摄入量，PI）和特定建议值（specific proposed levels，SPL），其目的是在预防营养缺乏病和防止营养素摄入过量对健康的危害基础上，进一步预防慢性疾病。

1. **平均需要量** EAR 是指某一特定性别、年龄及生理状况群体中的所有个体对某营养素需要量的平均值。按照 EAR 水平摄入营养素，根据某些指标判断可以满足这一群体中 50% 个体需要量水平。EAR 是制订 RNI 的基础。由于某些营养素的研究尚缺乏足够的资料，因此并非所有的营养素都已制定出其 EAR。针对人群，EAR 可用于评估群体中摄入不足的发生率。针对个体，可检查其摄入不足的可能性。

2. **推荐摄入量** RNI 是指可以满足某一特定性别、年龄及生理状况群体中绝大多数个体（97%～98%）需要量的某种营养素摄入水平。长期摄入 RNI 水平，可以满足机体对该营养素的需要，维持组织中有适当的营养素储备和机体健康。RNI 相当于传统意义上的 RDA。RNI 的主要用途是作为个体每日摄入该营养素的目标值。

如果已知某种营养素的 EAR 及其标准差，则其 RNI 值为 EAR 加两个标准差，即 RNI=EAR+2SD；如果资料不充分，不能计算某营养素 EAR 的标准差时，一般设定 EAR 的变异系数为 10%，RNI 定为 EAR 加 20% EAR，即 RNI=EAR×1.2。

RNI 的主要用途是作为个体每日摄入该营养素的推荐值，是健康个体膳食摄入营养素的目标。RNI 在评价个体营养素摄入量方面的作用有限，当某个体的日常摄入量达到或超过 RNI 水平，则可认为该个体没有摄入不足的危险，但当个体的营养素摄入量低于 RNI 时，并不一定表明该个体未达到适宜营养状态。

能量需要量（estimated energy requirement，EER）：是指能长期保持良好的健康状态、维持良好的体型、机体构成以及理想活动水平的人或人群，达到能量平衡时所需要的膳食能量摄入量。群体的能量推荐摄入量直接等同于该群体的能量 EAR，而不是像蛋白质等其他营养素那样等于 EAR+2SD。所以能量的推荐摄入量不用 RNI 表示，而直接使用 EER 来描述。

3. **适宜摄入量** AI 是通过观察或实验获得的健康人群某种营养素的摄入量。当某种营养素的个体需要量研究资料不足而不能计算出 EAR，从而无法推算 RNI 时，可通过设定 AI 来代替 RNI。例如纯母乳喂养的足月产健康婴儿，从出生到 6 个月，他们的营养素全部来自母乳，故母乳中的营养素含量就是婴儿所需各种营养素的 AI。

AI 和 RNI 的相似之处是两者都可以作为目标人群中个体营养素摄入量的目标值，可以满足该群体中几乎所有个体的需要。但值得注意的是，AI 的准确性远不如 RNI，可能高于 RNI，因此，使用 AI 作为推荐标准时要比使用 RNI 更加注意。AI 主要用作个体的营养素摄入目标，当某群体的营养素平均摄入量达到或超过 AI 水平，则该群体中摄入不足者的危险性很小。

4. **可耐受最高摄入量** UL 是营养素或食物成分的每日摄入量的安全上限，是一个健康人群中几乎所有个体都不会产生毒副作用的最高摄入量。UL 的主要用途是检查摄入量过高的可能，避免发生中毒。对一般群体来说，摄入量达到 UL 水平对几乎所有个体均不致损害健康，但并不表示达到此摄入水平对健康是有益的。对大多数营养素而言，健康个体的摄入量超过 RNI 或 AI 水平并不会产生益处，因此 UL 并不是一个建议的摄入水平。在制定个体和群体膳食时，应使营养素摄入量低于 UL，以避免营养素摄入过量可能造成的危害。但 UL 不能用来评估人群中营养素摄入过多而产生毒副作用的危险性，因为 UL 对健康人群中最易感的个体也不应造成危害。对许多营养素来说，目前尚缺乏足够的资料来制定它们的 UL，这些营养素没有 UL 值，但不意味着过多摄入这些营养素没有潜在的危害。

5. 宏量营养素可接受范围　AMDR 是指脂肪、蛋白质和碳水化合物理想的摄入量范围,该范围可以提供这些必需营养素的需要,并且有利于降低慢性病的发生危险,常用占能量摄入量的百分比表示。其显著的特点之一是具有上限和下限。

6. 预防非传染性慢性病的建议摄入量　膳食营养素摄入量过高或过低导致慢性疾病,一般涉及肥胖、糖尿病、高血压、血脂异常、脑中风、心肌梗死以及某些癌症。PI-NCD 是以慢性非传染性病的第一级预防为目标,提出的必需营养素的每日摄入量。当 NCD 易感人群某些营养素的摄入量接近或达到 PI-NCD 时,可以降低它们发生 NCD 的风险。某些营养素的 PI-NCD 可能高于 RNI 或 AI,例如,维生素 C、钾等;而另一些营养素可能低于 AI,例如钠。

7. 特定建议值　SPL 是指某些疾病易感人群膳食中某些生物活性成分的摄入量达到或接近这个建议水平时,有利于维护人体健康。此值专用于营养素以外的其他食物成分,是有利于人体健康的每日摄入量建议值。

综上所述,人体每天都需要从膳食中获得一定量的各种必需营养素。如果人体长期摄入某种营养素不足就有发生该营养素缺乏症的危险,见图 11-1。当日常摄入量为 0 时,摄入不足的概率为 1.0。当摄入量达到 EAR 水平时,发生营养素缺乏的概率为 0.5,即有 50% 的机会缺乏该营养素。摄入量达到 RNI 水平时,摄入不足的概率变得很小,也就是绝大多数的个体都没有发生缺乏症的危险。摄入量达到 UL 水平后,若再继续增加就可能开始出现毒副作用。RNI 和 UL 之间是一个"安全摄入范围"。

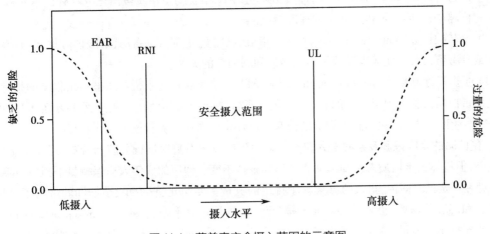

图 11-1　营养素安全摄入范围的示意图

二、人体必需的营养素及能量

(一) 蛋白质

蛋白质是一切生命的物质基础,约占人体体重的 16%,每天约有 3% 的人体蛋白质被更新。

1. 生理功能　蛋白质是构成人体组织和体内具有重要生理功能物质的组成成分,调节机体生理功能,也是能量的供给来源。

2. 必需氨基酸　构成人体蛋白质的氨基酸有 20 种,按照是否能在体内合成,分为必需氨基酸(essential amino acid,EAA)和非必需氨基酸(nonessential amino acid)。在体内不能合成或合成速度不能满足机体需要,必须从食物中获取的氨基酸称为必需氨基酸,包括亮氨酸、异亮氨酸、赖氨酸、蛋氨酸、苯丙氨酸、苏氨酸、色氨酸、缬氨酸和组氨酸 9 种。另外,半胱氨酸和酪氨酸在体内分别由蛋氨酸和苯丙氨酸转变而来,被称为半必需氨基酸(semi-essential amino acid)。考虑食物必需氨基酸组成时,将苯丙氨酸与酪氨酸、蛋氨酸与胱氨酸分别合并计算。人体可以自身合成的氨基酸为非必需氨基酸。条件必需氨基酸(conditional essential amino acid)是指由于代谢障碍或机体某一种生理状态下不能大量合成来满足机体需要的氨基酸,如对于早产儿,胱氨酸、酪氨酸及牛磺酸是条件必需氨基酸;对外伤、术后患者,精氨酸是条件必需氨基酸。

氨基酸模式(amino acid pattern)是指某种蛋白质中各种必需氨基酸的构成比例。食物蛋白质氨基酸模式与人体的越接近,必需氨基酸被机体利用的程度越高,食物中蛋白质的营养价值也就越高。鸡蛋蛋白质氨基酸模式与人体的最接近,常以它作为参考蛋白。如果食物蛋白质中某一种或几种必需氨基酸含量过低,导致其他必需氨基酸在体内不能被充分利用,使其蛋白质营养价值降低,这些含量相对较低的必需氨基酸被称为限制氨基酸(limiting amino acid)。其中含量最低的称为第一限制氨基酸,其余依此类推。由于各种食物蛋白质中必需氨基酸模式不同,通常将富含某种必需氨基酸的食物与缺乏该种必需氨基酸的食物互相搭配混合食用,混合后食物蛋白质中必需氨基酸模式更接近理想模式,从而提高膳食蛋白质的营养价值,这种作用称为蛋白质互补作用(protein complementary action)。

3. **食物蛋白质营养价值评价**　食物蛋白质营养价值的高低主要从食物蛋白质的含量、被消化吸收的程度和被人体利用的程度三方面进行评价。一般来说,动物性食品、大豆中的蛋白质含量较高,而且必需氨基酸含量较高,接近于氨基酸模式,消化吸收率较高,故营养价值较高。粮谷类等植物性食品中的蛋白质含量较低,必需氨基酸含量及其比值相对较差,消化吸收率也相对较低,故营养价值较低。加工的食物蛋白质的消化率高于未加工的食物。

衡量蛋白质利用率的指标很多,常用的评价指标有:

(1)生物价(biological value,BV):即蛋白质利用率,指食物蛋白质被消化吸收后在体内利用的程度。生物价越高,表明其被机体利用的程度越高。

(2)氨基酸评分(amino acid score,AAS):指被测食物蛋白质的必需氨基酸评分模式与推荐的理想模式或参考蛋白模式比较来反映蛋白质构成和利用率的关系。

(3)蛋白质净利用率(net protein utilization,NPU):是反映食物中蛋白质被利用程度的指标,即机体利用的蛋白质占食物中蛋白质的百分比,包含了食物蛋白质的消化和利用两个方面,因此更为全面,是将食物蛋白质的消化率和生物价结合起来以评定蛋白质营养价值的一个指标。

4. **蛋白质的食物来源及参考摄入量**　人体的蛋白质在不断地进行分解与合成,组织细胞也在不断地更新,但机体的蛋白质总量却以动态的形式维持不变。健康的成年人应保持氮平衡(nitrogen balance),即在一定的时间内,摄入的氮量等于排出的氮量。婴幼儿、青少年、孕妇和乳母为了满足组织细胞增长和泌乳的需要,摄入量必须大于排出量,即维持正氮平衡(positive nitrogen balance);当摄入的氮量小于排出的氮量,称为负氮平衡(negative nitrogen balance),如人在饥饿、疾病状态等,应尽量避免出现负氮平衡。

2013版的DRIs规定成年男子蛋白质RNI为65g/d,成年女子为55g/d;正常成人蛋白质的RNI为1.16g/(kg·d)。

蛋白质广泛存在于动物性和植物性食物中,动物性蛋白质质量好,植物性蛋白质中以大豆及其制品富含优质蛋白质,其余植物性蛋白质利用率较低。畜禽类、鱼类和蛋类蛋白质含量约为10%～20%,鲜奶类约为1.5%～3.8%,大豆为20%～40%,粮谷类约为8%～10%。

(二)脂类

脂类包括脂肪(fat)和类脂(lipoid)。脂肪是由1分子甘油和3分子脂肪酸结合成的甘油三酯;类脂包括磷脂和固醇类,是多种组织和细胞的组成成分,在体内是相对稳定的。脂肪酸根据是否含有不饱和双键及不饱和双键的数量可分为饱和脂肪酸、单不饱和脂肪酸和多不饱和脂肪酸。

1. **生理功能**

(1)脂肪的功能:脂肪具有供能和贮能、维持正常体温、更有效地利用碳水化合物和节约蛋白质、构成生物膜、增加饱腹感和食物美味、供给必需脂肪酸、促进脂溶性维生素吸收等功能。

(2)必需脂肪酸(essential fatty acid,EFA)的功能:EFA是指人体必需的、自身不能合成的、必须由食物供给的多不饱和脂肪酸。目前认为 EFA 有两种,即亚油酸(linoleic acid,十八碳二烯9,12 酸,$C_{18:2}$,n-6)和 α-亚麻酸(α-linolenic acid,十八碳三烯9,12,15 酸,$C_{18:3}$,n-3)。其主要功能包括:构成磷脂的组成成分;前列腺素合成的前体;参与胆固醇代谢。缺乏必需脂肪酸时可致皮肤湿疹样病变、脱发、婴儿生长发育迟缓等。

(3) 磷脂的功能:磷脂可提供能量、构成生物膜、促进细胞内的物质交流、利于脂肪的吸收、转运和代谢。缺乏磷脂会损伤细胞膜结构,使毛细血管的通透性和脆性增加,引起水代谢紊乱,出现皮疹等。

(4) 固醇类的功能:固醇类中最重要的是胆固醇,是细胞膜的重要组成成分,也是人体内许多重要活性物质的合成材料。

(5) 二十碳五烯酸(EPA,$C_{20:5}$,n-3)和二十二碳六烯酸(DHA,$C_{22:6}$,n-3)的功能:EPA 和 DHA 属于 n-3 多不饱和脂肪酸,在深海鱼中富含 EPA、DHA,研究发现它们在人体内具有非常重要的生理功能。表现为 DHA 是大脑及视网膜的组成成分,可促进胎儿大脑和视网膜的发育;EPA 和 DHA 具有降低血脂、抑制血小板凝集及防治冠心病等作用。

2. **脂类的食物来源及参考摄入量**　脂肪的食物来源除烹调油外,动物性食品和坚果类食品中含量丰富,其他食物也有微量脂肪。畜禽等动物脂肪中饱和脂肪酸和单不饱和脂肪酸含量较多;植物油所含的脂肪酸以不饱和脂肪酸为多,必需脂肪酸主要来源于植物油。动物内脏和蛋类胆固醇含量较高。参考摄入量 AMDR 规定成年人脂肪为占每日总能量的 20%～30%,饱和脂肪酸占每日总能量<10%,n-6 多不饱和脂肪酸占每日总能量 2.5%～9.0%,n-3 多不饱和脂肪酸占每日总能量 0.5%～2.0%,EPA+DHA 为 0.25～2.0g/d。

(三) 碳水化合物

1. **分类**　碳水化合物按其聚合度可分为单糖、双糖、寡糖和多糖 4 类。单糖包括葡萄糖、果糖和半乳糖;双糖包括蔗糖、乳糖、麦芽糖和海藻糖;寡糖包括异麦芽低聚寡糖(麦芽糊精)和其他寡糖(棉子糖、水苏糖、低聚果糖);多糖包括糖原、淀粉和膳食纤维。

2. **生理功能**　碳水化合物可供给能量和储存能量,是机体的重要组成成分,参与营养代谢(节约蛋白质和抗生酮作用),具有解毒作用,提供膳食纤维,增加胃的充盈感,增强肠道功能。其中膳食纤维日益受到人们的重视。膳食纤维(dietary fiber)是指不能被人体利用的多糖,即不能被人胃肠道中消化酶所消化的且不被人体吸收利用的多糖,主要来自植物细胞壁的复合碳水化合物,包括纤维素、半纤维素、果胶及木质素等。膳食纤维的生理功能如下:

(1) 增强胃肠功能,促进排便:大多数膳食纤维具有促进肠蠕动和吸水膨胀的特性,利于粪便的排出。

(2) 增加饱腹感:膳食纤维尤其是可溶性纤维,可减少食物由胃进入肠道的速度和吸水作用,从而产生饱腹感而减少能量摄入,达到控制体重和减肥的作用。

(3) 降低血糖和血胆固醇:可溶性纤维可减少小肠对糖的吸收,因而减少胰岛素的释放;可影响血浆胆固醇水平,各种纤维可吸附胆汁酸、脂肪等使其吸收率下降,达到降血脂作用;另外,可溶性纤维在大肠中被肠道细菌分解产生一些短链脂肪酸,它们一旦进入肝脏,可减弱肝中胆固醇合成。

(4) 改变肠道菌群:膳食纤维可在结肠发酵,促进肠道有益菌群的生长,降低肠道疾病发生的风险。

3. **碳水化合物的食物来源及参考摄入量**　食物中的碳水化合物主要来自谷类、薯类、蔬菜和水果类。中国居民成年人膳食碳水化合物的 AMDR 为占每日总能量的 50%～65%,糖的摄入量占每日总能量<10%。建议成年人膳食纤维摄入量 25g/d。

(四) 能量

人体的能量主要由蛋白质、脂肪和碳水化合物提供,以维持生命活动。这些能够产生能量的营养素为产能营养素。每克产能营养素在体内氧化产生的能量值称为能量系数(energy coefficient)。蛋白质、脂肪和碳水化合物完全氧化可产生的净能量系数分别为16.8kJ/g(4kcal/g)、37.6kJ/g(9kcal/g)和16.7kJ/g(4kcal/g)。

1. 人体的能量需要　人体对能量的需要与消耗是相一致的。成人的能量消耗主要包括基础代谢、身体活动和食物的热效应3方面。生长发育的婴幼儿、儿童、青少年,特殊生理状态的孕妇乳母及恢复期的患者需要额外增加能量。

(1) 基础代谢(basal metabolism):是维持人体基本生命活动所必需的能量消耗,即用于维持体温、心跳、呼吸、各器官组织和细胞基本功能的能量消耗。基础代谢的水平用基础代谢率(basal metabolic rate)来表示,即指单位时间内人体基础代谢所消耗的能量。基础代谢率受体形、机体构成、年龄、性别、内分泌、应激状态、气候、种族、睡眠和情绪等因素影响。

(2) 身体活动(physical activity):除基础代谢外,各种身体活动消耗的能量是构成人体总能量消耗的重要部分。劳动所消耗的能量与劳动强度、持续时间及熟练程度等有关。

(3) 食物的热效应(thermic effect of food,TEF):是指人体由于摄取食物所引起的额外能量消耗。TEF是食物的消化、吸收、代谢和贮存活动中所额外消耗的能量。三种产热营养素在摄取过程中所消耗的能量是不同的,其中蛋白质约为其所产生能量的30%,碳水化合物为5%~6%,脂肪为4%~5%。混合膳食的食物热效应比单独进食要低,一般情况下为人体每日基础代谢的10%。

2. 食物来源及推荐摄入量　富含蛋白质、脂肪和碳水化合物的食物均可提供给机体能量。每天摄入和消耗的能量应保持平衡。2013版的DRIs中,考虑到了不同年龄、性别、劳动强度、特殊生理状态对能量需要的影响。其中成年人膳食能量的RNI为轻体力劳动男性9.41MJ/d(2250kcal/d),女性7.53MJ/d(1800kcal/d)。成年人膳食中碳水化合物提供能量占总能量的50%~65%,脂肪占20%~30%,蛋白质占10%~15%为宜。

(五) 矿物质

将人体内,除C、H、O、N以外的元素统称为矿物质,无论它们在体内的存在形式是无机的还是有机的。矿物质包括常量元素(macroelements)与微量元素(trace elements,microelements)。在人体内含量多的占人体总重量1/万以上(每日需要量大于100mg)的元素,称为必需宏量元素,它们包括有钾(K)、钠(Na)、钙(Ca)、磷(P)、镁(Mg)、氯(Cl)、硫(S)7种,在人体组织中,占人体总矿物质的60%~80%。

1990年FAO/IAEA/WHO联合组织了人体营养专家委员会,讨论提出了必需微量元素(essential microelements)的定义:元素在组织中浓度不超过250μg/g,若该元素的摄入量减少到低于某一限值,会导致一种重要生理功能的损伤,或该元素是机体内生物活性物质有机结构的组成成分。基于以上定义,专家委员会将目前在人体中已研究的微量元素分为三类:第一类为人体必需微量元素有8种,包括碘(I)、铁(Fe)、锌(Zn)、硒(Se)、铜(Cu)、钼(Mo)、铬(Cr)、钴(Co);第二类为人体可能必需的有5种,包括锰(Mn)、硅(Si)、镍(Ni)、硼(B)、钒(V);第三类为具有潜在毒性,但低剂量可能具有功能作用的微量元素有8种,包括氟(F)、铅(Pb)、镉(Cd)、汞(Hg)、砷(As)、铝(Al)、锂(Li)、锡(Sn)。微量元素具有明显的"双重效应",即摄入不足或缺乏可引起相应缺乏病,摄入过量亦可能发生急、慢性毒作用。

矿物质在体内的生理功能表现为:构成人体组织,如骨骼、牙齿中的钙、磷、镁;调节细胞膜的通透性,控制水分,维持细胞内外液的正常渗透压和酸碱平衡以及神经肌肉的兴奋性;构成酶、激素、维生素;参与基因的调控和核酸代谢。

1. 钙(calcium)　是人体内含量最多的一种无机元素,约占人体重的1.5%~2.0%,正常人体内含有1000~1200g的钙。其中99%的钙集中在骨骼和牙齿中,1%分布于体液及软组织中。

(1) 生理功能:构成骨骼和牙齿;维持神经与肌肉活动;调节机体酶的活性;参与血凝过程、激素分泌,维持体液酸碱平衡及细胞膜的稳定性。

(2) 缺乏与过量:钙缺乏可引起骨骼病变,如儿童佝偻病、中老年人骨质疏松症。钙过量可增加肾结石的危险性,也可引起乳碱综合征。

(3)食物来源及推荐摄入量:钙的食物来源应从钙含量和吸收利用率两方面考虑。奶及奶制品是钙的良好来源,含量丰富,吸收率高;水产品中小虾皮含钙高,其次是海带;黄豆及其制品、黑豆、赤小豆、各种瓜子、芝麻酱、绿色蔬菜等含钙丰富。中国居民成年人膳食钙的RNI为800mg/d。膳食中谷类的植酸、蔬菜中草酸、膳食纤维及脂肪酸等可与钙形成不溶性钙盐,影响钙的吸收。蛋白质、糖类、维生素D可促进钙的吸收。

2. 铁(iron)

(1)生理功能:铁是人体含量最多的必需微量元素之一,是构成血红蛋白、肌红蛋白、含铁酶、细胞色素等的重要成分;参与体内氧的转运、交换和组织呼吸过程;与红细胞形成和成熟有关;还参与抗体的产生、脂类的转运及药物在肝脏的解毒等。

(2)缺乏与过量:膳食中可利用的铁长期不足可导致缺铁性贫血,缺铁性贫血是我国及世界范围最常见的营养缺乏病,婴幼儿和育龄妇女患病率高。服用大剂量治疗铁可发生明显的急性铁中毒,表现为呕吐和血性腹泻、凝血不良、代谢性酸中毒、休克等;慢性铁中毒表现为器官纤维化。

(3)食物来源及推荐摄入量:膳食中铁的良好来源是动物肝脏、动物全血、畜禽肉类、鱼类、海带、黑木耳等。中国居民成人膳食铁的RNI男性为12mg/d,女性为20mg/d。

3. 锌(zinc)

(1)生理功能:是人体的必需微量元素之一,参与人体内许多金属酶的组成;促进机体的生长发育和组织再生;促进食欲;参与维生素A的正常代谢;促进性器官和性机能的正常发育;保护皮肤健康;促进机体免疫功能等。

(2)缺乏与过量:锌缺乏时表现为生长迟缓、性成熟受抑制、味觉和嗅觉异常、食欲减退、伤口愈合延缓、还可表现为皮肤干燥、粗糙、面部痤疮及复发性口腔溃疡等症状。锌的缺乏常与食物中植酸和纤维素的含量有关。消化道出血和肾脏疾病可增加体内锌的丢失。手术、创伤、骨折时锌排出量增加。如果摄入过量可引起锌中毒,通常发生于治疗过程中服用过量的锌剂或用锌容器储存食品。一般膳食含锌量不会引起中毒。成人一次性摄入2g以上的锌会发生锌中毒,其主要特征之一是,锌对胃肠道的直接作用,导致上腹疼痛、腹泻、恶心、呕吐。

(3)食物来源及推荐摄入量:动物性食品是锌的良好来源,尤其是海产品、红色肉类及动物肝脏是锌的良好来源,而植物性食品含锌较少,吸收率也较低。中国居民成人膳食锌的RNI男性为12.5mg/d,女性为7.5mg/d。

(六)维生素

维生素是指维持机体正常代谢和生理功能所必需的一类低分子有机化合物。它们的化学结构与性质虽然不同,但有共同特点:①均以维生素本身,或以可被机体利用的前体化合物(维生素原)的形式,存在于天然食物中;②非机体结构成分,不提供能量,但具有特殊的代谢功能;③一般不能在体内合成(维生素D例外),或合成量太少,必须由食物提供;④人体只需少量即可满足,但绝不能缺少,如缺乏至一定程度,可引起维生素缺乏症。

根据维生素的溶解性可分为脂溶性维生素(维生素A、维生素D、维生素E、维生素K)和水溶性维生素(维生素B$_1$、维生素B$_2$、维生素B$_6$、维生素B$_{12}$、维生素C、烟酸、泛酸、叶酸、生物素)两类。脂溶性维生素的特点:可溶于脂肪或某些有机溶剂中,不溶于水;机体吸收后可在体内贮存、蓄积,如过量食入,可引起中毒。水溶性维生素的特点:只溶于水,不溶于脂肪和有机溶剂;一般不能在体内大量贮存,必须经常补充;如摄入过多,多余的可以从尿中排出,一般不引起中毒。维生素缺乏常见原因有摄入量不足、吸收利用率低、需要量增高及烹调不合理等。维生素缺乏按原因可分为原发性和继发性缺乏两种。

1. 维生素A

(1)生理功能:维生素A也称视黄醇(retinol)。其生理功能是维护上皮组织结构及其功能;增加对感染的抵抗力;参与视网膜视紫红质的合成与再生,维持正常的视力;促进生长和发育。

植物性食物来源的 β 胡萝卜素(β-carotene)及其他类胡萝卜素(carotenoids)在体内转化形成维生素 A,称为维生素 A 原(provitamins A)。胡萝卜素中维生素 A 生物活性最高的是 β-胡萝卜素,在人类肠道中的吸收利用率,大约为维生素 A 的 1/6。β-胡萝卜素富含于有色的水果与蔬菜中。在制定维生素 A 参考摄入量时,目前采用视黄醇活性当量(retinol activity equivalents,RAE)来代替视黄醇当量(retinol equivalents,RE)评估膳食维生素 A 活性。

换算关系如下:

1μg RAE=1μg 全反式视黄醇=2μg 溶于油剂的纯品全反式 β-胡萝卜素=12μg 膳食全反式 β-胡萝卜素=24μg 其他膳食维生素 A 原胡萝卜素;1IU 维生素 A=0.3μg RAE,1μg RAE=3.33 IU;1IU 维生素 A=0.6μg 膳食全反式 β-胡萝卜素=1.2μg 其他膳食维生素 A 原类胡萝卜素=1/20μg RAE。

(2)缺乏与过量:维生素 A 缺乏可导致暗适应能力下降,严重可致夜盲症;结膜干燥角化可形成眼干燥症,严重可致失明;皮肤干燥;儿童生长发育迟缓,易感染;血红蛋白合成代谢障碍,免疫功能低下。摄入大剂量维生素 A 可引起急性、慢性及致畸毒性;大量摄入类胡萝卜素可出现高胡萝卜素血症。

(3)食物来源及推荐摄入量:富含维生素 A 的食物有动物肝脏、鱼肝油、鱼卵、全奶、奶油、禽蛋等,富含胡萝卜素的食物有西兰花、芒果、菠菜、生菜、小白菜、苋菜、杏、胡萝卜、红心甜薯等。成年人膳食维生素 A 的 RNI 男性为 800μg RAE/d,女性为 700μg RAE/d,UL 为 3000μg RAE/d。

2. 维生素 D

(1)生理功能:食物中吸收的维生素 D 被运到肝、肾,转化为具有生理活性的形式 1,25-(OH)$_2$-D$_3$(或 D$_2$)后,再发挥其促进钙磷吸收,调节钙磷代谢的作用,有利于骨骼和牙齿的正常生长和发育。

(2)缺乏与过量:维生素 D 缺乏可引起婴儿、儿童佝偻病,成年人骨质疏松。摄入过量可引起维生素 D 中毒。

(3)食物来源及推荐摄入量:富含维生素 D 的食物有鱼肝油、奶油、鸡肝、鸡蛋等。成年人膳食维生素 D 的 RNI 为 10μg/d,UL 为 50μg/d。1μg 维生素 D=40IU 维生素 D。

3. 维生素 C

(1)生理功能:维生素 C 又名抗坏血酸,有较强的还原性,不稳定,很容易氧化。维生素 C 在体内生理功能表现为:抗氧化作用;促进铁的吸收和储存;促进胶原蛋白的合成;促进胆固醇代谢;参与神经递质的合成;具有解毒作用,并能阻断某些致癌物的形成等作用。

(2)缺乏与过量:维生素 C 严重摄入不足可引起坏血病,临床症状表现为牙龈肿胀出血、结膜出血、毛囊角化、皮下淤斑、紫癜和关节疼痛等。尽管维生素 C 的毒性很小,但服用量过多仍可产生一些不良反应。

(3)食物来源及推荐摄入量:富含维生素 C 的食物是新鲜蔬菜和水果,特别是柿子椒、番茄、菜花及各类深色叶菜等,水果中柑橘、柠檬、青枣、山楂、猕猴桃等酸性水果中维生素 C 含量十分丰富。成年人膳食维生素 C 的 RNI 为 100mg/d,PI-NCD 为 200mg/d,UL 为 2000mg/d。

4. 维生素 B$_1$

(1)生理功能:维生素 B$_1$ 也称硫胺素,在酸性溶液中比较稳定,加热不易分解,在碱性溶液中极不稳定,很容易被破坏。硫胺素是脱羧辅酶的主要成分,参与丙酮酸的氧化脱羧,是碳水化合物代谢所必需的;可抑制胆碱酯酶活性,维护肠道的正常蠕动。

(2)缺乏和过量:硫胺素缺乏症,又称脚气病。成人脚气病和婴幼儿脚气病表现不同。成人脚气病根据临床症状分为干性脚气病、湿性脚气病和混合型。硫胺素过量中毒很少见。

(3)食物来源及推荐摄入量:富含硫胺素的食物有谷物,如杂粮、豆类、干酵母、坚果。此外,动物内脏、蛋类、瘦猪肉也含有一定量的硫胺素。成年人膳食维生素 B$_1$ 的 RNI 男性为 1.4mg/d,女性为 1.2mg/d。

5. 维生素 B_2

（1）生理功能：维生素 B_2 又称核黄素，在碱性条件下不稳定，酸性条件下稳定，光照或紫外线照射下可分解。核黄素是人体许多重要辅酶的组成成分。在组织中经磷酸化可形成黄素单核苷酸（FMN）及黄素腺嘌呤二核苷酸（FAD），二者是黄素酶的辅酶，是组织呼吸过程中不可缺少的。

（2）缺乏和过量：核黄素缺乏可出现口角炎、眼睑缘炎、阴囊（阴唇）皮炎、鼻翼两侧脂溢性皮炎。由于维生素 B_2 缺乏可同时引起口腔和阴囊炎症，故称此现象为"口腔生殖系综合征"。长期缺乏还可导致儿童生长迟缓，轻中度缺铁性贫血。一般来说，核黄素不会引起过量中毒。

（3）食物来源及推荐摄入量：富含核黄素的食物有动物肝、肾、心、蛋黄、乳类。植物性食品中以绿色蔬菜、豆类含量较高，而谷类含量较少。成年人膳食维生素 B_2 的 RNI 男性为 1.4mg/d，女性为 1.2mg/d。

6. 叶酸

（1）生理功能：叶酸是一碳单位转移所必需的，通过一碳单位的转移，可以合成很多重要的生物分子，如蛋氨酸、组氨酸、胸腺嘧啶、某些嘌呤及核苷酸等，因而它与 DNA、RNA 及蛋白质的合成有关，而 DNA、RNA 的合成又是细胞增殖、组织生长和机体发育的物质基础。叶酸还是骨髓红细胞、白细胞形成和成熟所必需的。

（2）缺乏和过量：人体缺乏叶酸，可发生巨幼红细胞性贫血、舌炎及胃肠道紊乱；叶酸缺乏与新生儿的神经管畸形（包括无脑儿和脊柱裂）有关。妇女在孕前 3 个月至孕早期 3 个月补充叶酸，可有效地预防神经管畸形的发生。此外，叶酸缺乏可引起蛋氨酸代谢障碍，导致高同型半胱氨酸血症（hyperhomocysteinemia），后者是动脉粥样硬化形成的危险因素。

（3）食物来源及推荐摄入量：DRIs 规定叶酸的 RNI 以膳食叶酸当量（DFE）表示，DFE（μg）=［膳食叶酸 μg+（1.7×合成叶酸 μg）］，成年人为 400μg DFE/d，孕妇为 600μg DFE/d，乳母为 550μg DFE/d，UL（指合成叶酸摄入量上限）为 1000μg/d。叶酸广泛存在于动植物食品中，含量丰富的食物有肝、肾、蛋、鱼、绿叶蔬菜、坚果类、大豆类等。食物中叶酸在贮存和烹调中损失很大。

三、合理营养与平衡膳食

（一）合理营养的概念

合理营养（optimal nutrition）即为平衡而全面的营养，是指人体每天从食物中摄入的能量和各种营养素的量及其相互间的比例能满足在不同生理阶段、不同劳动环境及不同劳动强度下的需要，并使机体处于良好的健康状态。因为各种不同的营养素在机体代谢过程中均有其独特的功能，一般不能互相替代，因此在数量上要满足机体对各种营养素及能量的需要；另一方面各种营养素彼此间有着密切的联系，起着相辅相成的作用，各种营养素之间要有一个适宜的比例。

（二）营养失衡造成的危害

营养失去平衡可产生营养不良。营养不良（malnutrition）是指由于一种或一种以上营养素的缺乏或过剩所造成的机体健康异常或疾病状态。营养不良包括两种表现，即营养缺乏（nutrition deficiency）和营养过剩（nutrition excess）。

营养素摄入不足，可导致营养缺乏病，如目前世界上流行四大营养缺乏病，蛋白质-能量营养不良、缺铁性贫血、缺碘性疾病、维生素 A 缺乏病，各种营养素的缺乏都可产生相应的缺乏病。

营养素摄入过多，可产生营养过剩性疾病，如高热量、高脂肪、高蛋白，特别是动物脂肪摄入过多，可以引起营养过剩性疾病，如肥胖症、高血脂、冠心病、糖尿病等。此外，维生素 A、D 摄入过多，可造成维生素 A、D 中毒，一些营养素摄入不合理还与一些肿瘤的发病有关，如脂肪摄入过多与乳腺癌、结肠癌、前列腺癌的发病有关。

（三）合理膳食

1. **概念**　合理膳食（rational diet）又称为平衡膳食（balanced diet），是指提供给机体种类齐全、数量充足、比例合适的能量和各种营养素,并与机体的需要保持平衡,进而达到合理营养、促进健康、预防疾病的膳食。因此,合理膳食是合理营养的物质基础,而平衡膳食是达到合理营养的途径,也是反映现代人类生活质量的一个重要标志。

2. 平衡膳食的基本要求

(1)食物种类齐全、数量充足、比例合适:人类需要的基本食物一般可分为谷薯类、蔬菜水果类、畜禽鱼蛋奶类、大豆坚果类和油脂类五大类,不同食物中的营养素及有益膳食成分的种类和含量不同。除供 6 月龄内婴儿的母乳外,没有任何一种食物可以满足人体所需的能量及全部营养素。因此,只有多种食物组成的膳食才能满足人体对能量和各种营养素的需要。食物多样是平衡膳食模式的基本原则。每天的膳食应包括五大类食物,即谷薯类、蔬菜水果类、畜禽鱼蛋奶类、大豆坚果类及纯能量食物,而且在数量上要满足 DRIs 的要求。各类食物所提供的能量与营养素之间的比例、营养素之间的比例、动物性食物与植物性食物之间或之内的比例要适宜。

(2)保证食物安全:食物不得含有对人体造成危害的各种有害因素且应保持食物的新鲜卫生,以确保居民的生命安全。

(3)科学的烹调加工:食物经科学的加工与烹调的目的在于消除食物中的抗营养因子和有害微生物、提高食物的消化率、改变食物的感观性状和促进食欲;因此,加工与烹调时,应最大限度地减少营养素的损失,提高食物的消化吸收率,改善食物的感官性状,增进食欲,消除食物中的抗营养因子、有害化学物质和微生物。

(4)合理的进餐制度和良好的饮食习惯:根据不同人群的生理条件、劳动强度以及作业环境,对进餐制度给予合理安排。合理的进餐制度有助于促进食欲和消化液定时分泌,使食物能得到充分消化、吸收和利用。成年人应采用一日三餐制,并养成不挑食、不偏食、不暴饮暴食等良好的饮食习惯。

(5)遵循《中国居民膳食指南》的原则。

(四)膳食指南

1. 中国居民膳食指南   膳食指南(dietary guide)是根据营养学原则,结合国情制定的,是教育人民群众采用平衡膳食,以摄取合理营养促进健康的指导性意见。世界上许多国家,均根据自己的国情制定膳食指南,其基本要点是食物多样化和平衡膳食,避免摄入过多脂肪、食糖、盐等,引导居民进行合理的食物消费。《中国居民膳食指南(2016)》一般人群膳食指南包括六条推荐:

(1)食物多样,谷类为主:每天的膳食应包括谷薯类、蔬菜水果类、畜禽鱼蛋奶类、大豆坚果类等食物。建议平均每天摄入 12 种以上食物,每周 25 种以上。谷类为主是平衡膳食模式的重要特征,每天摄入谷薯类食物 250~400g,其中全谷物和杂豆类 50~150g,薯类 50~100g;膳食中碳水化合物提供的能量应占总能量的 50% 以上。

(2)吃动平衡,健康体重:体重是评价人体营养和健康状况的重要指标,吃和动平衡是保持健康体重的关键。各个年龄段人群都应该坚持天天运动、维持能量平衡、保持健康体重。体重过轻和过重均易增加疾病的发生风险。推荐每周应至少进行 5 天中等强度身体活动,累计 150 分钟以上;坚持日常身体活动,平均每天主动身体活动 6000 步;尽量减少久坐时间,每小时起来动一动,动则有益。

(3)多吃蔬果、奶类、大豆:蔬菜、水果、奶类和大豆及制品是平衡膳食的重要组成部分,坚果是膳食的有益补充。蔬菜和水果是维生素、矿物质、膳食纤维和植物化学物的重要来源,奶类和大豆类富含钙、优质蛋白质和 B 族维生素,对降低慢性病的发病风险具有重要作用。提倡餐餐有蔬菜,推荐每天摄入 300~500g,深色蔬菜应占 1/2。天天吃水果,推荐每天摄入 200~350g 的新鲜水果,果汁不能代替鲜果。吃各种奶制品,摄入量相当于每天液态奶 300g。经常吃豆制品,每天相当于大豆 25g 以上,适量吃坚果。

(4)适量吃鱼、禽、蛋、瘦肉:鱼、禽、蛋和瘦肉可提供人体所需的优质蛋白质、维生素 A、B 族维生素等,有些也含有较高的脂肪和胆固醇。动物性食物优选鱼和禽类,鱼和禽类脂肪含量相对较低,鱼类含有较多的不饱和脂肪酸;蛋类各种营养成分齐全;吃畜肉应选择瘦肉,瘦肉脂肪含量较低。过多食用烟熏和腌制肉类可增加肿瘤的发生风险,应当少吃。推荐每周吃鱼 280 ~ 525g,畜禽肉 280 ~ 525g,蛋类 280 ~ 350g,平均每天摄入鱼、禽、蛋和瘦肉总量 120 ~ 200g。

（5）少盐少油,控糖限酒:我国多数居民目前食盐、烹调油和脂肪摄入过多,这是高血压、肥胖和心脑血管疾病等慢性病发病率居高不下的重要因素,因此应当培养清淡饮食习惯,成人每天食盐不超过 6g,每天烹调油 25 ~ 30g。过多摄入添加糖可增加龋齿和超重发生的风险,推荐每天摄入糖不超过 50g,最好控制在 25g 以下。水在生命活动中发挥重要作用,应当足量饮水。建议成年人每天 7 ~ 8 杯 (1500 ~ 1700ml),提倡饮用白开水和茶水,不喝或少喝含糖饮料。儿童少年、孕妇、乳母不应饮酒,成人如饮酒,一天饮酒的酒精量男性不超过 25g,女性不超过 15g。

（6）杜绝浪费,兴新食尚:按需选购食物、按需备餐,提倡分餐不浪费。选择新鲜卫生的食物和适宜的烹调方式,保障饮食卫生。学会阅读食品标签,合理选择食品。

此外我国还制定了特定人群膳食指南,其主要是针对中国孕妇、乳母膳食指南,中国婴儿幼儿膳食指南,中国儿童少年膳食指南,中国老年人膳食指南,素食人群膳食指南。

2. 中国居民平衡膳食模式和图示　平衡膳食模式是经过科学设计的理想膳食模式。平衡膳食模式所推荐的食物种类和比例最大程度地满足不同年龄阶段、不同能量需要水平的健康人群的营养与健康需要。为了更好地理解和传播中国居民膳食指南和平衡膳食的理念,设计了中国居民平衡膳食宝塔(图 11-2)、中国居民平衡膳食餐盘和中国儿童平衡膳食算盘,直观告诉居民食物分类的概念及每天各类食物的合理摄入范围,每日应吃食物的种类及相应的数量,对合理调配平衡膳食进行具体指导。

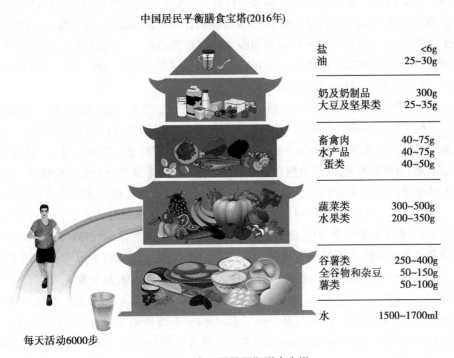

中国居民平衡膳食宝塔(2016年)

盐	<6g
油	25~30g
奶及奶制品	300g
大豆及坚果类	25~35g
畜禽肉	40~75g
水产品	40~75g
蛋类	40~50g
蔬菜类	300~500g
水果类	200~350g
谷薯类	250~400g
全谷物和杂豆	50~150g
薯类	50~100g
水	1500~1700ml

每天活动6000步

图 11-2　中国居民平衡膳食宝塔

第二节　特殊人群营养指导

人的生命按时间顺序可分为婴幼儿期、儿童期、青少年期、成年期以及老年期等,其中女性还存在有两个特殊的生理时期,即妊娠期和哺乳期。不同年龄、性别、生理状态的个体或人群,其生理状况及营养需要、营养代谢有其各自的特点。因此,不同特殊生理条件下人群对营养的需求存在着差异,在膳食供应上需做出必要的补充和调整,以满足其各自的营养需要,达到促进健康,防止发生营养相关性疾病。

一、孕妇和乳母的营养

孕妇和乳母的营养不仅要满足自身的需求,还要满足胎儿和婴幼儿生长发育的需要,否则可能出现母体和胎儿营养缺乏及某些并发症。因此,保证妊娠期和哺乳期的合理营养对母体健康和婴幼儿的身心发育有着重要的意义。

(一) 孕妇

1. 孕期营养需要

(1) 能量:孕妇自妊娠中期至后期,基础代谢增加 10% ~20% ,在孕中期和孕晚期能量需要量(EER)分别增加 1.26MJ/d 和 1.88MJ/d(300kcal/d 和 450kcal/d)。应注意能量的增加不必过高。尤其在妊娠最后两个月身体活动有所减轻时,能量供给不宜过度,以防胎儿过大,增加难产的可能性。

(2) 蛋白质:整个妊娠期,孕妇总的需要增加约 1kg 的蛋白质以供胎儿、子宫及胎盘等的形成,并为分娩后恢复、乳汁分泌作贮备。随妊娠进展,蛋白质贮留速度增快。孕早期孕妇因妊娠反应而进食量少,故孕妇蛋白质摄入量在孕中期每日增加 15g,孕晚期每日增加 30g,优质蛋白质应占蛋白质总量1/3 以上。

(3) 碳水化合物:胎儿主要用母体供给的葡萄糖作为能量来源。如孕妇摄取碳水化合物不足,则以氧化脂肪和蛋白质来供能量,容易导致酮症。为预防酮症出现,妊娠期膳食碳水化合物供能量以占总能量 50% ~65% 为宜。孕妇常患便秘,膳食中应有一定数量的膳食纤维,以促进粪便排出。

(4) 脂肪:孕妇妊娠过程体内平均增加 2 ~4kg 脂肪作为能量贮备,以供分娩、哺乳消耗。此外在胎儿神经系统发育过程,饱和与多不饱和脂肪酸均有很重要的作用,其供给能量比以 20% ~30% 较为适宜。亚油酸的 AI 为占能量的 4.0% ,α-亚麻酸的 AI 为占能量的 0.60% ,EPA+DHA 的 AI 为占能量的 0.25% ,其中 DHA 的 AI 为占能量的 0.20% 。

(5) 矿物质:孕妇体内需有大量钙贮留,以供胎儿骨骼和牙齿生长发育的需要。孕妇钙摄入量与胎儿骨密度及婴儿出生体重呈正相关。长期缺钙可使婴儿易患佝偻病,孕妇易患骨质软化病。孕妇在孕中期和孕晚期钙的 RNI 应该增加 200mg/d。膳食不足者可补充钙制剂。另外,孕妇需要一定量的铁来满足胎儿、胎盘的需要,以及孕妇血容量与红细胞的增加和备作分娩出血的消耗。由于胎儿发育在孕后期最迅速,故此阶段尤应注意膳食铁的补充。孕妇在孕中期铁的 RNI 应该增加 4mg/d,孕晚期增加 9mg/d;在孕早、中和晚期锌、碘的 RNI 分别增加 2.0mg/d 和 110μg/d。

(6) 维生素:由于胎儿发育、胎儿肝脏贮存和母体自身为泌乳贮存,孕妇的维生素 A 需要量增加。但要注意过多维生素 A 摄入可致胎儿畸形。我国孕妇维生素 A 的 RNI 在孕中期和晚期增加 70μg RAE/d;维生素 D 的 RNI 不增加,孕妇也要防止摄入过多的维生素 D,以免胎儿发生高血钙、囟门早闭、软组织钙化等的发生。维生素 B_1、B_2、烟酸摄入量随孕妇能量需要的增加而增加,孕妇在孕中期和晚期维生素 B_1、B_2 的 RNI 分别增加 0.2mg/d 和 0.3mg/d,维生素 C 在孕中期和晚期的 RNI 增加15mg/d;注意叶酸的补充,在孕早期、中期和晚期叶酸的 RNI 增加 200μg DFE/d,合成的叶酸摄入量要控制在 1mg/d 以下。

2. 孕期的膳食原则

(1) 孕前期妇女膳食要点:多摄入富含叶酸的食物或补充叶酸;常吃含铁丰富的食物;保证摄入加碘食盐,适当增加海产品的摄入;戒烟、禁酒。

(2) 孕早期妇女膳食要点:膳食清淡、适口;少食多餐;保证摄入足量富含碳水化合物的食物;多摄入富含叶酸的食物并补充叶酸;戒烟、禁酒。

(3) 孕中期、晚期妇女膳食要点:适当增加鱼、禽、蛋、瘦肉、海产品的摄入量;适当增加奶类的摄入;常吃含铁丰富的食物;适量身体活动,维持体重的适宜增长;禁烟戒酒,少吃刺激性食物。

笔记

3. **孕妇的膳食指南**

（1）备孕妇女膳食指南

1）调整孕前体重至适宜水平；

2）常吃含铁丰富的食物，选用碘盐，孕前3个月开始补充叶酸；

3）禁烟酒，保持健康生活方式。

（2）孕期妇女膳食指南

1）补充叶酸，常吃含铁丰富的食物，选用碘盐；

2）孕吐严重者，可少量多餐，保证摄入含必需量碳水化合物的食物；

3）孕中期适量增加奶、鱼、禽、蛋、瘦肉的摄入；

4）适量身体活动，维持孕期适宜体重；

5）禁烟酒，愉快孕育新生命，积极准备母乳喂养。

（二）乳母

1. 哺乳期营养需要

（1）能量：乳母的能量来源，在分娩后6个月内，1/3由妊娠时贮备的脂肪提供，膳食提供其余的2/3能量。婴儿6个月后，乳汁能量全部由膳食提供。据调查乳母乳量是否充足，最受乳母膳食能量的影响。乳母能量需要量（EER）每天增加2.09MJ（500kcal）。

（2）蛋白质：母乳蛋白质含量平均为1.2%，按日泌乳量850~1200ml计，相当消耗母体10~15g蛋白质。故乳母的蛋白质RNI增加25g/d，应注意优质蛋白质的摄入。

（3）脂肪：婴儿中枢神经发育和脂溶性维生素的吸收需要脂类，此外乳汁中脂肪酸组成受乳母膳食脂肪组成影响，因此乳母膳食中必须有适量的脂类，其供给能量比以20%~30%较为适宜。亚油酸的AI为占能量的4.0%，α-亚麻酸的AI为占能量的0.60%，EPA+DHA的AI为占能量的0.25%，其中DHA的AI为占能量的0.20%。

（4）矿物质：乳汁中很多矿物质含量不受乳母膳食的影响，故乳母对多数矿物质需要的增加，主要是用以补充母体的耗损。乳母钙RNI增加200mg/d；铁RNI增加4mg/d；锌、碘RNI增加分别为4.5mg/d和120μg/d。

（5）维生素：乳母膳食中各种维生素必须相应增加，以维持乳母健康、促进乳汁分泌、保证乳汁中含量、满足婴儿生长发育的需要。维生素A的RNI增加600μg RAE/d；维生素D的RNI不增加；维生素B_1、B_2的RNI分别增加0.3mg/d，烟酸的RNI增加为3mg NE/d，维生素C的RNI增加为50mg/d，叶酸的RNI增加为150μg/d。

2. 哺乳期的膳食原则

（1）产褥期膳食：正常分娩后产妇可进食适量、易消化的半流质食物。分娩时若会阴撕伤Ⅲ度缝合，应给无渣膳食1周左右，以保证肛门括约肌不会因排便再次撕裂。做剖宫手术的产妇术后24小时给予术后流食1天，但忌用牛奶、豆浆、大量蔗糖等胀气食品，以后再转为普通膳食。母体在分娩过程中失血很多，需要补充造血的重要物质，如蛋白质和铁等。鸡蛋含有很高的蛋白质，但每日进食鸡蛋的量不要多于6个，以免增加肾脏负担。此外，我国的习惯往往只强调动物性食物的摄入，如鸡、肉、鱼、蛋，而忽视蔬菜与水果的摄入，容易造成维生素C与膳食纤维的不足。

（2）哺乳期的膳食

1）食物种类齐全多样化：一日以4~5餐为宜，如主食不能只吃精白米、面，应该粗细粮搭配，每天食用一定量粗粮，并适当调配些杂粮、燕麦、小米、赤小豆、绿豆等，主食每日300~500g。

2）供给充足的优质蛋白质：动物性食品如鱼类、禽、肉等可提供优质的蛋白质，每日200~250g。在受经济条件限制的地区，充分利用大豆类食品提供蛋白质和钙质。

3）多食含钙丰富的食品：乳及乳制品含钙量高，并且易于吸收利用，每天至少摄入250g。此外，豆制品含钙丰富；小鱼、小虾米（皮）含钙丰富；深绿色蔬菜也可提供一定数量的钙。

　　4）多食含铁丰富的食品：如动物的肝脏、肉类、鱼类、某些蔬菜（如油菜、菠菜等），大豆及其制品等。

　　5）摄入足够的新鲜蔬菜、水果和海产品，乳母还要多选用绿叶蔬菜。

　　6）注意烹调方法：对于动物性食品，如畜、禽、鱼类的烹调方法以煮或煨为最好，多汤水。烹调蔬菜时，注意尽量减少维生素 C 等水溶性维生素的损失。

　　3. 哺乳期妇女膳食指南

　　（1）增加富含优质蛋白质及维生素 A 的动物性食物和海产品，选用碘盐；

　　（2）产褥期食物多样不过量，重视整个哺乳期营养；

　　（3）愉悦心情，充足睡眠，促进乳汁分泌；

　　（4）坚持哺乳，适当运动，逐步恢复适宜体重；

　　（5）忌烟酒，避免浓茶和咖啡。

二、婴幼儿营养

　　婴幼儿（0～24 月龄）生长发育迅速，是人一生中身心健康成长的重要时期，合理营养将为一生中体力和智力的发展打下良好基础，并对某些成年或老年疾病的发生具有预防作用。

　　（一）婴幼儿的营养需要

　　婴幼儿时期生长发育迅猛，代谢旺盛，需要足量的营养素供给，以满足正常生理功能活动和生长发育的需要。但婴幼儿的消化吸收功能尚不够完善，对营养素的吸收和利用受到一定的限制。因此，如果喂养不当，容易引起消化功能紊乱和营养不良，影响机体的抵抗力和健康成长。婴幼儿的总能量消耗包括基础代谢、食物的热效应、活动的能量消耗、排泄能量的消耗和组织生长合成过程的能量消耗。2013 版中国 DRIs 婴幼儿能量需要量（EER）0～0.5 岁为 0.38MJ（90kcal）/（kg·d）；0.5～1 岁 0.33MJ（80kcal）/（kg·d）；1～2 岁男童 3.77MJ（900kcal）/d，女童 3.35MJ（800kcal）/d。

　　婴儿的蛋白质需要量是用营养状态良好的母乳喂养的婴儿的需要量来衡量。DRIs 建议 0～0.5 岁为婴儿蛋白质 AI 为 9g/d，1.5g/（kg·d）；0.5～1 岁 RNI 为 20g/d；1～2 岁 RNI 为 25g/d。婴幼儿阶段由于单位体重所需能量较高，所以必须有一定量脂肪来提供能量，并且促进脂溶性维生素的吸收。类脂中胆固醇等对婴儿神经系统发育也是必要的。脂肪中多不饱和脂肪酸，如亚油酸、α-亚麻酸、DHA 等也为婴幼儿生长所必须。碳水化合物主要供能量，婴儿期的碳水化合物主由乳糖提供。婴儿于 2 月龄前因缺乏唾液淀粉酶，对淀粉不能消化，故淀粉类食物不能添加过早。婴幼儿食物中如碳水化合物过多，可因在肠内发酵、刺激肠蠕动而引起腹泻。其饮食中碳水化合物所供能量以占总能量的 50% 为宜。

　　矿物质对婴幼儿生长很重要，我国较易缺乏的是钙、铁、锌、碘。人乳钙含量低于牛乳，但吸收利用好。母乳铁生物利用率高，故母乳喂养婴儿缺铁性贫血患病率低于人工喂养婴儿。婴儿 4～6 月龄后，体内贮存铁用尽，同时生长迅速，铁需要量多，因此要及时添加含铁食物。对早产儿或低出生体重婴儿尤应及早注意补充铁。

　　几乎所有的维生素在缺乏时都会影响婴幼儿的生长发育，其中关系最为密切的有维生素 A、D，B 族维生素中的硫胺素、核黄素和烟酸，人工喂养的婴幼儿还应该注意维生素 E 和 C 的补充，早产儿更应该注意补充维生素 E。给婴幼儿补充维生素 A、D 必须掌握剂量，防止过量中毒。

　　（二）婴幼儿的合理喂养

　　婴儿喂养方法分为母乳喂养、人工喂养和混合喂养，其中以母乳喂养为最佳。健康母乳的乳汁含有婴儿期所需、比例最适宜、容易消化吸收的营养成分，并且含有多种免疫物质，能增强婴儿的抗病力。

　　1. 6 月龄内婴儿母乳喂养指南　6 月龄内婴儿处于 1000 天机遇窗口期的第二个阶段，营养作为最主要的环境因素对其生长发育和后续健康持续产生至关重要的影响。母乳中适宜数量的营养既能提供婴儿充足而适量的能量,又能避免过度喂养,使婴儿获得最佳的、健康的生长速率,为一生的健康奠定基础。因此,对6月龄内的婴儿应给予纯母乳喂养。6月龄内婴儿喂养指南推荐条目如下:

(1)产后尽早开奶,坚持新生儿第一口食物是母乳:初乳富含营养和免疫活性物质,有助于肠道功能发展,并提供免疫保护。母亲分娩后,应尽早开奶,让婴儿开始吸吮乳头,获得初乳并进一步刺激泌乳、增加乳汁分泌。婴儿出生后第一口食物应是母乳,有利于预防婴儿过敏,并减轻新生儿黄疸、体重下降和低血糖的发生。

(2)坚持6月龄内纯母乳喂养:母乳是婴儿最理想的食物,纯母乳喂养能满足婴儿6月龄以内所需要的全部液体、能量和营养素。此外,母乳有利于肠道健康微生态环境建立和肠道功能成熟,降低感染性疾病和过敏发生的风险。母乳喂养营造母子情感交流的环境,给婴儿最大的安全感,有利于婴儿心理行为和情感发展。母乳喂养经济、安全又方便,同时有利于避免母体产后体重滞留,并降低母体乳腺癌、卵巢癌和2型糖尿病的风险。

(3)顺应喂养,建立良好的生活规律。

(4)生后数日开始补充维生素 D,不需补钙。

(5)婴儿配方奶是不能纯母乳喂养时的无奈选择。

(6)监测体格指标,保持健康生长。

2. 7～24 月龄婴幼儿喂养指南　7～24月龄婴幼儿处于1000天机遇窗口期的第三阶段,适宜的营养和喂养不仅关系到近期的生长发育,也关系到长期的健康。针对我国 7～24 月龄婴幼儿营养和喂养的需求,以及可能出现的问题,基于目前已有的证据,同时参考 WHO 等的相关建议,提出 7～24 月龄婴幼儿的喂养指南,推荐条目如下:

(1)继续母乳喂养,满6月龄起添加辅食。

(2)从富含铁的泥糊状食物开始,逐步添加过渡至食物多样。

(3)提倡顺应喂养,鼓励但不强迫进食。

(4)辅食不加调味品,尽量减少糖和盐的摄入。

(5)注重饮食卫生和进食安全。

(6)定期监测体格指标,追求健康生长。

三、儿童少年膳食指南

(一)中国学龄前儿童膳食指南

本指南适用于2周岁以后至未满6周岁的学龄前儿童,是基于2～5岁儿童生理和营养特点,在一般人群膳食指南基础上增加五条关键推荐。

1. 规律进餐,自主进食不挑食,培养良好饮食习惯。

2. 每天饮奶,足量饮水,正确选择零食。

3. 食物应合理烹调,易于消化,少调料、少油炸。

4. 参与食物选择与制作,增进对食物的认知与喜爱。

5. 经常户外活动,保障健康生长。

(二)中国学龄儿童膳食指南

学龄儿童是指从6岁到不满18岁的未成年人。在这期间,他们生长发育迅速,充足的营养是智力和体格正常发育、乃至一生健康的物质基础,同时,也是一个人饮食行为和生活方式形成的关键时期,培养他们从小养成健康的饮食行为和生活方式将使他们一生受益。关键推荐有五条:

1. 认识食物,学习烹饪,提高营养科学素养。

2. 三餐合理,规律进餐,培养健康饮食行为。

3. 合理选择零食,足量饮水,不喝含糖饮料。

4. 不偏食节食,不暴饮暴食,保持适宜体重增长。

5. 保证每天至少活动 60 分钟,增加户外活动时间。

四、老年人营养

老年人的各种生理机能随着年龄增长而逐渐减退,其中消化吸收功能的下降必然影响了老年人的进食和营养状况。因此按照老年人机体的生理状态,合理膳食非常重要。

(一)老年人生理特点

1. 牙齿缺损、咀嚼和消化吸收能力下降。

2. 视觉和听觉及味觉等感官反应迟钝、常常无法反映身体对食物、水的真实需求。

3. 肌肉萎缩、瘦体组织量减少、体脂肪量增加;加上骨量丢失、关节及神经系统退行性病变等问题,使得老年人身体活动能力减弱,对能量、营养素的需求发生改变。

4. 老年人既容易发生营养不良、贫血、肌肉衰减、骨质疏松等与营养缺乏和代谢相关的疾病,又是心血管疾病、糖尿病、高血压等慢性病的高发人群。很多人多病共存,长期服用多种药物,很容易造成食欲缺乏,影响营养素吸收,加重营养失衡状况。

因此针对这些问题对老年人膳食提出指导很有必要。一般人群膳食指南的内容也适合于老年人,此外,补充了适应老年人特点的膳食指导内容,目的是帮助老年人更好地适应身体机能的改变,努力做到合理膳食、均衡营养,减少和延缓疾病的发生和发展,延长健康的生命时间。

(二)老年人膳食指南

1. 少量多餐细软,预防营养缺乏。

2. 主动足量饮水,积极户外活动。

3. 延缓肌肉衰减,维持适宜体重。

4. 摄入充足食物,鼓励陪伴进餐。

第三节　临床营养

临床营养(clinical nutrition)又称患者营养,是研究人体处于各种病理状态下的营养需求和营养输注途径的科学,即在正常生理需要量的基础上,根据疾病的种类、病情、患者的营养状况等,合理安排饮食,以增强机体抵抗力,改善代谢,修补组织,积极地促使疾病的转归,从而使患者早日康复。疾病的营养治疗是现代综合治疗的重要组成部分,它是根据疾病的病理生理特点,按不同时期制定符合其特征的营养治疗方案和膳食配方,以达到治疗、辅助治疗或诊断的目的。营养治疗流程包括营养风险筛查、确定营养不良风险患者、营养状况评估、营养干预、营养疗效评价。营养风险筛查和评估是营养疗法的第一步。根据人体的基本营养需要和各种疾病的治疗需要而制订的医院患者膳食,可分为基本膳食、治疗膳食、特殊治疗膳食、儿科膳食、诊断膳食和代谢膳食等。根据供给患者营养物质的途径通常将患者营养分为肠内营养和肠外营养两类。

一、患者的营养状况评价

(一)营养风险筛查与评估概念

1. **营养风险(nutritional risk)**　是指现存的或潜在的与营养因素相关的导致患者出现不利临床结局的风险。

2. **营养风险筛查(nutritional risk screening)**　是指发现患者是否存在营养问题和是否需要进一步进行全面营养评估的过程。目的是发现个体是否存在营养不足和有营养不足的危险。

3. **营养评估(nutritional assessment)**　是指在大量临床资料中收集相关资料,如一般状况、饮食情况、身体测量指标和生化指标,按营养状态对患者进行分类:营养良好或营养不良,并评估患者营养不良的程度,从而进行相应的营养治疗。

（二）常用营养风险筛查与评估量表

目前常用的工具包括营养风险筛查 2002（nutritional risk screening 2002，NRS 2002）、主观整体评估（subjective globe assessment，SGA）、患者主观整体评估（patient-generated subjective globe assessment，PG-SGA）、微型营养评估（mini nutritional assessment，MNA）、营养不良通用筛查工具（malnutrition universal screening tools，MUST）及营养风险指数（the nutrition risk index，NRI）等。上述方法中，NRS 2002 属于纯筛查性质的；SGA、PG-SGA 属于纯评估性质的；MNA、MUST 兼备筛查与评估功能。

1. NRS 2002　适用对象为一般成年住院患者，包括肿瘤患者。该筛查方法建立在循证医学基础上，简便易行。

2. SGA　是目前临床营养状况评估的"金标准"，其信度和效度已经得到大量检验。评估的内容包括详细的病史与身体评估的参数。

二、基本膳食

基本膳食与一般健康人日常所用的膳食基本相同，膳食结构、能量与各种营养素和餐次均应遵守平衡膳食的原则，使能量及营养素数量和质量达到合理营养的要求。基本膳食是医院应用范围最广、食用频率最高的基本膳食，约占住院患者膳食的 50%～65%。基本膳食包括普通膳食、软食、半流质膳食和流质膳食。

1. **普通膳食（normal diet）**　简称普食，与健康人的膳食基本相同。其中总能量、蛋白质、无机盐、维生素等各种营养素应供给充足，达到平衡膳食的要求；保持适当体积以满足饱腹感；品种多样化，科学加工烹调以增进食欲、促进消化；一日三餐合理分配，能量分配比例为早餐 25%～30%，午餐 40%，晚餐 30%～35%；忌用刺激性、难消化的食物，如辛辣食物、油炸食物等。普通膳食主要适用于咀嚼或消化吸收功能正常、体温正常或接近正常、无特殊膳食要求，不需限制任何营养素的住院者或恢复期的患者。

2. **软食（soft diet）**　是一种比普食更易消化的膳食，是由半流质膳食向普食过渡的中间膳食。软食所提供的各种营养素应符合平衡膳食要求；细软、易咀嚼、易消化；少用膳食纤维及粗纤维多的食物；注意补充矿物质和维生素；忌油炸、辛辣、坚硬的食物。软食主要适用于低热、咀嚼困难、消化不良或吸收能力差以及老年人和婴幼儿患者，及手术恢复期患者。

3. **半流质膳食（semi-liquid diet）**　是一种介于软食与流质膳食之间的膳食，外观呈半流体状态，易于咀嚼和消化。半流质膳食每日总能量不宜过高，一般能量供给量为 6.28～7.53MJ/d（1500～1800kcal/d），蛋白质 50～60g/d，脂肪 40～50g/d，碳水化合物约 250g/d，其他营养素按正常量供给；注意补充矿物质和维生素；细软，易咀嚼，易消化，纤维含量少；少食多餐，每隔 2～3 小时进餐一次，每日 5～6 餐；忌用不易消化、油炸、辛辣刺激的食物。半流质膳食主要适用于食欲差、咀嚼、吞咽不便者，发热、消化道疾病以及手术后恢复期患者。

4. **流质膳食（liquid diet）**　是呈液体状态或在口中能溶化为液体的膳食。易消化，含渣少。所供给能量及各种营养素均较缺乏，不宜长期食用；它属于不平衡膳食，在食用期间应辅以肠外营养，以补充能量和营养素的不足；少食多餐，每餐 200～250ml 较适宜，每天 6～7 餐；不宜选用非流质的固体食物、膳食纤维含量多的食物及油腻的食物。流质膳食主要适用于高热、食欲差，咀嚼、吞咽极度困难者；急性炎性胃肠疾病、急性腹泻、恶心、呕吐者；体质重度虚弱者，大手术后的第 1 次进食的患者。

三、治疗膳食

治疗膳食（therapeutic diet）是指根据不同的病理与生理状况，调整患者膳食的营养成分和性状，治疗或辅助治疗疾病、促进患者康复的膳食。治疗膳食的基本原则是在平衡膳食的前提下，考虑到患者的消化、吸收和耐受力以及饮食习惯，进行治疗膳食的制备。

（一）低蛋白膳食

1. **特点**　控制膳食中的蛋白质含量,以减少含氮的代谢产物,减轻肝、肾负担,在控制蛋白质摄入量的前提下,提供充足的能量、优质蛋白质和其他营养素,以改善患者的营养状况。要根据患者的肾功能损伤情况,决定其蛋白质的摄入量,一般每日蛋白质总量在20~40g之间。

2. **适用对象**　肾脏疾病如急性肾炎、急性肾功能衰竭、慢性肾功能衰竭、肾病综合征、尿毒症及肾透析。肝脏疾病中的肝性脑病各期的患者。

3. **膳食原则**　根据肝、肾功能情况,确定每日膳食中的蛋白质量。

（1）每日膳食中的能量应供给充足,碳水化合物不低于55%,必要时可采用纯淀粉食品及水果增加能量。

（2）肾功能不全者在蛋白质定量范围内选用优质蛋白质,如鸡蛋、牛奶、瘦肉、鱼虾。

（3）肝功能衰竭患者应选用高支链氨基酸、低芳香族氨基酸以豆类蛋白为主的食物,要避免肉类蛋白质。

（4）维生素、矿物质等营养素应充分供给。

（5）增加膳食纤维摄入量,可减少氨类吸收或增加排出。

（二）低盐膳食

1. **特点**　通过调整膳食中的钠盐摄入量来纠正水、钠潴留以维持机体水、电解质的平衡。

2. **适用对象**　高血压、心力衰竭、急性肾炎、妊娠毒血症,各种原因引起的水、钠潴留患者。

3. **膳食原则**

（1）食盐量以克为单位计算,限制每日膳食中的含盐量在1~4g。

（2）根据具体病情确定每日膳食中的具体食盐量,如水肿明显者食盐量为1g/d,一般高血压病患者为4g/d。

（3）此类膳食的用盐量在食物准备和烹调前应用天平称量后加入。

（4）合理烹调方法,提高患者食欲。

（三）低嘌呤饮食

1. **特点**　限制全天膳食中嘌呤的摄入量在150~250mg/d,减少外源性嘌呤的来源,降低血清尿酸的水平。调整膳食中成酸食物和成碱食物的配比,增加水分的摄入量,促进尿酸排出体外,防治急性痛风的发作。

2. **适用对象**　急性痛风、慢性痛风、高尿酸血症、尿酸性结石患者。

3. **膳食原则**

（1）限制嘌呤摄入量:一般限制嘌呤含量者可以选用嘌呤含量低于150mg/100g的食物;中等限制嘌呤含量者可用嘌呤含量为25~150mg/100g的食物;严格限制嘌呤者宜用嘌呤含量低于25mg/100g的食物。

（2）限制总能量和脂肪的摄入:与正常人比较,能量摄入量应减少10%~20%。若伴有高脂血症和肥胖症时,体内脂肪堆积可减少尿酸排泄,故应限制脂肪的摄入量,约为40~50g/d;脂肪供能占总能量的20%~25%,其中饱和脂肪酸供能比小于总能量的10%。

（3）适量限制蛋白质摄入量:蛋白质摄入量约为50~70g/d,蛋白质供能占总能量的10%~15%,并以嘌呤含量少的谷类、蔬菜类为主要蛋白质来源,也可选用适量的含核蛋白较少的乳类、鸡蛋、动物血和海参等动物蛋白。

（4）保证碳水化合物供给:碳水化合物供能占总能量的55%~65%,以增强机体抗生酮作用,并可促进尿酸的排出量;由于果糖可促进核酸的分解,增加尿酸生成,因此应减少果糖类食物的摄入。

（5）保证蔬菜水果的摄入:尿酸及尿酸盐在碱性环境中易被中和、溶解,因此,要保证蔬菜、水果的摄入量。

（6）培养良好的饮食习惯,改进烹调方法:避免暴饮暴食或一次进食大量肉类及其内脏,以减少痛风急性发作。建议一日三餐或少食多餐;在烹调加工时,应少用刺激性调味品,肉类煮后应弃汤后食用。

（7）水分:无肾功能不全时宜多喝水,每日入水量保持2000～3000ml,以增加尿酸的排出。

（8）禁用的食物:脑、肝、肾等动物内脏,凤尾鱼、沙丁鱼、肉汁、鸡汁等嘌呤含量高的食物。

四、肠内营养

肠内营养是指具有胃肠道消化吸收功能的患者,因机体病理、生理改变或一些治疗的特殊要求,需利用口服或管饲等方式给予要素膳制剂,经胃肠道消化吸收,提供能量和营养素,以满足机体代谢需要的营养支持疗法。胃肠内营养在消化道尚有部分功能时可取得与肠外营养相同的效果,且较符合生理状态。此法费用较低,使用较安全,监护较易,并由于膳食的机械刺激与刺激消化道激素的分泌而加速胃肠道功能与形态的恢复。所以基本原则是"只要胃肠功能允许,应尽量采用经胃肠营养"。

（一）肠内营养适应证和禁忌证

1. **肠内营养适应证**　主要取决于小肠是否具有能吸收提供的各种营养素的功能。所以当患者原发疾病或因治疗与诊断的需要而不能或不愿经口摄食,或摄食量不足以满足需要时,如胃肠道功能允许而又可耐受时,首先应考虑采用肠内营养。临床上有以下多种情况适合肠内营养:①无法经口摄食、摄食不足或有摄食禁忌者;②胃肠道疾病者;③胃肠道外疾病:术前术后营养支持、肿瘤化疗放疗的辅助治疗、肝肾功能衰竭、先天性氨基酸代谢缺陷病、神经性厌食症、抑郁症以及脑血管疾病等。

2. **肠内营养禁忌证**　肠内营养的绝对禁忌证是肠道梗阻。不宜使用肠内营养的情况还包括:①导致肠内营养渗漏的胃肠瘘患者;②严重应激状态、上消化道出血、应激性溃疡、顽固性呕吐或严重腹泻急性期、急性胰腺炎;③严重吸收不良综合征及长期少食者;④小肠广泛切除后4～6周以内;⑤年龄小于3月龄婴儿。

（二）常用肠内营养制剂

肠内营养膳食应是营养素齐全、配比合理、残渣极少、易消化或不需消化、化学成分明确、使用方便的肠内营养制剂。根据组成成分分为四类,即要素膳食、非要素膳食、组件膳食和特殊营养膳食,目前称为特殊医学用途配方食品,并按照食品安全国家标准《特殊医学用途配方食品通则》（GB29922—2013）、《特殊医学用途婴儿配方食品通则》（GB25596—2010）和《特殊医学用途配方食品良好生产规范》（GB29923—2013）等国家标准进行管理。

1. **特殊医学用途配方食品定义**　是指为了满足进食受限、消化吸收障碍、代谢紊乱或特定疾病状态人群对营养素或膳食的特殊需要,专门加工配制而成的配方食品。该类产品必须在医生或临床营养师指导下,单独食用或与其他食品配合食用。

2. **特殊医学用途配方食品分类**　特殊医学用途配方食品包括适用于0～12月龄的特殊医学用途婴儿配方食品和适用于1岁以上人群的特殊医学用途配方食品。根据不同临床需求和适用人群分为3类,即全营养配方食品、特定全营养配方食品和非全营养配方食品。全营养特殊医学用途配方食品适用于需要全面营养补充和（或）营养支持的人群,如体弱、长期营养不良、长期卧床等患者;特定全营养特殊医学用途配方食品适用于特定疾病或医学状况下需对营养素进行全面补充的人群;非全营养特殊医学用途配方食品适用于需要补充单一或部分营养素的人群,按照患者个体的医学状况或特殊需求而使用。

（三）肠内营养投给途径

肠内营养投给途径的选择决定于疾病本身,喂养时间长短,精神状态及胃肠道功能,不同途径的适应证,禁忌证及可能发生的并发症。临床上最常用的肠内营养投给途径有经鼻置鼻胃管、鼻十二指肠管或鼻空肠管。

五、肠外营养

肠外营养是指通过肠道以外的通路即静脉途径输注能量和各种营养素,以达到纠正或预防营养不良,维持营养平衡目的的营养补充方式。肠外营养使用完全新型的营养物质经中心静脉导管或周围静脉输入,多数情况下可满足患者的营养需求,有效地改善并维持机体的营养状况,已成为危重患者抢救工作中不可缺少的重要组成部分。肠外营养主要适用于暂时或永久不能经消化道进食、进食后不能吸收或胃肠道需要充分休息的患者。

(一)肠外营养适应证和禁忌证

1. 肠外营养适应证　主要适用于胃肠道功能障碍或衰竭的患者,包括消化系统疾病(消化道瘘、肠炎、短肠综合征、中重症急性胰腺炎、胃肠道梗阻等)、大面积烧伤、败血症、术前准备、急性肾衰竭、妊娠剧吐和神经性厌食以及神志不清、腹膜炎、肿瘤放疗或化疗引起的胃肠道反应等患者。

2. 肠外营养的禁忌证　包括严重呼吸和循环功能衰竭、严重水和电解质平衡紊乱、肝和肾衰竭等。肠外营养与肠内营养不同,它绕过肠道直接进入体循环,长期应用肠外营养可导致机械性损伤、感染引起败血症、营养素不足或过多、水和电解质平衡紊乱等。根据肠外营养的性质和发生原因,其并发症可分为置管并发症、感染并发症和代谢并发症3类。

(二)肠外营养制剂

肠外营养没有统一的配方,但必须含人体所需的全部营养素。一般根据患者的年龄、性别、体重或体表面积、病情等需要来制备。肠外营养制剂要求无菌、无毒、无热源、pH 和渗透压适宜、相容性和稳定性良好等,其组成成分包括氨基酸制剂、脂肪制剂、葡萄糖溶液、维生素制剂、微量元素制剂,电解质和水等。临床上配制肠外营养制剂时应严格按照无菌规则在临用前新鲜配制;配好后如不能立即输注,应在4℃冰箱中保存且不超过48小时;添加矿物质时应注意配伍禁忌;尽量将一日所需营养物质装入一个袋中以减少污染。

(三)肠外营养液的置管方式

肠外营养按照供给途径分为中心静脉营养和周围静脉营养两种。

1. 中心静脉营养(central parenteral nutrition,CPN)　又称完全静脉营养(total parenteral nutrition,TPN),是指将全部营养素通过大静脉输入的方法。主要适用于长期无法由肠内营养途径提供机体所需营养物质,且周围静脉营养无法提供大量营养素的患者。中心静脉营养是通过外科手术将导管置入体内,由锁骨静脉插入中心静脉或由颈静脉插入上腔静脉。由于静脉管径大且血流速度快,可将输入的高浓度营养素液带至全身以供利用。

2. 周围静脉营养(peripheral parenteral nutrition,PPN)　是指将营养物质由外周静脉输入的方法。PPN 采用的时间不应超过2周,主要是改善患者手术前后的营养状况,纠正疾病所致的营养不良。该方法操作简便,容易实施,对静脉损伤小,在普通病房内即可实施。

肠内营养是符合机体生理特性的给养途径,既能避免中心静脉插管可能带来的风险,又可以帮助恢复肠道功能。肠内营养简便安全,经济高效,符合生理功能,营养制剂种类多。肠外营养对任何无法经口摄食的患者均有积极有效的辅助治疗作用,但可引起并发症,不宜长期使用。因此,在进行肠外营养一段时间后应逐渐向肠内营养过渡。这种过渡可分为4个阶段:①肠外营养与管饲结合;②单纯管饲;③管饲与经口营养结合;④正常肠内营养。即应逐渐过渡到肠内营养使肠细胞适应,同时注意监测水和电解质平衡及营养素摄入量,避免加重肠道的负担而不利于胃肠道功能的恢复。

第四节　人群营养状况评价及干预策略

人群营养状况评价是全面了解个体或群体营养状况的基本方法,目的是了解不同生理状况、不同生活环境、不同劳动条件下各种人群营养状况和存在的问题,为有计划地改善和提高人民膳食质量提供科学依据,这称为营养调查(nutritional survey)。营养调查是指运用各种手段准确地了解某群体或特定个体营养指标水平,以判断其营养和健康状况,包括膳食调查、体格测量、营养相关疾病的临床检查、营养水平的生化检测四部分。

一、膳食调查方法

膳食调查是了解被调查对象在一定的时间内通过膳食摄取的能量、各种营养素的数量和质量,据此评价被调查对象能量和各种营养素供给的满足程度。膳食调查方法如下:

1. **称重法**　称重法是一种常用的膳食调查方法,它可以了解调查对象每人每日对各种主副食的摄入量,通过食物成分计算摄取的能量和各种营养素是否能达到推荐量标准的要求和程度。调查期间称量每日每餐所吃各种主副食、生食和熟食的重量及剩余食物的重量,详细记录每日就餐人数、年龄、性别、生理状况、职业和劳动强度,求出平均每餐每人摄取食物的重量,最终计算出被调查单位每人每日对食物和营养素的平均摄入量。调查时间为 3~7 天,该法准确、可靠,但工作量大,浪费人力物力。

2. **记账法**　记录被调查对象(家庭、食堂)一定时期内的食物消耗量(结存量+购进量-废弃量-剩余量)。同时登记进餐人数,从而得到每人每日各种食物的消费量。再按照食物成分表计算出这些食物所提供营养素和能量的数量,一般调查统计 1 个月,一年四季各进行 1 次,此法手续简便,节省人力。

3. **回顾法**　通过询问被调查对象过去 24 小时实际的膳食情况,可对其食物摄入量进行计算和评价,是目前获得个人膳食量资料最常用的一种调查方法。连续 3 天个人食物摄入量调查,记录消耗的所有食物,借此分析被调查对象的膳食摄入量及其与营养状况的关系。此法适用于个人或家庭,简便易行,但准确性差。

4. **食物频率法**　该方法收集调查对象过去一段时间(数天、数周、数月、一年或数年)内各种食物消费频率和消费量,从而获得个人长期食物和营养素平均摄入量。食物频率可快速得到平时各种食物的摄入种类和数量,反映长期膳食行为,其结果可作为研究慢性病与膳食模式关系的依据,也可用于对个体进行膳食指导,在膳食与健康关系的流行病学研究中应用日益广泛。

5. **化学分析法**　通过实验室化学分析方法,测定调查对象在一定时间内所摄入食品的能量和营养素的数量及质量。收集样品的方法是双份饭菜法:制作两份完全相同的饭菜,一份供调查对象食用,另一份作为分析样品。分析样品在数量和质量上必须与摄入的食物一致。

二、人群营养评价指标

(一)膳食调查分析

根据膳食调查结果对人群能量及营养素摄入量、供能营养素来源及能量分配、蛋白质来源、膳食组成做出综合评价。

(二)体格测量

人体测量是评价营养状况的综合观察指标,对于生长发育期的儿童尤为重要。常用指标有体重、身高、皮褶厚度及上臂围等,其中以体重、身高最为重要。所有测定值与人体相应正常值进行比较,即可做出人体营养状况的评价。

1. **体重与身高**　体重反映的是体内蛋白质、矿物质、水分、脂肪与碳水化合物的总和。在水分恒定不变的情况下,体重可反映身体营养水平,尤其反映蛋白质和与脂肪有关的能量水平。评价体重状况有以下几种表示方法:

(1) 理想体重(标准体重):应用于成人,一般用来衡量实测体重是否在适宜范围内。可用 Broca 改良公式和平田公式进行计算。

Broca 改良公式:理想体重(kg)= 身高(cm)-105

平田公式:理想体重(kg)=[身高(cm)-100]×0.9

我国多采用 Broca 改良公式。实际体重位于理想体重的±10%为正常范围,±10% ~ ±20%为超重/瘦弱,±20%以上为肥胖/极瘦弱,+20% ~ +30%为轻度肥胖,+30% ~ +50%为中度肥胖,>+50%为重度肥胖。理想体重的概念虽容易被接受,但其"真值"难以估计,故理想体重的准确性有时会受到质疑,作为判断标准已较少使用。

(2)体质指数(body mass index,BMI):是目前评价 18 岁以上成人群体营养状况最常用的方法之一。体质指数的计算公式为:

$$BMI=体重(kg)/[身高(m)]^2$$

中国成人判断超重和肥胖程度的界限值,BMI<18.5 为消瘦,18.5 ~ 23.9 为正常,24.0 ~ 27.9 为超重,≥28 为肥胖。

(3)年龄别体重、年龄别身高和身高别体重:这组指标主要应用于儿童生长发育与营养状况评价。其中,年龄别体重主要适用于婴幼儿,年龄别身高反映长期营养状况及其造成的影响,身高别体重反映近期营养状况。一般应先用年龄别身高排除生长迟滞者,再用身高别体重筛查出消瘦者。

2. 腰围、臀围及腰臀比　腰围是判断腹部肥胖的重要标准,男性腰围≥85cm,女性腰围≥80cm诊断为腹部肥胖。臀围是耻骨联合和背后臀大肌最凸处的水平周径,反映髋部骨骼和肌肉的发育情况。腰臀比是腰围(cm)和臀围(cm)的比值,是判断中心型肥胖的重要指标。当男性腰臀比≥0.9,女性腰臀比≥0.8,可诊断为中心型肥胖;但随年龄、性别、人种不同而异。

3. 皮褶厚度　是通过测量皮下脂肪厚度来估计体脂含量的方法,常选用肩胛下角、肱三头肌和脐旁等测量点,实际测量时常采用肩胛下角和上臂肱三头肌腹处的皮褶厚度之和,根据相应的年龄、性别标准来判断。皮褶厚度一般不单独作为肥胖的标准,通常与身高标准体重结合起来判定。

(三)营养相关疾病的临床检查

临床检查的目的是根据症状和体征判断营养不足或过剩所致营养相关疾病的发生和进展。常见临床体征与可能缺乏的营养素关系见表 11-1。

表 11-1　常见临床体征与可能缺乏的营养素关系

部位	体　征	可能缺乏的营养素
全身	消瘦或水肿,发育不良	能量、蛋白质、锌
	贫血	蛋白质、铁、叶酸、维生素 B_{12}、B_6、B_2、C
皮肤	干燥、毛囊角化	维生素 A
	毛囊四周出血点	维生素 C
	癞皮病皮炎	烟酸
	阴囊炎、脂溢性皮炎	维生素 B_2
头发	稀少、失去光泽	蛋白质、维生素 A
眼睛	毕脱氏斑,角膜干燥,夜盲	维生素 A
唇	口角炎,唇炎	维生素 B_2
口腔	齿龈炎,齿龈出血,齿龈松肿	维生素 C
	舌炎,舌猩红,舌肉红	维生素 B_2、烟酸
	地图舌	维生素 B_2、烟酸、锌
指甲	舟状甲	铁
骨骼	颅骨软化,方颅,鸡胸,串珠肋,O 形腿,X 形腿	维生素 D
	骨膜下出血	维生素 C
神经	肌肉无力,四肢末端蚁行感,下肢肌肉疼痛	维生素 B_1

摘自:孙长颢. 营养与食品卫生学. 第 8 版. 北京:人民卫生出版社. 2017:217.

（四）营养水平的生化检测

人体营养水平的生化检验是借助生化实验,用于发现人体营养储备水平低下、营养不足或营养过剩等状况,以便预防营养相关疾病的发生,常用检测指标见表 11-2。

表 11-2　人体营养状况的生化检测常用指标

营养素	检测指标
蛋白质	血清总蛋白、血清白蛋白(A)、血清球蛋白(G)、白/球(A/G)、空腹血中氨基酸总量/必需氨基酸、尿羟脯氨酸系数、游离氨基酸、必要的氮损失等
血脂	总脂、甘油三酯、α 脂蛋白、β 脂蛋白、胆固醇(包括胆固醇酯)、游离脂肪酸、血酮等
钙、磷及维生素 D	血清钙(包括游离钙)、血清无机磷、血清钙磷乘积、血清碱性磷酸酶、血浆 25-OH-D_3、血浆 1,25-$(OH)_2$-D_3 等
锌	发锌、血浆锌、红细胞锌、血清碱性磷酸酶活性
铁	全血血红蛋白浓度、血清运铁蛋白饱和度、血清铁、血清铁蛋白、血液红细胞压积(HCT 或 PCV)、红细胞游离原卟啉、平均红细胞体积(MCV)、平均红细胞血红细胞量(MCH)、平均红细胞血红蛋白浓度(MCHC)等
维生素类	维生素 A:血清视黄醇、血清胡萝卜素。维生素 B_1:RBC 转酮醇酶活性系数、5mg 负荷尿试验。维生素 B_2:RBC 谷胱甘肽还原酶活性系数、5mg 负荷尿试验。烟酸:50mg 负荷尿试验。维生素 C:血浆维生素 C、500mg 负荷尿试验。叶酸:血浆叶酸、红细胞叶酸等
其他	尿糖、尿蛋白、尿肌酐、尿肌酐系数、全血丙酮酸等

摘自:孙长颢. 营养与食品卫生学. 第 8 版. 北京:人民卫生出版社.2017:216.

三、人群营养干预策略

（一）营养教育

1. **定义及目的**　营养教育(nutrition education)是指通过改变人们的饮食行为而达到改善营养目的的一种有计划活动。营养教育是营养干预的一种有效手段,具有容易实施、成本低、效益高、受益面广等特点,对居民营养状况的改善和健康水平的提高具有重要作用。其目的是为了提高人群对营养与健康的认识,普及营养知识,倡导健康行为和生活方式,通过合理营养平衡膳食,促进人群的营养健康状况改善,减少各种营养相关疾病患病的危险。

2. **步骤和方法**　步骤包括首先确定干预个体或人群存在的营养问题;制定营养教育工作计划;根据存在营养问题的人群范围确定营养教育的对象;确定营养教育内容;选择或制作营养教育和指导所需材料;实施营养教育计划;进行营养教育的效果评价。方法包括营养信息传播和营养行为干预两类。

（二）慢性病的营养防治原则

慢性病是威胁我国居民健康的主要疾病,我国居民慢性病死亡占总死亡人数的比例高达86.6%,造成的疾病负担已占总疾病负担的70%以上,已成为影响国家经济社会发展的重大公共卫生问题。膳食不合理是慢性疾病主要危险因素之一,改善饮食结构,提倡合理膳食是防病治病的重要措施。营养干预是改善人群营养状况和预防疾病的重要手段。营养干预前,要了解和调查被干预个体或群体主要的营养问题,分析产生的营养问题或疾病的原因,明确其主要的营养问题与疾病的关系;根据实际情况,选择营养干预的途径和方法,评估营养干预的效果,及时调整营养干预策略。

1. **心血管疾病的营养防治原则**　近年来,我国心血管疾病的发病率和死亡率均呈上升趋势,这类疾病的病因复杂,与许多因素有关,其中饮食因素占重要地位。因此,合理膳食已成为防治心血管疾病的重要措施之一。

（1）控制总能量摄入,保持理想体重:能量摄入过多是肥胖的重要原因,而肥胖是心血管疾病的重要危险因素,故应控制总能量的摄入,适当增加运动,保持理想体重。

（2）限制脂肪和胆固醇摄入：限制总脂肪、饱和脂肪酸、胆固醇及反式脂肪酸的摄入量。膳食中脂肪摄入量以占总能量 20% ~25% 为宜，饱和脂肪酸摄入量应少于总能量的 10%，适当增加单不饱和脂肪酸和多不饱和脂肪酸的摄入，保持饱和脂肪酸、单不饱和脂肪酸和多不饱和脂肪酸的比例为1∶1∶1，单不饱和脂肪酸摄入量不要低于总能量的 10%。鱼类主要含 n-3 系列的多不饱和脂肪酸，可适当多吃。少吃含胆固醇高的食物，如猪脑和动物内脏等，胆固醇摄入量<300mg/d。高胆固醇血症患者应进一步降低饱和脂肪酸摄入量，使饱和脂肪酸摄入量低于总能量的 7%，胆固醇摄入量<200mg/d。

（3）提高植物蛋白质的摄入，少吃甜食：蛋白质摄入量应占总能量的 15%，应提高植物蛋白质的摄入，如大豆及其制品，大豆蛋白富含大豆异黄酮，多吃大豆蛋白有利于调节血脂，有利于防治心血管疾病。限制单糖和双糖的摄入，少吃甜食，控制含糖饮料摄入。

（4）保证充足的膳食纤维摄入：膳食纤维能明显降低血胆固醇和提高人体胰岛素敏感性，因此，应多摄入含膳食纤维高的食物，如燕麦、玉米、蔬菜等。

（5）供给充足的维生素和矿物质：维生素 E 和很多水溶性生素及矿物质具有改善心血管功能的作用，特别是维生素 E 和维生素 C 具有抗氧化作用，应多食用新鲜蔬菜和水果。

（6）饮食清淡，少盐和限酒：每日食盐的摄入量应在 6g 以下（包含酱油、咸菜等含的盐）。如饮酒，应限量。

（7）适当多吃富含植物化学物的食品：植物化学物质具有促进心血管健康作用，鼓励多吃富含植物化学物质的食物，如大豆、黑色和绿色食物、洋葱、香菇等。

2. 糖尿病的营养防治原则 根据我国糖尿病流行特点和循证医学研究进展，中国营养学会制定了《中国糖尿病膳食指南（2017）》，共有 8 条。

（1）吃、动平衡，合理用药，控制血糖，达到或维持健康体重。

（2）主食定量，粗细搭配，全谷物、杂豆类占 1/3。

（3）多吃蔬菜、水果适量，种类、颜色要多样。

（4）常吃鱼禽，蛋类和畜肉适量，限制加工肉类。

（5）奶类豆类天天有，零食加餐合理选择。

（6）清淡饮食，足量饮水，限制饮酒。

（7）定时定量，细嚼慢咽，注意进餐顺序。

（8）注重自我管理，定期接受个体化营养指导。

3. 肥胖的营养防治原则

（1）控制总能量：当前最有效的减肥方法仍然是控制饮食和增加身体活动。控制能量的摄入时，要做到营养平衡，合理安排蛋白质、脂肪和碳水化合物摄入量和比例，保证矿物质和维生素的充足供应。蛋白质应占总能量的 15% ~20%。完全采用素食不利于健康。

（2）限制脂肪摄入量：要控制烹调油的用量，每日用烹调油 10 ~20g 左右，同时还要控制含油脂过多的食物的摄入量。应限制脂肪摄入，使脂肪占总能量的 20% ~25%。

（3）碳水化合物的供给要适量：碳水化合物应限制在占总能量的 40% ~55%，应以谷类食物为主要来源，每日应摄入 150 ~250g。应控制蔗糖、麦芽糖、果糖、蜜饯及甜点等的摄入量，尽量不吃这类食物。

（4）限制辛辣及刺激性食物及调味品（如辣椒、芥末、咖啡等），这类食物可以刺激胃酸分泌增加，容易使人增加饥饿感，提高食欲。

（5）膳食中必须有足够量的新鲜蔬菜，尤其是绿叶蔬菜和水果。

（6）应注意烹调方法，多采用蒸、煮、炖、拌、氽、卤等方法，避免油煎、油炸和爆炒等方法。

（7）养成良好的饮食习惯，一日三餐要定时定量，早餐一定要吃好，晚餐一定要少。

4. 癌症的营养防治原则 世界癌症研究基金会和美国癌症研究所专家组 2007 年提出了 10 条预

防癌症的建议,其中针对普通人群有 8 条建议,另有 2 条特殊建议(第 9,10 条)。

(1)在正常体重范围内尽可能瘦:确保从童年期到青春期的体重增长趋势,到 21 岁使体重处于正常 BMI 的低限。从 21 岁起保持体重在正常范围,在整个成年期避免体重增长和腰围增加。

(2)将从事积极的身体活动作为日常生活的一部分:每日至少进行 30 分钟的中度身体活动(相当于快步走)。随着身体适应能力的增加,每日可进行 60 分钟或以上的中度身体活动,或者进行 30 分钟或以上的重度身体活动。避免久坐习惯,久坐是引起某些癌症以及肥胖的重要原因。

(3)限制摄入高能量密度食物:高能量密度食物是指能量超过 225~275kcal/100g 的食物。避免含糖饮料,限制果汁摄入,尽量少吃西式快餐。

(4)以植物来源的食物为主:每日至少吃 5 份(至少 400g)不同种类的非淀粉蔬菜和水果;每餐都吃相对未加工的谷类和(或)豆类,限制精加工的淀粉性食物。

(5)限制红肉摄入,避免加工的肉制品:红肉和加工的肉制品是某些癌症的充分或很可能的原因,红肉每人每周应少于 500g。

(6)限制含酒精饮料:如喝酒,男性每日不超过两份(以一份酒含 10~15g 乙醇计),女性不超过 1 份。儿童孕妇不能饮用含酒精饮料。

(7)限制盐的摄入量:不吃或尽量少吃盐腌或过咸的食物,有力的证据表明,盐和盐腌的食物很可能是胃癌的发病原因之一。每日盐的摄入量应小于 6g。

(8)强调通过膳食本身满足营养需要,不推荐使用膳食补充剂预防癌症:对健康的人最好通过富含营养素的膳食来满足机体对营养素的需要;在某些特殊情况下,可以考虑使用膳食补充剂。

(9)母亲对婴儿最好进行 6 个月的完全母乳喂养,以后再添加各种辅食:母乳喂养,对母亲来说,可以预防乳腺癌的发生;对孩子来说,能增强儿童的免疫力,防治婴儿期的感染,预防儿童期超重与肥胖。

(10)癌症患者接受治疗的同时,生活及饮食应该遵循癌症预防的建议:要接受训练有素的专业人员提供的营养指导。

(黄国伟)

思 考 题

1. 平衡膳食的基本要求。
2. 特殊人群的膳食指南。
3. 肠内、肠外营养适应证和禁忌证。
4. 心血管疾病的营养防治原则。
5. 糖尿病的营养防治原则。
6. 癌症的营养防治原则。

身体活动(physical activity,PA),也称作体力活动,是指由于骨骼肌收缩导致机体能量消耗明显增加的各种活动。身体活动不足是高血压、糖尿病、心脑血管疾病等慢性非传染性疾病的重要危险因素之一。因此,身体活动促进已成为慢性非传染性疾病防治和健康促进的一个重要环节,《健康中国2030规划纲要》也制定了青少年、妇女、老年人、职业群体及残疾人等特殊群体的体质健康干预和身体活动促进计划。

第一节　身体活动概述

一、身体活动的类型

(一)按能量代谢分类

机体能量消耗的主要途径包括基础代谢、身体活动和食物热效应三个方面,其中身体活动是能量代谢途径中可变性最大的部分,也是影响能量代谢平衡状态的关键。身体活动时骨骼肌收缩的直接能量来源是三磷酸腺苷,其供应途径主要分为有氧代谢和无氧代谢两种过程。根据能量供应途径的不同,身体活动可以分作:

1. **有氧运动(aerobics activity)**　是指躯干、四肢等大肌肉群参与为主的、有节律、时间较长、能够维持在一个稳定状态的身体活动(如长跑、步行、骑车、游泳等)。这类活动形式需要氧气参与能量供应,以有氧代谢为主要供能途径,也叫耐力运动。它有助于增进心肺功能、降低血压和血糖、增加胰岛素的敏感性、改善血脂和内分泌系统的调节功能,能提高骨密度、减少体内脂肪蓄积、控制体重增加等。以4km/h的中等速度步行、12km/h的速度骑自行车等均属于有氧运动。

2. **无氧运动(anaerobic activity)**　是指以无氧代谢为主要供能途径的身体活动形式,一般为肌肉短时间而强力的收缩活动,如哑铃练习、举重、拉力器等运动中用力肌群的能量主要靠无氧酵解供应,因此不能长期维持在一个稳定的状态。无氧运动是抗阻力强壮肌肉活动的主要形式,同时也可发生在有氧运动末期。无氧运动主要是对骨骼、关节和肌肉的强壮作用,同时也具有促进心血管健康和改善血糖调节能力等方面的效果。抗阻力运动能强壮肌肉,增强肌肉的力量,有助于预防老年人的骨折和跌倒、缓解因其造成的伤害。抗阻力活动也有助于多种慢性非传染性疾病的预防和控制。

进行身体活动时,人体的反应包括心跳及呼吸加快、循环血量增加、代谢加速和产热增多等,这些体适能相关的反应是身体活动产生健康效益的生理基础。体适能(physical fitness)是指人们拥有或获得的、与完成身体活动的能力相关的一组要素或特征。这些要素通常分为健康相关或技能相关两个部分。健康相关的体适能成分包括心血管耐受性、身体组成、肌肉力量、肌肉耐力、柔韧性等;技能相关的体适能成分则包括灵活性、协调性、平衡性、力量、反应时间、速度等。体适能既是身体活动的基础,也是身体活动健康效益的目的。

(二)按日常生活分类

根据人们的日常生活安排以及身体活动的特点和内容,身体活动可以分为四类:

1. **职业性身体活动(occupational physical activity)**　指工作中的各种身体活动;职业及工作性质不同,工作中的各种身体活动消耗能量也不同。

2. **交通往来身体活动**（transportation physical activity） 指从家中前往工作、购物、游玩地点等往来途中的身体活动；采用的交通工具不同，如步行、骑自行车、乘坐公共汽车、地铁或自驾车等，身体消耗能量也不同。

3. **家务性身体活动**（household physical activity） 指在院子里或者室内进行的各种家务劳动；手洗衣服、擦地等活动消耗能量较大；做饭、清洁台面、用吸尘器吸尘等消耗能量较小。

4. **闲暇时间身体活动**（leisure-time physical activity） 指职业、家务活动之余有计划、有目的进行的运动锻炼（exercise）。运动锻炼是为了增进健康水平或增强体适能而进行的有计划、有组织、强度较大的重复性身体活动。因此运动锻炼不等同于身体活动，它只是身体活动的一种类型，身体活动所涵盖的内容更为广泛。

由于社会经济、文化、宗教、地理位置等原因，不同国家、同一国家的不同地区之间，人们身体活动的主要类型及各种类型的相对重要性都可能完全不同；因此在针对群体的身体活动促进工作中，明确目标人群身体活动的主要类型及场所非常重要。

（三）按生理功能分类

1. **有氧运动** 有氧运动是促进心血管健康不可或缺的运动形式，是身体活动中最主要的类型之一。健康促进中提及的身体活动若未特殊说明往往是指有氧运动。

2. **抗阻力活动**（resistance training） 也称强壮肌肉活动（muscle strengthening activity），指肌肉对抗阻力的重复运动，具有保持或增强肌肉力量、体积和耐力的作用（如举哑铃、俯卧撑等）。对抗阻力用力时主要依赖无氧代谢供能，其中的间歇状态也包含有氧代谢供能的成分。抗阻力活动可以改善肌肉功能，有助于保持和促进代谢健康，对骨骼系统形成的机械刺激也有益于骨骼健康。通过抗阻力训练，可以延缓老年人肌肉萎缩引起的力量降低的过程，可改善血糖调节能力，对预防跌倒、提高独立生活能力也有帮助。

3. **关节柔韧性活动**（flexibility exercise） 指通过躯体或四肢的伸展、屈曲和旋转，锻炼关节的柔韧性和灵活性的活动（如芭蕾、体操、划船器训练等），也称作拉伸。此类活动对循环、呼吸和肌肉的负荷小，能量消耗低，可以起到保持或增加关节的活动范围和灵活性的作用。对预防跌倒和外伤、对抗年龄增长所导致的关节活动范围降低有一定帮助。

4. **身体平衡和协调性练习**（balance training） 指改善人体平衡和协调性的组合活动，可以改善人体运动能力、预防跌倒和外伤、提高生活质量，也称作神经肌肉训练。神经肌肉训练包括平衡性、灵活性和本体感觉训练等。例如太极拳、普拉提和瑜伽等。

二、身体活动总量

（一）身体活动的强度及其衡量

身体活动的强度（intensity of PA）是指单位时间内身体活动的能耗水平或对人体生理刺激的程度。

身体活动强度可以根据身体活动者的生理反应或活动的绝对物理负荷量来衡量，常用的衡量指标包括最大心率百分比、自我感知运动强度和代谢当量。

1. **最大心率百分比** 心率与身体活动强度在一定范围内呈线性关系，且心率容易监测，因此以最大心率百分比来衡量身体活动强度在身体活动促进项目中得到了广泛应用。

成年人安静时的正常心率有显著的个体差异，健康成人安静状态下的正常心率为 60～100 次/分。当人体剧烈运动时，人体耗氧量和心率可达极限水平，此时的心率即为最大心率（maximal heart rate，HRmax）。最大心率可以通过运动测试获得，也可以用公式进行简单的估计：

最大心率=220-年龄。

身体活动中应达到的适宜心率即靶心率（target heart rate，THR）与最大心率的百分比值即为最大心率百分比（HRmax%）。对于大多数成年人，由于中等和高强度身体活动相结合才能获得较为理想的健康效益,因此目前推荐以最大心率百分比的60%~75%为中等强度,85%作为运动强度的安全上限值。

靶心率的监测方法:通常情况下,可以通过自测脉搏的方法来进行监测,一般运动后的即刻心率可代表运动中的靶心率。但由于运动中止后,心率下降较快,一般采用中止运动后立即测10秒脉搏数,然后乘以6表示1分钟脉率,这和运动中的心率非常接近。测脉率的部位常用桡动脉、耳前动脉或颞动脉所在部位。

由于心率变化与多种非运动因素有关,用心率检测运动强度时,需要排除环境、心理刺激、用药或疾病等因素对运动中心率的影响,以保证运动效果和安全。

2. 自我感知运动强度(ratings of perceived exertion,RPE) 是以受试者自我感觉来评价运动负荷的心理学指标,它以个体主观用力和疲劳感的程度来判断身体活动的强度。

自我感知运动强度可通过0~10级RPE量表(Borg量表)测量。其中0级表示休息状态;1~2级为很弱或弱;3~4级为温和;5~6级为中等;7~8级为有疲惫感;9~10级为非常疲惫。其中5~6级表示达到了自我感知或主观用力的中等强度活动水平。中等强度活动的自我感觉有:心跳和呼吸加快,用力但不吃力,可以随着呼吸的节奏连续说话,但不能放声唱歌,如同尽力快走时的感觉。一般健康人可以根据活动中的靶心率来感觉和控制强度;但对于老年人和体质较差者,自我感知运动强度更方便实用,可以结合自己的体质和感觉来确定强度。

3. 代谢当量(metabolic equivalent,MET,也称梅脱) 指身体活动时的能量消耗与安静坐姿时的能量消耗之比,即相当于安静休息时身体活动的能量代谢水平。1梅脱相当于每千克体重每分钟消耗3.5ml的氧,或每千克体重每小时消耗1.05kcal(44kJ)能量的活动强度。

根据以上三种衡量指标,通常将身体活动强度分为低、中、高、极高4个级别(表12-1)。不同活动强度的常见身体活动对应的代谢当量值如表12-2所示。

表 12-1   身体活动强度分级

运动强度	最大心率 百分比(%)	自我感知运动强度 (RPE)	代谢当量 (MET)
低强度	40~60	较轻	<3
中强度	60~70	稍累	3~6
高强度	71~85	累	6~10
极高强度	>85	很累	10~11

表 12-2   常见身体活动的代谢当量值

低强度<3.0MET	中等强度3~6MET	高强度6~10MET
步行 在家里、商场、办公室的缓慢走动=2.0	4千米/小时,水平硬表面;下楼;下山=3.0 5.6千米/小时,水平硬表面;中慢速上楼=4.0 6.4千米/小时,水平硬表面;0.5~7kg负重上楼=5.0	5.6千米/小时上山;7.5~11kg负重上楼=6.0 7.2千米/小时的快步走=6.3
骑自行车 家居或职业性活动 伏案工作=1.5 洗盘子,熨烫衣物=2.3 做饭或准备,走动,看孩子(轻度用力,坐位)=2.5	12~16千米/小时=4.0 擦窗户,洗车=3.0 清扫地毯,拖地板,吸尘=3.0~3.5 木工活=3.6 和孩子游戏,中度用力(走/跑)=4.0 操作步行割草机割草=5.5	16~19千米/小时=6.0 铲沙、铲煤=7.0 高强度农活如捆干草=8.0

笔记

续表

低强度<3.0MET	中等强度 3~6MET	高强度 6~10MET
闲暇时间		
画图、手工、打牌=1.5	舞厅舞,慢舞(如华尔兹、狐步),排球练习=3.0	走跑结合(慢跑成分少于 10 分钟),篮球练习=6.0
柔然活动(压腿、拉韧带),瑜伽=2.5	早操,工间操=3.5	慢跑,足球练习,轮滑旱冰=7.0
钓鱼(坐位)=2.5	乒乓球练习,踩水(中等用力),太极拳=4.0	跑(8 千米/小时),跳绳(慢),游泳,滑冰=8.0
演奏大部分乐器=2.0~2.5	爬绳,羽毛球练习,高尔夫球,迪斯科舞=4.5	跑(9.6 千米/小时),跳绳(中速)=10.0
	网球练习=5.0	
	一般健身房运动,集体舞(骑兵舞、邀请舞),起蹲=5.5	

(二) 身体活动的频度和持续时间

身体活动的健康效益,除了取决于身体活动强度之外,也与身体活动的频度和持续时间有关。

1. 频度(frequency) 指在一段时间内(一般以"周"为单位)进行身体活动的次数。身体活动对心血管、呼吸、代谢、骨骼、肌肉等器官和组织的功能改善和健康效益,有赖于长期坚持;同时机体在重复一定强度的活动过程中所产生的适应性,也可降低发生运动意外伤害的风险。

2. 持续时间(duration) 指进行一次某种身体活动时所持续的时间,包括持续维持一定强度或以一定节奏重复运动的时间,通常以"分钟"表示。每次活动应持续的时间与活动强度有关。同样的活动量,较高的活动强度可以在较短的时间内完成;相反,较低的活动强度需要更长的时间完成。研究显示,延长活动时间可以获得更大的健康效益;虽然增加身体活动强度和延长中等强度的活动时间都能增加活动量,但后者运动伤害的风险会更低。

(三) 身体活动总量

身体活动总量(total volume of physical activity)是个体身体活动强度、频度和每次活动持续时间的综合度量,其数值上等于上述三个变量的乘积。身体活动总量是决定健康效应的关键。

国际上常采用梅脱·分钟(MET-min)或梅脱·小时(MET-h)来度量一定时间内某项身体活动的能量消耗水平或身体活动总量。如果一个人进行 4MET 的身体活动 30 分钟,其身体活动总量就是:4×30=120MET-min,或者 120MET-min÷60=2.0MET-h。

第二节　身体活动与健康

一、身体活动的健康效益

如上所说,身体活动对健康的影响取决于它的类型、强度、时间、频度和总量。同时,身体活动的健康效益也遵循以下原则:①平常缺乏身体活动的人,如果能够经常(如每周 3 次以上)参加中等强度的身体活动,其健康状况和生活质量都可以得到改善;②强度较小的身体活动也有促进健康的作用,但产生的效益相对有限;③适度增加身体活动量(时间、频度、强度)可以获得更大的健康效益;④不同的身体活动类型、时间、强度、频度和总量促进健康的效应不同。

中等强度(3~6MET)的身体活动是目前研究最多、最充分的有效活动强度,大多数身体活动促进相关的政策、指南和建议均推荐中等强度作为有益健康的身体活动水平。已有充分的研究证据表明,30 分钟中等强度身体活动,如 4~7km/h 的快走和小于 7km/h 的慢跑,可以降低心血管病、糖尿病、结肠癌和乳腺癌等慢性病的风险和病死率。近年来一些研究显示:强度更大(大于等于 7MET)的身体活动具有更强的促进健康和预防疾病作用;强度小于 3MET 的低强度活动对心血管病等慢性病的预防作用证据不足,但是这些活动可以增加能量消耗,有助于体重控制。延长活动时间也可以获得更大的健康效益。

身体活动对心血管、呼吸、代谢、骨骼、肌肉等器官和组织的功能改善和健康效益,有赖于长期坚持。日常生活中经常参加中等强度身体活动的人群,心血管病、糖尿病、肿瘤的患病率和病死率均低于不经常参加身体活动的人群。同时机体在重复一定强度的活动过程中所产生的适应性,也可降低发生运动意外伤害的风险。

身体活动总量是决定健康效益的关键。每周 150 分钟中等强度或 75 分钟高强度,即每周 8 ~ 10MET-h 的身体活动总量可以增进心肺功能、降低血压和血糖、增加胰岛素的敏感性、改善血脂、调节内分泌系统、提高骨密度、保持或增加瘦体重、减少体内脂肪蓄积、控制不健康的体重增加等。这些作用的长期结果可以使冠心病、脑卒中、2 型糖尿病、乳腺癌和结肠癌的发病风险降低 20% ~ 30%;也有助于延长寿命,预防高血压、骨质疏松症、肥胖症和抑郁症,增加骨密度,改善骨关节功能、缓解疼痛;对缓解健康人焦虑和抑郁症状、延缓老年人认知功能的下降也有一定帮助。身体活动总量增加到每周 300 分钟中等强度或 150 分钟高强度(总量 16 ~ 20MET-h),可以获得更多的健康效益。对于身体素质好并能够长期坚持的个体,更大活动量是否可获得更大的健康效益,尚缺乏充分证据。因此根据目前的科学证据,特别强调身体活动强度应达到中等及以上,频度应达到每周 3 ~ 5 天,即中等强度活动至少每周 5 天或高强度活动至少每周 3 天对于健康促进的重要性。

目前,对日常生活中的身体活动,如家务劳动等与生活方式有关的身体活动是否能降低疾病风险的有力证据还不多,但增加这些活动可以增加能量消耗,不仅有助于体重的控制,对改善老年人健康和生活质量也有作用。交通出行有关的身体活动,如步行或骑自行车,通常可以达到中等强度,具有健康效益。业余休闲时间的运动锻炼不仅具有健康效益,还可以增加身体活动的乐趣。国外大量的研究证实这类活动具有促进身心健康和预防慢性非传染性疾病的效应。

二、运动伤害

运动锻炼等身体活动有助于促进健康、预防疾病,但安排不当也有发生意外伤害的风险。因此要权衡利弊,制定适合自己的活动计划;同时活动中加强管理和及时采取措施控制风险,预防身体活动伤害。

运动伤害(sport related injuries)指身体活动中或活动后发生的疾病,最常见的是外伤和急性心血管事件。运动本身可以是造成身体活动伤害的一个诱发因素,也可以是直接的致病因素。在身体活动时发生的外伤并不总是身体活动导致的,因为日常活动中也可以发生外伤。相反,很多骨关节系统损伤发生往往与缺少活动或关节使用太少有关。只有从事某种特定动力模式的职业活动(如负重爬楼)发生的特定部位的损伤,才可以归因于过度使用该器官所致。

一般说来,心血管系统正常的健康个体进行中等强度身体活动不会增加心血管事件的风险。美国的资料表明,35 岁以下的运动员,女性每年运动猝死的发病率为 1/77 万,男性为 1/13 万;猝死的主要原因是遗传性或先天性心脏病。综合分析运动和其他生活状态下发生的心血管事件,久坐不动者的发生率是每小时 18/100 万人;而经常锻炼者,包括经常从事高强度锻炼者的发生率仅为每小时 5/100 万人,不足前者的 1/3。

已经有冠状动脉狭窄的冠心病患者,可能因为运动锻炼增加心脏负荷,导致心血管事件的发生;但如果活动计划安排合理,冠心病患者也可耐受适量的体力负荷。因此,平常很少活动的人、中老年人、心血管病患者和有潜在疾患的个体,在开始锻炼和增加活动量之前,进行必要的健康筛查和运动风险评估,将有助于降低发生身体活动伤害的风险。高强度身体活动对心肺功能有更好的改善作用,但也更易引起身体活动伤害,合理安排活动量可以有效降低过度运动的风险。

三、身体活动推荐量

身体活动量通常采用国际身体活动量表（International Physical Activity Questionnaire，IPAQ）和全球身体活动量表（Global Physical Activity Questionnaire，GPAQ）进行测量和评价。根据专家组建议，身体活动量可以分成四个等级：

1. **静态生活方式（sedentary behavior）**　也叫缺乏身体活动（physical inactive），指一周中没有任何的中等强度或高强度身体活动。

2. **身体活动不足（physical low activity）**　指一周中的中等强度身体活动时间少于150分钟或高强度身体活动时间少于75分钟。

3. **身体活动活跃（physical medium activity）**　指一周中的中等强度身体活动时间累积达到150~300分钟，或者高强度身体活动时间累计达到75~150分钟。一周能量消耗大致为500~1000MET-min。

4. **身体活动高度活跃（physical high activity）**　指一周中的中等强度身体活动时间累积超过300分钟。

世界卫生组织在2004年发表的《饮食、身体活动与健康全球战略》中估算，全球人口约17.1%缺乏身体活动，40.6%身体活动不足；由于全球工业化和城市化的进展，职业人群的劳动强度逐渐降低，以车代步、电视电脑的普及等因素降低了人们日常生活的身体活动水平，因此世界各地身体活动不足的人群还在不断增加。为了增加身体活动的水平，促进健康和预防慢性非传染性疾病，世界卫生组织2010年制定了《关于身体活动有益健康的全球建议》，对各年龄组的身体活动量进行了推荐。

（一）5~17岁年龄组身体活动推荐

对于该年龄组的儿童和青少年，身体活动包括在家庭、学校和社区中的玩耍、游戏、体育运动、交通往来、家务劳动、娱乐体育课或有计划的锻炼等。为增进心肺、肌肉和骨骼健康，减少慢性非传染性疾病风险，推荐：

1. 5~17岁儿童青少年应每天累计至少60分钟中等到高强度身体活动；

2. 大于60分钟的身体活动可以提供更多的健康效益；

3. 大多数日常身体活动应该是有氧活动。同时，每周至少应进行3次高强度身体活动，包括强健肌肉和骨骼的活动等。

（二）18~64岁年龄组身体活动推荐

18~64岁成年人的身体活动包括在日常生活、家庭和社区中的休闲时间活动、交通往来（如步行或骑自行车）、职业活动（如工作）、家务劳动、玩耍、游戏、体育运动或有计划的锻炼等。为了增进心肺、肌肉和骨骼健康以及减少非传染性疾病和抑郁症风险，推荐：

1. 18~64岁成年人每周至少150分钟中等强度有氧身体活动，或每周至少75分钟高强度有氧身体活动，或中等和高强度两种活动相当量的组合；

2. 有氧活动应该每次至少持续10分钟；

3. 为获得更多的健康效益，成人应增加有氧身体活动，达到每周300分钟中等强度或每周150分钟高强度有氧身体活动，或中等和高强度两种活动相当量的组合；

4. 每周至少应有2天进行大肌群参与的强壮肌肉活动。

以上建议也适用于该年龄组人群中患高血压、糖尿病等不影响活动的慢性非传染性疾病患者。孕妇、产后妇女和曾发生心血管事件者，在计划达到该年龄组的建议身体活动量之前，需要采取特别的预防措施并寻求医学咨询。

（三）65 岁及以上年龄组身体活动推荐

对于 65 岁及以上的老年人，身体活动包括在日常生活、家庭和社区中的休闲时间活动、交通往来（如步行或骑车）、职业活动（如果仍然工作的话）、家务劳动、玩耍、游戏、体育运动或有计划的锻炼。为增进心肺、肌肉、骨骼和功能性的健康，减少慢性非传染性疾病、抑郁症和认知功能下降等风险，推荐：

1. 老年人应每周完成至少 150 分钟中等强度有氧身体活动，或每周至少 75 分钟高强度有氧身体活动，或中等和高强度两种活动相当量的组合。

2. 有氧活动应该每次至少持续 10 分钟。

3. 为获得更多的健康效益，该年龄段的老年人应增加有氧身体活动量，达到每周 300 分钟中等强度或每周 150 分钟高强度有氧身体活动，或中等和高强度两种活动相当量的组合。

4. 活动能力较差的老年人每周至少应有 3 天进行增强平衡能力和预防跌倒的活动。

5. 每周至少应有 2 天进行大肌群参与的增强肌肉力量的活动。

6. 由于健康原因不能完成所建议身体活动量的老人，应在能力和条件允许范围内尽量多活动。

第三节   患者身体活动指导

由上所述，身体活动促进已成为预防和治疗疾病不可或缺的一部分。为了有效地指导求医者有规律地开展有益于自己健康的身体活动，临床医务人员应该在临床场所给予患者身体活动的指导。在为患者设计治疗方案时，充分考虑运动干预的内容，采用科学的方法制定个体化运动处方，指导人们增加身体活动和适当运动，有效地预防和治疗慢性非传染性疾病。

一、运动处方的制定原则

运动处方（exercise prescription）是指对从事运动锻炼者或患者，根据医学检查资料（包括运动测试与体适能测试），按其健康、体适能及心血管功能状况，结合生活环境条件和运动爱好等个体特点，用处方的方式规定适当的运动类型、强度、时间及频度，并指出运动中的注意事项，以便有计划地经常性锻炼，达到健身或治疗的目的。

制定运动处方前，需要全面了解锻炼者的健康状态、锻炼者的生活方式特点及健身现状、在运动风险评估的基础上确定医学检查和运动中医务监督的必要性，进而制定出个体化的运动处方。制定运动处方的专业人员应该除了具备为普通健康人制定运动处方的基本理论和基本方法外，还应：①熟悉慢性非传染性疾病的病因、病理变化、临床经过及预后；②掌握慢性疾病运动干预能够获得的益处；③对运动前、中、后疾病状态的准确评价；④掌握运动中患者身体机能的变化规律；⑤熟悉运动中可能出现的风险及防范措施。然后才能根据患者的基本情况制订运动处方，进而对运动干预的效果进行评价和调整运动处方。原则上，医务人员仅能在患者病情稳定的情况下，为慢性疾病早期阶段的患者制定运动处方，严格掌握运动的禁忌证，注意防范运动伤害。至于处于中、晚期阶段慢性疾病患者的运动处方则应该由临床专科医生制定。

为了使患者尽可能从运动中获益，个体化运动处方的制定应该遵循以下原则：

1. **制定运动处方要个体化，具有针对性**   每个人的具体条件不同，不可能预先准备好适应各种情况的处方；并且个人的身体或客观条件也在经常变化，因此必需根据每个人的具体情况，有针对性地个别对待。运动处方的目的和机体功能状况是制定运动处方需要优先考虑的问题；运动处方的目的决定了采取运动锻炼的方式，而功能状态又决定了运动量的大小。只有掌握了这些特点，制定出具有科学性、可靠性和安全性的运动处方，并在此基础上进行有计划、有步骤的运动治疗，才能取得预防和治疗疾病的效果。

2. **制定运动处方要循序渐进**　为了防止运动中发生运动创伤或其他意外,在制定运动处方时,要做到运动强度由小到大,运动时间由短到长、休息时间由长变短,重复次数由少到多。同时应根据患者的自觉症状和耐受程度随时间调整运动处方,通常每 5～7 日可增加运动量一次。

3. **制定运动处方要具有有效性和安全性**　运动锻炼只有达到一定运动强度和运动量才能达到预防与治疗疾病的目的。但运动强度超过一定上限,就可能出现危险。因此,运动处方的制定范围就是在安全界限和有效界限之间,以达到既安全又有效的目的。

4. **制定运动处方要具有全面性和长期性**　在制定运动处方时要考虑机体的全面锻炼,应兼顾局部和全身的关系。一些局部伤痛,只有当全身健康状况得到改善后,其功能才能达到较好恢复。另外,运动锻炼与药物治疗不同,后者不适宜长期使用,而运动锻炼则是愈坚持效果愈佳,这是运动效应积累的结果。

二、运动处方的制订步骤

(一) 行为改变理论指导下的身体活动咨询

1. **身体活动咨询的 5A 模式**　以行为改变理论为基础的一些干预方法可以有效地成功帮助个体开始一个运动计划。根据第九章行为改变理论的原则,对求医者的身体活动咨询也应遵循 5A 模式开展。具体步骤如下:

(1) 询问与评估(ask/assess)

1) 根据就诊者的健康状况,询问和发现患者的问题所在(如,不积极运动等);

2) 评估患者当前的身体活动水平;

3) 评估患者对于身体活动的认识和担忧(如"关于身体活动的健康益处,您了解多少?");

4) 了解患者之前行为改变的经历(如"您过去是否曾试图改变什么不健康行为?");

5) 评估患者的改变阶段和目标(如"您现在愿意提高自身的身体活动水平吗? 您考虑过在几周内改变自身的运动水平吗?"也可参考下面行为改变阶段模式来询问);

6) 评估者想做出改变的有利和不利方面[如"您想(不想)要更积极运动的原因是什么? 您认为阻碍您运动的原因是什么?"]。

(2) 建议(advice)

1) 提供改变所带来的个性化风险和益处;

2) 提供生理学指标(如,"您的体检结果提示……影响您的健康。");

3) 清晰地告诉患者你强烈建议他/她改变目前状态。

(3) 共识(agree)

1) 向患者描述可进行干预的一些方案;

2) 与患者一起商量一个干预方案,找到适合患者行为阶段的干预措施,并达成共识。

(4) 帮助(assist):根据患者的实际情况提供合适的帮助,对实施过程遇到的困难表示理解,对所取代的进步给予表扬和鼓励(如"我能通过……来帮助您""其实从不积极锻炼转变到积极锻炼一般都是很难的""您考虑过要积极锻炼就非常棒了")。

(5) 随后的安排(arrange follow-up)

1) 向患者重申所确定要实行的计划;

2) 安排随后的日程(如"我每两个星期会与你联系,检查一下您进展得怎么样了,我可以每两周给您打个电话吗?")。

2. **应用行为改变阶段模式指导身体活动的开展**　根据行为改变阶段模式,可用表 12-3 和表 12-4 来评价患者目前所处的阶段。首先让患者根据他的实际情况回答表 12-3 的 4 个问题。

表12-3　评价身体活动行为改变阶段

	在下列每个问题后面的"是"或"否"空格内打钩	是	否
1	我目前身体活动活跃*		
2	在接下的6个月里,我打算进行更为活跃的身体活动		
3	我目前渴望进行规律的身体活动		
4	在过去的6个月里,我从事规律的身体活动		

* 身体活动活跃:每天至少运动30分钟,每周至少5天。例如,每天你可以连续步行30分钟,或者步行3次,每次10分钟

根据表12-3中1~4项"是"或"否"的结果,用表12-4判断求医者目前身体活动所处的阶段。

表12-4　判断改变身体活动行为所处阶段

阶段	表12-3中回答的4个问题			
	问题1	问题2	问题3	问题4
无打算阶段	否	否	—	—
打算阶段	否	是	—	—
准备阶段	是	—	否	—
行动阶段	是	—	是	否
维持阶段	是	—	是	是

然后根据患者所处的阶段,做出相应的干预指导,见表12-5。

表12-5　不同改变身体活动行为所处不同阶段的干预指导

阶段	干预指导
对于处于无打算阶段的患者	• 提供运动所带来的个性化健康益处 • 提供不运动所带来的个性化风险 • 注重改变患者的想法并提供支持帮助
对于处于打算阶段的患者	• 表扬其有想要积极运动的想法 • 了解患者想要锻炼的原因并补充需要锻炼的原因 • 识别阻碍患者锻炼的因素 • 帮助患者克服这些障碍 • 确定支持患者运动的资源和帮助 • 给患者开运动处方
对于处于准备阶段的患者	• 表扬其现在的身体活动水平 • 加强患者所知的运动益处并补充其他运动所带来的健康益处 • 识别阻碍患者锻炼的因素 • 帮助患者克服这些障碍 • 让患者逐渐实现规律锻炼的项目
对于处于行动阶段的患者	• 确定支持患者运动的资源和帮助 • 给患者开运动处方 • 识别使患者不能坚持运动的因素并提供应急计划
对于处于维持阶段的患者	• 表扬其现在的身体活动水平 • 加强患者所知的运动益处并补充其他运动所带来的健康益处 • 鼓励患者进行自我监督和自我奖励 • 识别阻碍持久运动的因素 • 帮助患者克服这些障碍 • 增强患者利用周边支持其运动的资源和帮助 • 给患者开一个新的运动处方

（二）制定个体化运动处方

1. 运动前风险评估 参加规律的运动锻炼可以获得很多生理、心理以及代谢上的健康益处,但是运动仍然存在很多的风险。因此在参加运动前,应对参与者进行运动前风险评估。评估的内容包括个体健康史、当前的疾病情况、症状/体征、危险因素、当前的体力活动/运动的习惯和运动环境以及用药情况等。

运动前风险评估包括自我评估和专业评估两种类型。

（1）自我评估:自我评估由运动参与者自行完成,有助于个体提高对危险因素认知的警惕性,并指导个体寻求医学帮助。最常用的自我评估方式是填写身体活动准备问卷(Physical Activity Readiness Questionnaire,PAR-Q;表12-6),根据指定问题的回答情况决定运动前是否需要征求医生的意见。

表 12-6 身体活动准备问卷(PAR-Q)

规律的身体活动可以促进健康并使人愉悦,对于大多数人来说,身体活动是安全的,但对于有些人来说,在明显增加体力活动之前应该征求医生的意见。 如果你想比以前更勤于运动,请从回答以下 7 个问题开始。如果你的年龄在 15~69 岁之间,该表可以告诉你在开始运动前是否需要征求医生的意见。如果你超过了 69 岁,而且你以前不怎么活动,请直接征求医生的意见。		
回答问题时最好依据你的一般感觉,请仔细阅读并诚实回答,选择是或者否。		
问 题	是	否
1. 医生是否告诉过你患有心脏病并且仅能参加医生推荐的身体活动?		
2. 当你进行身体活动时,是否感觉胸痛?		
3. 自上个月以来,你是否在没做身体活动时也感觉到胸痛?		
4. 你是否曾经因为头晕跌倒过? 或者曾经失去知觉?		
5. 你是否有随身体活动变化而加重的骨或关节问题(如背部、膝关节或臀部等)?		
6. 近来医生是否因为你的血压或心脏问题给你开药?		
7. 你是否知道一些你不应该进行身体活动的其他原因?		
结 果 判 定		
如果你对一个或更多问题回答"是"	在你开始更多身体活动或接受体适能评估以前,请给医生打电话或面谈,告诉医生你填写的这个问卷以及你对哪些问题回答了"是" 告诉医生你希望参与的活动,听从医生的建议	
如果你对所有问题回答的都是"否"	你能开始更多的运动,但要缓慢开始并循序渐进,这是最安全、最容易的方法 参加一次体适能评估,这是确定你的基础体适能的最好方法,并使你能够确定最适的运动类型 强烈建议你测量血压,如果读数超过了 144/94mmHg,那么在你开始比以前更频繁的活动前请咨询医生 如果你由于暂时的疾病如感冒或发热而感觉不适时,请等到感觉良好后再开始 如果你已经或者可能怀孕了,在你开始积极运动之前,请咨询医生	
注意事项	如果你的健康状况发生了改变,使你对以上任何一个问题回答了"是",请及时告知运动指导员,询问是否需要调整身体活动计划	

（2）专业评估:专业评估是由经过培训的专业人员进行的心血管、呼吸系统以及代谢性疾病危险因素及症状/体征的评估,用以决定个体身体活动或运动项目是否需要在必要的医学检查和医学监督下开展,以及是否需要进行运动测试等。通过合理分析某个体的医疗/健康史信息,将个体划分为低危、中危、高危三个危险类别的过程称为危险分层。危险分层的主要依据是:①是否存在已知的心血管、呼吸系统和(或)代谢病;②是否存在心血管、呼吸系统和(或)代谢疾病的症状或体征;③是否

存在心血管疾病的危险因素。图 12-1 显示了个体危险分层的流程。

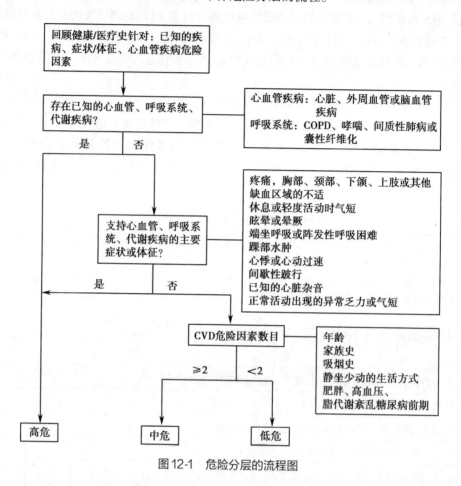

图 12-1   危险分层的流程图

一旦将个体分为低、中和高危某个危险级别后,应该对是否有必要进行医学检查和运动测试做出建议,具体见表 12-7。

表 12-7   基于危险分层的医学检查和运动测试建议

项目	危险分层		
	低危	中危	高危
特征	危险因素小于 2 个	危险因素在 2 个及以上	有已知疾病
医学检查	中等强度身体活动*:不必要	中等强度身体活动:不必要	中等强度身体活动:推荐
	高强度身体活动:不必要*	高强度身体活动:推荐**	高强度身体活动:推荐
运动测试	不必要	推荐	推荐

* 不必要:反映医学检查或测试不是运动前筛查所必需,但并不意味着做这些是不合适的
**推荐:医师必须做好跟进工作并能及时到达现场处理有关情况

2. 确定身体活动目标量   在了解患者身体活动水平和所处的危险级别后,下一步是确定身体活动的目标量。运动处方在确定身体活动目标量时应遵循 FITT 原则:即确定身体活动的频度(frequency)、强度(intensity)、时间(time)和类型(type)。FITT 的多样组合取决于个体的特点和目标,同时需要根据个体的反应、需要、限制、运动适应性以及运动计划的目的和目标进行调整。

为了避免过度性损伤(overuse injuries)的发生,个人身体活动的类型应以有氧耐力运动为主,结合抗阻力、关节柔韧性和日常生活中的多种身体活动形式;同时,运动多样性可能会提高运动者对运动计划的坚持性。在为个体选择运动方式时,应具体考虑其个人目标、体能、健康状况以及可以使用的运动设施。

医生应与患者多交流并给予指导,让患者能长期坚持运动,达到所制定的目标。首先,医生应与患者交流怎样的目标才是其真正想实现的目标。在大多数情况下,患者都是被要求进行规律锻炼,但结果基本都已失败告终,没人能够坚持。因此,医生必须认识到,想要患者成为一个真正规律锻炼的人,一定要让其找到想要规律锻炼的内部动机(表12-5)。其次,医生应该帮助患者建立一个切实可行的目标。这个目标应该能让患者认识到其在锻炼方面的可提升空间和限制因素。如果目标太低,产生的健康效益就非常有限;但如果目标太高,容易让患者感到沮丧、发生运动伤害甚至放弃。同时,医生应多鼓励患者,增强其自信心,让其意识到自己能够完成这个目标。这一点对于患者开始并坚持一个身体活动计划非常重要。

3. 确定活动进度　久坐少动的个体如果开始参加规律的运动锻炼,在考虑个人的体质、健康状况、年龄,以及身体活动量,制定阶段目标和总目标后,应以日常身体活动水平为基础,循序渐进地增加活动量、强度、时间和频度。

医生应告知患者循序渐进是其成功的重要保障。对于处于静态生活方式的人群,应该从步行开始,每次10分钟,每周进行3次;几周后,患者可逐步增加每天步行时间;再过几周,患者可逐步增加步行次数和速度。运动时间太长和运动模式转变太快易造成患者肌肉酸痛、损伤甚至放弃。对于一般成年人,较合理的提高速率是在最开始的4~6周内,每1~2周将每次运动时间延长5~10分钟。参与者进行有规律的运动1个月后,在接下来的4~8个月(老年人或者体适能较差的人可能需要更长的时间),逐渐增加运动的频度、强度和(或)时间,使其达到运动处方中推荐的运动量和完成的质量。FITT中任何一项的提高都应该是循序渐进的,避免大幅度增加FITT中某一项,这样可以将肌肉酸痛和损伤的发生率降到最低。运动处方中任何一项的调整,都应对参与者因运动量增加可能带来的不利影响进行监控。如果参与者无法很好地耐受时,则应降低运动量。

4. 预防意外情况和不适的处理　个人在活动时和活动后可能出现不适症状,应视具体情况,制定预防和采取应急处理的措施。为了减少伤害的风险,在进行各类可能有伤害风险的身体活动时,都鼓励使用防护器具,如头盔、护膝等。

在对个人身体活动进行指导的随访和医学监督过程中,除调整运动计划外,还应根据运动反应调整相关活动安排。运动反应的常用衡量标志包括:

(1)运动量适宜的标志:运动结束后,心率在休息后5~10分钟恢复到运动前水平,并且运动后感到轻松愉快,食欲和睡眠良好,虽然可能有肌肉酸痛和疲劳,但经休息后可以消失。

(2)运动量过大的标志:如果运动结束10~20分钟心率仍没有恢复,并且觉得疲劳、心慌、食欲缺乏、睡眠不佳,就说明运动量过大,应该减量,或停止运动至身体状况好转。

(3)运动量不足的标志:运动后身体没有发热感,无汗,脉搏无明显变化或者2分钟内很快恢复,表明运动量不足,不会产生运动效果,应加大运动量。

三、常见疾病的运动处方

(一)单纯性肥胖

体重的管理依赖于能量平衡,即能量摄入和能量消耗之间的平衡。影响人体能量消耗的主要因素是身体活动量。运动可以提高身体的代谢水平、增加肌肉和骨骼组织等非体脂成分的重量,还可以改善机体血糖调节和脂肪代谢的能力,提高循环呼吸功能。运动对于超重和肥胖者的意义不仅在于减低体重,更重要的在于降低过早死亡和发生多种慢性病的风险。

单纯性肥胖患者的身体活动,以增加能量消耗、减控体重,保持和增加瘦体重,改变身体成分分布、减少腹部脂肪,改善循环、呼吸、代谢调节功能为目标。为增加能量消耗,提倡进行多种形式和强度的身体活动,运动形式以大肌肉群参与的有氧运动为主,辅以平衡训练和抗阻训练。并充分利用日常生活、工作、出行和家务劳动等机会增加身体活动总量。在减低体重过程中,应强调肌肉力量锻炼,以避免或减少肌肉和骨骼等瘦体重成分丢失。

在为单纯性肥胖患者制定运动处方之前,有必要进行运动前的医学检查和医生监督下的运动测试。单纯性肥胖患者的身体活动量,至少要达到一般成年人的推荐量。控制体重每天要达到3.5MET-h 的身体活动量,如果要减轻体重,则要根据控制计划、减体重的速度、个人体质条件决定活动总量,至少也应 3.5MET-h。运动频率至少每周 5 次,每天 30~60 分钟,若要使能量消耗最大化,最好每天运动。建议中等至高强度运动;起始运动训练强度应保持在中等强度,强调延长运动时间及增加运动频度的作用,最后增加到高强度运动,这样效果更佳。此外为了减少减体重期间瘦体重的丢失,每周应进行 2~3 次肌肉力量训练,每次 1~3 组,每组 10~15 次重复。身体活动总量应由开始的每周 150 分钟中等强度运动,逐渐增加至每周 300 分钟中等强度,或者 150 分钟高强度运动,或者两种强度的运动各半。

由于肥胖本身就是发生运动损伤的危险因素,因而对于体重特别高、日常又缺乏运动者,开始锻炼时更需采取保护措施。自行车、游泳等运动由于下肢关节的承重小,发生关节损伤的风险也相对较小,应鼓励肥胖者进行这类活动。

肥胖者运动中产热多,更容易发生脱水和中暑。在大量出汗的情况下,应合理安排补液。由于运动消耗能量有限,单纯靠运动减低体重很难达到预期目标。因此必须结合饮食控制才能实现成功减肥。减肥速度不宜过快,多数情况下,每天减少 500~1000kcal 热能摄入,每周减少 0.5~1kg 体重比较适宜。

应建立一个减体重的长期计划,在实施计划过程中,要依据情况的变化,不断调整饮食和运动方案。只有养成健康的生活习惯,并且长期坚持,才能更有效地避免减肥后的体重反弹。

(二)2 型糖尿病

对 2 型糖尿病患者,身体活动可促进肌肉摄取葡萄糖,辅助降低血糖,并且有助于预防和治疗与糖尿病有关的并发症,改善心血管功能,预防和延缓糖尿病患者心血管病的发生和发展,同时身体活动还有助于改善糖尿病患者的血脂和血压水平,提高生活质量。

糖尿病可累及机体循环、神经、泌尿等多个系统,引起多种并发症,进而从不同角度影响人体的运动能力。不适当的身体活动形式和活动量有可能造成身体多种损害。因此糖尿病患者的身体活动管理,应在全面的疾病诊断和运动能力评估的基础上,针对个体的病情、运动能力、参考并结合有关临床治疗措施,与患者共同制定个体化的身体活动计划。

糖尿病患者的身体活动,可选择大肌肉群参与的有氧耐力运动和肌肉力量练习。下肢活动受限者可进行上肢和躯干肌肉练习,如俯卧撑、撑墙、引体向上、仰卧起坐等。已患有糖尿病合并症时,合理选择运动方式有助于降低发生意外伤害的风险。如合并足部溃疡者,可选择上肢运动和下肢肌力器械练习;合并肥胖者,可选择下肢负重少的自行车运动和游泳等;合并自主神经损害或使用 β 受体阻断药物者,运动中的心率和血压反应异常,因此以 RPE 量表(即自我感知运动强度量表)把握运动强度更可靠。此外功能性锻炼和体育娱乐活动,可结合生活、工作的具体条件和环境来实施。

在没有运动禁忌,即运动能力没有受到特殊限制的情况下,糖尿病患者身体活动的推荐量与普通人相同。日常活动较少或风险较高的患者宜选择适宜强度来制定身体活动目标。总活动量的设定应以个人病情和体质为基础。

糖尿病患者的身体活动一般应达到中等强度,50%~70% 最大心率。最好能做到每天运动,至少也要达到每周 4 次,每次 20~60 分钟中等强度的有氧运动。为了保持和增强肌肉代谢血糖的功能,鼓励糖尿病患者从事各种肌肉力量训练。可以从中低负荷开始,每组肌肉练习 8~10 个重复。随着肌肉力量的增强,负荷和重复数可以逐渐增加。当训练负荷较大时,同一组肌肉的练习应隔日进行。

由于心血管病等并发症造成运动能力受损时,应根据具体情况制定相应的运动处方。针对患者血糖调节、脏器损害、体液平衡、用药等情况的变化,处方中需要采取相应的措施保证身体活动的安全。糖尿病患者的锻炼计划和运动处方应以日常习惯性活动量作为基础,逐渐增加到设定的身体活动量目标,并根据患者的运动反应和病情变化,对目标和计划做出必要的调整。

糖尿病患者的病情不同,发生运动意外伤害的风险也不同,应采取不同医学监督和风险控制措施,其中需首要关注的问题是防止心血管意外的发生,相关注意事项包括:

1. **增加运动量时的进度安排**　增加运动量和强度时应合理安排进度,以保证运动安全。对于运动伤害风险低的患者,运动量和强度的增加一般需要 1~2 个月;风险较高的患者则需要至少 3~6 个月。

2. **适时监测**　在运动量和强度增加的过程中,应定期监测患者的运动反应和病情变化,并对运动计划做出必要的调整。对于风险高的患者,应多做运动前评估,医学监督下的运动适应期需更长,运动过程中应进行更频繁的随访。糖尿病患者参加运动初期,建议有同伴陪同,并随身携带糖果备用,以预防运动低血糖的发生。如在晚上运动,应增加主食的摄入,以预防发生夜间低血糖。使用胰岛素的患者,在运动前应避免将胰岛素注射于运动肌肉,最好选择腹部。

在初次运动和改变运动量时,应监测运动前和运动后数小时的血糖水平,如运动时间长,还应考虑运动中的监测。根据监测的血糖变化和相应的运动量,可酌情减小运动前胰岛素用量或增加主食摄入量。运动前血糖水平若小于 100mg/L,应进食主食 20~30g 后再运动。有些患者运动后低血糖的影响可持续 48 小时,必要时应增加运动后的血糖监测。

3. **运动时的足部保护**　患糖尿病多年的患者,因微血管和神经病变,出现足部微循环和感觉障碍。除了每天检查足部之外,为避免发生足部皮肤破溃和感染,参加运动前也应做足部检查,特别要选择合适的鞋子和柔软的袜子。病情重者建议从事足部无负重运动,如自行车、游泳、上肢锻炼等。

(三) 原发性高血压

原发性高血压通常伴有外周血管的阻力增加,同时造成心脏负荷增加。运动具有舒张外周血管和改善心脏功能的作用。身体活动有助于高血压患者的体重控制,改善血脂、血糖水平,提高生活质量。运动对血压偏高的正常人和 1 期高血压患者具有明确的疗效。

在为高血压患者制定运动处方之前,需要进行运动前风险评估。根据患者医疗/健康史信息,按照图 12-1 的流程可以将其分入低危、中危和高危组。计划进行高强度运动的所有高血压患者都应该进行医学监督下的运动测试。无临床症状、危险分层为低危和中危的患者在进行中等强度及以下强度运动时,除了常规医疗评估,不必要进行运动测试。而危险分层为高危的患者在参加中等强度运动之前,则必须进行运动测试。

高血压患者的身体活动主要以提高心肺和代谢系统功能、稳定血压、控制体重、预防并发症和缓解精神压力为目标。运动形式以大肌肉群参与的有氧耐力运动为主。提倡高血压患者进行有氧、中低强度,持续 10 分钟以上的活动。肌肉力量练习仅限于病情较轻和运动伤害风险较低者。太极拳、瑜伽等运动,强调运动、意念和心态调整相结合,也是适合原发性高血压患者的运动形式。功能性锻炼和体育娱乐活动,应结合生活和工作环境实施。

高血压患者如没有运动禁忌,运动能力也没有特殊限制,其目标活动量可参考一般健康人的推荐量。发生运动伤害风险较高的患者,则应根据个人健康和体质来确定。高血压患者的身体活动一般应达到中等强度,60%~70% 最大心率。

高血压患者由于心血管病等并发症造成运动能力受损时,应根据具体情况制定相应的运动处方。针对高血压患者的脏器损害和用药等情况的变化,处方中需要采取相应的措施保证身体活动的安全。

高血压患者的锻炼计划和运动处方应以日常习惯性活动量为基础,逐渐增加并达到计划的活动量目标,并要根据患者的运动反应和病情变化,及时对活动量目标和频度进行必要的调整。

高血压患者的病情不同,发生运动意外伤害的风险也不同,需要采取不同的医学监督和预防措施,其中首要关注的问题是心脑血管意外。除一般健康人进行运动锻炼需要注意的事项以外,高血压患者还应特别注意:

1. β 受体阻断剂影响运动中的心率反应,所以应采用 RPE 量表(即自我感知运动强度量表)等指标综合判断运动强度。

2. β 受体阻断剂和利尿剂影响水代谢和体温调节,湿热天气和运动中出汗多时,应注意监测,及时补充水分。

3. α_2 受体阻断剂、钙通道拮抗剂和血管舒张药物,可诱发运动后低血压,因此需延长运动后的放松过程,并逐渐降低运动强度。

4. 利尿剂可诱发低钾,使发生心律失常的风险增加,应酌情适量补钾。

5. 病情较重者的医学监督中,血压上限为收缩压 220mmHg,舒张压 105mmHg。接近或超过上限,应当停止运动。

6. 抗阻力训练时应采用合理的呼吸模式,避免憋气,特别是在用力时应避免憋气。

7. 耐力运动作为治疗方案的一部分时,要注意运动与降压药物的协同作用。为预防低血压,必要时应酌减用药剂量。

8. 运动只是作为高血压治疗的一部分,必须同时注意饮食、限盐、限酒、减肥等,才能或获得更好的效果。

（练雪梅）

思 考 题

1. 试述身体活动总量及各决定因素对身体活动健康效益的影响。
2. 试述行为改变阶段模式对身体活动行为变化阶段的认识。
3. 简述世界卫生组织对 18～64 岁成年人有益健康身体活动量的推荐。
4. 简述运动处方的制定步骤。
5. 简述身体活动咨询的 5A 模式。
6. 简述个体化运动处方制定应遵循的原则

第十三章　疾病的早期发现和处理

在临床预防服务中,除了前面几章介绍的行为咨询和干预等第一级预防服务外,作为第二级预防的疾病筛检也是临床预防服务的重要内容。我们知道,根据疾病的自然史,疾病在出现临床症状之前,往往先有生物学特性、生理指标或组织形态学的改变,并以一定的速率进展。急性病的潜伏期可能很短,其进展速率也较快,而一些慢性非传染性疾病进展时间可能很长,几年、十几年甚至几十年。如果在疾病的早期或无症状期通过一些检测手段发现这些疾病,即疾病的筛检(disease screening),那么就能及早地采取一些措施来实施干预,有效地延缓疾病的发展,减少并发症的发生,达到疾病预防的目的,这对于慢性病的预防控制有十分重要的意义。本章将重点介绍临床场所疾病早期发现的方法、选择疾病筛检的原则、常见疾病的筛检方法与注意事项以及筛检结果的判读及处理。

第一节　疾病早期发现的方法

一、整群筛检与选择性筛检

疾病的早期发现的形式,如果按照筛检对象的范围可以分为整群筛检(mass screening)和选择性筛检(selective screening)。前者指在疾病患(发)病率很高的情况下,对一定范围内人群的群体对象进行普遍筛检,即普查。如对 35 岁以上妇女作宫颈上皮细胞涂片筛检宫颈癌。后者根据流行病学特征选择高危人群进行筛检。如对有糖调节受损史者进行空腹血糖或口服葡萄糖耐量试验检测筛检糖尿病。

二、主动筛检与机会性筛检

基于筛检组织的方式区分为主动筛检(active screening)和机会性筛检(opportunistic screening)。前者是采取"主动出击",通过组织的宣传介绍,动员群众到筛检服务地点进行检查。例如某医院开展的"鼻咽癌社区综合防治示范区"项目中,动员社区内 40 岁以上的居民到医院接受血清抗 EB 病毒抗体检测。机会性筛检属于一种被动性筛检,是将日常性的医疗服务与目标疾病的患者筛检结合起来,在患者就医过程中,对具有高危因素的人群进行筛检。如目前在各级医院门诊中给首诊患者测血压,目的就是发现其中的血压升高者或隐匿的高血压患者。

此外,如果按照筛检项目的多少可以分为单项筛检和多项筛检。前者指用一种筛检试验筛检一种疾病,后者是同时使用多项筛检试验筛检一种疾病。依照筛检的目的可分为治疗性筛检和预防性筛检。前者指在疾病的临床前期阶段将其早期发现,然后经过确诊后,采取有效的治疗,从而在典型临床症状表现之前就治愈或预防疾病的最终出现。如子宫颈癌的筛检。后者指筛检已有科学证据确认的生物学方面的危险因素如异常的血脂和血压水平,从而起到预防心脑血管疾病的作用。在临床预防服务中的疾病筛检,主要是在临床场所针对求医者的实际情况开展的。

第二节　临床场所疾病筛检的方法与原则

一、疾病筛检计划的制订原则

筛检的实施需要巨大的人力、物力、财力的投入,因此在临床场所实施一项筛检计划前,要认真考虑一系列与筛检实施有关的标准,涉及 4 个方面:筛检的疾病、筛检试验、医疗保健系统和伦理学问题。

（一） 筛检的疾病

1. 所筛检的疾病或状态必须是该地区现阶段重大公共卫生问题(即有较高的死亡率或患病率)。对于任何已限定灵敏度和特异度的检查方法,假阳性和假阴性结果的数量与目标人群中该疾病的患病率有关。该疾病为常见疾病则假阴性结果会比较多;该疾病比较少见,则假阳性结果会比较多。后者在癌症筛检中尤其重要。

2. 对所筛检疾病或状态的自然史有比较清楚的了解,有足够长的可识别临床前期和可识别的临床前期标示,且这种标示要有比较高的流行率。

3. 对所筛检的疾病或状态的预防效果及其副作用有清楚的认识。

（二） 筛检试验

在本书的第六章,从方法学上介绍了筛检试验的评价设计和评价指标,下面,将针对在开展筛检工作中应考虑的一些要求作一简单介绍。

1. **筛检方法的可接受性**　筛检方法必须是快速、简便、廉价和安全,以避免在时间、人力和金钱方面的成本过高,便于为受检者所接受,同时也不能给受检者带来任何的伤害。比如在实施筛检时,应考虑是否需要特殊的设备或特殊的资源(例如:电力、水、移动运输车、接受筛检人员的运送)? 该筛检方法能否迅速实施? 人们能同意接受筛检吗? 是否有审美或文化上的障碍? 筛检费用对受检者而言是否能够接受? 在实施前应作什么样的宣传来克服这些障碍?

2. **筛检方法或程序的灵敏度和特异度**　如第六章"筛检与诊断试验"所述,患病人群被遗漏(假阴性,即漏诊)则可降低筛检方法的灵敏度,而健康人群被错误地认为患有疾病(假阳性,即误诊)就会降低筛检方法的特异度。检查结果阳性的人占实际患有该病的人群的比例我们称为阳性预测值。如果检查方法的灵敏度下降,阳性预测值比例仅轻微下降,但特异度下降,该比例则下降非常明显。此外,阳性预测值也会随着该疾病患病率的下降而下降。例如,某种检查方法具有高灵敏度(比如95%)和高特异度(比如98%),假设某种癌症在目标人群的患病率为 1/1000,那么有阳性检查结果的人群中仅有 4.6% 会在进一步检查中发现确实患有该疾病。其他人则均为假阳性结果。

筛检方法的不同灵敏度和特异度将会带来一些不良的结果:

(1) 误诊的后果:一个假阳性结果就是一个假警报,会对个人、卫生系统产生影响。被误诊的个体将承受很大心灵创伤;卫生系统要额外提供足够的设施和人力以确诊真正患有该疾病者;个人、单位、国家或保险公司要为这些服务花费买单;等。

(2) 漏诊的后果:假阴性结果给受筛检者错误的安全感,并且肿瘤有可能进展至无法治愈的阶段从而导致患者死亡。这有可能引起医疗法律纠纷,尤其是如果目前已经存在更敏感的检查方法。漏诊 1 例患者将引起不良的公众效应,并对筛检计划造成负面影响。

（三） 医疗保健系统方面

1. 对筛检阳性者应实行有效地随访,以确定是否患病,即使随后的诊断试验可能花费更多的经费、时间,并可能造成创伤等风险。对于某些筛检项目,人力和经费大多数可能花费在随访阶段,而不是开始的筛检阶段。

2. 在开展一项特殊疾病的筛检计划前,在计划里应明确让筛检并被诊断的患者得到有效治疗。若因为资源有限,让已有疾病症状者不接受治疗,而仍在表面上健康的人群中筛检同一疾病,这不符合伦理学,也不符合成本-效益原则。

3. 同理,对筛检和诊断过程发现的疑难病症者也必须给予治疗,否则筛检过程不符合伦理学原则,亦无医学意义。

4. 干预措施应该易于被筛检人群所接受。

5. 应该明确实施筛检的目标人群。

6. 应该明确筛检的负责人和用于判断筛检试验阳性结果的截断值;另外,应设计合理的方案使筛检结果成为受检者常去的医疗保健场所的医学记录。

（四）伦理学问题

1. 不论是医疗实践还是医学研究,筛检对受检者的影响均具有不确定性,受检者都可能面临一定程度的风险。因此在实施时,必须遵守尊重个人意愿、有益无害、公正等一般伦理学原则。

2. 筛检的宗旨是给受检者带来好处,但作为筛检计划的受检者,有权利对将要参与的计划所涉及的问题"知情"。医务人员也有义务向受检者提供足够的信息,包括参与这项计划的利益与风险,并使他们理解提供的信息,据此作出理性的选择,决定是否同意参加。

3. 有益无害原则在筛检实施的标准中有明确体现。如筛检试验必须安全可靠,无创伤性、易于被群众接受,不会给被检者带来身体和精神上的伤害。对筛检试验阳性者,有进一步的诊断、治疗的方法,不会给他们带来不必要的心理负担,对健康产生负面影响。再者,应该尊重筛检获得的受检者健康资料中涉及的个人隐私权。除非得到本人允许,不得向外泄露。

4. 个体的预期寿命是否长于无症状患者早期筛检的获益时间? 如一位超过 75 岁的老年男性用 PSA 筛检前列腺癌,但是,这位无症状老年男性在无症状前列腺癌发展到致命性阶段前可能因其他原因死亡了,因此告诉一个更有可能死于其他原因的老年男性他还有一个小前列腺癌病灶是不合乎伦理的。

5. 公正原则要求公平、合理地对待每一个社会成员。如果筛检的价值和安全性已确定,并将用于医疗实践,给群众带来益处时,无论受检者的年龄、性别、职务、经济地位及与医务人员的关系如何,均应受到平等的对待。

二、确定筛检的频率

疾病筛检并不是进行一次若发现没有问题就高枕无忧了。目前没有发现问题有几种可能:一是身体确实是没有所要筛检的疾病,二是这个疾病还没有发展到可以检测到的程度,三是由于筛检的方法的灵敏度不够,未能发现已经存在的疾病,即假阴性。因此,在确定所要筛检的疾病后,还要考虑筛检的频率。

（一）决定筛检频率的因素

1. **疾病的病理特点和速度**　不同疾病病理特点不同,所处的病理时期有不同的进展速度。如肿瘤细胞从基因突变开始,演变成肿瘤细胞,再以几何速度发展成为可以用筛检手段发现的肿瘤,不同的病理时期其进展速度是不一样的。

2. **筛检方法的灵敏度**　如果某一筛检方法的灵敏度高,一次筛检就能把大部分的病例发现出来,而在第二次筛检时能发现第一次不能发现的病例就很少。这样,筛检的频率就可以根据疾病的病理发展的速度来决定,而不必考虑通过采取增加频次的方法把漏诊的病例发现出来。反之,如何筛检方法的灵敏度过低,则可能需要增加筛检的频次。

（二）确定筛检频率需注意的问题

1. **疾病的危险度并不是决定筛检频率的因素**　决定某一疾病筛检的频率是由筛检试验的灵敏度和疾病进展的速度决定的,而不是疾病发生的危险度。例如,考虑某种癌症从发生异常到无法治愈需要经 10 年的缓慢过程（即假定这 10 年任何时候检出都可得到好的治疗效果）,所采用筛检方法的灵敏度为80%,如果每三年进行一次筛检,那么第一次的检出率为80%;第二次为剩余的80%（即 80% +16% =96%）;第三次为第二次剩余的80%（96% +3.2% =99.2%）。如果疾病的进展速度与筛检的灵敏度不变的话,不管患者患病的危险度怎样,同样比例的病例都能被检出。所以不能因该疾病有更高的危险度而简单地建议增加筛检的频率。所以,危险度更多的是决定是否要做这项筛检,而不是筛查的频率。

2. **首次筛检和以后重复实施筛检频次**　从人群的角度看,首次筛检往往都会发现很理想的效果,因为首次筛检发现的是累积了很多年的现患病例。这样就较容易做出决策,很快重复实施筛检(如 1 年后)。但是间隔短时间的重复筛检几乎不可避免地令人失望。因为重复筛检发现的是新发病例(从上次筛检后新出现的病例),从而使第二次筛检发现的病例数较少。另外,一个人被筛检的次数越多,越容易出现假阳性结果。如一项研究对 2400 名 40 ~ 69 岁女性随访了 10 年。结果发现,在此期间女性平均有 4 次乳腺钼靶 X 线摄影检查和 5 次临床乳腺检查。将近 1/3 的人至少 1 次被判定为假阳性。为了排除疾病,专家建议这些假阳性者高频次重复检查,从而引起受检者严重的经济负担和焦虑情绪。检查越频繁,发现的假阳性结果越多。

由此可见,太长的筛检间隔将增加重要疾病漏诊的危险,但筛检频率过高将会增加费用,并且浪费做更重要事情的时间,同时将会增加产生假阳性结果和不必要工作的可能性。所以,医务人员必须根据所学的医学知识,对服务对象筛检的频率作出选择。一般而言,对无症状的求医者,可根据自己的业务知识,确定一个筛检频率的范围。下面是对一些主要疾病筛检的频率,供参考:①定期测量血压:建议 18 岁以上人群既往血压(收缩压/舒张压)<130/85mmHg 者,每 2 年测 1 次血压;在(130 ~ 139)/(85 ~ 89)mmHg 之间者,每年测 1 次;≥140/90mmHg 并确诊为高血压者纳入规范化管理。其他原因就诊者应常规测血压。②称量体重:建议成年人每 2 年至少测量 1 次身高、体重和腰围。体重指数(body mass index,BMI)≥24 的超重者,应进行减肥。超重并且腰围≥90cm 的男性或腰围≥80cm 的女性,发生并发症的危险性增加。③胆固醇测定:建议 35 ~ 65 岁的男性和 45 ~ 65 岁的女性每 3 ~ 5 年测定 1 次血胆固醇。④视敏度筛检:建议对 3 ~ 4 岁幼儿进行 1 次弱视和斜视检查,对 65 岁以上老年人进行青光眼筛检,具体筛检间隔由临床预防专业人员决定。⑤听力测试:定期询问和监测老年人听力以发现听力损害,具体筛检间隔由临床预防专业人员决定。⑥牙科检查:建议每年进行 1 次牙科检查和保洁,以减少牙病的发生。⑦子宫颈癌筛检:建议有性生活的妇女每 1 ~ 3 年进行 1 次宫颈脱落细胞涂片检查(pap smear,又称巴氏涂片),如果筛查结果正常,可以到 65 岁停止检查。⑧乳腺癌筛检:建议 40 岁以上妇女每年接受 1 次乳房临床物理检查;有条件时 50 ~ 75 岁妇女每 1 ~ 2 年进行 1 次乳腺钼靶摄影检查;若直系亲属中有绝经前患乳腺癌史,建议在 40 岁前应接受乳房临床物理检查。⑨结肠直肠癌筛检:建议所有 50 岁以上人群每年进行 1 次大便隐血试验或每 5 年乙状结肠镜检查。

三、确定一次筛检所包括的项目

有人认为,在同一时间、同一受检者用多项筛检方法来筛检多种疾病可提高了筛检工作的效率。如当收集血样时,采用现代的、自动实验室设备,很容易实施多种试验。然而,多项筛检的收益有很多问题。

首先,在老年受试人群中的多项筛检,发现的很多疾病或健康问题,是早已被发现并给予治疗的,从而使受检者的花费用于不必要的检查。

其次,多项筛检产生较多的假阳性结果,从而使很多受检者花费更多的经费进行后续检查。采用一组独立试验的筛检每 1 例非患者,至少一项筛检试验产生 1 例假阳性结果的概率,计算公式为:$1-(1-\alpha)^n$,α 为假阳性率(见第六章),n 是所作筛检试验数。如果实施 2 项筛检试验,α 为 5%(试验的特异度为 95%),非患者进行进一步试验的概率为:$1-(0.95)^2=1-0.9025\approx 10\%$。如果实施 4 项筛检试验,概率为:$1-(0.95)^4=1-0.8154=18.5\%$。若实施 25 项筛检试验,超过 70% 的非患者要采取不必要且较昂贵的后续检查(表 13-1)。

表 13-1　实施筛检试验数与至少有 1 例假阳性者概率的相关性

实施筛检试验数[*]	至少有 1 例假阳性者的概率(%)[#]
1	5.0
2	9.8
4	18.5
5	22.6
10	40.1
20	64.2
25	72.3

[*] 假定筛检试验测量的数值不同(即各筛检试验是独立的)

[#] 根据每一项试验有 5% 的假阳性率计算的百分比

数据来自 Schoenberg BS. The "abnormal" laboratory result. Postgraduate Medicine. 1970,47:151-155

笔记

一项研究将多项筛检与常规检查进行比较,一组受检者接受了一组多项筛检试验,包括听力和视力检查、眼压、血压、肺活量、心电图、乳腺钼靶 X 线摄影检查和胸部检查、宫颈巴氏涂片、胸部 X 线检查、尿液检查、全血细胞计数、血生化 12 项。另一相似对照组仅接受常规检查,结果发现两组受检者的健康知识、死亡率或发病率无明显差异。但是多项筛检组的受检者在医院花费更多的时间。

四、以定期健康检查取代每年全面体格检查

年度全面体查(annual complete physical examination,ACPE)是指每年一次为服务对象进行全面的身体健康检查,以便早发现疾病进行早治疗。随着慢性病逐渐攀升,ACPE 自 20 世纪二战后在发达国家开始盛行。随后,ACPE 的两个关键词"一年一度"和"全面"开始受到学术界的质疑。正如上面所说的,因为疾病的进展并没有日历年轮这样的时间规律,而是不同疾病的病理特点决定了其进展的速度;全面而没有目的性的检查,不仅会产生更多的假阳性,还增加受检者和社会的经济和精神负担。而有些疾病是随着年纪的增长到一定年龄后才可出现,且在不同性别间所出现的年龄阶段也不一样。如果不管年龄和性别,一刀切地进行 ACPE,从伦理学的角度看,那些本不该体检但接受体检人无辜受到了一些由于体检带来的伤害,同时这些人也占用了其他应该接受体检人的资源(包括费用和医务人员的时间等)。因此,到了 20 世纪 70 年代,循证预防医学服务概念的提出和应用,一个新的词"定期健康检查(period health examination)"取代了年度全面体格检查。定期健康检查就是按照上述确定疾病筛检项目和筛检频率的原则,根据求医者的性别和年龄,科学地制定出个性化疾病筛检方案,形成一个针对特定疾病应间隔多长时间检查一次的健康维护计划(见第九章)。

第三节　常用的疾病筛检方法及注意事项

至今为止,经过循证医学科学论证并得到国际上普遍认可用作对健康人群开展疾病筛检的方法,在肿瘤的筛检主要有:40 岁以上的女性每 1~2 年进行乳房钼靶摄影筛检;每 3 年通过细胞学检测方法(巴氏涂片)对 21~65 岁的女性或者对 30~65 岁女性通过人乳头瘤病毒(HPV)检测每 5 年进行宫颈癌筛查;对 50~75 岁的成人进行结直肠癌的筛检;对肺癌每年一次的筛查的建议是:对年龄在 55~80 岁、有 30 年的吸烟史,并且在过去的 15 年里吸烟或戒烟的成年人进行肺部低剂量螺旋 CT 筛查;建议对 18 岁或以上的成年人进行高血压筛检。在心脑血管疾病和糖尿病的筛检主要有:对 18 岁或以上的成年人进行高血压筛检;对 40~70 岁超重或肥胖的成年人中筛检发现血糖异常应作为心血管风险评估的部分依据。下面,选择几种中国人群患病较高的慢性病,介绍常用的一些筛检方法和筛检指南。在这里要指出的是,下面的有些筛检方法,还没有得到循证医学的确认,所以,建议读者以批判性的思维方式,根据自己所掌握的科学依据来确定,在具体临床工作中哪些方法可以选用。

一、脑卒中

脑卒中是一组急性脑循环障碍所致的局限或全面性脑功能缺损综合征,包括缺血性和出血性脑卒中两大类。缺血性脑卒中是指由于脑的供血动脉(颈动脉和椎动脉)狭窄或闭塞,脑供血不足导致的脑组织坏死的总称。包括短暂性缺血发作、可逆性神经功能障碍、进展性卒中和完全性卒中。出血性脑卒中包括脑出血和蛛网膜下腔出血。缺血性脑卒中的发病率远高于出血性脑卒中,约占脑卒中总数的 70% 以上。

脑卒中发病前可以完全没有症状,提高对脑卒中危险因素的筛检和开展相应脑动脉粥样硬化的筛检是早期发现脑卒中风险的重要措施。目前可以在临床机构开展的早期筛检技术手段主要包括颈动脉超声检查,有条件的机构也可以通过脑 CT 或核磁检查已明确无症状性脑卒中。

1. **脑卒中风险因素筛查**　可以通过系统的问卷调查和早期症状辨识进行。

(1)早期筛查问卷:主要内容应包括,年龄、性别、体重指数、脑卒中家族史、吸烟史、体育活动情

况,以及既往脑卒中、高血压、房颤和(或)心瓣膜等心脏病、糖尿病、血脂异常等病史。

(2)早期症状辨识:脑卒中的早期症状有,①突发一侧面部或肢体麻木无力,口角歪斜流涎;②突发视力模糊或失明;③突发语言表达或理解困难;④突发严重的不明原因头痛、呕吐;⑤突发不明原因的头晕、走路不稳或突然跌倒、遗忘或记忆力障碍。出现脑卒中早期症状,无论时间长短应及时就医,以缩短院前延误时间。

因此,在医疗机构可以通过病史采集及体格检查来早期发现脑卒中高危人群或患者。主要询问有无脑卒中症状,以及既往高血压、血脂异常、糖尿病及心脑血管病史、吸烟饮酒史、饮食生活习惯、家族性心脑血管病史等,测量身高、体重、腰围、双上肢血压,听颈部血管杂音及神经系统体格检查等。

2. **实验室检查**　根据病史、体征及既往有异常指标需进一步检查者,应有针对性地进行实验室检查,主要包括血糖、血脂、凝血功能、同型半胱氨酸等。

3. **血管超声**　脑、颈部血管超声包括颈动脉超声和经颅多普勒超声。目前颈动脉超声技术较普及规范,通常无禁忌证,具有无创伤、费用低,诊断准确率高等优势,可为临床提供重要信息。

4. **脑卒中早期筛检的流程与规范**

(1)建立健康档案:配备脑卒中风险管理专业医务人员,建立脑卒中风险评估信息系统,制定脑血管病风险干预临床路径。对健康体检人群有脑卒中家族史、年龄大于40岁(男)和45岁(女),有血压升高、空腹血糖升高、体重超重和(或)肥胖、实验室检查血脂异常者均属于脑卒中高风险人群,经健康风险评估分级存档。

(2)脑卒中筛检流程:健康检测后,经风险评估进行人群筛选分类,针对危险因素等级制定不同的干预方案。对高危人群中有临床症状的直接转入相应门诊进入治疗环节。无症状者经慢病综合门诊进行脑卒中专项检查,依据检查结果进入相应临床路径。

(3)开展目标人群的强化管理:依据风险评估结果将人群分类,一般分为健康群体、脑卒中高风险群体、慢性病前期群体及患病群体四类,对以上不同人群分别进行有针对性的健康教育及健康管理。

二、冠心病

心血管疾病危险因素对冠心病发生发展具有促进作用,若能通过筛检达到早期诊断并及时进行干预治疗,则可以明显改善冠心病的预后。早期筛检技术与方法主要包括以下几个方面:

1. **冠心病危险因素筛检**

(1)问卷调查:内容包括,性别、年龄、身高、体重、腰围、高血压、冠心病、糖尿病家族史,是否有高脂、高糖、高盐饮食习惯,吸烟史,有氧运动情况(每周5天以上,每次不少于30分钟,持续快走或慢跑),是否患有高血压、血脂异常和糖尿病或糖耐量异常。

(2)血液学指标:空腹血糖,血肌酐,尿微量白蛋白,心肌酶谱检查:乳清脱氢酶及其同工酶、血清肌酸激酶及同工酶、肌红蛋白、肌钙蛋白,血脂:总胆固醇、三酰甘油、低密度脂蛋白胆固醇、高密度脂蛋白胆固醇、载脂蛋白a、载脂蛋白b、脂蛋白,血管损伤标志物检查:超敏C反应蛋白、白介素-6、肿瘤坏死因子、纤维蛋白原、同型半胱氨酸。

(3)对于确诊有高血压的人群进行动态血压及检眼镜、眼底血管照相检查,进一步评估血压水平及有无眼底损害。对疑有动脉粥样硬化的人群进行颈动脉超声以及脉搏波传导速度、血管内皮功能、裸踝指数检查,进一步评估外周动脉情况。

2. **心电图检查**　所有被筛检人群均应进行静息心电图检查。如有症状者争取在发作时检查静息心电图,缓解后立即复查。正常静息心电图检查不能排除冠心病心绞痛,但如果有符合心肌缺血的ST-T改变,特别是在疼痛发作时检出者,则支持心绞痛诊断。静息心电图无明显异常者不能除外冠心病诊断,必要时需进行心电图负荷试验。

3. **心脏负荷试验**　对有症状患者或高危人群,心脏负荷试验有助于冠心病的诊断及危险分层,但必须配备严密的监测及抢救设备。常用的心脏负荷试验有心电图运动负荷试验和运动负荷超声心电图或核素负荷试验(心肌负荷显像)。

目前临床主要应用的心电图运动负荷试验是活动平板运动试验。其主要适应证为:有心绞痛症状怀疑为冠心病者;确诊的稳定型冠心病患者心绞痛症状明显改变;确诊的稳定型冠心病患者危险分层;冠状动脉血运重建治疗后症状明显复发者。

运动负荷超声心动图或核素负荷试验的 I 类适应证:静息心电图异常、左束支传到阻滞、ST 段下降超过 1mm、起搏心率、预激综合征等心电图运动试验难以精确评估者;心电图运动试验不能下结论者,而冠状动脉疾病可能性较大者。II 类适应证:既往经皮冠状动脉旁路移植等血运重建患者症状复发,需了解缺血部位者;在有条件的情况下可替代心电图运动试验;非典型胸痛,而冠心病可能性较低者,可替代心电图运动试验;评价冠状动脉造影临界病变的功能受损严重程度;已行冠状动脉造影,计划行血运重建治疗,需了解心肌缺血部位者。

4. **动态心电图**　即 Holter,是一个小型心电接收器,可以把患者 24 小时日常活动和睡眠中的心电图全部连续地记录下来,弥补了普通心电图只能记录瞬间心电活动的不足。动态心电图诊断心肌缺血至少应具备下列条件:ST 段水平或下斜型压低≥1mm(0.1mV),逐渐出现并消失;持续时间最少 1 分钟;每次短暂性缺血发作间隔时间至少 1 分钟(指南推荐的发作间隔时间为 5 分钟),在此期间 ST 段回到基线。此外必须预先排除下列情况对 ST 段改变的影响:过度通气、高血压、左室肥厚、左室功能不全,传到异常、体位改变、快速心率失常、预激综合征、交感神经系统异常、精神药物、抗心律失常药物、洋地黄、药物水平变化和电解质异常等。

5. **超声心动图、核素心室造影**　疑有冠心病患者若有收缩期杂音,提示主动脉瓣狭窄、二尖瓣反流或肥厚型心肌病,建议行超声心动图或核素心室造影检查。对于有陈旧性心肌梗死、病理性 Q 波,症状或体征提示有心力衰竭或复杂心律失常患者,应评价其左心室功能,根据左心室功能进行危险分层。对有心肌梗死病史或心电图异常 Q 波者,应评价左心室阶段性室壁运动异常,无心肌梗死病史者非缺血时常无异常,但缺血发作 30 分钟内可观察到局部收缩性室壁运动异常,并可评估心肌缺血范围。

6. **多层 CT 或电子束 CT**　CT 平扫可检出冠状动脉钙化并进行积分,但钙化程度与冠状动脉狭窄程度并不相关,因此不推荐将钙化积分常规用于冠心病患者的诊断评价。CT 冠状动脉血管成像有较高阴性预测价值,若未见狭窄病变,一般可不进行有创检查。

7. **早期筛检的流程**

(1) 健康人群:建议应用第八章介绍的"中国人群的心血管病综合危险度简易评估工具",仔细筛检冠心病危险因素,评估冠心病患病风险,指导其改善生活方式,积极干预危险因素,减少发病。

(2) 有症状疑诊冠心病人群:在综合考虑冠心病危险因素前提下,行血液学、静息心电图检查,必要时结合负荷试验、超声心动图及核素心室造影,如不能排除诊断,可考虑行 CT 冠状动脉血管成像评估冠状动脉血管情况,如结果为阳性,建议行冠状动脉造影检查明确诊断,并进一步确定治疗方案,早期积极干预以减少严重并发症的发生。

三、糖尿病

1. **风险因素筛查问卷与早期症状辨识**　2006 年世界卫生组织(WHO)推荐对糖尿病危险积分(DRS)进行研究,目前存在的 DRS 评分系统中,以芬兰 DRS 最具有权威性,国内相关研究进行较少,尚无统一标准。目前糖尿病早期筛查问卷中包括的变量有:年龄、性别、体质指数、腰围、臀围、静坐少动生活方式(每周参加中等强度的运动不足 150 分钟),平均每餐的主食量、水果蔬菜摄入情况,家族高血压史,家族糖尿病史,吸烟史,饮酒史等。

2. **实验室检测技术与方法**

(1) 空腹血浆葡萄糖检测(fasting plasma glucose,FPG):FPG 是指在隔夜空腹(至少 8～10 小时未

进任何食物,饮水除外)后,早餐前采血,所测定的血糖值,是糖尿病最常用的检测指标,FPG 是诊断 2 型糖尿病和糖尿病前期(IGR)的重要手段。然而,2 型糖尿病患者多以餐后血糖升高为主,因此这部分糖尿病前期人群及糖尿病患者仅检查 FPG 是不够的。

(2)口服葡萄糖耐量试验(oral glucose tolerance,OGTT):OGTT 是指给受试者口服 75g 葡萄糖,然后测其血糖变化,观察受试者耐受葡萄糖的能力。OGTT 是确诊糖尿病和糖耐量减低(IGT)、空腹血糖受损(IFG)的国际公认方法,是诊断的金标准。《中国 2 型糖尿病防治指南》建议优先对高危人群进行筛检,推荐采用 OGTT。临床上筛检糖尿病常用空腹及服糖后 2 小时检测法,所花费时间短、抽血次数少,并同样能够诊断 IGT 及糖尿病。

OGTT 试验方法及注意事项包括:①试验前 3 天内,每日碳水化合物摄入量不少于 150g;②试验前受试者应空腹 8 ~ 14 小时,可饮水,不吸烟、不饮酒及不喝咖啡等饮料;③试验应在晨 7 ~ 9 时开始,受试者空腹口服溶于 250 ~ 300ml 水中的无水葡萄糖 75g,应在 5 分钟内服完;④分别于服糖前和服糖后 2 小时(从服第一口糖水开始计时)在前臂采静脉血(推荐使用氟化钠抗凝剂和抗凝管采血),血样应尽快送检测定检测。

(3)糖化血红蛋白(HbAlc):HbAlc 可反映近 2 ~ 3 个月中的血糖情况,尤其适用于空腹血糖正常而血糖波动比较大者,应用 HbAlc 反映糖代谢控制状况和与糖尿病慢性并发症的相关性优于血糖测定结果。2011 年 WHO 推荐,在有条件的地方采用 HbAlc 诊断糖尿病切点:HbAlc ≥6.5%,HbAlc<6.4% 时不能排除糖尿病。国际糖化血红蛋白专家委员会将 6.1% ≤HbAlc< 6.5% 范围内的个体定义为"高危的亚糖尿病状态"。

(4)尿糖检测:尿糖阳性是诊断糖尿病的重要线索,但是尿糖阴性不能排除糖尿病。其测定灵敏度、特异度均较低,易受肾糖阈等因素影响而呈假阳性或假阴性。

3. **联合筛检** 由于 FPG 重复性差,单测 FPG 存在的漏诊餐后血糖升高者,OGTT 耗时长、多次抽血,糖化血红蛋白质控要求高、价格

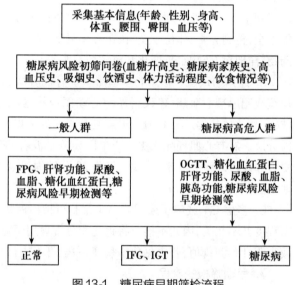

图 13-1 糖尿病早期筛检流程

偏高等问题。在进行人群糖尿病筛检时应加强高危人群-糖尿病风险评估(问卷)的调查,加强对糖尿病高危人群进行 OGTT 检查、糖化血红蛋白的检测,以提高筛检糖尿病高危人群及糖尿病的水平。

4. **早期筛检的流程** 如图 13-1 所示。

四、乳腺癌

乳腺癌是世界范围内女性最常见的癌症,而早期发现、早期治疗乳腺癌是提高乳腺癌治疗效果的最重要的手段,可以明显降低乳腺癌死亡率。早期乳腺癌诊断方法如下:

1. **乳腺钼靶 X 线** 乳腺钼靶作为早期乳腺癌诊断的工具在日常筛检工作中起到重要作用。有多项随机对照研究证实了以乳腺 X 线检查筛检乳腺癌能够降低 50 岁以上妇女乳腺癌的死亡率。对于绝经前妇女采用乳腺 X 线筛检能否降低乳腺癌的死亡率,尚无定论。乳腺钼靶筛检在不同年龄组的灵敏度不同,50 岁以上比 40 ~ 49 岁的灵敏度高,前者为 73% ~ 88%,后者为 53% ~ 81%。

2. **乳腺 B 超** 乳腺 B 超属于无创性检查,对于受检人员无射线辐射,适合于乳腺致密的妇女和年龄小于 35 岁的妇女。B 超作为主要的乳腺癌早诊手段,能够发现临床检查不能发现的结节。B 超检查能清楚地显示乳房各层软组织及其内部肿块的形态,内部结构及相邻组织的改变。尤其在分辨

囊性与实质性肿块方面,B超具有独特的优越性。对X线摄影显示为致密的乳腺,影像对比不佳者,如果临床检查发现肿块,B超检查可以判断肿块的内部结构,提供诊断信息和随诊信息。此外,B超可以进行腋窝淋巴结检查。B超检查的缺点是不能显示微小钙化,也不能准确鉴别乳腺肿瘤物的性质。其检查的准确性取决于检查者技术、耐心和责任心。

B超发现乳腺内肿物,乳腺组织结果紊乱,需要进一步行乳腺X线检查;如果有肿物和钙化,进行活检或手术,如果乳腺X线检查阴性,可以观察或活检。乳腺X线摄影与B超检查相结合,取长补短,是有效的乳腺癌筛检方法。阴性结果1年后复查。

3. 乳腺触诊　在乳腺癌早诊中,乳腺触诊有时可以为B超或乳腺X线检查提供一定的参考,与B超、乳腺X线共同使用可以降低漏诊率。

4. 乳腺核磁检查　该方法具有无射线、无损伤和高对比分辨率等优点,是乳腺癌早诊检查手段中最准确的检查方法。缺点是价格昂贵。一般用于B超、乳腺X线检查阳性,作为进一步检查的手段。国外用于高危乳腺癌个体的补充筛检手段。在各种影像学检查都不能确定病变性质的情况下,需要进行穿刺或切除活检以确定诊断。

5. 乳腺癌筛检指南

（1）一般人群:①20~39岁人群:不推荐筛检。②40~45岁:适合机会性筛检;每年1次乳腺X线检查;对致密型乳腺(腺体为c型或d型)推荐与B超检查联合。③46~69岁:适合机会性筛检和人群普查;每1~2年1次乳腺X线检查;对致密型乳腺推荐与B超检查联合。④70岁或以上:适合机会性筛检;每2年1次乳腺X线检查。

（2）高危人群:乳腺癌高危人群包括有明显的乳腺癌遗传倾向者;既往有乳腺导管或小叶不典型增生或小叶原位癌的患者;既往行胸部放疗者。建议对乳腺癌高危人群提前进行筛检(小于40岁),筛检间期推荐每年1次,筛检手段除了应用一般人群乳腺X线检查之外,还可以应用MRI等新的影像学手段。

五、宫颈癌

进行宫颈癌筛检的最佳时间是上一次月经后的14天。月经期不能进行筛检。受检对象由妇科医生用窥具检查子宫颈部。子宫颈部暴露后分别进行下述筛检方法,异常的妇女应做阴道镜检查,必要时在阴道镜指导下于可疑病变部位取活检并进行病例诊断。

1. 传统巴氏涂片　巴氏涂片的准确性受多种因素影响,如取材方法、涂片方法、染色技巧等。取材者应该注意:在取材前避免冲洗阴道或应用润滑剂、取材时使用湿润的刮板或毛刷等。

2. 液基细胞学　液基细胞学(LBC)依靠处理一种含有宫颈细胞液体介质制成一薄层没有碎片的均一宫颈细胞,使得涂片的采样完全性和显微镜下的可读性明显提高。这种检测技术比传统细胞学成本高,并在制备涂片时需要另外的设备。其识别高级别子宫颈上皮不典型增生(CIN)的灵敏度和特异度分别为85%和90%左右,提高了工作效率和准确性。尤其在缺乏细胞病理学家的地区,可将标本外送,进行异地读片诊断。

目前国际上较为常用的一种宫颈癌细胞学检查技术是液基薄层细胞学检测,即TCT(thinprep cytologic test)。该方法采用液基薄层细胞检测系统检测宫颈细胞并进行细胞学分类诊断,其制片过程由计算机程序控制,可以清除杂质,形成一个清晰的细胞单层涂片,病理医生可以一目了然,使宫颈癌尤其是癌前病变的诊断率显著提高。与传统的宫颈刮片巴氏涂片检查相比,TCT明显提高了标本的满意度及宫颈异常细胞检出率。

TCT检查只是宫颈病变检查的第一步,一般说来,宫颈病变的诊断分为三步:TCT、阴道镜和病理学诊断。尽管细胞组织是否属于病变只有病理学诊断才真正具有权威性,但TCT检查的第一道关卡仍然显示出了明显的优势。如果TCT显示有问题,那么女性就应该进一步做阴道镜或病理诊断才能准确判断病情;但如果TCT的检查结果显示为良性,这些检查则可以不用再做了,女性也可以为身体健康松一口气,不过仍要注意定期复查。所以说,TCT 检查能够起到事半功倍的效果。

3. 人乳头状瘤病毒（HPV）检测　宫颈肿瘤是致癌性 HPV 类型长期感染所致,使用 HPV 检测成为宫颈肿瘤的一项最基础的筛检方法。在现有的所有宫颈癌筛检方法中 HPV 检测是最客观和最具有可重复性的。在几项横断面研究中,HPV 检测发现 CIN2 和 CIN3 病变的灵敏度为 66% ~100%,特异度为 62% ~96%。最近报道的随机研究结果显示,与巴氏涂片相比,HPV 检测对发现 CIN 病变有较高的灵敏度。与细胞学相比,HPV 检测对普遍存在的 CIN2 或更差病变具有高灵敏度,但特异度较差。

4. 筛检指导原则

（1）开始筛检:性生活 3 年左右;不晚于 21 岁;对于不需要宫颈细胞学检查的青少年,最重要的是让她们获得适当的卫生保健,包括健康风险评估、避孕以及性传播疾病的预防咨询、筛检和治疗;推荐从未筛检过的、既往筛检信息不明的,以及既往筛检结果不可靠的妇女接受筛检。

（2）终止筛检:①有宫颈癌病史者,宫内暴露于己烯雌酚者,和（或）免疫受损者（包括 HIV 阳性者）的妇女,只要健康状况良好,且没有生活受限的慢性疾病,就应该一直坚持筛检。②除非有更多的排除性资料,HPV DNA 检测阳性的妇女,都应在其保健提供者的指导下坚持筛检。③70 岁以上的妇女应与其保健提供者根据她们的具体情况就筛检的必要性进行讨论,包括权衡利弊,了解筛检的局限性等,并且就是否继续筛检签署知情同意书。

（3）筛检间隔:①70 岁且保留宫颈的妇女,在之前的 10 年中宫颈细胞学检查连续 3 次以上正常（或阴性）且没有异常（或阳性）细胞学发现的,细胞学和 HPV DNA 联合检测的频率,不应多于每 3 年 1 次。②第 1 次筛检后,应用巴氏涂片的妇女应每年进行筛检,应用液基细胞学的可以每 2 年筛检 1 次;30 岁及 30 岁以后,连续 3 年以上正常（或阴性）的宫颈细胞学检查,且没有任何异常（或阳性）细胞学发现的妇女,可以 2 ~3 年筛检 1 次（除非有宫内己烯雌酚暴露史,HIV 阳性或免疫受损）。③HPV DNA检测作为 30 岁及 30 岁以上妇女的宫颈癌一线筛检方案,已得到 FDA 批准。30 岁及 30 岁以上妇女,可合理应用该检查来代替单独的宫颈细胞学检查。联合应用高危型 HPV DNA 检测者,可每 3 年行 1 次巴氏涂片和液基细胞学筛检。

六、结直肠癌

研究表明,结直肠癌属于筛检效果明确的恶性肿瘤,筛检可有效提高患者的生存率,降低发病率和死亡率。

1. 粪便潜血检测　粪便潜血试验是结直肠癌早期检出试验,不是癌症预防试验。半数结直肠癌和 1/3 的腺癌均可在一定时间内出血,因此粪便的隐血检查可用于结直肠癌的筛检,但由于该试验不能区分癌性和非肿瘤性出血,故目前多作为大规模人群结直肠癌普查的初筛手段。有化学法和免疫法两种方法进行潜血检测,前者特异性较低,受到含动物血、过氧化物酶等食物的影响,可出现假阳性,也可因含有维生素 C 或 pH 过低而出现假阴性。后者使用人血红蛋白制备的抗血清进行检查,每克粪便含 1mg 血红蛋白就可以检出,不受食物影响,特异度高。大样本临床资料调查显示,粪便潜血试验对大肠肿瘤的检出率为 27.1%。免疫法的粪便潜血试验较化学法粪便潜血试验更准确。粪便潜血试验阳性或便血患者更有可能发展为结直肠癌,对这些患者应立即进行结肠镜检查。

2. 粪便 DNA 检测　对多基因位点的检测主要包括与结直肠癌发生密切相关的 *K-ras*、*APC* 和 *p*53 基因中的 21 个点突变位点,微卫星不稳定（BAT-26）和 DNA 完整性的检测等。粪便 DNA 检测的主要目的与粪便潜血试验一样,是发现肿瘤和进展性息肉,其灵敏度为 52% ~91%,特异度为 93% ~97%,均优于粪便潜血检查。其优点是不需要多次留取标本,避免了非特异性的干扰因素和病变间断出血对检查结果的影响。如发现阳性则进一步行结肠镜检查。存在的问题是对于进展性腺瘤的检出率尚不清楚,检查间隔的确定尚需要进一步研究。

3. 内镜　内镜不仅能观察肿瘤大小、形态、部位、活动度,而且能行息肉或早期微小病灶切除,对可疑病灶能取组织进行活检,因此是诊断结直肠癌的有效手段,也具有较高的灵敏度和特异度。但由于内镜的检查比较痛苦,费用高,且存在一定的风险,因此人们的依从性比较差。

4. 钡灌肠　钡灌肠是检查结肠癌常规方法之一,特别是气钡双重造影诊断的灵敏度、特异度和准确率高,仅次于结肠镜检查。钡剂灌肠,特别是气钡双重造影的优点是痛苦小,对儿童、老人和不能耐受肠镜检查的患者有一定的优越性。但对一些良性肿瘤、炎性病变及恶性肿瘤之间的鉴别还很困难。据统计,钡剂灌肠检查的灵敏度为90%左右。

5. CT 结肠成像　作为一项微创检查,CT 结肠成像可以观察全结肠及直肠,所需时间短,痛苦小,易被接受,但仍需要肠道准备,成本较高。大规模人群的研究发现该方法检测腺瘤样息肉和肿瘤具有较好的灵敏度和特异度,具体因息肉大小而异,检测 10mm 以上息肉的灵敏度和特异度为 85% 和 97%,对于 6~9mm 小息肉则分别为 70% 和 86%,平坦型病变的检出率较差,灵敏度仅为 15%。CT 结肠成像如发现 6mm 以上的腺瘤样息肉则应进一步行结肠镜检查,并同时行息肉切除术。

总之,对于各种筛检方法而言,应该进一步提高特异度和灵敏度,同时在效-价比和人群依从性等问题上作出改进。

6. 筛检的指导原则

(1) 一般人群:无结肠腺瘤家族史的人群从 50 岁开始筛检。接受筛检者先进行一次粪便潜血或 DNA 的检查,如检查结果为阴性,建议每年 1 次粪便潜血或 DNA 检查;如检查结果为阳性,根据受检者的身体状况建议行肠镜、钡灌肠或 CT 结肠成像检查,如检查结果为阴性,建议每 5 年 1 次肠镜、CT 结肠成像或钡灌肠检查;乙状结肠镜、气钡双重造影和 CT 结肠成像如有显著阳性发现,需要进行结肠镜检查。如果条件允许,患者愿意接受有创检查,应该鼓励推行可同时检出早期癌变和腺瘤性息肉的检查方法,包括部分或全部内镜和影像检查。

(2) 有结直肠癌家族史但不含遗传性非息肉性结直肠癌(HNPCC)家族史人群:①只有 1 个一级亲属在 ≥60 岁时发生结直肠癌或进展性腺瘤(腺瘤 ≥1cm 或者高度异常增生或者有绒毛成分),或者单个一级亲属仅患有小管状腺瘤:推荐的筛检方法与一般人群相同。②只有 1 个一级亲属 <60 岁诊断为结直肠癌或进展性腺瘤或者 2 个一级亲属患结直肠癌或进展性腺瘤:推荐从 40 岁开始或比家族中最早确诊结直肠癌的年龄提前 10 年开始,每 5 年 1 次结肠镜检查。

(3) 家族性腺瘤性息肉病(FAP):FAP 患者应该进行 APC 基因突变检测,如阴性,进行 MYH 基因突变检测。FAP 患者或者有 FAP 家族史的成员应从 20 岁开始,每年 1 次纤维乙状结肠镜检查或结肠镜检查,直到结肠切除术被视为最佳治疗时机为止。在部分结肠切除术后每 6~12 个月进行 1 次内镜检查,并根据内镜下息肉的情况而定。患者有不到 100 个腺瘤时应进行遗传咨询,并考虑 APC 和 MYH 突变检测,根据发现息肉的大小、数目和病理学情况决定如何进行个体化的结肠镜检测。给 FAP 或 MYH 相关性息肉病的患者推荐进行上消化道内镜检查。

(4) HNPCC:诊断为 HNPCC 的患者或家族成员应当进行肿瘤的微卫星不稳定性检测,和(或)肿瘤错配蛋白的免疫组化染色。检测阳性者应进行基因检测。如基因检测阳性,其患结直肠癌风险的家族成员也应进行基因检测。检测阳性者应从 20 岁开始,结肠镜检查每 2 年 1 次,直到 40 岁,然后每年 1 次结肠镜检查。

七、肺癌

在高危人群中进行肺癌筛检是早期发现、早期诊断、早期治疗肺癌的有效手段。由于 I 期肺癌最有可能治愈,因此能否检出 I 期肺癌被视为筛检效果是否良好的一项必要指标。最近的一系列关于低剂量螺旋 CT 扫描的探索性研究结果显示,基线扫描和在每年随访扫描检出的肺癌中 55%~85% 和 60%~100% 为 I 期肿瘤,而在常规诊断中发现的 I 期肿瘤仅占 16%。国际早期肺癌行动计划是一项多国的非随机的 CT 筛检肺癌研究,基线筛检 265 787 例,随访筛检 19 555 例,检出的 350 例肺癌中 82% 为 I 期,在长达 100 个月的随访中(中位时间 40 个月),肺癌患者的生存率超过 95%。

1. 低剂量螺旋 CT 筛检　在高危人群中应用螺旋 CT 扫描进行肺癌的非随机研究显示,螺旋 CT

扫描能发现相当数量可切除的肺内小结节,多数为早期肺癌。早期肺癌行手术切除后有良好的生存机会,说明筛检能降低肺癌相关死亡率。

目前对于 CT 筛检肺癌存在一些问题,其中领先时间偏倚和过度诊断是争论的主要焦点。另外,仍不清楚筛检检出的非钙化结节的最佳处理方法;也需要考虑肺癌筛检的成本-效果问题;且需要更多的数据来确定 CT 筛检是否能降低肺癌的死亡率。低剂量 CT 对周边型肺癌筛检效果较好,对于中央型肺癌筛检还需要进一步明确,也不容易发现气道内的小肿瘤。CT 阴性者不一定就完全没有问题,如有咯血等症状,有时需要做支气管镜检查,看看支气管黏膜是否存在问题。

2. 痰细胞学检查 是肺癌筛检的最传统的方法。该方法特异度可达 100%,并能对肿瘤的病理类型进行分析。但是其灵敏度仅为 20%~30%。传统痰细胞学筛检对中心型肺癌的检出率高于周围型,对鳞癌、小细胞的检出率高于腺癌。液基薄层细胞学系统应用于肺癌筛检有一定的前景,该方法对于肺癌患者生存率的影响尚需进一步研究。

3. 内镜检查 现有的纤维支气管镜可进入成人的Ⅶ~Ⅷ级支气管,通过活检、刷检、灌洗、针检等手段,可对肺癌进行确诊。有报道荧光纤支镜对于化生、各级不典型增生,原位癌等的诊断灵敏度为 73.1%~100%。

4. 正电子发射断层扫描(PET) PET 成像技术和不同的造影剂配合,可以提供肺部结节的生理和代谢性信息。用于肺癌的诊断和手术前分期,18 氟-2 脱氧葡萄糖 PET 对于肺部结节的筛检可提供高质量的图像,对于≥1cm 的结节灵敏度为 96%,准确度为 91%。与低剂量螺旋 CT 相比,PET 的费用昂贵,适用于低剂量螺旋 CT 发现的肺内实性或部分实性非钙化结节的进一步定性检查,不适合大样本筛检。

5. 肺癌筛检的目标人群 ①男性,年龄≥40 岁,有吸烟史;或者男性,年龄<40 岁,吸烟史≥10 年;或者女性,年龄≥40 岁,被动吸烟史≥10 年;或者性别不限,有主动参加肺癌筛检计划的意愿,经肺癌筛检专家评价后同意参与肺癌筛检计划。②无恶性肿瘤病史。③可耐受外科手术。

八、肝癌

通过筛检,早期发现、早期诊断、早期治疗肝癌,即肝癌的第二级预防可望降低肝癌的死亡率。通过甲胎蛋白联合超声对肝癌高危对象进行定期检查可能是一个比较适合我国国情的筛检方案。

1. 甲胎蛋白 正常情况下存在于胚胎早期血清中的甲胎蛋白(AFP)在出生后即迅速消失,如出现于成人血清中则提示有肝癌的可能。AFP 阳性可早于症状出现 8~11 个月。肝细胞癌患者的 AFP 阳性率为 70%~90%。AFP>500μg/L 持续 1 个月,或>200μg/L 持续 2 个月而无肝病活动证据,并排除了妊娠和生殖腺胚胎瘤者,应高度怀疑肝癌。通常 AFP 浓度与肿瘤的大小有关,但个体差异较大。AFP 低浓度阳性持续 2 个月或以上,且血清谷丙转氨酶已正常,这时应高度警惕亚临床肝癌的存在。对于肝细胞癌的临床诊断价值,AFP 是一种仅次于病理检查的诊断方法,是目前最好的早期诊断方法之一,是反映病情变化和治疗效果的敏感指标,也有助于检出亚临床期,复发性与转移性肝癌。

2. 超声 超声检查可作为肝硬化患者筛检肝细胞癌的有效手段和肝癌术前诊断的首选影像学技术。但肝癌的超声表现变化甚大且缺少特异性,有肝硬化病史的肝癌,二维超声的灵敏度仅为 50%~80%,对小肝癌的检出灵敏度更低。彩色多普勒超声提高了对肝癌的检出率和定性能力,但其灵敏度容易受外在因素干扰,如肥胖、呼吸不配合或病变部位过深。超声造影检查或动态超声造影检查可显著提高小肝癌的检出灵敏度和特异度。但超声造影剂价格昂贵,目前还不能广泛使用。

3. AFP 与超声的联合使用 AFP 具有灵敏度高,方法简便、价格低廉的优点,但是容易出现假阳性。如肝病活动、生殖系统肿瘤、妊娠期间等,进一步检查需要排除这些情况。如 AFP 升高且肝功能正常,应以影像学定位。如不能定位,应每月随访至 AFP 转为正常或确诊肝癌。利用 AFP 进行肿瘤筛检,安全性大,但也存在早期阳性率较低,当肿瘤处于晚期时灵敏度才提高的问题。

自 20 世纪 80 年代中后期起,我国的肝癌筛检开始应用 AFP 和超声影像。超声比其他影像学检查有容易操作、无创伤、重复性强和相对花费少等优点。如果单独以 AFP 作为筛检方法,将会遗漏 40% 以上的小于 3cm 的小肝癌。超声可以检测到直径 1～2cm 的肝癌,其灵敏度取决于肿瘤的回声类型、检查医生的经验、仪器的性能。肝癌在超声显像的表现有不同的类型,在肝硬化患者中,定期超声检查随访,可以检查小于 3cm 的肝癌,而 3cm 被认为是关系到患者预后的一个重要分界点。随机对照研究结果提示,单独应用 AFP 筛检,灵敏度为 69%,特异度为 95%;单独应用超声筛检,灵敏度为 84%,特异度为 97.1%;若将两者联合应用(并联试验),则灵敏度提高为 92%,特异度为 92.5%。

4. 筛检的指导原则　年龄在 35 岁以上,有乙肝病毒或丙肝病毒感染的血清学证据,或有慢性肝炎病史者,属于肝癌筛检高危人群。在此人群中 AFP 筛检肝癌的检出率为 501/10 万,为自然人群的 34.5 倍。男女发病率之比为 3∶1,可以根据财力物力和人力来决定不同的起始年龄和终止年龄。一般男性 35 岁或 40 岁以上,女性 45 岁或 50 岁以上。终止年龄建议 65 岁。

第四节　疾病筛检结果的判读及处理原则

一、判读疾病筛检的结果

在筛检工作中,对于超出正常参考区间者,并不能确定是否由某种疾病引起,而只是筛检者需要进一步检查以明确诊断。本节主要介绍筛检常用实验室检查项目、参考区间及临床意义。

(一) 血糖检测

血糖测定可以筛检有无糖尿病。血糖测定项目及结果判读详见表 13-2。

表 13-2　血糖测定项目及结果判读[*]

检查项目 (单位)	参考区间	结果判读
空腹血糖(FPG) (mmol/L)	<3.9	低血糖(糖尿病患者在治疗过程中发生的血糖过低现象、胰岛 β 细胞增生或瘤、垂体前叶功能减退、肾上腺皮质功能减退、甲状腺功能减退、严重肝病等)
	≥3.9 且<6.1	正常血糖
	≥6.1 且<7.0	空腹血糖受损
	≥7.0	糖尿病,其他内分泌疾病引起的高血糖,颅内压增高如颅脑外伤、颅内出血等级脱水引起的高血糖
2 小时口服葡萄糖耐量试验 (2hPG)(mmol/L)	<7.8	正常血糖
	≥7.8 且<11.1	糖耐量减低
	≥11.1	糖尿病
糖化血红蛋白(HbAlc)(%)	≥6.5	作为诊断糖尿病的参考,可反映以往 8～12 周血糖水平

[*] 引自《中国 2 型糖尿病防治指南(2017 年版)》。

(二) 血脂检测

脂质代谢与多种慢性疾病有关,如冠心病、脑血管病、动脉粥样硬化等,血脂检测可以协助筛检上述疾病的高危人群。血脂检测的项目及结果判读详见表 13-3。

(三) 肿瘤标记检查

肿瘤标记由肿瘤细胞产生,存在于细胞、组织或体液中,可用化学或免疫方法定量检测。这些物质必须在正常人中不存在或者在肿瘤患者中出现的水平显著高于正常人。

肿瘤标记的临床应用主要包括正常人群中的筛检、有症状者的辅助诊断、癌症的临床阶段的分期,疾病进程的预后指标、评估治疗方案、判断癌症是否复发、治疗应答的监测等。肿瘤标记用于筛检,需遵循 5 项原则:①应十分清楚该肿瘤的发病率;②应能检测早期肿瘤;③该肿瘤的早期治疗比晚期治疗更经济有效;④测定方法的灵敏度、特异度和重复性良好;⑤普查所需费用能被接受。筛检工作中较常用的肿瘤标记及结果判读详见表 13-4。

表 13-3　血脂检查项目及结果判读

检查项目（单位）	参考区间	结果判读
甘油三酯（TG）（mmol/L）	合适水平：<1.7 边缘升高：≥1.7 且<2.3 升高：≥2.3	增高：有原发和继发两类。前者多有遗传因素，后者多见于糖尿病、痛风、甲状腺功能减退、肾病综合征、妊娠、口服避孕药、酗酒等 降低：低或无 β 脂蛋白血症、严重肝病、吸收不良
总胆固醇（TC）（mmol/L）	合适水平：<5.2 边缘升高：≥5.2 且<6.2 升高：≥6.2	增高：冠心病的主要危险因素之一，也有原发、继发两类。原发的如家族型高胆固醇血症；继发的见于肾病综合征、糖尿病、甲状腺功能减退、妊娠、药物影响等（环孢素、糖皮质激素、阿司匹林、口服避孕药） 降低：甲状腺功能亢进、肝硬化、急性重型肝炎、贫血、营养不良、恶性肿瘤
高密度脂蛋白（HDL）（mmol/L）	合适水平：≥1.0	对防止动脉粥样硬化、预防冠心病的发生有重要作用，HDL 水平与动脉腔狭窄程度呈显著的负相关，在评估心血管疾病的危险因子中 HDL 比 TC 和 TG 的临床意义更大
低密度脂蛋白（LDL）（mmol/L）	理想水平：<2.6 合适水平：<3.4 边缘升高：≥3.4 且<4.1 升高：≥4.1	动脉粥样硬化发生、发展的主要脂类危险因素
载脂蛋白-I（Apo A-I）（g/L）	1.2～1.6	可以代表 HDL 水平，与 HDL 水平呈明显正相关
载脂蛋白 B（Apo B）（g/L）	0.80～1.1	直接反应 LDL 水平，与 LDL 意义相同。降低 ApoB 可以减少冠心病发病及促进血管粥样硬化斑块的消退
脂蛋白（a）[LP(a)]（mg/L）	0～300	增高：是动脉粥样硬化的独立危险因素，其水平主要取决于遗传因素

表 13-4　常见肿瘤标记及结果判读

检查项目	参考区间	结果判读
甲胎蛋白（AFP）	<20.0ng/ml	升高：原发性肝癌、胃癌、胰腺癌、病毒性肝炎、肝硬化等
癌胚抗原（CEA）	<5.0ng/ml	升高：可作为腺癌的协助诊断、疗效评价及复发判断
前列腺特异性抗原（t-PSA）	<4.0ng/ml	前列腺癌的首选标记、良性前列腺疾病治疗的协助指标（注意：肛门指诊、前列腺按摩、膀胱镜等检查及前列腺手术会引起血清 PSA 浓度升高）
游离前列腺特异性抗原（f-PSA）	<0.8ng/ml	和 t-PSA 同时检测，计算 f-PSA/t-PSA 比值，对鉴别良、恶性前列腺疾病有较大意义。当 t-PSA 及 f-PSA 升高，而 f-PSA/t-PSA 降低（<0.1），提示前列腺癌

（四）粪便潜血试验

粪便潜血试验可以了解有无消化道出血。在筛检工作中，常用于胃癌、结直肠癌的初筛。粪便潜血试验项目及结果判读详见表 13-5。

表 13-5　粪便隐血检查项目及结果判读

检查项目	参考区间	结果判读
隐血（OB）	阴性	阳性：有消化道出血，对消化道出血鉴别诊断有一定意义 消化道溃疡：阳性率为 40%～70%，呈间歇阳性 消化道恶性肿瘤：如胃癌、结肠癌阳性率为 95%，呈持续阳性

笔记

二、异常筛检结果的处理原则

筛检的异常结果可能来自病史、体格检查或实验室,本部分主要讨论临床医生在发现异常筛检结果时应当如何处理。临床医生对筛检发现的问题做进一步诊断检查,提出治疗或处理方案,并建立随访机制,在疾病预防和健康促进中起着至关重要的作用。

(一) 发现异常筛检结果

异常筛检结果通常是临床医生首先发现的,只要具备足够的专业知识和警惕性,临床医生一般不会遗漏重要的异常筛检结果。但有时,筛检的报告可能并未交给临床医生亲自处理,而是被受检者、受检者家属或其他辅助医疗人员进行了非专业的判断。由此导致的遗漏和延误,临床上常有发生。因此,临床医生在为受检者进行体检或开具有关检查时,就应告知其筛检报告的重要性,并建立相关的复诊或随访机制。

(二) 可能需要的进一步检查

筛检结果通常只能提供一种诊断的倾向性,为明确诊断,可采用进一步的实验室检查、影像学检查或其他诊断性操作来除外筛检的假阳性结果或作鉴别诊断。在任何诊断过程中,应根据反映疾病的病理生理过程,有逻辑、有计划地来选择应做的检查,而不是越多越好。在通常情况下,确定疾病的一般情况时,只需要做一或两项检查即可(如区别是小细胞、正常细胞还是巨细胞性贫血,原发或继发性甲状腺功能减退);而后再选择有针对性的检查项目以明确诊断。在选择最佳的检查方法时应考虑检查的准确性和有效性。通过详细的病史收集和有关的体格检查通常可以避免一些不必要的检查。

(三) 可能需要的治疗方案

根据检查结果和相应的诊断,可能有健康教育和治疗的指征。合适的干预措施和处理有赖于诊断,但对治疗方案的选择应依据该措施的有效性和患者的偏好进行,即应有患者的参与。为确保患者或儿童的父母理解诊断和治疗的收益和风险以及选择恰当的治疗方案,必须对患者进行适当的健康教育。

(四) 转诊、专家咨询和会诊

当遇到难于解决的问题时,可有以下几种方法解决:①可将疑难病例转诊至上级医疗机构进行进一步检查、诊断与治疗。②可向有关专家咨询。即由主管医生向有关专家介绍病情、诊断倾向和拟采用的治疗方案,在听取专家咨询意见后再作出明确诊断和治疗方案,或再作进一步的检查。③必要时也可申请组织会诊。即邀请各方面有关专家共同对患者的筛检结果和进一步检查的结果进行讨论,彼此交换看法并形成会诊意见,再据此作出诊断、治疗或进一步检查的决定。

(五) 随访

患者接受初步检查和治疗后还要继续监测。负责患者的临床医生尤其是全科医生,应为患者安排随访。随访应包括阶段性的病史采集和体检,以检查有何新出现的症状和体征。必要时还包括血液化验、影像学检查和其他诊断措施,以证实治疗的合理性或监测早期的并发症。强调检查的选择应合理且适度。对多数病例来说,随访检查间隔的最佳时间是因病和因人而异的,并无充分的科学依据来划分。

(六) 健康教育

健康教育是帮助个体和群体掌握卫生保健知识,树立健康观念,自觉地采纳有利于健康的行为和生活方式,消除或控制健康危险因素,从而预防疾病、促进健康、提高生活质量的一系列有组织、有计划、有目的的教育活动的总称。在基层医疗工作中,全科医生和其他基层医疗卫生保健人员应根据所在区域的人群特点,多印发一些有关常见疾病的预防和筛检知识的读物以及宣传材料,让人们认识到疾病筛检的重要和必要性,提高第一级预防和第二级预防的效果。这是为达到人人享有卫生保健的重要一环。

(王培玉)

思 考 题

1. 在一项筛检计划实施前,要考虑哪些与筛检实施有关的标准?

2. 在确定所要筛检的疾病后,确定筛检频率需注意哪些问题?

3. 确定一次筛检所包括的项目是否越多越好? 为什么?

4. 在具体开展筛检项目时,体检医生制定具体的实施方案要注意哪几方面?

5. 脑卒中、冠心病、糖尿病、乳腺癌、宫颈癌、结直肠癌、肺癌、肝癌的常用疾病筛检方法及注意事项有哪些?

6. 血糖、血脂、肿瘤标记检查、粪便潜血试验异常结果的有哪些临床意义?

7. 简述异常筛检结果的处理原则。

第三篇

社区预防服务

从本篇开始,我们的学习内容将从个体预防转向群体预防:社区预防服务。在本篇里,所要介绍的内容主要从疾病防控和环境卫生两条主线来展开。疾病防控着重介绍了传染病预防与控制、慢性病的预防与控制;环境卫生则介绍环境相关疾病的预防与控制、职业卫生服务与职业病管理、食品安全与食源性疾病、医院安全管理、突发公共卫生事件的应对。希望同学们通过这一篇的知识和技能的学习,练就在临床场所具备发现公共卫生问题的敏锐眼光,以及为将来成为合格的社区人群健康倡导者和实践者打下扎实的基础。

第十四章　传染病预防与控制

随着人类文明的进步、科技的发展、经济水平的提高、生活条件的改善和疫苗的应用,很多传染病得到了有效的控制,其发病率和死亡率明显降低。但是,目前仍有一些既往流行的传染病和新发的传染病在严重地威胁着人类的健康,因此传染病的预防和控制仍然是医疗卫生工作者需要重视的主要内容之一。在传染病预防控制工作中,既要做好既往流行的传染病的预防和控制工作,又要研究新发传染病的流行过程和流行规律。

第一节　概　　述

人类发展的历史也是与传染病斗争的历史,从未休止过,即使在人类社会比较发展的今天,传染病仍然严重危害人类的健康。历史上曾有多种传染病的流行给人类造成了重大的灾难,导致人口大量的死亡。

一、传染病流行简史

据考古学研究结果,大约在1万年到1万1千年以前,生产方式从狩猎和采集转到了农耕,此种转变随之带来了传染病的流行。因为以狩猎为主的生活时代,人不跟活的动物生活在一起,动物被打死后就被吃掉了;进入到农耕文明以后,人们的定居点越来越大、居住的越来越紧密,而且人跟家养的、活的动物密切地生活在一起,动物体内的病原体传给人,所以就发生了多种传染病的流行。有记录的烈性传染病的流行,在不同时代都给人类造成了重大的灾难。早在公元846年,在入侵法国的诺曼人中暴发了天花,诺曼人杀死了所有的患者和看护患者的人;公元1555年,墨西哥发生天花大流行,200万人不治而亡;17、18世纪,天花是欧洲最严重的传染病,死亡人数高达1.5亿。鼠疫也是如此,公元6世纪,第一次鼠疫大流行起源中东,持续近60年,高峰期每天死亡万人,死亡总数近1亿人;最令人恐怖的是第二次世界性鼠疫大流行,史称"黑死病",于1347～1351年在欧洲迅速蔓延,患者3～5天内即死,3年内丧生人数达6200万。这次鼠疫大流行威尼斯人口减少70%,英国减少58%,法国减少3/4。1348年疫情高峰时,佛罗伦萨、威尼斯、伦敦等城市的死亡人数均在10万以上;14世纪欧洲殖民主义者把传染病带到美洲,使美洲土著人减少了90%,由此引起了大规模黑奴的贩卖。1894年,第三次世界性鼠疫大流行起源于中国香港地区,20世纪30年代达到最高峰,波及亚洲、欧洲、美洲、非洲和澳洲的60多个国家,死亡逾千万人,其中,印度最严重,20年内死亡102万多人。1900—1909年,俄国因天花死亡50万人。1918年美国被卷入第一次世界大战后,在大批运输船将美国士兵从大西洋彼岸运到欧洲的途中,发生了流感流行导致大量的士兵死亡,幸存的士兵将流感病毒带到欧洲战场,引发了欧洲乃至世界的流感大流行。美国在第一次世界大战中战死人数为50 385人,而非战斗死亡人数为55 868人,其中绝大多数是患流感死亡的。这次流感流行,仅美国死亡人数就达到了55万人,比其在第二次世界大战、朝鲜战争和越南战争中阵亡的总人数还多,全世界在这次流感大流行中死亡人数高达2000万。19世纪初开始,霍乱发生了多次大流行,1817—1823年的第一次大流行,从印度恒河三角洲蔓延到欧洲,仅英国就死亡6万余人。1826—1837年,霍乱第二次大流行,穿越俄罗斯并先后到达德国、英国、加拿大和美国。1846—1863年,霍乱第三次大流行,波及整个北半球。1865—1926年的60年中,又发生了3次霍乱大流行。

20 世纪以来,随着社会的进步、经济的发展、人类生活条件和卫生条件的改善,人类已成功地消灭了天花,正在向消灭脊髓灰质炎的目标努力。全球传染病死亡人数占总死亡人数的百分比也由 19 世纪的 50% ~60% 下降至 20 世纪中、后期的 10% 以下。中国自 1949 年以来,在传染病的流行和控制方面取得了惊人的成就。急性传染病死亡在 20 世纪 50 年代初,居主要死因的第二位,而从 20 世纪 70 年代起,已退出前十位死因。但是,近年来,由于一些古老传染病的死灰复燃和一些新传染病的出现,使传染病的发病和死亡有了明显的回升,传染病对人类健康的威胁再次引起了人们的关注。

二、目前传染病流行的主要特征

(一)古老传染病死灰复燃

1. 结核病   20 世纪末以来,结核病的发病率逐年升高。1990 年,全球新发结核病患者 750 万例,到 1994 年上升到 880 万例。2006 年 WHO 公布,2004 年全球新发肺结核病例 890 万人,死于肺结核的人数高达 170 万。根据世界卫生组织公布的 2015 年全球结核病报告,2014 年结核病在全球范围夺去了 150 万人的生命,估算全球 2014 年有 960 万新发结核病病例,在中国 39 种法定报告的传染病中,结核病发病和死亡人数均居第二。

2. 霍乱   霍乱在 20 世纪初沉寂了 40 余年后,1961 年出现由埃尔托型霍乱弧菌引起的自古以来的第七次霍乱大流行,始于印度尼西亚,波及五大洲 140 多个国家和地区,报告患者逾 350 万。1992 年,第八次霍乱大流行,席卷印度和孟加拉国部分地区,短短 2 ~3 个月就报告病例 10 余万,死亡人数达几千人,随后波及许多国家和地区。1997 年,霍乱在非洲大规模蔓延,仅 1998 年的前 3 个月乌干达就报告病例 11 335 例,肯尼亚报告病例 10 108 例。

3. 疟疾   自 20 世纪 70 年代以来,疟疾在亚洲及其他许多地方再度流行。至 1994 年,全球 100 多个国家和地区不同程度地受疟疾的威胁。1997 年就与厄尔尼诺现象一起造成 150 万 ~270 万人死亡。

4. 性病   中国改革开放后,性病重新出现,而且患病人数快速增加,其发病率每年以 10% ~20% 多的速度上升,至 2002 年开始总体趋于稳定。但是,梅毒患者的数量却呈现增长趋势。据有关报道,目前中国发病率较高的几种性病为:梅毒、淋病、非淋菌性尿道炎、尖锐湿疣、梅毒、生殖器疱疹、软下疳,而且发病年龄提前,尤其 15 岁以下的儿童性病发病率明显上升。

(二)新的传染病不断出现

1972 年以来,人类已发现和确认了 48 种新的传染病。许多新传染病对人类的危害已被广泛认识,如艾滋病(AIDS)、埃博拉出血热、疯牛病、莱姆病、西尼罗热、大肠杆菌 O157:H7 感染性腹泻、严重急性呼吸综合征(SARS)、人禽流感等传染病相继发生,而且在世界各地不同程度的流行,对人类造成极大的伤害。

新发传染病按其历史认识过程可分为三类:①已存在的被认定为非传染病而又被重新定义为传染病,如消化性溃疡、T 细胞性白血病等。②已存在的近代才被认知的传染病,如丙型和戊型肝炎(HC、HE)、军团菌病、莱姆病等。③以往不存在,新发生的传染病,如甲型 H1N1 流感、SARS、艾滋病等。目前,在中国流行的新发传染病包括:艾滋病、大肠杆菌 O157:H7 感染性腹泻、O139 霍乱、军团菌病、空肠弯曲菌腹泻、莱姆病、单核细胞李斯特菌食物中毒、小肠结肠炎耶尔森菌感染、汉坦病毒肾综合征出血热、新型肝炎、肺炎衣原体感染、小隐孢子虫感染腹泻、汉赛巴通体感染的猫抓病、禽流感、SARS、甲型 H1N1 流感等。国外报道中国尚没发现的新发传染病有疯牛病、埃博拉出血热、立克病毒脑炎、拉沙热、裂谷热、埃立克体感染等。

(三)某些病毒感染后导致肿瘤的发生

随着时代的发展、科技的进步,现在研究发现有些病毒的长期感染可导致肿瘤的发生。1909 年 Rous 肉瘤病毒的发现,使人们意识到肿瘤的发生与某些病毒的感染息息相关。肿瘤的发生是遗传因素和致癌因素相互作用的结果,致癌因素包括物理、化学和生物因素。生物因素中的病毒与肿瘤的发生关系最为密切。许多研究发现,某些病毒的长期感染能诱发肿瘤。流行病学调查和分子生物学的研究表明,二者之间确实存在着密切的关系。1989年在"DNA病毒在人类肿瘤中的作用"国际研讨会上,首次确定了3种病毒与人类肿瘤发生的关系密切,即肝炎病毒与肝细胞癌,人类疱疹病毒(EBV)与Burkitt淋巴瘤、鼻咽癌,人乳头瘤病毒(HPV)与宫颈癌有直接关联。此后,人们陆续研究发现EBV感染还可引起胃癌的发生;HPV感染还可引起肛管癌,宫颈及外阴黏膜增生性病变如疣、瘤、癌,皮肤疣,鼻腔及口腔黏膜乳头状瘤,口腔白斑和口腔癌,手指多发性原位鳞状细胞癌,男性阴茎癌;人类免疫缺陷病毒(HIV)感染后果损伤机体的免疫系统,可引起卡波西肉瘤。

第二节　传染病流行过程

病原体从感染者排出,经过一定的传播途径,侵入易感者机体而形成新的感染,并不断发生、发展的过程称为传染病的流行过程。传染病在人群中发生流行的过程需要三个基本条件,也称三个环节,即传染源、传播途径和易感人群。这三个环节相互依赖、相互联系,缺少其中任何一个环节,传染病的流行就不会发生。除了三个环节外,传染病的流行强度还受自然因素和社会因素的制约。

一、传染源

传染源(source of infection)是指体内有病原体生存、繁殖并能排出病原体的人或动物,包括传染病的患者、病原携带者和受感染的动物。

(一)受感染的人作为传染源

1. 患者　患者体内存在大量病原体,而且其某些症状又有利于排出病原体,如呼吸道传染病的咳嗽、消化道传染病的腹泻等,所以传染病患者是重要的传染源。对于某些传染病,如麻疹、水痘无病原携带者,患者是唯一的传染源。

患者在其病程的潜伏期、临床症状期和恢复期,因是否排出病原体及排病原体的数量和频率不同,作为传染源的意义也不同。

(1)潜伏期(incubation period):指病原体侵入机体至最早出现临床症状的这段时间。不同的传染病其潜伏期长短不同,有的疾病短至数小时,如细菌性痢疾;有的长达数年,如艾滋病,但同一种传染病有固定的潜伏期。通常所说的潜伏期是指常见(或平均)潜伏期,如流行性腮腺炎的潜伏期最短为8天,最长为30天,平均潜伏期为18天。潜伏期的变动可能与进入机体内病原体的数量、毒力、繁殖能力以及机体的抵抗力等因素有关。有些传染病患者在潜伏期末即可排出病原体而具有传染性,如麻疹、水痘等。

潜伏期的流行病学意义及用途为:①根据潜伏期的长短判断患者受感染的时间,以进一步追查传染源,确定传播途径。②根据潜伏期的长短确定接触者的留验、检疫或医学观察期限。一般以平均潜伏期加1~2天,危害严重的传染病可按最长潜伏期予以留验或检疫。③根据潜伏期的长短可确定免疫接种的时间。④根据潜伏期可评价预防措施的效果。一项预防措施实施后经过一个潜伏期,如果发病人数下降则认为该措施可能有效。⑤潜伏期的长短可影响疾病的流行特征。潜伏期短的传染病来势凶猛,病例成簇出现,常形成暴发;潜伏期长的传染病流行持续时间较长,一般呈散发流行。

(2)临床症状期(clinical stage):指传染病患者出现特异性临床症状和体征的时期。这一时期具有重要的流行病学意义,因为此期患者体内病原体数量多,同时又有诸多利于病原体排出的症状,因而这一时期的传染性最强。虽然处于临床症状期的患者住院隔离,但也难以杜绝向外传播的可能,故此期患者作为传染源的意义也最大。

(3)恢复期(convalescent period):指患者的临床症状已消失,机体所遭受的损伤处于逐渐恢复的时期。此期患者的免疫力开始出现,体内病原体被清除,一般不再起传染源的作用,如水痘、麻疹等。但有些传染病,如痢疾、伤寒、乙型肝炎等,在恢复期仍可排出病原体,某些传染病患者排出病原体的时间可能很长,甚至可成为终身传染源,如伤寒。

患者排出病原体的整个时期称为传染期(communicable period)。传染期一般需依据病原学检查及流行病学调查加以确定。传染期是决定传染病患者隔离期限的重要依据,而且在一定程度上也影响疾病的流行特征,如传染期短的疾病,续发病例成簇出现;传染期长的疾病,续发病例持续时间可能较长。

2. 病原携带者(carrier)　指没有任何临床症状但能排出病原体的人,带菌者、带毒者和带虫者统称为病原携带者。病原携带者按其携带状态和临床分期,一般分为三类:

(1)潜伏期病原携带者(incubatory carrier):指潜伏期内携带病原体并可向体外排出病原体的人。一般只有少数传染病,如麻疹、白喉、痢疾、霍乱等存在这种携带者。这类携带者多在潜伏期末即可排出病原体。因此这类传染病如能及时发现并加以控制,对防止疫情的发展与蔓延具有重要意义。

(2)恢复期病原携带者(convalescent carrier):指在临床症状消失后,仍能在一定时间内向外排出病原体的人,如伤寒、霍乱、白喉、乙型肝炎等传染病存在这种携带状况。一般情况下,恢复期病原携带状态持续时间较短,但个别携带者可维持较长时间,甚至终身。通常将临床症状消失后3个月内仍可排出病原体的人称为暂时性病原携带者,超过3个月者称为慢性病原携带者。后者常有间隙性排出病原体的现象,因此一般连续3次检查阴性时,才能确定病原携带状态解除。

(3)健康病原携带者(healthy carrier):指未曾患过传染病,但能排出病原体的人。这类携带者只有通过实验室检查才能证实。严格来讲,感染病原体后不应称为健康者,但因其没有临床表现,在人群中一般也不易区分,在此以健康携带者作为病源携带者的特征进行表述。一般情况,健康病原携带者排出病原体的数量较少,时间较短,故认为其作为传染源的流行病学意义不大。但是,对于某些传染病,如流行性乙型脑炎、流行性脑脊髓膜炎、乙型肝炎等,健康病原携带者为数较多,则是非常重要的传染源。病原携带者作为传染源的意义取决于其排出病原体的数量、持续时间以及携带者的职业、卫生习惯、生活环境、社会活动范围和防疫措施等。

(二)受感染的动物作为传染源

人类罹患以动物为传染源的疾病,统称为动物性传染病(zoonosis),又称人畜共患病。人畜共患病可分为以下四类:

1. 以动物为主的人畜共患病　这类疾病的病原体通常是在动物间传播并延续的,只有在一定条件下才能传播给人,也称自然疫源性疾病。此类传染病不会引起人传人的现象,如狂犬病、森林脑炎、旋毛虫病等。

2. 以人为主的人畜共患病　此类疾病的病原体主要靠人延续,如人型结核、阿米巴病等。

3. 人畜并重的人畜共患病　人与动物作为此类疾病的传染源的作用并重,并可互为传染源,如日本血吸虫病和葡萄球菌病等。

4. 真性人畜共患病　这类病原体的生活史必须在人与动物体内协同完成,缺一不可,如牛绦虫病、猪绦虫病等。

动物作为传染源的意义,主要取决于人与受感染动物接触的机会和密切程度、受感染动物的种类和数量以及环境中是否有适宜该疾病传播的条件等。此外,疾病的发生与否还与人们的卫生知识水平和生活习惯等因素也有密切关系。

二、传播途径

传播途径(route of transmission)是指病原体从传染源排出后,侵入新的易感宿主前,在外界环境中所经历的全过程。不同的传染病,传播途径不同,有些传染病可通过一种途径传播,而有些传染病可通过多种途径传播,传播途径可分为以下几种:

(一)经空气传播

经空气传播(air-borne infection)是呼吸系统传染病的主要传播方式,包括飞沫、飞沫核与尘埃三种。

1. 经飞沫传播（droplet infection）　含有大量病原体的飞沫在患者呼气、喷嚏、咳嗽时经口鼻排入环境，大的飞沫迅速降落到地面，小的飞沫在空气中短暂停留，局限于传染源周围。因此，经飞沫传播只能累及传染源周围的密切接触者。此种传播在一些拥挤的公共场所如车站、学校、临时工棚、监狱等较易发生。对环境抵抗力较弱的流感病毒、脑膜炎双球菌、百日咳杆菌等常经此方式传播。

2. 经飞沫核传播（droplet nucleus infection）　飞沫核是飞沫在空气中失去水分后由剩下的蛋白质和病原体所组成。飞沫核通常以气溶胶的形式漂流到远处，在空气中存留较长时间，一些耐干燥的病原体如白喉杆菌、结核杆菌等可以此方式传播。

3. 经尘埃传播（dust infection）　含病原体的较大的飞沫或分泌物落在地面，干燥后形成尘埃，易感者吸入后即可感染。凡对外界抵抗力较强的病原体，如结核杆菌和炭疽杆菌芽孢，均可以此种方式传播。

经空气传播的传染病的流行特征为：①传播广泛，发病率高；②冬春季节高发；③少年儿童多见；④在未经预防接种的人群中，发病呈现周期性；⑤居住拥挤和人口密度大的地区高发。

（二）经水传播

经水传播（water-borne infection）包括经饮用水传播和接触疫水传播两种方式，是肠道传染病传播的主要途径。水源被污染的情况可由自来水管网破损污水渗入所致，也可因粪便、污物污染水源所致，生物恐怖者对饮用水源的故意污染同样值得警惕；疫水是指含病原体的河水，如洪水、南方含钉螺的河水等。

经饮用水传播的传染病的流行特征为：①病例的分布与供水范围一致，有饮用同一水源史；②除哺乳婴儿外，无职业、年龄及性别的差异；③如水源经常受污染，则病例长期不断；④停用污染源或采取消毒、净化措施后，暴发或流行即可平息。

经疫水传播的传染病的流行特征为：①患者有接触疫水史；②发病有地区、季节、职业分布特点；③大量易感人群进入疫区，可引起暴发或流行；④加强个人防护、对疫水采取措施等可控制疾病的发生。

（三）经食物传播

经食物传播（food-borne infection）主要为肠道传染病、某些寄生虫病、少数呼吸系统疾病的传播方式。当食物本身含有病原体或受病原体污染时，可引起传染病的传播。受感染的动物食品，如果未经煮熟或消毒就食用便可引起感染。1988年1—3月，上海市发生甲肝流行，其原因就是人们生吃或半生吃受甲肝病毒污染的毛蚶导致的。食物是病原微生物生存的良好环境，在生产、加工、运输、储存及销售的各个环节均可被病原微生物污染，其中以鱼、肉类和乳制品污染最为重要。

经食物传播的传染病的流行特征：①患者有食用相同食物的历史，不进食者不发病；②患者的潜伏期短，一次大量污染可致暴发流行；③停止供应污染食物，暴发或流行即可平息。

（四）经接触传播

经接触传播（contact infection）通常分为直接接触传播和间接接触传播两种。

1. 直接接触传播（direct contact infection）　指没有外界因素参与，易感者与传染源直接接触而导致的传播，如性病、狂犬病等的传播。

2. 间接接触传播（indirect contact infection）　指易感者接触了被传染源的排泄物或分泌物污染的日常生活物品，如毛巾、餐具、门把手、电话柄等所造成的传播，故将此种传播方式又称为日常生活接触传播，许多肠道传染病、体表传染病及某些人畜共患病均可通过间接接触传播。

经间接接触传播的传染病的流行特征为：①一般很少造成流行，多以散发为主，但可形成家庭或同住者间的暴发；②流行过程缓慢，无明显的季节性；③在卫生条件较差的地方及卫生习惯不良的人群中发病较多；④加强对传染源的管理及严格消毒制度后，可减少病例的发生。

（五）经节肢动物传播

经节肢动物传播（arthropod-borne infection）又称虫媒传播，是以节肢动物作为传播媒介而造成的感染,包括机械携带和生物性(吸血)传播两种方式。

1. 机械携带　肠道传染病的病原体,如伤寒、痢疾等可以在苍蝇、蟑螂等体表和体内存活数天。这些节肢动物通过接触、反吐和粪便将病原排出体外,污染食物或餐具,感染接触者。

2. 生物性传播　吸血节肢动物通过叮咬血液中带有病原体的感染者,将病原体吸入体内,然后再叮咬易感者,造成易感者感染。那些定位于血液、淋巴系统中的病原体,没有自然排出的途径,必须由吸血节肢动物将其吸出动物体内,才能造成传播。病原体在节肢动物体内发育、繁殖,经过一段时间的增殖或完成其生活周期中的某阶段后,节肢动物才具有传染性,这段时间称为外潜伏期(extrinsic incubation period)。此种传播方式具有生物学的特异性,其特点是一种病原体只能通过一定种属的节肢动物媒介进行传播,如按蚊传播疟疾、蜱传播森林脑炎等。

经节肢动物传播传染病的流行特征有:①地区性:其病例的分布与传播该病的节肢动物的分布一致;②季节性:其发病率升高与节肢动物的活动季节相一致;③职业及年龄分布特点:从事特殊职业的人群发病多,如森林脑炎多见于伐木工人;在老疫区发病多集中在儿童,在新疫区发病则无明显的年龄分布特征;④一般无人与人之间的相互传播。

（六）经土壤传播

经土壤传播(soil-borne infection)是指易感人群通过各种方式接触了被病原体污染的土壤所致的传播。经土壤传播的疾病主要是传播一些肠道寄生虫(蛔虫、钩虫)及能形成芽孢的细菌(破伤风、炭疽)所致的感染。因为寄生虫卵从宿主排出后,需在土壤中发育一段时间才具有感染能力;细菌产生的芽孢在土壤中其传染力可达数十年,若破损的皮肤与之接触就能造成感染。

经土壤传播传染病的意义主要取决于病原体在土壤中的存活时间、人与土壤的接触机会以及个人的卫生习惯和劳动条件等,如赤脚下地劳动易患钩虫病,皮肤破损易患破伤风等。

（七）医源性传播

医源性传播(iatrogenic infection)是指在医疗、预防工作中,由于未能严格执行规章制度和操作规程,人为地造成某些传染病的传播称为医源性传播。医源性传播可分为两类:一是易感者在接受检查或治疗时由污染的器械而导致疾病的传播;二是由于输血或输液所使用的生物制品和药品遭受病原体污染而造成的传播。

以上七种传播途径均是病原体在外环境中借助于传播因素而实现人与人之间的相互传播,故可将其统称为水平传播(horizontal transmission)。

（八）垂直传播

垂直传播(vertical transmission)是指病原体通过某种方式从母体传给子代的过程,或称母婴传播。一般包括经胎盘传播,上行性传播和分娩引起的传播三种方式:

1. 经胎盘传播　指孕妇体内的病原体通过胎盘血液传给胎儿而引起宫内感染,如风疹、乙型肝炎、艾滋病和梅毒等病原体均可穿过胎盘引起胎儿先天性感染。

2. 上行性传播　指病原体从孕妇的阴道通过宫颈口抵达绒毛膜或胎盘引起宫内感染,如葡萄球菌、单纯疱疹病毒、白色念珠菌等均可通过此方式传播给胎儿。

3. 分娩时传播　指分娩过程中胎儿在通过严重感染的孕妇产道时所受到的感染,如淋球菌、疱疹病毒等均可通过这种方式传播。

许多传染病可通过一种以上途径传播,以哪种途径传播取决于病原体所处环境的流行病学特征和病原体自身的流行病学特征。例如,艾滋病既可通过性接触传播,还可通过注射污染的血液和血制品及母婴传播。

三、易感人群

易感人群是指有可能发生传染病感染的人群。换句话说,易感染人群就是对某传染病的病原体不具备免疫力的确定人群。人群作为一个整体对传染病的易感程度称为人群易感性(herd susceptibility）。人群易感性的高低取决于该人群中易感个体所占的比例。当人群中的免疫个体足够多时,尽管此时尚有相当比例的易感者存在,但免疫个体构筑的"屏障"使感染者(传染源)"接触"易感个体的几率较小,进而新感染者发生的概率降至很低,从而可阻断传染病的流行,这种现象称为"免疫屏障"现象。人群中的预防接种可以增强免疫屏障,阻断或预防传染病的流行。

（一）影响人群易感性升高的主要因素

1. **新生儿增加**　生后6个月以上的婴儿,由于他们从母体获得的抗体逐渐消失,而自身的获得性免疫尚未形成,此时对许多传染病都是易感的。

2. **易感人口迁入**　流行区的居民,因患病或隐性感染而获得了特异性免疫力,但一旦有大量非流行区居民迁入,因其缺乏相应免疫力,可使流行区人群的易感性升高。

3. **免疫人口免疫力的自然消退**　当人群病后免疫(包括隐性感染)或人工免疫水平随着时间的推移逐渐消退时,人群易感性升高。

4. **免疫人口死亡**　免疫人口的死亡可使人群易感性相对提高。

（二）影响人群易感性降低的主要因素

1. **计划免疫**　预防接种可提高人群对传染病的特异性免疫力,是降低人群易感性的最主要因素。按免疫程序有计划地对应免疫人群实施预防接种,可有效地提高特异性免疫力,降低人群易感性。

2. **传染病流行**　一次传染病流行后,大多数易感者因发病或隐性感染而获得免疫力,使整个人群免疫力提高、易感性降低。

四、影响传染病流行过程的两类因素

传染病在人群中的流行过程依赖于传染源、传播途径及易感人群三个环节的连接和延续,当其中任何一个环节发生变化时,都可能影响传染病的流行及流行的强度。传染病的流行强度往往受到自然因素和社会因素的影响和制约。两个因素通过作用于三个环节而发挥其促进或抑制传染病流行的双向作用,其中社会因素更为重要。

（一）自然因素

自然因素包括地理、气候、土壤、动植物等,它们对传染病流行过程的影响作用较为复杂,其中以地理因素和气候因素的影响较显著。许多传染病,特别是自然疫源性疾病呈现的地区分布及时间分布特点,主要与气候、地理因素对动物传染源的影响有关。

地理、气候等自然因素对传播途径的影响作用更明显,特别是某些由媒介昆虫传播的传染病,由于气候、地理等因素对媒介昆虫的季节消长、活动能力以及病原体在媒介昆虫体内生长、发育、繁殖的影响较大,从而影响到传染病的流行特征,如流行性乙型脑炎明显的秋季高发与蚊虫在这个季节繁殖能力强、活动范围广等密切相关,森林脑炎发病的高峰与其传播媒介蜱的活动高峰季节性有关。

气候等自然因素还可通过影响人们的生活习性、机体抵抗力等而导致传染病呈现时间分布特点,如由于冬季气候寒冷,人们在室内活动的机会增多,所以流行性感冒、流行性脑脊髓膜炎等呼吸系统传染病的发病率增高;夏季气候炎热,人们多食瓜果、蔬菜等生冷食品,所以易发生肠道传染病流行。

近年来,全球气候变暖已使地球表面温度在100年内上升近1度,同时"厄尔尼诺"现象还可在今后100年内提高海面温度3~7℃。温度的变化会带来新的降雨格局,改变蚊蝇孳生场所;温度上升也能促进媒介昆虫的生长繁殖,增强其体内病原体的致病力,这些都会影响传染病的发生和蔓延。同时,由于温度上升,使原属温带、亚热带的部分地区变成了亚热带和热带,使局限于热带和亚热带的传染病蔓延至温带。气候变暖也能使媒介昆虫和动物宿主的迁徙方式发生改变,如伊蚊历来只能生活在海拔1000m以下地区,但由于气候变暖,现在南美的一些国家,可在海拔1350~2200m高度发现伊蚊。

（二）社会因素

社会因素包括人类的一切活动,如人们的卫生习惯、防疫工作、医疗卫生条件、生活和营养条件、居住环境、社会制度、生产活动、职业、卫生文化水平、风俗习惯、宗教信仰、社会的安定或动荡等。近年来新发、再发传染病的流行,很大程度上受到了社会因素的影响。

1. **抗生素和杀虫剂的滥用使病原体和传播媒介的耐药性日益增强**　如结核病,目前全球有耐药结核分枝杆菌感染者近 1 亿。1981—1985 年,美国的抗生素耐药从 2% 上升到 25%。蚊虫对杀虫剂的普遍抗药,严重影响了灭蚊工作,从而加剧了疟疾、登革热、黄热病等的流行。

2. **城市化和人口的快速增长使人类传染病有增无减**　城市化造成大量贫民窟的形成,贫穷、营养不良、居住环境差、卫生条件恶劣、缺乏安全饮水和食物,这些都是传染病滋生与发展的温床。

3. **战争、动乱、难民潮和饥荒促进了传染病的传播和蔓延**　如苏联的解体和东欧的动荡使这一地区 20 世纪 90 年代白喉严重流行。

4. **全球旅游业的急剧发展,航运速度的不断增快也有助于传染病的全球性蔓延。**

5. **工业化进程的加快造成环境污染和生态环境的恶化**　森林砍伐改变了媒介昆虫的动物宿主的栖息习性,所有这些都可能导致传染病的蔓延和传播。

社会因素对传染病的影响作用较大,既可以扩大传染病的流行,也可以阻止传染病的发生、蔓延,甚至消灭传染病。例如,战争、自然灾害等可使人们的正常生活和卫生条件遭受严重的破坏,人口大量流动,防疫措施难以实施,极易引起传染病的发生与流行;有效而可行的防疫措施的实施,不仅可防止疾病的传播,还可消除其传染性。

第三节　传染病流行过程的相关概念

一、疫源地及流行过程

（一）疫源地

1. **疫源地的概念**　传染源及其排出的病原体向四周播散所能波及的范围称为疫源地(epidemic focus),即可能发生新病例或新感染的范围。一般将范围较小的或单个传染源所构成的疫源地称为疫点,较大范围的疫源地或若干疫源地连成片时称为疫区,如一个或几个村、居委会或街道。

2. **疫源地形成的条件**　疫源地形成的条件包括两方面,即传染源和传播途径的存在。疫情发生时,为了采取有效的防疫措施,查清疫源地的范围和存在的时间是很有必要的。影响疫源地范围大小的因素有:①传染源存在的时间;②传染源活动的范围;③疾病的传播方式;④周围人群免疫力;⑤环境条件。当传染源活动范围较大时,传播距离较远;当周围易感者比例较高时,疫源地的范围也相应较大。例如,百日咳经呼吸道传播,疫源地为传染病患者周围较小的范围;而疟疾经蚊虫传播,其范围为传染源周围蚊虫飞行的距离,一般以病家为中心、半径 50m 的范围。

3. **疫源地消灭的条件**　疫源地的消灭必须具备三个条件:①传染源被移走(住院或死亡)或不再排出病原体(痊愈);②通过各种措施消灭了传染源排到外界环境中的病原体;③所有的易感接触者经过了该病最长潜伏期未出现新病例或被证明未受感染。

（二）流行过程

流行过程(epidemic process)是传染病在人群中发生、蔓延的过程,需要传染源、传播途径及易感人群三个环节相互作用、相互连接。流行过程是群体的现象,也是疫源地连续不断发生的过程。每个疫源地都是由前一个疫源地产生,它本身又是形成新的疫源地的基础,一系列相互联系,相继发生的疫源地构成了传染病的流行过程。而且,传染病流行强度还受自然因素和社会因素的制约。

二、传染过程及感染谱

（一）传染过程

传染过程（infectious process）是指病原体侵入机体后，与机体相互作用、相互斗争的过程。传染过程是个体现象，也是传染病发生、发展、直至结束的整个的过程。病原体进入机体后的传染过程，可发生各种不同的表现，宿主可保持健康状态，也可成为症状轻重不一的患者、隐性感染者或病原携带者。

（二）感染谱

感染谱（spectrum of infection）是指机体感染了病原体后，经过传染过程，所表现出轻重不等的临床表现。

1. **以隐性感染为主的传染病**　在这类传染病中，隐性感染者所占比例较大，只有一小部分感染后有明显的临床表现，重症和死亡病例罕见，如流行性脑脊髓膜炎、脊髓灰质炎、乙型脑炎等。隐性感染必须借助实验室方法才能发现。

2. **以显性感染为主的传染病**　这类传染病的特征是绝大多数感染者有明显的症状和体征，而隐性感染者及重症感染者和死亡病例仅占极少数，如麻疹、水痘等。

3. **大部分感染者以死亡为结局的传染病**　在这类传染病中，大多数感染者呈现严重的临床症状和体征，以死亡为结局，如狂犬病，艾滋病等。

在不同病原体引起的传染过程中，显性与隐性感染的比例不同；同时由于宿主抵抗力和免疫水平的差异，也可影响临床表现的严重程度。了解一种传染病的感染谱，有助于制定相应的防治对策与措施。从预防措施的实施而言，隔离患者对以隐性感染为主的传染病作用甚微，而对以显性感染为主的传染病较为有效。

三、传染病发生与传播的基本条件

任何一种传染病的发生、发展和传播都是病原体和宿主、病原体和外界环境相互联系、相互作用和相互斗争的结果。但是，有病原体存在并不意味着一定发生传染病。因此，深入了解病原体和宿主的特点，对理解传染病的传播和流行过程是非常必要的。

1. **病原体（pathogen）**　是能够引起宿主发病的各类微生物和寄生虫。病原体侵入机体后能否致病，取决于病原体的特征、数量及其侵入门户。

2. **宿主（host）**　指在自然条件下被传染性病原体寄生的人或其他动物。宿主感染病原体后，不仅受到损害，也能抵御、中和并清除外来侵入。当机体有充分的免疫力时，病原体难以侵入，或侵入后难以在宿主体内生存、繁殖，所以不能导致感染和发病。

第四节　传染病预防和控制的策略与措施

传染病肆虐人类的历史多达数千年之久，是对人类危害最大的一类疾病。随着人类社会和医药学科的发展、抗生素和疫苗的应用，使得传染病对人类生存和健康的威胁日益减轻，疾病的防治重点由传染病逐渐向慢性非传染性疾病过渡和转移。然而，近年来，全球传染病发病率又大幅度回升，传染病暴发流行的事件不断，一些被认为早已得到控制的传染病又卷土重来，同时又新发现了数十种传染病，而且有些病毒长期感染机体后又会引起肿瘤的发生。因此，传染病的预防和控制仍是世界各国医疗卫生工作的一个重点。

一、传染病预防和控制策略

在制定传染病的预防和控制策略时，不考虑措施可行性而制定的策略是达不到目的的；而缺少策略思想指导的具体措施往往局限于经验而事倍功半，收效甚微。因此，只有在科学、合理的预防策略的指导下,采取切实有效、可行的措施,才能以最少的投入有效地预防和控制传染病的流行。

（一）预防为主

预防为主是中国的基本卫生工作方针。多年来,中国的传染病预防策略可概括为:预防为主,群策群力,因地制宜,发展三级保健网,采取综合性防治措施。传染病的有效预防就是要在疫情发生前,针对可能暴露于病原体并发生传染病的易感人群采取措施。

1. 加强人群免疫　免疫预防是控制具有有效疫苗免疫的传染病发生的重要策略。全球消灭天花、脊髓灰质炎活动的基础就是开展全面、有效的人群免疫。实践证明,许多传染病,如麻疹、白喉、百日咳、破伤风、乙型肝炎等,都可通过人群大规模免疫接种来控制流行,或将发病率降至相当低的水平。预防接种是保护易感人群的最有效措施之一。

2. 加强健康教育　健康教育可通过改变人们的不良卫生习惯和行为来切断传染病的传播途径。健康教育的形式多种多样,可通过大众媒体、专业讲座和各种针对性手段使不同教育背景的人群获得有关传染病的预防知识。健康教育对传染病预防的成效显著,如安全性行为知识与艾滋病预防;饭前便后洗手与肠道传染病预防等,这是一种低成本高效果的传染病防治办法。

3. 改善卫生条件　保护水源、提供安全饮用水、改善居民的居住水平,加强粪便管理和无害化处理、加强食品卫生监督和管理、加强垃圾的管理等,都有助于从根本上杜绝传染病的发生和传播。

（二）加强传染病的监测

传染病监测是疾病监测的一种,其监测内容包括传染病发病、死亡,病原体型别、特性,媒介昆虫和动物宿主种类、分布和病原携带状况,人群免疫水平及人口资料等;必要时还应开展对流行因素和流行规律的研究,并评价防疫措施效果。

中国传染病监测包括常规报告和哨点监测。常规报告覆盖了甲、乙、丙三类共 39 种法定报告传染病。国家还设立了上百个艾滋病和流感的监测哨点。

（三）传染病的全球化控制

传染病的全球化流行趋势,应该制定全球化的传染病控制策略。继 1980 年全球宣布消灭天花后,1988 年 WHO 启动了全球消灭脊髓灰质炎的行动,经过多年的努力,全球脊髓灰质炎病例下降了 99% 以上。最近两年,全球根除野生脊髓灰质炎病毒的工作取得了前所未有的进展,2015 年时还有 74 例病例,2016 年就减少到了 37 例,截止到 2017 年 10 月全球仅两个国家(阿富汗和巴基斯坦)发现 12 例病例,野生脊髓灰质炎病毒近期内将被根除。中国在 2000 年正式被 WHO 列入无脊髓灰质炎野毒株感染的国家。

为了有效遏制结核病流行,2001 年 WHO 发起了全球"终止结核病"合作伙伴的一系列活动,2014 年,WHO 通过了"2015 年后结核病预防、治疗和控制全球战略和目标",该战略旨在终结全球结核病流行,其目标是在 2015 年和 2035 年之间将结核病死亡率降低 95%,将新发病例减少 90%,同时确保不使家庭因结核病造成的灾难性巨额费用开支而负重累累。

此外,针对艾滋病、疟疾和麻风的全球性策略也在世界各国不同程度地展开。全球化预防传染病策略的效果正日益凸现。在 2003 年非典流行期间全世界的密切合作,对人类战胜非典起到了至关重要的作用。

二、传染病预防和控制措施

在传染病流行时或流行的间歇期,在预防为主策略指导下做好三级预防和控制工作。传染病的预防和控制措施包括:传染病报告,针对传染源、传播途径和易感人群的措施,以及预防接种等。

（一）传染病流行时的措施

1. 传染病报告　传染病报告是传染病监测的手段之一,也是控制和消除传染病的重要措施。

（1）报告病种和类别:2004 年 8 月 28 日修订通过的《中华人民共和国传染病防治法》中规定法定报告传染病分为甲、乙、丙三种共 37 种;2008 年和 2009 年又增加 2 种。具体如下:

甲类:鼠疫、霍乱,共 2 种。

乙类:传染性非典型肺炎、艾滋病、病毒性肝炎、脊髓灰质炎、人感染高致病性禽流感、麻疹、流行性出血热、狂犬病、流行性乙型脑炎、登革热、炭疽、细菌性和阿米巴性痢疾、肺结核、伤寒和副伤寒、流行性脑脊髓膜炎、百日咳、白喉、新生儿破伤风、猩红热、布鲁菌病、淋病、梅毒、钩端螺旋体病、血吸虫病、疟疾,共 25 种。

丙类:流行性感冒、流行性腮腺炎、风疹、急性出血性结膜炎、麻风病、流行性和地方性斑疹伤寒、黑热病、包虫病、丝虫病,除霍乱、细菌性和阿米巴性痢疾、伤寒和副伤寒以外的感染性腹泻病,共 10 种。

2008 年国家公布将手足口病为丙类传染病,2009 年将甲型 H1N1 流感为乙类传染病,但采取甲类传染病的预防和控制措施。国务院可以根据情况,增加或减少甲类传染病病种,并予以公布;国家卫生行政部门可以根据情况,增加或减少乙类、丙类传染病病种,并予以公布。

(2)疫情报告的原则:疾病预防控制机构、医疗机构和采供血机构及其执行职务的人员发现法定传染病疫情或者发现其他传染病暴发、流行以及突发原因不明的传染病时,应当遵循疫情报告属地管理原则,按照国务院规定的或者国务院卫生行政部门规定的内容、程序、方式和时限报告。

(3)责任报告人及报告时限:任何人发现传染病患者或者疑似传染病患者时,都应当及时向附近的医疗保健机构或者卫生防疫机构报告。为了加强传染病信息报告管理,原国家卫生部于 2006 年制定了《传染病信息报告管理规范》,其中规定各级各类医疗机构、疾病预防控制机构、采供血机构均为责任报告单位;其执行职务的人员和乡村医生、个体开业医生均为责任疫情报告人。

2. 针对传染源的措施 针对传染源采取的措施主要是为了消除或减少其传播作用,达到消灭疫源地的作用。对不同类型的传染源应采取不同的措施:

(1)对患者的措施:做到早发现、早诊断、早报告、早隔离、早治疗。患者一经诊断为传染病或可疑传染病者,就应按传染病防治法的规定实行分级管理。只有尽快管理传染源,才能防止传染病在人群中的传播蔓延。

甲类传染病和乙类传染病中的艾滋病、肺炭疽和 SARS 患者必须实施隔离治疗,必要时可请公安部门协助。乙类传染病患者,根据病情可在医院或家中隔离,一般应隔离至临床或实验室证明患者已经痊愈为止。对传染源作用不大的肾综合征出血热、钩端螺旋体病、布鲁菌病患者可不必隔离。丙类传染病中的瘤型麻风患者必须经临床和微生物学检查证实痊愈才可恢复工作、学习。

传染病疑似患者必须接受医学检查、随访和隔离等措施,不得拒绝。甲类传染病疑似患者必须在指定场所进行隔离观察、治疗;乙类传染病疑似患者可在医疗机构指导下治疗或隔离治疗。

(2)对病原携带者的措施:对病原携带者应做好登记、管理和随访至病原体检测 2~3 次阴性后方视为阴性。从事饮食行业、托幼机构等特殊行业的病原携带者须暂时离开工作岗位,久治不愈的伤寒或病毒性肝炎的病原携带者不得从事餐饮、保姆、幼教等职业。艾滋病、乙型和丙型病毒性肝炎、疟疾病原携带者严禁献血。

(3)对接触者的措施:凡与传染源有过接触并有受感染可能者都应接受检疫。根据传染病潜伏期的长短确定检疫期限,同时根据病种及接触者的免疫状态,采取以下应急措施:①留检,即隔离观察。对甲类传染病的接触者应进行留验,并限制其活动范围,要求在指定的场所实施诊察、检验和治疗。②医学观察。对乙类和丙类传染病的接触者应施行医学观察,即在正常工作、学习的情况下,接受体格检查、病原学检查和必要的卫生处理。③应急接种和药物预防。对潜伏期较长的传染病,如麻疹、猩红热、疟疾等,可对接触者实施预防接种或药物预防。

(4)对动物传染源的措施:视感染动物对人类的危害程度采取不同的处理措施,对危害大且经济价值不大的动物传染源应予彻底消灭;对危害大的病畜和野生动物予以捕杀、焚烧或深埋;对危害不大且有经济价值的病畜可予以隔离治疗。此外,还要做好家畜和宠物的预防接种和检疫。

3. 针对传播途径的措施 传染病疫情发生后,首先要估计疫源地的范围,对传染源污染的环境,必须采取有效的措施去除和杀灭病原体。不同传染病因传播途径不同,所采取的措施各异。例如,肠道传染病通过粪便污染环境,因此应加强对垃圾、患者排泄物、污水及被污染的物品和周围环境等进行消毒处理;呼吸道传染病通过痰和呼出的空气污染环境,因此须采取空气消毒、通风及个人防护(戴口罩)等措施;艾滋病可通过注射器和性活动传播,因此应大力推荐使用安全套,杜绝吸毒和共用注射器;杀虫是防制虫媒传染病传播的有效措施。

(1) 消毒(disinfection):指用化学、物理、生物等方法消除或杀灭外界环境中的致病性微生物的一种措施,包括预防性消毒和疫源地消毒两大类:①预防性消毒(preventive disinfection)是在没有发现明确传染源时,对可能受到病原微生物污染的场所和物品实行的消毒,属预防性措施,如饮水消毒、乳制品消毒、空气消毒等。②疫源地消毒(disinfection of epidemic focus)是对现有或曾经有传染源存在的场所进行的消毒,属防疫措施,其目的是杀灭传染源排出的病原体。疫源地消毒又分为随时消毒和终末消毒。随时消毒(current disinfection)是当传染源还存在于疫源地时所进行的消毒,对传染源的排泄物、分泌物或被污染的物品、场所进行的及时消毒。终末消毒(terminal disinfection)指当传染源痊愈、死亡或离开后对疫源地所进行的彻底消毒,目的是完全消除传染源所播散在外环境中的病原体。只有对外界环境抵抗力较强的病原微生物才需要进行终末消毒,如霍乱、鼠疫、伤寒、病毒性肝炎、结核、炭疽、白喉等。对外界环境抵抗力较弱的病原体,如水痘、流感、麻疹等,一般不需要进行终末消毒。

(2) 杀虫:是使用杀虫剂(insecticide)杀灭有害昆虫,特别是外环境中传递病原体的媒介节肢动物。杀虫与消毒一样可分为预防性杀虫和疫源地杀虫,后者又分随时杀虫和终末杀虫。杀虫方法主要有物理、化学和生物杀虫法。

4. 针对易感人群的措施　在传染病流行前或流行间歇期,通过预防接种提高机体免疫力,降低人群对传染病的易感性。在传染病流行过程中,通过一些防护措施(如戴口罩、手套、护腿、鞋套等)和药物预防保护易感人群免受病原体侵袭和感染,但是药物预防作用时间短、效果不巩固,易产生耐药性,因此应用具有较大的局限性。

5. 传染病暴发、流行时的紧急措施　根据传染病防治法规定,在有传染病暴发、流行时,当地政府须立即组织力量积极防制,报经上一级政府批准决定后,可采取下列紧急措施:

(1) 限制或停止集市、集会、影剧院演出或其他人群聚集活动;

(2) 停工、停业、停课;

(3) 临时征用房屋、交通工具;

(4) 封闭被传染病病原体污染的场所和公共饮用水源。

在采取紧急措施防制传染病传播的同时,政府卫生部门、科研院所的流行病学、传染病学和微生物学专家、各级卫生防疫机构的防疫检疫人员、各级医院的临床医务人员和社会相关部门应立即组织开展传染病暴发调查,并实施有效的措施控制疫情,包括隔离传染源、治疗患者尤其是抢救危重患者、检测和分离病原体,必要时封闭可疑水源、进行饮水消毒、禁止可疑食物、捕杀动物传染源和应急接种等。

(二) 传染病流行间歇期的措施

传染病流行间歇期主要是针对易感人群进行预防接种,即通常所说的计划免疫,提高人群的免疫水平,预防传染病的流行。所谓计划免疫(planed immunization)是指根据疫情监测和人群免疫状况分析,按照规定的免疫程序,有计划、有组织地利用疫苗进行预防接种,以提高人群的免疫水平,达到控制乃至最终消灭相应传染病的目的。有效的预防接种,已成功地消灭了天花,而且使得绝大多数疫苗针对的传染病得到了有效的控制。此外,通过国境卫生检疫可以预防中国尚未流行的传染病传入中国。

1. 预防接种(vaccination)　　是将生物制品(抗原或抗体)接种到机体,使机体获得对传染病的特异性免疫力,从而保护易感人群,预防传染病的发生。预防接种包括人工自动免疫、人工被动免疫和被动自动免疫三种：

（1）人工自动免疫（artificial active immunity）：指将疫苗接种到机体，使之产生特异性免疫，从而预防传染病发生的措施。疫苗（vaccine）是病原微生物或其代谢产物经理化因素处理后，使其失去毒性但保留抗原性所制备的生物制品。疫苗包括：

1）减毒活疫苗（live-attenuated vaccine）：是用减毒或无毒力的活病原微生物制成的疫苗。传统的制备方法是将病原体在培养基或动物细胞中反复传代，使其失去毒性，但保留抗原性，如麻疹疫苗、卡介苗、脊髓灰质炎疫苗等。减毒活疫苗进入机体后，其病原体在宿主体内复制和增殖，引起宿主产生很强的特异性免疫反应，且由于免疫记忆而维持终身。减毒活疫苗的作用类似隐性感染或轻型感染，可同时导致体液免疫和细胞免疫，在全身和局部产生免疫效果。减毒活疫苗的潜在优势在于它还可导致减毒株在易感者之间的水平传播，这种传播可能会增加人群的实际免疫覆盖率，但有时这种水平传播会增加减毒株恢复毒性的可能性。因此，对于有可能产生水平传播的疫苗减毒株，必须实施严格的监测。减毒活疫苗接种剂量小、接种次数少、免疫效果好、维持时间长；但不易保存，通常需要冷链。

2）灭活疫苗（inactivated vaccine）：是选用免疫原性强的病原微生物，经人工大量培养后，用理化方法灭活后所制成的疫苗，如霍乱、百日咳、伤寒等疫苗。灭活疫苗主要诱导特异性抗体的产生，其免疫力较低、免疫持续时间较短，需反复接种才能达到所需的保护性抗体水平。灭活疫苗因其组分复杂，接种后局部和全身反应较重；但易于保存，有效期长。

3）类毒素（toxoid）：是革兰阳性细菌的外毒素经 0.3% ~ 0.4% 的甲醛处理后，使其失去毒性保留抗原性制成的疫苗。接种后使机体产生抗毒素，中和相应细菌产生的外毒素，从而预防细菌感染，如破伤风类毒、白喉类毒素等。

4）亚单位疫苗（subunit vaccine）：是去除病原体中与激发保护性免疫无关的甚至是有害的成分，保留有效免疫原成分制成的疫苗，如提取百日咳杆菌的丝状血凝素制成的无细胞百日咳疫苗，提取细菌多糖成分制成的脑膜炎球菌、肺炎球菌的多糖疫苗等。此种疫苗免疫效果好，副作用小，但制备复杂。

5）重组疫苗（recombinant vaccine）：是利用 DNA 重组技术制备的只含保护性抗原成分的纯化疫苗。首先选定病原体编码有效抗原的基因片段，将该基因片段与载体重组后导入细菌、酵母菌或动物细胞内，通过大量繁殖这些细菌或细胞，使目的基因的产物增多，最后从细菌或细胞培养物中收集、提取、纯化所需的抗原。世界上第一种重组疫苗是乙型肝炎疫苗。重组疫苗不含活的病原体和病毒核酸，安全有效，成本低廉。

6）DNA 疫苗（DNA vaccine）：又称核酸疫苗（nucleic vaccine），是用编码病原体有效抗原的基因与细菌质粒构建的重组体后直接免疫机体，转染宿主细胞，使其表达保护性抗原，从而诱导机体产生特异性免疫的疫苗。此类疫苗尚未在实际中应用，正在研究开发的包括流感、轮状病毒、HIV、疟疾等。

（2）人工被动免疫（artificial passive immunization）：是将含特异性抗体的血清或细胞因子等制剂注入机体，使机体被动地获得特异性免疫力而受到保护。此种免疫见效快，但维持时间较短，主要用于疫情发生时的紧急预防或治疗。其制剂有：

1）免疫血清（immune serum）：指抗毒素、抗菌和抗病毒血清的总称。这种血清含有大量抗体，进入机体后可及时产生保护作用，一般用于治疗，也可用于紧急预防，但其在体内停留和作用时间短。由于免疫血清为动物血清，含有大量异体蛋白，易产生过敏反应，使用时必须做过敏试验，阴性者方可应用。

2）免疫球蛋白或称丙种球蛋白（immune/gamma globulin）：是用健康产妇的胎盘与脐带血或健康人的血制成的，可用于预防甲型肝炎、麻疹等，但不能预防所有的传染病。该制剂中所含的抗体，即人群中含有的抗体，因不同地区和人群的免疫状况不同，所以不同批号的制剂所含抗体的种类和效价不尽相同。

（3）被动自动免疫（passive and active immunity）：被动自动免疫兼有被动及自动免疫的长处，使机体在迅速获得特异性抗体的同时,产生持久的免疫力。此类免疫是在疫情发生时用于保护婴幼儿及体弱接触者的一种免疫方法,但只能用于少数传染病。例如,HBsAg 和 HBeAg 双阳性母亲所生婴儿,在出时同时注射高效价乙肝免疫球蛋白和乙肝疫苗以阻断乙肝病毒的母婴传播。

2. **计划免疫方案** 计划免疫的目标是使易感人群中绝大部分的人在生命的早期,即在有暴露于病原微生物可能性之前实施的免疫接种。

(1)扩大免疫规划:1974 年 WHO 根据消灭天花和不同国家控制麻疹、脊髓灰质炎的经验,开展了全球扩大免疫规划(expanded program on immunization, EPI)活动,要求坚持免疫方法与流行病学监督相结合,防治白喉、百日咳、破伤风、麻疹、脊髓灰质炎、结核病等传染病。中国 1980 年起正式加入EPI 活动。2007 年 12 月 29 日原国家卫生部印发了关于《扩大国家免疫规划实施方案》的通知,将疫苗接种种类由原来的 6 种增加到 15 种。目前通过扩大免疫规划接种的疫苗,可预防乙型肝炎、结核病、脊髓灰质炎、百日咳、白喉、破伤风、麻疹、甲型肝炎、流行性脑脊髓膜炎、流行性乙型脑炎、风疹、流行性腮腺炎、流行性出血热、炭疽和钩端螺旋体病等 15 种传染病。

(2)计划免疫程序:免疫程序(immunization schedules)是指需要接种疫苗的种类及接种的先后次序与要求,主要包括儿童基础免疫和成人或特殊职业人群、特殊地区需要接种疫苗的程序。计划免疫程序的设计是根据传染病的流行特征、疫苗的生物学特性和免疫效果、人群的免疫应答能力和实施免疫预防的具体条件来确定。中国在 20 世纪 70 年代明确提出了计划免疫概念,并制定了《全国计划免疫工作条例》,从 2008 年起全国均按《扩大国家免疫规划实施方案》规定的免疫程序进行预防接种。

3. **预防接种的效果评价** 疫苗免疫效果的评价指标包括免疫效果评价指标、流行病学效果评价指标及计划免疫管理评价指标三种。

(1)免疫效果评价指标:免疫效果评价主要是通过测定接种后人群抗体阳转率、抗体平均滴度和抗体持续时间来评价,如脊髓灰质炎中和抗体≥1∶4或有 4 倍及以上增高;麻疹血凝抑制抗体≥1∶2或有 4 倍及以上增高等。

$$抗体阳转率 = \frac{抗体阳转人数}{疫苗接种人数} \times 100\% \qquad 公式\ 14\text{-}1$$

(2)流行病学效果评价指标:对随机双盲的现场试验结果,常采用保护率和效果指数来评价。

$$疫苗保护率 = \frac{对照组发病率 - 接种组发病率}{对照组发病率} \times 100\% \qquad 公式\ 14\text{-}2$$

$$疫苗效果指数 = \frac{对照组发病率}{接种组发病率} \qquad 公式\ 14\text{-}3$$

(3)计划免疫管理评价指标:计划免疫工作质量的考核内容包括组织设备和人员配备、免疫规划和工作计划、计划免疫实施的管理和各项规章制度、冷链装备及运转情况、人员能力建设及宣传动员、监测及疫情暴发控制等。具体考核指标为:

1)建卡率:使用 WHO 推荐的两阶段整群抽样法,调查 12~18 个月龄儿童建卡情况,要求达到98% 以上。

2)接种率:对象为 12 月龄儿童,接种率越高越好。

$$某疫苗接种率 = \frac{按免疫程序完成接种人数}{某疫苗应接种人数} \times 100\% \qquad 公式\ 14\text{-}4$$

3)四苗覆盖率:即四种疫苗的全程接种率。

$$四苗覆盖率 = \frac{四苗均符合免疫程序的接种人数}{调查的适龄儿童人数} \times 100\% \qquad 公式\ 14\text{-}5$$

4）冷链设备完好率：

$$冷链设备完好率=\frac{某设备正常运转数}{某设备装备数}×100\%$$ 公式 14-6

第五节　新发传染病的研究内容

新发传染病（emerging infectious disease）是指在人群中新出现的病原体或经过变异具有新的生物学特征的已知病原体引起的人和动物传染病，或是过去存在于人群中但没有被认识的传染性疾病。自 20 世纪 70 年代以来，人类已经发现和确认了 40 多种新的传染病，如艾滋病、埃博拉出血热、疯牛病、人禽流感、SARS 等。

新发传染病的流性特征：①不确定性，即不知道何时何地会发生何种传染病，给防控的准备工作带来困难。②缺乏有效的治疗药物和免疫预防。③容易造成医院内感染的暴发流行，对医务人员容易造成直接伤害。④病原体多为动物源性，有研究资料显示新发传染病的病原体 75% 为动物源性。⑤人群对新发传染病缺乏免疫力，全球人群均易感。⑥在疫情发生初期，不能充分被认识，大众得不到有效的宣传和教育，容易导致心理恐慌和社会不稳定。⑦新发传染病的病原体、传播因素及防治对策尚不清楚，易形成暴发或流行，病死率高。因此，新发传染病在人群发生流行后，医学工作者需要在最短时间内对其进行全面研究，以便尽快控制其流行。

一、病因

一种新发传染病在人群中发生流行后，如果病因不明时，需要应用先进的方法从各方面查找病因，研究证实传染病的病原体。可应用传统方法和分子生物学方法分析新发传染病的病原体。

（一）传统的病原体分离鉴定方法

从患者或患病的动物采取标本，分离培养微生物，根据其形态、培养特性、生化反应、血清型别、对动物和培养细胞的毒性等鉴定该传染病的病原体是属于哪种微生物，或哪种微生物的亚型。

（二）分子生物学的方法

对分离到的微生物或从患病的动物和人体内采取血液、排泄物、分泌物等标本，应用分子生物学方法确定病原体或分析病原体基因序列的变异情况，最后确定为何种微生物或何种微生物的变种。

二、传播方式

根据传染病的发病时间、发病特征，临床症状，并结合实验室检测的结果分析确定病原体从传染源排出的方式。

（一）根据传染病的特征确定传播途径

冬春季节的疾病，多为呼吸道传染病；夏秋季节的疾病，多为消化道传染病或虫媒传染病。根据疾病的临床表现也可初步分析传播途径，以呼吸系统症状为主的疾病，多为呼吸道传染病；以消化系统症状为主的疾病，多为肠道传染病。此外，还可根据病例间的接触情况，分析传播途径。

（二）根据实验室检测结果确定传播途径

传染病发生后，采集患者或患病动物的标本、环境中各种物体的标本及可疑媒介昆虫的标本，分离鉴定微生物，根据各标本间微生物的相似性判断传播途径。如果可能，通过检测孕妇和新生儿或婴儿体内病原体的特征，判断该病是否存在母婴传播。

（三）病原体从传染源排出体外的方式

有些传染病病原体排出体外的方式是多途径的，如伤寒患者在临床症状期不仅可通过粪便和尿液排菌，还可通过汗液、唾液、乳汁等排菌。新发传染病的病原体确定后，应尽快采集患者患病不同时期,如潜伏期、临床症状期和恢复期的各种标本,检测该种传染病在病后的不同时期,排出病原体的方式、途径和时间,从而分析传染病源的特点。

三、病原体感染的特点

不同病原体因其侵袭力和毒力不同,进入机体后在体内的分布情况和引起疾病的能力也有所差异,而且机体的遗传易感性在传染病发生与否和传染病的预后方面也起着重要作用。

（一）病原体在体内的分布特征

不同的传染病,其病原体进入机体后的分布情况不同,有的病原体进入机体后直接定居于病变部位;有的病原体经过血循环,通过一段时间的菌血症或病毒血症,然后定居于病变部位;有的病原体进入机体后侵入多个脏器。因此,对一种新发传染病需要研究病原体在体内的分布特征。

（二）隐性感染与显性感染的比例

传染病病原体进入机体后,可表现出隐性感染和显性感染不同的临床类型。由于病原的种类不同,感染后隐性和显性感染所占的比例亦不同。因此,一种新发传染病在人群中暴发流行后,应使用相应的检测方法检测易感人群中未受感染和受感染的人数,然后分析受感染者中,发病人数所占的比例,从而研究隐性与显性感染的比例,并分析该种传染病是否存在健康携带者。

（三）重叠感染及与其他基础疾病的关系

1. **重叠感染**　在临床上还需要分析新发传染病的病原体是否与其他病原体有重叠感染。如果存在重叠感染,还需探讨两种病原体之间有无依赖关系,并研究重叠感染的后果。如乙型肝炎病毒与丁型肝炎病毒的重叠感染,两者间有相互依赖的关系;而乙型肝炎病毒与庚型肝炎病毒重叠感染,两者间则没有相互依赖的关系。

2. **与其他基础疾病的关系**　新发传染病在人群中流行后,在临床上还应仔细观察是否容易侵犯患有基础疾病(如高血压、糖尿病、心脑血管病、肿瘤等)的易感者体内,并研究患有基础疾病的患者,其疾病的结局有何不同,是否容易发生并发症。

（四）机体的遗传易感性

无论是传染病还是非传染病的发生都与个体的易感性水平有关,因而表现出个体发病的差异。近年来的研究表明,传染病的个体易感性与某些基因的型别不同有关。例如,慢性丙肝患者中 *HLA-B44* 出现频率高达 30% 以上,说明此种基因型决定着个体是否对丙肝病毒易感。当一种新发传染病在人群中流行,并表现出发病的个体差异时,应研究与此种传染病病原体易感的相关基因。

四、疾病诊断方法

新发传染病流行初期,人们对其一无所知,所以无特异的诊断方法对其进行病原学诊断,只能根据临床症状、体征和流行病学接触史进行诊断。当此种新发传染病的病原体被确定后,应该尽早研究其特异性诊断方法,如应用免疫学方法研究特异性抗原抗体的诊断方法、应用分子生物学方法研究病原体的基因诊断方法等。

五、治疗及预后

新发传染病发生后,流行病学工作者与临床医学工作者密切配合从实验室和临床等方面研究有效的治疗药物和治疗方案。首先,分离培养病原体,在实验室研究有效的治疗药物及其有效剂量;然后在临床上应用随机对照实验研究该病的治疗方案及治疗药物的效果。当患者的临床症状消失后,还应长期追踪观察患者的预后,包括慢性化、并发症等。

六、流行规律

从人类与传染病斗争的历史来看,任何一种传染病在人群中发生后,不会一朝一夕就结束,而是与人类保持长期共存。因此,当一种新发传染病在人群中流行后,需要观察病后的免疫持久性,以及是否发生周期性流行。如果再次发生流行,要分析再次流行的原因是由于病后免疫不牢固导致的还是病原体变异导致的。

七、预防和控制措施

人群中一种新的传染病流行时,在研究传染病病原体、传染源、传播途径等问题的同时,还应研究有效的预防和控制措施,并尽快实施以控制传染病的流行;有时在病因不明时,根据传染病的临床特征就应采取相应的措施控制其传播蔓延。在传染病暴发流行时,采取的措施包括针对病原体、易感人群、传播途径和疫源地等方面的措施。

在新的社会时期,要真正搞好传染病的防治工作,需要全社会共同参与,即政府、医疗卫生工作者和全体人民都有义务和责任进行传染病的防治工作。比如传染病防治法规定的疫情报告人,除法定报告人以外,全社会的人群都有报告的义务。再比如环境的改造和环境污染的预防和治理,也需要全社会的参与。全社会在传染病防治工作中,应当进行合理的分工和合作,明确各自的职能,政府负责制定政策和组织协调、医疗卫生部门和医疗卫生工作者负责技术方案制定和实施、社会各界和人民群众的积极参与并遵守相关法律法规完成传染病的预防和控制工作。在 SARS 的预防控制过程中,我们已经充分体会到了社会预防的重要性。正是在党中央和国务院的领导下,经过医疗卫生工作者的努力和全社会的积极参与,才使我们赢得了 SARS 斗争的阶段性胜利。

第六节 人畜共患传染病

近年来,人畜共患病的危害越来越受到人们的重视,由人畜共患病引起的人类疾病的发生和流行时有报道,如人感染高致病性禽流感、疯牛病、猪链球菌病等,由于大量宰杀造成的畜牧业损失也极其惨重。

一、炭疽、鼻疽

(一)炭疽

1. **病原体**   炭疽(anthrax)是由炭疽杆菌引起的烈性传染病,病原体是炭疽杆菌,为革兰阳性杆菌。炭疽杆菌在未形成芽孢之前,55~58℃、10~15 分钟即可被杀死。炭疽杆菌在空气中 6 小时形成芽孢,形成芽孢的炭疽杆菌在土壤中能存活数十年,在皮毛和水中能存活 4~5 年,140℃干热 30 分钟或 100℃蒸汽 5 分钟方能杀灭。消毒药物中以碘溶液、过氧乙酸、高锰酸钾及漂白粉对芽孢的杀死力较强。

2. **流行病学特点**   炭疽发生有一定的季节性,常在夏季放牧时期流行或暴发,秋冬春季少发,且以散发为主。干旱、洪涝灾害都是促进本病暴发的因素。在患畜处于菌血症时,病菌可随粪、尿、唾液或出血排出体外,尸体处理不当将使病菌散播于周围环境,被炭疽芽孢污染的土壤、牧地,可形成持久疫源地,造成本病常在一定的地区内流行。炭疽主要通过三种途径传播:皮肤接触、吸入和食用。人接触了患病动物的皮、毛等,炭疽杆菌可经破损的皮肤进入人体而使人感染患病;人吸入了炭疽杆菌的芽孢后可患肺炭疽;经消化道摄入被污染的食物或饮用水而感染。各种家畜、野生动物及人均有不同程度的易感性。

3. **临床表现**   本病潜伏期一般为 1~3 天,有的可达 2 周。皮肤炭疽约占 98%,病变多见于面、颈、肩、手和脚等裸露部位皮肤。初为斑疹或丘疹,次日出现水疱,内含淡黄色液体,周围组织硬而肿胀。第 3~4 天中心呈现出血性坏死稍下陷,四周有成群小水泡,水肿区继续扩大。第 5~7 天坏死区溃破成浅溃疡,血样渗出物结成硬而黑似炭块状焦痂,痂下有肉芽组织生成(即炭疽痈)。焦痂坏死区直径大小不等,其周围皮肤浸润及水肿范围较大。由于局部末梢神经受压而疼痛不显著,稍有痒感,无脓肿形成,随着水肿消退,黑痂在1~2周内脱落,逐渐愈合成疤。起病时出现发热(38~39℃)、头痛、关节痛、周身不适以及局部淋巴结和脾大等。肺炭疽多为原发性,也可继发于皮肤炭疽。起病急,轻者有胸闷、胸痛、全身不适、发热、咳嗽、咯带血黏液痰。重者以寒战、高热起病,由于纵隔淋巴结肿大、出血并压迫支气管造成呼吸窘迫、咳嗽、发绀、血样痰等。肺部仅可闻及散在的细小湿啰音或有胸膜炎体征,肺部体征与病情常不相符,X线可见纵隔增宽、胸水及肺部炎症。肠炭疽表现为急性肠炎型或急腹症型。急性肠炎型潜伏期12~18小时,同食者相继发病,似食物中毒。症状轻重不一,发病时突然恶心、呕吐、腹痛、腹泻。急腹症型患者全身中毒症状严重,持续性呕吐及腹泻,排血水样便,腹胀、腹痛,有压痛或呈腹膜炎征象,常并发败血症和感染性休克。脑膜炭疽多为继发性,起病急骤,有剧烈头痛、呕吐、昏迷、抽搐,明显脑膜刺激症状,脑脊液多呈血性,少数为黄色,压力增高,细胞数增多。病情发展迅猛,常因误诊得不到及时治疗而死亡。

4. **治疗与预防**　发现患者应及时隔离和治疗,对患者的用具、被服、分泌物、排泄物及患者用过的敷料等均应严格消毒或烧毁。对可疑病畜、死畜必须整体高温化处理或2m深坑加生石灰掩埋,禁止食用或剥皮。对从事畜牧业、畜产品收购、加工、屠宰业、兽医等工作人员及疫区的人群,可给予炭疽杆菌减毒活菌苗接种,每年接种1次。与患者密切接触者,可以应用药物预防,青霉素为治疗炭疽首选药物。

（二）鼻疽

1. **病原体**　鼻疽(glanders)是由鼻疽杆菌引起的牲畜烈性传染病。鼻疽杆菌(pseuadomonas mallei)为革兰阴性杆菌,不形成芽孢及荚膜,无鞭毛,不能运动,生化反应不活泼。鼻疽杆菌有两种抗原,一种为特异性抗原,另一种为与类鼻疽杆菌的共同交叉反应抗原。其内毒素有一种引起变态反应的蛋白质,名为鼻疽菌素(mallein),可用于诊断。

2. **流行病学特点**　鼻疽的传播方式主要有以下三种:直接接触传播,是人感染的主要途径,由于皮肤外露或损伤部分直接接触到病畜的分泌物或排泄物而受感染;呼吸道传播,当病畜咳嗽或打喷嚏时,可通过气溶胶使健康的家畜、实验人员、兽医及饲养人员感染;消化道传播,是家畜间鼻疽传播的主要方式,因家畜吃了被污染的水、饲料或牧场的草而感染。人经饮水或进食被污染的食物受感染者较为少见,但有因吃病马肉而受感染的报告。人类鼻疽多为散发,与其职业有密切的关系,如兽医、饲养员或实验室人员。

3. **临床表现**　潜伏期一般为1~14天。临床上可分为急性和慢性两种类型,以急性为多见。急性患者体温高达40℃,呈弛张热型,发热时伴有恶寒、多汗、头痛、全身疼痛、乏力和食欲减退。在感染部位形成炎性硬结,化脓变软,破裂后流出脓汁,并形成溃疡。有的患者有肺炎,X线检查肺部呈云雾状病变,患者有胸痛、咳嗽和咯痰,有时痰中带血。有的患者有膝关节炎或踝关节炎。如细菌进入血流,可产生菌血症和脓毒血症。慢性患者全身症状较轻、低热、全身不适,伴有头痛和关节痛等症状。

4. **治疗与预防**　目前尚无有效的治疗方法,做好预防措施很重要:①加强饲养管理,严格兽医检验制度;②对病畜集中管理,对开放性鼻疽马或病畜尸体应予以烧毁或深埋;③凡从事兽医饲养员或实验室人员要加强个人防护,以免感染;④发现患者时,应在严格隔离的条件下进行治疗,痊愈后方能出院。

二、口蹄疫、猪水疱病

（一）口蹄疫

1. **病原体**　口蹄疫(aphtae epizooticae)是由口蹄疫病毒引起的偶蹄动物共患的急性传染病,最易感染的动物是黄牛、水牛、猪、羊及其他野生动物。口蹄疫病毒在外界的存活力很强,在污染的饲料、饲具、毛皮、土壤中可保持传染性达数月之久;在污染的冻肉中更能长时间存活,而造成远距离运输销售传播。但是,该病毒对高温的抵抗力较弱,在65℃、30分钟,80℃、5分钟的条件下即可被灭活,在

100℃时可立即灭活。

2. 流行病学特点　口蹄疫的传播途径有多种,主要包括:直接接触传播,如易感动物与被感染动物及其排泄物直接接触;间接传播,主要通过带毒媒介物和器械传播。气源传播,口蹄疫病毒可以随发病动物呼出的气体传播。水源传播,如污染的饮水、水源等。口蹄疫病毒还可经乳汁传播。

3. 临床表现　动物发病时,唇和蹄上长满水疱,同时伴有发烧、食欲缺乏等症状,患病动物体重大幅下降。人可因接触口蹄疫病畜及其污染的毛皮,或误饮病畜的奶,或误食未经处理的病畜肉等途径而感染。人感染口蹄疫病毒后,一般潜伏期为 2~18 天,突然发病,发烧,口腔干热,唇、齿龈、舌边、颊部、咽部潮红,出现水疱。皮肤水疱见于手指尖、手掌、脚趾。同时伴有头痛、恶心、呕吐或腹泻。患者数天痊愈,预后良好,偶有并发心肌炎。患者对人基本无传染性,但可把病毒传染给牲畜,再度引起畜间口蹄疫流行。

(二) 猪水疱病

1. 病原体　猪水疱病(swine vesicular disease,SVD)又称猪传染性水疱病,是由猪水疱病病毒引起。猪水疱病毒与人的肠道病毒柯萨奇 B5 有亲缘关系。本病毒无血凝性。病毒对环境和消毒药有较强抵抗力,在 50℃、30 分钟仍不失感染力。病毒在污染的猪舍内可存活 8 周以上,病猪肉腌制后 3 个月仍可检出病毒。

2. 流行病学特点　该病潜伏期为 2~6 天,接触传染潜伏期 4~6 天,喂感染的猪肉产品,则潜伏期为 2 天。处于潜伏期的猪,其皮肤和肌肉中病毒量较高。与病猪接触的猪 24 小时病毒即出现于鼻黏膜,之后出现于直肠和咽腔,第 4 天处于病毒血症状态,第 5 天出现初期水泡,经 2~3 天则破溃。大量排毒源是水泡液和水泡皮,其次是通过粪便和分泌物排毒。由于有病毒血症过程,所以所有组织均可成为传染源。

3. 临床表现　本病只有猪可感染发病,人类偶有感染的个案报道。首先观察到的是猪群中个别猪发生跛行。而在硬质地面上行走则较明显,并且常弓背行走,有疼痛反应,或卧地不起,体格越大的猪越明显。体温一般上升 2~4℃。损伤一般发生在蹄冠部、蹄叉间,可能是单蹄发病,也可能多蹄都发病。皮肤出现水泡与破溃,并可扩展到蹄底部,有的伴有蹄壳松动,甚至脱壳。病猪症状与口蹄疫难以区别,主要依靠实验室诊断。

4. 预防措施　对病猪及同群生猪应急宰,病猪的肉尸、内脏和副产品(包括头、蹄、血、骨等)均应经高温处理后方可出厂,毛皮也须消毒后出厂,对屠宰场所、工具、工人衣物应进行彻底消毒。

三、疯牛病

(一) 病原体

疯牛病(mad cow disease)为牛脑海绵状病(brain sponginess,BSE)。目前主流观点认为疯牛病是由一种称为 Prion 的传染性蛋白粒子引起,其分子量很小,27 000~30 000 道尔顿。它是一种以糖蛋白为主体的特殊的致病因子。Prion 长期潜伏,潜伏期从几个月到数十年之久。

(二) 临床表现

本病以奶牛发病率最高,占 12%,肉牛发病率 1%,犊牛感染本病的危险性为成年牛的 30 倍。病牛发病初期除呈现精神抑郁外,一般无特异性症状。随着病程的发展,患牛最突出的症状表现为行为异常,触觉和听觉过敏,常由于恐惧、狂躁而呈现乱踢、乱蹬、攻击行为,步态异常,如臀腰摇摆和后肢过度伸展等,共济失调以致摔倒,后期全身衰弱导致摔倒和躺卧不起,最终死亡。

人一旦发病,病情发展极快,患者的思维、视觉、语言和行动能力都急剧下降,肌肉抽搐、变硬并出现痉挛,平衡能力完全丧失,病死率 100%。

(三) 治疗预防

目前对本病尚无有效的生物制品及治疗药物,中国尚未发现此病,养牛场及其有关单位在进口牛、牛精液及胚胎时应加强检疫,以防止本病的传入。

四、禽流感

（一）病原体

禽流感（avian influenza）是由禽流感病毒引起的一种急性传染病，潜伏期数小时至数天，最长可达21天。禽流感病毒在分类上属于为正黏病毒科，为单股负链 RNA 病毒。禽流感病毒属于正黏病毒科，甲型流感病毒属，为单股负链 RNA 病毒。形态近似球形，直径 80～120nm，病毒外有包膜，包膜内部为螺旋对称的核衣壳。其基因组由 8 个分节段的 RNA 组成，每个片段编码 1～2 个蛋白质，分别为 *PB2*、*PB1*、*PA*、*HA*、*NP*、*NA*、*M1*、*M2*、*NS1* 和 *NS2*。流感病毒抵抗力较弱，不耐热，通常 56℃30 分钟，100℃1 分钟即可将其灭活，在室温下传染性很快丧失，但在 0～4℃能存活数周，-70℃以下或冻干后能长期存活。病毒对干燥、日光、紫外线以及乙醚、甲醛、乳酸等化学药物也很敏感。不耐酸，最适 pH 为 7.0～8.0，pH 5.0 以下或 9.0 以上病毒感染力很快被破坏。

（二）流行病学特点

禽流感病毒主要通过消化道和呼吸道进入人体传染给人，人类直接接触受禽流感病毒感染的家禽及其粪便或直接接触禽流感病毒可被感染。直接接触带有相当数量病毒的物品，如家禽的粪便、羽毛、呼吸道分泌物、血液等是常见的传染途径。加热可杀死病毒，因食用煮熟的病鸡肉而患病的可能性很小。

（三）临床症状

人类感染后的症状主要表现为发热、咳嗽、流涕、肌痛等，多数伴有肺炎表现，严重者心、肾等多种脏器衰竭导致死亡。

（四）治疗和预防

禽流感病毒核酸和血清抗体阳性可确定诊断。中国每年局部地区都有禽流感发生，病死率 50%～90%，冬、春季为高发季节。早发现、早确诊、早治疗是减少死亡病例的关键，临床通常按照病毒性肺炎进行治疗。及时掩埋和焚化病禽和死禽，隔离患者，切断传播途径可使禽流感得到有效的控制。

第七节　医院感染

医院不但是传染源的聚集地，也是病原体容易长期存留的地方，加之患者的防御抵抗能力普遍较低等，很容易发生医院感染；同时，医护人员在整个医疗护理过程中对病原体传播也起着一定的促进作用。近年来，随着现代医学科技的迅猛发展，更多侵入性诊疗仪器和抗生素的应用越来越广，加之新病原体和变异病原体的不断出现，使医院感染已成为当今全球性的影响医院人群健康，特别是影响住院患者康复的重要问题。由于医院感染的发生可导致住院患者的病情加重，增加并发症和提高病死率，其结果不仅严重威胁患者的身心健康和造成不良的预后，也给国家、社会和个人带来严重的经济负担。因此，必须充分认识到医院感染的危害性，加强医院感染的规范管理，全方位预防和控制医院感染的发生。

一、概述

（一）概念

医院感染（nosocomial infection，或 hospital infection）又称医院获得性感染（hospital acquired infection），是指住院患者、医院职工、就诊患者、探视者或陪住者等在医院内获得的一切感染性疾病。医院感染的涵义如下：

1. 医院感染必须发生在医院内，包括在医院感染而在院外或转院后发病的患者，不包括在院外感染而在院内发病的患者。

2. 有明确潜伏期的疾病，患者从入院后第 1 天算起，超过平均潜伏期而发病的，应为医院感染。

但是,由于潜伏期变动幅度较大,还应参照病原学及流行病学资料来确定。

3. 无明确潜伏期的疾病,患者入院后 48 小时后发生的感染即为医院感染。

（二）分类

医院感染可按病原体来源、感染部位、感染的微生物种类和感染途径等分为以下几种类型:

1. **内源性感染（endogenous infection）** 也称自身感染（autogenous infection）。病原体来自患者本身,如患者的正常菌群。由于各种原因,如长期使用抗生素、免疫抑制剂或激素等,导致患者自身抵抗力降低,使原存在于患者体内的正常菌群失调而引起机体感染,或者由于诊断和治疗措施引起损伤为体内非条件致病菌提供了侵入门户而发生的感染。

2. **外源性感染（exogenous infection）** 也称交叉感染（cross infection）。病原体来自患者以外的地方,如其他患者、工作人员和外环境等。通常外源性感染是可以预防的。

3. **医源性感染（iatrogenic infection）** 指在医疗和预防过程中由于使用的医疗器械、设备、药物、制剂及卫生材料的污染或院内场所消毒不严而导致的感染。

（三）**常见病原体**

医院感染常见的病原体包括:①耐药菌株,近年来引起医院感染的病原体多为耐药菌株,而且多重耐药菌株呈逐渐增多趋势,既有革兰阳性菌,也有革兰阴性菌。②真菌,由于抗生素的不合理应用,真菌引起的医院感染也呈逐年上升的趋势。③新的病原体,如果新发传染病的病原体进入医院环境后,由于人们对其缺乏了解,加之人群又缺乏特异性免疫力,所以很容易导致医院感染的暴发流行。

二、医院感染的发生和影响因素

（一）**医院感染的分布**

1. **常见感染部位的感染率及构成比** 中国某省级医院 2011 年进行的医院感染调查显示,感染现患率为 3.45% ,例次感染率为 3.51% ;其感染部位构成为:下呼吸道占 44.62% ,泌尿道占 15.38% ,表浅切口占 10.77% ,深部切口占 7.69% 。

2. **医院感染在不同医院及科室的分布** 医院感染在不同的医院分布不同,受多种因素的影响,如医院级别、床位数、环境、患者的原发病构成情况、诊疗水平、消毒、灭菌及隔离制度等。在一所医院的不同科室感染分布也不相同,某省级医院调查显示,医院感染现患率在综合 ICU 为 26.67% ,血液病科为 9.76% ,五官科为 4.88% ,产科为 4.26% ,外科为 4.03% ,肾病科为 3.64% 。

3. **医院感染的人群分布** 不同性别的总医院感染率在很多研究中无差异,但在某些感染部位中其发病率有差异,如女性患者尿道感染的危险较男性大。在年龄分布上表现为婴幼儿及年老的患者医院感染发病率高,可能与这些患者抵抗力弱有关。

4. **医院感染的时间分布** 医院感染的季节分布,一般是秋冬季感染率较高,而夏季的感染率则相对较低。

（二）**医院感染的传播过程**

对于外源性感染而言,医院感染的传播过程包括了传染源、传播途径和易感人群三个环节,三个环节缺少任一环节则其传播过程将中断。但是,内源性感染或自身感染,其传播过程则和上述不同,需从微生态学角度进行描述,它包括感染源（患者自身）、病原体易位途径和易感微生态环境。

1. **感染源** 感染源或病原微生物储源,是指病原微生物自然生存、繁殖并排出的场所或宿主（人或动物）。有些病原微生物兼有腐生菌特性,能在环境中生存繁殖,这类环境场所称为病原微生物的环境储源,或非生物性储源。

医院感染的感染源主要包括:①已感染的患者作为感染源;②带菌者或自身感染者作为感染源;③环境储源,医院环境中常有微生物污染,可通过一定的方式将微生物传播给易感患者;④动物感染源。

2. **传播途径**　传播途径可以是单一的,如经饮水或食物;也可以是多种途径,如既经饮水又经食物。

（1）接触传播:这是医院感染最常见的传播方式之一。根据病原体从感染源排出到侵入易感者之前是否在外界停留,又可分为直接接触传播和间接接触传播两种方式。①直接接触传播,病原体从感染源直接传播给接触者,不需外界环境中的传播因素参与。患者的自身感染也可认为是自身直接接触传播,如病原体从已感染的伤口传递至身体其他部位的伤口,粪便中的革兰阴性杆菌传递到鼻咽部或伤口等。②间接接触传播,病原体污染了医疗用品、日常生活用品等,再通过接触这些物品所造成的传播。在间接接触传播中,医护人员的手在传播病原菌上起着重要的作用。

（2）空气传播:空气中含有病原体,可通过呼吸活动吸入病原体导致呼吸道感染,同时空气中的颗粒病原体可落至手术伤口、皮肤、黏膜的创面上引起感染。

（3）经饮水传播:供应医院的水源因各种原因受病原体污染后,可导致医院感染的暴发,其发生发展的过程及流行病学特征与社会人群感染类似。

（4）经食物传播:医院中供应给患者食用的食物受病原体污染后,可引起医院感染的暴发。

（5）医源性传播:通过各种药品、药液或诊疗器械的使用所造成的医院感染的传播称为医源性传播。常见的传播物品有:①血液及血液制品;②输液制品;③药品及药液;④医疗器械和设备:尤其是侵袭性诊疗设备和仪器。

3. **患者易感性**　住院患者对医院感染病原体的易感染程度取决于病原体定植部位和宿主的防御机能。某一微生物定植在机体的某一部位时可导致感染,而定植于另一部位时则不能引起感染,如大肠杆菌通常定植在人体肠道内,并不形成感染,但它侵入尿道时则引起感染。医院感染的常见易感者为具有以下情况的住院患者:

（1）所患疾病严重影响或损伤机体免疫机能者;

（2）老年及婴幼儿患者;

（3）营养不良者;

（4）接受各种免疫抑制疗法者;

（5）长期使用抗生素者;

（6）接受各种损伤性（侵入性）诊断、治疗器械操作者。

（三）医院感染的危险因素

1. **住院时间**　住院时间可看作患者的暴露时间（duration of exposure）。一般来说,住院时间越长,获得医院感染的危险性越大。

2. **手术时间**　手术时间的长短对医院感染率有显著影响。尿道感染、肺炎、菌血症的感染率随手术时间的延长而增加,肺炎增加49倍,尿道感染增加12倍,菌血症增加36倍;对于外科切口,感染率随手术时间呈直线上升,从低到高增加21倍,每增加1分钟手术时间,增加切口感染机会0.1%,清洁切口每延长1小时手术时间,感染率粗略地增高1倍。

3. **先前感染的存在**　先前任何部位有社区获得性感染（community-acquired infection）的存在,可大大地增加医院感染的危险性,如尿道感染的危险性增加1.7倍,其他部位增加3~4倍。

4. **侵袭性操作**　侵袭性操作指各种导管、插管操作及内窥镜检查,这些操作常损伤皮肤或黏膜的防御屏障。血管内插管是医院感染的常见原因,如与静脉插管有关的静脉炎发生率为2.3%,菌血症发生率为0.08%。使用导尿管可引起尿道感染和菌血症,有研究表明不导尿的患者尿道感染率为1.4%,非保留导尿管的患者尿道感染率为3.1%,保留导尿管的患者尿道感染率为9.9%,且随保留导尿管的天数感染率呈直线上升。

5. **应用类固醇或其他免疫抑制剂**　类固醇和免疫抑制剂的应用和医院感染的发生有联系,如接受这些治疗的患者,患医院感染的可能性是非接受者的2.6倍,患菌血症的危险增多10.3倍,肺炎增多5.3倍,外科切口感染增多3倍,尿道感染增多2.7倍。

6. 手术部位 胸腹部联合手术者,发生肺炎的危险性是单一部位手术者的 38 倍,作胸部手术患肺炎的危险性是 14 倍,腹部为 3.4 倍。

7. 备皮方法 据报道手术部位剃毛增加清洁手术的切口感染率,用剃刀剃毛的患者切口感染率为 2.5%,不剃毛但剪掉毛者切口感染率为 1.7%,用电剃刀剃毛感染率为 1.4%,既不剃毛也不剪毛者感染率为 0.9%。扫描电镜观察发现,剃毛能在皮肤上引起显著的切口,剪刀在皮肤皱折处易于剪伤,使用脱发剂则不能引起可见的伤口。

8. 其他因素 如年龄、机体状况、患者行为因素等。

三、医院感染的预防和控制

(一) 加强管理

1. 加强组织管理 世界各国都非常重视医院感染的控制,出台相关法律法规或专业指南对医院感染进行监督指导。2006 年国家原卫生部发布《医院感染管理办法》,规定住院床位总数在 100 张以上的医院应当设立医院感染管理委员会和独立的医院感染管理部门,住院床位总数在 100 张以下的医院应当指定分管医院感染管理工作的部门。其他医疗机构应当有医院感染管理专(兼)职人员。

2. 加强医院规章制度建设和管理 医院应设立规范合格的传染病房,专门接收传染病患者;非传染病病房中一旦发现了传染病患者及病原携带者应及时进行隔离治疗。

对住院患者探视时应避免探视者将病原体从外界带入,同时也应防止其将病原体带出,尤其对传染病患者及免疫力低下的患者探视时,应严格探视制度及陪护制度。

对一些具有高度感染危险的患者,如各种血液或淋巴系统疾病患者、器官或组织移植患者、粒细胞减少症及大面积烧伤等患者,可采取隔离性预防措施。

3. 加强消毒和灭菌管理 通过消毒和灭菌工作,可杀灭或清除医院环境中、医疗用品及日常生活用品上的病原体,切断传播途径,消除环境储源,防止医院感染的发生。

(二) 医院感染的监测

医院感染监测是指长期、系统地观察一定人群中的医院感染发生情况及影响感染发生的各种因素,确定其分布动态和变动趋势,并及时采取防治对策和措施,同时对其防治效果和经济效益作出评价,不断改进,以期达到控制和消除医院感染的目的。通过监测活动可以全面了解医院感染情况,及时制定预防控制措施,降低医院感染率。

(三) 合理使用药物和医疗措施

抗生素的滥用是导致微生物耐药的主要原因,因此要加强对抗生素应用的管理,加强医疗措施使用基本知识教育。医院要拟定指导方案和实行监督监测,严格掌握抗生素和医疗措施使用指征,防止剂量不足和超剂量使用及应用不当。

(四) 健康教育

对医院的职工、患者及其陪护人员进行医院感染预防控制知识和技能的宣传、教育和培训,是减少医院感染的最经济有效的手段之一。

(五) 认真执行原卫生部《预防与控制医院感染行动计划(2012—2015 年)》

根据中国"十二五"卫生事业发展规划和《医院感染管理办法》等,原卫生部制定了《预防与控制医院感染行动计划(2012—2015 年)》。主要内容是:以加强医院感染预防与控制工作为主导,坚持"科学防控、规范管理、突出重点、强化落实"的原则,健全医院感染防控体系,完善相关技术标准,落实各项防控措施,提高专业技术能力,提升医院感染防控水平,最大限度降低医院感染发生率,提高医疗质量和保障医疗安全。2016 年国家卫生计生委医院管理研究所编制了《医院感染监测基本数据收集及质量控制指标集实施指南(2016)》,该指南可以解决由于不同地区、不同医疗机构在职能定位、资源配置、服务能力等方面存在差异,及质控指标、监测方法、计算规则也不尽相同所导致的同一类指标难以展开比较的问题。目前部分省份反馈通过该计划了解了医疗机构医院感染的基本情况,发现不同级别医院的医院感染特点和差异,针对调查项目发现薄弱环节并进行相关的强化、干预,有助于提高医院感染的监测水平,为指导各级各类医院针对性地做好医院感染防控工作提供了科学依据。

(刘殿武)

思 考 题

1. 传染病流行的三个环节和两个因素是什么?
2. 新发传染病在人群发生后,需要对其开展哪些研究?
3. 针对不同传染病的接触者可以采取哪些措施?
4. 预防接种效果的评价指标有哪些?
5. 潜伏期的应用及意义?

第十五章　慢性非传染性疾病预防与管理

慢性非传染性疾病(non-communicable diseases,NCDs),简称"慢性病",不是特指某种疾病,而是对一组起病时间长,缺乏明确病因证据,一旦发病即病情迁延不愈的非传染性疾病的概括性总称。例如冠心病、脑卒中、恶性肿瘤、糖尿病及慢性呼吸系统疾病为常见慢性病。目前,慢性病已成为严重威胁世界人民健康,影响国家经济社会发展的重大公共卫生问题。慢性病的发生和流行与经济、社会、人口、行为、环境等因素密切相关。随着全球人口老龄化进程不断加快,居民生活方式、生态环境、食品安全状况等对健康的影响逐步显现,慢性病发病、患病和死亡人数不断增多,慢性病疾病负担日益沉重。慢性病影响因素的综合性、复杂性决定了防治任务的长期性和艰巨性。

第一节　慢性病流行状况及影响因素

一、慢性病流行现状和趋势

(一)慢性病在世界上流行概况及趋势

随着社会经济的发展,近年来慢性病在全球呈现流行趋势。据 WHO 估计,2015 年全球全死因死亡数为 5600 万,其中死于慢性病的约 3950 万,占总死亡人数的 70%,比 2005 年增加了十个百分点,几乎是死于传染性疾病(包括 HIV/AIDS、结核及疟疾等)、孕产期及围产期疾病以及营养不良的人数总和的两倍。慢性病的主要死因有心血管疾病(45%)、恶性肿瘤(22%)、慢性呼吸系统疾病(9.9%)、糖尿病(4.1%)。慢性病死亡人群的 75% 在低收入和中等收入国家。过早死亡(70 岁之前)人数超过 1500 万人(占慢性病死亡人数的 38% 和全球死亡总数的 27%),其中 85% 发生在发展中国家,尤其中低收入国家占比达 41%,是发达国家慢性病死亡人数的 4 倍。

自 2000 年以来,全世界各区域慢性病死亡人数均有所增加,东南亚区域和西太平洋区域增幅最大。不同国家因为经济收入相差很大而导致慢性病死亡情况及其构成比不同,中低收入国家心脑血管疾病所占比例最高,恶性肿瘤和慢性呼吸系统疾病次之,糖尿病所占比例最低;中高收入国家仍是心脑血管疾病所占比例最高,恶性肿瘤和其他慢性病次之,慢性呼吸系统疾病和糖尿病所占比例最低。由于当前 4 种主要慢性病导致的过早死亡的下降速度较慢,全世界将不能实现可持续发展目标,即到 2030 年时,通过预防与治疗,将慢性病导致的过早死亡减少 1/3。据 WHO 预测,如果目前的情况继续发展,到 2030 年每年死于慢性病的人数将增加至 5500 万人。

(二)中国慢性病的流行特点

随着人口的老龄化以及经济社会发展所引起的人们生活方式与习惯的变化,慢性病已成为影响人民健康和死亡的首要原因。中国卫生服务调查显示,中国居民慢性病患病率由 2003 年的 12.3% 上升到 2013 年的 24.5%,10 年增长了 1 倍。据估算,目前中国确诊的慢性病患者已超过 3 亿,慢性病死亡占到了所有人口死亡的 85% 左右。中国已经进入慢性病的高负担期,具有"患病人数多、医疗成本高、患病时间长、服务需求大"的特点。慢性病已经成为影响中国居民健康水平提高、阻碍经济社会发展的重大公共卫生问题和社会问题。慢性病在中国的流行特点主要表现为:

1. **高患病率、高发病率、高死亡率**　2012 年中国 18 岁及以上成人高血压患病率为 25.2%,糖尿病患病率为 9.7%,与 2002 年相比,患病率呈上升趋势。40 岁及以上人群慢性阻塞性肺病患病率为 9.9%。根据 2013 年中国肿瘤登记结果分析,中国癌症发病率为 235/10 万,肺癌和乳腺癌分别位居男、女性发病首位,其次分别为肝癌、胃癌、食道癌、结直肠癌,十年来中国癌症发病率呈上升趋势。2012 年中国居民慢性病死亡率为 533/10 万,占总死亡人数的 86.6%。心脑血管病、癌症和慢性呼吸系统疾病为主要死因,占总死亡人数的 79.4%。近几年,恶性肿瘤、心脏病、脑血管病和呼吸系统疾病均位列城乡居民疾病死亡率和死因比的前 4 位(图 15-1,图 15-2)。城市人群中 4 类疾病死亡率波动不大,恶性肿瘤死亡率一直居高不下,而且高于乡村人群的死亡率,但呼吸系统疾病死亡率低于乡村人群。在乡村人群中 4 类疾病死亡率有较大波动,尤其心脏病和脑血管病死亡率上升明显,自 2013 年后高于城市人群的死亡率。呼吸系统疾病的死亡率在乡村人群中逐渐下降,但在城市人群中有上升趋势。城市和乡村死亡人群的疾病死因比分布不同,在城市死亡人群中恶性肿瘤的死因比最高,其次是心脏病和脑血管病,呼吸系统疾病最低,而且在 2009—2015 年期间死因比变动不大;在乡村死亡人群疾病中,心脏病和脑血管病的死因比有上升趋势,呼吸系统疾病的死因比逐渐下降。

2. **主要危险因素暴露水平不断提高**　吸烟、过量饮酒、身体活动不足和高盐、高脂等不健康饮食是慢性病发生、发展的主要行为危险因素。中国现有吸烟人数超过 3 亿,15 岁以上人群吸烟率为 28.1%,其中男性吸烟率高达 52.9%,非吸烟者中暴露于二手烟的比例也较高,约 72.4%。2012 年中国 18 岁及以上成人的人均年酒精摄入量为 3 升,饮酒者中有害饮酒率为 9.3%,其中男性为 11.1%。2015 年中国膳食调查结果表明,中国居民膳食营养结构仍不平衡,畜肉类及油脂消费过多,豆类和奶类消费量依然偏低。随着经济社会的现代化、城市化发展,人们自然而然地倾向于选择精细的食物,久坐的生活方式和承受更多的心理压力,这些都成为慢性病持续上升的重要原因。

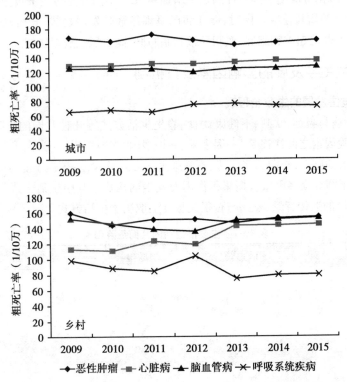

图 15-1　2009—2015 年四种常见慢性病在城市和乡村居民中的粗死亡率

数据来源:中华人民共和国国家统计局 http://www.stats.gov.cn/tjsj/

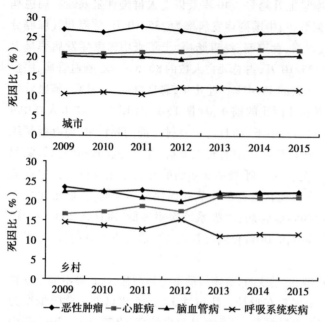

图 15-2　2009—2015 年四种常见慢性病在城市和乡村居民中的死因比

数据来源：中华人民共和国国家统计局 http://www.stats.gov.cn/tjsj/

3. 潜在慢性病患者众多　老年人是慢性病的高发人群，2015 年中国 65 周岁以上老年人人数约 1.44 亿，占总人口的 10.4%。中国将迎来老年人口高负担期，对卫生服务和保健策略提出了严重挑战。WHO 预计，至 2020 年发展中国家约 3/4 的死亡与老年病有关，其中最主要的是循环系统疾病、肿瘤和糖尿病。另外，中国农村地区经济快速发展，农村生活水平改善以及种植方式机械化使人的身体活动远不如前，不合理膳食和不良生活方式导致肥胖、血脂异常等危险因素增多，加之农村卫生资源及居民知识水平都相对较低，像糖尿病之类的慢性病易发高发。2010 年，中国农村成年人糖尿病患病率从 2002 年的 1.8% 上升至 8.4%，上升速度超过了城市地区。

4. 慢性病疾病负担加重　慢性病不仅是死亡主因，也是疾病负担的主要原因，且增长极快。WHO 报道，慢性病在中国所有疾病负担中所占比重约为 69%；世界银行预测，到 2030 年，人口迅速老龄化可能使中国慢性病负担增加 40%。中国慢性病经济负担的增长速度远超过疾病经济负担和 GDP 的增长速度。同时，慢性病已呈现年轻化发展趋势，开始侵袭四五十岁的中年人，35 岁至 65 岁的人群的超重和肥胖、血脂异常和脂肪肝、高血压发病率持续上升。

二、慢性病发生与发展的影响因素及其机制

（一）慢性病发生发展的生命全程观

一般认为，慢性病与吸烟、饮酒、不健康饮食、静坐生活方式等几种共同的危险因素有关（表 15-1）。慢性病各种危险因素之间往往是"一因多果、一果多因、多因多果、互为因果"。慢性病是在多个遗传基因轻度异常的基础上，长期紧张疲劳、不健康生活方式及饮食习惯、环境污染物的暴露、忽视自我保健和心理应变平衡等众多因素长期累积作用而发生的疾病。其中生活方式是其主要原因，即使有慢性病（如高血压）的遗传背景，发病与否很大程度上取决于生活方式。

表 15-1　主要慢性病的共同危险因素

危险因素	心脑血管疾病	糖尿病	肿瘤	呼吸系统疾病
吸烟	√	√	√	√
饮酒	√	—	√	—
营养	√	√	√	√
静坐生活方式	√	√	√	√
肥胖	√	√	√	√
高血压	√	√	—	—
血糖	√	√	√	—
血脂	√	√	√	—

笔记

那么,慢性病的影响因素是如何影响机体而最后导致慢性病的发生,并促成其进一步发展的呢?一些重要的生物危险因素起源于生命初期并开始产生负面影响,这种影响将贯穿人们的整个生命全过程,称为生命全程(life course),也称全生命周期,是一个人从出生到死亡、从受精卵开始到生命结束的完整过程。生命周期不同阶段不仅是生长发育积累的过程,也是疾病发生相关危险因素累积的过程,有的甚至可以危害到下一代。比如在出生前,胎儿获得和分配营养资源的方式对其终身健康具有深远的影响。基于健康和疾病的发育起源的研究表明,多种影响发育的因素(包括生物学、行为和环境)从孕前期到生命早期都已经起作用,并影响后来的慢性病发生。如母亲营养过剩、高血糖以及产前暴露于妊娠糖尿病可能会导致表观遗传学的改变,这将会增加其子代罹患 2 型糖尿病的风险。胎儿宫内发育迟缓(包括低出生体重)、早产、宫内营养过度和代际传播风险等都是其后来罹患慢性病如缺血性心脏病、中风和糖尿病等的已知危险因素。

出生以后,在婴儿期(从出生到 1 岁)以及童年早期,是身体发育以及社会和情感发育有关的一些重要阶段,包括建立健康的饮食和活动模式,发展自我调节能力,语言和认知发展以及更广泛的学习技能。如在婴幼儿期,营养状况是身体健康的重要决定因素,在此期间营养不足和营养过剩都可能在以后的生活中造成健康问题。体重增加使得孩子的肥胖的风险增加,以及发生身体健康问题如早期糖尿病、冠心病和早期骨关节炎。童年早期也是促进身体活动和预防久坐行为的关键时期。童年早期身体活动增加与控制肥胖、骨骼健康、运动技能发展、心理健康(社交能力和外化行为)、认知发展和心脏代谢健康等方面有正向的影响。

儿童青少年时期的经济社会环境也通过不同途径影响成人健康和疾病。经济社会地位差的儿童往往会养成如吸烟等不良生活行为方式。肥胖的儿童往往与其在肥胖的环境中成长有关,家长喂养方式和饮食控制也影响儿童早期饮食模式和儿童肥胖的风险。父母的身体活动水平和久坐行为也被证明可以预测孩子的身体活动水平。父母和同伴的行为和情感对童年时期社会和情感发展也有重要的影响。父母经常表现出不满或幼年时同伴中有敌意的孩子都会影响其将来的健康状况。

青春期是确立影响以后生活健康和幸福的健康行为关键时期。快速的大脑发育和新的认知能力比如复杂的抽象思维的获得,会导致年轻人在生活中与家庭、同龄人和学校的身份和关系发生重大变化。有研究表明,人的一生中有一半的精神疾患(不包括痴呆)是从 14 岁开始的,经常吸烟的 10 名成年人中有 8 个以上在 19 岁以前开始吸烟,10 名肥胖青少年中有 8 名会成为肥胖的成年人。

进入成人期,除了已经养成的生活行为方式外,就业和职业健康是这个年龄组影响慢性病发病的重要方面。如与标准工作时间相比,工作时间长(每周≥55 小时)与冠心病发病风险增加相关。其他与慢性病发生发展有明显关系的职业危险因素还包括暴露于致癌物、空气颗粒物、人体工效学因素、工作压力以及噪音污染。经济社会条件差对健康行为有重要的影响,因为较贫困的人更容易吸烟、不健康饮食、不参加体育锻炼。成年人患上慢性病后影响其就业和工作效率,进一步加剧经济社会条件变差。而成年人的生活经济条件以及生活行为方式也会通过代际传播,给下一代健康带来风险。

人的衰老(老龄化)是一个终身的过程,生命早期生活中的社会和生物因素会影响生命后期的老化程度。生命早期生活中的营养不足可导致衰老加速,随后的成人阶段受遗传、生活和环境因素的影响可引起骨骼变薄(骨质疏松症)、肌肉质量强度降低(肌肉减少症)和软骨改变(骨关节炎),从而加速肌肉骨骼老化;而身体活动减少和肥胖等也会促进心血管和肌肉骨骼功能下降。与同龄人相比,衰老加快可表现为其内在能力较差,如力量下降、肌肉骨骼功能和免疫功能(特别是 T-细胞活性)低下和认知功能下降,加上环境因素的影响,使老年人的功能发挥能力低下,甚至失能。

由此可见,慢性病的发生发展是相关影响因素在生命过程中日积月累的结果,生命早期的暴露以及健康状况对后期有重要影响。因此,慢性病的防控必须关口前移,预防为主,在生命过程中的各个时期降低慢性病发生的危险。

(二) 慢性病发生与发展的生命全程模型

在使用生命全程方法时,需要了解正常生物系统的自然史和生理轨迹,以及生物和社会途径。这些模型建议将整个生命全程中的暴露与晚期健康联系起来,包括暴露变量的时间顺序、相互关系(直接或通过中间变量)和结果测量。

1. **关键期模型**　是指在特定时期的暴露对器官、组织和身体系统的结构和功能的持久的、终生的影响,这种模式也被称为"生物学规划"或"潜伏期模型"。理论上,关键期模型主张在此期间的暴露会造成永久性和不可逆转的损害。然而,在慢性疾病的情况下,应该区分暴露于结构性或功能性障碍的影响。结构性障碍可能不一定影响生物学功能,因为身体可以补偿或适应结构性缺陷。在关键时期暴露也可能随着生命全程的后期暴露而被修改或触发。例如,宫内生长受限与冠心病或胰岛素抵抗的关联常常由于儿童或成人肥胖而改变。

关键时期的模式还包括关键的社会转型,比如小学到中学的过渡,学校学习环境到单位工作环境的过渡,离开父母的家向自己家庭的过渡,向父母过渡等,这些转型不一定只发生在早期,在老年阶段向退休过渡,自我照顾向他人照顾的过渡等,在这些关键时期可能会由于某些生物或社会因素相互作用而导致健康发生更大的改变。

2. **后期效应修正的临界模型**　是指后期生活因素可能会改变关键时期暴露对后来疾病风险的影响,是关键期模型的延伸。晚期暴露的影响可能会增加或减弱疾病发展。风险暴露可以是独立的,也可能是聚集的。风险因素聚集常见于所有的风险都与某单一因素的暴露相关。例如,与童年时期低社会经济地位有关的教育程度低、营养不足、被动吸烟、家庭压力大等因素都是某些慢性病发生发展的危险因素。

3. **风险累积模型**　是指多种效应在生命全程中的累积,从基因遗传到子宫内发育、童年、少年、青年、中年和老年的健康和社会暴露,着重于暴露的总量和(或)次序。随着暴露的次数、持续时间和严重程度的增加,生物系统积累的风险增大。例如,经济上处于不利地位的妇女更有可能生下低出生体重的儿童,并依靠粮食援助,这可能会导致他们的孩子饮食质量较差,经历更多的负面环境暴露,如被动吸烟、缺乏教育等。累积模型在生命全程流行病学中更具优势,它具有更好的预测能力,可以提供病因学的见解和解决健康方面的社会不平等问题。

4. **路径模型/风险链模型**　是指一系列相互联系的生物、心理和社会途径暴露的整合,而暴露时间可能以多种不同方式影响疾病风险。它与累积模型相似,但在病因暴露的时间上有所不同。早期生活与成人健康之间的各种中间因素如生活方式、受教育程度、社会阶层和健康行为等可能有重要作用。早期的优势或劣势使人们在后来的暴露路径上成为病因学上重要的事件。例如,一个处境不利的孩子可能会遇到较少的教育机会,这反过来又限制了经济社会的财富和资源,后来又影响了健康行为,并导致后来的健康状况变差等。

第二节　慢性病生命全程的预防和管理

认识到慢性病发生与发展是一个终身过程,因此,WHO 提出在整个生命全程中促进良好健康是改善群体健康的一个关键组成部分,需要采取多部门综合对策,特别关注性别、公平和人权。2016 年 8 月 19 日,中国国家主席习近平在全国卫生与健康大会上强调,要把人民健康放在优先发展的战略地位,努力全方位全周期保障人民健康。中国已把健康生命全程路径提升到国家战略高度。

一、孕前期和孕期

关于健康和疾病发展起源的研究表明,生命早期的多种发育因素会影响后期罹患慢性病的风险。健康的体重管理、膳食营养、体力活动、叶酸摄入和避免吸烟等都是重要的孕前期问题,因此,针对孕前和孕中这一时期来防止或降低子代罹患慢性病的风险有重要意义。在胎儿发育过程中,当处于不利条件时,一些器官或系统的发育以保护更重要器官或系统优先发育为原则。胎儿宫内生长阻滞(包括低出生体重)、早产、子宫内营养过剩、代际间危险传递等被认为是缺血性心脏病、脑卒中和糖尿病等慢性病的危险因素。胎儿获取和分配营养的方式对胎儿终身健康具有深远的影响。营养因素可以在孕前影响男性和女性的生殖细胞以改变胎儿发育。在子宫里，男性胎儿生长更迅速，而这时如果胎盘供给较少，就会使他们更易患营养不良。孕产妇营养研究结果显示，维生素 B_{12} 等营养素缺乏可能增加低出生体重和子代罹患糖尿病的风险。母亲肥胖也与一系列新生儿结构异常有关，如心血管异常、脊柱裂、室间隔异常等。国际妇产科联合会建议，在女性整体健康的背景下，围产期保健、孕产妇营养应该成为生命历程的一部分。国家推荐在怀孕期和孕前期（高风险期）补充叶酸预防神经管缺陷相关疾病的发病和死亡。

孕期患糖尿病母亲的孩子也更易患糖尿病，而且与孕期母亲血糖正常的兄弟姐妹相比，他们有更高的体重指数值。因此，在怀孕期间有效控制孕母血糖是进行子代糖尿病预防的有效时机，这一干预可以潜在地减少糖尿病和肥胖的代际传播。哮喘和其他肺部疾病、精神病、认知能力下降和某些类型的癌症都与孕期不健康的环境暴露有关。这种从父母到孩子的新型跨代疾病遗传模式在人群中所占的比例很可能比固有基因的影响更大。在怀孕期间接触有毒物质如酒精，缺乏必要的营养素（孕前和怀孕期间）以及其他情况如孕妇年龄大等是导致先天性畸形的危险因素。据统计，这些因素在2013年导致的新生儿死亡数达 27.6 万人。孕期妇女合理膳食能够有效预防控制子代疾病的发生。多摄入富含叶酸的食物或补充叶酸、常吃含铁丰富的食物、适当增加鱼、禽、蛋、瘦肉、海产品及奶类的摄入量，可以满足孕期母体生殖器官和胎儿生长发育的营养需求，降低出生缺陷、提高生育质量。

二、新生儿和幼儿期

婴儿期（从出生到一年）以及童年早期是儿童获得身体发展以及社会情感发展的重要里程碑。这些发育包括建立健康的饮食习惯和活动，语言和认知发展能力。低出生体重（包括较短的妊娠期和较小的胎龄）和低社会经济地位与婴儿死亡率高、幼儿期健康差有关。

在幼儿期，营养状况是身体健康的重要决定因素。在这一时期，营养不足和营养过剩可能会在后来生活中引起健康问题。在中低收入国家，维生素 A 和锌缺乏、严重儿童营养不良、不安全饮用水和卫生条件等可能导致其在成人或老年时期易罹患慢性病。目前，由于在学龄前期以及儿童期的高能量不健康的饮食习惯，儿童肥胖症的发病率也在上升。在英国，约 12.5% 的幼儿患有肥胖，超过20%的 4~5 岁学龄前儿童超重或肥胖。来自加勒比东部 7 个国家的最新报告显示，0~4 岁儿童患超重和肥胖的比率从 2000 年的 7.4% 增加到 2014 年的 14.8%，平均增加了 2 倍。

低龄母亲、低教育程度、低社会经济状况对婴儿喂养会产生负面影响。为了改善母乳喂养率较低以及为新生儿提供充足的护理，WHO 建议在国家水平积极主动实施爱婴医院，建议给予母乳喂养的母亲提供支持，在新生儿前 6 个月纯母乳喂养不会导致体重减轻，也会免遭肠胃感染等问题。WHO和儿童基金会儿童疾病综合管理指南提出了在母婴保健中强调合理营养，不仅是提高母婴的免疫力，预防急性传染病，也是预防将来慢性病发生的重要措施。

三、学龄前期和学龄期

学龄前期和学龄期是人体生长发育的旺盛时期，是体格发育、心理、智能、个性、思想、品格等向成人发展的过渡时期，营养、体格锻炼和心理卫生等问题都不可忽视。研究表明，童年时期不利的社会经济地位与出生后肺功能不全以及后来由于影响人免疫功能、使人接触传染性媒介而导致的肺功能不全有关。睡眠不足、喝加糖饮料、不吃早餐以及经常吃零食等行为容易导致儿童期肥胖。身体活动水平低、高脂饮食、高碳水化合物等会影响儿童的早期饮食习惯，也会增加罹患儿童期肥胖的风险。在中高收入国家中，儿童超重现象日益上升。

学龄期也是养成健康生活方式的关键时期。合理安排进餐时间和营养分配，要保证早餐的质量，保证生长发育和各种活动的所需营养。养成不偏食、不吃零食、不暴饮暴食等良好的饮食习惯，防止肥胖症等营养失衡的发生。增加课外活动、加强体育锻炼和参加一定的劳动，这些健康的身体活动是保障理想体重的重要因素。另外,学龄儿童逐渐进入逻辑思维阶段,分析判断能力逐渐增强,同时还存在着思想幼稚、冲动性和依赖性强的特点。在学习生活中既要适当尊重儿童的意见和意愿,发挥他们在学习上的主动性、独立性,也要杜绝焦虑、紧张、退缩、孤独、攻击行为等异常心理行为的发生。

四、青少年期和青春期

青少年时期和青春期是建立健康行为的关键时期,也是身体健康的定型阶段。健康行为对以后的身体健康有较大影响。青春期快速的大脑发育和新认知能力的获得如复杂的抽象思维,导致了青少年时期的身份与家庭、同龄人和学校的关系发生了显著的变化。在这一时期,冲动和危险行为的增加往往会导致不良后果,如青少年怀孕、药物滥用和精神障碍。

青少年时期发生的关键转变主要有从依赖的孩子到独立的成年人;从初等教育到高等教育;从教育到劳动。其中最重要的转变是成为负责自己医疗保健的成年人。这些转变的安全、顺利和健康对于他们在生命全程中拥有健康的机会是很关键的。因此,学校作为青少年学习生活的主要场所,健康促进应从学校政策、安全、营养、环境、控烟、个人卫生习惯、心理健康、卫生设施和社区参与等方面进行全方位的引导和管理。学校健康行为指导是其中的重要环节,其目的是帮助学生把学到的卫生知识渗透到日常生活中。青少年时期随着生理上产生的急剧变化,在心理上也开始经历一种新的体验,同样需要加强青春期的心理保健。例如正确认识自我,学会处理人与人之间的关系,培养良好的个性心理品质等。

五、成年期

成年期是指从开始工作到退休的这段时间。在这段时间里,人们一般要经历接受高等教育、参加工作、为人父母、孩子离家独立生活以及退休等重要的生活事件。由于在胎儿期、儿童期和青春期的危险因素作用的不断累积,进入成人期的个体可能有更大的健康风险。职业健康和职业危险因素是成年人慢性病的一个重要诱因。暴露于致癌物、空气颗粒物和噪音污染等都可以导致诸如癌症(白血病、肺癌、间皮瘤)、慢性阻塞性肺病、哮喘、肌肉骨骼疼痛等疾病。吸烟,酗酒和药物滥用等也是这个年龄段慢性病的主要危险因素。另外,社会经济的不利条件对健康行为有重要影响,与富裕的人相比,贫困的人更容易吸烟、不良健康饮食、不参加体育活动。中低收入国家慢性病造成的死亡人数,几乎有50%发生在70岁以下的人群中,近30%的发生在60岁以下的人群。目前,全面实施35岁以上人群首诊测血压,基层医疗卫生机构提供基础检测项目,将疾病筛检技术列为公共卫生措施,加强健康体检规范化管理。

职业人群或职业场所健康促进是保障成年期健康的主要预防策略。职业人群健康促进主要指职工的健康教育,企业的管理政策、法规和组织,改变不利健康的行为和环境,加强卫生服务等,达到促进职工健康,提高生命质量。职业人群作为社会群体,面临与一般人群相同的公共卫生问题挑战,但作为某一特定职业的群体,又面临诸如化学性、物理性、生物性职业危害因素,以及职业性心理紧张等因素的威胁,故职业人群面临双重的健康问题。完整的职业人群健康教育应包括职业卫生教育和一般健康教育两部分。通过各种形式的传播媒介、卫生服务和干预措施,使职工达到:①了解自己及其所处的环境,包括人的基本生物学特征、生活和作业环境、可能接触到的有害因素,以及个人的癖好、行为和生活方式等;②了解上述个体及环境因素对健康的可能影响;③参与环境和生产方式的改变,控制影响健康的危险因素,自觉地实行自我保健和自我健康管理。

劳动过程还可能存在精神及心理方面的不良因素,构成职业性紧张。工作超负荷、工作量不足、作业管理不善、职业缺乏保障、工作单调以及轮班制工作等不良因素都可能造成精神心理紧张。紧张使自主神经功能或内脏功能发生变化,形成可逆性的"心理生理反应",当这种变化持续发展至器官组织发生病理改变,则成为"身心疾病",不仅可引起神经症状或心因性精神病,同时也可以导致或加重很多慢性病发生发展。研究发现,职业紧张可以使心血管疾病增加1~3倍,高血压发病危险增加

3~5倍。过度的、持续的职业紧张对劳动者的身心健康、工作能力和生活质量都是十分有害的。控制或消除生产环境和劳动过程中的紧张因素,提高劳动者的适应和控制能力,是减少职业紧张危害的根本途径。由于职业紧张往往是持续的、动态的、多方位的,是涉及多领域的复杂现象,其控制对策必须是综合的,需要劳动者、管理者、家庭、社会共同参与方可奏效。

六、老年期

老年期是人生过程的最后阶段,身体各器官组织出现明显的退行性变化,心理方面也发生相应改变,衰老现象逐渐明显。随着经济的发展,生活方式的改变和老龄化的加速,高血压、糖尿病、冠心病、恶性肿瘤等慢性病已经成为导致老年人生活质量下降的重要原因,严重影响老年人的身心健康,并给个人、家庭和社会带来沉重的负担。老年慢性病与多种因素有关,比如性别、年龄、遗传因素等一些无法改变的因素和合理膳食、适量运动、禁烟限酒、保持心情愉快等可以控制的因素。大多数慢性病与不健康的生活习惯有关,坚持健康的生活方式,80%以上的心脏病、脑卒中、糖尿病,40%以上的肿瘤是可以预防的。

老年人是慢性病的高发人群,大多数老年人有一种甚至二种以上的慢性病,因此在积极帮助老年人预防慢性病基础上,我们更要重视老年人的慢性病治疗和康复,以延长老年人的寿命,降低致残率,提高老年人的生命质量。老年人口医疗需求水平高,在医疗资源相对稀缺的情况下,如何有效的对老年慢性病进行健康管理、改变其认知和行为方式,对实现社会公平、促进社会和谐意义重大。因此,针对老年人慢性病的防治提出如下建议:

1. **增加面向老年人的医疗卫生投入**　高龄化社会中,老年人是一个社会重要组成部分,是新型弱势群体,是最需要医疗保障服务的人群。老有所养,老有所医是每一个老年人应得的权利。应该本着"公正""公平"的理念,不断完善医疗保障制度,逐步增加面向老年人的医疗卫生资金投入,真正实现老有所医。

2. **加强老年人健康教育,提高老年人自我保健能力**　以社区为主要基地,定期开展老年保健咨询活动和老年保健讲座,对老年人进行慢性病防治,健康生活方式等培训。倡导"坚持活动,处世乐观,生活规律,营养适中,戒烟少酒,讲究卫生"的健康生活方式。加强老年人自我保健和老年慢性病预防的宣传工作。

3. **关注慢性病老年患者存在的心理问题**　社会因素、家庭因素、生理机能衰退以及慢性病的终身用药所带来的经济负担等都会给患者心理造成一定负面影响,加重病情恶性循环。给予老年慢性病患者心理疏导干预,了解产生复杂心理的原因,找出症结,耐心引导,鼓励老年人学会随遇而安,凡事都要开心。

4. **加强对老年慢性病的管理和监督**　建立老年人健康档案,根据个人健康信息进行健康及疾病的风险性评估。完善社区卫生服务体系,加强对社区医疗队伍的培训与指导,建立分级医疗及双向转诊制度,在社区卫生服务机构开展老年人慢性病的一般门诊及康复、护理等一站式的连续性服务。建立老年慢性病的防治机构,提高一级医院医护人员的业务素质。

第三节　慢性病的管理

一、慢性病健康管理

目前慢性病占全球疾病负担的一半以上,在未来十年间慢性病负担将不断上升,尤其在发展中国家,疾病负担的80%将来自慢性病。对慢性病进行疾病管理将使健康状况得到有效评估,提供针对性的健康指导,从而促使人们有目的地采取各种行动改善健康,减少患慢性病几率,降低医疗服务费用,改善人群健康状态,提高生命质量。

（一）慢性病健康管理的概念

慢性病健康管理（health management for chronic disease）是指以生物-心理-社会医学模式为指导，组织慢性病专业医生及护理人员，通过为健康人、慢性病风险人群、慢性病患者提供全面、连续、主动的管理，以达到促进健康、延缓慢性病进程、减少并发症、降低伤残率、延长寿命、提高生活质量，同时降低医药费用为目的的一种科学健康管理模式。该模式全方位、多角度为慢性病患者提供健康服务，注重对各种危险因素进行积极干预，传播医药卫生知识，为慢性病患者提供科学合理的健康促进、用药指导以及人文关怀。随着老龄化时代的到来，慢性病发病率和死亡率逐年升高，慢性病治疗费用给患者家庭带来沉重压力，以及精神压力。因此，慢性病健康管理工作意义重大。政府和卫生部门应该加大财政投入，培养专业队伍，配备相应装备，完善慢性病组织管理工作和管理体系，促进居民健康，使社会和谐发展。中国充分发挥网络新媒体和传统媒体优势，面向高危人群、重点人群，开展以社区、家庭互为联动的健康教育活动，并且针对全人群开展一系列的主题宣传日活动和日常科普宣传，如"全民健康生活方式日""全国爱牙日""全国高血压日""世界卒中日""联合国糖尿病日"等，广泛传播慢性病防治、营养膳食等知识，倡导健康生活方式理念，提高居民慢性病防控意识。

（二）慢性病健康管理的内容

1. 慢性病健康管理计划   根据国外的经验，整个慢性病健康管理计划包括设计、实施、评价和推荐四个阶段。

（1）设计阶段应该掌握疾病的基本知识，明确疾病的病因、发生、发展和转归以及在各个过程中采取最适宜的干预措施（最好的成本-效果）。同时应明确患者的划分和评价危险因素，并确定临床指南、实施路径和决策原则，做出患者保健、自我管理和健康教育的计划。

（2）实施阶段应该具备适宜的技术和管理制度，以保证能够顺利开展疾病管理工作，主要包括患者的持续服务计划、信息技术和信息传播的基础结构、医院内部和外部的管理等内容。

（3）评价阶段则应有相应的技术和指标体系完成慢性病管理的效果、效益的评价和报告，慢性病健康管理实施的跟踪和资源的管理，并将结果反馈给实施过程，达到持续提高质量的目的。

（4）市场推荐阶段是在前三个阶段的基础上评估该项慢性病健康管理计划在市场上推荐的前景，以确定该项计划的投资风险。

2. 慢性病健康管理要素   慢性病健康管理不仅仅是执行和发展具体的项目，也是卫生保健体制改革的一个重要部分。以系统为基础的慢性病健康管理包括以下几个要素：建立各部门的协作、建立信息系统平台、初级保健团队建设、医生培训、患者健康教育和自我管理。

（1）建立有效的团队协作：慢性病健康管理在社区实施时，根据社区服务机构的特点及辖区管理人群的特点，可构建不同模式的管理团队，主要包括以患者为中心的管理团队、以流程管理为中心的管理团队和小团队管理模式。

（2）完善初级卫生保健团队：疾病管理是通过卫生保健团队完成的。疾病初级卫生保健团队除了医生、护士以外，应包括药剂师、营养师、健康教育者、健康管理师、疾病管理责任师等，在为患者提供医疗服务过程中，同时为居民提供预防、保健、康复、健康教育融为一体的人性化、综合性、持续性、可及性、协调性的综合医疗卫生服务。

（3）建立各部门的协作：疾病管理是以系统为基础的，由社区卫生服务站、社区卫生服务中心、三级医院、疾病预防控制中心等相互协作共同完成的。社区卫生服务机构和三级医院之间建立双向转诊通道是保证高质量卫生保健服务的重要环节，也是协调保健服务的重要内容。

（4）建立社区临床信息系统：社区医疗系统引进电子病例（CPR）是社区医疗信息发展的重要标志。没有社区临床信息系统，就很难获得连续的患者信息，实现连续性卫生保健服务；很难实施综合的一体化的卫生保健服务；很难及时评价真实的管理效果，造成卫生资源浪费；医保部门由于不能及时得到费用信息也难以做到监督和管理。

（5）医生培训：疾病管理战略应当以循证医学为基础，临床指南是所有疾病管理项目的基础。临床指南具有以下特点:信息具有权威性;专家的集体论证达成一致的建议;共识的患者管理的建议;澄清临床上有意义的争论问题。疾病管理重要的一点是鼓励保健人员遵循指南,患者和保健人员应获得信息以能更好地遵循治疗、生活方式、和自我管理的建议,使患者提高健康水平。

（6）患者健康教育与自我管理:传统的疾病管理主要内容是教育患者,后发展为教授患者自我管理的技能为主,提高患者的自我管理能力。

二、慢性病的自我管理

慢性病主要是由于人们的行为生活方式和环境因素所决定,慢性病患者的预防性干预与卫生保健活动一般在社区与家庭完成,因此患者与家庭将不可避免地成为管理慢性病的主要承担者。而绝大多数患者及其家庭成员均缺乏自我管理所需的技能,因此,通过健康教育与健康促进增强慢性病患者及其家庭成员的自我管理技能均具有非常重要的现实意义。

（一）慢性病自我管理的概念

慢性病自我管理(chronic disease self-management,CDSM)是指通过系列健康教育课程教给患者自我管理所需知识、技能以及和医生交流的技巧,帮助慢性病患者在得到医生更有效的支持下,主要依靠自己解决慢性病给日常生活带来的各种躯体和情绪方面的问题。因为慢性病患者长期与疾病作斗争,熟悉疾病的诊疗、自我保健等全过程,决定了他们自己才是慢性病控制与管理的最佳人选。从这个定义可以看出自我管理并不是脱离专业医生的自我保健活动。只不过医生的作用不再如原来处理急性病那样,负责选择及实施治疗方案,而是作为慢性病患者的伙伴,与其协商治疗方案,支持其在日常生活中主要通过自己来管理所患慢性病。它通过系列健康教育课程教给患者自我管理所需知识、技能、信心以及和医生交流的技巧,来帮助慢性病患者在得到医生更有效的支持下,主要依靠自己解决慢性病给日常

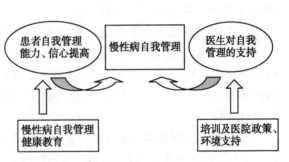

图15-3　慢性病自我管理示意图

生活带来的各种躯体和情绪方面的问题。图15-3可以清楚地了解慢性病自我管理模式的实质:一方面需要开展慢性病自我管理健康教育来提高患者自我管理所需的基本知识、技能和自信心,让患者有能力、有信心自己照顾自己;另一方面,通过在技术上(培训医生),政策、环境、资源上支持医生在日常诊疗时为患者提供帮助,支持其进行自我管理。随着慢性病在世界范围内高发病态势的持续,自我管理作为一种有效的管理方法在国内外已被广泛应用,并获得了一定的应用经验。

（二）慢性病自我管理的内容

图15-4展示了以支持患者自我管理为核心的创新性保健服务的框架。从中可以看出此模式整合了患者、卫生专业人员、卫生系统及卫生机构的系统改变、社区资源与政策以及更高层次的积极政策及环境。

1. 患者自我管理　有效的自我管理能帮助患者及其家人坚持治疗方案以尽可能稳定症状、降低并发症及因慢性病所致的失能。不仅提高服务效率,也能提高效果。

（1）自我管理任务:各种慢性病患者都必须完成3大自我管理任务:①医疗和行为管理,即照顾自己的健康问题,如按时服药、加强锻炼、就诊、改变不良饮食习惯;②角色管理,即建立和维持日常角色,如做家务、工作、社会交往等;③情绪管理,即应对和处理疾病所带来的各种情绪及其变化,如抑郁、焦虑、恐惧、挫折感等。

（2）自我管理的基本技能:要完成上述3大自我管理任务,患者必须掌握5种基本自我管理技能:解决问题的技能、制订决策的技能、寻找和利用社区资源的能力、建立良好医患关系的技能以及目标设定与采取行动的技能。

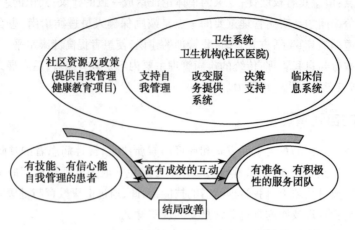

图 15-4　以自我管理为核心的创新性保健框架

2. 社区对患者自我管理的支持　社区对患者自我管理的支持主要体现为在社区内持续开展慢性病自我管理健康教育项目,培训患者的自我管理能力。即通过充分利用社区资源,开展系列的健康教育课程来提高患者及其家人自我管理基本知识、能力及信心,鼓励病友互助,提高患者与医生的交流技巧,帮助患者完成自我管理任务。

3. 医生对慢性病患者自我管理的支持　主要包括:①日常自我管理活动的支持、指导、评估、帮助患者解决问题、确定管理目标等;②有效的临床管理;③准确的诊疗计划;④紧密的随访。要帮助医生完成这些支持任务,必须要进行有关慢性病自我管理的培训,让医生掌握有效的自我管理支持技巧。另外,医生也要善于组织医院内部及社区的资源来为患者提供持续的自我管理支持。

4. 支持医生对慢性病患者自我管理支持的系统改变　包括:①创造一种行业文化、机制来促进服务质量的不断提高及服务创新,为创新性服务(如支持患者自我管理)提供政策、制度及激励机制;②调整服务提供方式,确保有效果、有效率的临床服务及对自我管理支持(如在服务团队中合理分工、确定定期随访安排、鼓励患者参与确定服务内容、形式等);③促进卫生机构提供符合科学证据及患者选择的服务:如使用循证医学的原则贯穿于日常诊疗服务;与患者共享有科学依据的指南及信息,鼓励患者参与;使用有效的培训方法等;④建立信息系统,利用患者及人群数据来帮助提高服务质量及效率。如为服务提供者及患者建立及时的提醒系统(电子邮件提醒);鉴定出服务的重点对象;让患者与医生信息共享达到医患协作;监测卫生服务系统及服务团队的绩效。

总之,通过在社区持续开展自我管理健康教育项目,让每个患者学习到自我管理技能及信心后,承担日常的疾病管理任务加上来自医生及社区的自我管理支持和随访,能使慢性病患者主要依靠自己控制所患疾病,过上健康、幸福的生活。卫生保健系统在系统水平上的改变及社区资源的动员与利用,再加上外部政策环境的支持,能让患者的自我管理及医生的支持服务持续进行,最终提高慢性病保健服务的质量及效率,减少卫生服务的利用。

第四节　国际与中国慢性病防治策略

根据慢性病可以治疗但不可能治愈的特性,慢性病防治的目的是在人的生命全周期预防和控制慢性病的发生;降低慢性病的患病、早亡及失能;提高患者及伤残者的生活质量。慢性病防治应以明确疾病发生、发展规律,疾病危险因素及其间内在关系为基础,选择有科学证据证实有效的策略及方法。

一、WHO 慢性病防治策略

1999 年开始,WHO 陆续制定了一系列慢性病防治指南、规范、程序、临床路径等,形成了相对统一的规范和要求。在 2011 年 9 月召开的联合国慢性病预防和控制高级别会议(联合国慢性病峰会)上,时任联合国秘书长潘基文强调,"慢性病是公共卫生问题,更是社会经济发展问题。"本次会议为各国政府凝聚共识、制定国别战略、遏制慢性病的增长势头提供了一个重要的契机。WHO 在实施 2008—2013 年预防和控制非传染病行动计划基础上,编制了《预防控制慢性病全球行动计划(2013—2020)》。该计划明确提出了通过在国家、区域和全球层面开展多部门协作与合作,减少慢性病导致的可预防和可避免的发病率、死亡率和残疾负担,使所有人群都能获得其年龄水平能够达到的健康和生产力标准,使慢性病不再成为人类幸福和社会经济发展的障碍。

(一) 防治原则和方法

WHO 关于慢性病预防和控制的总原则是强调生命全过程干预、提升个人和社区能力、全民健康覆盖、控制利益冲突、寻找循证策略、尊重人权和公平公正、采取国家行动和国际的多部门合作行动。

1. **生命全过程**　预防和控制慢性病的机会出现在生命的多个阶段。生命早期阶段的干预措施通常是第一级预防的最佳时机。慢性病预防控制政策、计划和服务的确立有必要考虑生命历程各个阶段的健康和社会需要。

2. **个人和社区能力**　使个人和社区具备能力参与慢性病预防和控制工作,包括参与宣传、服务提供、教育和培训、监测、研究和评价等方面工作。

3. **全民健康覆盖**　所有人都应该获取由国家给定的必要的促进性、预防性、治疗性和康复性等基本卫生服务,以及安全、可负担、有效和优质基本药物和诊断试剂。同时,必须确保对这些服务的使用不会导致使用者陷入经济困境,尤其要注重穷人和生活在脆弱状况中的人群。

4. **管理现实、已知或潜在的利益冲突**　国家和非国家方面的多种行为者,包括学术界、工业界、非政府组织和专业组织等都需要参与进来才能有效应对慢性病。因此必须保证预防和控制慢性病的公共卫生政策不受任何形式既得利益的不当影响。

5. **循证策略**　预防和控制慢性病的策略和做法需要以最新科学证据、最佳做法、成本效益、经济负担能力以及公共卫生原则为基础,同时考虑到文化因素。

6. **尊重人权**　认识到享受最高的、能获得的健康标准是人人基本权利之一。不分种族、肤色、性别、宗教、政治或其他见解、国籍或社会出身等任何区别,这是《世界人权宣言》的宗旨。

7. **公平公正的方法**　认识到慢性病疾病负担不同是受健康问题、社会决定因素的影响,针对这些决定因素采取行动既是为了弱势群体也是为了整个人口。减少慢性病疾病总体负担,创建包容、公平、有经济生产力和健康的社会是至关重要。

8. **国家行动以及国际合作与团结**　确认政府在应对慢性病挑战方面的首要作用与责任,同时应当认识到国际合作在协助会员国方面具有重要作用,可以补充各国的努力。

9. **多部门行动**　认识到慢性病的有效预防和控制需要领导、多方利益攸关者的协调参与以及政府和广泛行为者的多部门卫生行动,包括卫生、农业、教育、环境、财政、社会和经济发展等各种部门实行将"健康融入所有政策"和"整个政府采取行动"的方针,与相关民间组织和私营部门实体建立伙伴关系。

(二) 防治工作策略

1. **通过加强国际合作,在全球、区域和国家层面的发展目标中提高对慢性病预防控制工作的重视**　联合国大会、联合国可持续发展会议以及联合国发展议程工作组的第一份报告将预防和控制慢性病确定为社会发展和投资于民的优先重点工作。通过防治慢性病所带来更好的健康结果是可持续发展的三个方面,即经济发展、环境可持续性以及社会发展的前提、结果和指标。

2. **通过加强国家能力、领导力,协调多部门行动和合作伙伴关系,促进国家对慢性病预防控**

制的应对　作为人群健康的最终保护者,各国政府应该为预防和控制慢性病提供适当的体制、法律、财政和服务安排。政府层面采取多部门合作方针,实行"整个政府采取行动""全社会努力"和"将卫生纳入所有政策"方针。

3. 通过创建健康促进环境, 消除或减少慢性病可改变的危险因素　各国政府应酌情根据本国国情,通过多部门行动,采用法律和其他政策,通过监管或奖惩措施,创建有利于保护身心健康和促进健康行为的支持性环境。

4. 通过以人为本的初级卫生保健服务和全民健康覆盖, 加强和调整卫生系统, 应对潜在的社会决定因素　所有人都必须不受歧视地获取国家确定的基本卫生服务,减轻患者经济困境。卫生系统应当着重于加强针对心血管疾病、癌症、慢性呼吸系统疾病、糖尿病和其他慢性病患者或高危人群的健康促进、预防、早期发现、治疗和持续管理,以避免并发症,减少住院需求以及过早死亡。

5. 推动和支持国家能力建设, 开展高质量的慢性病防制研究与开发　联合国大会呼吁,所有支持和促进有关预防和控制慢性病方面的研究,并将其转化为实践,以充实用于国家、区域和全球行动的知识库。结合社会科学和生物医学,开展比较研究、应用研究和实施研究,以扩大现有干预措施并使其产生最大影响。

6. 监测慢性病流行趋势和决定因素, 评估防控进展情况和效果　监测工作将提供对慢性病趋势变化的国际评估,加强国家收集、分析和交流数据的能力,协助建立各国与同区域或发展类别相同的其他国家比较的基准,为开展宣传、制定政策和采取协调行动提供依据。

（三）防治目标（自愿性全球目标）

2013 年 5 月,世界卫生大会通过全球综合监测框架,其中包括一套到 2025 年实现全球自愿目标,从降低死亡率、国家系统应对和慢性病危险因素防控三个方面提出 9 项自愿性全球目标,以监测有关慢性病的国家战略和计划的执行趋势。

1. 死亡率和发病率　心血管疾病、癌症、糖尿病和慢性呼吸系统疾病总死亡率相对降低 25%。

2. 国家系统应对　至少 50% 符合条件人群接受预防心脏病和脑卒中发生的药物治疗和咨询(包括控制血糖);80% 的公立和私营医疗卫生机构提供经济有效的慢性病诊治所需的基本技术和药物。

3. 慢性病危险因素防控　有害酒精使用现象比例相对减少至少 10%;身体活动量不足的流行率相对减少 10%;人群平均食盐摄入量/钠摄入量相对减少 30%;15 岁以上人群烟草使用流行率相对减少 30%;血压升高患病率相对减少 25%;遏制糖尿病和肥胖的流行率上升。

二、中国慢性病防治策略

近年来,各地区、各有关部门认真贯彻落实中共中央、国务院决策部署,深化医药卫生体制改革,着力推进环境整治、烟草控制、体育健身、营养改善等工作,初步形成了慢性病综合防治工作机制和防治服务网络。为加强慢性病防治工作,降低疾病负担,全方位、全周期保障人民健康,依据《"健康中国 2030"规划纲要》,2017 年国务院办公厅印发了《中国防治慢性病中长期规划(2017—2025 年)》。本规划强调了统筹推进"五位一体"总体布局和协调推进"四个全面"战略布局,牢固树立和贯彻落实创新、协调、绿色、开放、共享的发展理念,坚持正确的卫生与健康工作方针,以提高人民健康水平为核心,以深化医药卫生体制改革为动力,以控制慢性病危险因素、建设健康支持性环境为重点,以健康促进和健康管理为手段,提升全民健康素质,降低高危人群发病风险,提高患者生存质量,减少可预防的慢性病发病、死亡和残疾,实现由以治病为中心向以健康为中心转变,促进全生命周期健康,提高居民健康期望寿命,为推进健康中国建设奠定坚实基础。

（一）防治原则和方法

1. 坚持统筹协调　统筹各方资源,健全政府主导、部门协作、动员社会、全民参与的慢性病综合防治机制,将健康融入所有政策,调动社会和个人参与防治的积极性,营造有利于慢性病防治的社会环境。

2. **坚持共建共享**　倡导"每个人是自己健康第一责任人"的理念,促进群众形成健康的行为和生活方式。构建自我为主、人际互助、社会支持、政府指导的健康管理模式,将健康教育与健康促进贯穿于全生命周期,推动人人参与、人人尽力、人人享有。

3. **坚持预防为主**　加强行为和环境危险因素控制,强化慢性病早期筛查和早期发现,推动由疾病治疗向健康管理转变。加强医防协同,坚持中西医并重,为居民提供公平可及、系统连续的预防、治疗、康复、健康促进等一体化的慢性病防治服务。

4. **坚持分类指导**　根据不同地区、不同人群慢性病流行特征和防治需求,确定针对性的防治目标和策略,实施有效防控措施。充分发挥国家慢性病综合防控示范区的典型引领作用,提升各地区慢性病防治水平。

（二）防治策略与措施

1. **加强健康教育,提升全民健康素质**　①开展慢性病防治全民教育。宣传合理膳食、适量运动、戒烟限酒、心理平衡等健康科普知识,规范慢性病防治健康科普管理,建立健全健康教育体系,教育引导群众树立正确健康观。②倡导健康文明的生活方式。加强幼儿园、中小学等健康知识和行为方式教育,实现预防工作的关口前移;开展"三减三健"(减盐、减油、减糖、健康口腔、健康体重、健康骨骼)等专项行动,增强群众维护和促进自身健康的能力。

2. **实施早诊早治,降低高危人群发病风险**　①促进慢性病早期发现。全面实施35岁以上人群首诊测血压,基层医疗卫生机构提供基础检测项目,将疾病筛检技术列为公共卫生措施,加强健康体检规范化管理。②开展个性化健康干预。在基层医疗卫生机构开展慢性病高危人群的患病风险评估和干预指导,重视老年人常见慢性病、口腔疾病、心理健康的指导与干预,开展集慢性病预防、风险评估、跟踪随访、干预指导于一体的职工健康管理服务。

3. **强化规范诊疗,提高治疗效果**　①落实分级诊疗制度。优先将慢性病患者纳入家庭医生签约服务范围,积极推进分级诊疗,形成基层首诊、双向转诊、上下联动、急慢分治的合理就医秩序,健全治疗-康复-长期护理服务链。②提高诊疗服务质量。建设医疗质量管理与控制信息化平台,全面实施临床路径管理,规范诊疗行为,推广应用癌症个体化规范治疗方案。

4. **促进医防协同,实现全流程健康管理**　①加强慢性病防治机构和队伍能力建设。明确和充分发挥各级医疗卫生机构在慢性病防治工作所承担的咨询、监测、评价、指导等工作;二级以上医院要配备专业人员,履行公共卫生职责。②构建慢性病防治结合工作机制。疾病预防控制机构、医院和基层医疗卫生机构要建立健全分工协作、优势互补的合作机制,加强医防合作,推进慢性病防、治、管整体融合发展。③建立健康管理长效工作机制。明确政府、医疗卫生机构和家庭、个人等各方在健康管理方面的责任,完善健康管理服务内容和服务流程。

5. **完善保障政策,切实减轻群众就医负担**　①完善医保和救助政策。完善城乡居民医保门诊统筹、不同级别医疗机构医保差异化支付等相关政策,发展多样化健康保险服务,开展各类慢性病相关保险经办服务;对符合条件的患慢性病的城乡低保对象、特困人员实施医疗救助。②保障药品生产供应。做好专利到期药物的仿制和生产,提升仿制药质量;加强二级以上医院与基层医疗卫生机构用药衔接,发挥社会药店在基层的药品供应保障作用,发挥中医药在慢性病防治中的优势和作用。

6. **控制危险因素,营造健康支持性环境**　①建设健康的生产生活环境。加强文化、科教、休闲、健身等公共服务设施建设;推动覆盖城乡、比较健全的全民健身服务体系建设;建立健全环境与健康监测、调查、风险评估制度,降低环境污染对健康的影响。②完善政策环境。推动国家层面公共场所控制吸烟条例出台,加大控烟执法力度;严格执行不得向未成年人出售烟酒的有关法律规定;加强食品安全和饮用水安全保障工作。③推动慢性病综合防控示范区创新发展。以国家慢性病综合防控示范区建设为抓手,培育适合不同地区特点的慢性病综合防控模式。

7. **统筹社会资源,创新驱动健康服务业发展**　①动员社会力量开展防治服务。鼓励、引导、支持社会力量参与所在区域医疗服务、健康管理与促进、健康保险以及相关慢性病防治服务;建立多元化资金筹措机制,鼓励社会资本投向慢性病防治服务和社区康复等领域。②促进医养融合发展。促进慢性病全程防治管理服务与居家、社区、机构养老紧密结合,加快推进面向养老机构的远程医疗服务试点。③推动互联网创新成果应用。促进互联网与健康产业融合,完善移动医疗、健康管理法规和标准规范,推进预约诊疗、在线随访、疾病管理、健康管理等网络服务应用。

8. 增强科技支撑,促进监测评价和研发创新　①完善监测评估体系。整合单病种、单因素慢性病及其危险因素监测信息,健全死因监测和肿瘤登记报告制度,开展营养和慢性病危险因素健康干预与疾病管理队列研究。②推动科技成果转化和适宜技术应用。系统加强慢性病防治科研布局,完善重大慢性病研究体系,加强慢性病防治基础研究、应用研究和转化医学研究,开展慢性病社会决定因素与疾病负担研究,积极参与国际慢性病防治交流与合作。

（三）防治目标和主要指标

近年来,各地区、各有关部门认真贯彻落实党中央、国务院决策部署,深化医药卫生体制改革,着力推进环境整治、烟草控制、体育健身、营养改善等工作,初步形成了慢性病综合防治工作机制和防治服务网络。对于慢性病防治工作效果也进行了中长期规划,到 2020 年,慢性病防控环境显著改善,降低因慢性病导致的过早死亡率,力争 30 ~ 70 岁人群因心脑血管疾病、癌症、慢性呼吸系统疾病和糖尿病导致的过早死亡率较 2015 年降低 10% ;到 2025 年,慢性病危险因素得到有效控制,实现全人群全生命周期健康管理,过早死亡率较 2015 年降低 20% 。逐步提高居民健康期望寿命,有效控制慢性病疾病负担。其具体指标见表 15-2。

表 15-2　中国慢性病防治中长期规划(2017—2025 年)主要指标

主 要 指 标	基线	2020 年	2025 年
心脑血管疾病死亡率(1/10 万)	241.3	下降 10%	下降 15%
总体癌症 5 年生存率(%)	30.9	提高 5%	提高 10%
高发地区重点癌种早诊率(%)	48	55	60
70 岁以下人群慢性呼吸系统疾病死亡率(1/10 万)	11.96	下降 10%	下降 15%
40 岁以上居民肺功能检测率(%)	7.1	15	25
高血压患者管理人数(万人)	8835	10 000	11 000
糖尿病患者管理人数(万人)	2614	3500	4000
高血压、糖尿病患者规范管理率(%)	50	60	70
35 岁以上居民年度血脂检测率(%)	19.4	25	30
65 岁以上老年人中医药健康管理率(%)	45	65	80
居民健康素养水平(%)	10	大于 20	25
全民健康生活方式行动县(区)覆盖率(%)	80.9	90	95
经常参加体育锻炼的人数(亿人)	3.6	4.35	5
15 岁以上人群吸烟率(%)	27.7	控制在 25% 以内	控制在 20% 以内
人均每日食盐摄入量(g)	10.5	下降 10%	下降 15%
国家慢性病综合防控示范区覆盖率(%)	9.3	15	20

三、中国慢性病综合防控示范区

中国慢性病管理主要以三级预防为主,由医院诊疗、社区管理和自我健康促进协同管理,开展慢性病的早期筛查和居民健康教育,控制慢性病的致病因素,提倡健康的生活方式。其管理模式主要为基于社区的慢性病综合防控模式、以患者为中心的慢性病干预模式和慢性病患者自我管理模式。2010 年,原国家卫生和计划生育委员会开始启动慢性病综合防控示范区工作,并对示范区的考评和管理进行了规定。为进一步加强慢性病综合防控工作,发挥"以点带面、推动整体、带动全国"的示范引领作用,2016 年制定《国家慢性病综合防控示范区建设管理办法》,其主要目标是坚持以人民健康为中心,强化政府责任,创造和维护健康的社会环境,培育适合不同地区特点的慢性病综合防控模式,总结推广经验,引领带动全国慢性病综合防控工作,降低因慢性病造成的过早死亡,有效控制慢性病疾病负担增长,推进健康中国建设。

（一）示范区建设原则

坚持政府主导、部门协作、动员社会、全民参与的慢性病综合防控工作机制。坚持预防为主、防治结合、中西医并重,发挥医疗卫生服务体系的整体功能,提供全人群生命全周期的慢性病防治管理服务,推进疾病治疗向健康管理转变。坚持突出特色创新,促进均衡发展,整体带动区域慢性病防治管理水平提升。

（二）示范区建设目标

1. **政策完善**　健全完善政府主导的慢性病综合防控协调机制,多部门协同配合,统筹各方资源,加大政策保障,在政策制定、组织管理、队伍建设、经费支持等方面给予充分支持,在环境治理、烟草控制、健身场所设施建设等慢性病危险因素控制方面采取有效行动。

2. **环境支持**　示范区建设与卫生城市、健康城市、文明城市建设等紧密结合,建设健康生产生活环境,优化人居环境。加强公共服务设施建设,完善文化、科教、休闲、健身等功能,向家庭和个人就近提供生理、心理和社会等服务,构建全方位健康支持性环境。

3. **体系整合**　构建与居民健康需求相匹配、体系完整、分工协作、优势互补、上下联动的整合型慢性病综合防控体系,积极打造专业公共卫生机构、二级及以上医院和基层医疗卫生机构"三位一体"的慢性病防控机制,建立信息共享、互联互通机制,推进慢性病防、治、管整体融合发展。

4. **管理先进**　提供面向全人群、覆盖生命全程的慢性病预防、筛查、诊断、治疗、康复全程管理服务,开展健康咨询、风险评估和干预指导等个性化健康干预。以癌症、高血压、糖尿病等为突破口,加强慢性病综合防控,强化早期筛查和早期发现,推进早诊早治工作。提高基本公共卫生服务均等化水平,推进家庭医生签约服务,强化分级诊疗制度建设。

5. **全民参与**　教育引导人民群众树立正确健康观,用群众通俗易懂的方法普及健康知识和技能,强化个人健康责任意识,提高群众健康素养。依托全民健身运动、全民健康生活方式行动等载体,促进群众形成健康的行为和生活方式。充分调动社会力量的积极性和创造性,不断满足群众多层次、多样化的健康需求。

原国家卫生和计划生育委员会负责示范区建设工作的组织实施,加强有关部门间协同配合,确定各省(区、市)示范区建设任务,组织相关部门及专家对申报材料进行审核,开展现场调研和技术评估,确定国家级慢性病综合防控示范区。中国疾病预防控制中心负责承担示范区建设日常管理及业务指导;原省级卫生计生行政部门会同有关部门负责所辖区域示范区的培育、遴选、推荐、管理和指导;县(市、区)级政府负责承担示范区建设各项任务。示范区实行动态管理和复审制度,每年工作进展报告经省市级审核后报中国疾病预防控制中心,每满五年接受复审,由示范区进行自评,省级卫生计生行政部门组织复核,并将复核意见报国家卫生计生委。截至 2015 年底,中国30 个省(自治区、直辖市)和新疆生产建设兵团分三批共建成 265 个国家慢性病综合防控示范区,占全国县区数的 9.3%,东部省份 50% 的地级市建有国家级示范区。除西藏外,其余省份均建有 1个或以上的国家级示范区,基本完成了"十二五"规划要求的建设目标。示范区建设工作的开展,对于辐射带动全国慢性病综合防控工作起到了积极作用,为慢性病防控工作的开展提供了重要经验。

（刘红波）

----

1. 什么是慢性病? 慢性病在中国的流行特征有哪些?

2. 什么是生命全程? 慢性病发生与发展的生命全程模型有哪些? 主要表现是什么?

3. 什么是慢性病健康管理? 如何进行慢性病健康管理? 需要注意哪些事项?

4. 慢性病自我管理的主要内容有哪些?

5. 分别阐述 WHO 和中国慢性病防治原则和策略。

6. 中国慢性病综合防控示范区建设目标有哪些?

第十六章 环境相关疾病及其预防控制

环境(environment)是人类赖以生存与发展的物质基础。在人类的进化和发展过程中,人类既依赖环境、适应环境,同时改造环境,与环境保持着密切的关系。在人类的历史长河中,环境因素对人类的生长、发育和进化发挥着重要作用。近年来,随着环境污染的加剧,人们越来越关注环境对人群健康的影响,并越来越重视环境与健康相互关系的研究。发病原因与环境因素有着密切联系的疾病,称为环境相关疾病(environmentally linked disease or environmentally associated disease)。虽然机体的健康与疾病是环境因素和遗传因素相互作用的结果,但是从预防医学角度,控制环境因素较之干预遗传因素,在疾病的预防和控制中不仅可行而且更加有效。因此,了解环境与健康的关系特别是了解环境因素对疾病影响的发生发展规律,对于疾病的预防、诊断、治疗和康复,具有重要的作用。

环境与健康关系的研究涉及问题十分广泛,除了环境中所包含的因素多种多样以外,从其来源来看,既有原生环境问题,又有次生环境问题;又因环境因素所附着的载体不同,可分为大气、水、土壤和食物;环境因素对健康既包括有益的作用,也包括不良的影响。所以,环境因素所表现出来对健康影响,既有很多共性的问题,也因其载体不同和作用的人群不同而不同。生活和生产是人类的主要活动,但不同类别的人群往往所在活动的场所不同。我们可以根据人们所在的场所将环境分为生活环境和职业环境。在生活环境中,住宅(含家用化学品)及居住小区、学习场所、公共场所以及商业和娱乐场所等,其组分和质量的优劣与人体健康的关系非常密切。本章首先作为环境与健康的概述,重点介绍物质环境与健康的一般性知识,在此基础上,也将介绍生活环境中大气、水和土壤污染与健康的关系。在生产活动中,人类通过劳动改造自然,不同的生产劳动,形成不同的职业,也使职业人群处于不同的职业环境之中。良好的职业环境和劳动生产条件有利于健康,不良的职业环境和劳动生产条件不仅影响劳动者的健康,甚至危及生命。因此,研究职业环境与职业人群健康之间的关系,不仅是预防医学的重要内容和任务,而且是我国当前及今后相当长时期非常重要的公共卫生问题。在接下来的第十七章,将以职业人群为例,重点讨论环境对不同人群健康的影响。食品是人类赖以生存和发展的物质基础,它除了提供人体所需要营养物质外,也可以作为一种载体把一些有毒有害的环境因素带入体内,因此食物也是生活环境的重要组成。研究食品中可能存在的危害人体健康的有害因素及其对机体的作用规律和机制,提高食品卫生质量,预防食源性疾病,保护食用者安全,不仅是世界各国都非常关注的重大问题,同样也是我国公共卫生面临的巨大挑战。下面的第十八章,在本章介绍大气、水和土壤这三类环境载体的基础上,将重点介绍另一类环境载体——食品安全问题。如上所述,环境本身就是一个综合体。人类所处的环境,就不会是仅接触某一单个的环境因素;而一种不良环境因素在某一特定场所的出现,其危害也可能不仅仅是某一人或某一特定的群体。因此,在考虑环境对健康影响时,需要以系统论的思维方法,综合分析各种环境因素之间及其对所接触的不同人群之间的复杂关系,以得出全面中肯的结论。在第十九章,将以医学生熟悉的场所——医院为例,来讨论某一场所环境与健康和安全的关系。

第一节 人类的环境及环境因素

环境是指围绕人群的空间及其中能直接或间接影响人类生存和发展的各种因素的总体。按环境要素的属性及特征,可将人类的环境分为物质环境(physical environment)和社会环境(social environ-ment),其中物质环境又可分为自然环境以及生活和生产环境。

一、人类的环境

1. 自然环境(natural environment)　是指环绕于人类周围,能直接或间接影响人类生活与生产的一切自然形成的物质和能量的总体,包括大气圈、水圈、土壤岩石圈、生物圈。

(1)大气圈(atmospheric sphere):主要指围绕地球周围的空气层,可划分为对流层、平流层、中间层、热成层和逸散层(外大气层)。大气主要由 N_2、O_2、CO_2 等混合气体及水汽和气溶胶组成,对保障人类的健康和维持其他生物的生存具有重要意义。

(2)水圈(hydrosphere):地球上的水以气态、液态和固态三种形式存在于空气、地表与地下,成为大气水、海水、陆地水(包括河流、湖泊、地下水和冰雪水),它们共同构成了水圈。

(3)土壤岩石圈(lithosphere):地壳岩石经长期风化作用形成土壤。土壤是覆盖于地表、具有肥力的疏松层,含有矿物质、有机质、微生物、水和空气等成分,能为生物的生存和发展提供重要的物质基础,称为土壤岩石圈。

(4)生物圈(biosphere):是地球上所有生命体及其生存环境的整体,包括了一部分大气圈和水圈及土壤岩石圈,主要是海平面以下深约 12km 至海平面以上高约 10km 的范围。

自然环境不仅给予人类维持生命的必需物质,还为人类提供保持健康的自然条件。适量的日照、清洁的空气、宜人的气候、洁净的水源、有益的微量元素和天然有机生物活性物质等自然条件与因素,对健康具有十分重要的作用。当然,自然环境中也存在许多对健康不利甚至有害的因素,如地壳表面化学元素分布的不均匀性可引起生物地球化学性疾病。

2. 生活和生产环境　是指人类为从事生活和生产活动而建立起来的居住、工作和娱乐环境以及有关的环境因素如家用化学品等。生活和生产环境与人的关系最密切,对人类健康的影响也最直接。生活和生产环境是人群聚集、人际交往频繁的地方,自然环境是生活环境建立的基础。

(1)人居环境与建成环境:在城乡建设过程中所构建的人居环境(human settlement environment),包括城市、村庄和集镇,是人类聚居和生活的环境,也是人类文明发展到一定阶段的产物。从建筑、社区、城市和区域拓展到全球,从环境与健康的角度,人居环境对健康的作用,在不断丰富和发展。建成环境(built environment)是指为人类活动而提供的包括居住、生活和工作环境在内的人工建造环境,是在城乡规划基础上所构建的人居环境,包括建筑密度和强度,土地混合利用,街道规模、密度和衔接性,目的地可达性,居住环境美化和安全情况等组成因素。相对于自然环境,建成环境是人居环境的具体体现,是对人群健康具有重要影响的生活环境。

(2)建成环境与健康:建成环境可影响人群的身体活动和膳食环境,对人群健康产生影响。①建成环境对身体活动的影响:建成环境主要通过影响人群的日常交通出行方式、闲暇时间休闲活动等身体活动对健康产生影响。集中化的住宅区会提高居民的交通行程相关身体活动水平,但是可能会降低居民闲暇时间身体活动水平。美好的街景、健全的设施、通达的交通及安全性高的建成环境也能够促使人们进行身体活动;相反,安全系数低、犯罪率高的环境则会降低人们的身体活动水平。提高土地混合利用度、街道连通性好和良好的设计感则更有益于增加散步和骑自行车的人群,即使是很小幅度的身体活动的增加就有助于改善健康和大多数人的生活质量。因此,改善建成环境,增加身体活动,进而促进人群健康。②建成环境对膳食环境的影响:建成环境的区划和土地利用规划决定了周边超市、饭店、快餐店等食品环境的选址,健康食品或者高热量食品的可接近性影响了人们的日常膳食选择,最终会影响肥胖等慢性病发生的风险。以膳食为载体的建成环境健康性研究主要是通过区域内超市、杂货店、饭店、快餐店等可提供食品的设施的分布密度、可达性等影响人们的日常膳食摄入种类,进而对人们的身体健康有一定的影响。此外,建成环境的美化和宜居程度,对人的主观幸福感也有很大的影响,从而促进健康。

3. 社会环境（societal environment） 是指在自然环境基础上,人类通过长期有意识的社会劳动,创造的物质生产体系、积累的文化等所形成的环境。社会环境由社会的政治、经济、文化、教育、人口、风俗习惯等社会因素构成。它不仅可直接影响人群或个体的健康状况,而且还可以影响自然环境和人的心理,间接影响人的健康。

二、环境组成因素

环境因素（environmental factors）是环境中的各种无机和有机的组成成分以及非物质因素,按其属性可分为物理因素、化学因素、生物因素和社会因素。

1. 物理因素（physical factors） 主要包括小气候（microclimate）、噪声、振动、非电离辐射、电离辐射等。小气候是指生活环境中空气的温度、湿度、气流和热辐射等因素,对于机体的热平衡产生明显影响。噪声对听觉等许多生理功能产生明显影响。非电离辐射按波长分为紫外线、可视线、红外线及由微波、广播通讯等设备产生的射频电磁辐射。环境中的电离辐射除某些地区的放射性本底较高外,主要是由于人为活动排放的放射性废弃物造成的。

2. 化学因素（chemical factors） 是大气、水、土壤中含有的各种无机和有机化学物质,其中许多成分在含量适宜时,对人类生存和维持身体健康是必不可少的。但人类的生产生活活动将大量的化学物质滞留或排放到环境中,可造成严重的环境污染。环境中的化学因素成分复杂、种类繁多。每年约有 3 亿吨有机化学物质排放到环境中,其种类达 10 万种之多。斯德哥尔摩公约（Stockholm Convention）规定的优先控制或消除的持久性有机污染物（persistent organic pollutants,POP）总数已达 23 种。POP 具有持久性、生物蓄积性、迁移性和高毒性等特点,可对人类健康和生态环境造成严重危害。近些年来,陆续发现许多环境化学污染物（如有机氯化合物、二噁英、烷基酚、邻苯二甲酸酯等）对维持机体内环境稳态和调节发育过程的体内天然激素的生成、释放、转运、代谢、结合、效应造成严重的影响,被称为环境内分泌干扰物（environmental endocrine disruptors）。现已知约有 500 种化学物质具有内分泌干扰效应。根据化学污染物进入环境后其理化性质是否改变,可将污染物分为一次污染物（primary pollutant）和二次污染物（secondary pollutant）。一次污染物是指从污染源直接排入环境未发生变化的污染物如二氧化硫等;二次污染物是指某些一次污染物进入环境后在物理、化学或生物学作用下,或与其他物质发生反应而形成与初始污染物的理化性质和毒性完全不同的新的污染物。

3. 生物因素（biological factors） 主要包括细菌、真菌、病毒、寄生虫和生物性变应原等（如植物花粉、真菌孢子、尘螨和动物皮屑等）。在正常情况下,空气、水、土壤中均存在着大量微生物,对维持生态系统平衡具有重要作用。但当环境中的生物种群发生异常变化或环境受生物性污染时,可对人体健康造成直接、间接或潜在的危害。

4. 社会因素（social factors） 指社会的各项构成要素,主要包括经济状况、政治体制、社会保障、文化教育、科学技术、卫生服务、生活方式、风俗习惯及家庭、人口等一系列与社会生产力和生产关系有密切关系的因素。社会因素可以直接或间接对人类健康产生影响,如生活方式、风俗习惯等可直接作用于机体,而间接作用则往往通过影响人们的心理状态产生健康影响。随着健康观念和医学模式的改变,社会心理因素对人类健康的影响正日益受到重视,健康不仅仅指躯体上的健康,还包括心理上的健康和良好的社会适应能力。

三、环境污染及环境污染物

由于自然的或人为原因,进入环境的污染物数量超过环境的自净能力,造成环境质量下降和恶化,直接或间接影响人体健康,称为环境污染（environmental pollution）。环境有害因素主要来源于人为因素和自然因素两大类。人为因素是由于人们在生产活动和生活活动中产生的各种有害物质,如工业生产排放的工业"三废";农业生产使用的农药、化肥;生活用炉灶和烹调油烟等。由于人为因素产生的有害物质来源多,范围广,现已成为备受关注的环境卫生问题。自然因素是由于自然环境中某种元素含量过多或过少;自然灾害,如火山爆发、森林火灾等使环境中的各种组成成分发生了改变而产生对健康有害的因素。环境污染物(因素)种类繁多,按其属性通常分为化学性、物理性和生物性三类。

1. 环境污染物的迁移、转化与自净　无论是人为排放的还是天然的环境污染物,在进入环境后会在空间位置、形态特征或化学性质等方面发生一系列复杂的变化。这些变化可归结为两种:一种是通过环境自净作用,逐渐恢复到污染前的状态;另一种是增加人群暴露的机会、增强环境污染物对人体的有害性。

(1) 环境污染物的迁移:污染物迁移是指其在环境中发生空间位置的相对移动过程。污染物一经排放,就会进入任何一种环境介质,如通过蒸发/挥发进入空气,吸附进入土壤,溶解进入水体等。污染物可通过吸收、吸入、摄食进入生物体,并通过食物链最终进入人体。

1) 单一介质内的迁移:在空气中,物质的迁移主要是靠扩散和对流两种方式。空气对流的迁移作用最强,在大气的对流层中,有规则的对流和无规则的湍流,直接影响物质的迁移。在水体中污染物的运动是通过扩散、弥散和水流实现的,主要是靠水的湍流和平流而迁移。土壤中污染物的运动是靠其在液体内的扩散或水通过土壤颗粒间空隙的运动实现的。扩散的方向总是从浓度高的区域向浓度低的区域。

2) 不同介质间的迁移:如进入水中的污染物可通过蒸发进入空气,也可灌溉吸附于土壤,或沉积于水体底泥。人体可通过呼吸、饮水、摄食等途径接触污染物。污染物从一种介质移动到另一种介质,受很多因素的影响。

3) 生物性迁移:是通过食物链和食物网进行的。在迁移的过程中,环境污染物可在生物体内储存和蓄积,使体内的含量增加,尤其在高位营养级的生物增加更为明显。生物放大作用(biomagnification)是在通过食物链和食物网迁移的过程中,生物体内化学物质的浓度随着营养级的提高而逐步增大的现象。

(2) 环境污染物的转化:转化是环境污染物在环境中主要通过化学或生物学作用转变成另一物质的过程。一次污染物通过转化转变成二次污染物。

1) 化学转化:指污染物通过各种化学反应过程发生的转化。

2) 生物转化:指环境污染物通过生物相应酶系统的催化作用所发生的变化过程。

(3) 环境污染物的自净:污染物进入环境后,在自然的物理、化学或生物因素作用下,经过一定时间,环境中的污染物浓度或总量会出现降低,该过程称为环境污染物的自净(self-purification)。

1) 物理净化:物理净化方式有稀释、扩散、沉降、挥发逸散、凝聚和混合等,稀释与扩散是借助风力或水流作用,将污染物稀释、扩散而使浓度降低。

2) 化学净化:环境污染物可通过氧化、还原、水解及酸碱中和、光化学反应等方式,使污染物转化或浓度降低或毒性消失。

3) 生物净化:生物净化是指通过生物氧化、生物拮抗、生物降解、光合作用、生物的吸收等方式,使环境污染物得到净化。

环境的自净能力是有限的,当环境污染物的量(浓度或强度)超过环境自净能力或环境条件的改变都会使自净作用停止,造成环境质量恶化。

2. 环境污染物的迁移和转化对人群暴露的影响　环境污染物在环境中的迁移和转化,往往是相互影响和伴随进行的复杂过程。迁移为转化提供了环境条件,而转化又赋予污染物新的理化特征,为新的迁移提供了基础。因此,迁移和转化,具有密切的关系。环境污染物通过迁移和转化,会改变人群暴露的范围、途径、性质、剂量和产生的危害。

(1) 扩大暴露范围:环境污染物的迁移会导致暴露人群范围的扩大,而造成更加严重的后果。由于扩大了暴露范围,环境污染物在空气、水、土壤和生物圈中的存在范围会增大,使人群暴露的机会增多。

笔记

（2）增加暴露途径：一个污染源不仅会造成接纳污染物的单一环境介质的污染，还可进入其他环境介质。通过这些介质，人体可经呼吸道、消化道、皮肤等途径暴露。许多环境污染物都是通过多种途径，很少是单一途径暴露的。

（3）改变污染物性质和毒性：化学转化和生物转化在改变环境污染物化学性质的同时，也改变其毒性。如二氧化硫在大气中经氧化转化为三氧化硫，再溶于大气中的水形成硫酸雾，硫酸雾的刺激作用比二氧化硫增大 10 倍。

（4）影响暴露剂量：环境污染物在环境介质中的迁移过程往往是稀释过程，使其在环境介质中的浓度降低，所以人群的环境暴露一般为低剂量长期暴露。但在生物性迁移过程中，可能产生生物放大作用，使体内污染物浓度比环境介质高千百倍甚至更多倍。说明环境中含量较低的污染物通过在环境中的迁移和转化可使含量增高，使人接触的剂量足以危害健康。

3. 环境污染物的健康效应及人群健康效应谱　环境构成和环境状态的任何异常变化，都会不同程度地影响人体的正常生理活动。当环境的异常变化在人体适应范围内，机体可通过自身的调节完全适应。如果环境因素异常变化超出了人类正常生理调节的范围，则可能引起人体某些功能和结构的改变，严重者可导致病理性的改变。

（1）人群健康效应谱：环境污染物可引起不同程度的健康效应，效应从弱到强可分为 5 级：①污染物在体内负荷增加，但不引起生理功能和生化代谢的变化；②体内负荷进一步增加，出现某些生理功能和生化代谢变化，但这种变化多为生理代偿性的，非病理学改变；③引起某些生化代谢或生理功能的异常改变，这些改变已能说明对健康有不良影响，具有病理学意义。不过，机体处于病理性的代偿和调节状态，无明显临床症状，可视为准病态（亚临床状态）；④机体功能失调，出现临床症状，成为临床性疾病；⑤导致严重中毒，出现死亡。由于个体暴露剂量水平、暴露时间存在着差异，在年龄、性别、生理状态以及对该有害因素的遗传易感性不同，会出现不同级别的效应。不同级别的效应在人群中的分布称之为健康效应谱（spectrum of health effect）。

（2）生物标志物：环境影响的健康效应谱提示在研究环境因素对健康的影响时，不能只注重有无临床表现，更应该着重研究生理、生化等方面的早期改变，尽早发现临床前期表现和潜在的健康效应，及时加以控制。近年发展的某些生物标志物成为预测环境污染物对人类健康早期危害的有效工具。

1）暴露生物标志物（biomarker of exposure）：是指生物材料中存在的环境毒物及其代谢产物，其含量的高低可反映机体对其毒物的接触水平。例如机体接触苯，而尿液中可出现酚类化合物增加，因此尿酚可视为苯的接触性标志物。

2）效应生物标志物（biomarker of effect）：指机体中可测出的生化、生理、行为或其他改变的指标，包括反映早期生物效应、结构和（或）功能改变及疾病。例如机体接触某些具有遗传毒性的毒物，血细胞 8-羟基脱氧鸟苷（8-OHdG）含量显著增加，故血细胞中 8-OHdG 可视为遗传毒物造成 DNA 氧化损伤的一种效应性标志物。

3）易感性生物标志物（biomarker of susceptibility）：是反映机体先天具有或后天获得的对接触外源性物质产生反应能力的指标。在接触环境污染物的群体中，个体间出现的毒性反应存在很大差异，其中少数个体对毒性反应十分敏感，经研究发现代谢酶的遗传多态性是其主要原因之一。

4. 环境污染物影响健康的因素　环境污染对健康影响受许多因素影响，污染物对健康损害的性质与程度主要取决于污染物、机体和环境三方面因素的联合效应。

（1）暴露途径：环境污染物经呼吸道、消化道、皮肤暴露途径进入人体。暴露的途径越多，总暴露量可能越大，产生的效应也越明显。不同暴露途径吸收率不同，当吸收率高、吸收量大时，产生的效应就强、危害也大。进入体内的途径不同，首先到达的器官和组织不同，作用的机制也不同。所以，必须注意不同暴露途径可能产生的影响。

（2）剂量-反应关系：剂量通常指进入机体的有害物质的量。环境污染物作用于机体，可引起生化代谢改变、生理功能障碍、死亡等多种生物学效应。随着暴露剂量变化，产生反应的数量随之改变的相关关系称为剂量-反应关系(dose-response relationship)。产生某一反应的临界剂量值称该反应的阈值,根据阈值的存在与否,剂量-反应曲线分为无阈值和有阈值两种类型。

(3) 暴露时间:环境中许多污染物需要在体内蓄积达到一定的量才能对健康造成损害作用。污染物在体内的蓄积与其摄入量、生物半减期和作用时间三个因素有关。暴露频度越高(即间隔期短),靶部位的浓度蓄积到有害水平的时间越短。相反,暴露间隔期越长,靶部位浓度蓄积到有害水平的时间越长。除了作用时间以外,影响体内或靶部位蓄积量的重要因素还有污染物的生物半减期和摄入量。生物半减期长的环境污染物在较短的时间内蓄积量大。

(4) 环境多因素暴露与联合作用:人们在生活和生产环境中往往同时或先后暴露于多种来源的污染物,同时或先后接触两种或两种以上污染物对机体产生的毒性效应称为联合作用。根据多种污染物同时作用于机体时所产生的毒性反应性质,可将污染物的联合作用分为下列几类。

1) 相加作用:多种环境污染物对机体产生的总效应等于各个污染物成分单独效应的总和,这种现象即是相加作用(additive effect)。

2) 独立作用:两种或两种以上的污染物作用于机体,由于其各自作用的受体、部位、靶细胞或靶器官等不同,所引发的生物效应无相互干扰,从而其交互作用表现为污染物各自的毒性效应,称为独立作用(independent effect)。

3) 协同作用:联合作用所发生的总效应大于各个污染物单独效应的总和,这种现象即为污染物的协同作用(synergistic effect)。

4) 增强作用:一种污染物对某器官或系统并无毒性,但与另一种污染物同时或先后暴露时使其毒性效应增强,称为增强作用(potentiation)。

5) 拮抗作用:指各污染物在体内交互作用的总效应,低于各污染物单独效应的总和,这一现象称为拮抗作用(antagonism)。

(5) 人群易感性:在同一环境暴露条件下,人体对环境异常变化的反应强度及性质不同,对某些污染物特别敏感的人群称易感人群或敏感人群。造成人群易感性差异的原因是多方面的,包括个体的健康状况、年龄、性别、生理生化功能状态、营养状况及遗传因素等。

1) 非遗传因素:影响易感性的非遗传因素主要包括:年龄、健康状况、营养状态、生活习惯、暴露史、心理状态、保护性措施等。

2) 遗传因素:在年龄、健康状况、营养状态和行为习惯相近的普通人群中,对环境污染物作用的易感性仍有明显的个体差异,这往往与遗传因素如性别、种族、遗传缺陷和环境应答基因的基因多态性(gene polymorphisms)等有关。

第二节　环境污染对健康的危害

环境污染已成为严重威胁人类健康的重要外源性病因。环境污染物或环境污染因素在一定强度和时间作用下可对人体产生不同程度的损伤,在受暴露人群中引发急性、慢性以及远期健康危害,严重时导致公害病(public nuisance disease)的发生。凡能污染环境,使环境质量恶化,而直接或间接使人患病的环境污染因素,统称为环境污染性致病因素(environmental pollution-related pathogenic factor),由此在暴露人群中引发的疾病称为环境污染性疾病(environmental pollution-related disease)。

一、环境污染与健康

1. 环境污染对人群的急、慢性危害

(1) 急性危害(acute hazard):是指环境污染物在短时间内大量进入环境,使暴露人群在较短时间内出现不良反应、急性中毒甚至死亡。如:①大气污染烟雾事件:英国伦敦曾发生煤烟型烟雾事件,美国洛杉矶曾发生光化学型烟雾事件。煤烟型烟雾事件主要表现为,有肺和心血管系统疾患的患者病

情急剧加重,死亡;光化学烟雾事件可引起大量居民眼和上呼吸道的刺激症状,呼吸功能障碍。②过量排放和事故性排放引起的急性危害:如 2003 年中石油重庆开县天然气井喷,富含剧毒硫化氢的天然气导致 243 人死亡,900 余人受伤,转移安置灾民 10 余万人。③生物性污染引起的急性传染病:水体受到病原微生物污染时,会使接触者发生急性传染性疾病。在人员拥挤、通风不良、阴暗潮湿的室内空气中,病原微生物可通过空气传播,使易感人群发生感染。

(2) 慢性危害(chronic hazard):是指环境中有害因素低浓度、长时间反复作用于机体所产生的危害。慢性危害的产生与污染物的暴露剂量、暴露时间、生物半减期和化学特性、机体的反应特性等有关。①非特异性影响:在环境污染物长时间作用下,机体生理功能、免疫功能、对环境污染物作用的抵抗力可明显减弱,对感染的敏感性增加,健康状况逐步下降,表现为人群患病率、死亡率增加,儿童生长发育受到影响。②引起慢性疾患:随着大气污染的加重,慢性阻塞性肺疾患(chronic obstructive pulmonary diseases,COPD)的发病率增高;无机氟的长期暴露可造成骨骼系统和牙釉质的损害;甲基汞的长期暴露可损害中枢神经系统。③持续性蓄积危害:环境中有些污染物进入人体后能较长时间贮存在组织和器官中。一类是铅、镉、汞等重金属及其化合物,生物半减期很长,容易蓄积。另一类是脂溶性强、不易降解的有机化合物。这类污染物能在环境中长期残留持久存在,在生物体内持续性蓄积,被称为持久性有机污染物。

2. 环境污染的致癌与致畸危害

(1) 致癌危害:肿瘤的发生除与遗传因素有关外,也与环境因素有密切关系。受污染的空气中存在多种致癌物,如多环芳烃类(PAHs)化合物,其中尤以苯并芘(BaP)含量最多,具有强致癌性。空气中的多环芳烃主要来源于煤和石油的不完全燃烧。空气污染可以引起肺癌,肺癌在中国居民恶性肿瘤患者的死亡原因中居于首位。水污染与人群肝癌、膀胱癌等发生的关系,多年来一直受到人们的关注。调查认为,饮用水水质与肝癌死亡率间有关联,饮用水污染越重,人群肝癌死亡率越高。肿瘤发生可能与饮用水中 N-亚硝基化合物和氯化消毒副产物超标及苯并(a)芘等有机物污染有关。

(2) 致畸危害:先天畸形(congenital malformation)一般指先天性的形态结构异常,仅是出生缺陷中的一部分疾病。能引发先天畸形发生的因素包括化学性、物理性和生物性等致畸因子。尽管遗传因素对人类出生缺陷的发生有重要影响,但是环境因素对生殖细胞遗传物质的损伤、对胚胎发育过程的干扰、对胚胎的直接损害都对出生缺陷的发生具有重要作用。20 世纪 60 年代发生的"反应停"事件,是孕妇服用该药而导致新生儿短肢畸形或海豹畸形(phocomelia)数量明显增多。受该药影响的儿童近万人,除短肢畸形外,也有心血管、肠及泌尿系统畸形。还有研究发现,工业区和受污染的郊区畸形率比城市居民区及邻近县明显升高。先天性水俣病是由于母亲妊娠期摄入甲基汞,通过胎盘而引起胎儿中枢神经系统发育障碍所致,是世界上首次发现的因水体污染导致的出生缺陷。

3. 环境内分泌干扰物危害　内分泌干扰物(endocrine disrupting chemicals,EDC)对体内天然激素的生成、释放、转运、代谢、结合、效应造成严重的影响。通常以受干扰的内分泌器官和组织进行分类,如雌激素干扰物、雄激素干扰物、甲状腺素干扰物、糖皮质激素干扰物、生长激素干扰物等。目前认为 EDC 与生殖障碍、出生缺陷、发育异常、代谢紊乱以及某些癌症(如乳腺癌、睾丸癌、卵巢癌等)的发生发展有关。

二、大气污染对健康的危害

大气污染物主要通过呼吸道进入人体,小部分污染物也可以降落至食物、水体或土壤,通过进食或饮水,经消化道进入体内。有的污染物可通过直接接触黏膜、皮肤进入机体。

1. 大气污染的来源　大气污染包括天然污染(natural pollution)和人为污染(anthropogenic pollution)两大类。天然污染主要由于自然原因形成,例如沙尘暴、火山爆发、森林火灾等。人为污染是由于人们的生产和生活活动造成的。大气污染的主要来源:①工农业生产:工业企业排放的污染物主要来源于燃料的燃烧和工业生产过程。农业生产中化肥的施用、农药的喷洒以及秸秆的焚烧也会造成大气的污染。②生活炉灶和采暖锅炉:采暖锅炉以煤或石油产品为燃料,是采暖季节大气污染的重要原因。生活炉灶使用的燃料有煤、液化石油气、煤气和天然气,如果烟囱高度低或无烟囱,可造成大量污染物低空排放。③交通运输:主要是指飞机、汽车、火车、轮船和摩托车等交通运输工具排放的污染物,已成为中国大气污染的重要来源。④其他:地面尘土飞扬或土壤及固体废弃物被大风刮起,水体和土壤中的挥发性化合物也易进入大气;意外事件如工厂爆炸、火灾、核泄漏均能严重污染大气。

2. 大气污染对健康的直接危害

(1) 急性中毒:当大气污染物的浓度在短期内急剧增高,使周围人群吸入大量污染物可造成急性中毒。急性中毒主要由烟雾事件和生产事故引起。烟雾事件是大气污染造成急性中毒的主要类型,根据烟雾形成的原因,又可分为煤烟型烟雾事件和光化学烟雾事件。

1) 煤烟型烟雾(coal smog)事件:是由于煤烟和工业废气大量排入大气且得不到充分扩散而引起。主要污染物为 SO_2 和烟尘。多发生于冬春季的特定气象条件与地理环境下。自 19 世纪末开始,世界各地曾发生过多起较大的烟雾事件,例如,1948 年美国宾州多诺拉事件,由于 SO_2、硫酸烟雾污染环境,加上当时正是高气压、逆温、无风的天气。全镇 14 000 人中,18 人死亡;5910 人有眼及上呼吸道刺激症状。还有 1952 年 12 月英国伦敦烟雾事件,2 周内死亡 4000 多人。死因是呼吸系统疾病和心脏病,死者大多是老人。

2) 光化学烟雾(photochemical smog)事件:是由汽车尾气中氮氧化物(NO_x)和挥发性有机物(VOC_s)在强烈日光紫外线照射下,经过一系列光化学反应而生成的浅蓝色烟雾。其成分极为复杂,主要含有臭氧、过氧酰基硝酸酯、醛类、酮类、过氧化氢等。光化学烟雾事件是以汽油作为动力燃料以后出现的一种新型大气污染事件。该事件在世界许多国家都曾经发生过,例如,美国的洛杉矶、纽约,日本的东京大阪,澳大利亚的悉尼及中国的上海、兰州等地。光化学烟雾事件的发生除和污染物种类有关外,还受当时气温、气压的影响。

生产事故和意外事故引发的急性中毒事件虽不经常发生,一旦发生,其危害往往较为严重,也很难控制。例如,印度博帕尔毒气泄漏事件,是由于博帕尔农药厂设备年久失修,异氰酸甲酯储料罐进水,罐中的化学原料发生剧烈的化学反应,储料罐爆炸。爆炸瞬间 30 多吨异氰酸甲酯毒气化作浓重的烟雾以 5km/h 的速度迅速四处弥漫,很快就笼罩了 25 平方公里的地区,数百人在睡梦中就被夺去生命,几天之内有 2500 多人毙命。酿成迄今世界最大的化学污染事件。还有前苏联切尔诺贝利核电站爆炸事件;2003 年中国重庆市开县特大天然气井喷事件等。

(2) 慢性危害:污染物长期低剂量反复作用于机体,而引起的各种炎性反应、机体免疫力低下,变态反应等。①慢性炎症:长期吸入大气污染物可引起眼和呼吸系统的慢性炎症,如结膜炎、咽喉炎、气管炎等,严重的引起慢性阻塞性肺病(COPD),包括慢性支气管炎、支气管哮喘和肺气肿。②变态反应:大气中某些污染物如甲醛、SO_2、某些洗涤剂等具有致敏作用,使机体发生变态反应。③非特异性疾病多发:大气污染严重地区,居民体内唾液溶菌酶和 SIgA 的含量均明显下降,血清中免疫球蛋白含量不足,使机体抵抗力降低,易患感冒及呼吸系统等疾病。④致癌作用:大量调查资料显示某些大气污染是肺癌发生重要原因之一。例如,苯并(a)芘,石棉、砷、镍、铬等。⑤影响心血管系统:大气污染的长期暴露与心血管疾病死亡率增加有关。大气污染长期暴露还与心律不齐、心衰、心搏骤停的危险度升高有关。

3. 大气污染对健康的间接危害   由于环境污染使环境组成和结构发生改变而引发的异常现象,这种异常现象会间接地对健康产生危害。其异常现象主要有:

(1) 温室效应:温室气体包括 CO_2、甲烷(CH_4)、O_3、氯氟烃(CFCs)等。由于燃料燃烧产生大量 CO_2 并排入大气,又因大面积森林砍伐而缺乏足够的植物来吸收 CO_2,使大气中 CO_2 含量上升,温室效应增强,使全球气候变暖。全球气候变暖可使两极冰川融化,海平面上升,陆地面积减少。陆地和海洋生态系统受到影响,植物群落、浮游生物发生改变。气温增高还有利于病原体的繁殖生长,可造成某些传染病、寄生虫病、食物中毒等发病率增高。

（2）形成酸雨：酸雨（acid rain）指 pH 小于 5.6 的酸性降水，包括雨、雪、冰、雹等所有降水。形成酸雨的主要原因是大气中 SO_2、NO_x 等污染物溶于水汽中，经过氧化、凝结而成。中国酸雨污染主要发生在长江以南地区，以重庆、贵阳等城市最为严重。酸雾刺激呼吸道并发生慢性炎症，特别对婴幼儿影响更大。水体酸化使水生生物生长受到影响，鱼群减少，水生植物也受到影响，并影响水体自净。酸雨还能腐蚀建筑物，破坏输水管网，使水质恶化。

（3）臭氧层破坏：臭氧层位于地球表面上大约 20~50km 的平流层中，正常情况下臭氧形成与破坏基本保持动态平衡。大气中如存在氟氯烃、氮氧化物等物质时，则可破坏臭氧层，使臭氧层变薄，甚至形成空洞。这种臭氧层空洞不是固定在某一地区，而是每年都在移动，面积不断增大，主要在地球两极地区。臭氧层每减少 10%，可导致紫外线的接触量升高 15%~20%。其后果可使皮肤老化，免疫系统功能抑制，皮肤癌发生率增加。

（4）大气棕色云团（atmospheric brown clouds，ABC）：是指区域范围的大气污染物，包括颗粒物、煤烟、硫酸盐、硝酸盐、飞灰等。ABC 的棕色就是黑炭、飞灰、土壤粒子以及二氧化氮等对太阳辐射的吸收和散射所致。ABC 中的颗粒物可吸收太阳的直射或散射光，影响紫外线的生物学活性。因此，在大气污染严重的地区，儿童佝偻病的发病率较高，某些通过空气传播的疾病易于流行。大气污染还能降低大气能见度，使交通事故增加。ABC 的组分还会影响世界的水资源、农业生产和生态系统，威胁人类的生存环境。

三、室内空气污染对健康的危害

住宅（residential building）是人类为了充分利用自然环境和生活环境因素中有利作用和防止其不良影响而创造的生活居住环境。住宅卫生状况的好坏与人体健康有着密切的关系。"室内"主要指住宅居室内部环境。室内空气质量一直是环境卫生关注的重要问题之一，这是因为：①室内环境是人们接触最密切的环境之一，室内空气质量的优劣直接关系到每个人的健康；②室内污染物的来源和种类越来越多；③建筑物密闭程度增加，使室内污染不易排出，增加了室内人群与污染物的接触机会。室内空气污染（indoor air pollution）由于室内引入能释放污染物的污染源或室内环境通风不佳导致室内空气中污染物在浓度或种类上不断增加，当污染物在有限的空间达到一定浓度后，对人体身心健康产生直接或间接的，近期或远期的，或者潜在的有害影响，称为室内空气污染。

1. 室内空气污染的来源　室内空气污染的来源很多，根据污染物形成的原因和进入室内的途径，可将室内空气主要污染源分为：室外来源和室内来源。

（1）室外来源：具体来源包括，室外空气、建筑物自身、人为带入室内、相邻住宅污染、生活用水污染。

（2）室内来源：具体来源包括室内燃烧或加热、室内活动、室内装饰材料及家具、室内生物性污染、家用电器等。

2. 室内空气污染引起的疾病

（1）不良建筑物综合征（sick building syndrome，SBS）：是指现代住宅室内多种环境因素（如物理因素、化学因素）联合作用对健康产生影响所引起的一种综合征，其确切原因尚不十分清楚。现代建筑物的建筑材料和室内装饰、装修材料、室内的多种家具、家用化学品以及烹调、吸烟等都会产生有害物质，造成室内空气污染。不良建筑物综合征有多种症状，主要包括眼、鼻和咽喉、上呼吸道刺激症状、头痛、疲劳、注意力不集中、记忆力减退、嗜睡、全身不适和工作效率低下等。其特点是：①发病快；②患病人数多；③病因很难鉴别确认；④患者一旦离开污染的建筑物后，症状即可缓解或消失。

（2）建筑物相关疾病（building related illness，BRI）：是指由于人体暴露于建筑物内的有害因素（如细菌、真菌、尘螨、氡、一氧化碳、甲醛等）所引起的疾病。BRI 与 SBS 的明显不同之处在于：①患者的症状在临床上可以明确诊断；②病因可以鉴别确认，可以直接找到致病的空气污染物，乃至污染源；③患者即使离开致病现场，症状也不会很快消失，必须进行治疗才能恢复健康。军团菌引起的军团病、氡及其子体引起的肺癌、室内变应原引起的哮喘等,均属于 BRI。

(3) 化学物质过敏症(multiple chemical sensitivity,MCS):是指由于多种化学物质,作用于人体多种器官系统,引起多种症状的疾病。在室内,即使仅有微量的化学污染存在,人们长期生活工作在这样的环境中,也可能出现神经系统、呼吸系统、消化系统、循环系统、生殖系统和免疫系统的障碍,出现眼刺激感、鼻咽喉痛、易疲劳、运动失调、失眠、恶心、哮喘、皮炎等症状。

四、水体污染对健康的危害

水体污染(water pollution)是指人类活动排放的污染物进入水体,其数量超过了水体的自净能力,使水和水体底质的理化特性和水环境中的生物特性、组成等发生改变,从而影响水的使用价值,造成水质恶化,乃至危害人体健康或破坏生态环境的现象。

1. 水体污染的来源

(1) 工业废水(industrial wastewater):是世界范围内水污染的主要原因。工业废水的特点是水质和水量因生产品种、工艺和生产规模等的不同而有很大差别。

(2) 生活污水(domestic sewage):是人们日常生活的洗涤废水和粪尿污水等,水中含有大量有机物如纤维素、淀粉、糖类、脂肪、蛋白质等及微生物包括肠道病原菌、病毒、寄生虫卵等。受含磷、氮等污水污染造成水体中藻类大量繁殖,使水中有机物增加、溶解氧下降,水质恶化的现象,称为水体富营养化(eutrophication)。由于占优势的浮游生物的颜色不同,水面往往呈现红色、绿色、蓝色等,这种情况出现在淡水中时称水华(water blooms),发生在海湾时称赤潮(red tide)。

(3) 农业污水:指农牧业生产排出的污水及降水或灌溉水流过农田或经农田渗漏排出的水。农业使用氮、磷、钾肥引起的水质富营养化,高残留、高毒性农药引起的水质污染,逐渐形成了农业污水对水体的污染。

(4) 其他:工业生产过程中产生的固体废弃物,城市垃圾等日益增多,这些废物中常含有大量易溶于水的无机物和有机物及致病微生物等,受雨水淋洗后进入地表径流而造成水体污染。

2. 水体污染对健康的危害

(1) 介水传染病(water-borne communicable diseases):是指通过饮用或接触受病原体污染的水,或食用受这种水污染的食物而传播的疾病,又称水性传染病,其发生的原因:①水源受病原体污染后,未经妥善处理和消毒即供居民饮用。②净化消毒后的饮用水在输配水和贮水过程中,由于管道渗漏、出现负压等原因,重新被病原体污染。

介水传染病的病原体主要有 3 类:①细菌:如伤寒与副伤寒杆菌、霍乱与副霍乱弧菌、痢疾杆菌、致病性大肠杆菌等。②病毒:如甲型肝炎病毒、脊髓灰质炎病毒、柯萨奇病毒、腺病毒、轮状病毒等。③原虫:如贾第鞭毛虫、隐孢子虫、溶组织阿米巴原虫等。此等病原体主要来自人粪便、生活污水、医院以及畜牧屠宰、皮革和食品工业等废水。

介水传染病的流行特点表现为:①水源一次严重污染后,可呈暴发流行,短期内突然出现大量患者,且多数患者发病日期集中在同一潜伏期内。若水源经常受污染,则发病者可终年不断,病例呈散发流行。②病例分布与供水范围一致。大多数患者都有饮用或接触同一水源的历史。③一旦对污染源采取治理措施,并加强饮用水的净化和消毒后,疾病的流行能迅速得到控制。

隐孢子虫(cryptosporidium)可通过其卵囊污染水源及饮用水而引起隐孢子虫病的传播。贾第鞭毛虫病也是最有可能通过水源或饮水而传播的介水传染病之一。中国《生活饮用水卫生标准》(GB5749—2006)中,增加了隐孢子虫和贾第鞭毛虫的限值。

(2) 化学污染物对健康的危害:有害化学物质污染水体后,可经多种途径进入机体对健康产生危害。如慢性甲基汞中毒(chronic methyl-mercury poisoning)就是因水体被无机汞污染,沉积到水底的无机汞被微生物作用转化成甲基汞,由于汞(甲基汞)在环境中很难降解并易于被水生生物吸收,通过食物链的作用使其在生物体内的含量逐级增高,生物体内的甲基汞浓度超过环境中的浓度。这种生物富集作用可使鱼、贝类等生物体内甲基汞的浓度提高百万倍以上,人体食用甲基汞污染的鱼贝类等食物,造成摄入者体内甲基汞蓄积并超过一定阈值所引起的以中枢神经系统损伤为主要中毒表现的环境污染性疾病。例如,日本水俣湾被汞(甲基汞)严重污染引起的水俣病(Minamata disease)。

水俣湾位于日本九州岛西侧不知火海东岸。1950 年在这一水域曾发现异常现象:鱼类漂浮海面,贝类经常腐烂,一些海藻枯萎。之后又发现乌鸦和某些海鸟在飞翔中突然坠入海中。有时章鱼和乌贼漂浮于海面,呈半死状态,儿童可直接用手捕捞。村民家的猫也出现步态犹如酒醉,大量流涎,突然痉挛发作或疯狂兜圈,或东蹿西跳,有时又昏倒不起,甚至有的发狂致死,使水俣湾附近地区的猫到了绝迹的程度。但是,水俣湾中的鱼类,大部分仍能继续生存,渔民照样捕鱼,居民仍然以鱼为主要食品。1956 年 4 月,一名造船工的两个女儿(3 岁和 5 岁)被送到水俣氮肥公司医院就诊(其主要症状为步态不稳,语言不清,狂躁不安、谵语等脑炎的特殊神经症状),引起医生的高度重视。经专家们大量的流行病学调查后,认为该地区的疾病不是传染性疾病,而是因长期食用水俣湾中鱼贝类后引起的中毒,毒物可能来自附近氮肥公司排出的废水。此后又经过大量的环境污染调查、临床试验研究、病理检查、动物实验等。发现,氮肥公司在生产过程中用作催化剂的无机汞盐在乙醛生产过程中转化为甲基汞,然后排入水俣湾中。氮肥公司废水排放渠污泥中汞含量高达 2020mg/kg 湿重,且随排水距离的延长污泥中的汞含量逐渐降低。该地区的动物脑及其他各脏器中汞含量也异常增高,事实充分证明了这一中毒事件是氮肥公司排出的废水中含大量甲基汞引起的。因事件发生在日本水俣湾,所以命名为水俣病。

1965 年水俣病在日本的新潟县阿贺野河下游地区再次发生暴发流行。直到 1968 年日本政府才正式确认:熊本县水俣病是水俣氮肥公司乙酸乙醛装置内生成甲基汞化合物排放到水俣湾,致使水俣湾内的甲基汞严重超标导致的公害病。到目前为止已知日本水俣病受害人数(包括日本新潟县发生的水俣病)多达 12 000 余人,其中 2955 人被确定为水俣病患者,2009 人已病故。

五、土壤污染对健康的危害

土壤污染(soil pollution)是指在人类生产和生活活动中排出的污染物进入土壤中,超过一定限量,直接或间接地危害人畜健康的现象。

1. **土壤污染的来源**　按照污染物进入土壤的途径,可将土壤污染源分为:①工业污染:是指工矿企业排放的废水、废气和废渣等,是土壤环境中污染物最重要的来源之一。②农业污染:主要是指基于农业生产自身需要而施入土壤的化肥、农药,以及其他农用化学品和残留于土壤中的农用地膜等。③生活污染:人粪尿及畜禽排泄物长期以来被看作是重要的土壤肥料来源,对农业增产起着重要作用。将这种未经处理的肥源施于土壤,会引起土壤严重的生物污染。城市垃圾的不合理处置是居民生活引起土壤污染的另一个主要途径。④交通污染:交通工具对土壤的污染主要体现在汽车尾气中的各种有毒有害物质通过大气沉降造成对土壤的污染,以及事故排放所造成的污染。⑤灾害污染:某些自然灾害有时也会造成土壤污染。⑥电子垃圾污染:电子垃圾可以来自工业生产也可以来自日常生活的废弃物,是一种污染量逐渐增多的土壤污染源。电子垃圾也称电子废弃物,含有铅、镉、汞、六价铬、聚氯乙烯塑料、溴化阻燃剂等大量有毒有害物质,其危害比一般的城市生活垃圾严重。

土壤污染具有隐蔽性、累积性、不可逆转性、长期性的特点。

2. **土壤污染对健康的危害**

(1)生物性污染的危害:土壤生物性污染可引发多种疾病,主要有:

1)引起肠道传染病和寄生虫病:许多肠道传染病病菌在土壤中能存活相当长时间,抵抗力最弱的霍乱弧菌可存活 8~10 天;痢疾杆菌可存活 25~100 天;伤寒杆菌可存活 100~400 天;肠道病毒可存活 100~170 天;破伤风、气性坏疽、肉毒、炭疽的致病菌可存活 1 年以上,蛔虫卵在土壤中可存活数年。带有病原菌和寄生虫虫卵的粪便污染土壤,通过生吃蔬菜、瓜果等途径进入人体而引起传染病。

2)引起钩端螺旋体和炭疽病:含有病原体的动物粪便污染土壤后,其钩端螺旋体和炭疽杆菌等病原体通过皮肤或黏膜进入人体而引起感染。家畜一旦感染了炭疽病并污染土壤后会在该地区相当长一段时间内传播炭疽病。

3）引起破伤风和肉毒中毒：天然土壤中常存在破伤风杆菌和肉毒杆菌，人接触被破伤风杆菌和肉毒杆菌污染的土壤而感染。

（2）化学性污染的危害：土壤化学性污染物对人体健康的危害一般来说是间接的，主要通过农作物或饮用水进入人体产生危害。进入土壤中的重金属一般不易随水流动，也不能被微生物分解，几乎可长期以不同形式存在于土壤中，甚至有的可转化为毒性更强的污染物，并通过食物链而进行生物富集。农药虽能降解，但有些半衰期较长，因而可造成土壤和农作物的农药残留。

1）农药污染：中国生产的农药有 250 多个品种，常用的有 60 多个品种，其中有机磷杀虫剂占大部分。有机磷农药的半衰期为 2 周至数周，有机氯农药为 2～4 年，含铅、砷、铜、汞等农药的半衰期更长，为 10～30 年。农药对健康的危害主要有：①慢性中毒：农药可影响多种酶的活性，酶活性的变化必然引起体内生理生化功能紊乱，甚至出现病理改变。如有机磷农药慢性中毒主要表现为血液胆碱酯酶活性降低，自主神经系统功能紊乱。有机氯农药慢性中毒主要表现对中枢神经系统和肝肾等实质性脏器的损害。20 世纪 70 年代，中国的粮食、蔬菜、水果、肉、蛋、奶、油、烟、茶中普遍存在有机氯农药的残留，并在世界不同国人体内的脂肪组织中都有蓄积，有的高达 100ppm 以上，所以很多国家早已禁止使用。动物实验结果表明，农药能引起动物抗体效价明显降低、生殖功能异常、胚胎发育不良、繁殖能力下降，影响免疫和生殖功能。②"三致"作用："三致"作用是指致癌、致畸、致突变作用。动物实验表明，DDT 有致突变和致畸作用，六六六有致肝癌作用，氨基甲酸酯类农药西维因可引起大、小鼠恶性肿瘤，也有致畸作用。某些有机磷农药，如敌百虫有致畸、致突变作用。半衰期较长的农药对人类还具有慢性和潜在的危害。

2）重金属污染：常见的土壤重金属污染物有铅、汞、镉、砷、铬等。其污染土壤后都可对机体产生各种危害，其中以镉污染引起的痛痛病（itai-itai disease）最为典型。

痛痛病是 1955 年发生在日本富山县神通川流域的公害事件。1955 年，在日本神通川流域河岸出现了一种怪病，患者各关节针刺样疼痛，随后遍及全身，几年后骨骼畸形，骨脆易折，甚至轻微活动或咳嗽，都能引起多发性病理骨折，最后衰弱疼痛而死。经调查分析，痛痛病是河岸的锌、铅冶炼厂等排放的含镉废水污染了水体，污水灌溉农田，使稻米含镉严重超标。而当地居民长期饮用受镉污染的河水，以及食用含镉稻米。镉进入人体，使人体骨骼中的钙大量流失，使患者骨质疏松、骨骼萎缩、关节疼痛难忍。此病以其主要症状而得名。痛痛病在当地流行 20 多年，造成 200 多人死亡。

3）持久性有机污染物的危害：2001 年 5 月 23 日，来自 126 个国家的代表在瑞典签署了旨在控制和消除 POPs 影响的《关于持久性有机污染物的斯德哥尔摩公约》，标志着针对 POPs 采取国际行动正式启动。公约规定削减和淘汰的首批 12 种持久性有机污染物包括：艾氏剂、氯丹、滴滴涕、狄氏剂、异狄氏剂、七氯、灭蚁灵、毒杀酚、六氯苯、多氯联苯（PCBs）、二噁英（PCDD）和呋喃（PCDF）。中国已于 2004 年 5 月 17 日正式批准《关于持久性有机污染物的斯德哥尔摩公约》。目前规定的受控物质已从最初的 12 种扩大至 23 种。

POPs 具有持久性、生物蓄积性、迁移性、高毒性的特点，除对人体造成急性损伤外，更多表现为长期、低剂量的 POPs 暴露带来的危害。主要危害包括：①对免疫系统的危害；②对神经系统损害；③对内分泌系统损害；④对生殖系统的影响；⑤有致癌、致畸、致突变作用。

第三节　生物地球化学性疾病

自然环境中存在大量对人类健康有利的因素，也有不少有害因素。适量的日照、清洁的空气、宜人的气候、洁净的水源、有益的微量元素和天然有机生物活性物质等自然条件与因素，对健康具有十分重要的作用。但是，在地球地质演变中，自然形成了地壳表面化学元素分布的不均匀性。地表化学元素分布不均可影响人体化学元素的摄入量。自然环境中存在的化学元素,根据其在人体内含量多少,分为常量元素(macroelement)和微量元素(trace element)两类,特别是微量元素,虽在人体内正常含量小于人体体重0.01%,但对机体却具有重要作用。由于地壳表面化学元素分布的不均匀性,使某些地区的水和(或)土壤中某些元素过多或过少,当地居民通过饮水、食物等途径摄入这些元素过多或过少,而引起某些特异性疾病,称为生物地球化学性疾病(biogeochemical disease)。

一、概述

1. 生物地球化学性疾病的特点及影响因素

(1)特点:①明显的地区性分布:地球表面某种化学元素分布的不均衡是生物地球化学性疾病的主要原因,所以具有明显的地区性差异。②与环境中元素水平相关:其流行强度与环境中某种化学元素的水平有着明显的剂量-反应关系。如地方性氟中毒,当水氟浓度超过4.0mg/L时,人群中出现氟骨症病例,且随水氟浓度升高而流行强度加大。

(2)影响因素:①营养条件:在流行区,营养状况和生活条件的改善,可降低流行强度。蛋白质和维生素摄入量的增加,可拮抗氟、砷等的毒性作用;钙、磷、铁和锌等可提高抗病能力。②生活习惯:燃煤污染型氟中毒和砷中毒病区,当地居民有敞炉灶烤火取暖和直接用煤烟烘干粮食及辣椒的习惯,使粮食和辣椒中氟、砷含量增加;饮砖茶型氟中毒病区,当地居民习惯饮用含氟量高的砖茶。③多种元素的联合作用:一些地区存在着两种或两种以上疾病,如高氟与低碘、高氟与低硒、高氟与高砷、低碘与低硒并存的地质环境,增加了对人群健康影响的复杂性,因此,存在多种化学元素、多种致病因子同时作用于人群的联合作用。

2. 生物地球化学性疾病防治的技术措施

(1)限制摄入:对于环境中元素水平过高所致的中毒性疾病,其主要技术措施是减少、控制机体总摄入量。

(2)适量补充:对于环境中元素水平过低所致的缺乏性疾病,其主要措施是采取适当补充,增加摄入量,从而满足机体生理需要。

二、碘缺乏病

碘缺乏病(iodine deficiency disorders,IDD)是指从胚胎发育至成人期由于碘摄入量不足而引起的一系列病症。不同程度碘缺乏在人类不同发育期可引起不同的损伤,地方性甲状腺肿和地方性克汀病是碘缺乏病最明显的表现形式,还包括地方性亚临床克汀病、流产、早产、死产等。

1. 影响碘缺乏病流行的因素

(1)自然地理因素:碘缺乏病的流行与自然地理因素有着极其密切的关系。容易造成流行的自然地理因素,包括远离海洋、山高坡陡、土地贫瘠、植被稀少、降雨集中和水土流失等。碘缺乏病地区分布总的规律是:山区高于丘陵,丘陵高于平原,平原高于沿海。内陆高于沿海,内陆河的上游高于下游,农业地区高于牧区。

(2)水碘含量:土壤中的碘只有溶于水才能被植物吸收,最后通过食物被人体摄入。人体需要的碘其实来自环境中的土壤和水。水碘含量不仅反映了环境中碘的水平,而且与碘缺乏病的流行有着密切的关系。

(3)协同作用:环境中广泛存在的致甲状腺肿物质,一般情况下含量甚微,但如果在环境严重缺碘的同时致甲状腺肿物质含量也很高,二者就会产生强大的协同作用。致甲状腺肿物质是指除碘缺乏外,干扰甲状腺激素的合成,引起甲状腺肿大的所有物质。致甲状腺肿物质有:①有机硫化物,如硫氰化物、硫葡萄糖苷和硫脲类等,主要存在于木薯、杏仁、黄豆、芥菜、卷心菜等中。②某些有机物,包括生物类黄酮、酚类、邻苯二甲酸酯和有机氯化合物等。③某些无机物,如水中的钙、氟、镁、锂以及硝酸盐等。

（4）经济状况：在发展中国家，越贫穷的国家流行越严重。在同一个病区内，越贫穷的家庭发病也越多。病区大多在偏僻的山区和农村，交通不便，经济落后，食用当地自产粮菜。一旦生活水平提高，流行情况也会缓解。

（5）营养不良：蛋白质和热量不足以及维生素缺乏，会增强碘缺乏和致甲状腺肿物质的效应，促进地方性甲状腺肿的流行。

2. 地方性甲状腺肿（endemic goiter）　是一种主要由于地区性环境缺碘引起的地方病，是碘缺乏病的主要表现形式之一，其主要症状是甲状腺肿大。

（1）临床表现：主要为甲状腺肿大。弥漫性肿大的甲状腺表面光滑，有韧性感；若质地较硬，说明缺碘较严重或缺碘时间较长。患者仰头伸颈，可见肿大的甲状腺呈蝴蝶状或马鞍状。早期无明显不适。随着腺体增大，可出现周围组织的压迫症状。气管受压时，出现憋气、呼吸不畅甚至呼吸困难。食管受压造成吞咽困难。声音嘶哑为肿大的甲状腺压迫喉返神经所致。颈交感神经受压使同侧瞳孔扩大。上腔静脉受压引起上腔静脉综合征。

（2）诊断：

1）诊断标准包括：①生活于缺碘地区或高碘地区；②甲状腺肿大超过本人拇指末节，且可以观察到；③排除甲亢、甲状腺炎、甲状腺癌等其他甲状腺疾病。

2）分型标准：根据甲状腺肿病理改变情况分为：①弥漫型，甲状腺均匀肿大，B超检查不出结节。②结节型，在甲状腺上可查到一个或几个结节。此型多见于成人，特别是妇女和老年人，说明缺碘时间较长。③混合型，在弥漫肿大的甲状腺上可查到一个或几个结节。

3）分度标准：①正常，甲状腺看不见，摸不着。②Ⅰ度，头部保持正常位置时，甲状腺容易看到。由超过本人拇指末节大小到相当于1/3拳头大小，特点是"看得见"。甲状腺不超过本人拇指末节大小，但摸到结节时也算Ⅰ度。③Ⅱ度，由于甲状腺肿大，脖根明显变粗，大于本人1/3个拳头到相当于2/3个拳头，特点是"脖根粗"。④Ⅲ度，颈部失去正常形状，甲状腺大于本人2/3个拳头，特点是"颈变形"。⑤Ⅳ度，甲状腺大于本人一个拳头，多带有结节。

4）鉴别诊断：临床上需要与地方性甲状腺肿进行鉴别的疾病包括：①单纯性甲状腺肿；②甲状腺功能亢进；③亚急性甲状腺炎；④慢性淋巴性甲状腺炎；⑤侵袭性纤维性甲状腺炎；⑥甲状腺癌。

3. 地方性克汀病（endemic cretinism）　是在碘缺乏地区出现的比较严重的碘缺乏病表现形式。患者生后即有不同程度的智力低下，体格矮小，听力障碍，神经运动障碍和甲状腺功能低下，伴有甲状腺肿。可概括为呆、小、聋、哑、瘫。主要发病机制是：①胚胎期缺碘：由于缺碘，胎儿的甲状腺激素供应不足，胎儿的生长发育障碍。②出生后至两岁缺碘：出生后摄碘不足，使甲状腺激素合成不足，引起甲状腺激素缺乏，明显影响身体和骨骼的生长，从而表现出体格矮小、性发育落后、黏液性水肿及其他甲状腺功能低下等症状。

（1）临床表现：根据地方性克汀病的临床表现分为神经型、黏肿型和混合型三种。①神经型的特点为精神异常、聋哑及言语和运动神经障碍为主要表现，没有甲状腺功能低下的症状。②黏肿型的特点为以黏液性水肿、体格矮小或侏儒、性发育障碍、甲状腺功能低下为主要表现。③混合型兼有上述两型的特点，有的以神经型为主，有的以黏肿型为主。

（2）诊断：

1）必备条件：①出生、居住在碘缺乏地区。②具有不同程度的精神发育迟滞，智力商数（intelligence quotient，IQ）≤54。

2）辅助条件：①神经系统障碍：A. 运动神经障碍，包括不同程度的痉挛性瘫痪，步态或姿态异常，斜视；B. 不同程度的听力障碍；C. 不同程度的言语障碍（哑或说话障碍）。②甲状腺功能障碍：A. 不同程度的体格发育障碍；B. 不同程度的克汀病形象，如傻相、傻笑、眼距宽、鼻梁塌、腹部隆起和脐疝等；C. 甲状腺功能低下，如出现黏液性水肿，皮肤干燥、毛发干枯；D. 实验室和X线检查：血清TSH升高，T4降低，X线骨龄落后和骨骺愈合延迟。

有上述的必备条件,再具有辅助条件中神经系统障碍或甲状腺功能障碍中任何一项,在排除碘缺乏之外原因所致疾病后,即可诊断为地方性克汀病。

3)鉴别诊断:在临床上需与地方性克汀病鉴别的疾病:①散发性克汀病;②家族性甲状腺肿;③唐氏综合征;④粘多糖病Ⅰ型;⑤苯丙酮尿症;⑥半乳糖血症;⑦幼年型黏液水肿;⑧大脑性瘫痪;⑨维生素 D 缺乏性佝偻病。

4. 碘缺乏病防治措施

（1）预防措施

1）碘盐:食盐加碘是预防碘缺乏病的首选方法。从 1995 年在中国实施全民食盐加碘(universal salt iodization,USI),是消除碘缺乏病的最好措施。碘盐是把微量碘化物(碘化钾或碘酸钾)与大量的食盐混匀后供食用的盐。WHO 推荐碘和盐的比例为 1/10 万。

中国食用盐碘含量标准(GB26878—2011)规定,在食用盐中加入碘强化剂后,食用盐产品(碘盐)中碘含量的平均水平(以碘元素计)为 20～30mg/kg,允许波动范围为平均水平±30%。各省、市、自治区人民政府卫生行政部门在此范围内,根据当地人群实际碘营养水平,选择适合本地情况的食用盐碘含量平均水平。

2）碘油:有些病区地处偏远,食用不到供应的碘盐,可选用碘油。碘油是以植物油,如核桃油或豆油为原料加碘化合物制成的。碘油分肌肉注射和口服两种。1 周岁以内的婴儿注射 0.5ml(含量 237μg),1～45 岁注射 1.0ml,每 3 年注射 1 次,注射后半年至 1 年随访 1 次,观察有无甲状腺功能亢进或低下。口服碘油的剂量一般为注射量的 1.5 倍左右,每两年重复给药 1 次。尽管碘油是防治碘缺乏病的有效措施,但不能代替碘盐,在没有推广碘盐的病区,应尽早实行碘盐预防。

3）其他:对患者可口服碘化钾,但用药时间长,不易坚持。还有碘化面包、碘化饮水,加工的富碘海带、海鱼等。

（2）治疗原则

1）地方性甲状腺肿:一般来说,在碘缺乏病区,Ⅰ度、Ⅱ度甲状腺肿只要能坚持补碘,可以逐渐好转而无需治疗。①甲状腺激素疗法:对于补碘后疗效不佳,怀疑有致甲状腺肿物质或高碘性甲状腺肿者可采用激素疗法,以促进肿大腺体恢复。②外科疗法:Ⅲ度以上有结节的甲状腺肿大患者,特别是有压迫症状或怀疑有癌变者可行外科手术,切除肿大的甲状腺组织。

2）地方性克汀病:黏肿型克汀病治疗越早效果越好。一旦发现立即开始治疗,可控制病情发展,减轻或避免日后的神经和智力损害。只要适时适量的补充甲状腺激素,及时采用"替代疗法"就可迅速收到理想的治疗效果。其他辅助药物可用维生素 A、D、B_1、B_2、B_6 和维生素 C 等多种维生素及钙、镁、锌、铁、磷等多种元素,也有采用中药治疗等。同时应加强营养,加强智力、生活训练和教育,尽可能使患者在体能、智能及生存能力上都有较大提高。

三、地方性氟中毒

地方性氟中毒(endemic fluorosis)是由于一定地区的环境中氟元素过多,而致生活在该环境中的居民经饮水、食物和空气等途径长期摄入过量氟所引起的以氟骨症(skeletal fluorosis)和氟斑牙(dental fluorosis)为主要特征的一种慢性全身性疾病,又称地方性氟病。

1. 发病原因及机制　长期摄入过量氟是发生本病的根本原因,人体摄入总氟量超过 4mg/d 时即可引起慢性氟中毒。本病好发年龄为青壮年,女性常高于男性,患病率可随年龄增长而升高。妊娠和哺乳妇女更易发病,且病情较重。营养不良,特别是蛋白质、钙、维生素供给缺乏时,机体对氟的敏感性增高。中国国家卫生与计划生育委员会 2016 年发布的《人群总摄氟量》(WS/T 87—2016)卫生行业标准规定,8～16 周岁:≤2.4mg/(人·日);16 周岁以上:≤3.5mg/(人·日)。一般认为慢性地方性氟中毒的发病机制与过量的氟破坏了钙磷的正常代谢、抑制某些酶的活性、损害细胞原生质以及抑制胶原蛋白合成等有关。

2. 病区类型

（1）饮水型病区：由于饮用高氟水而引起氟中毒的病区为饮水型病区，是最主要的病区类型。饮水型病区分布最广，其特点是饮水中氟含量高于国家饮用水标准1.0mg/L，最高甚至可达17mg/L。氟中毒患病率与饮水氟含量呈明显正相关。依据有关数据，中国饮水型病区人口8728万，氟骨症患者人数约为1525万～1667万。

（2）燃煤污染型病区：由于居民燃用当地含高氟煤做饭、取暖，敞灶燃煤，炉灶无烟囱，并用煤火烘烤粮食、辣椒等严重污染室内空气和食品，居民吸入污染的空气和摄入污染的食品引起的地方性氟中毒病区，是中国20世纪70年代后确认的一类病区，也是中国特有的氟中毒类型。煤氟含量世界平均浓度为80mg/kg，而中国燃煤污染型氟中毒病区煤的平均浓度为1590～2158mg/kg，最高可达3263mg/kg。空气中氟含量为0.018～0.039mg/m³，超过日平均最高容许浓度0.007mg/m³，最高的可达0.5mg/m³。煤火烘烤的玉米及辣椒（干重）中氟含量分别达84.2mg/kg和565mg/kg。据2014年数据，中国燃煤污染型氟中毒病区人口约3265万人。

（3）饮砖茶型病区：由于长期饮用含氟过高的砖茶而引起氟中毒的病区为饮砖茶型病区。饮砖茶型病区主要分布在内蒙古、西藏、四川、青海、甘肃和新疆等地习惯饮砖茶的少数民族地区，如藏族、哈萨克族、蒙古族聚居区，当地居民有饮奶茶习惯，而煮奶茶的茶叶主要为砖茶。茶可富集氟，根据WHO报道，世界茶氟含量平均为97mg/kg，中国的红茶、绿茶及花茶平均氟含量约为125mg/kg，砖茶可高达493mg/kg，最高1175mg/kg。目前中国饮茶型氟中毒病区分布于230个县，病区人口1600万。

中国氟中毒病区分布特点，北方以饮水型为主，南方以燃煤污染型为主，交汇区大致在长江以北，秦岭、淮河以南。饮砖茶型主要在中西部和内蒙古等习惯饮砖茶民族聚居区。

3. 临床表现

（1）氟斑牙：①釉面光泽度改变：釉面失去光泽，不透明，可见白垩样线条、斑点、斑块，白垩样变化也可布满整个牙面。一经形成，永不消失。②釉面着色：釉面出现不同程度的颜色改变，浅黄、黄褐乃至深褐色或黑色。着色范围可由细小斑点、条纹、斑块、直至布满大部釉面。③釉面缺损：缺损的程度不一，可表现釉面细小的凹痕，小的如针尖或鸟啄样，乃至深层釉质较大面积的剥脱。轻者缺损仅限于釉质表层，严重者缺损可发生在所有的牙面，包括邻接面，以至破坏了牙齿整体外形。

（2）氟骨症

1）症状：氟骨症发病缓慢，患者很难说出发病的具体时间，症状也无特异性。主要表现为疼痛、神经症状、肢体变形、神经衰弱综合征、胃肠功能紊乱的症状。

2）体征：轻症者一般无明显体征，随着病情的发展，可出现关节功能障碍及肢体变形。体征随临床类型与疾病严重程度而异。①硬化型：以骨质硬化为主，表现为广泛性骨质增生，硬化及骨周软组织骨化所致的关节僵硬及运动障碍、脊柱固定、胸廓固定、四肢关节强直。②混合型：在骨质硬化即骨旁软组织骨化的同时，因骨质疏松、软化而引起脊柱及四肢变形。

3）X线表现：①骨结构改变：A. 密度增高，主要表现为骨小梁均匀变粗、致密，骨皮质增厚，骨髓腔变窄或消失，尤以腰椎、骨盆明显。B. 密度减低，主要表现为骨小梁均匀变细、变小，骨皮质变薄，骨髓腔扩大。多见于脊椎、骨盆和肋骨。混合型则兼有硬化和疏松两种改变，多为脊柱硬化和四肢骨的吸收及囊性变。②骨周改变：主要表现为软组织的钙化，包括韧带、肌腱附着处和骨膜、骨间膜即关节周围软组织的钙化（骨化），有骨棘形成，是本病特征性表现之一。多见于躯干骨和四肢长骨，尤以胫腓骨和尺桡骨骨膜钙化最为明显，对诊断有特殊意义。③关节改变：关节软骨发生退变坏死，关节面增生凸凹不平，关节间隙变窄，关节边缘呈唇样增生，关节囊骨化或有关节游离体，多见于脊椎及髋、膝、肘等大关节。

4）氟骨症临床分度：①轻度：有持续性腰腿痛及其他关节疼痛的症状，而无其他阳性体征者（当地出生者可有氟斑牙），能从事正常体力劳动。②中度：除上述症状加重外，兼有躯干和四肢大关节运动功能受限，劳动能力受到不同程度的影响。③重度：一个或多个大关节屈曲、强直、肌肉挛缩或出现失用性萎缩。脊柱、骨盆关节发生骨性粘连,患者有严重的弯腰驼背,基本无劳动能力或成为残废。

4. 诊断

（1）氟斑牙

1）诊断:出生或幼年在氟中毒病区生活,或幼年时长期摄氟过量者,牙齿釉质出现不同程度的白垩样变,伴不同程度缺损和棕黄、棕黑色色素沉着,排除其他非氟性改变者即可诊断为氟斑牙。

2）鉴别诊断:需与氟斑牙鉴别的牙齿损伤有:①非氟斑;②釉质发育不全;③四环素牙;④外源染色;⑤龋齿。

（2）氟骨症

1）诊断:①生活在高氟地区,并有饮高氟水,食用被氟污染的粮食或吸入被氟污染的空气者。②临床表现有氟斑牙(成年后迁入病区者可无氟斑牙),同时伴有骨关节痛,肢体或躯干运动障碍即变形者。③X线表现,骨及骨周软组织具有氟骨症X线表现者。④实验室资料,尿氟含量多超过正常值。

2）氟骨症的X线诊断:中国国家卫生部《氟骨症X线诊断》(WS 192—2008)规定:①氟骨症X线诊断原则:A. 长期生活在氟病区。B. 凡X线发现骨增多、骨减少或混合(骨转换)以及肌腱、韧带、骨间膜骨化和关节退变继发骨增生变形等X线征象者,均可诊断为地方性氟骨症。②诊断标准:Ⅰ期(早轻)具有下列征象之一者:A. 沙砾样或颗粒样骨结构、骨斑;B. 骨小梁变细、稀疏、结构紊乱、模糊,或单纯长骨干骺端硬化带并有前臂、小腿骨周软组织轻微骨化;C. 桡骨嵴增大、边缘硬化、表面粗糙;D. 前臂或小腿骨间膜钙化呈幼芽破土征。Ⅱ期(中度)具有下列征象之一者:A. 骨小梁结构明显异常,表现为粗密、细密、粗布状骨小梁或骨小梁部分融合;B. 普遍性骨质疏松并有前臂或小腿骨间膜化;C. 四肢骨干骺端骨小梁结构明显紊乱、模糊,在旋前圆肌附着处骨皮质松化;D. 前臂、小腿骨间膜或骨盆等肌腱、韧带附着处明显骨化。Ⅲ期(重度)具有下列征象之一者:A. 多数骨小梁融合呈象牙质样骨质硬化;B. 明显的骨质疏松或骨质软化并有前臂或小腿骨间膜骨化;C. 破毯样骨小梁或棉絮样骨结构、皮质骨松化、密度增高伴骨变形;D. 多个大关节严重退行性改变、畸形并骨周软组织明显骨化。

3）鉴别诊断:临床上氟骨症应与以下疾病进行鉴别:①类风湿;②风湿性关节炎;③骨与关节结核;④强直性脊椎炎;⑤退行性骨关节病;⑥神经根痛。

5. 地方性氟中毒的防治措施

（1）预防措施:预防的根本措施是减少氟的摄入量。

1）饮水型氟中毒:①改换水源:病区内如有低氟水源可以利用,应首先改换水源。②饮水除氟:本法适用于无低氟水源可供利用的病区。采用理化方法降氟,如电渗析、反渗透、活性氧化铝吸附、铝盐或磷酸盐混凝沉淀法、骨炭吸附等除氟技术。

2）燃煤污染型氟中毒:①改良炉灶:改造落后的燃煤方式,炉灶应有良好的炉体结构并安装排烟设施,将含氟烟尘排出室外。②减少食物氟污染:应防止食物被氟污染,如改变烘烤玉米及辣椒等食物的保存方法,可用自然条件烘干粮食,或用烤烟房、火炕烘干,避免烟气直接接触食物。③不用或少用高氟劣质煤:更换燃料或减少用煤量,最大限度地降低空气中氟含量。

3）饮砖茶型氟中毒:研制低氟砖茶和降低砖茶中氟含量,并在饮砖茶习惯病区增加其他低氟茶种代替砖茶。

（2）治疗原则:目前尚无针对地方性氟中毒的特效治疗方法。治疗原则主要是减少氟的摄入和吸收,促进氟的排泄,拮抗氟的毒性,增强机体抵抗力及适当的对症处理。①合理调整饮食和推广平衡膳食:加强和改善患者的营养状况,可增强机体的抵抗力,减轻原有病情。②药物治疗:可用钙剂和维生素D、氢氧化铝凝胶、蛇纹石等治疗。对有神经损伤者宜给予维生素B族(B$_1$、B$_6$和B$_{12}$)、三磷酸腺苷、辅酶A等以改善神经细胞正常代谢,减少氟的毒性作用。③氟斑牙治疗:可采用涂膜覆盖法、药物脱色法(过氧化氢或稀盐酸等)、修复法等治疗。使用防氟牙膏也有一定的疗效。④其他:对因有椎管狭窄而出现脊髓或马尾神经受压的氟骨症患者应进行椎板切除减压。对已发生严重畸形者,可进行矫形手术。氟骨症的对症疗法主要是止痛,对手足麻木、抽搐等症状可给予镇静剂。

第四节 环境污染的预防与控制

一、环境污染的危险度评估

1. **危险度评估的目的和意义** 为保护人类健康,防止有害物质可能产生的危害,必须采取有效的方法对污染物中有害物质的毒性、产生的毒效应、对人群健康造成的危害程度等进行评估。

危险度评估(risk assessment)是对暴露于某一特定环境条件下,该环境有毒、有害物质或因素可能引起的健康效应及其危害程度进行定性和定量评估,并预测环境污染物对暴露人群可能产生的有害效应的概率。进行危险度评估需要综合应用多学科的研究方法,并借助于毒理学、流行病学、统计学及监测学等多学科发展的最新研究成果和技术。

危险度评估有助于对环境污染物进行有效的管理,其结果可为制定环境卫生标准、管理法规、进行卫生监督、采取防治对策和措施、保护环境及人群健康等提供科学依据。

2. **危险度评估的组成** 有害物质的危险度评估通常由几个步骤科学有机地组合在一起,用以评估所能收集到的有害物质的科学资料(包括有害物质的毒性、危害性及相应的动物实验和流行病学调查资料)。根据评估结果可以回答:①某污染物对健康危害的可能性(属定性危险度评估阶段);②若肯定该污染物会对健康产生危害,则进一步估计对健康危害的程度(属定量危险度评估阶段)。不管是定性评估还是定量评估,都需要有人群调查、实验室检测和动物实验资料作为依据。污染物危险度评估主要包括:

(1)危害鉴定(hazard identification):是危险度评估的第一步骤,属定性评估阶段。其目的是确定在一定的条件下,被评估的污染物是否对机体健康产生有害效应,这种效应是否具有该污染物所固有的毒性特征和类型。通常根据毒理学研究和人群流行病学调查资料,判断在某一暴露情况下接触污染物是否会对机体产生危害。

(2)暴露评估(exposure assessment):又称接触评估,是污染物危险度评估过程中不可缺少的一部分。通过暴露评估,可以估计出人群对某污染物暴露的强度、频率和持续时间。这与评估该污染物毒性效应的诱发时间和潜伏期有很大关系。

(3)剂量-反应关系评定(dose-response assessment):是环境污染物暴露与健康效应之间的定量评估,是危险度评估的核心内容。目的是利用人或动物定量研究资料,得到某污染物的剂量(浓度)与健康效应的定量关系,从而确定暴露水平与健康效应发生率之间的关系,找出规律,提出剂量-反应模式用于该污染物的危险度特征分析。

(4)危险度特征分析(risk characterization):是在以上3个阶段所得的定性、定量评定结果的基础上确定污染物暴露人群中有害效应发生率的估计值(即危险度)及其可信程度或不确定性程度,是危险度评估的最后阶段。

公共卫生决策越来越多地依赖于定量的危险度评定。而定量评定的基础是充分而可靠的实验数据、正确的假设、合理的推导模式和足够的人群流行病学资料。限于认识水平和技术手段,以及某些资料的不足,往往难以对环境中污染物可能对人类造成的损害及其危险度给予确切的结论,这就成为危险度评定中的不确定因素。在危险度评定过程中,要尽量将不确定因素缩小到最低限度,对仍然存在的不确定因素应明确提出,为制定安全接触限值及相应的预防对策提供一个适当的取舍尺度。

3. **危险度评估的管理及应用** 危险度管理(risk management)是根据危险度评定结果综合考虑社会发展的实际需要、经济和技术水平,对危险度进行利弊权衡和决策分析,提出可接受水平和相应的控制、管理措施。这些措施包括制定和执行人的"安全接触限值",即卫生标准;环境监测,生物监测,健康监护,危险度控制技术措施;以及限制或禁止接触的法规、条例、管理办法等。

从危险度评定到危险度管理,是把科学研究结果转化为科学对策的决策过程,既要坚持科学原则,又要考虑社会经济、技术水平及公共卫生的可行性。因此,决策过程要十分严谨慎重。目前,危险度评估在许多国家已开展,由于各国制定的危险度管理法规不同、评估的原则和方法有所差异。国际化学安全规划署(IPCS)从 1993 年已多次召开国际会议,讨论致癌物健康危险度评估方法的国际标准化问题,但仍以美国提出的"四步骤模式"为基本框架。

危险度评估的作用是:①预测、预报已知暴露条件可能产生的健康效应类型和特征,即暴露人群终生发病或死亡的概率;②对环境中的各种有害污染物及其他环境有害因素进行比较分析,用于新化学物的筛选,并进行经济效益和社会效益分析;③为得到某种污染物在不同环境介质(空气、水、食品)中可接受的剂量或浓度;为制订该污染物在环境中的卫生标准、研制有关卫生法规、管理条例,为卫生监督提供科学依据;④为治理环境污染采取重大决策及措施提供充分的科学依据。危险度评估的最终目的是确定危险度管理的方案并付诸实施。

危险度评估已成为许多国家环境保护及卫生管理部门的重要组成部分,它在保护环境和人群健康、制订卫生标准、研制有关卫生法规、管理条例、进行卫生监督及确定防治对策等方面起到了十分重要的作用。

二、环境污染的预防与控制策略

预防环境污染,减少环境污染物对健康的危害是公众健康的重要基础,是基本的民生问题。虽然政府高度重视环境保护,在环境污染治理方面,已取得很好成绩,但预防控制环境污染物对健康的危害仍然是一项艰巨的任务,任重而道远。保护环境,治理污染,不仅是健康中国的需要,更是生态文明建设的需要。

1. 制定并完善环境保护法律和法规　中国的环境与健康标准体系可分为由环境保护部门牵头制定的环境保护标准体系和由卫生部门牵头制定的环境卫生标准体系,对控制环境污染、保护生态环境以及人群健康具有十分重要的意义。

(1) 环境保护标准体系:通过环境保护立法确立了国家环境保护标准体系,《环境保护法》《大气污染防治法》《水污染防治法》《环境噪声污染防治法》等法律对制定环境保护标准作出了规定。中国的环境保护标准体系主要包括五类三级,即按照内容可分为环境质量标准、污染物排放(控制)标准、环境基础标准、环境监测分析方法标准和环境样品标准;按照级别可以分为国家标准、地方标准和行业标准。环境质量标准是该体系的核心标准,地方标准是对国家标准的补充。中国自 1973 年颁布第一部环境质量标准《工业"三废"排放施行标准》(GBJ 4—73)以来,在不同领域制定或修订国家级环境质量标准数千项,影响范围已覆盖水、空气、土壤、声与振动、固体废物与化学品、生态、核与电磁辐射等环境保护领域。

(2) 环境卫生标准体系:环境卫生标准体系包括环境卫生专业基础标准和环境卫生单项标准。各类单项环境卫生标准是直接为卫生监督和卫生管理服务的,它是环境卫生标准体系的核心和主体,也是法规实施的技术保证。而专业基础标准和方法标准是制订和实施环境卫生标准的技术支撑。

环境卫生标准(environmental health standard)中的最高容许浓度是指环境中的化学物质在短期或终生、直接或间接作用于人体时,不会引起身体上或精神上的疾患;或者以现有的检查方法在近期或远期、当代或后代检测不到超过生理适应性反应变化的浓度限量。

1981 年中国卫生部成立了环境卫生标准专业委员会,环境卫生标准目前已发展为 8 大类、近 200 项环境卫生标准,涉及生活饮用水、室内环境、公共场所、农村环境、卫生防护距离、污染控制技术、环境污染健康危害、保健用品等方面的卫生安全要求和卫生标准。

2. 强化环境管理,依法进行监督　环境管理是依据法规、标准、条例、制度等,运用行政、法律、经济、技术和教育的手段,对危害和破坏环境的人为活动进行监督和控制。1989 年中国第三次环境保护工作会议在继续推行原来"三同时""环境影响评估""排污收费"制度的同时,又推出《环境保护目标责任制》《城市环境综合整治定量考核》《排放污染物许可证制度》《污染集中控制》和《污染限期治理》等 5 项制度,总共八项管理制度。"三同时"制度指凡从事对环境有不良影响的建设项目都必须执行防治污染及其他公害的设施与主体工程同时设计、同时施工、同时投产的制度。"环境影响评估"则是指按照一定的评估标准和评估方法对一定区域范围内的环境质量加以调查研究,并在此基础上做出科学、客观和定量的评定和预测。这项制度基本形成了有效的环境管理机制。

此外,制定环境保护发展规划和进行卫生监督也是环境管理的主要职责。环境保护规划的主要任务是提出环境保护战略目标,制定技术先进、经济合理的污染防治政策等。卫生监督工作可分为预防性卫生监督和经常性卫生监督,前者是监督尚处在规划设计阶段的卫生问题,后者则是指进行环境和人群监测,其目的是了解环境污染情况和人群健康状况,以便及时采取防治措施。

3. **加强环境科学技术研究,采用先进的污染防治技术**　近年来,环境科学技术研究已由工业"三废"治理技术的研究扩展到综合治理技术的研究;由污染源治理技术的研究扩展到区域性综合防治技术的研究;由污染防治技术的研究扩展到自然和农业生态工程技术的研究,同时还开展了环境背景值、环境容量和环境质量评估等多方面的基础研究。

工业"三废"是环境污染的主要来源,治理工业"三废"的技术措施包括工业企业合理布局、改革工艺、综合利用、净化处理等,以减少污染物的排放量,加大污染物的净化处理,使之达标排放。

合理使用农药是预防农业性污染的主要措施。减少农药残留,研制开发新型农药,综合防治病虫害,尽量将化学农药、生物防治与物理防治病虫害的方法联合或交替使用,减少农药的污染和残留。

积极研制或提高生活性废弃物的处理和资源化技术、汽车尾气的净化技术和噪声的控制技术,预防生活性和交通性污染。

4. **开展环境教育,提高全民环境意识**　环境教育关系到环境保护事业的全局,中国将环境教育作为环境与发展的十大对策之一,环境教育是保护环境、维护生态平衡、实现可持续发展的根本措施之一。通过环境教育,提高了全民的环境意识,人们才能正确认识环境和环境问题以及发展经济与保护环境的关系,增强保护环境的社会责任感和环境道德水准,使自己的行为与环境相协调,积极地参与保护环境的行动,自觉地执行环保法规、政策、方针、条例,共同创造和维护舒适、安静、优美的生活和工作环境,并身体力行,付诸行动。

5. **加强环境与健康的研究和环境相关疾病的预防控制**　尽管中国环境与健康工作取得很大成就,但当前所面临的形势仍十分严峻,环境污染引发人群疾病的威胁日益严重,传统环境污染危害尚未完全消除,新的环境污染问题已经显现,环境相关疾病已成为危害人群健康的重要问题。

国家于2013年9月、2015年4月和2016年5月先后发布了《大气污染防治行动计划》(气十条)、《水污染防治行动计划》(水十条)和《土壤污染防治行动计划》(土十条)及《"健康中国2030"规划纲要》。这些文件以保护民众健康为出发点,大力推进生态文明建设,改善生态环境条件,促进社会经济健康发展。这些污染防治行动计划是继《国家环境与健康行动计划》实施之后,又明确提出的开展环境污染防治、保护人民群众健康的又一重大举措,为深入开展环境与健康调查、监测、健康风险评估及环境相关疾病的深入研究提供了重要的法律支撑。因此,要认真落实环境与健康法律法规要求,深入开展环境因素健康效应研究,不断引进新技术和新方法,在环境相关疾病的防治方面取得更大成功。

(余日安)

思 考 题

1. 生活和生产环境是与人群关系最密切的环境,如何理解建成环境和生活环境的关系?建成环境如何影响人群健康?

2. 大气、水体和土壤污染均可引起环境污染性疾病,环境污染对健康产生哪些方面的影响?

3. 生物地球化学性疾病对健康产生严重影响,除了碘缺乏病和地方性氟中毒,我国还存在哪些生物地球化学性疾病?

4. 环境相关疾病通过控制环境污染可以预防,试述环境污染的预防控制策略。

第十七章　职业相关疾病及职业卫生服务

不同人群在各种生活生产活动中均会接触不同的环境条件,其中职业人群在劳动过程中接触环境因素所致的健康问题有其特殊性。我们知道,劳动是人类创造物质财富的唯一途径,是社会经济发展的根本保证,但生产劳动的作业环境中存在的各种有害因素对职业人群健康却会产生不良影响,严重影响劳动者的健康和生命质量,进而阻碍社会经济的发展。中国大陆每年新增各类职业病报告2万例左右,现有职业病患者近70万人,潜在的职业病人数可能超过100万。在传统的职业性危害尚未得到完全控制的当今社会,随着新材料、新技术以及新型劳动岗位的不断产生,新的职业危害及相关职业损害也相继出现,同时,分散性的家居装修、家政服务、加油加气站等行业也隐藏着较大的职业病危害风险。这些职业病危害引发的健康问题不仅损害劳动者的健康,还可进一步引发劳资纠纷和群体性事件,严重影响社会和谐和国民经济的可持续发展。据相关报告,中国大陆每年因职业病事故造成的直接和间接经济损失大约在3000亿元人民币。从世界范围来看,职业活动相关的健康损失及其带来的劳动生产力损失的价值可达到世界各国国民生产总值的4%～5%。

健康的职业人群是有效的生产力,是社会经济发展的主要动力,因而以促进健康为目标的职业卫生是维护社会经济持续健康发展的重要学科。所以无论在国际还是在国内,职业人群都已经成为卫生政策的主要保护对象。世界卫生组织的《组织法》《阿拉木图宣言》以及国际劳工组织的《职业安全和卫生公约》和《职业卫生服务公约》均明确规定每个工人都应享有最高且能达到健康标准的基本权利。随着国家对职业病诊断政策和原则的不断完善,临床医务人员已经被赋予更多责任来识别、诊断和治疗职业相关疾病,因而临床医生需要拥有更多的知识和能力参与识别职业活动中可能产生的职业病危害因素及其对职业人群的健康损害,提供及时有效的职业卫生服务,保护劳动者的健康。

第一节　职业相关疾病的种类与特点

一、法定职业病的定义、种类及特点

当职业有害因素作用于人体的强度与时间超过机体的代偿功能,导致机体发生功能性或器质性改变,出现相应的临床症状与体征,并影响劳动者工作能力,这一类疾病统称为职业病(occupational disease),这是病理生理学范畴的广义定义,也可称为职业性疾病。为了便于管理,各国政府根据本国的经济和科技水平,用法令形式对职业病的范围作出明确的规定,即法定职业病(reportable occupational disease)。每一个国家根据本国的实际情况都会制定一个法定职业病名单目录,且每个国家所规定的法定职业病名单目录也不尽相同,只在本国具有立法意义。这些疾病一旦得到法律认可后,相关职业人群即可得到相应的赔偿和健康保障,故而又称为可赔偿疾病(compensable diseases)。《中华人民共和国职业病防治法》将职业病定义为企业、事业单位和个体经济组织等用人单位的劳动者在职业活动中,因接触粉尘、放射性物质或有毒有害物质而引起的疾病。和其他国家一样,中国根据具体情况对法定职业病进行了增减。如按照《职业病范围和职业病患者处理办法规定》(简称《规定》),原中国卫生部曾于1987年2月颁布了14种职业病;在1987年11月,原卫生部、劳动人事部、财政部和全国总工会联合颁布修订和增补的《规定》,将职业病名单扩大为9类104种;2002年根据《中华人

民共和国职业病防治法》的规定,颁布了新《职业病目录》,共有10类,115种职业病;2013年,根据修订后的《职业病防治法》的要求,原国家卫生计生委、人力资源社会保障部、安全生产监督管理总局和全国总工会等4部门将原《职业病目录》更名为《职业病分类和目录》,共10类,132种职业病,见表17-1。

表17-1　中国法定职业病分类和目录(2013年修订)

类型	亚类	疾病名称
一、职业性尘肺病及其他呼吸系统疾病	(一)尘肺病	1. 矽肺;2. 煤工尘肺;3. 石墨尘肺;4. 碳黑尘肺;5. 石棉肺;6. 滑石尘肺;7. 水泥尘肺;8. 云母尘肺;9. 陶工尘肺;10. 铝尘肺;11. 电焊工尘肺;12. 铸工尘肺;13. 根据《尘肺病诊断标准》和《尘肺病理诊断标准》可以诊断的其他尘肺病
	(二)其他呼吸系统疾病	1. 过敏性肺炎;2. 棉尘病;3. 哮喘;4. 金属及其化合物粉尘肺沉着病(锡、铁、锑、钡及其化合物等);5. 刺激性化学物所致慢性阻塞性肺疾病;6. 硬金属肺病
二、职业性皮肤病		1. 接触性皮炎;2. 光接触性皮炎;3. 电光性皮炎;4. 黑变病;5. 痤疮;6. 溃疡;7. 化学性皮肤灼伤;8. 白斑;9. 根据《职业性皮肤病的诊断总则》可以诊断的其他职业性皮肤病
三、职业性眼病		1. 化学性眼部灼伤;2. 电光性眼炎;3. 白内障(含放射性白内障、三硝基甲苯白内障)
四、职业性耳鼻喉口腔疾病		1. 噪声聋;2. 铬鼻病;3. 牙酸蚀病;4. 爆震聋
五、职业性化学中毒		1. 铅及其化合物中毒(不包括四乙基铅);2. 汞及其化合物中毒;3. 锰及其化合物中毒;4. 镉及其化合物中毒;5. 铍病;6. 铊及其化合物中毒;7. 钡及其化合物中毒;8. 钒及其化合物中毒;9. 磷及其化合物中毒;10. 砷及其化合物中毒;11. 铀及其化合物中毒;12. 砷化氢中毒;13. 氯气中毒;14. 二氧化硫中毒;15. 光气中毒;16. 氨中毒;17. 偏二甲基肼中毒;18. 氮氧化合物中毒;19. 一氧化碳中毒;20. 二硫化碳中毒;21. 硫化氢中毒;22. 磷化氢、磷化锌、磷化铝中毒;23. 氟及其无机化合物中毒;24. 氰及腈类化合物中毒;25. 四乙基铅中毒;26. 有机锡中毒;27. 羰基镍中毒;28. 苯中毒;29. 甲苯中毒;30. 二甲苯中毒;31. 正己烷中毒;32. 汽油中毒;33. 一甲胺中毒;34. 有机氟聚合物单体及其热裂解物中毒;35. 二氯乙烷中毒;36. 四氯化碳中毒;37. 氯乙烯中毒;38. 三氯乙烯中毒;39. 氯丙烯中毒;40. 氯丁二烯中毒;41. 苯的氨基及硝基化合物(不包括三硝基甲苯)中毒;42. 三硝基甲苯中毒;43. 甲醇中毒;44. 酚中毒;45. 五氯酚(钠)中毒;46. 甲醛中毒;47. 硫酸二甲酯中毒;48. 丙烯酰胺中毒;49. 二甲基甲酰胺中毒;50. 有机磷中毒;51. 氨基甲酸酯类中毒;52. 杀虫脒中毒;53. 溴甲烷中毒;54. 拟除虫菊酯类中毒;55. 铟及其化合物中毒;56. 溴丙烷中毒;57. 碘甲烷中毒;58. 氯乙酸中毒;59. 环氧乙烷中毒;60. 上述条目未提及的与职业有害因素接触之间存在直接因果联系的其他化学中毒
六、物理因素所致职业病		1. 中暑;2. 减压病;3. 高原病;4. 航空病;5. 手臂振动病;6. 激光所致眼(角膜、晶状体、视网膜)损伤;7. 冻伤
七、职业性放射性疾病		1. 外照射急性放射病;2. 外照射亚急性放射病;3. 外照射慢性放射病;4. 内照射放射病;5. 放射性皮肤疾病;6. 放射性肿瘤(含矿工高氡暴露所致肺癌);7. 放射性骨损伤;8. 放射性甲状腺疾病;9. 放射性性腺疾病;10. 放射复合伤;11. 根据《职业性放射性疾病诊断标准(总则)》可以诊断的其他放射性损伤
八、职业性传染病		1. 炭疽;2. 森林脑炎;3. 布鲁菌病;4. 艾滋病(限于医疗卫生人员及人民警察);5. 莱姆病

续表

类型	亚类	疾病名称
九、职业性肿瘤		1. 石棉所致肺癌、间皮瘤;2. 联苯胺所致膀胱癌;3. 苯所致白血病;4. 氯甲醚、双氯甲醚所致肺癌;5. 砷及其化合物所致肺癌、皮肤癌;6. 氯乙烯所致肝血管肉瘤;7. 焦炉逸散物所致肺癌;8. 六价铬化合物所致肺癌;9. 毛沸石所致肺癌、胸膜间皮瘤;10. 煤焦油、煤焦油沥青、石油沥青所致皮肤癌;11. β-萘胺所致膀胱癌
十、其他职业病		1. 金属烟热;2. 滑囊炎(限于井下工人);3. 股静脉血栓综合征、股动脉闭塞症或淋巴管闭塞症(限于刮研作业人员)

职业病涉及的领域广,病因复杂,疾病表现形式多种多样,但均具有以下共同特点:

1. 病因明确,即接触的职业性有害因素明确,在停止接触或在控制了相应的有害因素接触水平或限制作用条件后,发病可减少甚至可以完全消除。

2. 职业病的病因大多数是可以识别和定量检测的,且有害因素的接触水平和接触时间与发病率或机体受损程度有明显的联系,即存在明确的剂量(接触水平)-反应关系(exposure-response relationship)。

3. 在接触同样有害因素的人群中,常有一定比例的接触者发病,很少出现个别患者的现象。即使在不同时间、不同地点、不同行业的接触人群,只要是接触同一种职业性危害因素,也会有同一种职业病流行。

4. 一般情况下,大多数职业病只要早发现,早诊断,及时给予处理和治疗,预后较好,也容易康复,但因不少职业病尚无特效疗法,到了疾病晚期,疗效很差,可能无法完全康复,留有不同程度的后遗症,所以尽早做好预防工作显得尤为重要。

二、工作有关疾病

在职业人群中还有一大类疾病,称为工作有关疾病(work-related diseases),即在接触职业性有害因素后,劳动者罹患某种疾病或潜在的亚临床疾病出现症状、体征或原患疾病加重,而在去除这些职业性有害因素后,疾病又能明显缓解,因此也称为职业性多发病。常见的工作有关疾病有:

1. **慢性呼吸系统疾病**　常见的有慢性支气管炎、肺气肿和支气管哮喘,尽管吸烟、空气污染、呼吸道感染常是其主要病因,但在接触粉尘、刺激性气体的职业人群中却非常高发,即使有害物质浓度符合车间空气卫生标准,仍有较高的患病率。

2. **慢性消化系统疾病**　慢性胃炎、消化不良、消化性溃疡在高温作业工人中多发。

3. **骨骼肌肉损伤**　计算机操作人员的腱鞘炎,办公室人员的腰背痛和肩颈痛,建筑、煤矿、搬运工人的急性腰扭伤、慢性腰肌劳损、韧带损伤和腰椎间盘突出症等。

4. **心血管疾病**　长期接触噪声、振动和高温会导致高血压的发生;过量铅、镉等有害因素接触也能使肾脏受损而引起继发性高血压;高度精神紧张的作业和及寒冷也可诱发高血压;职业接触二硫化碳、一氧化碳、氯甲烷等化学物质,可影响血脂代谢、血管舒缩及血氧等,导致冠心病发病率及病死率的增高。

5. **生殖功能紊乱**　接触铅、汞、砷及二硫化碳等职业危害因素的女性,月经紊乱,早产、流产率增高。

除上述5种类型之外,还有紧张性头痛、眩晕发作性精神病及类神经征等心身疾病。虽然社会心理因素是这类疾病发生的主要病因,但工作场所的职业紧张、工作负荷和人际关系也是不良社会心理因素的重要来源,引发相应的职业相关的心身疾病,因而在日常门诊中对这类人群也需要关注。

从上面的这些工作有关疾病可以看出,其临床表现与常见病、多发病,特别是心身疾病基本一样,导致其发病与职业性有害因素有关,但职业性有害因素不是其唯一的病因,因而也常常容易忽视职业性有害因素的不良作用。工作有关疾病虽不属于法定职业病,但确实与工作过程中的有害因素有关,且工作有关疾病的范围比法定职业病更为广泛,故在临床实践中应给予更多关注,对相关的职业人群做好职业健康教育与健康促进等基本职业卫生服务。

三、职业性伤害

职业性伤害(occupational injury)是指劳动者在职业活动中,由于外部的重力等物理因素直接作用而引起组织器官的突发性意外伤害,也可称为职业性外伤或工伤。导致职业性伤害的首要原因是生产设备本身的设计缺陷及缺乏相配套的防护设备。另外,劳动组织不合理、安全生产管理不善、安全管理制度执行不力、安全教育不够、缺乏或未使用个人防护用品是职业性伤害主要危险因素。操作人员自身的健康状况、心理素质或应变能力、对有特定要求的工作岗位的适应能力以及生产车间的布局、照明、小气候以及存在其他职业性有害因素等也可引发伤害。职业性伤害可以致伤、致残,导致劳动能力丧失,因而做好职业性伤害的预防已经成为职业卫生服务的重要内容。

第二节　职业性有害因素及其健康损害

在职业活动中产生和(或)存在的,并可能对职业人群的健康、人身安全及作业能力造成有害影响的因素或条件统称为职业性有害因素(occupational hazards)。中国《职业病防治法》中将能够引起职业病的职业性有害因素称为职业病危害因素。职业性有害因素主要来自生产工艺工程、劳动过程以及生产环境三个方面,但随着科学技术、社会经济的发展和生产工艺的进步而不断变化,在实际生产劳动场所的不同岗位有着多种有害因素,在诊断职业相关疾病时需要进行识别和鉴别。

一、生产工艺过程中存在的有害因素

在工业生产过程中,工艺过程决定其原料、辅助用料、中间产品和终产品及其相应的生产条件,根据这些物料和条件的性质可以将生产工艺过程中存在的有害因素分为化学因素、物理因素和生物因素三大类。

(一)化学因素

1. 化学毒物　在一定条件下以较小剂量引起机体功能性或器质性损害,甚至危及生命的化学物质称为毒物(toxicant)。生产工艺过程中使用的或产生的,存在于作业环境中的毒物则称为生产性毒物(productive toxicant),由生产性毒物引起中毒称为职业性中毒(occupational poisoning)。化学毒物按其成分可分为无机毒物、有机毒物;按其物理状态可分为固态、液态、气态毒物;按其毒性作用又可分为刺激性、腐蚀性、窒息性、神经性、血液性和致畸、致癌、致突变性毒物。为了便于职业性化学中毒的管理,职业性化学毒物根据理化性质和毒性效应分为金属及类金属毒物,如铅、汞、锰、镉、铍、铊、钡、钒、铀等金属及其化合物;刺激性气体,如氯气、二氧化硫、光气、氨、氮氧化合物;窒息性气体,如甲烷、一氧化碳、硫化氢、氰化氢及有机腈类化合物等;有机溶剂,如苯、甲苯、二甲苯、正己烷、三氯乙烯等;苯的氨基及硝基化合物,如苯胺、三硝基甲苯等;高分子化合物单体与助剂,如氯乙烯、丙烯腈、苯乙烯、丁二烯等单体以及磷酸三甲苯酯、偶氮二异丁腈等助剂;农药,如有机磷、氨基甲酸酯、杀虫脒、拟除虫菊酯等。

2. 常见职业性化学中毒　由于化学毒物种类众多,毒物本身的毒性、毒作用特点及接触水平也有所不同,所引起的职业性中毒可累及全身各个系统,出现多脏器损害;同一毒物可累及不同的靶器官,而同一器官也可成为不同毒物的靶器官。

(1)金属及类金属毒物:每一种金属因其毒性和靶器官不同而呈现出不同的临床症状和体征,很多金属具有选择性的器官或组织蓄积而产生相应的毒效应,并因此引起长期慢性损害。如铅中毒主要损害神经系统、造血系统和消化系统等,出现类神经症、外周神经炎、低色素性正常细胞性贫血。而

汞中毒主要损害神经系统和消化系统,并出现口腔炎、震颤和易兴奋等表现。镉中毒主要损害肾脏和骨骼,比如发生在日本神通川的痛痛病。

（2）刺激性气体:通常以局部损害为主,其损害作用的共同特点是引起眼、呼吸道黏膜及皮肤不同程度的炎症反应。损害的部位与气体的水溶性有关,如水溶性大的氨气、氯气主要损害上呼吸道,而水溶性小的氮氧化物则可进入呼吸道深部引起下呼吸道损害,但浓度过高或接触时间过长则会引起全呼吸道损伤,引发严重的中毒性肺水肿和急性呼吸窘迫综合征。

（3）窒息性气体:凡是引起空气中氧含量降低,使肺内氧分压下降或使血液携氧及组织利用氧的能力发生障碍的气体,统称为窒息性气体,这些气体均可引起机体缺氧。常见的窒息性气体有单纯性窒息性气体和化学性窒息性气体,前者有甲烷、氮气、二氧化碳等,后者有一氧化碳、硫化氢、氰化氢等。

（4）有机溶剂:几乎所有有机溶剂都能使皮肤脱脂或使脂质溶解,引起职业性皮炎以及中枢神经系统的抑制。有机溶剂也可对呼吸道产生刺激作用,引起气管炎、肺水肿等,其中苯系物可致白血病;而正己烷等有机溶剂则损害周围神经系统,表现为周围神经病。在接触浓度高,接触时间长的情况下,任何有机溶剂均可引起肝损害。此外,有机溶剂还可损害血液系统、生殖系统。

（5）苯的氨基和硝基化合物:苯胺、硝基苯等可形成高铁血红蛋白、溶血等血液系统损害,苯的氨基和硝基化合物可引起眼晶状体浑浊,最终导致化学性白内障;三硝基苯等可引起肝脏损害;联苯胺和乙萘胺等诱发膀胱癌。

（6）高分子化合物单体及助剂:高分子化学物本身毒性很小,但合成生产过程中所用的单体、助剂则具有毒性、变应原性或致癌性。如生产聚氯乙烯塑料的氯乙烯单体可以引起周围神经病、肝脏损害,生产聚丙烯腈纤维的丙烯腈可以引起肝脏、神经损害,急性中毒可以致死。

3. **生产性粉尘**　是指生产过程中产生的,并能较长时间悬浮于空气中的固体颗粒物。空气动力学直径(aerodynamic equivalent diameter, AED)小于 15μm 的颗粒物可进入呼吸道,称为可吸入粉尘(inhalable dust);AED 在 5μm 以下的粉尘可随呼吸到达呼吸道深部和肺泡区,称为呼吸性粉尘(respirable dust),目前多用 PM2.5 表示粉尘颗粒 AED 为 2.5μm 的颗粒物,其生物学效应与呼吸性粉尘相近。

（1）生产性粉尘的来源及接触机会:生产性粉尘的来源非常广泛,几乎所有的工农业生产过程均可产生粉尘,如固体物质的破碎和加工、隧道开凿、筑路架桥、铸造、谷物加工,加热过程中的不完全燃烧,高温蒸汽的冷凝或氧化等均可产生粉尘。根据理化性质,生产性粉尘可分为无机粉尘、有机粉尘和混合粉尘,二氧化硅、煤尘、石墨、碳黑、石棉、滑石、水泥、陶瓷尘、铝尘、电焊尘为常见的无机粉尘,面粉、植物以及人造有机物为常见的有机粉尘,工作场所接触的粉尘多为含有无机粉尘和有机粉尘的混合粉尘。

（2）生产性粉尘所致健康损害:生产性粉尘根据其理化性质和作用特点不同,可对职业人群产生不同的损害,引起不同的疾病。

1）呼吸系统疾病:包括尘肺病、粉尘沉着症、过敏性肺炎、棉尘病、哮喘以及肺部肿瘤。

2）局部作用:粉尘刺激呼吸道黏膜,早期出现功能亢进,以阻留更多粉尘,但出现增生肥大性病变后因黏膜上皮细胞供血供氧相对不足,又出现萎缩性病变,导致呼吸道自身防御能力下降;而皮肤接触粉尘可堵塞皮脂腺,引发皮炎、粉刺和毛囊炎,眼角膜接触硬度较大的金属粉尘后可引起角膜损伤甚至混浊,而沥青粉尘则可引起光感性皮炎。

3）全身中毒:吸入铅、砷、锰等可溶性粉尘,可在支气管和肺泡壁上溶解后被吸收入血,分布到全身,引起中毒,出现相应的全身性症状。

（二）物理因素

存在于生产过程和生产环境中的物理因素不同于化学因素,除了激光以外,这些因素是自然存在的,也是人体生理活动或从事职业活动所必需,只是强度上的差别,采取预防措施时不是消除这些因素,也不是控制的越少越好,而是设法将其控制在合理范围内,并尽力保持于适宜范围。物理因素还有一个特点就是一旦脱离接触,机体便不再残留(放射性物质内照射除外)。物理性有害因素主要有:①异常气象条件:高气温、高气湿、高气流、强热辐射、低气温等。②异常气压:高气压、低气压等。③噪声、振动。④非电离辐射:如紫外线、红外线、射频辐射、激光等。⑤电离辐射:如 X 射线、γ 射线、β 粒子等。

1. 高温作业　高温作业是指工作场所存在生产性热源,其散热量大于 $23w/(m^3 \cdot h)$ 或 $84KJ/(m^3 \cdot h)$ 的工作车间,或当室外实际出现本地区夏季通风室外温度时,工作场所的气温高于室外 2℃或 2℃以上的作业。

(1)高温作业的类型及职业接触机会:高温作业按其气象条件的特点可分为高温强热辐射作业、高温高湿作业和夏季露天作业三种类型。

1)高温强热辐射作业:是指在气温高、热辐射强度大,而相对湿度较低,形成干热环境气象特点的工作场所进行的作业,其主要职业接触是冶金工业的炼焦、炼铁、轧钢等车间;机械制造工业的铸造、锻造、热处理等车间;陶瓷、玻璃、搪瓷等工业的炉窑车间;火力发电厂和舰船的锅炉间等。

2)高温高湿作业:指在有高气温、高气湿,而热辐射强度不大,形成湿热环境气象特点的工作场所进行的作业,其主要职业接触是印染、缫丝、造纸等工业中液体加热或蒸煮车间;潮湿的深矿井,通风不良的作业场所。

3)夏季露天作业:如建筑、搬运、露天采矿以及各种农田劳动等工作,高温和强热辐射的主要来源是太阳直接辐射作业,还受到加热的地面和周围物体二次辐射源的附加热作用。

(2)高温作业对机体健康的影响

1)高温作业对机体生理功能的影响:高温作业时,人体首先出现体温调节、水盐代谢、循环系统、消化系统、泌尿系统等方面的适应性变化,但超过人体的代偿能力后则表现为体温调节障碍。由于体内蓄热过多,体温升高,大量水盐丢失,出现水盐代谢平衡紊乱,导致体内酸碱平衡和渗透压失调。另外,因皮肤血管扩张及血管紧张度增加,心率加快,加重心脏负担,血压下降,但重体力劳动时血压却又可能升高。因消化道贫血,胃液分泌减少,胃液酸度降低,淀粉酶活性下降,则又造成消化不良和其他胃肠道疾病增加。持续高温条件下工作,若水盐供应不足则致尿液浓缩,增加肾脏负担,有时可见肾功能不全等,神经系统可出现中枢神经系统抑制,注意力和肌肉的工作能力、动作的准确性、协调性及反应速度等有所下降。

2)热适应(heat acclimatization):是指人体在热环境中工作一段时间后对热负荷产生适应或耐受的现象。此时从事同等强度的劳动,汗量增加,汗液中无机盐含量减少,皮肤温度和中心体温先后降低,心率明显下降。此外,机体热适应后合成一组新的蛋白质,即热应激蛋白,对机体具有保护作用,可减轻后续接触高温引起的损伤。

3)中暑:是指高温环境下由于热平衡和(或)水盐代谢紊乱等而引起的一种以中枢神经系统和(或)心血管系统功能障碍为主的急性热致疾病。根据发病机制的不同,中暑可分为 3 种类型,即热射病(heat stroke),热痉挛(heat cramp)和热衰竭(heat exhaustion),其中热射病还包括日射病(sun stroke)。这三种热致疾病的临床表现差别很大,在临床急救需要进行鉴别诊断,并给予相应的处理。

2. 噪声(noise)　是指人感到厌烦或不需要的所有声音,因而噪声影响人的心理情绪、行为和健康,扰乱工作、学习和生活。生产性噪声或职业性噪声(occupational noise)是生产过程中产生的,频率和强度均无规律,使人感到厌烦的声音。噪声是生产过程和环境几乎普遍存在,其对健康的不良影响不容忽视。

(1)噪声的来源和职业接触机会:机床、纺织机、电锯、球磨机等机械的撞击、摩擦、转动等机械性噪声。空气压缩机、通风机、喷射器、汽笛等气体压力或体积的突然变化或流体流动而产生的流体动力性噪声。发电机、变压器等电机中交变力相互作用而发生电磁性噪声。

(2)噪声所致健康损害

1）听觉系统损害：长期接触高强度噪声,听觉系统首先受损,听力的损伤有一个从生理改变到病理改变的过程。首先出现的是暂时性听阈位移,即接触噪声后听阈提高 10～30dB,脱离噪声环境,再经过一段时间后听力可以恢复到暴露前的水平,这是一种适应性生理改变,表现为听力适应和听觉疲劳,如果不能脱离噪声环境则可引起永久性听阈位移,即噪声引起的听阈升高,即使脱离接触环境也不能再恢复到原来的水平,其表现有三种形式,包括听力损失,听力损伤和噪声性耳聋,其中噪声性耳聋为中国的法定职业病。

2）听觉外系统损害：噪声还可引起听觉外系统的损害,主要表现为易疲劳、头痛、头晕、睡眠障碍、注意力不集中、记忆力减退等一系列神经系统症状。高频噪声可引起血管痉挛、心率加快、血压升高等心血管系统的变化。长期接触噪声还可引起食欲减退、胃液分泌减少、肠蠕动减慢等胃肠道功能紊乱症状。此外,噪声暴露者还可出现肾上腺皮质功能亢进、女性月经紊乱、男性精子数量减少和活力下降等改变。

3. 非电离辐射（nonionizing radiation）　是指量子能量小于 12 电子伏特(eV),不能引起生物体电离的电磁辐射,主要有紫外线、可见光线、红外线、射频辐射以及激光等。

（1）非电离辐射及其职业接触机会

1）射频辐射(radiofrequency radiation)：指频率在 100kHz～300GHz 的电磁辐射,也称为无线电波,包括高频电磁场(high-frequency electromagnetic field)和微波(microwave)。广播、电视、雷达发射塔、移动、寻呼通讯基站、工业高频感应加热设备、医疗射频设备、微波加热设备以及微波通讯等是射频辐射的主要职业接触行业。

2）红外辐射(infrared radiation)：即红外线,也可称为热射线。职业接触可见于太阳光下的露天作业,强红外光源,开放的火焰、熔融状态的金属和玻璃等作业。

3）紫外辐射(ultraviolet radiation,UV)：凡物体温度达到 1200℃ 以上,辐射光谱中即可出现紫外线,随着温度的升高紫外线的波长变短,强度变大,职业接触主要有冶炼炉、电焊、电炉炼钢等工作,此外从事碳弧灯和水银灯制板或摄影,以及紫外线的消毒工作均可接触紫外线。

4）激光(laser)：是激光物质受激辐射所发出的光放大。它是一种人造的特殊类型的非电离辐射,职业接触主要见于工业上的激光打孔、切割、焊接等作业,激光雷达、激光通讯、激光制导、激光瞄准等军事和航天作业,疾病的激光治疗也可接触激光。

（2）非电离辐射的健康危害

1）射频辐射：高频与微波的波谱相近,对人体的健康影响也相似,但其中微波的量子能量水平比高频电磁辐射高,因而微波的健康危害较高频电磁场大。高频电磁场和微波均可引起类神经症和自主神经功能紊乱,主要表现为副交感神经反应占优势,大剂量微波还可损害眼睛和血液系统,引起晶状体浑浊、视网膜病变、外周血白细胞计数和血小板计数下降。男性暴露于微波后可出现精子数量明显减少,甚至出现暂时性不育。但目前对手机辐射的健康危害尚无定论。

2）红外、紫外辐射和激光：主要是对皮肤和眼睛的损害作用,红外线可引起职业性白内障,紫外线则引起电光性眼炎。

（三）生物因素

存在于生产工作环境中危害职业人群健康的致病微生物、寄生虫、昆虫、动植物等及其所产生的生物毒素统称为生物性有害因素。

1. 致病微生物　从事畜牧业、兽医、屠宰、牲畜检验、毛纺以及皮革等职业人群有较多机会接触或感染炭疽和布鲁氏菌。在疫区从事林业、勘探、采药的职业人群,以及进驻森林的军事人员有机会接触或感染森林脑炎病毒,医护人员也可因医疗活动感染肝炎病毒、艾滋病病毒。目前,职业人群所患的炭疽、森林脑炎、布鲁氏菌病、莱姆病以及医疗卫生人员及人民警察所患的艾滋病已经列入中国的法定职业病目录。

2. 寄生虫　农民、井下矿工、下水道清理工以及海边娱乐场的工作人员等可能会接触或感染钩虫;而从事粮食和饲料加工、贮存等职业人群则可能会接触尘螨;在疫区从事林业、勘探、林区的军事人员等职业人群则可能会受到蜱的叮咬,这些生物因素可引起职业性的钩虫病、尘螨性皮炎、过敏性哮喘、鼻炎以及蜱相关的虫媒传染病。

3. 动植物　肉、奶、蜂制品等以农副产品为中心的多种经营作业、种植业、园林园艺、木材加工、农林科技人员均可能接触到动植物有害因素,如松毛虫、桑毛虫、茶毛虫以及蝶蛾类幼虫可释放毒素引起皮炎,水仙花、郁金香可引起变应性皮炎,芸香、佛手可引起光敏性皮炎。

二、劳动过程中存在的有害因素

劳动过程中存在的职业性有害因素与组织劳动的方式、劳动条件以及劳动者的个体特征有关。主要包括职业紧张因素和人体功效学因素两方面。

(一) 职业紧张因素

职业紧张(occupational stress)又称为工作紧张(job stress),是在某种职业条件下,工作要求与工作人员的自身能力、资源不平衡或者个体需求得不到满足时而产生的有害心理与心理反应。职业紧张可使职业人群主观的适应能力与某种职业条件客观要求之间失去平衡,作业者常发生精神和心理压力,或者生理上的不良反应和行为改变,最终诱发心身疾病。长期、持续或反复的职业性紧张可引起紧张性头痛、睡眠障碍等神经系统的心身疾病。职业紧张因素是引起职业人群的工作有关疾病、意外伤害事故,甚至"过劳死"的主要原因。随着经济的发展和现代技术的应用,工作节奏加快、竞争激烈,职业紧张已成为职业人群重要的健康问题之一。引起职业紧张的常见因素如下:

1. 劳动组织不合理　如劳动作息制度不合理(轮班作业、过度加班加点)、工作任务(数量和质量)超重、任务冲突(同时接受多个任务)、工作进度(如流水作业)不合理、重新安排的作业与生理状况不相适应、工作要求与劳动者的能力不适应(如具备的知识与技能不足)等。

2. 人际关系和组织关系　如员工之间的关系、上下级之间的关系、雇主的工作作风、员工岗位变动或被解聘、福利待遇降低等。

3. 不良的工作条件　如照明不足、工作空间过度拥挤、卫生状况差,并伴有噪声、车间空气污染等其他职业性有害因素。

(二) 工效学因素

人体工效学(ergonomics),也称为人机工程学、人因工程学、生物工艺学,是以人为中心,研究人、机器设备和环境之间相互关系的科学。如劳动工具与机器设备(如显示器、控制器)的设计和选用、劳动组织与布局、仪器操作等均需要尽可能适合人体解剖和生理作用特点,保证机器适应人的需要,最终实现人在生产劳动过程中的健康、安全和舒适,从而提高工作效率。

1. 常见工效学有害因素

(1) 工作设备与人体不匹配:如把手和工具手柄不能适应手部的肌肉和骨骼解剖学特性,操纵器超出了人体动能可及的范围,座位、工作台面和(或)工作台不能保证适宜的身体姿势,造成长时间静态肌肉紧张(静力作业);劳动工具与机器设备设计、设置不科学,工作中不能合理用力;信号、显示器的大小、形状、式样及其排列顺序、位置高低等与人体不能匹配。

(2) 工作环境设计不合理:工作场所总体布置、工作空间和通道不符合通风、照明的卫生学要求,房间和工作设备的颜色未能考虑亮度分布、视觉环境的结构和质量及安全色感受,工作环境中缺乏必要的防尘、防毒、防暑降温等设备。

(3) 劳动过程的设计不合理:劳动过程设计超越了操作者的生理和(或)心理功能范围的上限或下限,引起超负荷和(或)负荷不足。

2. 常见人体工效问题所致的健康损害

(1) 强制体位所致疾患:生产劳动过程中长时间站姿作业和坐姿作业均可引起下背痛(low back pain),颈、肩、腕损伤以及下肢静脉曲张、扁平足等。其中下背痛是肌肉骨骼损伤中最常见的一种,通

笔记

常表现为下背部疲劳、强直、疼痛、活动受限等。

（2）个别器官紧张所致疾患：长期视觉紧张可以出现眼干、眼痛、视物模糊、视力下降、复视等一系列症状，严重时可出现黄斑性脉络视网膜炎，甚至视网膜剥离。发声器官使用过多且紧张程度高，可以引起发声器官的变化或疾病，如教师的声音嘶哑、歌唱家的声带小结节。

（3）压迫及摩擦所致疾患：身体与工具等物体接触的部位因摩擦和压迫，可使皮肤反复充血，表皮增生及角化，形成胼胝或胼胝化。快速、重复性的操作可诱发滑囊炎；长期使用手控器，如手柄、轮盘等，由于持续压迫和摩擦，可引起掌挛缩病。

三、生产环境中存在的有害因素

1. **厂房建筑布局不合理**　主要见于将有毒有害与无毒无害的工作岗位混在一起，或者不同危害因素安排在同一车间，或工作场所缺乏降噪、除尘、排毒等防护设施，致使相互影响。

2. **自然环境中的有害因素**　车间环境还受室外自然环境的影响，如自然通风不良，缺乏人工照明的车间受到室外光线变化的影响，夏季高温季节的太阳辐射，冬季的霜冻低温，都会影响室内的工作环境。

上述三方面的职业性有害因素在化学工业、机械制造等行业都会同时存在，并且不同因素之间还会出现交互作用，引起更为复杂的健康效应，如有机溶剂加重噪声的听力损害，因此在职业相关疾病病因或危险因素的识别过程中需要全面关注，既要抓住常见的物理化学性因素，也不能忽视职业紧张等心理行为因素，并根据行业特点全面综合治理作业环境，保障劳动者健康。

第三节　法定职业病的诊断与管理

一、法定职业病的诊断与处理

职业病的诊断与职业病患者保障是一项科学性、法律性和政策性都很强的工作，它关系到患者的健康与福利，既涉及劳动者劳保待遇，也关乎国家和企业的利益，故在诊断和处理上有别于一般的临床疾病，临床医生在诊断职业病时应知晓其诊断要求，告知患者诊断法定职业病的要求和程序，并建议患者咨询疾病预防控制中心等职业病诊断的专门管理机构和组织。

（一）**职业史的问询**

详细询问、仔细核对职业史是诊断职业病的先决条件，根据 WHO 的建议，可先对就诊患者进行的初步的问询（WHACS），即：①您是做什么工作的（What do you do）？②您的具体工作岗位是什么（How do you do it）？③您是否知道在工作中接触过什么特别的有害因素（Are you concerned with any exposures on/off job）？④您的同事中也有类似表现吗（co-workers with similar problems）？⑤您对自己的工作环境满意吗（Satisfy with your job）？WHACS 是上述初步问询内容用第一字母组成的缩写。在此基础上，进一步明确患者工作岗位的工种和工龄、接触有害因素的种类、时间和剂量，接触方式及防护措施使用情况，并判定患者对工作环境中职业性有害因素的知晓情况，同时排除可引起类似职业中毒征象的非职业性接触，如家庭使用农药、有机溶剂、服药史等。

（二）**其他诊断依据**

1. **生产环境监测资料**　通过生产环境调查，收集有关生产环境监测资料，了解患者接触有害因素的情况、生产方式、浓度、时间以及防护设备等情况，结合历年车间中有害毒物的浓度、工人健康情况及职业病发病情况进行分析。

2. **病史及临床检查**

（1）病史：应详细询问并分析各种症状出现的时间、发展顺序、严重程度及其与接触有害因素时间先后的关系。特别注意早期症状及典型症状。

（2）体格检查：除一般常规检查外，有选择地检查一些接触职业有害因素所致的体征。

（3）实验室检查：根据职业性有害因素作用的毒物代谢动力学特点，有针对性地进行毒物及其代谢产物的检测。

某些职业危害引起的病变在疾病早期缺乏特异的临床症状，实验室检查也不能检出相应的变化时需与非职业性疾病相鉴别，加强随访，动态观察，最终明确或排除职业病诊断。

（三）法定职业病的诊断指南

为了规范法定职业病的诊断与处理，中国国家标准委员会卫生标准分会制定了相应的诊断法定职业病的国家标准，明确界定了诊断原则、诊断分级和处理原则，并根据保护职业人群健康的需要及时更新。因而在获取上述职业史和相关的诊断依据后，需要对照中国的《职业病分类与目录》，按照最新的国家诊断标准，即中华人民共和国国家职业卫生标准（GBZ），进一步完善诊断依据，根据病因、病程给出最终诊断和处理，如《职业性棉尘病的诊断》（GBZ 56—2016）、《职业性急性丙烯腈中毒的诊断》（GBZ 13—2016）、《职业性慢性铅中毒的诊断》（GBZ 37—2015）。对需要进行劳动能力鉴定以及职工工伤与职业病致残等级评定的患者则需要按照《劳动能力鉴定 职工工伤与职业病致残等级》（GB/T 16180—2014）执行。

二、法定职业病患者的待遇

罹患职业病的劳动者依法享受国家规定的职业病待遇。按照我国现行管理体制，职业病待遇纳入工伤社会保险，统一由劳动与社会保障部管理。职业病待遇主要包括：罹患职业病的劳动者、因职业病死亡的劳动者及其供养亲属的基本生活、经济补偿和医疗服务待遇。

罹患职业病的劳动者待遇包括：①职业病医疗待遇：职业病津贴；职业病护理费；辅助器具费；伤残抚恤金（包括定期抚恤金和一次性抚恤金）。②在职伤残补助金：易地安家补助费；一次性伤残就业补助金。③因职业病死亡的劳动者的待遇：医疗费；丧葬费补助金；供养亲属抚恤金；因职业病死亡一次性补助金。

对从事存在职业病危害作业的劳动者，应当给予适当的岗位津贴，对其按规定接受职业健康检查所占用的生产、工作时间，应按正常出勤处理；对疑似职业病患者，职业病防治机构认为需要住院作进一步检查的，不论其最后是否诊断为职业病，在此期间应享受职业病待遇。

三、用人单位的义务

劳动者被确诊患有职业病后，其用人单位应根据职业病诊断医疗机构的意见，安排其医治或康复疗养，在医治或康复疗养后被确诊认为仍不宜继续从事原有作业或工作的，应将其调离原工作岗位，另行安排；留有残疾，影响劳动能力的，应进行劳动能力鉴定，并根据鉴定结果安排适合其本人职业技能的工作。用人单位保障职业病患者依法享受职业病待遇。

职业病患者的诊疗、康复费用，伤残以及丧失劳动能力的职业病患者的社会保障，按照国家有关工伤社会保险的规定执行。用人单位必须依法参加工伤社会保险。各级人民政府劳动保障行政部门应当加强监督，保证劳动者依法享受保险。

职业病患者的诊疗、康复费用包括接受诊断、体检、实验室检查、药物治疗、手术治疗及住院治疗费用，以及在接受治疗期间必须享有的生活费用和康复费用。

康复包括医学康复、教育康复和职业康复。医学康复是康复首要和最重要的内容之一，也是使残疾者全面康复的基础；职业康复，是为残疾者考虑工作和职业问题的有关措施之一，包括就业咨询、就业能力测定、就业前的职业教育与训练、就业安置等工作，最终使伤残者能回到从事某项适合本人能力的工作岗位。因此，职业康复是从体能上、心理上启发并训练残疾者对工作与就业岗位的积极心态和正确的自我价值认识；教育康复则是对智力、能力、听力语言残疾者进行的特殊教育等。

四、法定职业病的报告

（一）职业病报告制度及程序

为了及时掌握职业病的发病情况，以便采取必要的防治措施，中国实行职业病报告制度。用人单位和医疗卫生机构发现职业病患者或者疑似职业病患者时，应当及时向所在地卫生行政部门和负责工作场所职业卫生监督管理的部门报告，确诊为法定职业病的，用人单位还应当向所在地人力资源社会保障部门报告。卫生行政部门、工作场所职业卫生监督管理部门和人力资源社会保障部门接到报告后，应当依法做出处理。

职业病报告工作是卫生行政主管部门、工作场所职业卫生监督管理主管部门和人力资源社会保障主管部门掌握职业病发病动态、制定有针对性防治措施和保障职业病患者合法权益的重要前提，是国家统计工作的一部分，各级负责职业病报告工作的单位和人员，必须树立法治观念，不得虚报、漏报、拒报、迟报、伪造和篡改。根据《中华人民共和国职业病防治法》以及原卫生部颁布的《职业病报告办法》和《职业病诊断鉴定管理办法》的规定，用人单位、接诊急性职业病的综合医疗机构及承担职业病诊断的医疗卫生机构作为职业病报告责任主体，在职业病报告时限内向地方各级卫生行政主管部门指定的负责职业病报告工作的机构报告，如劳动卫生职业病防治机构或疾病预防控制机构或卫生监督机构，负责职业病报告工作的机构应指定专职或兼职人员负责，并按《职业病报告办法》的要求，填写《职业病年报表》和《尘肺年报表》。在医疗机构首诊的需执行以下程序：

1. 急诊室、门诊部、住院部的接诊医生为职业病责任报告人。

2. 接诊医生发现可疑急性职业病病例，必须积极做好患者的抢救治疗，并立即报告医院公共卫生科或其他相关科室并填写相关职业病报告卡。公共卫生科等相关科室在接到报告后应立即核实，并在 24 小时内将《职业病报告卡》报至相应的疾病预防控制中心。

3. 凡发生两人以上或有死亡的可疑急性职业病，职业性炭疽 1 人（含 1 人）以及群体性职业中毒时，接诊医生必须立即报告，同时在 24 小时内填报《职业病报告卡》。

4. 接诊医生发现可疑慢性职业病的病例，应认真填写门诊日志或住院病历记录，并填写《职业病报告卡》，在 24 小时内报医院预防保健或公共卫生相关管理科室，经该科室后，在 24 小时内将《职业病报告卡》报至所在地的卫生行政部门。

（二）职业病报告范围

急性职业病（急性职业性化学中毒）、急性农药中毒；慢性职业病（慢性职业性化学中毒）；尘肺病；疑似职业病（职业性化学中毒）；其他属于突发公共卫生事件报告范围和标准的职业病危害事故。

（三）职业病报告处理

卫生行政部门收到职业病报告后，应责成卫生监督机构，会同职业卫生技术机构立即赶赴现场，进行现场和职业卫生检测、评价，填写《职业病现场劳动卫生学调查表》；同时采取临时控制措施；根据现场调查，对接触职业性有害因素人员进行应急健康体检和必要的医学观察；对违反规定者，依法进行处罚。

第四节　职业卫生服务与健康监护

一、职业卫生服务的概念与意义

职业卫生服务（occupational health services，OHS）是一种在工作场所或其附近提供的全面保护劳动者健康的服务，内容是预防性的，目的是使工作符合劳动者的健康要求。它要求有关部门、雇主、劳动者及其代表，创造和维持一个安全与健康的工作环境，使其从事的工作适合于职工的生理特点，从而促进职工的身体与心理健康。职业卫生服务以职业人群为对象，以健康为中心，以预防性服务为主，在服务过程中坚持以下 5 个原则：

1. **保护和预防原则**   保护职工健康,预防工作中的危害;

2. **适应原则**   使工作和环境适合于人的能力;

3. **健康促进原则**   增进职工的躯体和心理健康以及社会适应能力;

4. **治疗与康复原则**   使职业危害、事故损伤、职业病和工作有关疾病的影响减少到最低程度;

5. **全面的初级卫生保健原则**   为职工及其家属提供全面的卫生保健服务。

实现人人公平享有基本职业卫生服务的目标是劳动者最关心的现实问题之一,是不断提高劳动人群健康水平的重要手段。世界卫生组织关于人人享有职业卫生的全球战略,以及国际劳工组织《职业安全和卫生公约》和《职业卫生服务公约》所作出的相应规定中,都明确要求必须保证每一位劳动者都能拥有最高且能达到健康标准的基本权利。为达到这一目标,就应保证世界上所有工作场所的所有劳动者,不分年龄、性别、民族、职业、就业形式或劳动场所的规模或位置,无论其经济水平、公司规模、地理区域或劳动性质,都能享有职业卫生服务,即职业卫生服务的人人可及性。

职业卫生服务的公平性和可及性主要表现在每一位劳动者都有平等的机会和权利获得基本职业卫生服务。政府和企业要保证人人享有职业健康,人人可以利用职业卫生服务,且用人单位应当为劳动者提供职业卫生服务的费用;同时政府及有关部门要科学合理分配职业卫生服务资源,提高职业卫生服务的可及性。

二、职业卫生服务的主要内容

1. **工作环境监测**   以判定和评价工作环境和工作过程中影响工人健康的危害因素的存在、种类、性质和浓(强)度;

2. **作业者健康监护**   包括就业前健康检查、定期检查、更换工作前检查、脱离工作时检查、病伤休假后复工前检查和意外事故接触者检查等;

3. **高危和易感人群的随访观察**;

4. **收集、发布、上报和传播有关职业危害的判别和评价资料**   包括工作环境监测、作业者健康监护和意外事故的数据;

5. **工作场所急救设备的配置和应急救援组织的建立**;

6. **安全卫生措施**   包括工程技术控制和安全卫生操作规程;

7. **评价**   估测和评价因职业病和工伤造成的人力和经济损失,为调配劳动力资源提供依据;

8. **相关预算**   编制职业卫生与安全所需经费预算,并向有关管理部门提供;

9. **健康教育和健康促进**;

10. **其他公共卫生服务**   与作业者健康有关的其他初级卫生保健服务,如预防接种、公共卫生教育等;

11. **服务性研究**   职业卫生标准的制订和修订,职业健康质量保证体系、职业卫生管理体系及检验和服务机构的资质认证和管理。

三、职业卫生服务组织机构及服务模式

《职业卫生服务公约》规定,根据国家的有关法律或法规、集体协议或雇主和工人同意的其他方式,或经与雇主和工人代表组织协商后,由主管部门批准组建职业卫生服务机构。各国根据本国的情况,职业卫生服务机构应由有关企业或企业集团独办或合办,也可以由政府部门、社会保障机构或政府主管部门授权的任何其他机构独办或合办。

职业卫生服务机构应尽量设在工作场所内或附近,以确保在工作场所能发挥其职能的方式进行。在条件不允许的情况下,作为临时措施,允许企业在与本单位工人代表或安全健康委员会协商后,安排当地医疗机构执行国家法律法规所规定的职业健康检查,为企业提供环境卫生监测,组织适当的急救保障和应急治疗。由于各国,甚至在同一国家的不同地区和企业之间的经济文化发展水平、政治经

济制度、卫生服务体制等不同,职业卫生服务机构模式也各不相同。国际上的职业卫生服务一般有以下几种模式:

1. **独立职业卫生服务机构模式**　又称为大型企业模式,职业卫生服务由企业自身提供,服务人员除了医生和护士外,还有职业卫生人员、安全工程师、理疗专业人员和心理学专业人员等专职人员组成。一般见于大型企业或企业集团。不少国家法律规定了职工人数超过指定数目的企业必须承担职业卫生服务。

2. **联合职业卫生服务机构模式**　职业卫生服务由不能独立组织自身职业卫生服务的中小型企业联合组建的职业卫生服务机构提供。这类机构一般具有一定规模和质量,由各参加企业雇主和工人代表共同管理。各企业依据所提供的服务付费,但该模式提供的职业卫生服务是非赢利性的。

3. **私人卫生保健中心职业卫生服务机构模式**　职业卫生服务由私人执业医生组建的卫生保健中心提供,其服务模式与联合职业卫生服务模式功能相似,但以赢利为目的,且受服务的企业不参与管理。

4. **社区卫生保健中心职业卫生服务机构模式**　职业卫生服务由社区卫生服务机构提供。这些社区卫生服务机构在向社区居民提供初级卫生保健的同时,向位于社区的小型企业或居住在社区的各种职业人员提供职业卫生服务。职业卫生与初级卫生保健相结合,是 WHO 倡导的职业卫生服务模式。以初级卫生保健为基础的职业卫生服务具有以下特征:卫生系统与职业人员保持最佳接触;以工作场所和社区为基础;强调第一级预防和卫生宣传教育;建立职业人员可以积极参与的有效机制;建立健全的政策、法律和体制框架;保障最佳的组织、管理和充足的人力与财政资源。但社区卫生保健中心因缺乏职业卫生专业人员,难于处理不同企业的许多职业卫生问题,应加强对社区卫生服务人员的职业卫生培训,或聘用职业卫生专业人员。

5. **社会保险机构职业卫生服务机构模式**　职业卫生服务由社会保险机构提供。企业向社会保险机构缴纳经费,社会保险机构再向其委托的职业卫生服务机构支付费用,受委托的职业卫生服务机构则向缴纳经费的企业提供职业卫生服务。

6. **国家卫生服务模式**　由以社区为基础的职业卫生服务机构为企业提供服务,工作人员由国家卫生服务机构聘用。主要为大型工业企业和大人群提供职业卫生服务。

由于现实环境和发展经历的不同,中国职业卫生服务机构模式大致为 3 类,独立职业卫生服务机构、疾病预防控制中心下设的职业卫生服务机构以及独立于疾病预防控制中心的职业卫生服务机构。早在 2006 年,原中国卫生部为了探索和实践总结适合我国不同经济发展区域的模式,在全国范围内组织实施了基本职业卫生服务试点,目的是通过初级卫生保健,利用科学合理的、可接受的职业卫生方法为职业人群提供服务,尤其保证中小型企业、个体经营者、农民及家庭式生产以及众多流动劳动者得到最基本的、社会负担得起的、可持续发展的职业卫生服务。

四、职业健康监护

职业人群健康监护(health surveillance for working population)是以预防为目的,通过对职业人群健康检查以及系统、定期地收集、整理、分析和评估有关健康资料,掌握职业人群健康状况,及时发现早期健康损害征象,并连续性地监控职业病、工作有关疾病等疾病的分布特征和发展趋势,以便适时地采取相应的预防措施,防止有害因素所致疾患的发生和发展。

职业健康监护的目的在于发现职业危害易感人群;及时发现健康损害,评估损害的程度;分析健康变化与职业病有害因素的关系,鉴定新的职业病危害、诊断职业病,及时治疗或安置职业病患者;监测职业病及工作有关疾病的发病率(或患病率)在不同行业及不同地区之间的分布及其随时间的变化规律;评估暴露防护和控制以及其他干预措施效果;为职业病危害评估、职业病危害治理效果评价、职业卫生标准、职业危害防治对策和卫生策略的制定、修订、行政执法提供科学依据,最终达到第一级预防的目的。

职业健康监护内容应包括接触控制(职业性有害因素的环境监测、接触评定)和医学监护信息管理。

（一）医学监护

运用医学检查和医学实验手段,确定职业人群是否接触的职业危害因素及其所致职业性疾患,称为医学监护(medical surveillance)。职业健康检查包括上岗前(就业前)、在岗期间(定期)、离岗时和应急的检查。2002年3月原中国卫生部发布了卫生部第23号令,即职业健康监护管理办法,规定了职业健康检查应由省级卫生行政部门批准从事职业卫生检查的医疗卫生机构承担。但随着国家机构的调整,职业性健康监护机构的资质要求也在不断变化。

1. 上岗(就业)前健康检查(pre-employment health examination)　是指用人单位对作业人员从事某种有害作业前进行的健康检查。目的在于掌握其作业人员就业前的健康状况及有关健康基础资料和发现职业禁忌证(occupational contraindication),防止接触劳动环境中的有害因素使原有疾病加重,或对某种有害因素敏感而容易发生职业病。例如,患有活动性肺结核和其他严重的呼吸系统疾病者不能从事接触粉尘的作业;有听觉器官缺陷者不宜从事接触苯的作业。一般认为,凡患有严重的神经系统疾患、肝肾疾患、心血管疾病、内分泌疾病者,均不宜从事接触化学毒物的工作。

2. 在岗(定期)健康检查(periodical/ on-the-job health examination)　是指用人单位按一定时间间隔对已从事某种有害作业的职工进行健康状况检查。其目的是及时发现职业性有害因素对职业人群的健康损害,对作业者的健康进行动态观察,从而使作业者得到及时治疗或适当的保护措施,对作业场所中职业性有害因素能及时采取预防措施,防止新的病例继续出现,同时为生产环境的防护措施效果评价提供资料。要求根据作业者所在工种和工作岗位存在的职业病有害因素及其对人体健康的影响规律,确定特定的健康检查项目,定期健康检查的时间间隔可根据有害因素的性质和危害程度、作业者的接触方式、水平等而定。一般情况下可每年检查1次。生产环境中有毒有害物质浓度或剂量越高,接触的有毒有害物质的毒性越强,检查的期限间隔应越短。对疑似职业病者,更应定期体检复查以及时观察病情进展情况。职业性有害因素所致职业病的特殊体检项目根据国家颁布的《职业病诊断标准及处理原则》中的有关规定执行。

3. 离岗或转岗时体格检查(termination health examination)　是指职工调离当前工作岗位时或改换为当前工作岗位前所进行的检查。其目的是为了掌握职工在离岗或转岗时的健康状况,分清健康损害责任,同时为离岗从事新岗位的职工和接受新岗位的职工的雇主提供健康与否的基础资料。要求根据作业者拟从事工种和工作岗位,分析该工种和岗位存在的职业病有害因素及其对人体健康的影响,确定特定的健康检查项目。有些职业性有害因素的健康危害效应是远期的,其健康损害征象出现较晚,甚至在作业者离开该作业环境的10~30年以后才出现。如粉尘作业与尘肺病,放射、苯工作人员与再生障碍性贫血、白血病、肿瘤,因此,还需要对接触过这些有害因素的作业者进行离岗后的医学观察。

4. 职业病健康筛检(health screening for occupational diseases)　是在接触职业性有害因素的职业人群中所进行的筛选性医学检查。其目的是早期发现某职业性疾患的可疑患者或发现过去没有认识的可疑的健康危害,并进一步进行确诊和早期采取干预措施或治疗措施;评价暴露控制措施和其他第一级预防措施效果。健康筛检的原则是被筛查疾病存在疾病的潜伏期或早期阶段,具备适宜的检查方法,并可以通过医学检查得到认定,检出的患者有相应的治疗方法,在采取干预措施后对疾病的发展可以产生影响。健康筛检所应用的检查方法首先是对被检查的疾病有足够的敏感性和特异性,而且检查方法简单、廉价、快速、安全,受检人群可以接受,其方法要标准化,具有一致性、准确性和可重复性。

（二）职业环境监测

职业环境监测(occupational environmental monitoring)是对作业者的作业环境进行有计划、系统的检测,分析作业环境中有毒有害因素的性质、强度及其在时间、空间的分布及变化规律。职业环境监测是职业卫生的关键常规工作,按照《职业防治法》《安全生产法》等法律的要求,用人单位应该根据工作规范,定期监测作业环境中的有毒有害因素。通过职业环境监测,既可以评价作业环境的卫生质量,判断其是否符合职业卫生标准要求,又可估计在此作业环境下劳动者的接触水平,为研究接触效应关系提供基础数据,进而评价接触限值的保护水平,为接触限值的修订提供依据。

（三）信息管理

信息管理是通过有效开发和科学利用信息资源,以现代信息技术为手段,对职业健康相关信息资源进行计划、组织和控制的行动。健康监护信息管理在于对职业健康监护的环境监测资料和有关个人健康资料,如劳动者的职业史、职业病危害接触史、职业健康检查结果和职业病诊疗等建立健康监护档案,并及时进行整理、分析、评价和反馈,实现职业健康监护工作信息化,并利用大数据技术,不断完善职业病防治。

1. **健康监护档案**　职业健康监护档案是职业人群个体健康变化与职业病有害因素关系的客观历史记录,不仅反映个体健康状况,也有利于评价暴露人群的健康水平。这些资料是职业病鉴定的重要依据之一,也是判定健康损害责任的客观证据,同时也是评价用人单位依法开展职业病危害治理工作的依据。每一位职工的职业健康监护档案应包括个人基本信息、工作场所职业病危害因素检测结果、历次职业健康检查结果及处理情况、职业健康体检报告、职业病诊疗等健康资料以及其他需要存入职业健康监护档案的有关资料。职业健康监护档案应由用人单位为每一位劳动者建立,一人一档,并按照规定的期限妥善保存。劳动者依法有权查阅、复印其本人的职业健康监护档案。职业健康监护档案应有专人管理。

2. **健康状况分析**　对职工健康监护资料应及时加以整理、分析、评估并反馈给职工本人,使之成为开展和完善职业卫生服务的科学依据。评估方法分为个体评估和群体评估。个体评估主要反映个体接触量及其对健康的影响;群体评估主要为作业环境中有害因素的强度范围、接触水平与机体效应的关系等。在分析评估过程中,除职业健康检查资料外,还需要综合利用卫生部门、安监部门以及相关研究部门的职业病报表及其分析、疾病、死亡资料,劳动部门的病休、缺勤、职业病待遇等资料。在分析评估时,常用的指标包括发病率、患病率、疾病构成比、平均发病工龄、平均病程期限、接触工龄-效应(反应)关系等。

3. **职业健康监护档案管理**　健康监护档案管理应利用现代信息技术实现数字化管理,建立职业健康监护档案管理软件,便于动态分析,避免成为死档。在管理过程中始终要坚持科学性、规范性、实用性和方便性,并建立全国范围的职业健康信息网络管理系统,落实职业病网络直报制度,不断加强职业健康监护工作的网络信息管理,增强职业健康监护工作管理的系统性和先进性。另外,需要培养拥有职业健康、生产管理、计算机技术以及信息管理应用能力的综合素质人才,不断完善职业健康监护服务与管理水平。

第五节　职业相关疾病的预防管理

职业相关疾病是由职业性有害因素引起的一类疾病,病因可知可控,属于可预防性疾病(preventable diseases),《职业病防治法》明确规定职业病防治工作坚持预防为主、防治结合的方针,建立用人单位负责、行政机关监管、行业自律、职工参与和社会监督的机制,实行分类管理、综合治理。在实际工作中,职业相关疾病应按三级预防的原则依法建立各项措施,以保护和促进职业健康。

一、三级预防原则

1. **第一级预防（primary prevention）**　又称病因预防,是从根本上消除或控制职业性有害因素对人的作用和损害,即改革生产工艺和生产设备,合理利用防护设施及个人防护用品,以减少或消除工人接触的机会。主要有如下几个方面:①改革生产工艺和生产设备,使其符合我国工业企业设计卫生标准;②职业卫生立法和有关标准、法规制定;③个人防护用品的合理使用和职业禁忌证的筛检;

④控制已明确能增加发病危险的社会经济、健康行为和生活方式等个体危险因素,如提升职工的职业健康素养,正确使用个人防护用品,合理营养,禁烟等均可预防多种慢性病、职业病或肿瘤。

2. 第二级预防(secondary prevention)　是早期检测和诊断人体受到职业性有害因素所致的健康损害。尽管第一级预防措施是理想的方法,但所需费用较大,在现有的技术条件下,有时难以完全达到理想效果,仍然可出现不同健康损害的人群,因此,第二级预防也是十分必要的。其主要手段是定期进行职业性有害因素的监测和对接触者的定期体格检查,以早期发现和诊断健康损害,及时预防、处理。定期体格检查的间隔期可根据疾病的发病时间和严重程度、接触职业性有害因素的浓度或强度和时间以及接触人群的易感性而定。

3. 第三级预防(tertiary prevention)　是指在患病以后,给予积极治疗和促进康复的措施,主要包括:①对已有健康损害的接触者应调离原有工作岗位,并给予合理的临床治疗;②促进患者康复,预防并发症的发生和发展。除极少数职业中毒有特殊的解毒治疗外,大多数职业病主要依据受损的靶器官或系统,采用临床治疗原则,给予对症治疗。对接触粉尘所致肺纤维化,目前尚无特效方法治疗。

三级预防体系相辅相成。第一级预防针对全人群,是最重要的,第二和第三级是第一级预防的延伸和补充。全面贯彻和落实三级预防措施,做到源头预防、早期检测、早期处理、促进康复、预防并发症、改善生活质量,构成了职业卫生与职业医学的完整体系。

二、法律制度保障

中国现已形成了较为完善的职业卫生法律、法规、规章、标准等不同层级的条文,对职业卫生监管及职业病防治工作的有效开展,起到了根本的保障作用。首先国家根本大法《中华人民共和国宪法》(以下简称《宪法》),在 2018 年 3 月 11 日修正的最新版第二章第四十二条中明确规定"国家通过各种途径,创造劳动就业条件,加强劳动保护,改善劳动条件,并在发展生产的基础上,提高劳动报酬和福利待遇",其中的"加强劳动保护,改善劳动条件"和"国家对就业前的公民进行必要的劳动就业训练"是宪法对我国职业卫生工作的总体规定。2011 年 12 月 31 日第十一届全国人大常委会第二十四次会议通过了《关于修改〈中华人民共和国职业病防治法〉的决定》。另外,《中华人民共和国劳动法》《中华人民共和国劳动合同法》和《中华人民共和国安全生产法》也是职业卫生的重要法律保障。在此基础上国务院各个部门有权根据法律以及国务院的行政法规、决定、通知,制定部门规章,在部门权限范围内执行。有关职业卫生相关工作的规定有《工作场所职业卫生监督管理规定》《职业病危害项目申报办法》《职业病诊断与鉴定管理办法》《建设项目职业卫生"三同时"监督管理暂行办法》及2015《职业健康检查管理办法》(卫生计生委 5 号令)等。在具体执行过程中,还有国家标准、部门标准、地方标准、企业标准 4 类,如《国家职业卫生标准管理办法》(2002)将其分为以下九类:①职业卫生专业基础标准;②工作场所作业条件卫生标准;③工业毒物、生产性粉尘、物理因素职业接触限值;④职业病诊断标准;⑤职业照射放射防护标准;⑥职业防护用品卫生标准;⑦职业危害防护导则;⑧劳动生理卫生工效学标准;⑨职业性有害因素检测、检验方法。另外,省、自治区、直辖市的人民代表大会及其常务委员会根据本行政区域的具体情况和实际需要,在不和宪法、法律、行政法规相抵触的前提下,可以制订地方性法规。地方性职业健康法规包括各省市自治区一级人大及其常务委员会制订的,只适用于当地区域的法规标准,以及其下属的地级、县级人大及其常务委员会制订的法规等。如《江苏省工作场所职业病危害因素检测工作规范》《上海市用人单位职业病危害现状评价导则》等。

三、暴露、环境与人群策略

结合三级预防原则,在国家职业卫生法律法规的框架下,职业相关疾病的预防必须针对职业性有害因素、工作环境以及劳动者,采取相应的策略和措施。

（一）源头性的工艺技术措施

1. 改革工艺过程 通过改革工艺过程,消除或减少职业性有害因素的危害。优先采用有利于保护劳动者健康的新技术、新工艺、新材料,限制使用或者淘汰职业病危害严重的技术、工艺、设备、材料。采用无毒或低毒的物质代替有毒物质,限制化学原料中有毒杂质的含量。例如油漆作业采用无苯稀料,并用静电喷漆新工艺;电镀作业采用无氰电镀工艺;在机械制造业模型铸造时,采用无声的液压代替高噪声的锻压等。

2. 生产过程密闭化 在生产过程尽可能机械化、自动化和密闭化,减少工人接触毒物、粉尘及各种有害物理因素的机会。加强生产设备的管理和检查维修,防止毒物和粉尘的跑、冒、滴、漏,并防止意外事故发生。对高温、噪声及射频等作业应有相应的隔离和屏蔽措施,减少操作工人的直接接触机会,降低有害因素的强度。

3. 加强工作场所的通风排毒（除尘） 厂房车间是相对封闭的空间,室内的气流影响毒物、粉尘的排除,可采用局部抽出式机械通风系统及净化和除尘装置排除毒物和粉尘,以降低工作场所空气中的毒物、粉尘浓度。

（二）工作环境

针对不同的作业环境,采取相应的工程技术措施,保障作业者健康。对有生产性毒物逸出的车间、工段或设备,应尽量与其他车间、工段隔开,合理配置以减少影响范围。厂房的墙壁、地面应以不吸收毒物和不易被腐蚀的材料制成,表面力求平滑和易于清刷,以便保持清洁卫生。另外,矿山的掘进作业采用水风钻,石英粉厂的水磨、水筛,铸造厂在风道、排气管口等部位安装各种消声器,以降低噪声传播;用多孔材料装饰或在工作场所内悬挂吸声物体,吸收辐射和反射声波,以降低工作环境噪声的强度等;通过采取这些综合性技术措施,使生产环境中职业病危害因素达到国家相关职业卫生要求。监督管理用人单位应申请职业卫生技术服务机构对其进行工作场所职业病危害因素的监测,接受职业卫生监督部门的监督管理,发现问题及时找出原因,并采取相应的防治对策。

（三）人群策略

作业人群作为职业病防治的最后一道防线,所采取的首要措施是职业健康监护,做好职业健康检查、职业健康教育等。职业健康检查包括上岗前、在岗期间、离岗时健康检查、离岗后医学随访检查以及应急健康检查,如根据就业前健康检查结果,排除职业禁忌证（occupational contraindications）,合理安排岗位,如果在岗期间的健康检查发现与职业有害因素有关的异常改变,则需考虑调离相关岗位。其次针对职业人群的特点,实施职业健康监护措施,重点是按需提供个人防护用品,开展提供健康教育与促进等职业卫生服务。

（陆荣柱）

思 考 题

1. 请简述职业病与工作有关疾病的区别与联系。

2. 假定你在门诊工作时遇到一名工人,并怀疑其所患疾病可能与职业有关,你应如何根据环境暴露史的询问要求,以及患者的临床表现特征和世界卫生组织的 WHACS 建议,详细问询患者的职业史?

3. 根据职业性尘肺病的定义和种类,举例说明如何开展预防服务?

4. 结合临床诊疗工作的特点以及本教材第 19 章（医院安全管理）相关内容,谈谈如何为医务人员提供职业卫生服务?

第十八章　食品安全与食源性疾病

"国以民为本,民以食为天,食以安为先"。人类的生存除了要从食品摄取营养外(见第十一章),食品本身也可以作为一个载体,在种植、养殖到生产、加工、贮存、运输、销售、烹调直至餐桌的整个过程中的各个环节,都有可能受到环境中或者食品本身某些有毒有害的微生物、物理和化学物质污染。人们在食用这些污染的食品后,就会对人体造成不同程度的危害。食源性疾病是世界上分布最广、最为常见的疾病之一,也是对人类健康危害最大的疾病之一。因此,食品安全一直是人们所关注的重大公共卫生问题,关系着广大人民群众的身体健康和生命安全。世界各国政府都已将食品安全监督管理纳入国家公共卫生管理的职能中,并致力于建立和完善食品安全的法制化管理。

第一节　食品安全概述

一、食品安全基本概念、监督管理与法律法规体系

(一)食品安全基本概念

从国际组织对食品安全的定义来看,食品安全(food safety)包含两个层面的含义:一是"数量"层面的安全,即 food security,指的是食物的供应问题;二是"质量"层面的安全,即 food safety,指的是食物的营养和卫生,对健康无害,本书所涉及的食品安全一般指的是后者。WHO 在《加强国家级食品安全性计划指南》中指出,食品安全是指"对食品按其原定用途进行制作和食用时不会使消费者健康受到损害的一种担保"。中国于2015年修订的《中华人民共和国食品安全法》第一百五十条中对食品安全的定义是:"指食品无毒、无害,符合应当有的营养要求,对人体健康不造成任何急性、亚急性或者慢性危害"。

(二)食品安全监督管理

食品安全监督(food safety supervision)是指国家职能部门依法对食品生产企业、流通企业和餐饮企业的食品安全相关行为行使法律范围内的强制性监察活动。食品安全监督的内容包括食品安全监测、制定和实施食品安全标准、食品安全风险评估、公布食品安全信息、食品安全应急等。

食品安全管理(food safety management)是指政府相关部门及食品企业自身采取计划、组织、领导和控制等方式,对食品、食品添加剂和食品原材料的采购、食品生产、流通、销售及消费等过程进行有效地协调及调整,以确保食品安全的活动过程。

食品安全监督管理是国家行政监督的重要组成部分,具有行政监督管理和行政处罚两方面的职能,其涉及的环节多、部门广,食药监督部门、工商行政管理部门、质量监督部门、农业行政部门、卫生行政部门等多个部门协调联合进行食品安全监督管理,从而形成一套完善的、科学的食品安全监督管理体系。中国的食品安全监督管理体系是以2015年颁布的《中华人民共和国食品安全法》为依据,将过去的食品安全分段监管模式改为由统一的监督主体对食品安全进行监管,即由国务院食品药品监督管理部门对食品生产经营活动实施监督管理。县级以上地方人民政府可依照《食品安全法》和国务院的规定,确保划分到本级食品药品监督管理、卫生行政部门和其他有关部门的职责。

(三)食品安全法律法规体系

食品安全法律法规体系是指以法律或政令形式颁布的,对全社会具有约束力的权威性规定。食品安全法律法规体系主要包括食品安全法律、食品安全法规、食品安全规章、食品安全标准以及其他规范性文件。

1. **食品安全法律**　主要包括《中华人民共和国食品安全法》《中华人民共和国农产品质量安全法》《中华人民共和国进出境动植物检疫法》等,其中 2015 年颁布的《中华人民共和国食品安全法》是中国食品安全法律法规体系中最重要的法律,从原来的 104 条增加到 154 条。

2. **食品安全法规**　①行政法规,如《乳品质量安全监督管理条例》《农业转基因生物安全管理条例》等;②地方法规,如《北京市食品安全条例》《广东省食品安全条例》等。

3. **食品安全规章**　包括:①部门规章,如国家食品药品监督管理总局制定的《保健食品注册与备案管理办法》《特殊医学用途配方食品注册管理办法》等;②地方规章,如《江苏省食品安全信息公开暂行办法》《重庆市食品安全管理办法》等。

4. **食品安全标准**　是指对食品中具有与人类健康相关的质量要素和技术要求及其检验方法、评价程序等所作的规定。食品安全标准的性质属于技术规范,但也是食品安全法律体系中不可缺少的部分,是食品安全法制化管理的重要依据,也是维护国家主权、促进食品国际贸易的技术保障。食品安全标准按标准发生作用的范围或其审批权限分为:①国家标准:由国务院卫生行政部门会同国务院食品药品监督管理部门负责制定、公布,国务院标准化行政部门提供国家标准编号;②地方标准:由省级卫生行政部门负责定制、公布、解释食品安全地方标准,国务院卫生行政部门负责食品安全地方标准备案。食品添加剂、食品相关产品、新食品原料、保健食品等不得制定食品安全地方标准;③企业标准:企业生产的食品,如果没有相应的食品安全国家标准或地方标准,则应制定企业标准,作为组织生产的依据。

(四) 食品安全毒理学评价

1994 年中华人民共和国国家标准正式发布实施《食品安全性毒理学评价程序和方法》(GB 15193.1—1994)。经过近十年的实施后,于 2003 年进行了第一次修订,发布《食品安全性毒理学评价程序》(2003)(GB/T 15193.1—2003)。2014 年进行第二次修订,发布《食品安全性毒理学评价程序》(2014)(GB 15193.1—2014),2015 年 5 月 1 日起正式开始实施。中国的《食品安全性毒理学评价程序和方法》适用于评价食品生产、加工、保藏、运输和销售过程中使用的化学物质、生物物质、物理因素,以及在这些过程中产生和污染的有害物质及食品中的其他有害物质的安全性。适用于评价食品添加剂(包括营养强化剂)、食品新资源及其成分、新资源食品、保健食品(包括营养素补充剂)、辐照食品、食品容器与包装材料、农药残留、兽药残留、食品工业用微生物、食品及食品工具与设备用洗涤消毒剂等的安全性评价。中国现行的食品安全性毒理学评价程序的基本内容包括:第 1 阶段的经口急性毒性试验;第 2 阶段的遗传毒性试验、传统致畸试验和 30 天喂养试验;第 3 阶段的 90 天喂养试验、繁殖试验、代谢试验;第 4 阶段的慢性毒性试验和致癌试验。从 20 世纪 90 年代开始,国内外保健食品迅猛发展,为了保障消费者的食用安全,原卫生部针对保健食品的特点制定了《保健食品安全性毒理学评价规范》(2003)。中国除了食品的安全性毒理学评价程序外,不同的管理部门还陆续制定、颁布了一系列对不同类型的外源性化学物质进行安全性毒理学评价的程序和规范。

二、食品中常见污染物及其危害

食品污染(food contamination)是指在各种条件下,致使外源性有毒有害物质进入到食物或使食物变质而产生有毒有害物质,造成食品安全性、营养性和(或)感官性状发生改变的过程。食品污染是构成食品不安全的主要因素之一,食物从种植、养殖、生产、加工、储存、运输、销售、烹调到食用前的整个过程,都可能受到外来各种有毒、有害物质的污染,食品污染按其污染性质可分为以下三个方面:

生物性污染(biological contamination)指微生物(病毒、细菌及其毒素、霉菌及其毒素)、寄生虫及虫卵、昆虫对食品的污染,其中以微生物污染最为常见。根据对人体的致病能力可将污染食物的微生物分为三类:①直接致病微生物,包括致病性细菌、人兽共患传染病病原菌和病毒、产毒霉菌和霉菌毒素,可直接对人体致病并造成危害;②相对致病微生物,即通常条件下不致病,在一定条件下才有致病力的微生物;③非致病微生物,包括非致病菌、不产毒霉菌及常见酵母,它们对人体本身无害,却是引起食品腐败变质、卫生质量下降的主要原因。

化学性污染(chemical contamination)指各种有毒有害的化学物质对食品的污染,其污染范围广泛、种类繁多、复杂多变。化学性污染的途径主要包括工业"三废"污染,农药(兽药)残留,食品加工过程污染,食品容器、包装材料、运输工具等接触食品时有害物质迁移到食品的污染,在食品加工储存过程中产生有毒有害物质的污染,滥用食品添加剂或向食品中添加非法添加物等。

物理性污染(physical contamination)主要有杂物污染,来自食品生产、加工、储藏、运输、销售等过程中的污染物,如粮食收割时混入的草籽、液体食品容器池中的杂物、食品运输过程中的灰尘等;此外还包括放射性污染,主要来自放射性物质的开采、冶炼、生产、应用及意外事故造成的食品污染。

食品污染造成的危害主要包括:影响食品的感官性状和(或)营养价值,从而降低食品的质量;造成食物中毒,严重威胁人类的健康;引起机体的慢性危害;对人类的致畸、致突变和致癌作用等方面。

(一) 食品的细菌污染及其预防

污染食品的微生物中,细菌的种类最多、数量最大、分布最广,包括致病菌、相对致病菌和非致病菌。食品中的细菌,绝大多数是非致病菌,它们是评价食品卫生质量的重要指标,也是研究食品腐败变质原因、过程和控制方法的主要对象。

1. 常见污染食品的细菌

(1)假单胞菌属:是食品腐败性细菌的代表,为革兰阴性无芽孢杆菌,需氧,嗜冷,兼或嗜盐,多具有分解蛋白质和脂肪的能力,是导致新鲜冷冻蔬菜、肉、禽和海产品腐败变质的重要细菌。

(2)微球菌属和葡萄球菌属:为革兰阴性菌,嗜中温,前者需氧,后者厌氧,它们因营养要求较低而成为食品中极为常见的菌属,可分解食品的糖类并产生色素。

(3)芽孢杆菌属和梭状芽孢杆菌属:革兰阴性菌,嗜中温菌,兼或有嗜热菌,前者需氧和兼性厌氧,后者厌氧,是肉鱼类食品常见的腐败菌。

(4)肠杆菌科:革兰阴性无芽孢菌属,需氧或兼性厌氧,嗜中温,除志贺氏菌和沙门菌外,皆为常见的食品腐败菌,多与水产品、肉及蛋的腐败有关。

(5)弧菌属和黄杆菌属:均为革兰阴性兼性厌氧菌,主要来自海水或淡水,可在低温和5%食盐中生长,故在鱼类和水产品中多见,黄杆菌属还能产生黄、红色色素。

(6)嗜盐杆菌属和嗜盐球菌属:革兰阴性需氧菌,嗜盐,在高浓度(>12%)食盐中生长,多见于咸鱼,易引起咸肉和盐渍食品的腐败变质,且产生橙红色色素。

(7)乳杆菌属:革兰阳性厌氧或微需氧菌,主要见于乳制品和发酵食品,可使其腐败变质。

2. 评价食品卫生质量的细菌污染指标及其食品卫生学意义

(1)食品中菌落总数及其食品卫生学意义:菌落总数是指被检样品的单位质量(g)、容积(ml)或表面积(cm²)内,所含能在严格规定的条件下(培养基及其pH、培育温度与时间、计数方法等)培养所生成的细菌菌落总数,以菌落形成单位(colony forming unit,CFU)表示。菌落总数代表食品中细菌污染的数量。菌落总数的食品卫生学意义为:一是食品清洁状态的标志,用于监督食品的清洁状态,以其作为控制食品污染的允许限度;二是预测食品的耐保藏性,即利用食品中细菌数量作为评定食品腐败变质程度(或新鲜度)的指标。

(2)大肠菌群及其食品卫生学意义:食品中大肠菌群(coliform group)的数量是采用相当于100g或100ml食品的近似数来表示,简称为大肠菌群最近似数(maximum probable number,MPN)。大肠菌群的食品卫生学意义为:一是作为食品粪便污染的指示菌,表示食品曾受到温血动物粪便的污染,因为大肠菌群都直接来自人与温血动物粪便;二是作为肠道致病菌污染食品的指示菌,因为大肠菌群与肠道致病菌来源相同,且在一般条件下大肠菌群在外界生存时间与主要肠道致病菌是一致的。

菌落总数和大肠菌群是评价食品卫生程度和安全性的指标,它们本身不是致病菌,与疾病无直接的关联,允许在食品中存在,但不得超过食品安全国家标准的限量。而致病菌随食物进入人体后会引起食源性疾病或食物中毒,食品安全国家标准规定绝大部分食品不允许有致病菌存在。

(二) 霉菌和霉菌毒素对食品的污染及其预防

霉菌在自然界分布很广,与食品卫生关系密切的霉菌主要有曲霉菌属、青霉菌属和镰刀菌属等,霉菌污染食品后不仅可以造成食品的腐败变质,有些霉菌还可能产生霉菌毒素,造成误食人畜中毒。

1. 霉菌产毒特点　霉菌毒素主要是指霉菌在其所污染的食品中产生的有毒的代谢产物,其具有耐高温、无抗原性,主要侵害实质性器官的特性,多数还具有致癌作用。霉菌产毒有以下特点:

(1) 只限于少数产毒霉菌,而产毒菌种中也只有一部分产毒菌株产毒。

(2) 同一产毒菌株的产毒能力有可变性和易变性。如产毒菌株经过累代培养可完全失去产毒能力,而非产毒菌株在一定条件下可出现产毒能力。

(3) 产毒菌株所产生的霉菌毒素不具有严格的专一性,即一种菌种或菌株可以产生几种不同的毒素,而同一霉菌毒素也可以由几种霉菌产生。

(4) 产毒霉菌产生毒素需要一定的条件。霉菌污染食品并在食品上繁殖是产毒的先决条件,而霉菌能否在食品上繁殖受食品的种类和环境因素的影响。

2. 主要霉菌毒素对食品的污染　黄曲霉毒素(aflatoxins,AF 或 AFT)是由黄曲霉菌和寄生曲霉菌代谢产生的一组化学结构类似的真菌毒素,其基本化学结构为二呋喃环和香豆素(氧杂萘邻酮),前者为基本毒性结构,后者则与致癌性相关。目前已分离鉴定出的 AF 有 B_1、B_2、G_1、G_2、M_1、M_2、P_1、Q_1、H_1、GM 和毒醇等,除奶类食品主要受黄曲霉毒素 M_1(aflatoxin M_1,AFM_1)污染外,黄曲霉毒素 B_1(aflatoxin B_1,AFB_1)在受污染的食品中最常见,对机体的毒性及致癌性最强,常在食品卫生监测中被用作污染指标。

AF 难溶于水,易溶于油脂、甲醇、三氯甲烷和丙酮等多种有机溶剂,不溶于己烷、石油醚、乙醚等,在强碱环境(pH9 ~ 10)中能迅速分解。AF 对高温耐受性强,在 280℃条件下才会发生裂解,因此一般的烹调加工难以将其清除、破坏。低浓度 AF 经紫外线照射毒性稍有降低。

中国食品中的 AF 主要由黄曲霉菌产生,该霉菌在温热、潮湿、多雨的环境中易繁殖并产生毒素,多见于南方亚热带地区。AF 主要污染花生、玉米及其制品,在豆类、谷类、薯类、奶类、动物肝、调味品等食品中也常被检出。中国居民主要通过食用受黄曲霉菌污染的玉米和大米而摄入较多的 AF。

AF 为毒性极强的剧毒类物质,对肝脏有特殊亲和力,具有较强的肝脏毒性,其毒性比氰化钾大 10 倍,比三氧化二砷大 68 倍。人的黄曲霉毒素急性中毒往往发展为急性肝炎、胆管增生、肝细胞坏死、肝充血出血,临床表现以黄疸为主,可见胃部不适、食欲减退、恶心、呕吐、腹水、下肢水肿、肝区触痛等,严重者出现水肿、昏迷、甚至抽搐而死。1993 年 AF 被 WHO 的癌症研究机构划定为Ⅰ类致癌物(carcinogen),是目前发现的最强致癌物之一。AF 在动物实验中主要诱发肝癌,也能诱发胃癌、肾癌、直肠癌及乳腺、卵巢、小肠等部位的癌症;细胞试验显示 AF 可致人胚胎肝细胞 DNA 明显损伤;流行病学研究表明 AFB_1 与人类肝癌发病有显著性相关。由于 AFB_1 在未经过代谢活化之前是没有致癌性的,因此它属于前致癌物(procarcinogen),必须通过体内的生物转化形成环氧化合物才具有致癌性。

为预防 AF 对健康的危害,食品不仅要注意防霉、去毒,而且还应对食品中的 AF 严格限量并加强监管。食物防霉是预防食品被 AF 污染的最根本措施,可从粮食的选种、种植、收割、储存过程中实行全方位的监管和预防措施;去除毒素可作为食品受污染后的补救措施,目前主要采用物理和化学法去毒,常用的方法有:挑选霉粒法、碾压加工法、加水搓洗法、植物油加碱去毒法、紫外线照射法、氨气处理法、物理去除法;食品监管是预防 AF 中毒的重要保障,中国规定婴幼儿奶粉不得检出 AFM_1、代乳品不得检出 AFM_1,牛奶中 AFM_1 应≤0.5μg/L,其他食品中 AFB_1 应≤5 ~ 20μg/kg。

(三) 农药和兽药对食品的污染及其预防

1. 农药(pesticides)　是指用于预防、消灭或者控制危害农业、林业的病、虫、草和其他有害生物以及有目的地调节植物、昆虫生长的化学合成或者来源于生物、其他天然物质的一种物质或者几种物质的混合物及其制剂。按有效成分可分为有机氯类、有机磷类、氨基甲酸酯类、拟除虫菊酯类、有机金属化合物类等。大量的农药常直接施用到人类食用的粮食、蔬菜、水果和动物饲料上,成为影响食品安全的重要因素之一。使用后在一定时期内没有被分解而残留在环境(空气、水体、土壤)和食品中的农药、有毒代谢产物被称之为农药残留(pesticide residues),给人类健康带来了直接和潜在危害。

　　不同农药毒性相差悬殊,其中危害较大的是化学合成农药,对人体可产生急慢性毒性和致癌、致畸、致突变等作用。目前广泛使用的化学合成农药主要是有机磷酸酯类农药(organophosphorus pesticides),主要有敌敌畏、内吸磷、乐果、敌百虫等60余种。该类农药为广谱杀虫剂,毒性较大,使用后可残留在蔬菜、水果、茶叶、谷物等农作物上,在环境中易于降解而失去毒性,属低残留农药,常因滥用、误食、投毒、自杀而致机体急性中毒,主要表现为毒蕈碱样、烟碱样和中枢神经系统症状,多数有机磷农药无明显致突变、致癌、致畸作用。有机氯农药主要有六六六和DDT等,它们的毒性较低或中等,但在环境中很稳定、半衰期长,是高残留农药,还可蓄积在生物体脂肪组织中,水生生物对有机氯有较强的生物富集作用(bioconcentration)并可通过食物链(food chain)而进入人体。中国于1984年已明文禁止使用有机氯农药,但目前农产品中仍可检出其残留,有机氯农药可导致慢性中毒,主要表现为肝脏病变、血液和神经系统损害,还可影响内分泌系统、免疫功能、生殖功能等。氨基甲酸酯类农药(carbamates pesticides)主要有异丙威、硫双威、抗蚜威等,其优点是高效、选择性强,对温血动物、鱼类和人的毒性较低(但个别品种毒性较大,如:克百威),易被土壤微生物分解,不易在生物体内蓄积。拟除虫菊酯类农药(pyrethroid pesticides)主要包括溴氰菊酯、氯氰菊酯、三氟氯氰菊酯等,具有高效、低毒性、杀虫谱广,在环境中的半衰期短、对人畜较安全的特点,该类农药多属于中等毒和低毒农药,但有的品种对皮肤有刺激和致敏作用,可引起感觉异常和迟发型变态反应。为减小农药中毒的风险,在选用农药时,应尽量选择防治效果好、毒性低、在食物和环境中残留时间短、残留量低的农药。

　　2. 兽药(veterinary drugs)　是指用于预防、治疗、诊断动物疾病或有目的地调节动物生理机能的物质(含药物饲料添加剂)。兽药的品种主要有血清制品、疫苗、诊断制品、微生态制品、中药材、中成药、化学药品、抗生素、生化药品、放射性药品及外用杀虫剂、消毒剂等。中国将鱼药、蜂药、蚕药等均归入兽药管理。兽药残留(residues of veterinary drugs)是指动物产品的任何可食部分所含兽药的原药、代谢产物以及与兽药有关的杂质残留。常见的兽药残留有抗生素类药物、寄生虫药物和激素类药物,如喹诺酮类、氯霉素、硝基呋喃、苯并咪唑类、己烯雌酚等。

　　目前兽药已广泛用于畜禽等各类动物疾病的防治、促进动物的生长、改善动物性食品品质等方面,但由于滥用兽药和药物饲料添加剂、非法使用违禁或淘汰的兽药、不遵守休药期规定和部分兽药产品质量差等原因,导致动物性食品(肉、蛋、奶、水产品)中普遍存在兽药残留或超标。近些年来,在广东、浙江等多个省多次出现因食用含盐酸克伦特罗(瘦肉精)残留的猪肉而引起中毒的重大食品安全事故,对人体生命安全造成极大的损害。兽药对人体健康的危害主要包括:①急、慢性毒作用;②致畸、致突变和致癌作用;③激素反应;④细菌耐药性增加;⑤过敏反应。

　　3. 农药和兽药危害的控制　中国是世界农药(兽药)生产和使用大国,研发高功效低毒性、高质量低残留的新农药(兽药)特别是生物源农药和天然兽药是今后发展的趋势。为了控制药物残留,应当以国家相关法律为依托,严格执行《中华人民共和国食品安全法》《农产品质量安全法》《农药管理条例》《食品中农药最大残留限量》《兽药管理条例》《兽药经营质量管理规范》《饲料和饲料添加剂管理条例》《兽药质量标准》和《动物性食品中兽药最高残留限量》等法律法规,加强政府和社会的监管力度,具体落实到农药兽药的登记注册管理、生产许可管理、经营管理、使用管理等方面,确保农药(兽药)质量,确保用药安全。同时,努力改善农药(兽药)残留的检测水平和方法,建立和完善农药(兽药)残留监控体系,如目前列入国家863计划的用于兽药残留检测的生物芯片,即"兽药残留蛋白质免疫芯片检测系统",在国家工程研究中心研制成功,这也是世界上第一个能够监测肉类中兽药残留的生物芯片系统,它能够在几分钟内检测出肉类中的兽药残留量。

　　(四) 有毒金属对食品的污染及其预防

　　矿物质是人体所必需的营养素之一,但有些金属元素在摄入量较低的情况下也可对机体产生明显的毒性作用,这些金属被称之为有毒金属(poisonous metal),主要包括铅、汞、镉、砷等重金属。食品中的有毒金属主要来源于工业"三废"对环境的污染,食品在生产、加工、储存和销售等过程中受到的污染,自然环境的高本底含量等。有毒金属可在生物体内蓄积,并通过食物链的生物富集作用使人体内达到较高的浓度而引起中毒或诱发癌症。

1. **铅中毒（lead poisoning）**　食品中的铅污染主要来源于食品加工中使用含铅食品添加剂和加工助剂,如加工皮蛋时加入的黄丹粉(氧化铅);此外,以铅合金、陶瓷及搪瓷等材料制成的食品容器及印制食品包装的油墨和颜料中常含有铅,它们与食品接触时可造成污染。铅中毒可造成消化、神经、造血、免疫和生殖等多系统急性或慢性毒性损伤,通常导致腹绞痛、贫血和感觉型周围神经炎等病症,严重时可致肢体瘫痪、中毒性脑病甚至死亡。儿童对铅较成人更敏感,少量摄入也会影响其身体健康和智力发育。2010 年 FAO/WHO 取消了铅的每周可耐受摄入量(provisional tolerable weekly intake,PTWI),目前尚未制定新的健康指导值。我国现行的食品安全国家标准(GB 2762—2017)中规定了食品中铅的限量标准。

2. **汞中毒（mercury poisoning）**　汞及其化合物广泛用于工农业生产和医药卫生行业,可通过"三废"排放污染环境,进而污染食物。食物中的金属汞难以被机体吸收,但环境中的微生物可使低毒的无机汞转变成毒性高和易吸收的甲基汞。受汞污染环境中的鱼贝类含甲基汞较多,长期摄入可导致甲基汞中毒,主要表现为神经系统的损害,如水俣病(minamata disease)。甲基汞还有致畸和胚胎毒性作用。FAO/WHO 提出的无机汞和甲基汞暂定每周可耐受摄入量(PTWI)分别为 $4\mu g/(kg \cdot bw)$ 和 $1.6\mu g/(kg \cdot bw)$。

3. **镉中毒（cadmium poisoning）**　镉广泛用于电镀、塑料、油漆等工业生产中,通过"三废"排放污染环境,进而污染食品;此外,食品包装材料和容器中的镉也可迁移至食品从而造成污染。急性中毒时有恶心、呕吐、腹痛、腹泻,继而引发中枢神经中毒症状。慢性中毒主要损害肾脏、骨骼和生殖系统,如痛痛病(itai-itai disease)。同时,镉还具有致癌、致畸和致突变的危害。2010 年 FAO/WHO 提出镉的暂定每月可耐受摄入量(PTMI)为 $25\mu g/(kg \cdot bw)$。

预防有毒金属中毒的措施主要有:①严格控制工业"三废"排放;②限制含有毒金属农药(兽药)的使用;③避免食品在生产、加工、储存等过程中受到有毒金属污染;④农田灌溉用水和渔业养殖用水应符合《农田灌溉水质标准》(GB 5084—2005)和《渔业水质标准》(GB 11607—1989);⑤制定食品中限量标准并加强监督管理。

（五）N-亚硝基化合物对食品的污染及其预防

N-亚硝基化合物(N-nitroso compounds,NOC)是一类具有 $R_1(R_2)＝N—N＝O$ 基本结构的含氮有机化学物,主要包括 N-亚硝胺(N-nitrosamine)和 N-亚硝酰胺(N-nitrosamide)两大类。自然界中广泛存在着胺类、硝酸盐和亚硝酸盐等 NOC 前体物质,在适宜的条件下,这些物质可在生物体外或体内形成 NOC。食品中的 NOC 及其前体物质的主要来源有:①胺类物质:动植物性食品中均含有胺类,作为食品天然成分的蛋白质、氨基酸和磷脂均是胺和酰胺的前体物,食品在腌制、烘烤、油煎、油炸等加工过程中及食物中蛋白质腐败变质均可产生较多的胺类,它们经亚硝化作用生成亚硝胺;②(亚)硝酸盐:常作为食品添加剂用于肉制品的加工过程;蔬菜中常含有硝酸盐,细菌可将硝酸盐转变成亚硝酸盐,故不新鲜的蔬菜、腌制不充分的泡菜中含有较多的亚硝酸盐;③NOC 的体内合成:在 pH<3 的酸性环境中合成亚硝胺的反应较强,因此胃是体内合成亚硝胺的主要场所,口腔和膀胱也能合成少量的亚硝胺。

NOC 对实验动物具有很强的致癌性,能诱发各种实验动物和多种组织器官的肿瘤;不同途径给予、长期少量给予、一次大量给予均可诱发肿瘤;还可通过胎盘对子代产生致癌作用。除致癌性外,NOC 对动物还具有一定的致畸、致突变和遗传毒性作用。人类某些癌症可能与 NOC 有关,如日本人胃癌高发可能与其喜食咸鱼(含较多的胺类)、咸菜(含较多的硝酸盐和亚硝酸盐)有关;中国部分肿瘤高发区居民的副食以腌菜为主,其腌菜中的亚硝胺检出率高达 60% 以上。亚硝胺和亚硝酰胺的致癌机制并不完全相同,亚硝酰胺是直接致癌物,能水解生成烷基偶氮羟基化合物(alkyl azo compounds),对接触部位有直接致癌作用;而亚硝胺对组织和器官的细胞没有直接的致癌作用,需经体内肝微粒体酶代谢活化后才有致癌活性。

预防 NOC 危害的主要措施有:①防止食品被微生物污染,防止食品腐败变质;②控制食品加工中(亚)硝酸盐的使用;③施用钼肥以降低蔬菜中硝酸盐和亚硝酸盐的含量;④尽量勿食不新鲜的蔬菜和腌制不充分的泡菜;⑤多摄入富含维生素 C、维生素 E 和 β-胡萝卜素、多酚类植物化学物的食物,以阻断亚硝基化反应,阻断体内 NOC 合成;⑥加强食品中 NOC 允许量的检测与监督管理,中国现行的食品卫生标准(GB 2762—2017)中 N-亚硝胺限量为:海产品中 N-二甲基亚硝胺≤4μg/kg;肉制品中 N-二甲基亚硝胺≤3μg/kg。

(六) 多环芳烃化合物对食品的污染及其预防

多环芳烃化合物(polycyclic aromatic hydrocarbons,PAHs)是一类分子中含两个或两个以上苯环组合在一起的碳氢化合物,主要由煤炭、柴油、汽油、石油、木材等有机化合物的热解和不完全燃烧而产生,是重要的环境和食品污染物。目前已发现有 200 多种 PAHs,其中相当一部分具有致癌性,其中苯并(a)芘[benzo-(a)pyrene,B(a)P]的毒性和致癌性较强,对环境和食品的污染较重,因而人们常以 B(a)P 作为 PAHs 的代表。

B(a)P 属于前致癌物,在人体内主要经肝脏代谢,可由肝微粒体混合功能氧化酶系的芳烃羟化酶代谢活化为 7,8-苯并(a)芘环氧化物,进一步经细胞色素 P450 氧化后产生苯并(a)芘二氢二醇环氧化物。该环氧化物能与细胞中 DNA、RNA 和蛋白质等生物大分子结合引起基因突变,从而诱发肿瘤。动物实验证明,经口给予 B(a)P 可使受试动物诱发多种肿瘤。体外研究显示 B(a)P 可使人胚胎肝细胞 DNA 明显损伤。人群流行病学调查发现,在某些恶性肿瘤高发区,肿瘤死亡率增高与食物或水中受到 B(a)P 等污染有直接关系,如冰岛居民曾经胃癌发病率高,可能与其居民几乎天天食用含 B(a)P 较高的自制熏制品有关。

B(a)P 在自然界中广泛存在。其主要来源包括:在柏油路上晾晒粮食受到的污染;某些行业排放的"三废"以及汽车排放的尾气中,含有大量的 B(a)P 污染环境,直接或通过食物链的生物富集作用间接污染食品;食品包装材料和加工设备的污染;食物在加工过程中如烘烤、熏制等可直接受到烟雾中 B(a)P 的污染;食物成分如脂肪在高温下发生热解或热聚反应也可产生 B(a)P;植物和微生物也可合成微量的多环芳烃。

减少多环芳烃化合物对人体的危害主要从防止污染、去毒和制定食品中限量标准三方面着手。防止污染的关键在于防止各个环节的污染,包括:加强环境治理;改进熏制烘烤等食品加工过程中的燃烧过程,避免直接接触炭火;尽量不采取油煎油炸、烘烤、烟熏方法烹调食物;不在柏油路上晾晒粮食等。去毒可采用活性炭吸附、紫外线照射等物理方法。中国现行的食品安全国家标准(GB 2762—2017)中 B(a)P 的限量标准为:粮食和熏烤肉≤5μg/kg,植物油≤10μg/kg。

(七) 食品污染物及有害因素监测

食品污染物及有害因素监测主要包括对食品中化学污染物和有害因素监测、食品微生物及其致病因子监测、食品中放射性物质监测。在工作形式上主要分为常规监测、专项监测和应急监测三类。常规监测主要是为获得具有代表性和连续性的数据,通过监测食用范围较广、食用量较大的食品,可反映中国的整体污染状况、污染趋势并为食品安全风险评估、标准制(修)订提供代表性的监测数据,同时也可提示食品安全隐患;专项监测以发现风险、查找隐患为主要目的,可为食品安全监管提供线索,有一定的针对性;应急监测则是为应对和解决突发食品安全事件或某些特殊安全形势的需要,要求快速地掌握问题的原因和现状等,针对性更强。

三、食品添加剂和非法添加物

食品添加剂(food additives)是现代食品工业的重要组成部分,广泛应用于粮食类、肉类、乳类、豆类等各类食品的生产、加工和储存,对食品的产品质量、安全卫生发挥着十分重要的作用。同时,中国也存在严重的超范围、超限量使用食品添加剂和向食品中违法添加有毒有害物质的问题。

(一) 食品添加剂定义

世界各国对食品添加剂的定义不尽相同。FAO/WHO 联合组成的食品法典委员会(Codex Alimentarius Commission,CAC)对食品添加剂的定义:食品添加剂是有意识地一般以少量添加于食品,以改善食品的外观、风味、组织结构或贮存性质的非营养物质。根据 2015 年 10 月 1 日起施行的《中华人民共和国食品安全法》,食品添加剂的定义是:为改善食品品质和色、香、味以及防腐、保鲜和加工工艺的需要而加入食品中的人工合成或者天然物质,包括营养强化剂。

(二) 食品添加剂分类

中国目前许可使用的食品添加剂有两千多种。同时,一些新品种、新功能和高安全性的食品添加剂正在不断涌现,如复合型食品添加剂、绿色食品添加剂等,我们通常对其按照原料来源或功能特点进行分类。

1. 按原料来源分类

(1) 天然食品添加剂(natural food additives):利用动、植物组织或微生物的代谢产物或矿物质等天然物质为原料,经提取、纯化等工艺后所获得的物质。

(2) 人工化学合成食品添加剂(artificial chemical food additives):通过化学方法,使元素或化合物经过化学反应合成所得,有一般化学合成品和人工合成天然同等物两大类。如化学合成的防腐剂苯甲酸钠、甜味剂糖精钠等和人工合成的天然同等香料、天然同等色素等。

2. 按功能特点分类

FAO/WHO 联合食品添加剂专家委员会(Joint FAO/WHO Expert Committee on Food Additives,JECFA)将食品添加剂按不同功能分为 40 类;中国 GB 2760—2014 中将其分为 22 大类,包括酸度调节剂、抗结剂、消泡剂、抗氧化剂、漂白剂、膨松剂、着色剂、护色剂、乳化剂、酶制剂、增味剂、面粉处理剂、被膜剂、水分保持剂、营养强化剂、防腐剂、稳定和凝固剂、甜味剂、增稠剂、香料、胶基糖果中基础剂物质、食品工业用加工助剂和其他(表 18-1)。

表 18-1　食品添加剂功能类别与代码(GB 2760—2014)

名称	代码	名称	代码	名称	代码	名称	代码
酸度调节剂	01	胶基糖果中基础剂物质	07	面粉处理剂	13	增稠剂	19
抗结剂	02	着色剂	08	被膜剂	14	食品用香料	20
消泡剂	03	护色剂	09	水分保持剂	15	食品工业用加工助剂	21
抗氧化剂	04	乳化剂	10	防腐剂	16	其他	22
漂白剂	05	酶制剂	11	稳定和凝固剂	17		
膨松剂	06	增味剂	12	甜味剂	18		

摘自:孙长颢. 营养与食品卫生学. 第 8 版. 北京:人民卫生出版社,2017:363

(三) 食品添加剂的卫生管理

FAO/WHO 设立的食品添加剂联合专家委员会(JECFA)为维护各国消费者的利益,为各国制订食品添加剂使用规定提供依据,使食品添加剂的使用更具有安全性,并对食品添加剂的安全性进行了评估,其建议将食品添加剂分为以下四个安全等级:

1. 第一类　为一般认为是安全的物质(general recognized as safe,GRAS),该类添加剂可按正常需要使用,无需建立人体每日容许摄入量值(acceptable daily intake,ADI)。

2. 第二类为 A 类　又分为 A1 和 A2 两类。其中 A1 类是经过安全性评价,毒理学性质清楚,允许使用并已制订出正式 ADI 值者;A2 类是毒理学资料尚不完善,暂时允许使用,有暂定 ADI 值者。

3. 第三类为 B 类　毒理学资料不足,未建立 ADI 值者,又分为 B1 和 B2 两类。其中 B1 为进行过安全性评价,B2 为未进行过安全性评价。

4. **第四类为 C 类** 为原则上禁止使用的食品添加剂,又分为 C1 和 C2 两类。其中 C1 类是被认为在食品中使用不安全者,C2 类是严格限制在某些食品中作特殊使用者。

在此基础上,世界各国在食品添加剂使用时都有各自严格的规定。

(四) 食品添加剂使用

由于食品添加剂是法律允许适量添加到食品中的物质,其安全性和有效性是使用中最重要的两个方面。为保障其安全合理使用,国内外大多通过建立法规和标准来进行规范。通常要求食品添加剂必须经过食品毒理学安全性评价,证明其在使用限量内长期食用对人体健康安全无害。中国 GB 2760—2014 中不仅规定了食品添加剂的允许使用品种、使用范围、最大使用量(食品添加剂使用时所允许的最大添加量)、最大残留量(食品添加剂或其分解产物在最终食品中的允许残留水平),而且还制定了使用原则、使用规定等。其中使用原则有四个方面:

1. **使用的食品添加剂应当符合相应的质量规格要求。**

2. **在下列情况下可使用食品添加剂**

(1) 保持或提高食品本身的营养价值。

(2) 作为某些特殊膳食用食品的必要配料或成分。

(3) 提高食品的质量和稳定性,改善其感官特性。

(4) 便于食品的生产、加工、包装、运输或者贮藏。

3. **食品添加剂使用时应符合以下基本要求**

(1) 不应对人体产生任何健康危害。

(2) 不应掩盖食品腐败变质。

(3) 不应掩盖食品本身或加工过程中的质量缺陷或以掺杂、掺假、伪造为目的而使用食品添加剂。

(4) 不应降低食品本身的营养价值。

(5) 在达到预期目的前提下尽可能降低在食品中的使用量。

4. **带入原则**

(1) 在下列情况下食品添加剂可以通过食品配料(含食品添加剂)带入食品中:①根据本标准,食品配料中允许使用该食品添加剂;②食品配料中该添加剂的用量不应超过允许的最大使用量;③应在正常生产工艺条件下使用这些配料,并且食品中该添加剂的含量不应超过由配料带入的水平;④由配料带入食品中的该添加剂的含量应明显低于直接将其添加到该食品中通常所需要的水平。

(2) 当某食品配料作为特定终产品的原料时,批准用于上述特定终产品的添加剂允许添加到这些食品配料中,同时该添加剂在终产品中的量应符合本标准的要求。在所述特定食品配料的标签上应明确标示该食品配料用于上述特定食品的生产。

5. **复配食品添加剂(compound food additives)** 为了改善食品品质、便于食品加工,将两种或两种以上单一品种的食品添加剂,添加或不添加辅料,经物理方法混匀而成的食品添加剂。

复配食品添加剂的使用基本要求:①复配食品添加剂不应对人体产生任何健康危害;②复配食品添加剂在达到预期的效果下,应尽可能降低在食品中的用量;③用于生产复配食品添加剂的各种食品添加剂,应符合 GB 2760—2014 和原卫生部公告的规定,具有共同的使用范围;④用于生产复配食品添加剂的各种食品添加剂和辅料,其质量规格应符合相应的食品安全国家标准或相关标准;⑤复配食品添加剂在生产过程中不应发生化学反应,不应产生新的化合物;⑥复配食品添加剂的生产企业应按照国家标准和相关标准组织生产,制定复配食品添加剂的生产管理制度,明确规定各种食品添加剂的含量和检验方法。除了上述基本要求之外,复配食品添加剂还应满足"不应有异味、异臭,不应有腐败及霉变现象,不应有视力可见的外来杂质"的感官要求,并且在有害物质控制、致病性微生物控制方面亦有相关规定。

（五）常见食品添加剂

1. **酸度调节剂（acidulating agent）**　指用以维持或改变食品酸碱度的物质。这类物质通过解离出的 H^+ 或 OH^- 来调节食品或食品加工过程中的 pH，从而改善食品的感官性状，增加食欲，并具有防腐和促进体内钙、磷消化吸收的作用。

2. **抗氧化剂（antioxidant）**　指能防止或延缓油脂或食品成分氧化分解、变质，提高食品稳定性的物质，可以延长食品的贮存期、货架期。食品中因含有大量脂肪（特别是多不饱和脂肪酸），容易氧化酸败。因此，常使用抗氧化剂来延缓或防止油脂及富含脂肪食品的氧化酸败。常用抗氧化剂包括：丁基羟基茴香醚（butylated hydroxyanisole，BHA）、二丁基羟基甲苯（butylated hydroxytoluene，BHT）。

3. **漂白剂（bleaching agent）**　指能够破坏、抑制食品的发色因素，使其褪色或使食品免于褐变的物质。漂白剂是通过氧化或还原破坏、抑制食品氧化酶活性和食品的发色因素，使食品褐变色素褪色或免于褐变，同时还具有一定的防腐作用。中国允许使用的漂白剂有二氧化硫、焦亚硫酸钾、焦亚硫酸钠、亚硫酸钠、亚硫酸氢钠、低亚硫酸钠、硫黄等。

4. **着色剂（colour）**　是使食品赋予色泽和改善色泽的物质。这类物质本身具有色泽，故又称为色素。按其来源和性质可分为天然色素和合成色素两类，其中天然色素如红曲米、焦糖色、甜菜红、虫胶红（紫胶红）、番茄红素、β-胡萝卜素等存在难溶、着色不均、难以任意调色及对光、热、pH 稳定性差和成本高等缺点，而合成色素如苋菜红、柠檬黄、靛蓝等性质稳定、着色力强、可任意调色、成本低廉、使用方便，因此被广泛使用。

5. **护色剂（colour fixative）**　又称发色剂，指能与肉及肉制品中呈色物质作用，使之在食品加工、保藏等过程中不致分解、破坏，呈现良好色泽的物质。中国允许使用的护色剂有硝酸钠（钾）、亚硝酸钠（钾）、葡萄糖亚铁、D-异抗坏血酸及其钠盐等 7 种。

6. **酶制剂（enzyme preparations）**　是用动物或植物的可食或非可食部分直接提取，或用传统或通过基因修饰的微生物（包括但不限于细菌、放线菌、真菌菌种）发酵提取制得的，具有特殊催化功能的生物制品。酶制剂具有催化活性高、反应条件温和、作用特异性强、底物专一性强等特点，用于加速食品加工过程和提高食品产品质量。常用酶制剂包括谷氨酰胺转氨酶（glutamine transaminase）、木瓜蛋白酶（papain）、α-淀粉酶（alpha-amylase），这些酶制剂在中国标准中均可按正常生产需要适量使用。

7. **增味剂（flavour enhancers）**　指可补充或增强食品原有风味的物质。增味剂可能本身没有鲜味，但是却能增加食物的天然鲜味。按其化学性质可分为氨基酸系列、核苷酸系列两种。常用的谷氨酸钠（monosodium glutamate）又名味精，属于低毒物质，不需特殊规定，此外，味精本身属于氨基酸，故具有一定的营养价值。

8. **防腐剂（preservative）**　指防止食品腐败变质、延长食品储存期的物质。一般认为防腐剂对微生物的作用在于抑制微生物的代谢，使微生物的发育减缓或停止。中国允许使用的有苯甲酸（benzoic acid）及其钠盐、山梨酸（sorbic acid）及其钾盐、脱氢醋酸、丙酸（propanoic acid）等 30 余种。防腐剂大多是人工合成的，超标准使用会对人体造成一定损害。

9. **甜味剂（sweeteners）**　指赋予食品甜味的物质，是世界各地使用最多的一类食品添加剂，在食品工业中具有十分重要的地位。常用的如糖精钠（sodium saccharin）、阿斯巴甜（aspartame）、安赛蜜、糖醇类甜味剂、甜菊糖苷（steviol glycosides）、甘草（glycyrrhiza）和罗汉果甜（lo-han-kuo extract）。

（六）食品添加剂的潜在安全问题

虽然食品添加剂使食品更加丰富多彩，但越来越多的食品安全问题也蜂拥而至，滥用食品添加剂诸如违法、超限量、超范围使用食品添加剂，不仅会损伤消费者的身体，甚至可能导致化学性食物中毒。

食品防腐剂是一把"双刃剑"，如果食品生产经营单位违规、违法乱用、滥用食品防腐剂，就会对人体健康产生一定危害。主要表现在：①影响人体新陈代谢平衡：苯甲酸、山梨酸等防腐剂都属于酸性物质,食用太多的酸性物质,直接增加机体的酸度,从而导致人体内碘、铁、钙等物质过多消耗与流失;②对神经系统的损害:研究表明,长期且同时食用多种含有同类防腐剂的食物,会对人的神经系统造成损害,表现为诸如老年痴呆症、帕金森综合征及手脚发麻、记忆力衰退、周围神经炎等疾病,尤其是对神经系统发育和肝肾功能均不完善的青少年危害更大;③影响胎儿生长发育:动物实验表明,苯甲酸钠可能造成妊娠小鼠的胎儿生长迟缓、出生后食欲不佳,因此不少先进国家已规定孕妇及孩童食品不得添加苯甲酸钠;④引起叠加中毒现象:如果汽水同时含有苯甲酸钠(防腐剂)与维生素 C(抗氧化剂)这两种成分,可以相互作用生成苯。而苯是众所周知的致癌物,可能构成致癌危险。

食品中滥用漂白剂造成过量二氧化硫残留对人体的危害主要表现在:①影响人体消化系统:出现胃肠道反应,如恶心、呕吐,长期食用超标严重的食品,会造成肠道功能紊乱,从而引发剧烈的头痛、腹泻、损害肝脏功能,严重危害人体消化系统的健康;②影响人体营养的吸收:如影响人体必需矿物质钙的吸收,促进机体钙丢失,影响骨密度,造成骨软化、骨质疏松等疾病,老年人易发生骨折,破坏维生素 B_1,影响生长发育,易患多发性神经炎,出现骨髓萎缩等症状;③引发哮喘等过敏症状:气喘患者食入过量,易产生过敏,可能引发哮喘。

(七) 食品添加剂安全性的评价

中国对食品添加剂的生产实行许可制度,食品添加剂生产企业必须取得省级卫生行政部门发放的卫生许可证后方可从事食品添加剂生产。国际上通常采用"每日允许摄入量(acceptable daily intake,ADI)"来确保食品添加剂的使用安全,对其进行毒理学评价。ADI 值是指人体每日容许摄入量,以人的体重为基准,人每天摄入某种物质(如添加剂),而不产生可检测到的、对健康产生危害的剂量。添加剂的 ADI 值是根据添加剂毒理试验的结果所确定的,根据 ADI 即可确定添加剂在食品中的使用限量范围。

(八) 食品非法添加物

凡是未被批准作为食品添加剂而向食品中添加的非食用物质都属于食品非法添加物(illegal additives)。这些添加物既不是食品原料,也不是食品添加剂,如曾在社会上造成重大食品安全事故的三聚氰胺、瘦肉精、吊白块和苏丹红等。中国已陆续公布了六批《食品中可能违法添加的非食用物质和易滥用的食品添加剂名单》,分别有 48 种和 22 种之多。常见的食品非法添加物主要有:

1. 吊白块(sodium formaldehyde sulfoxylate)　化学名为甲醛次硫酸氢钠($NaHSO_2 \cdot CH_2O \cdot 2H_2O$),有强烈的还原作用,是一种工业用制剂。如用于食品中则具有漂白、增色、防腐及改善口感等作用,常非法添加于米粉、面粉、粉丝、银耳、腐竹、白糖等食物中。由于残留的甲醛对机体细胞有原浆毒作用,可造成食用者肺、肝、肾等脏器的损害,具有强致畸、致癌作用。成人一次性经口摄入吊白块达 10g 时就会有生命危险。

2. 苏丹红(sudan dyes)　是一类人工合成的含萘化学染色剂,工业上用于产品增色、增光,不易褪色。苏丹红对机体肝、肾脏器具有明显的毒性作用,在体内可代谢为 II 类致癌物。非法添加苏丹红的食品可能有香肠、泡面、熟肉、馅饼、辣椒粉、调味酱、红心鸭蛋等产品。

3. 瘦肉精(lean meat powder)　是一类禁止使用的兽药,如将其非法添加到饲料中喂养动物,能够促进其肌肉,特别是骨骼肌蛋白质的合成,有增加瘦肉生长之功效,俗称"瘦肉精"。它们属于肾上腺素受体激动剂类药物,包括盐酸克伦特罗、盐酸多巴胺、莱克多巴胺、沙丁胺醇等,其化学性质稳定,一般烹饪方法难以将其破坏,可残留于动物肝、肺之中。人摄取一定量"瘦肉精"就会中毒,表现头晕、头痛、呕吐、腹泻、两手发抖、心慌、心动过速和神经紊乱等不良反应,尤其对患有高血压、冠心病、甲亢的人来说危险性极大,严重者会危及生命。长期食用则会对人体心、肝、肾等器官造成损害或诱发恶性肿瘤。

4. 三聚氰胺(melamine)　分子式 $C_3N_6H_6$,是一种以尿素为原料生产的含氮杂环有机化合物,为工业用化工原料,如将其非法添加到食品中,可造成食品含蛋白质高的假象,主要见于奶制品造假。长期摄入三聚氰胺易造成生殖和泌尿系统损害,在膀胱、肾脏形成结石,对以奶制品为主食的婴幼儿

影响最大,主要表现有不明原因哭闹、血尿、少尿或无尿、尿痛、排尿困难、高血压甚至威胁生命安全,
严重危害儿童的生长发育和身心健康。

第二节　食源性疾病

一、食源性疾病概述

（一）食源性疾病的定义和特征

食源性疾病(foodborne diseases)是指通过摄入食物而进入人体的各种致病因子引起的、通常具
有感染或中毒性质的一类疾病。它包括了食物中毒(如细菌性食物中毒、化学性食物中毒、有毒动
植物中毒等)和食源性的肠道传染病(如甲型肝炎、痢疾、霍乱等)、寄生虫病(如华支睾吸虫病、旋
毛虫病、姜片虫病等)、人兽共患传染病(如疯牛病、口蹄疫等)、化学性有毒有害物质所造成的慢性
中毒性疾病(如痛痛病、水俣病等)。食源性疾病涵盖范围广泛、涉及疾病众多,其中最常见的是食
物中毒。

食源性疾病的发生发展有 3 个基本特征:①经口途径:食物(水)是传播病原物质的媒介,经口摄
入后导致患病;②致病因子多样性:其致病因子既可是食物受到生物性、化学性、放射性污染,也可是
食物本身所含有的毒素所致;③临床特征:主要是引起感染性或中毒性一类的疾病。

（二）食源性疾病监测

食源性疾病监测可分为主动监测和被动监测两类。主动监测是公共卫生人员定期到医院、疾病
预防控制中心、药店、学校等责任报告单位主动收集特定疾病发生情况的监测方式。

在主动监测过程中,一般采取直接采集信息的形式,即通过检查医学记录、实验室记录、访谈食源
性疾病暴发调查中的个体或筛选高危人群等形式实现。主动监测主要包括哨点医院监测、实验室监
测和流行病学调查三部分内容。通过主动监测可使某种食源性疾病的报告数显著增加、更加准确。
食源性疾病监测报告系统由遍布全国的哨点医院构成,哨点医院发现接收的患者属于食源性疾病患
者或者疑似患者,就会对症状、可疑食品、就餐史等相关信息进行询问和记录,并通过食源性疾病监测
报告系统及时上报,哨点医院所在地的疾病预防控制中心会对这些信息进行综合分析,如果陆续发现
吃过相同食品或在同一个地方吃过饭的其他人也出现类似症状,就会及时进行核实和调查,从而迅速
找到致病元凶并进行预警和控制,避免更多人患病。因此,临床医生在遇到类似情况的时候,一定要
提高警惕,详细询问、记录并及时上报,从而确保疾病预防控制中心迅速行动和处置。

被动监测是由责任报告人(如医务人员、食源性疾病暴发或发生单位等)按照既定的报告规范和
程序向卫生行政部门、疾病预防控制中心和食品药品监管部门等机构常规地报告疾病数据和信息,而
报告接收单位被动接受报告的监测方式。

二、食物中毒

（一）食物中毒的分类和特点

食物中毒(food poisoning)是指食用了被有毒有害物质污染的食品或者食用了含有毒有害物质的
食品后出现的急性、亚急性疾病。食物中毒属于食源性疾病,它不包括因暴食暴饮而引起的急性胃肠
炎、食源性肠道传染病、寄生虫病和食物过敏,也不包括因一次大量或长期少量多次摄入某些有毒、有
害物质而引起的以慢性中毒为主要特征(如致畸、致突变、致癌)的疾病。食物中毒在食源性疾病中
最为常见,2015 年国家卫生计生委通过突发公共卫生事件管理信息系统共收到 28 个省(自治区、直
辖市)食物中毒类突发公共卫生事件(以下简称食物中毒事件)报告 169 起,中毒 5926 人,死亡 121
人。微生物性食物中毒人数最多,占全年食物中毒总人数的 53.7%;有毒动植物及毒蘑菇引起的食物
中毒人数和死亡人数,分别占全年食物中毒总人数和总死亡人数的 17.6% 和 73.6%;而化学性食物
中毒人数和死亡人数,分别占全年食物中毒总人数和总死亡人数的 10.1% 和 18.2%。实际上更多散

发性食物中毒尚未能报道。

1. 食物中毒的发病特点

（1）发病潜伏期短：潜伏期一般在 24～48 小时内，发病来势急剧，呈暴发性，短时间内可能有多数人同时发病。

（2）发病与特定食物有关：患者在近期内都有食用同样的有毒有害食物史，发病范围局限在食用该食物的人群中，一旦停止供应和食用这种食物，则发病很快停止。

（3）临床表现基本相似：患者常以恶心、呕吐、腹痛、腹泻等胃肠炎症状为主或伴有神经系统等其他系统症状，病程较短。

（4）无传染性：一般人与人之间无直接传染。中毒事件的发病曲线呈突然上升之后又迅速下降之趋势，无传染病流行时发病曲线的余波。

2. 食物中毒的分类   食物中毒通常按病原学进行分类，可分为以下五类：

（1）细菌性食物中毒：指摄入被细菌和（或）其毒素污染的食物而引起的中毒。在食物中毒中最为常见，发病率较高，病死率较低，发病有明显的季节性，以夏秋季节最多见。

（2）真菌及其毒素食物中毒：指摄入被真菌及其毒素污染的食物而引起的中毒，如赤霉病麦、霉变甘蔗中毒等。其发病率和病死率较高，发病有明显的季节性和地区性。

（3）动物性食物中毒：指摄入本身含有有毒成分的动物性食品而引起的中毒。其发病率较高，病死率因含有毒成分不同而异。引起动物性食物中毒的原因有两种：①食用天然含有有毒成分的动物性食品所致，如河鲀鱼中毒；②食用的动物性食品在一定条件下产生了大量的有毒成分，如腐败变质的青皮红肉鱼所导致的组胺中毒。

（4）有毒植物中毒：指摄入植物性有毒食品而引起的中毒。发病率和病死率因中毒食品种类不同而异。植物性有毒食品来源主要有 3 种：①将天然含有有毒成分的植物或其加工制品当作食品，如桐油、大麻油等；②在加工过程中未能破坏或除去有毒成分的植物性食品，如四季豆、木薯、苦杏仁等；③在一定条件下，产生了大量有毒成分的植物性食品，如发芽马铃薯等。

（5）化学性食物中毒：指摄入含有化学性有毒成分的食品而引起的中毒。一般发病率、病死率均较高，发病无明显的季节性和地区性。化学性中毒食品主要有 4 种来源：①被有毒有害的化学物质污染的食品；②误将有毒有害的化学物质当作食品或食品添加剂；③在食品中滥用食品添加剂或添加非法添加物；④食品中的营养成分发生了化学变化，如油脂酸败。

（二）细菌性食物中毒

细菌性食物中毒（bacterial food poisoning）是最常见的一类食物中毒，夏秋季多发，病死率较低。中国公布的 2008—2015 年食物中毒事件中，微生物性食物中毒报告起数占 38.89%、中毒人数占 62.02%，均为最高，病死率占 7.43%。

1. 细菌性食物中毒概述

（1）中毒原因

1）食品受到致病菌污染：食物在生产、加工、运输、贮藏、销售等过程中被致病菌污染。

2）致病菌在食品中大量生长繁殖或产生毒素：被致病菌污染的食物在较高温度下存放，加上丰富的营养、充足的水分、适宜的 pH 等使食物中的致病菌大量生长繁殖和（或）产生毒素。

3）食物食用前未杀灭致病菌或食物被再污染：被污染的食物未经高温或其他措施彻底杀灭细菌，或熟食又受到生熟交叉污染、食品从业人员带菌者的污染等。

（2）流行病学特点：发病季节性明显，全年皆可发生，但夏秋季节高发，以 5～10 月多见。发病率高，病死率各异，一些常见的细菌性食物中毒发病率高、病程短、病死率低、恢复快；但肉毒梭菌、椰毒假单胞菌等部分细菌引起的食物中毒例外。中毒食品主要为动物性食品，畜肉类及其制品最常见，其次为禽、鱼、奶、蛋类及其制品。

（3）发病机制：细菌性食物中毒发病机制可分为感染型、毒素型和混合型三种，不同中毒机制的临床表现有所不同。

1）感染型：病原菌随食物进入肠道，在肠内继续生长繁殖，附于肠黏膜并侵入肠黏膜及黏膜下层，引起肠黏膜充血、白细胞浸润、水肿、渗出等炎性病理变化，一些病原菌侵入黏膜固有层，被机体吞噬细胞吞噬或杀灭，病原菌解体，释放出内毒素，内毒素一方面可刺激体温调节中枢引起体温升高，另一方面可作用于肠黏膜，引起肠蠕动加快。

2）毒素型：一些细菌可产生肠毒素（外毒素），肠毒素能刺激肠壁上皮细胞，激活其腺苷酸环化酶或鸟苷酸环化酶，使细胞浆中的环磷酸腺苷（cAMP）或环磷酸鸟苷（cGMP）浓度增高，cAMP 和 cGMP 可促进胞浆内蛋白质磷酸化过程并激活细胞有关酶系统，改变细胞分泌功能，使氯离子的分泌亢进，并抑制肠壁上皮细胞对钠离子和水的吸收，导致腹泻，一些外毒素还可刺激呕吐中枢诱发呕吐或引起血细胞溶血等。

3）混合型：某些细菌进入肠道后，除侵入黏膜引起肠黏膜的炎症反应外，还可产生外毒素并引起一些疾病症状。

（4）临床表现：通常以急性胃肠炎症状为主，如恶心、呕吐、腹痛、腹泻等。感染型食物中毒潜伏期相对较长，常伴有发热高烧；毒素型食物中毒潜伏期长短不一，少有发热或仅有低烧。

（5）中毒诊断

1）流行病学调查：根据中毒者发病急，短时间内同时发病及发病范围局限在食用同一种有毒食物的人群等特点，确定引起中毒的食品并查明引起中毒的具体致病因子。

2）临床检查：患者的症状表现符合食物中毒的临床特征。

3）实验室检测：对（可疑）中毒食品或与（可疑）中毒食品有关的物品或采自患者的样品（呕吐物、粪便及血样）等进行实验室检查，包括细菌学培养、分离鉴定菌型、血清凝集试验、细菌毒素检测、动物试验等。

（6）鉴别诊断

1）非细菌性食物中毒：有明确的食用有毒动植物或食物中含有化学污染物的饮食史，发病时通常潜伏期短，仅数分钟或 1~2 小时，一般无发热，除有胃肠炎症状外，还常有神经系统和内脏损害等特有的表现，病死率较高，经动物试验和化学分析可确定病因。

2）霍乱及副霍乱：潜伏期多为 1~3 天，主要表现为无痛性腹泻，无恶心性呕吐（多数先泻后吐），无发热，腹泻呈米泔水样便，粪便培养或涂片后经荧光抗体染色镜检找到霍乱弧菌或爱尔托弧菌可确定诊断。

3）急性细菌性痢疾：一般恶心、呕吐较少，常有发热、里急后重，粪便多混有脓血，下腹部及左下腹明显压痛，粪便镜检有红细胞、脓细胞、巨噬细胞，粪便培养志贺菌属阳性。

4）病毒性胃肠炎：轮状病毒、诺瓦克病毒等引起，以急性胃肠炎症状为主，潜伏期 24~72 小时，主要表现为发热、恶心、呕吐、腹胀、腹痛、腹泻，粪便呈水样或蛋花汤样，吐泻严重者可发生水、电解质及酸碱平衡紊乱，双份血清检测病毒抗体，粪便电镜查找病毒。

（7）治疗原则：立即停止进食（可疑）中毒食品，轻症者无需治疗即可自愈。重症者应采取急救措施：①及时向上级部门和相关机构汇报并组织抢救患者；②迅速采取排毒措施，如催吐、洗胃、导泻、清肠；③对症治疗，如输液纠正酸中毒和电解质紊乱、抢救循环衰竭和呼吸衰竭等；④特殊治疗，如合理使用抗生素、抗毒素血清、调节饮食等。

（8）预防措施

1）防止食品受到致病菌污染：加强对污染源、食品从业人员和食品生产、加工、销售、储藏等各个环节的卫生监督和管理。

2）控制细菌繁殖和外毒素产生：食物在烹饪后至食用前需要较长时间（超过 2 小时）存放时，应低温冷藏（<10℃）或高温保存（>60℃）；食品盐腌（加盐量≥10%）或合理使用防腐剂或无氧真空条件下保存。

3）彻底加热灭菌及破坏毒素：食物在食前宜煮熟煮透。

2. 沙门菌食物中毒

（1）病原学特点：沙门菌属（salmonella）属肠杆菌科，为革兰阴性杆菌，需氧或兼性厌氧，绝大部分具有鞭毛，有 2500 多种血清型。其生存能力较强，生长繁殖的最适温度为 20~30℃，不耐热，55℃ 1 小时或 100℃数分钟即被杀死。该菌不分解蛋白质、不产生靛基质，食物被污染后无感官性状变化，易引起感染型细菌性食物中毒。

（2）流行病学特点：全年皆可发生，多见于夏秋季，其中 5~10 月发病数可占全年发病总数的 80%；中毒食品主要是动物性食品，特别是畜肉类及其制品，其次为禽肉、蛋类、奶类及其制品，由植物性食物引起的很少；食物中沙门菌广泛存在于自然界中，人和动物皆可带菌，常通过动物性食品的生前感染或宰后污染而使食品中带菌，也可通过生熟交叉污染或食品从业人员带菌者等污染食品。

（3）中毒机制：大多数沙门氏菌食物中毒是沙门氏菌活菌对肠黏膜的侵袭而导致的感染型中毒。肠炎沙门氏菌、鼠伤寒沙门氏菌可产生肠毒素，通过对小肠黏膜细胞膜上腺苷酸环化酶的激活，抑制小肠黏膜细胞对 Na^+ 的吸收，促进 Cl^- 的分泌，使 Na^+、Cl^- 和水在肠腔潴留而致腹泻。

（4）临床表现：潜伏期一般为 4~48 小时，发病越快病情常越重。沙门氏菌食物中毒有多种临床表现，可分为胃肠炎型、类霍乱型、类伤寒型、类感冒型、败血症型，其中以胃肠炎型最为常见。中毒初期表现为头痛、恶心、食欲缺乏，继而出现呕吐、腹痛、腹泻和发烧。腹泻 1 日可数次至十余次，主要为黄色或黄绿色水样便，有恶臭，有时带黏液或脓血。体温升高达 38~40℃。轻者 3~4 天症状消失，重者可引起痉挛、脱水、休克等，如不及时抢救可导致死亡。

（5）治疗与预防：对症治疗，及时纠正水、电解质紊乱，重症者可应用抗生素。预防上按照细菌性食物中毒的防止污染、控制繁殖、食前彻底加热三大措施进行。特别要加强对肉类食品卫生监督和检验，防止肉类食品在储藏、运输、加工、销售等环节受到污染，避免生熟交叉污染。

3. 副溶血性弧菌食物中毒

（1）病原学特点：副溶血性弧菌（vibrio parahemolyticus）为革兰阴性杆菌，有鞭毛，需氧或兼性厌氧；在 30~37℃、pH 7.4~8.2、含盐 3%~4% 的培养基和食物中生长良好，无盐条件下不生长，为嗜盐菌；不耐热、不耐酸，56℃加热 5 分钟或 90℃加热 1 分钟或用含 1% 醋酸的食醋处理 5 分钟即被杀死。

副溶血性弧菌有 845 个血清型，主要通过 13 种耐热的菌体抗原（即 O 抗原）鉴定，而 7 种不耐热的包膜抗原（即 K 抗原）可用来辅助鉴定。其致病力可用神奈川（Kanagawa）试验来区分。该菌能使人或家兔的红细胞发生溶血，在血琼脂培养基上出现 β 溶血带，称为"神奈川试验"阳性。神奈川试验阳性菌的感染能力强，引起食物中毒的副溶血性弧菌 90% 神奈川试验阳性（K^+），通常在 12 小时内出现症状。K^+ 菌株能产生一种耐热型直接溶血素，K^- 菌株能产生一种热敏型溶血素，而有些菌株能产生这两种溶血素。

（2）流行病学特点：该菌主要存在于近岸海水、海底沉积物和鱼、贝类海产品中，故沿海地区为高发区，随着海鲜产品的市场流通性加强，内地也有副溶血性弧菌食物中毒事件的发生；6~9 月为高发季节；中毒食品主要是海产品，以带鱼、墨鱼、虾、蟹、贝和海蜇较为多见，其次为直接或间接被本菌污染的其他食品，如盐渍或腌制食品等。

（3）中毒机制：副溶血性弧菌食物中毒属于混合型细菌性食物中毒。摄入一定量的致病性副溶血性弧菌数小时后，引起肠黏膜细胞及黏膜下炎症反应等病理病变，并可产生肠毒素及耐热型溶血毒素。大量的活菌及耐热型溶血毒素共同作用于肠道，引起急性肠道症状。

（4）临床表现：潜伏期多为 14～20 小时。发病初期有上腹部疼痛或胃痉挛，继之出现恶心、呕吐、腹泻和发烧等症状。发病 5～6 小时后腹痛加剧，以脐部阵发性绞痛为特点。腹泻 1 日数次至二十余次，多为水样便，重者黏液便或脓血便，里急后重不明显。体温 37.7～39.5℃。病程 3～4 天，预后良好。重症患者可出现脱水、意识障碍或血压下降等。近年来国内报道的副溶血性弧菌食物中毒，临床表现不一，可呈胃肠炎型、菌痢型、中毒性休克型或少见的慢性肠炎型。

（5）治疗与预防：对症治疗，及时纠正水、电解质紊乱。预防同沙门氏菌食物中毒，也要抓住防止污染、控制繁殖和杀灭病原菌三个主要环节，其中控制繁殖和杀灭病原菌尤为重要。尤其对海产品及其制品要加强防止细菌污染、低温贮藏、食前彻底加热等措施。凉拌海鲜类食品时要清洗干净、食醋浸泡 10 分钟或沸水漂烫数分钟。

4. 葡萄球菌肠毒素食物中毒

（1）病原学特点：葡萄球菌（staphylococcus）系微球菌科，为革兰阳性兼性厌氧菌；在 30～37℃、pH 7.4 环境下易于生长；对外界抵抗力强，较为耐热、耐盐、耐干燥，70℃加热 1 小时方能灭活。金黄色葡萄球菌可产生不同血清型的致病性肠毒素，多数肠毒素耐热，100℃加热 30 分钟仍难灭活，混在食物中的肠毒素需 100℃加热 2 小时方能被破坏，肠毒素进入机体后还能抵抗胃肠道中蛋白酶的水解作用，故食品一旦受到葡萄球菌肠毒素污染，易导致毒素型细菌性食物中毒。

（2）流行病学特点：全年皆可发生，但多见于夏秋季。中毒食品常见于奶及奶制品、蛋类和各类熟肉制品等。金黄色葡萄球菌广泛分布于自然界，人和动物的皮肤、鼻咽部、消化道也带菌，患有化脓性病灶、急性上呼吸道感染、乳腺炎等疾病时带菌率更高，该菌污染食品后，在 20～37℃条件下可迅速繁殖和产毒，经 4～8 小时即可产生一定剂量的肠毒素并引起食物中毒。

（3）中毒机制：金黄色葡萄球菌食物中毒属毒素型食物中毒。摄入含金黄色葡萄球菌活菌而无肠毒素的食物不会引起食物中毒，摄入达到中毒剂量的肠毒素才会中毒。肠毒素作用于胃肠黏膜，引起充血、水肿、甚至糜烂等炎症变化及水与电解质代谢紊乱，出现腹泻，同时刺激迷走神经的内脏分支而引起反射性呕吐。

（4）临床表现：潜伏期一般为 2～4 小时，主要有恶心、呕吐、腹痛和腹泻等症状。其中呕吐剧烈而频繁，可呈喷射状，呕吐物常含有胆汁、血液或黏液。腹泻多为水样便或黏液便，每天约 3～4 次。体温正常或低热。一般数小时至 1～2 天症状消失，儿童对肠毒素较成人敏感，故发病率较高、症状较严重。

（5）治疗与预防：对症治疗，及时纠正脱水、电解质紊乱，一般不需用抗生素。防止金黄色葡萄球菌污染食物，对食品从业人员定期进行健康检查，对奶和奶制品等一定要消毒处理；为防止肠毒素形成，食物应冷冻或冷藏。

5. 变形杆菌食物中毒

（1）病原学特点：变形杆菌（proteus）属肠杆菌科，有鞭毛，为革兰阴性杆菌，需氧或兼性厌氧；该菌对营养要求不高，易于生长繁殖，低温情况下（4～7℃）亦可繁殖；不耐热，55℃加热 1 小时即可被杀灭。当食品仅被此菌污染后，因其不分解蛋白质，食品感官性状常无腐败变质迹象。变形杆菌主要以大量活菌侵入人体肠道引起感染型细菌性食物中毒。

（2）流行病学特点：7～9 月最多见；中毒食品主要是动物性食品，尤其是熟肉和内脏的熟制品，也见于豆制品、凉拌菜、剩饭、水产品等；变形杆菌广泛分布于自然界、人和动物的肠道中，食品在生产、加工等过程中易受其污染。

（3）临床表现：潜伏期一般为 5～18 小时。临床特征以上腹部刀绞样疼痛和急性腹泻为主，腹泻为水样便，伴有黏液，恶臭，一日数次至十余次。有恶心、呕吐、头痛、发热，体温一般 38～39℃。病程 1～3 天，多数在 24 小时内恢复，预后良好。

（4）治疗与预防:对症治疗,重症者可用抗生素。加强食品卫生监督管理,防止污染,食品须冷藏,食用前彻底加热。

6. **其他细菌性食物中毒**（表18-2）

表18-2 其他细菌性食物中毒

名称	中毒食品	临床表现	治疗原则
病原性大肠埃希菌食物中毒	熟肉制品及冷荤,蛋类等	潜伏期8~44小时,不同程度的急性胃肠炎症状	对症治疗,重者可用抗生素
肉毒梭菌食物中毒	家庭自制发酵豆谷类制品、肉类和罐头食品	潜伏期一般为1~7天,头晕、无力、视力模糊、眼睑下垂、复视、咀嚼无力、张口和伸舌困难、咽喉阻塞感、饮水发呛、吞咽困难、呼吸困难、头颈无力、垂头等	早期使用多价抗肉毒毒素血清,对症治疗
椰毒假单胞菌酵米面亚种食物中毒	发酵玉米面制品、变质鲜银耳及其他变质淀粉类制品	潜伏期多为2~24小时。上腹部不适,呕吐物可呈咖啡色,头晕、乏力等。重者有黄疸、肝大、皮下出血、呕血、血尿、少尿、意识不清、烦躁不安、惊厥、抽搐,甚至休克。一般无发热	尽早排毒(催吐、洗胃、清肠),对症治疗
蜡样芽孢杆菌食物中毒	剩米饭、米粉、甜酒酿、剩菜、甜点心及奶、肉类食品	呕吐型:潜伏期0.5~5小时,恶心、呕吐为主,并有头晕、四肢无力 腹泻型:潜伏期8~16小时,腹痛、腹泻为主	对症治疗,重症者可用抗生素

摘自:孙长颢. 营养与食品卫生学. 第8版. 北京:人民卫生出版社,2017:444

（三）真菌及其毒素食物中毒

真菌及其毒素食物中毒是指食用被真菌及其毒素污染的食物而引起的食物中毒。中毒发生主要由被真菌污染的食品引起,用一般烹调方式加热处理不能破坏食品中的真菌毒素,发病率较高,死亡率也较高,发病的季节性及地区性均较明显。

1. **赤霉病麦（gibberella saubinetii）中毒** 是指摄入了已发生赤霉病的麦类、玉米等谷物所引起的食物中毒。多发生于麦收以后食用受病害的新麦或因误食库存的赤霉病麦或霉玉米而引起,中国多见于淮河和长江中下游一带。

（1）有毒成分:赤霉菌是一种真菌,属于镰刀菌属。小麦、玉米等谷物如被镰刀菌侵染可引起谷物的赤霉病,镰刀菌产生的代谢产物"赤霉病麦毒素"是引起中毒的有毒成分,包括脱氧雪腐镰刀菌烯醇(deoxynivalenol,DON)、镰刀菌烯酮-X、T-2毒素等,它们属于单端孢霉烯族化合物,该类毒素对热稳定,一般烹调方法难以去除。DON主要引起呕吐,故也称呕吐毒素。

（2）中毒表现:潜伏期一般0.5~2小时,主要症状为胃部不适,恶心、呕吐、腹痛、腹泻、头痛、头晕等症状。还可有乏力、口干、流涎,少数患者有发热、畏寒等现象。一般停止食用赤霉病谷物后1~2天可恢复,预后良好。重者有呼吸、脉搏、体温及血压波动、四肢酸软、步态不稳、形似醉酒,故有的地方称为"醉谷病"。

（3）治疗与预防:一般无需治疗或对症治疗,呕吐严重者需进行补液。加强麦类、玉米等谷物在田间和储存期间的防霉措施,防止其受到真菌的侵染和产毒。若谷物已发生赤霉病或霉变,则应尽量不食用,或去除、减少粮食中的病粒和毒素,使其毒素含量不超过国家限量标准。

2. **霉变甘蔗中毒** 霉变甘蔗中毒是指摄入了已有一定程度霉变的甘蔗而导致的食物中毒。甘蔗霉变主要是由于甘蔗在不良的条件下长期储存,如过冬,导致微生物大量繁殖所致。霉变甘蔗的质地较软,瓤部的色泽比正常甘蔗深,一般呈浅棕色,闻之有霉味,其中含有大量的有毒真菌及其毒素,这些毒素对神经系统和消化系统有较大的损害。中毒多发生于2~4月中国的北方地区,多见于儿童和青少年,发病急、病情凶险,可留下严重的后遗症甚至死亡。

(1)有毒成分:甘蔗保存不当时可受到甘蔗节菱孢霉污染并产生毒素致病,该毒素为3-硝基丙酸(3-nitropropionic acid,3-NPA),为一种强烈的嗜神经毒素,主要损害中枢神经系统。

(2)中毒表现:潜伏期十余分钟至数小时。中毒症状初期表现为一时性消化道功能紊乱,恶心、呕吐、腹痛、腹泻、黑便,随后出现神经系统症状,如头昏、头痛、复视等;重者可出现阵发性抽搐,抽搐时四肢强直、屈曲内旋、手呈鸡爪状,可留下以锥体外系神经损害为主要表现的终身残疾;严重者瞳孔散大、昏迷、死亡。

(3)治疗与预防:尚无特殊治疗方法。在发生中毒后应尽快洗胃、清肠以排出毒物,积极采取消除脑水肿、改善血液循环、防止继发感染等对症治疗。甘蔗应成熟后再收割,收割后的甘蔗应注意防雨、防潮、防冻,防止霉菌污染和繁殖,储存时间不宜过久并应定期进行感官检查,严禁出售已有霉变或变质的甘蔗。

(四)有毒动、植物中毒

有毒动植物中毒是指一些动植物本身含有某种天然有毒成分或由于储存条件不当形成某种有毒物质,被人食用后引起的中毒。中国卫生部公布的近十年食物中毒事件中,有毒动植物中毒报告起数、中毒人数的百分比及病死率均排第二,值得注意。

1. 河鲀鱼中毒　河鲀鱼(globefish)俗称河豚、气泡鱼、吹肚鱼等,其种类很多,主要产于沿海各地和长江下游河口,在海水、淡水中均能生存,是一种味道鲜美但含有剧毒的无鳞鱼类。现有人工养殖的河鲀鱼,毒性较野生鱼低、鲜味也较低。

(1)中毒成分:河鲀鱼所含毒素为河鲀毒素(tetrodotoxin,TTX),主要存在鱼的内脏、生殖腺、血液、眼鳃、皮肤等部位,在春季繁殖季节其卵巢和鱼卵毒性最高、肝脏次之。新鲜洗净的河鲀鱼肉一般无毒,但鱼死后,毒素可从血液、内脏等渗入鱼肉中,少数河豚品种鱼肉也有毒。TTX性质稳定,煮沸、日晒、盐渍均不易将其破坏,是一种毒性极强的非蛋白类神经毒,进入机体后主要使神经中枢和神经末梢发生麻痹,食入该毒素0.5~3mg可致人死亡。

(2)流行病学特点:河豚中毒多发生在沿海居民中,以春季发生中毒的次数、中毒人数和死亡人数为最多。引起中毒的河鲀鱼主要来源于市售、捡食、渔民自己捕获等。

(3)中毒机制:河豚毒素可直接作用于胃肠道,引起局部刺激作用;河豚毒素还选择性地阻断细胞膜对Na$^+$的通透性,使神经传导阻断,呈麻痹状态。首先感觉神经麻痹,随后运动神经麻痹,严重者脑干麻痹,引起外周血管扩张,血压下降,最后出现呼吸中枢和血管运动中枢麻痹,导致急性呼吸衰竭,危及生命。

(4)中毒表现:发病急,潜伏期10分钟~3小时。早期感觉有口唇、舌、指尖发麻,随后出现恶心、呕吐、腹痛、腹泻、便血等胃肠道症状,进而口唇、舌尖及肢端知觉麻痹,并出现眼睑下垂、四肢无力或肌肉麻痹、共济失调等神经系统症状。重症者有全身麻痹、瘫痪、言语不清、血压和体温下降、发绀、呼吸困难,最后因呼吸、循环衰竭而死亡。

(5)治疗与预防:目前无特效解毒药,一般以迅速排出体内毒物(催吐、洗胃、导泻、应用吸附剂)、对症和支持治疗(补液、吸氧、使用肾上腺皮质激素和莨菪碱类药物等)为主。加强宣传教育,勿食河鲀鱼;禁止随意丢弃、自行加工和出售河鲀鱼;严禁餐饮服务提供者加工制作鲜河鲀鱼。

2. 鱼类引起的组胺中毒　是指摄入含大量组胺(histamine)的鱼类所引起的以急性过敏性反应为主的食物中毒。主要见于海产鱼中的青皮红肉鱼类(富含组氨酸),如鲣鱼、鲐鱼、秋刀鱼、沙丁鱼、鲭鱼、竹荚鱼、金枪鱼等。

（1）中毒成分：某些鱼类中组氨酸含量较高，当鱼体不新鲜或腐败、同时又受到富含组氨酸脱羧酶的细菌（如组胺无色杆菌、摩氏摩根菌等）污染时，可使鱼肉中的游离组氨酸脱羧基而形成组胺，大量组胺进入机体后可引起毛细血管扩张和支气管收缩而导致中毒。

（2）流行病学特点：组胺中毒在国内外均有报道。多发生在夏秋季，在温度 15～37℃、有氧、弱酸性（pH 6.0～6.2）和渗透压不高（盐分含量 3%～5%）的条件下，组氨酸易于分解形成组胺引起中毒。

（3）中毒机制及中毒症状：组胺是一种生物胺，可导致支气管平滑肌强烈收缩，引起支气管痉挛；循环系统表现为局部或全身的毛细血管扩张，患者出现低血压，心律失常，甚至心脏骤停。潜伏期 10 分钟～2 小时，面部、胸部或全身皮肤潮红，眼结膜充血，头晕头痛、心慌胸闷、呼吸加快。部分患者出现口唇肿或口舌、四肢发麻，以及恶心、呕吐、腹痛、腹泻、荨麻疹等。个别可出现哮喘、呼吸困难、血压下降。体温一般正常，病程多为 1～2 天，预后良好。

（4）治疗和预防：尽早排毒、使用抗组胺药物和对症治疗。选青皮红肉鱼时要新鲜，储藏时要低温，严防鱼肉腐败变质，烹调时应加醋或雪里红或红果以去除部分组胺，过敏体质者不宜食用青皮红肉鱼。

3. 毒蕈中毒　蕈类又称为蘑菇，属于真菌植物，有些蕈类含有毒素，食入即可引起中毒。目前中国有可食蕈 300 多种，毒蕈（toxic mushroom）100 余种，其中含剧毒的有 10 多种。毒蕈中毒在云南、广西、四川三省区发生的起数最多，毒蕈中毒一般发生在春夏季节、山区农村地区、雨后天晴蘑菇生长茂盛时，由于误采或采集可食蕈时有毒蕈混入其中，食用后引起急性中毒，故预防办法主要为不采摘自己不认识的蘑菇食用。

不同毒蕈中毒的临床表现各不相同，一般分为以下五型：

（1）胃肠炎型：由毒红菇、墨汁鬼伞等毒蕈所引起。潜伏期约 0.5～6 小时，主要表现为胃肠炎症状，有恶心、呕吐、上腹部阵发性腹痛、剧烈腹泻等，不发烧。经过适当的对症处理，中毒者可迅速康复。

（2）神经精神型：由毒蝇伞、豹斑毒伞、牛肝蕈等毒蕈引起。潜伏期约 1～6 小时。发病时除胃肠炎症状外，尚有明显副交感神经兴奋症状，如流涎、流泪、多汗、脉缓、瞳孔缩小等。用阿托品类药物治疗效果较好。少数病情严重者可有谵妄、幻觉、精神错乱、呼吸抑制等，不及时救治可引起死亡。因食牛肝蕈引起中毒者，除胃肠炎症状及精神异常外，多有幻觉（小人国幻视症）等症状。部分病例有迫害妄想等类似精神分裂症的表现，经过适当治疗可康复。

（3）溶血型：因鹿花蕈所致。潜伏期 6～12 小时。发病初期为胃肠炎症状，3～4 天后出现黄疸、血红蛋白尿等溶血现象和急性贫血、肝脾肿大、头痛等。给予肾上腺皮质激素、输血及保肝治疗等多可康复。

（4）肝肾损害型：因毒伞属蕈、褐磷小伞蕈等所引起。通常病情凶险、病死率高。临床表现可分为 6 期：①潜伏期：多为 10～24 小时，短者 6 小时，长则数天；②胃肠炎期：有恶心、呕吐、腹痛、腹泻，多不严重，常 1～2 天内逐渐缓解；③假愈期：胃肠炎症状缓解或消失，或仅感乏力、不思饮食等，轻度中毒者由此进入恢复期；④内脏损害期：重度中毒者在发病 2～3 天后出现肝、肾、心、脑等器官损害症状，其中以肝脏损害最为严重，可有黄疸、肝功能异常、肝肿大、出血倾向、肝性脑病等表现，肾脏损害可出现少尿、血尿或无尿，甚至尿毒症；⑤精神症状期：部分患者呈烦躁不安或淡漠嗜睡，甚至昏迷惊厥等中毒性脑病症状，最终可因呼吸、循环中枢抑制或肝性脑病而死亡；⑥恢复期：经过积极治疗的病例一般在 2～3 周后进入恢复期，各项症状体征逐渐消失而痊愈。此外，有少数病例呈暴发型，潜伏期后 1～2 天突然死亡，可能为中毒性心肌炎或中毒性脑炎等所致。肝肾损害型中毒时，首先应迅速采取排出毒物措施，食用毒蕈后 10 小时内应彻底洗胃，然后给予活性炭吸附残留的毒素，无腹泻者还要导泻排毒。其次，用二巯基丙磺酸钠进行解毒治疗，同时还应对症治疗。

（5）日光性皮炎型：因食用胶陀螺（猪嘴蘑）所引起。潜伏期 24 小时左右，机体暴露于阳光的部

笔记

位出现类似日光性皮炎的症状,如颜面出现肿胀、疼痛,嘴唇肿胀外翻等。宜采取抗过敏和对症治疗。

4. 其他有毒动植物中毒（表 18-3）

表 18-3 其他有毒动植物中毒

名称（有毒成分）	主要临床表现	急救处置	预防措施
麻痹性贝类中毒（石房蛤毒素）	潜伏期数分钟至数小时,以神经系统麻痹为主,有末梢感觉麻木、四肢肌肉麻痹、运动失调、呼吸困难等	尽早排毒,对症治疗	预防性监测,贝类所含毒素不应超标
动物甲状腺中毒（甲状腺素）	潜伏期 10 ~ 24 小时,头痛、乏力、烦躁、抽搐、震颤、脱发、脱皮、多汗、心悸等	排毒,抗甲状腺素药、促肾上腺皮质激素,对症治疗	屠宰牲畜时除净甲状腺
四季豆中毒（皂素、植物血凝素）	潜伏期 1 ~ 5 小时,急性胃肠炎症状,头晕、胸闷、心慌、冷汗、四肢发麻	尽早排毒,对症治疗	煮熟煮透,吃时无青脆、青涩感
发芽马铃薯中毒（龙葵素）	潜伏期 1 ~ 12 小时,咽部瘙痒或烧灼感,胃部烧灼样疼痛,急性胃肠炎症状,头晕、耳鸣、瞳孔散大	尽早排毒,对症治疗	放阴凉干燥处,食前去芽眼、削皮,烹调时加醋。发芽较多则禁食
含氰苷类中毒（氢氰酸）	苦杏仁中毒时潜伏期一般 1 ~ 2 小时,木薯中毒时 6 ~ 9 小时。口苦流涎,头晕头痛、恶心呕吐、心悸乏力。重者胸闷、呼吸困难、昏迷、全身阵发性痉挛甚至死亡	尽早排毒（催吐,硫代硫酸钠溶液洗胃）,对症治疗,解毒治疗（亚硝酸异戊酯、亚硝酸钠、硫代硫酸钠）	勿食苦杏仁、桃仁等含氰苷类果仁。木薯食用时应去皮、蒸煮烹调
鲜黄花菜中毒（类秋水仙碱）	潜伏期 0.5 ~ 4 小时,呕吐、腹泻为主,伴头痛、头晕、口渴、咽干	尽早排毒,对症治疗	先水浸泡或开水焯后弃水,然后或炒或煮熟食用
豆浆（胰蛋白酶抑制素、皂苷）	恶心呕吐、腹胀腹泻,可伴有腹痛、头晕乏力等	对症治疗	生豆浆要加热煮透

摘自:孙长颢. 营养与食品卫生学. 第 8 版. 北京:人民卫生出版社,2017:460.

（五）化学性食物中毒

化学性食物中毒是指食用了被有毒有害化学物污染的食品、被误认为是食品及食品添加剂或营养强化剂的有毒有害物质、添加了非食品级的或伪造的或禁止食用的食品添加剂和营养强化剂的食品、超量食用了食品添加剂的食品或营养素发生了化学变化的食品（如油脂酸败）等所引起的食物中毒。化学性食物中毒发生的起数和中毒人数相对微生物食物中毒较少,但病死率较高。

1. 亚硝酸盐中毒

（1）中毒原因:亚硝酸盐（nitrite）中毒是指进食了含有较大量的亚硝酸盐食物后,在短期内引起的以高铁血红蛋白血症（methemoglobinemia）为主的全身性疾病。食物中亚硝酸盐来源:①蔬菜不新鲜或腐烂、煮熟后存放过久、腌制不充分时,均可使亚硝酸盐含量增加;②将亚硝酸盐作为添加剂过量用于肉制品的腌制（如香肠、腊肉、火腿等）;③个别地区井水含硝酸盐高（又称"苦井"水）,用此水煮饭并放置过久,亚硝酸盐含量较高;④误将亚硝酸钠（$NaNO_2$）作为食盐食用,最低中毒剂量约为 0.1g 以上,最低致死剂量约为 1.0 ~ 5.0g。

（2）中毒机制和临床表现:亚硝酸盐为强氧化剂,能使机体血液中正常携氧的低铁血红蛋白氧化成不能携氧的高铁血红蛋白,从而引起组织缺氧。亚硝酸盐还对周围血管有麻痹作用。临床表现特点为发病急,潜伏期短者 10 分钟,一般 1 ~ 3 小时,在口唇、耳郭、指（趾）甲及全身皮肤、黏膜处呈现不同程度青紫色,通常称为"肠源性青紫症"（enterogenous cyanosis）。同时伴有头晕、头痛、乏力、胸闷、气短、心悸、恶心、呕吐、腹痛、腹泻等症状,高铁血红蛋白占总血红蛋白10%～30%。重者发绀现象更明显,可有心悸、呼吸困难,甚至心律失常、惊厥、休克、昏迷,高铁血红蛋白多超过50%。

（3）急救与预防:急救包括催吐、洗胃、导泻等排毒措施,利尿、纠正酸中毒、吸氧等对症处理,应用特效解毒剂亚甲蓝(美蓝)和大剂量维生素 C。预防上主要是加强对亚硝酸盐的管理,防止误食;勿滥用硝酸盐或亚硝酸盐作为食品添加剂,严禁餐饮服务单位采购、贮存和使用亚硝酸盐(亚硝酸钠、亚硝酸钾);勿食存放过久的或变质的或腌制时间不久(1～15 天)的蔬菜;勿用"苦井"水做饭做菜。

2. 砷中毒

（1）中毒原因:砷(arsenic,As)为类金属元素,正常人体组织中含有微量的砷,元素砷不溶于水,几乎无毒。在自然界中砷多以化合物形式存在,其中砷的氧化物或盐类具有明显的毒性,尤其是三氧化二砷(As_2O_3,砒霜)毒性最强,成人经口急性中毒剂量5～50mg,致死量为60～300mg。引起砷中毒的主要原因是含砷化合物农药污染、用砒霜投毒或误将其作为调味品加入食物、违法使用含砷化合物的食品非法添加物等。

（2）中毒机制和临床表现:砒霜对消化道有明显腐蚀作用,可与细胞酶蛋白中的巯基结合使酶失去活性,造成神经系统和内脏的损害。临床表现为潜伏期短(15 分钟～5 小时),口咽部有烧灼感,口中有金属异味,口渴及吞咽困难。有明显急性胃肠炎症状,如剧烈的恶心与呕吐、腹绞痛和腹泻(水样便或米汤样便,有时混有血液)等。有中枢神经系统症状如头痛、烦躁、谵妄、抽搐、意识模糊、昏迷等,最后可因呼吸中枢麻痹而死亡。可并发急性肾功能衰竭、多发性神经炎、中毒性肝炎和心肌炎。

（3）急救与预防:首先迅速采取催吐、洗胃和导泻等排毒措施。同时,应用二巯基丙磺酸钠、二巯基丙醇等解毒药物。另外还要对症治疗,维持水、电解质平衡,保护肝肾功能,血液透析及换血疗法等。预防措施要加强对砒霜和含砷化合物的监督管理,防止含砷化合物农药对食品的污染,严打违法使用食品非法添加物,防止含砷矿渣对水源的污染。

3. 其他化学性食物中毒（表18-4）

表 18-4   其他化学性食物中毒

名称	临床表现	急救处理	预防措施
有机磷农药中毒	中毒的潜伏期一般在 2 小时以内,误服农药纯品者可立即发病,在短期内引起以全血胆碱酯酶活性下降出现毒蕈碱、烟碱样和中枢神经系统症状为主的全身症状	迅速排出毒物,对症治疗,应用特效解毒药(阿托品、胆碱酯酶复能剂如解磷定、氯磷定)	专人保管;专用容器;遵守安全间隔期;禁食因有机磷农药致死的畜禽;禁止孕妇、乳母参加喷药工作
甲醇中毒	潜伏期 8～48 小时,头晕头痛、乏力、意识障碍,视力下降、失明,恶心呕吐、腹痛腹泻,血尿或无尿,心动过缓、休克、呼吸困难	尽早排毒,对症治疗,解毒治疗(乙醇、4-甲基吡唑、叶酸)	加强白酒生产、销售的监督管理;禁止用工业酒精勾兑白酒;如饮酒应适量
锌中毒	潜伏期数分钟至 1 小时,恶心、呕吐、腹痛、腹泻,呼气及呕吐物有蒜臭味,口腔烧灼感,重症者可出现血尿、蛋白尿、黄疸、肝性脑病	尽早排毒,对症治疗,解毒治疗(依地酸钙钠)	勿用镀锌容器盛装酸性饮料;加强鼠药磷化锌的管理
毒鼠强中毒(四亚甲基二砜四胺)	潜伏期数分钟至十余小时,上腹烧灼感,恶心、呕吐、腹痛、腹泻,头昏、头痛、乏力、口唇麻木、有醉酒感、癫痫大发作症状,心悸胸闷	尽早排毒,对症治疗,解毒治疗(二巯基丙磺酸钠或二巯基丁二酸钠和维生素 B_6 联用)	禁止生产、销售、使用毒鼠强;加强宣传教育防误食、误用

摘自:孙长颢. 营养与食品卫生学. 第 8 版. 北京:人民卫生出版社,2017:468.

（六）食物中毒调查与处理

食物中毒通常潜伏期短、呈暴发之势,中毒者虽多以急性胃肠炎症状为主,但严重者可因脱水、休克、呼吸衰竭、循环衰竭等而死亡,是常见的食品安全事故之一。开展食物中毒事件的调查与处理,关系到中毒因素的发现和控制,关系到中毒患者合理的临床救治和康复,关系到中毒事件责任的认定和处罚,关系到今后应采取的预防措施和政策制定等,是一项程序规范性和科学技术性很强的工作。中国已有《食品安全法》和《食品安全法实施条例》等法律法规,同时还制定了《食物中毒诊断标准及技术处理总则》《食物中毒事故处理办法》《国家食品安全事故应急预案》《食品安全事故流行病学调查工作规范》和《食品安全事故流行病学调查技术指南》等。开展食物中毒事故调查应当在同级卫生行政部门的组织下进行,遵循属地管理、分级负责、依法有序、科学循证、多方协作的原则。

1. 食物中毒调查目的

（1）确定是否为食物中毒、何种类型的食物中毒、中毒事件的三间分布（时间、地点、人群）。

（2）查明中毒原因,包括引起中毒的食品、食品中的致病因子及导致中毒的途径等。

（3）为中毒患者的急救治疗、中毒食品和中毒现场的处理等提供科学依据。

（4）收集导致中毒事件违法者的违法证据。

（5）积累相关资料进行分析与总结,为今后加强食物中毒的预防打下基础。

2. 食物中毒流行病学调查

（1）人群流行病学调查:制订病例定义,开展病例搜索;统一个案调查方法,开展个案调查;采集有关标本和样品;描述发病人群、发病时间和发病地区分布特征;初步判断事故可疑致病因素、可疑餐次和可疑食品;根据调查需要,开展病例对照研究或队列研究。

（2）危害因素调查:访谈相关人员,查阅有关资料,获取就餐环境、可疑食品、配方、加工工艺流程、生产经营过程危害因素控制、生产经营记录、从业人员健康状况等信息;现场调查可疑食品的原料、生产加工、储存、运输、销售、食用等过程中的相关危害因素;采集可疑食品、原料、半成品、环境样品等,以及相关从业人员生物标本。

（3）实验室检验:送检标本和样品应当由调查员提供检验项目和样品相关信息,由具备检验能力的技术机构检验。标本和样品应当尽可能在采集后 24 小时内进行检验。实验室应当妥善保存标本和样品,并按照规定期限留样。

3. 食物中毒技术处理总则

（1）对患者采取紧急处理,并及时向当地卫生行政部门和食品安全综合监管部门报告:①停止食用中毒食品;②采取患者标本,以备送检;③对患者急救治疗,包括急救(催吐、洗胃、清肠),对症治疗和特殊治疗。

（2）对中毒食品控制处理:①保护现场,封存中毒食品或疑似中毒食品;②追回已售出的中毒食品或疑似中毒食品;③对中毒食品进行无害化处理或销毁。

（3）对中毒场所采取消毒处理:根据不同的中毒食品,对中毒场所采取相应的消毒处理。

（杨　燕）

思 考 题

1. 控制食品中农药和兽药残留量的主要措施有哪些?
2. 为什么要使用食品添加剂,如何正确使用食品添加剂?
3. 什么是食源性疾病? 食源性疾病的基本要素有哪些?
4. 食物中毒的定义、发病特点及流行病学特点是什么?
5. 当发生食物中毒事件时,应如何组织调查和处理?

第十九章 医院安全管理

我们在前面几章里讨论环境对人健康影响时,提及人总会生活或工作在一定的空间里。我们把人们从事日常活动的空间称为场所(settings)。场所本身就是人与环境之间相互关联相互作用的系统,是人们日常生活或工作中进行面对面互动的一个具有时间、空间和文化特点的处所。在人的一生中,从家庭、学校、工作场所、社区、医院、到商场以及影剧院等,都会在不同的时段里和这些场所发生关系,并通过与这些场所周围的环境、组织及个人因素相互作用而影响到自身的健康和幸福。本章将选择医院这样特殊的场所,并以安全为主题,讨论医院安全管理。

医院作为与人类生命安全健康联系最紧密的社会机构,其自身质量安全、风险管理水平直接关系到患者、医务人员的生命安全和身心健康。医院安全管理(hospital safety management)是指通过对医院进行有效和科学的管理,保证医务人员在提供医疗卫生服务、患者及其家属在接受医疗卫生服务的过程中,不受医院内在不良因素的影响和伤害。医院安全管理要根据系统论原理,运用现代安全管理策略、方法和手段,识别、控制医院内各种潜在的不安全因素,从技术上、组织上和管理上,建立有效的医院安全管理体系,预防和减少患者及医务人员在诊疗过程中的安全风险事件。其内涵一是保障医务人员和患者在医院活动过程中不受伤害;二是保障医院在经营管理过程中良性运转,降低医院安全风险,减少医院纠纷。医院安全管理是医院管理的核心内容,是全面提升医疗质量的关键,是实现优质医疗服务的基础。

第一节 医院安全

一、医院安全概述

医院安全是医院生存和发展的必要条件,是医、患双方的基本权利和义务,与社会民生密切相关。医院安全通常是指患者或医务人员在医院期间不受到生物的、物理的、化学的、机械的、食品的、心理的、医疗技术的以及各种人为不良因素的影响,保证人们的生命安全和医院的财产安全。它包含可能影响到医院患者生命安全、医疗从业人员身心健康的一切不良因素,涉及患者安全、护理安全、手术安全、从业人员职业安全、医疗信息安全、设备安全等。医院安全包括一般安全和医疗安全(medical safety)。本章主要是指医疗安全及其相关方面,这也是医院安全的核心。

医院安全问题长期以来在世界各国都颇受关注,医、患双方都深受影响。各国政府在医院安全方面也做了大量的工作,但成效普遍不理想。1999年美国国立医学研究院(Institute of Medicine,IOM)报告指出,美国每年有大约44 000~98 000名住院患者由于各种医疗差错而死亡,高于当年死于交通意外人数(43 458人)。实际上,未报告的不良事件是已报告的20倍。欧洲、加拿大、澳大利亚等许多国家也基本如此。除了患者以外,医生也是医院安全问题的受害者。中华医学会的统计数据称,有重大影响的医患冲突或暴力伤医事件在全国各地均逐年增加。

相较于普通企业的安全问题,医院安全具有隐患多样且隐秘性强,安全管理技术要求高,安全事件社会影响大且控制难度大等特点。医院安全问题的原因复杂程度,与科学技术的认知水平、社会道德的发展、经济水平等因素密切相关,尤其是医学技术的复杂性和局限性、医疗过程的高风险性、医疗诊疗效果的不确定性、医疗对象的非选择性、医疗道德的苛刻性、医疗技术操作常规的滞后性、医疗供需的低保障性。

二、医院安全的主要有害危险因素及影响

医院在提供复杂多样的专业技术服务的过程中,常伴随着多种有害危险因素,包括医院专业的、环境的、管理的和社会性的有害危险因素。各类有害危险因素常同时存在并协同作用,可能对医务人员和患者产生安全和健康的影响。因此,识别医院中各类有害危险因素及潜在影响,是医院安全管理的重要、初始环节。

(一) 医院专业有害危险因素及影响

医院专业因素(hospital professional factors),也称为医源性因素(iatrogenic factors),主要是指医务人员在专业操作过程中的不当或过失行为,给患者或自身造成的不安全感或不安全结果,是医院的主要不安全因素,可能引起较严重的后果。常见的有:①医源性感染(详见第十四章);②用药(血)安全问题,如(输)错药、药物不良反应、药物剂量过大、药物配伍禁忌、过敏反应及毒性反应,无皮试结果进行注射,输液外渗及坏死等;③手术安全问题,如麻醉意外、患者身份识别错误、手术部位错误、术式错误;④医疗器械不恰当使用或不安全的注射方法导致的伤害,等。以用药安全问题为例,中国不合理用药情况占用药者的12%~32%;住院患者抗生素使用率高达80%,其中广谱抗生素和联合使用两种以上抗生素的占58%;在中国近2000万听力障碍的残疾人群中,约有近50%是由不合理使用氨基糖苷类抗菌药物所致。

不安全注射和锐器伤(sharp injury)是典型的、广为关注的专业技术性不安全因素。

1. 不安全注射 是指任何对接受注射者、提供注射者或环境造成危害的注射相关行为,包括滥用注射。不安全注射的具体表现有:①直接重复使用同一个针头和针管;②只换针头不换针管;③只用酒精棉球擦拭针头,用开水冲烫注射器,或煮沸消毒温度不够、时间过短;④不做药物敏感试验即注射有可能引起过敏的药物。不安全注射的问题在全球范围内普遍存在,发展中国家尤为突出。在发展中国家的儿童,30%的免疫注射以及50%的非免疫注射是不安全的。不安全注射是乙型肝炎病毒和丙型肝炎病毒传播的主要途径,还可传播艾滋病、脓肿、败血病、疟疾和病毒性出血热等疾病。

2. 锐器伤 是指皮肤深部的、足以使受害者出血的意外伤害,包括手术刀片割伤、针刺伤等,在医务人员、特别是护理人员中常见。通过锐器伤感染的致病微生物很多,包括乙肝、丙肝、庚肝、艾滋病病毒、单纯疱疹、带状疱疹、埃博拉/马尔堡、登革热、克雅病、流产布鲁菌、白喉棒状杆菌、淋病奈瑟菌、出血性黄疸、钩端螺旋体、金黄色葡萄球菌、化脓性链球菌结核菌等。美国CDC报告称,每年医务人员中被锐器刺伤或经皮肤受伤害的有60万~80万人,主要是护士;1985—1999年间,有55名医务人员感染HIV,136名可能感染HIV。在中国,医护人员的针刺伤发生率为70%~85%,1年中累计发生针刺伤大于5次的护士占17.9%。

(二) 医院环境有害危险因素及影响

医院环境因素(hospital environment factors)是指医院建筑设计布局、卫生工程、消毒隔离、环境和职业卫生、食品卫生等诸多环境因素,可以分为物理因素、化学因素、生物因素三类,在医疗服务过程中,可能对患者和医务人员健康和安全构成潜在威胁。

1. 物理因素 一方面,医院规划、选址、布局、结构不符合规范,医院本身存在的空气污染、用水污染、噪声污染、医院污物处理不当等,均可能造成患者或医务人员的健康损害;另一方面,医务人员在医院为患者提供医疗服务时,需要使用大量的设备和设施。若医院设备或设施不符合安全标准,则可能给患者和医务人员的安全和健康带来危害。如,医院的护栏过低导致患者从高层坠落,儿科病床保护装置欠缺而使患儿从床上滚落,过道采光不足和地板湿滑导致患者跌倒等。特殊的诊疗设备可能引发特殊的安全健康问题,如医学放射装置可产生放射事故,导致急性辐射损伤,而不适当的照射可能引起急性或远期效应,引起急性放射病、恶性肿瘤及恶心呕吐、性欲及生育力下降、白细胞与血小板减少等症状或体征。统计数据表明,全国1988—1998年有332起放射事故案例,涉及医疗的有27起,均对医务人员造成了不同程度的损伤。

2. 化学因素　对医务人员造成职业伤害的化学因素主要有细胞毒性药物和化学消毒剂两类。细胞毒性药物的接触方式主要有3种：①准备药物时由呼吸道吸入含细胞毒性药物的气溶胶（如麻醉医师和护士所接触的麻醉废气）；②药液接触皮肤经皮吸收；③口唇沾污后经口摄入。医务人员在工作中经常接触各种化学消毒剂，如甲醛、环氧乙烷、戊二醛、过氧乙酸等。这些都是常用于空气、物品、地面消毒的挥发性物质，轻者刺激皮肤或黏膜，引起接触性皮炎、鼻炎、哮喘，重者引起中毒或远期效应。有研究证实，护理人员职业接触化疗药物后，妊娠并发症、早产、自然流产、死胎、先天畸形的发生率升高。

3. 生物因素　医院内患者密集，人员流动量大，产生大量医疗污物，医院环境容易被病原微生物污染，是呼吸道传染病和手术切口感染的重要媒介因子，可能对医务人员、患者甚至附近人群的健康和环境造成极大的危害。最严重的事件是2003年始发于中国的非典型肺炎（SARS）。在SARS流行初期，医务人员发病占发病者总数的33%；到流行末期，医务人员占18.8%（1002/5327），位居各职业之首。

以上各类环境因素中，接触机会最高的是患者的血液、体液及其他分泌物，其次为高危人群（AIDS/淋病/梅毒/SARS/结核病/乙肝等）；化学性因素接触率最高的是消毒剂/药物/试剂；物理性因素中，噪声、掰安瓿、使用剪、刀、针和各种锐器装置等接触率较高。

（三）医院管理方面的有害危险因素及影响

医院管理因素（hospital management factors）是指由于医院的各项组织管理措施不合理或不落实、运行机制不顺畅等原因造成患者或医务人员安全受到威胁的因素。常见的影响医院安全的医院管理因素有人力资源配置不合理、制度不健全、工作职责不清、缺乏有效的职业道德教育和安全教育、不重视新上岗医护人员的岗前培训和在职人员专业知识和技能培训、对医院安全隐患无工作预案。

（四）医院社会性有害危险因素及影响

医院社会因素（hospital related social factors）是指可能引发患者和医务人员健康危害的医院相关的外界社会因素，如医院工作场所暴力（workplace violence in hospital）。根据WHO的定义，医院工作场所暴力是指医疗卫生从业人员在其工作场所受到辱骂、威胁或袭击，造成对其安全、幸福和健康的明确或含蓄的影响。医院工作场所暴力分为心理暴力和身体暴力。心理暴力包括口头辱骂、威胁和言语骚扰；身体暴力包括打、踢、拍、扎、推、咬、枪击等暴力行为。身体暴力常导致受害者的身心损伤。有调查表明，2010年约58%的医院工作人员在过去的12个月中遭遇过工作场所暴力，其中心理暴力的发生率为57%，身体暴力的发生率为13%（另外，性暴力的发生率为7%）。中国医院工作场所暴力的原因复杂，主要有：①长期以来卫生资源总量不足、结构失衡、配置不当等，致使医院和医务人员常年处于超负荷运转状态，容易诱发不安全事态；②媒体导向错误、医患关系紧张、患者对医务人员的不信任等，促使医务人员采取过度或保守性诊疗等不妥措施，导致患者的利益受到侵害；③对医院工作场所暴力事件的防范不力，应对不得力。调查发现，医院流程与管理方面占暴力事件的41.5%、诊疗相关问题引起的暴力事件占31.7%、患方原因占18.3%。医院工作场所暴力严重干扰医院的正常工作，影响医务人员的身心健康。

以上各类有害因素普遍存在于医务工作环境，并且交互作用，产生复杂多样的安全健康问题，其中职业紧张（occupational stress）和工效学问题是常见的综合表现形式。

医务人员负有"健康所系，生命相托"的重大职责，还大多承担医疗服务、医学教学和科研工作，所以工作强度大，工作风险高，医患矛盾突出，昼夜轮班，工作节奏快，竞争压力大。因此，医务人员经常承受较大工作压力，是职业紧张的高危人群。职业紧张是高血压、缺血性心脏病、免疫功能下降的危险因素。职业紧张还引起行为改变，如焦虑、抑郁、过量吸烟、酗酒、情绪消极、缺乏自信、怠工旷工、频繁就医、药物依赖、不愿参加集体和社会活动等。

工效学因素（ergonomic factors）也是医院内重要的安全因素。由于医疗设备或工具不符合使用者习惯、轮班制度打乱作息规律、每天连续数小时(>4 小时/日)的站立或坐位作业、弯腰或被迫体位等不良姿势,都使医务人员的身体或精神紧张,影响身心健康。

职业因素对医务人员的身心健康产生较大影响。调查发现,医务人员工作有关的健康问题不容乐观,亚健康状态(包括睡眠质量差、腰背痛、健忘,倦怠等)患病率为 54.7% ,工作有关损伤(如,针刺伤、皮肤皲裂、切割伤、碰撞伤等)患病率为 16.5% ,工作有关疾病(如,慢性咽炎,神经衰弱、腰颈椎病、胃溃疡、下肢静脉曲张、抑郁症、放射病)患病率为 6.1% 。

第二节　医院安全的技术和措施

一、患者安全的技术和措施

(一) 患者安全的主要问题及原因

患者安全(patient safety)是指采取一系列的措施,避免、预防、改善源于医疗服务过程中所导致的危害和损伤,将不良事件的发生率和影响最小化,并最大化地从不良事件中汲取经验。

医疗差错主要导致与患者安全有关的医疗不良事件,主要表现在以下几个方面:①医源性感染(见第十四章);②用药(血)安全问题;③手术安全问题,如麻醉意外、患者错误、部位错误、术式错误;④医疗器械不恰当使用或不安全的注射方法导致的伤害;⑤各种并发症,如长期卧床、患者褥疮、深静脉血栓形成、失用性萎缩;⑥意外伤害,如跌倒、坠床、烫伤、误伤。另外,环境及食品污染以及患方行为问题(如,不遵医嘱行为、疼痛自杀行为)也需要关注。

根据原卫生部医政司报告,中国患者安全问题主要有六个原因:①医务人员毕业后的继续教育和规范性培训滞后,个别医务人员责任心不强,忽视患者安全,导致医疗事故或差错的发生;②在医疗服务过程中,有些医院不规范执业,过度服务,片面追求经济效益;③对高新技术的应用缺乏规范化管理,加之医疗技术本身的高风险性,给患者造成了不必要的伤害;④医务从业者的法律法规意识不强,患者的知情同意权、选择权、隐私权和参与权等权利没有得到充分的尊重和保证;⑤制度和标准建设滞后,对医疗质量和患者安全缺乏有效的信息管理和监管评价体系;⑥医疗技术不规范,用药不合理的状况特别严重,尤其是滥用抗菌药物的现象十分普遍。另外,在注射安全、血液安全等方面也存在诸多的隐患。

(二) 患者安全的防范措施和目标

防范患者安全问题的措施必须考虑如下几个方面:

1. **多层面保障**　应用系统性思维,从多个层面保证患者安全,主要包括:

(1) 人的因素:包括患者和医疗保健服务提供者等。

(2) 任务因素:医疗保健服务提供者所执行的任务,包括任务本身以及其他相关的因素,如工作流程、时间压力、工作控制和工作负荷等。

(3) 技术设备和工具因素:技术设备因素指组织内部技术设备的数量和质量,以及这些技术设备的可获得性、可使用性;工具和技术设备的设计(包括与其他设备的结合)、用户培训、有无发生故障或停运的倾向、发生问题后的响应以及其他设计特点等。

(4) 团队因素:医疗保健系统内许多服务是由多学科综合团队来提供的。团队的沟通、角色的安排、团队管理等因素在保证患者安全方面起着越来越重要的作用。

(5) 环境因素:包括灯光、噪声、物理空间和布置等与专业人员工作有关的因素。

(6) 组织因素:包括组织的结构、文化和政策等相关的因素,如领导力因素、有关的政策和制度、医院的文化、管理的级别和监管人员的控制范围等。

2. **人体工效学与患者安全**　在医疗保健系统内,通过应用人体工效学的原理,研究医疗保健服务提供者与周围环境互动的关系(包括人机交互作用和人人交互作用),设计出能够让医疗保健服务提供者正确工作的更加简便的流程,执行标准化的操作。

3. 加强临床风险管理　系统思维的方法还要求我们应用临床风险管理（clinical risk management）的原则，发现可能使患者受到伤害的风险，并采取措施预防和控制风险，如建立临床实验室"危急值"报告制度。"危急值（panic-value, critical value）"是指患者的某个危及生命、需及时救治的检测结果或标志。临床科室应根据所在医院就医患者情况，制定出适合本单位的"危急值"报告制度，重点对象是急诊科、手术室、各类重症监护病房等部门的急危重症患者。

4. 制定并严格执行各种安全相关制度　针对每个科室、每个环节制订安全措施，建立安全监督巡查机制，及时发现并控制安全隐患。如，为提高医务人员对患者识别的准确性，医务人员应了解自己、患者及医院环境的各类安全隐患，严格执行 18 项医疗核心制度；加强高危患者（如昏迷及意识不清者、精神症状者、自杀倾向者）的管理；不断完善与落实各项诊疗活动的查对制度，在抽血、给药或输血时，应至少同时使用两种患者识别的方法；在实施任何介入或其他有创高危诊疗活动前，责任者都要主动与患者（或家属）沟通，以确保对正确的患者、实施正确的操作；完善关键流程识别措施；建立使用"腕带"作为识别标示的制度等。

5. 总结经验教训　出现了错误并导致了不良事件的发生后，应从错误中学习，了解系统如何出现故障和造成故障的原因，以及早发现早识别早预防安全隐患，掌握如何控制事态恶化的措施和流程。

6. 加强团队合作　医疗保健系统的复杂性要求多学科团队的协同服务。因此，应了解多学科团队的优势，及其在改善服务质量和降低错误方面的效果。高效团队的特征是团队成员（包括患者）互相交流并综合他们的观察结果、专业知识和决策责任，保证抓住适当的时机，采取适当的方案和技术，提供优质的服务。

7. 促进医患高效沟通　在很多情况下，患者本人及其照料者在确保医疗保健的安全方面能发挥关键的作用，成为患者安全防范的第二道防线。若专业人员与患者或照料者之间能进行良好的交流，患者及其照料者在发现异常时可以及时提供患者或环境相关的详细信息，有利于制止错误的发生，并改善服务质量。

为提高医疗保健服务的水平，可采用质量改进方法（quality-improvement methods），循环使用戴明环（Deming circle）的四个阶段"计划（plan）-实施（do）-检查（check）-处理（action）"（PDCA）：

1）计划阶段：计划是质量管理的第一阶段。通过计划，确定质量管理的方针、目标，以及实现该方针和目标的行动计划和措施。计划阶段包括以下四个步骤：

第一步，分析现状，找出服务过程中存在的影响患者安全的问题。

第二步，分析原因和影响因素。针对找出的患者安全问题，分析产生的原因和影响因素。

第三步，找出主要的影响因素。

第四步，制定改善的措施，提出行动计划，并预计效果。在进行这一步时，要反复考虑并明确回答原因（why）、对象（what）、场所（where）、时间（when）、执行人（who）和方法（how）（即5W1H 问题）。

2）实施阶段：执行计划。

3）检查阶段：检查计划的执行效果。通过自检、互检、专项检查等方式，将执行结果与预定目标对比，检查计划的执行结果。

4）处理总结阶段：总结经验。对检查出来的各种问题进行处理，正确的加以肯定，形成习惯；并提出尚未解决的问题，反映到下一个循环中去。

通过不断的持续改进，达到中国医院协会患者安全目标（2017 版），即：①正确识别患者身份；②强化手术安全核查；③确保用药安全；④减少医院相关性感染；⑤落实临床"危急值"管理制度；⑥加强医务人员有效沟通；⑦防范与减少意外伤害；⑧鼓励患者参与患者安全；⑨主动报告患者安全事件；⑩加强医学装备及信息系统安全管理。

二、医务人员安全的技术和措施

（一）医务人员安全的主要原因

医务人员安全问题的原因是多方面的。在宏观管理方面，主要为：①管理体制影响了相关执法部门的执法力度；②法律法规中有欠缺；③医务人员职业防护监管工作不够；④系统医务人员职业暴露监测工作开展不理想。在医院自身管理方面，主要为：①医院对医务人员职业防护管理重视不够；②防护设施配备不符合要求；③医务人员职业防护知识水平不高，防护意识不强；④医患双方沟通不顺畅，患者就医体验欠佳。

（二）医务人员安全的对策

针对医务人员在职业环境中面临的安全健康风险，应：①加强医务人员职业安全健康防护法规和标准规范体系建设，完善法律法规，提高适用性；②全面开展医务人员职业防护监督执法，尽快对医务人员职业暴露进行监测、监督；③强化医院内部管理，高度重视医院职业防护管理，完善安全防护体系，配备安全设施及防护用品，提供安全的职业环境；④加强培训，提高医务人员职业安全防护知识水平和安全意识；⑤提高医疗技能，改善服务质量，减少医疗过失；⑥改善服务态度，加强医患沟通技能。

为持续改善医务人员在医院工作环境中的安全健康问题，也同样可以循环使用戴明环的四个阶段八个步骤，创造安全健康的工作环境。

（三）医务人员安全问题处理的基本流程

为了保护广大医务人员的工作安全，应该规范医疗操作，减少各类安全风险。一旦发生了职业危害暴露，可遵循以下的处理原则：

1. **紧急处理突发事件** 任何突发事件都应及时处理，不能拖延。如，可能接触患者的血液或其他体液时，应立即实施局部处理措施，即清洗污染的皮肤或黏膜、挤出损伤处的血液、伤口消毒并包扎、立即注射相关制剂并及时检测，最好在接触后 1~2 小时之内执行。若面对医患冲突，应主动、耐心、细致沟通，尽力控制事态进展，造成不良社会影响，同时注意保护自己以免受到身体伤害。

2. **报告** 医护人员个人在做好应急处理、安抚患者后，应立即、主动向相关科室如院内感染科、主要领导报告；必要时医院应向上级主管部门报告，以便尽早征求专家对该紧急事件的处理意见。报告的要点包括事件发生的日期及时间、发生的主要过程、严重程度及可能的影响、相关患者和工作人员的基本状况。

3. **评估** 处理该安全事件的专业人员应及时评估其近期、中期、远期对患者、医务人员、医院及社会的影响。

4. **随访** 事件紧急处理后，应继续跟踪随访事故受损者的身体、心理健康状况。若发现继发损伤，则应及时响应，依法合理处置。

5. **咨询和健康教育** 为事故受损者提供心理咨询服务，采取必要治疗或防护措施，以缓解其心理压力，促进身心健康。

6. **总结与补偿机制** 在发生安全事件后，要及时进行相应的登记总结，定期分析，发布相关信息，进行风险沟通。对工作中因血源或体液污染出现的生物感染事件（主要是 HBV、HCV 与 HIV）的员工可给予适当补偿。中国已将医护人员因职业暴露感染艾滋病已列入《职业病分类和目录》（2017年版）。

（四）控制医源性感染

1. **标准预防原则** 医院内所有区域都应当采取标准预防，即认定患者的血液、体液、分泌物、排泄物均具有传染性，不论是否有明显的血迹污染、是否接触非完整的皮肤与黏膜，接触者必须采取防护措施；还应根据疾病的主要传播途径，采取相应的隔离措施，包括接触隔离、空气隔离和微粒隔离。通过标准预防既要防止血源性疾病的传播，也要防止非血源性疾病的传播。标准预防强调双向防护，既要防止疾病从患者传至医务人员，又要防止疾病从医务人员传至患者。

2. 标准预防的具体措施　包括：①接触血液、体液、分泌物、排泄物等物质以及被其污染的物品时应当戴手套；②脱去手套后应立即洗手；③一旦接触了血液、体液、分泌物、排泄物等物质以及被其污染的物品后应当立即洗手；④医务人员的工作服、脸部及眼睛有可能被血液、体液、分泌物等物质喷溅到时，应当戴一次性外科口罩或者医用防护口罩、防护眼镜或者面罩，穿隔离衣或围裙；⑤处理所有的锐器时应当特别注意，防止被刺伤；⑥患者用后的医疗器械、器具等应当采取正确的消毒措施。⑦发生泼溅事故后应立即采取措施保护易污染物质；如果怀疑有严重事故，应按较严重情况处理，同时疏散人员，防止污染扩散；控制污染，防止人员再进入；通知实验室主管领导和安全负责人查清情况，确定消毒的程序。

3. 医护人员的三级防护措施

（1）第一级防护：适用于发热门（急）诊的医务人员。①工作时应穿工作服、隔离衣、戴工作帽和防护口罩，必要时戴乳胶手套，并特别注意呼吸道与黏膜的防护。②严格执行洗手与手消毒制度。③下班时进行个人卫生处置，杜绝将病原体带出病房。

（2）第二级防护：适用于进入传染性非典型肺炎留观室及肺炎专门病区的医务人员，接触从患者身上采集的标本、分泌物、排泄物、使用过的物品和死亡患者尸体的工作人员，转运患者的医务人员和司机，进入隔离留观室和专门病区的医务人员。在此情况下，必须戴防护口罩、手套、工作帽、鞋套，穿工作服、防护服或隔离衣。严格按照清洁区、半污染区和污染区的划分，正确穿戴和脱摘防护用品，注意呼吸道、口腔、鼻腔黏膜和眼睛的卫生与保护。

（3）第三级防护：适用于为患者实施吸痰、气管插管和气管切开的医务人员。除二级防护外，还应当加戴面罩或全面型呼吸防护器。

4. 加强锐器损伤的防护

（1）强化安全意识，提高防范能力：手持针头和锐器时，不让锐利端（面）对着他人，以防不慎刺伤。操作完毕，处理针头时不要太匆忙，禁止双手回套针帽，防止刺伤自己的手；禁止用手去折弯或弄直针头；在为不合作患者做治疗时，应取得他人的协助。

（2）培养良好的工作习惯：将用过的针头、刀片、缝针等及时处理，弃入指定的锐器盒内，不要将针头、刀片、缝针等丢在普通垃圾桶内，以免刺伤保洁员。

（3）严格操作规程：医务人员必须熟悉掌握各项操作规程。手术科室医护人员与锐器接触机会多，操作者要严格操作规程，做到准确无误，忙而不乱，避免锐器刺伤自己或他人。手在接触血液、体液或污染物品前，要戴手套才能进行操作，特别是医务人员手上有伤口时。

（4）加强个体防护：完善各种防护措施，推广使用无针注射器等新技术新设备，接种乙肝等疫苗，定期体检，并进行有效的预防接种。

（五）防范社会暴力伤害

医院工作场所暴力的高危因素来自于医务工作者个人和患者两个方面。在医务人员方面，主要涉及医疗技术、医疗资源、服务态度等方面。在患者方面，则主要常与患者死亡、患者意识不清、酗酒或药物滥用、施暴者精神障碍、病情无好转、诊疗费用太高、候诊时间过长、对服务不满意、未满足患者的要求等有关。因此，需要从医院、医务人员和患者三个方面加以防范。

1. 加强安全保卫措施　具体包括：①建立医院安全保卫应急体系，明确报告责任和处理程序，提高医院对安全事件的快速反应能力。②实行安全保卫责任制，充分发挥门卫、保安维护医院治安的职能作用。③安装视频监视系统，便于对治安异常情况的处理。医院工作场所暴力的干预重点应落实在急诊科、精神病医院工作人员。

2. 推行人性化服务　引进现代企业管理理念，提高服务质量，改进服务态度，在满足患者的现实医疗需求基础上，提供个性化服务，把患者满意作为医疗服务的总目标。

3. 积极化解纠纷　医患纠纷是医院暴力的主要危险因素。强化科室服务理念，实行医疗纠纷责任制管理。医院站在维护医务人员和患者双方权益的立场上，努力、公平调解医疗纠纷，避免矛盾激化。

4. 加强媒体沟通　医院需要积极主动与媒体沟通,让媒体能够了解医患纠纷发生时医务人员的行为与理念,避免媒体只能了解患者单方的消息,出现一边倒的声音,还原医患纠纷的本来面目。这是得到公众支持与理解的有效办法与手段。

第三节　医院安全管理体系

一、医院安全管理的原则和特点

医疗机构是由组织、部门、科室以及各类服务场所组成的一个复杂的系统,形成患者、医务人员、护工等照料者、后勤保障人员、管理人员和社区成员等人与人之间,各种医疗保健和非医疗保健服务之间,以及基础设施、技术设备和药品供应之间复杂的关系。医疗机构这种复杂性、相互依赖性和可变性等特点,使医院安全问题是由许多小故障叠加起来而导致的。因此,只有应用"系统思维"的方法,提高系统设计水平,从各级层面找出系统的原因,才能有效地防范。

（一）构建医院安全管理体系的基本原则

1. 以人为本的原则　由于管理工作所针对的对象、执行管理目标的主体都是人,所以医院安全管理必须以人为本,即从人本和人文的角度出发,关注目标群体的人性化需求,通过人性的思考和关怀来强化安全。

2. 预防为主的原则　通过有效的管理和技术手段,防止人的不安全行为和物的不安全状态出现,使事故发生的概率降到最低。

3. 强制性原则　采取强制管理的手段控制人的意愿和行动,使个人的活动、行为等受到安全管理要求的约束,实现有效的安全管理。因此,需要严格合理的法律、法规、标准和各级规章制度,以及强有力的管理和监督体系。

（二）医院安全管理的特点

为制定、维护高效的医院安全管理体系,必须了解其特征。医院安全管理体系具有系统性、复杂性、开放性、全面性、动态性、风险性、社会性的特征。

1. 系统性　医院安全管理不仅涉及医院范围内各个系统的有效整合,还应注重医院外部的、与医院各种活动有关的系统保持密切联系,并随着环境的变化而调整,保障医院安全管理目标在子系统相互作用和外部环境影响的条件下实现,使系统达到最优。

2. 复杂性　医院是一个由各类人员、设施、技术和治疗药物组成的纷繁复杂系统。服务提供过程中所涉及的医、护、技、药及其他不同类型人员的管理及繁琐的检查、检验、影像、诊疗、护理等医疗路径,新技术使用和患者本身的脆弱性,疾病本身的致害因素、病情发展以及外加医疗致害行为的累积效应,增加了医院安全管理的复杂性。

3. 开放性　医院每天都有大量的人流、物质、能量、信息交流频繁,随时随地影响着医院的安全。医院安全管理须与外部大环境系统、内部各个子系统之间保持开放,随时调整。

4. 全面性　医院安全管理既包括对医疗质量的管理,又包括对科室设置、人员配备、组织管理、教学科研等方面的全面安全管理。这不仅涉及医疗过程的管理,也包含对医疗服务结果的管理。

5. 动态性　医院管理是自身持续升级的过程,根据环境的内外条件随机应变,提高适应性。

6. 风险性　医院工作涉及面广,除了常规的医疗管理,还涉及人员(包括患者、陪同人员和工作人员)、物资(设备、耗材和药品)、相应的医疗保障系统(建筑、水电、供冷、供暖和医疗废弃物处置)和周边环境等的管理,安全隐患繁杂,环环相扣,使得医院成为一个高风险环境。

7. 社会性　公众对医疗工作和医学知识相对缺乏了解,普遍对医疗工作期望值过高;而医院自身及社会对医院的正面宣传不够,部分舆论和媒体的导向偏差,医疗安全工作逐渐成为公众和社会关心的热点。这些可能成为安全事件的诱因。

（三）目前医院安全管理的主要问题

医院安全管理虽然在各医院都有不同程度的展开,但普遍并不完善。目前,医院安全管理的主要问题为:

1. 缺乏科学的前瞻视野　忽略了对全面质量管理的整体设计与管控,导致处境被动,职责不清,执行力下降。

2. 欠缺安全文化氛围　医院安全文化普遍缺乏内涵,没有物质层、制度层、行为层的支撑,未建立非惩罚性的全员参与的安全隐患报告环境。

3. 医院安全管理体系不够健全　没有全院统领性的框架结构,比较分散,多为点状型的细节管理,缺少面上的整体布局管理。

4. 缺少评估评价考核机制。

5. 医院安全管理人才队伍缺乏,专业素质不够。

因此,有必要建立科学的、全面的医院安全管理体系,进而改善患者满意度,提高医院的经济效益和社会效益,提升医院的核心竞争力,促进全社会的健康水平与和谐社会的建设。

二、医院安全管理的框架

安全管理所涉及的诸要素、医疗工作所涉及的各个环节、医疗过程所涉及的人、物、信息、事等全部因素都应纳入医院安全管理体系的基本框架中。因此,医院安全管理体系的基本框架应该至少包括以下7个方面。

（一）人的管理

首先,要重视全员安全教育。安全意识源于对医院安全的意义有明确而深刻的认识。只有医院全体工作人员树立了安全意识,才能确保形成注重医院安全的具体行动,自觉地贯彻执行一切安全措施。安全教育应以岗前教育、重点岗位人员管理、各级责任人为重点;应增强对各个环节的协调性、各项制度的统一性、管理系统的科学性、考核工作的严肃性,取得安全管理的主动权。其次,注重对患者及陪同人员的服务。应从医疗安全、建筑安全、环境安全和饮食安全的角度出发,通过细致服务,尽量为患者及陪同人员提供安全、舒适的健康环境,从人文的角度,主动服务,实现主动安全管理,而非被动地处理安全事件。

（二）物的管理

物的管理应全面系统地涵盖一切物的因素。除常规的消防管理、物品安全管理之外,尤其要重点考虑建筑结构规划、设备器材的维护、药品耗材的流转、饮食安全等要素。

1. 对新建或改扩建的医院建筑,在结构布局上应考虑其科学性和安全性,合理设置水、电、气通道和救生通道;对医院感染隐患高的重点科室,应考虑气流循环、洁净度、清洁与污染区域的划分等;医院建筑物之间及建筑物内应增加避免患者摔伤的安全设施,如防滑地砖、无障碍通道等。从医院安全管理和感染控制角度,审视医院建筑规划与设计,根据医院安全管理的现状与趋势,结合国内外医院建筑规划、设计,应在门诊、病房区域将医、患通道分开,充分考虑人流、物流、空气流走向和流线组织,将传染区与非传染区分开、洁净区与非洁净区分开、内部与外部分开。

2. 重视仪器设备的保养使用,熟悉仪器设备性能,熟练掌握操作技术,遵守标准操作规程,按时保养维护,避免给患者造成伤害。

3. 合理规划药品耗材的流转,在确保质量和时效的前提下,优化有效期管理和库存量,满足临床需要,避免积压和浪费。

4. 加强医疗废弃物的处理和传染病房、隔离病区的物品管理,严格执行医疗废弃物的毁形处理和分类处理;严格执行医疗隔离制度,有效控制交叉感染的隐患。

5. 加强饮食卫生的安全管理,尤其是要采买、制作过程的检查和监督,预防食物中毒,保证饮食安全。

（三）医疗过程的管理

做好医疗过程的安全管理是提高医院质量管理的重要手段,是医院安全管理最核心的内容。

1. 通过落实医疗基本规章制度和加强医院管理等方式,确保诊疗过程的医疗安全。

2. 通过规范手术分级管理和术前风险评估、术中检查核对、术后病情监测和及时处理等方式来确保手术过程的安全性。

3. 通过健全感染管理的组织、完善感染管理的规章制度、重点抓好培训和监测,强化检查、督促改进,保障医院感染控制的有效性,降低交叉感染的安全风险。

4. 实行有效的血源管理并实施备案制度,做好用血计划的预评估管理和用血过程的核对观察制度,确保临床用血的安全性。

5. 加强检查检验过程的管理,定期进行检查检验设备的养护与维修,控制和管理可能的安全风险。

6. 规范执行药品管理制度,实行有效的查对制度,重点加强管理毒、麻、精神药物、抗菌药物及可能带来严重后果的药物,避免滥用和误用。

（四）职业安全的管理

加强职业安全的管理,给医务人员分配适度的工作,防止工作场所危害因素的产生,及早发现与工作有关的疾病,保持或增进工作人员生理的、心理的与社会的良好状态。

（五）医疗保障系统的管理

这包括人员配置管理、资质管理、设施设备安全管理、技术管理、就医流程管理、医疗护理过程管理、药品管理、医疗耗材管理、医疗纠纷事故管理、监控系统管理、水电气环境的安全管理、饮食管理、院内施工管理等人、物、事、环境全部要素。这些要素之间通常互相作用、互为因果,应采用系统安全的思路,进行全面分析和综合控制,将系统风险降至最低。

（六）信息系统的管理

应从网络体系的建设、数据库的结构设计、灾难恢复机制等重点内容入手,加强信息系统的安全性和稳定性,保障医疗秩序安全。

（七）危机管理

危机管理是针对可能发生的危机和正在发生的危机,进行事先预测防范、事中妥善解决、事后学习提升的一种战略管理手段。加强医院的危机管理就是要强化危机管理理念、提升应对危机能力、实现医院健康的可持续发展。因此,要用系统的观点,有效分析和辨识管理体系中影响安全的诸要素,进行综合控制,确保医院安全。

三、医院安全管理体系的主要模式

（一）安全目标管理模式

安全目标管理模式认为明确的目标能够提高工作绩效,目标可以告诉员工需要做的事情以及为此需要做出的努力。目标管理将安全管理的任务看成是一个总目标,将这个总目标逐级分解到本系统各个部门和个人;各个系统部门和个人严格地、自觉地围绕安全管理的总目标,采取相关措施,将目标层层分解,落到实处;每个系统的管理人员则围绕自己的系统目标和下级系统目标,进行管理。安全管理工作动态地贯穿于医院经营管理的全过程。将安全目标管理模式引入到医院安全管理中,就是将医院安全管理的总目标层层分解到各个部门系统,成为安全管理的子目标。每个子系统采取措施保证子目标的实现,最终保障医院整个系统安全目标的实现。安全目标管理模式应用 PDCA 循环管理原理,结合各医院的实际情况,推行安全目标管理,建立动态的安全管理运行机制。

（二）现代安全管理模式

现代安全管理是在传统安全管理的基础上发展和完善起来的,是管理科学与安全科学的交叉与综合。它应用现代科学知识和工程技术,研究、分析生产系统和作业中各环节固有的及潜在的不安全因素,进行定性、定量的安全性和可靠性评估,进而采取有效对策,控制、消除安全隐患,有效地对系统安全进行预测、预报、预防,以获得最佳安全管理效果。现代安全管理模式以预防为主,运用科学的手段进行风险性预测,分析和预测系统中的不安全因素、可能发生的故障、事故的危险性,对诊疗、检查、康复、住院等环节进行安全可靠性评估,把事故后处理变为以预防事故发生为主,实行系统安全管理。它从系统的整体出发,全面分析问题,克服"头痛医头、脚痛医脚"的现状。整个安全系统进行逻辑性预测,把安全从抽象的概念,化为一个"量"的指标,进行定量分析,为选择最优方案提供科学依据。

(三) 系统安全管理模式

系统安全管理是应用系统工程学的原理和方法,建立系统安全目标和任务,对各系统的安全问题进行定性和定量分析,采取综合安全措施控制人—机—环境,以实现系统安全的管理方法。系统安全管理的核心是顺应环境变化,保证系统安全任务和活动计划实施和完成,使之与全面的系统程序一致。系统安全管理综合考虑各个系统的安全问题,对系统中的子系统给予特别关注。医院的系统安全管理要以医疗安全为中心,以非医疗安全管理为重点,以全体医院工作人员参与为基础,通过识别、评价医疗风险,分析其规律和模式,制定管理、监控和预警机制,并在风险发生后能及时、准确地采取补救措施,减少损害。从更广的范围看,医院的系统安全管理涉及政府部门、医疗行政主管部门、行业协会、医疗卫生机构、患者及家属、健康居民乃至全社会。因此,全社会都应该参与、学习、宣传医院安全理念,共同将医院风险降至最低限度,使全体人民得到更为安全的医疗保障。

四、医院安全管理体系的建设

(一) 医院安全文化建设

安全管理的最终目标应是在医院形成积极的安全文化,通过文化将重视安全管理的理念深入人心,从根源上降低安全隐患发生的概率。安全文化(culture of safety)是指人们为了安全生活和安全生产所创造的安全价值观和安全行为准则的总和,其核心是建立一种非惩罚性的、全员参与的安全隐患报告环境。通过医院"安全文化"的营造,使医院内所有员工形成对待医疗安全的共同态度、信仰和价值取向对医院安全是至关重要的。有关数据表明,仅仅通过计算医疗安全事件的发生数量和单纯依靠技术进步来改进医疗安全是远远不够的。2003年国际上初次提及安全文化概念并引入医院管理体系中,将安全文化视为医院文化组织的重要部分,强化医院安全设计内容的系统管理,提升对患者的服务能力。医院应该站在"科学管理,文化先行"的思维和角度,将安全这一抽象的概念转化为文化理念,贯彻"以人为本"的管理思潮,将"安全"提升到最优先地位,医院安全工作才能走上良性循环。

美国国家患者安全基金会指出,医疗保健专家要执行高效的安全管理制度,应实现五项安全文化:①所有卫生专业工作者(包括一线人员、医师和医院管理者)负责自身及其同事、患者和来访者安全的文化;②将安全置于财务和运营目标之上的文化;③对安全事件发现、传达和解决给予鼓励和奖励的文化;④组织从事故中学习的文化;⑤建立合适的资源、结构和责任制度,保证安全制度有效执行的文化。这些医院安全文化的重要内涵,应成为建设安全医院的途径。近年来,中国一些医院和主管部门参考《企业安全文化建设评价准则》(AQ/T 9005-2008)、卫生部《患者十大安全目标》和国外经验,正在积极探索医院安全文化建设,一些公立医院患者安全文化建设已初见成效。

建设安全文化时,必须纠正普遍存在的"指责文化(blaming culture)"。在"指责文化"氛围里,当出现不良事件时,往往将责任归咎于直接涉及该事件的某个人或某些人,并给予惩罚。其实,导致不良事件的发生,诚然有个人的责任,但更多的是系统的问题(占60%~80%)。如果仅批评个人而不从系统上找问题,则无济于问题的解决和以后的防范。"人为错误双面原理"指出,几乎所有人类行为都受到个人无法直接控制的因素制约和支配;人们无法轻易地避免他们不打算进行的行为。在严重事故中直接涉及的大部分人员,他们本身都不希望事故的发生,只是在做事的当时看来正确的事情,却导致了他们"可能不知道他们行为将带来的"严重后果。错误有多重原因,包括个人原因、任务相关原因、技术设备和环境原因以及组织原因。因此,"指责文化"的盛行只会掩盖安全问题,使人们在出现一些小问题时不敢报告,最后酿成大事故。当然,批评"指责文化"并不是推卸个人的责任,而是要正确理解"违规"和"过失"的直接不同点,制定和执行平等、透明和可预测的责任机制,建立和维持安全的文化氛围,使医院成为一个在危险条件下仍能以几乎"没有故障"的方式运营组织,即"高可靠性组织"。

(二) 组织建设

建立主管领导负责制,设立医院安全管理专职人员或专职管理部门,将医院安全管理目标细分为医院领导、职能部门、临床或医技科室三级结构体系,分别从不同层面实施安全管理,使其影响程度降至最低,实现对医院安全事件的系统性控制。安全管理应列入各级领导的任期目标和重要议事日程,置于医院、科室改革发展计划和建设总体规划。应定期召开安全例会和联席会议,研究和解决影响安全、制约安全工作发展的重大问题。

高可靠性组织(high reliability organization,HRO)就是在高度复杂和不可预测的工作环境下,能实现持续安全有效的运行。它具有如下的特点:①关注可能存在的问题:由于高可靠性组织的高风险和易犯错误的特性,承认出现问题的可能性,做出相应的预案;②给予现场处置的灵活性:很多安全威胁具有偶然性,所以要给予现场人员有主动解决这些威胁的灵活性,使其在产生伤害前能被有效控制;③对现场操作有高度的敏感性:关注一线工作人员所面临的问题;④安全文化:在这样的氛围内,个人能够专注潜在危险或实际故障,而不担心来自上级的批评。

(三) 制度和规范建设

制定医院安全管理的规定、规范和流程,制定细致的实施计划、制定科室安全工作守则,制定设备设施的安全标准,确保各项制度的落实;应整合质量管理和安全管理的力量,制定预防医疗纠纷预案,将监督的重点放在具体的医疗流程和环节上,经常深入医疗一线,认真查找医院安全隐患,及时监测评估。

(四) 考核评价机制建设

坚持做好日常的安全监督检查工作。在考核中侧重安全管理过程的考核,加大过程性指标,以整改问题落实程度来评价安全状况,有助于实现"变事后处理为事前管理"。根据激励理论,对考核结果实施正确有效的激励。

五、医院安全的评价和评审

为深入了解医疗机构安全状况,需要对医院安全进行及时的评价,条件许可时应进行安全评审。

在医院安全评估方面,很多机构试图建立方便、可靠、全面的评价方法,目前主要有以下三种:①患者安全指数(patient safety indicator,PSI)是美国卫生与人类服务部下属医疗保健研究与质量机构(AHRQ)应用风险调整和经验分析等方法,经由临床调查而开发出的一套指数集合,可帮助医院分析医疗管理数据,鉴定潜在的负性事件。②医院标准化病死率(HSMR)是用于改进患者安全和护理质量的重要参数,通过比较医院的实际死亡人数和区域的平均水平,经过影响病死率的数个因素矫正,评价医院的安全性和医疗质量。③安全调查问卷:主要有德克萨斯大学参考航空管理态度问卷开发的安全态度问卷(SAQ)、AHRQ编制的医院患者安全文化调查问卷(HSOPS)、美国加州患者安全调查中心(PSCI)的医疗机构患者安全氛围调查表(PSCHO)。其次,中国台湾地区开发了SAQ的中文版(SAQ-C),上海瑞金医院在美国AHRQ赞助下,引入、汉化并应用了其开发的HSOPS医院安全文化问卷。以上评价方法都以医院基础设施安全、建筑结构安全和就医者安全等作为评价内容,以医护人员安全态度或者医院安全氛围为基础,尚不能全面、系统地评价医院安全状况。因此,迫切需要一种新型的基于"安全型医院"概念的医院整体安全评价方法。

在医院安全评审认证方面,美国医疗机构评审联合委员会国际部(The Joint Commission International,JCI)的医院评审标准是迄今为止唯一专门针对医疗机构质量与安全方面的评审标准,是WHO

认可的认证模式,具有广泛的参考价值。JCI 评审的核心价值是降低风险、保证安全、持续改正医疗质量。JCI 标准的原则是:①要求医院的管理制度要建立在标准之上;②医生、护士、管理者要有授权;③所有员工要有岗位考核与绩效评价;④要求医院的管理达到相应的水平,尤其看重医院质量的评价依据。专家评价、考核医院的重点不是医院的文件、台账、硬件建设,而是医院的制度建设、医疗流程、质量的持续改进和医疗安全。目前,JCI 已经为世界 40 多个国家的公立、私立医疗卫生机构和政府部门进行了指导和评审,包括中国的数十家医院。

(何永华)

思　考　题

1. 职业紧张是工作条件与工人个体特征间的相互作用,当工作需求超过个人的工作能力时就会发生职业紧张。某研究依据职业紧张的理论模式,分别采用了两种问卷,调查医务人员职业紧张程度。结果发现,依据工作内容问卷,高职业紧张程度的医务人员为 81.2%;依据付出-回报失衡问卷,高职业紧张程度者为 23.2%。由此调查结果,你认为引起医务人员职业紧张的主要因素有哪些?

2. 2011 年 8 月 8 日,乡民樊某因大量饮酒后出现神志不清、呕血等症状,来院就诊。初诊为上消化道出血和慢性酒精中毒。经抢救治疗,患者清醒,但觉头痛。医生建议进一步检查以明确头痛原因,患者及配偶签字同意。在上消化道出血病症控制后,于 11 日自动出院。出院后患者仍感头痛,13 日再次就诊,CT 检查结果为左丘脑出血破入脑室。会诊专家认为患者无手术指征,按脑出血诊疗规范进行治疗。19 日早,患者开始神志模糊,双侧瞳孔不等大,对光反射消失。经诊断为颅内再次出血并脑疝形成,立即抢救,无效,患者死亡。20 日上午,患者家属纠集近 100 人,在医院采取烧纸、放鞭炮等行为,并封堵附近道路。警方很快平息事态。23 日上午,患者家属纠集 30 多人来到医院,与院方人员发生冲突,导致院方 2 人、患者家属 13 人不同程度受伤,患者家属方面 3 辆车受损。随后,经民警处置,恢复了秩序。当地市委、市政府、市公安局对事件进行调查、取证、稳定工作。截至 2017 年 11 月,未见后续报道。针对此次事件,你认为如何预防、处理医患冲突?

3. 2017 年初,某省中医院一位技术人员在治疗一名艾滋病感染者的过程中,违反"一人一管一抛弃"操作规程,在治疗过程中重复使用吸管造成交叉污染,导致 5 例患者感染艾滋病病毒,酿成重大医疗事故。经查实后,直接责任人以涉嫌医疗事故罪由公安机关立案侦查,并被采取刑事强制措施,相关负责人获免职、警告等处分。要避免此类事故的发生,你认为应做什么?

第二十章 突发公共卫生事件及其应急策略

在社会与经济快速发展过程中,各种突发事件包括重大传染病疫情、不明原因疾病暴发、中毒、电离辐射事故及自然灾害等频繁发生,这些突发事件严重影响着人们的健康和安全,导致巨大的经济损失,引起社会动荡。突发公共卫生事件(emergency public health events)直接关系到公众的健康和安全、经济的发展和社会的安定。如何避免突发公共卫生事件的发生,或对已发生的突发公共卫生事件进行处理从而减少损害,已成为许多国家重要的公共卫生问题。尤其 2003 年暴发传染性非典型肺炎(severe acute respiratory syndrome,SARS)以后,人们更深刻地认识到突发性公共卫生事件造成危害的严重性以及应急处置的重要性和必要性。本章在对突发公共卫生事件一般性概述的基础上,重点介绍群体不明原因疾病、急性化学性中毒和电离辐射损伤所导致的突发公共卫生事件进行介绍,有关生物学因素导致的突发公共卫生事件已在传染病的预防与控制(第十四章)有专门介绍,这里不作赘述。

第一节 概 述

突发公共卫生事件的确定与处理要以相关的条例和法律为依据。中国已经先后颁布了突发公共卫生事件及其应急处理的相关条例和法律,包括《突发公共卫生事件应急条例》《国家突发公共事件总体应急预案》《国家突发公共卫生事件应急预案》《国家突发公共事件医疗卫生救援应急预案》《中华人民共和国传染病防治法》《中华人民共和国食品安全法》《中华人民共和国职业病防治法》《中华人民共和国放射性污染防治法》《中华人民共和国安全生产法》《中华人民共和国国境卫生检疫法》《国内交通卫生检疫条例》《医疗机构管理条例》等。

一、突发公共卫生事件的概念与分类

(一) 突发公共卫生事件的定义

根据中国 2003 年 5 月 7 日颁布施行的《突发公共卫生事件应急条例》,突发公共卫生事件是指突然发生,造成或者可能造成社会公众健康严重损害的重大传染病疫情、群体性不明原因疾病、重大食物和职业中毒以及其他严重影响公众健康的事件。该定义明确规定了突发公共卫生事件的特点和范畴。

(二) 突发公共卫生事件的特点

1. **突发性** 指突然发生,出乎意料,事先没有预兆,留给人们思考并做出应对的余地较小,要求人们必须在极短的时间内做出分析和判断。

2. **普遍性** 指突发公共卫生事件影响的并非仅仅少数几个人的健康,而是影响到广泛的社会群体,有如"多米诺骨牌"效应。

3. **严重性** 指突发公共卫生事件影响严重,常导致大量伤亡和妨碍居民的身心健康。

4. **复杂性** 指突发公共卫生事件超出了一般社会卫生危机的发展规律,并呈现出易变特性,有的甚至呈"跳跃式"发展。对事件的处理必须统筹兼顾,科学决策,在政府领导下综合协调处理。

（三）突发公共卫生事件的分类

根据《突发公共卫生事件应急条例》，突发公共卫生事件分为四类。

1. 重大传染病疫情   指传染病的暴发（在一个局部地区短期内突然发生多例同一种传染病患者）和流行（一个地区某种传染病发病率显著超过该病历年的一般发病率水平），包括鼠疫、肺炭疽和霍乱的暴发、动物间鼠疫、布氏菌病和炭疽等流行、乙丙类传染病暴发或多例死亡、罕见或已消灭的传染病、新传染病的疑似病例等。

2. 群体性不明原因疾病   指一定时间内（通常是指 2 周内），在某个相对集中的区域（如同一个医疗机构、自然村、社区、建筑工地、学校等集体单位）内同时或者相继出现 3 例及以上相同临床表现，经县级及以上医院组织专家会诊，不能诊断或解释病因，有重症病例或死亡病例发生的疾病。

3. 重大食物中毒和职业中毒   指中毒人数超过 30 人或出现死亡 1 例以上的饮用水和食物中毒，短期内发生 3 人以上或出现死亡 1 例以上的职业中毒。

4. 其他严重影响公众健康的事件   指医源性感染暴发，药品或免疫接种引起的群体性反应或死亡事件，严重威胁或危害公众健康的水、环境、食品污染和放射性、有毒有害化学性物质丢失、泄漏等事件，生物、化学、核辐射等恐怖袭击事件，有毒有害化学品生物毒素等引起的集体性急性中毒事件，有潜在威胁的传染病动物宿主、媒介生物发生异常，和学生因意外事故自杀或他杀出现 1 例以上的死亡以及上级卫生行政部门临时规定的其他重大公共卫生事件。

（四）突发公共卫生事件的分级

根据突发公共卫生事件导致人员伤亡和健康危害的情况，分为四级。

1. 特别重大事件（Ⅰ级）

（1）一次事件出现特别重大人员伤亡，且危重人员多，或者核事故和突发放射事件、化学品泄漏事故导致大量人员伤亡，事件发生地省级人民政府或有关部门请求国家在医疗卫生救援工作上给予支持的突发公共事件。

（2）跨省（区、市）的有特别严重人员伤亡的突发公共事件。

（3）国务院及其有关部门确定的其他需要开展医疗卫生救援工作的特别重大突发公共事件。

2. 重大事件（Ⅱ级）

（1）一次事件出现重大人员伤亡，其中，死亡和危重病例超过 5 例的突发公共事件。

（2）跨市（地）的有严重人员伤亡的突发公共事件。

（3）省级人民政府及其有关部门确定的其他需要开展医疗卫生救援工作的重大突发公共事件。

3. 较大事件（Ⅲ级）

（1）一次事件出现较大人员伤亡，其中，死亡和危重病例超过 3 例的突发公共事件。

（2）市（地）级人民政府及其有关部门确定的其他需要开展医疗卫生救援工作的较大突发公共事件。

4. 一般事件（Ⅳ级）

（1）一次事件出现一定数量人员伤亡，其中，死亡和危重病例超过 1 例的突发公共事件。

（2）县级人民政府及其有关部门确定的其他需要开展医疗卫生救援工作的一般突发公共事件。

（五）突发公共卫生事件的主要危害

突发公共卫生事件的危害主要表现为直接危害和间接危害两类。

1. 直接危害   指事件直接导致的即时性损害，一方面指直接对公众的身体健康和生命造成损害，每次严重的突发公共卫生事件都造成众多的人群疾患、伤残或死亡。另一方面指造成严重的直接经济损失。如 2008 年四川汶川大地震，受伤人数为 374 643，死亡人数为（含失踪人数）87 164；造成直接经济损失为 8451 亿元人民币。

2. 间接危害   一般指事件的继发性损害或危害，主要有以下几方面。

（1）造成公众心理伤害：突发公共卫生事件对于全社会所有人的心理都是一种强烈的刺激，易引发公众恐惧、焦虑、神经症和忧虑等精神神经症状。如 2003 年中国 SARS 流行期间,人们谈"SARS"色变。

（2）造成间接经济损失:如 SARS 疫情导致的经济活动量下降以及疫情不稳定造成交易成本上升而造成的经济损失。据估计,2003 年中国 SARS 流行至少造成数千亿元人民币的损失。

（3）造成社会和政治影响:突发公共卫生事件的频繁发生或处理不当,可能对国家和地区的形象产生很大的不良影响,也可使医疗卫生等有关单位和政府有关部门产生严重的公共信任危机。严重突发公共卫生事件处理不当可能影响地区或国家的稳定,因此有些发达国家将军事安全、信息安全和公共卫生安全一并列为新时期国家安全体系。

二、突发公共卫生事件的应对与处置

（一）应急准备

突发公共卫生事件应急准备包括应急预案的制定、人力和物力的准备。

1. **应急预案的制定**　应急预案的制定是为有效预防、及时控制和消除突发公共卫生事件及其危害,指导和规范各类突发公共卫生事件的应急处理。中国《突发公共卫生事件应急条例》第十一条规定了全国突发事件应急预案的主要内容。中国《国家突发公共事件总体应急预案》于 2006 年 1 月 8 日实施,其最大限度地减少突发公共卫生事件对公众健康造成的危害,保障公众健康与生命安全。当突发公共卫生事件发生或即将发生时,根据应急预案中的组织机构、应急响应程序、有关部门职责分工等,可科学、高效应对和处置突发公共卫生事件。2008 年四川汶川地震时,中国国务院迅速做出应急反应,及时启动突发公共卫生事件应急预案,高效地指导应急处置工作,最大限度地减少了突发公共卫生事件对公众健康造成的危害。截止 2016 年底,中国已经制定了 130 多项专项突发公共事件应急预案,包括国家核应急预案、食品安全突发事件应急预案、国家突发环境事件应急预案等。

2. **人力的准备**　人力资源的管理高效有序与否往往是突发公共卫生事件得到快速有效处理的决定性因素。人力准备的关键是通过系统培训,建立一支应对突发公共卫生事件的专业人才队伍,包括领导决策层、卫生管理层和技术操作层人员。在经历了 2003 年 SARS 的惨痛教训后,中国应对突发公共卫生事件的能力有明显提升,应急储备系统及其应急人员建设也日趋完善。

3. **物力的准备**　包括专用仪器设备的准备,如现场实验室仪器设备、检测仪器设备、采样工具等;专用药品试剂的准备,如消毒药品、治疗药品、诊断药品和试剂等;一般器材的准备,如专业人员自身防护器材、消毒杀菌的药品与器械、通讯设备和交通工具等。发生突发公共卫生事件时,应根据应急处理工作需要调用储备物资。卫生应急储备物资使用后要及时补充。

（二）现场应急处理

1. **现场应急处理的方法和措施**

（1）现场指挥与组织:发生突发公共卫生事件后,属地卫生行政部门组织专家对突发事件进行综合评估并初步判断事件的类型,向地方人民政府提出是否启动应急预案的建议。应急预案启动后,相关部门和人员要服从突发公共卫生事件应急处理指挥部的统一指挥,即刻到岗开展工作。2008 年四川汶川特大地震发生后,应急机制全面启动。震后两个多小时,国务院总理温家宝即赶往地震灾区,召开国务院抗震救灾总指挥部署会议,部署抗震救灾工作。

（2）现场监测与报告:突发公共卫生事件的日常监测非常重要,以确保监测与预警系统的正常运行,及时发现潜在隐患,并依照相关程序和时限及时报告,确保信息畅通。2008 年四川汶川大地震发生后,首次用手机开展大规模疫情监测,建立了灾区疫情直报系统,实现防疫工作全覆盖,受伤群众得到及时救治,杜绝了地震灾区重大传染病疫情的发生。

（3）调查与控制:突发公共卫生事件发生后,地方卫生行政主管部门应立即组织应急处理机构如卫生监督机构、疾病预防控制中心等对突发公共卫生事件进行现场调查、监测,提交评价报告并采取相应控制措施。2003 年 SARS 疫情暴发后,某市疾病预防控制中心接到某医院报告,该院急诊室、呼吸内科病区发现 9 例不明原因肺炎。接报告后,该疾控中心立即派人前往医院开展流行病学调查,发现是患者黄某引起医院医务人员感染,故立即上报并对所有患者进行隔离和个案调查。

(4)救援与救治:突发公共卫生事件发生后,应急处理指挥部及当地医疗机构应立即对事件所致的患者提供现场救援与医疗救护。2008 年四川汶川大地震,直接进入灾区的医疗卫生人员约 5 万,不惜一切代价,尽一切努力对伤员进行救治。

2. 现场应急处理的一般程序

(1)及时报告:发生突发公共卫生事件的单位以及收治患者的医疗机构,应及时向疾病预防控制中心和卫生监督机构报告。报告内容包括:①事件发生的时间、地点等;②事件的影响人数、发病人数、死亡人数等;③事件发生的可能原因、初步分析结果、已采取的应急措施及尚存在的疑难问题等;④事件报告的时间、报告人及联系电话等。

(2)现场急救:应及时转诊或就地救治传染病患者(需隔离)、中毒患者及伤病员;或进行医学观察等。同时疾病预防控制中心根据情况向医疗单位提出抢救治疗的意见和建议。

(3)现场控制:发生突发公共卫生事件的单位及调查人员有责任对保护和控制现场。包括:①隔离传染源:对接触者进行检疫、留验,疏散相关人员等;②封锁现场:进行现场卫生消毒、杀虫,采样和留样,销毁有毒食品等;③改善卫生条件和环境质量:供给清洁卫生的饮用水,通风换气,防泄漏等。

(4)现场调查:对突发公共卫生事件的发病情况、分布特征等开展流行病学调查,以便提出有针对性的预防控制措施。一般采用现场访问、采样检验等方式,同时对传染病患者、疑似患者及其密切接触者进行追踪调查,尽快查明事件发生的原因,确定事件性质。

(5)现场预防:通过开展健康教育和卫生防病知识宣传,提高公众自我保护意识和能力,同时采取应急接种和预防服药等措施,保护公众健康。

(6)书面报告:在处理突发公共卫生事件过程或结束时,要及时书写阶段性或总结性调查报告,向卫生行政部门和上级疾病预防控制中心反映事件处理情况,便于指导下一步工作和经验总结。

(三)信息发布与公众引导

1. 信息发布　突发公共卫生事件发生后,按照《中华人民共和国传染病防治法》《突发公共卫生事件应急条例》《突发公共卫生事件与传染病疫情监测信息报告管理办法》《关于法定传染病疫情和突发公共卫生事件信息发布方案(试行)》,根据不同级别突发公共卫生事件信息发布的要求,遵循及时主动、准确把握、实事求是、注重效果的原则,及时向社会通报和公布法定传染病疫情和突发公共卫生事件信息,同时宣传政府各部门所采取的预防控制传染病和处置突发公共卫生事件的有关措施,引导舆论,满足公众的知情需求,妥善处置突发公共卫生事件。2008 年四川汶川大地震,5 月 12 日当晚和次日,四川省新闻办和国务院新闻办分别提出地震灾害救援总体宣传方案。四川省新闻办 5 月 12 日当天发布震情信息,国务院新闻办 5 月 13 日—9 月 19 日共举办了 331 次新闻发布会,四川电视台 7 个频道 5 月 12 日—8 月 13 日共播出 7430 小时,灾区市、县人民政府以网站、广播、手机短信等方式传播震情和政府公告,第一时间及时、准确、实事求是向社会告知了灾情真相。

2. 公众引导　突发公共卫生事件发生后,卫生行政部门和有关单位要积极主动配合新闻宣传主管部门和新闻媒体,加强正面宣传和舆论引导,大力宣传国家、政府对人民群众身体健康和生命财产安全的高度负责态度,及时宣传各级地方政府和有关部门妥善处置突发公共卫生事件所开展的工作,准确宣传处置突发公共卫生事件的有关科普知识,引导群众正确认识和科学应对突发公共卫生事件。充分发挥有关社会团体在普及卫生应急知识和卫生科普知识方面的作用。2003 年 SARS 疫情暴发后,中国各省市人民政府组织编印了上万册 SARS 宣传画和宣传折页,宣传内容包括预防、治疗和控制 SARS 的相关知识。中国原卫生部基层卫生与妇幼保健司要求各县、乡、村让宣传画上墙,并通过广播、黑板报等多种方式向群众宣传讲解。

(四)善后处理

1. 后期评估　突发公共卫生事件处理结束后,各级卫生行政部门应在本级人民政府的领导下对突发公共卫生事件的处理情况进行评估,包括事件概况、现场调查处理概况、患者救治情况、所采取措施的效果评价、应急处理过程中存在的问题和取得的经验及改进建议。

2. 奖励　县级以上人民政府人事部门和卫生行政部门要联合对参加突发公共卫生事件应急处理作出贡献的先进集体和个人进行表彰;民政部门要按照有关规定对在突发公共卫生事件应急处理工作中英勇献身的人员追认为烈士。2008 年四川汶川抗震救灾中,共宣扬表彰先进人物 1613 人,其中 72 人为国家表彰的抗震救灾英雄。

3. 责任　依据《突发公共卫生事件应急条例》及有关法律法规,对在突发公共卫生事件的预防、报告、调查、处理和控制过程中玩忽职守、失职、渎职等人员追究责任。

4. 抚恤和补助　地方各级人民政府要按照国家有关规定,对因参与应急处理工作的致病、致残、死亡人员给予相应的补助和抚恤;对参加应急处理一线工作的专业技术人员根据标准给予补助。

5. 征用物资、劳务的补偿　突发公共卫生事件应急工作结束后,地方各级人民政府应对应急处理期间紧急调集、征用有关单位、企业、个人的物资和劳务进行合理评估,给予补偿。

三、突发公共卫生事件的应急管理、风险评估与物资保障

（一）应急管理

应急管理是指在突发公共卫生事件发生前、发生中、发生后的不同时期用有效方法加以干预和控制,最大限度减少其造成的损失的过程。其关键环节包括:①建立预警系统;②确定控制策略;③健全决策机制;④规范信息传播;⑤保证物资供应;⑥坚持依法行政。

中国为进一步加强突发公共卫生事件的应急管理工作,根据《国家突发公共事件总体应急预案》和《关于增设国务院办公厅国务院应急管理办公室的批复》,设置国务院应急管理办公室,承担国务院应急管理的日常工作和总值班工作,履行值守应急、信息汇总和综合协调职能,全面履行政府职能。

（二）风险评估

风险评估(risk assessment)是指在收集监测数据、相关背景信息和文献资料等的基础上,组织专家对事件发生的可能性、危害性进行定量或定性估计,并给出控制建议的过程。突发公共卫生事件风险评估分为日常风险评估和专题风险评估。日常风险评估是根据常规监测收集的信息,结合国际组织及有关国家(地区)通报的信息,对突发事件进行初步快速地评估,一般每个月开展一次;专题风险评估是针对重大突发事件进行全面、深入的专项公共卫生风险评估。

风险评估可为突发公共卫生事件的预防和控制提供依据,也为进一步提高预防与应急处理突发公共卫生事件的能力打下基础,因此风险评估方法的正确运用直接影响风险评估的可靠性和风险控制的有效性。中国原卫生部 2012 年 2 月印发的《突发事件公共卫生风险评估管理办法》中提出的风险评估方法主要有专家会商法、德尔菲法、风险矩阵法和分析流程图法。

（三）物资保障

物资保障是指各种医疗卫生物资的生产、储备、供应在保证日常的各项预防、医疗、保健等工作需求外,当突发公共卫生事件发生时,能为应急处理工作提供及时、足量、合格的物资。中国《突发公共卫生事件应急条例》规定国务院有关部门和县级以上地方人民政府及其有关部门应根据突发公共卫生事件应急预案的要求,保证应急设施、设备、救治药品和医疗器械等物资储备,在发生突发公共卫生事件时,根据应急处理工作的需要调用储备物资。各级医疗卫生机构必须长期储备用于突发公共卫生事件应急处理的医疗救治药品、器械、防护用品、消毒用品等物资,做到有备无患。

第二节　群体性不明原因疾病应急处理

中国原卫生部依据《中华人民共和国传染病防治法》《突发公共卫生事件应急条例》《国家突发公共事件总体应急预案》和《国家突发公共卫生事件应急预案》等法律法规和预案,制定了《群体性不明

原因疾病应急处置方案(试行)》并于 2007 年 1 月 16 日颁布实施。本方案适用在中华人民共和国境内发生的,造成或者可能造成社会公众身心健康严重损害的群体性不明原因疾病事件的应急处置工作。

一、群体性不明原因疾病特点和事件分级

2004—2009 年间,中国共计有 27 个省(自治区、直辖市)报告群体性不明原因疾病事件 137 起(不含港澳台地区)。群体性不明原因疾病定义见突发公共卫生事件分类,此处不再叙述。

(一)群体性不明原因疾病的特点

群体性不明原因疾病具有临床表现相似性、发病人群聚集性、流行病学关联性、健康损害严重性的特点。这类疾病可能是传染病(包括新发传染病)、中毒或其他未知因素引起的疾病。

(二)群体性不明原因疾病的分级

1. Ⅰ级　特别重大群体性不明原因疾病事件:在一定时间内,发生涉及两个及以上省份的群体性不明原因疾病,并有扩散趋势;或由国家卫生行政部门认定的相应级别的群体性不明原因疾病事件。

2. Ⅱ级　重大群体性不明原因疾病事件:一定时间内,在一个省多个县(市)发生群体性不明原因疾病;或由省级卫生行政部门认定的相应级别的群体性不明原因疾病事件。

3. Ⅲ级　较大群体性不明原因疾病事件:一定时间内,在一个省的一个县(市)行政区域内发生群体性不明原因疾病;或由地市级卫生行政部门认定的相应级别的群体性不明原因疾病事件。

二、应急处理工作原则

(一)统一领导、分级响应的原则

1. 发生群体性不明原因疾病事件时,事发地的县级、市(地)级、省级人民政府及其有关部门按照分级响应的原则,启动相应工作方案,作出相应级别的应急反应,并按事件发展的进程,随时进行调整。

2. 特别重大群体性不明原因疾病事件的应急处置工作由国务院或国家卫生行政部门和有关部门组织实施,开展相应的医疗卫生应急、信息发布、宣传教育、科研攻关、国际交流与合作、应急物资与设备的调集、后勤保障以及督导检查等工作。事发地省级人民政府应按照国务院或国家有关部门的统一部署,结合本地区实际情况,组织协调市(地)、县(市)人民政府开展群体性不明原因疾病事件的应急处置工作。

3. 特别重大级别以下的群体性不明原因疾病事件的应急处置工作由地方各级人民政府负责组织实施。超出本级应急处置能力时,地方各级人民政府要及时报请上级人民政府和有关部门提供指导和支持。

(二)及时报告的原则

报告单位和责任报告人应在发现群体性不明原因疾病 2 小时内以电话或传真等方式向属地卫生行政部门或其指定的专业机构报告,具备网络直报条件的机构应立即进行网络直报。

(三)调查与控制并举的原则

对群体性不明原因疾病事件的现场处置,应坚持调查和控制并举的原则。在事件的不同阶段,根据事件的变化调整调查和控制的侧重点。若流行病学病因(主要指传染源或污染来源、传播途径或暴露方式、易感人群或高危人群)不明,应以调查为重点,尽快查清事件的原因。对有些群体性不明原因疾病,特别是新发传染病暴发时,很难在短时间内查明病原的,应尽快查明传播途径及主要危险因素(流行病学病因),立即采取针对性的控制措施,以控制疫情蔓延。

(四)分工合作、联防联控原则

各级业务机构对于群体性不明原因疾病事件的调查、处置实行区域联手、分工合作。在事件性质

尚不明确时,疾病预防控制机构负责进行事件的流行病学调查,提出疾病预防控制措施,开展实验室检测;卫生监督机构负责收集有关证据,追究违法者法律责任;医疗机构负责积极救治患者;有关部门(如农业部门、食品药品监督管理部门、安全生产监督管理部门等)应在各级人民政府的领导和各级卫生行政部门的指导下,各司其职,积极配合有关业务机构开展现场的应急处置工作;同时对于涉及跨区域的群体性不明原因疾病事件,要加强区域合作。一旦事件性质明确,各相关部门应按职责分工开展各自职责范围内的工作。

（五）信息互通、及时发布原则

各级业务机构对于群体性不明原因疾病事件的报告、调查、处置的相关信息应建立信息交换渠道。在调查处置过程中,发现属非本机构职能范围的,应及时将调查信息移交相应的责任机构;按规定权限,及时公布事件有关信息,并通过专家利用媒体向公众宣传防病知识,传达政府对群众的关心,正确引导群众积极参与疾病预防和控制工作。在调查处置结束后,应将调查结果相互通报。

三、应急处置的组织体系及职责

（一）应急指挥机构

为了有效处置群体性不明原因疾病事件,国家卫生行政部门按照《国家突发公共卫生事件应急预案》等的规定,在国务院统一领导下,负责组织、协调全国群体性不明原因疾病事件的应急处置工作,并根据实际需要,提出成立全国群体性不明原因疾病事件应急指挥部。

地方各级人民政府卫生行政部门依照职责和《群体性不明原因疾病应急处置方案》的规定,在本级人民政府统一领导下,负责组织、协调本行政区域内群体性不明原因疾病事件的应急处置工作,并根据实际需要决定是否成立地方应急指挥部。地方各级人民政府及有关部门和单位要按照属地管理的原则,切实做好本行政区域内群体性不明原因疾病事件的应急处置工作。

（二）专家组的组成和职责

1. 专家组组成　专家组由传染病学、临床医学、流行病学、食品卫生、职业卫生、免疫规划、卫生管理、健康教育、医学检验等相关领域具有高级职称的专家组成。根据需要,专家组可分设专业组,如传染病防控组、中毒处置组、核与放射处置组、医疗救治组和预测预警组等。

2. 专家组的主要职责

（1）对群体性不明原因疾病的调查和采取的控制措施提出建议。

（2）对确定群体性不明原因疾病原因和事件相应的级别提出建议。

（3）对群体性不明原因疾病事件的发展趋势进行评估和预测。

（4）对群体性不明原因疾病事件应急反应的终止、后期评估提出建议。

（5）承担群体性不明原因疾病事件应急指挥部交办的其他工作。

3. 专家会商　卫生行政部门接到群体性不明原因疾病报告并核实后,迅速组织专家组赴事发地现场会商。会商的主要内容是:在查看病例及其临床资料的基础上,核实前期流行病学调查资料等内容,重点讨论报告病例是否属不明原因疾病(病例的临床表现与报告情况是否相符、诊断是否正确、治疗方法是否适当);病例之间是否有关联性,事件的危害性。专家会商后应撰写会商报告,主要包括:

（1）报告病例的三间分布、病情进展及临床治疗情况。

（2）确诊病例、临床诊断病例、疑似病例、密切接触者、一般接触者、监测病例的定义。

（3）患者救治方案,治愈与出院标准。

（4）事件的初步判断,包括事件的性质、可能的病因、传播(污染)途径、潜伏期及趋势分析。

（5）对控制措施和事件分级的建议,疫点、疫区的划定。

（三）医疗卫生专业机构的职责和分工

1. 医疗机构　主要负责病例(疫情)的诊断和报告,并开展临床救治。有条件的医疗机构应及时进行网络直报,并上报所在辖区的疾病预防控制中心。同时,医疗机构应主动配合疾病预防控制中心开展事件的流行病学和卫生学调查、实验室检测样本的采集等工作,落实医院内的各项疾病预防控制措施;并按照可能的病因假设采取针对性的治疗措施,积极抢救危重病例,尽可能减少并发症,降低病死率;一旦有明确的实验室检测结果,医疗机构应及时调整治疗方案,做好病例尤其是危重病例的救治工作。

2. 疾病预防控制机构　主要负责进行群体性不明原因疾病事件的流行病学和卫生学调查、实验室检测样本的采集和检测,同时要提出具体的疾病预防控制措施(如消毒、隔离、医学观察等),并指导相关单位加以落实。

3. 卫生监督机构　主要协助卫生行政部门对事件发生地区的食品卫生、环境卫生以及医疗卫生机构的疫情报告、医疗救治、传染病防治等进行卫生监督和执法稽查。

四、监测与报告

(一) 监测

1. 监测网络和体系　国家将群体性不明原因疾病监测工作纳入全国疾病监测网络。各级医疗机构、疾病预防控制机构、卫生监督机构以及社区卫生服务中心(站)、村卫生室组成监测网络,开展群体性不明原因疾病的日常监测工作。

2. 监测资料的收集、整理和分析

(1)疾病预防控制机构对各种已有及上报的监测资料进行收集、整理和分析,并根据需要扩大监测的内容和方式,如缺勤报告监测、社区监测、药店监测、电话咨询监测、症状监测等,以互相印证,提高监测的敏感性,以早期发现群体性不明原因疾病。

(2)医疗机构医务人员接诊不明原因疾病患者,具有相似临床症状,并在发病时间、地点、人群上有关联性的要及时报告。

(二) 报告

1. 责任单位和责任报告人　县级以上各级人民政府卫生行政部门指定的突发公共卫生事件监测机构、各级各类医疗机构为群体性不明原因疾病事件的责任报告单位;执行职务的各级各类医疗卫生机构的医疗卫生人员、个体开业医生为责任报告人。此外,任何单位和个人均可向国务院卫生行政部门和地方各级人民政府及其有关部门报告或举报群体性不明原因疾病事件。

2. 报告内容　各级卫生行政部门指定的责任报告单位,在接到群体性不明原因疾病报告后,要详细询问事件名称、事件类别、发生时间、地点、涉及的地域范围、人数、主要症状与体征、可能的原因、已经采取的措施、事件的发展趋势、下步工作计划等。并按事件发生、发展和控制的过程,收集相关信息,做好初次报告、进程报告、结案报告。

(1)初次报告:报告内容包括事件名称、初步判定的事件类别和性质、发生地点、波及范围、发生时间、涉及发病人数、死亡人数、主要的临床症状、可能原因、已采取的措施、报告单位、报告人员及通讯方式等。

(2)进程报告:应报告事件的发展趋势与变化、处置进程、事件的诊断和原因或可能因素,势态评估、控制措施等内容。同时,对初次报告的内容进行补充和修正。

(3)结案报告:在确认群体性不明原因疾病事件终止后2周内,对事件的发生和处理情况进行总结,分析其原因和影响因素,并提出今后对类似事件的防范和处置建议。结案报告包括事件接报、事件概况、背景资料(包括地理、气候、人文等)、描述流行病学分析、病因假设及验证、讨论、结论和建议等事件发生发展的全过程。

3. 报告时限与程序　发现群体性不明原因疾病的责任报告单位和报告人,应在2小时内以电话或传真等方式向属地卫生行政部门或其指定的专业机构报告,具备网络直报条件的机构在核实应立即进行网络直报。接到群体性不明原因疾病报告的专业机构对信息进行审核,确定真实性,2小时内进行网络直报,同时以电话或传真等方式报告同级卫生行政部门。

4. 通报制度　群体性不明原因疾病发生地的上级卫生行政部门应根据防控工作的需要,将疫情及时通报相邻地区的卫生行政部门。

五、现场调查与病因分析

群体性不明原因疾病发生后,首先应根据已经掌握的情况,尽快组织力量开展调查,分析、查找病因。在流行病学病因查清后,应立即实行有针对性的控制措施。若怀疑为中毒事件时,在采取适当救治措施的同时,要尽快查明中毒原因,给予特异、针对性的治疗,并注意保护高危人群。若病因在短时间内难以查清,应以查明的传播途径及主要危险因素制定有针对性的预防控制措施。

(一)群体性不明原因疾病的核实与判断

1. 核实　卫生行政部门接到报告后应立即派出专业人员(包括流行病学、临床、检验等专业人员)对不明原因疾病进行初步核实。

2. 判断　根据核实结果进行综合分析,初步判断群体性不明原因疾病是否存在,若确认存在,应对群体性不明原因疾病的性质、规模、种类、严重程度、高危人群、发展阶段和趋势进行初步判断,并制定初步的调查方案和控制措施。

(二)病例调查及分析

1. 病例搜索　根据病例定义的内容,在一定的时间、范围内搜索类似病例并开展个案调查、入户调查和社区调查。

2. 初步分析　统计病例的发病数、死亡数、病死率、病程等指标,描述病例的三间分布及特征,进行关联性分析。

(三)提出病因假设

1. 寻找病因线索　从临床、流行病学基本资料入手,首先考虑常见病、多发病,再考虑少见病、罕见病,最后考虑新出现的疾病。如果初步判定是化学中毒,首先考虑常见的毒物,再考虑少见毒物。

根据临床表现、病情进展、常规检验结果,以及基本的流行病学调查,初步判定是感染性疾病还是非感染性疾病;如果是感染性疾病,需考虑是否具有传染性。若判定为感染性疾病可能性大,可根据患者的症状、体征、实验室检测结果,以及试验性治疗效果,判定是细菌性、病毒性,还是其他病原微生物的感染。如考虑为非感染性疾病,需先结合进食史、职业暴露史、临床症状和体征、发病过程等,判定是否中毒,以及可能引起的中毒物;再考虑是否为心源性、过敏性、放射性(辐射)或其他的原因引起的疾病。

2. 建立病因假设　从背景资料(现场环境、生活习惯、方式、嗜好、当地动物发病情况以及其他可能影响疾病发生、发展、变化的因素)和流行病学特征入手,归纳疾病分布特征,形成病因假设:通过三间分布,提出病因假设,包括致病因子、危险因素及其来源、传播方式(或载体)、高危人群等。

提出可能的病因假设,可以不止1个假设,适宜的病因假设包括导致暴发、流行的疾病、传染源及传播途径、传播方式、高危人群,提出病因假设后,在验证假设的同时,应尽快实施有针对性的预防和控制措施。

(四)验证病因

1. 流行病学病因验证　根据病因假设,通过病例-对照研究、队列研究等分析性流行病学方法进行假设验证。

2. 实验室证据　收集样本(血、咽拭子、痰、大便、尿、脑脊液、尸解组织等),通过实验室检测验证假设。

3. 干预(控制)措施效果评价　针对病原学病因假设进行临床试验性治疗;根据流行病学病因假设,提出初步的控制措施,包括消除传染源或污染源、减少暴露或防止进一步暴露、保护易感或高危人群。通过对所采取的初步干预(控制)措施的效果评价也可验证病因假设,并为进一步改进和完善控制措施提供依据。

如果通过验证假设无法成立,则必须重新考虑或修订假设,根据新的线索制定新的方案,有的群体性不明原因疾病可能需要反复多次的验证,方能找到明确原因。

(五) 判断和预测

综合分析调查结果,对群体性不明原因疾病的病因、目前所处阶段、影响范围、患者救治和干预(控制)措施的效果等方面进行描述和分析,得出初步结论,同时对患者的预后、群体性不明原因疾病发展趋势及其影响进行分析和预测,并对下一步工作提出建议。

六、现场控制措施

应急处置中的预防控制措施需要根据疾病的传染源或危害源、传播或危害途径以及疾病的特征来确定。不明原因疾病的诊断需要在调查过程中逐渐明确疾病发生的原因。因此,在采取控制措施上,需要根据疾病的性质,决定应该采取的控制策略和措施,并随着调查的深入,不断修正、补充和完善控制策略与措施,遵循边控制、边调查、边完善的原则,力求最大限度地降低不明原因疾病的危害。

(一) 无传染性的不明原因疾病

1. 积极救治患者,减少死亡。

2. 对共同暴露者进行医学观察,一旦发现符合本次事件病例定义的患者,立即开展临床救治。

3. 移除可疑致病源。如怀疑为食物中毒,应立即封存可疑食物和制作原料;职业中毒应立即关闭作业场所;怀疑为过敏性、放射性的,应立即采取措施移除或隔开可疑的过敏原、放射源。

4. 尽快疏散可能继续受致病源威胁的群众。

5. 对易感者采取有针对性保护措施时,应优先考虑高危人群。

6. 开展健康教育,提高居民自我保护意识,群策群力、群防群控。

(二) 有传染性的不明原因疾病

1. 现场处置人员进入疫区时,应采取保护性预防措施。

2. 隔离治疗患者。按照呼吸道传染病、肠道传染病、虫媒传染病隔离病房要求,对患者进行隔离治疗。重症患者立即就地治疗,症状好转后转送隔离医院。患者在转运中要注意采取有效的防护措施。治疗前注意采集有关标本。患者达到出院标准方可出院。

3. 如果有暴发或者扩散的可能,符合封锁标准的,要向当地政府提出封锁建议,封锁的范围根据流行病学调查结果来确定。发生在学校、工厂等人群密集区域的,如有必要应建议停课、停工、停业。

4. 对患者家属和密切接触者进行医学观察,观察期限根据流行病学调查的潜伏期和最后接触日期决定。

5. 严格实施消毒,按照《中华人民共和国传染病防治法》要求处理人、畜尸体,并按照《传染病病人或疑似传染病病人尸体解剖查验规定》开展尸检并采集相关样本。对可能被污染的物品、场所、环境、动植物等进行消毒、杀虫、灭鼠等卫生学处理。疫区内重点部位要开展经常性消毒。

6. 疫区内家禽、家畜应实行圈养。如有必要,报经当地政府同意后,对可能染疫的野生动物、家禽家畜进行控制或捕杀。

7. 开展健康教育,提高居民自我保护意识,做到群防群治。

8. 现场处理结束时要对疫源地进行终末消毒,妥善处理医疗废物和临时隔离点的物品。

根据对控制措施效果评价,以及疾病原因的进一步调查结果,及时改进、补充和完善各项控制措施。

七、临床救治原则

(一) 疑似传染病的救治

在群体性不明原因疾病处置中,鉴于传染病对人群和社会危害较大,因此,在感染性疾病尚未明确是否具有传染性之前,应按传染病进行救治。

救治原则:隔离患者,病原治疗,一般治疗与病情观察,对症治疗。

(二) 疑似非传染性疾病的救治

1. 疑似食物中毒

(1) 停止可疑中毒食品。

(2) 用药前采集患者血液、尿液、吐泻物标本,以备送检。

(3) 积极救治患者:加速体内毒物清除,对症治疗,特殊治疗。

2. 疑似职业中毒

(1) 迅速脱离现场:迅速将患者移离中毒现场至上风向的空气新鲜场所安静休息,避免移动,注意保暖,必要时给予吸氧。密切观察 24 ~ 72 小时。医护人员根据患者病情迅速将病员分类,做出相应的标志,以保证医务人员抢救。

(2) 防止毒物继续吸收:脱去被毒物污染的衣物,用流动的清水及时反复清洗皮肤毛发 15 分钟以上,对于可能经皮肤吸收中毒或引起化学性烧伤的毒物更要充分冲洗,并可考虑选择适当中和剂中和处理,眼睛溅入毒物要优先彻底冲洗。

(3) 对症支持治疗:保持呼吸道通畅,密切观察患者意识状态、生命体征变化,发现异常立即处理。保护各脏器功能,维持电解质、酸碱平衡等对症支持治疗。

八、防护措施

(一) 防护原则

在处置群体性不明原因疾病的早期,需要根据疾病的临床特点、流行病学特征以及实验室检测结果,鉴别有无传染性、确定危害程度和范围等,对可能的原因进行判断,以便采取相应的防护措施。对于原因尚难判断的情况,由现场的疾控专家根据其可能的危害水平,决定防护等级。如危害因素不明或其浓度、存在方式不详,应按照类似事件最严重性质的要求进行防护。防护服应为衣裤连体,具有高效的液体阻隔(防化学物)性能、过滤效率高、防静电性能好等。一旦明确病原学,应按相应的防护级别进行防护。

(二) 防护服的分类与防护要点

1. 防护服由上衣、裤、帽等组成,按其防护性能可分为四级:

(1) A 级防护:能对周围环境中的气体与液体提供最完善保护。

(2) B 级防护:适用于环境中的有毒气体(或蒸汽)或其他物质对皮肤危害不严重时。

(3) C 级防护:适用于低浓度污染环境或现场支持作业区域。

(4) D 级防护:适用于现场支持性作业人员。

2. 疑似传染病疫情现场和患者救治中的应急处置防护

(1) 配备符合中国《医用一次性防护服技术要求》(GB 19082—2009)要求的防护服,并满足穿着舒适、对颗粒物有一定隔离效率,符合防水性、透湿量、抗静电性、阻燃性等要求。

(2) 配备达到 N95 标准的口罩。

(3) 工作中可能接触各种危害因素的现场调查处理人员、实验室工作人员、医院传染科医护人员等,必须采取眼部保护措施,戴防护眼镜,双层橡胶手套,防护鞋靴。

3. **疑似放射性尘埃导致疾病的应急处置防护**　多数情况下使用一次性医用防护服即可,也可选用其他防护服。根据放射性污染源的种类和存在方式以及污染浓度,对各种防护服的防护参数有不同的具体要求。此类防护服要求帽子、上衣和裤子连体,袖口和裤脚口应采用弹性收口。如群体性不明原因疾病现场存在气割等产生的有害光线时,工作人员应配备相应功能的防护眼镜或面盾。

4. **疑似化学物泄漏和中毒导致疾病的应急处置防护**　根据可能的毒源类型和环境状况,选用不同的防护装备。化学物泄露和化学中毒事件现场分成热区、温区或冷区。不同区域所需的防护各异,一个区域内使用的防护服不适在另一区域内使用。在对生命及健康可能有即刻危险的环境(即在

30 分钟内可对人体产生不可修复或不可逆转损害的区域)以及到发生化学事故的中心地带参加救援的人员均需按 A 级(窒息性或刺激性气态毒物等)或 B 级(非挥发性有毒固体或液体)防护要求进行防护。

第三节　急性化学中毒的应急处理

急性化学中毒常发生在意外事故/事件中,发病突然,病变特异,演变迅速,可大规模杀伤人、畜。如 1984 年 12 月 3 日印度博帕尔镇联合化工厂异氰酸甲酯大量泄漏,约 20 万人受害,2500 人丧生。2003 年中国重庆市开县川东北气矿突发井喷,殃及 28 个村庄,243 人死亡、4000 多人受伤,9.3 万人受灾。

一、急性化学中毒的概念与特点

(一)急性化学中毒的定义

急性化学中毒(acute chemical poisoning)是指一次或 24 小时内吸收大剂量化学物并作用于人体,引起功能或器官性病变,导致暂时性或持久性损害,甚至危及生命的过程。化学中毒事故(chemical poisoning accident)是指在化学品、易燃易爆危险品生产、使用、贮存和运输过程中,由于操作不当、交通肇事或人为破坏而造成大量有害化学物质释放引发泄漏、爆炸、燃烧等突发事件,短期内严重危害人体健康或污染环境,造成众多人员急性中毒、伤残或死亡等较大社会危害的事故。

(二)化学中毒事故的原因与分类

1. 化学中毒事故的原因

(1)生产性因素:如工厂与居民生活区混杂,生产设施落后且缺乏维护检修导致化学品的泄漏、爆炸或生产、贮存、运输过程中违章所致的严重事故等。

(2)自然因素:如因地震、火山爆发、洪水破坏化工企业设施,引发燃烧、爆炸,使有毒有害的化学物品外泄。

(3)战争因素:如战争破坏工农业设施,致使大量有毒有害的化工原料、产品外泄、燃烧、爆炸,造成灾害性化学事故。

(4)恐怖活动因素:恐怖组织使用有毒化学物质,易燃易爆化学品及生物毒素进行化学恐怖活动。

2. 化学中毒事故的分类　根据事故波及范围及危害程度,从救援角度出发,可将化学中毒事故分为三种类型:

(1)一般性化学中毒事故:由于工艺设备落后或违反操作规程,一般中毒 10 人或死亡 3 人以下,化学污染局限在事故现场发生地点,只需组织自救就能迅速控制的化学事故。

(2)灾害性化学事故:指中毒 11～100 人或死亡 4～30 人,化学污染扩散到附近地区,无法控制在事故现场,需要组织社会性救援。

(3)重大灾害性事故:中毒大于 100 人或死亡大于 30 人以上,财产遭受重大损失,影响生产和妨碍居民正常生活,事故呈进一步扩展态势,化学污染跨越辖区范围,污染程度严重,需要组织大规模社会性救援。

(三)急性化学中毒的特点

1. 突发性强　往往瞬间发生,出乎预料,且发生时间、地点、毒源常常不确定,预防难度大。

2. 危害面广　由于化学毒物短时间内大量形成,扩散迅速,若为窒息性气体可短时间内引发现场工作人员或近距离暴露居民群体性中毒、死亡,并通过扩散严重污染空气、地面道路、水源和工厂生产设施,造成严重健康和经济损失。全面的安全防范措施则可避免或减少中毒事故的损失。

3. 救援难度大　由于化学中毒事故现场往往秩序混乱,毒源不清,伤情复杂,极大地增加了现场救援难度。

4. **处置专业性强**　不同的化学中毒事故处置方法各异,救援人员须有熟练的专业处置技术。

二、急性化学中毒的临床表现

化学毒物侵入机体,与体液、组织发生相互作用,可造成人体组织、器官直接或继发性损害。

1. **神经系统损害**　在短期内大量接触以中枢神经系统和周围神经系统为主要靶器官的化学毒物可导致神经系统的损害,其临床表现可因毒物的理化特性、毒性、接触时间、接触浓度和个体敏感性等因素而各有差异,常表现为中毒性类神经症(神经衰弱综合征,自主神经功能失调),中毒性周围神经病(多发性神经炎型、神经炎型及颅神经型)和中毒性脑病。如四乙基铅、有机汞、有机磷、一氧化碳、三氯乙烯等。

2. **呼吸系统损害**　轻度中毒立即引起急性鼻炎、咽喉炎、气管炎与轻度肺水肿,可有无症状期(潜伏期);中度及重度中毒表现为咳嗽频繁,咳大量泡沫样痰、胸闷、气喘,并有发绀,胸部听到大量细小或中等的水泡音,胸部X线片可见弥漫性点状或片状阴影,患者在得不到及时抢救的情况下,多死于急性呼吸窘迫综合征;极重度病例往往多由于声门水肿造成窒息而致立即死亡。如硝酸、盐酸、二氧化硫、氯气等。

3. **循环系统损害**　人接触某些有毒化学物可直接作用于心血管,如砷、锑、钡、有机汞等;也可因其他脏器损害、全身代谢障碍、水和电解质紊乱、缺氧、高温、寒冷等间接作用于心血管,如CO、砷化氢、硝基苯、苯胺等。重症患者可发生心律失常、心力衰竭,甚至发生心脏突发停搏导致猝死,如急性硫化氢、有机磷中毒。

4. **消化系统损害**　主要表现为口腔炎,如汞、碲等;急性胃肠炎,导致电解质紊乱、酸中毒和多脏器损害,如三氧化二锑、三氧化二砷、磷化氢及铊等;中毒性肝炎,如四氯化碳、三硝基甲苯、氯乙烯、二氯乙烷等。

5. **血液系统损害**　主要表现为高铁血红蛋白血症,如苯的氨基、硝基化合物等;溶血性贫血,如砷化氢、苯肼、苯胺、铅等;造血功能障碍,如苯等;其他还可能出现白血病等。

6. **泌尿系统损害**　主要表现为肾功能衰竭,如汞、镉、砷、铊、磷、有机氯等,在急性中毒时,尿量少于400ml/24h,排除尿路阻塞存在时,即应考虑为急性肾功能衰竭;出血性膀胱炎,如邻甲苯胺、氨基偶氮甲苯盐酸盐等。

7. **心理危害**　化学中毒事故过后,许多人会产生焦虑、抑郁、神经衰弱等神经精神症状,常被诊断为"创伤后应激障碍"。创伤后应激障碍(post traumatic stress disorder,PTSD)是指突发性、威胁性或灾难性生活事件导致个体延迟出现和长期持续存在的精神障碍。其临床表现以再度体验创伤为特征,并伴有情绪的易激惹和回避行为,是一种创伤后心理失衡状态。患者通常会经历诸如发噩梦和头脑中不时记忆闪回,并有睡眠困难,感觉与人分离和疏远。这些症状若足够严重并持续时间够久,将会严重损害个人的日常生活。

8. **其他损害**　眼睛的刺激症状,表现为急性眼结膜、角膜充血红肿、流泪,严重者可出现眼角膜腐蚀脱落等,如刺激性气体。皮肤的化学灼伤、烧伤、糜烂、溃疡等,如氢氟酸等。急性中毒损伤人体免疫功能以及化学毒物持久性污染环境,暴露人群的健康效应多以慢性、潜在性危害为主要表现,包括致畸、致癌、致突变等,如联苯胺、氯乙烯、烷化剂、镉等。

三、急性化学中毒的诊断原则

(一)诊断原则

急性化学中毒是由于接触化学物所致的急性损害,因此诊断的关键是掌握接触毒物(病因)及急性中毒损害(疾病)因果关系。诊断依据以下三个方面:

1. **病因**　根据接触史、现场流行病学调查、实验室生物材料检测等,明确接触毒物品种、现场条件以及侵入途径、吸收的估计剂量等,如同时接触一种以上毒物或其他危害因素,应考虑联合作用的影响。

2. **疾病**　从临床表现、辅助检查等,明确疾病性质(剂量-效应关系)及严重程度。

3. **鉴别**　排除其他原因所引起的类似疾病。

根据病因、疾病的资料,综合分析,得出诊断结果。

（二）诊断及分级标准

根据中国《职业性急性化学物中毒诊断》标准分为四级：

1. **观察对象**　短期内接触较大剂量毒物,或接触致病潜伏期较长的毒物后,无明显临床表现,或仅有轻度症状而未能确诊急性中毒者,须作进一步医学监护,给予相应的对症处理及预防性治疗。

2. **轻度中毒**　出现接触毒物所致相应靶器官(系统)轻度中毒损害的临床表现者。

3. **中度中毒**　中毒严重程度介于轻、重度中毒之间者。

4. **重度中毒**　出现下列情况之一可诊断为重度中毒:出现吸收毒物所致相应靶器官(系统)功能衰竭者;出现吸收毒物所致多器官(系统)功能损害者;急性中毒留有较重的后遗症者。

四、急性化学中毒的急救原则

在化学中毒事故发生后的最短时间内,现场抢救是抢救工作中第一个重要环节。对于伤亡人员的基本处理原则是:抢救危重、防止继发损伤、简单处置、尽快转移。良好的现场抢救可为进一步治疗赢得时间,创造良好的条件,可降低伤亡率,减少并发症、后遗症。要做到现场抢救妥善、快速、有效、成功,其关键是抢救者有应急能力,受过合格的训练,并有必需的设备。

（一）现场抢救要点

1. 将患者迅速抬离事故现场,至安全地带。

2. 采取紧急措施,维持生命体征。对于中毒所致的心跳、呼吸骤停或即将停止的患者,应紧急实施现场心肺复苏术。对已知毒物可尽快运用特效解毒剂。

3. 眼部污染应及时、充分以清水冲洗。

4. 脱去污染衣着,立即以大量清水彻底冲洗污染皮肤,尤其对毛发、指甲等处残留毒物应予以彻底清洗。

5. 经紧急处理后,立即送医院,途中继续做好必要的抢救,并记录病情。

（二）病因治疗要点

1. 防止毒物继续吸收。

2. 排除体内已吸收毒物或其代谢产物如应用金属络合剂,血液净化疗法等。

3. 特效解毒剂:针对毒物引起机体病理生理改变,逆转其毒作用,达到解毒目的。

（三）对症治疗要点

1. 消除或减轻毒物损害主要系统(器官)所致的病理变化。

2. 非特异性拮抗药物的应用。

3. 维护机体内环境平衡。

4. 减轻患者痛苦。

（四）支持治疗要点

1. 提高机体对疾病的抵抗力。

2. 心理治疗。

3. 康复治疗。

（五）预防性治疗与其他要点

1. 预防可能发生的各种病变。

2. 妥善处理治疗矛盾。

笔记

3. 中医中药。

4. 良好护理。

第四节　电离辐射损伤的应急处理

电离辐射事故(radiological accidents)是电离辐射源失控引起的异常事件,直接或间接产生对生命、健康或财产的危害。人体一次或一定时间(数日)内遭受体外大剂量强透力射线或比较均匀地全身照射仪器的损伤称为急性电离辐射损伤。引起急性电离辐射损伤的下限辐射剂量一般为 1Gy (Gray,戈瑞)。中国 1988—1998 年 11 年间,在 29 个省、市、自治区、直辖市发生了 332 起放射事故,其中 100 起事故受照人数达 966 人。

一、电离辐射事故的放射防护

(一) 对电离辐射事故进行干预应遵循的防护原则

1. 为避免发生非随机效应,必须采取防护措施,限制个人的受照剂量,使之低于可引起非随机效应的剂量阈值。非随机性效应是指严重程度随剂量而变化的生物效应(如眼晶体的白内障,皮肤的良性损伤等),这种效应可能存在着剂量阈值。

2. 应该限制随机效应的总发生率,使其达到可合理做到的尽可能低值。随机性效应是指发生概率(而非严重程度)与剂量的大小有关的生物效应,一般认为不存在剂量的阈值。主要的随机性效应是遗传效应和致癌效应。

3. 采取任何一种防护对策时,应根据其利益、风险和代价进行最优化的判断和权衡,避免采取得不偿失的应急措施,给社会带来不必要的损失。

(二) 电离辐射事故的评估

电离辐射事故时所产生的剂量范围可能很大,既可发生随机效应,也可产生非随机效应。评估非随机效应,最适宜的量是器官或组织的吸收剂量。评估随机效应,表示个人危险度的量是受照器官或组织的有效剂量。电离辐射事故时,不仅要评估受照个人的剂量水平,也要评估在人群中导致有害健康的总效应。集体有效剂量当量可用来粗估人群随机效应的发生率。

在电离辐射事故中放射防护和医疗所面临的主要问题是外照射(局部照射、全身照射)、内照射、皮肤 β 射线烧伤以及各种复合照射。在防护实践中应当特别注意孕妇、儿童受照射的问题,尽可能降低他们的受照剂量水平。分次照射的放射损伤反应较一次受相同剂量照射的损伤为轻。在数周或数月内的慢性照射较短期内一次接受相同剂量照射的危险度要小。无论事故大小、程度如何,都会给社会带来一定影响,要重视事故后的工作处理。依照国家有关核安全及放射防护法规、标准,对事故的起因、技术处理和后果,进行必要的卫生评价。

二、工作人员应急照射的剂量控制

应急照射(emergency exposure)是异常照射的一种,指在发生事故之时或之后,为了抢救遇险人员,防止事态扩大,或其他应急情况而有计划的接受的过量照射。

1. 应急照射必须事先经过周密计划,由本单位领导及防护负责人批准。参加应急的人员是受过专门培训或熟悉情况的专职人员,一生中只限于一次。

2. 应急人员在一次应急事件中的受照剂量不得超过下列剂量当量水平:全身 0.25Sv(希沃特);四肢:1.0Sv;眼晶体:0.15Sv;其他单个器官或组织:0.5Sv。

3. 为了抢救生命或在极其特殊的情况下,有必要接受高于上述剂量时,应由上级主管部门根据本标准所列电离辐射的生物学效应,权衡利弊做出决定。

4. 应急人员在参与抢救工作时,应采取安全可靠的防护措施。尽可能减少内、外照射和表面污染。

5. 接受应急照射前,可事先使用抗放射药物。

6. 对接受应急照射的人员给以医学观察,并将其受照剂量和观察结果详细记入健康档案。

三、电离辐射事故照射人员的医学处理原则

(一) 一般原则

1. 首先应尽快消除有害因素的来源,同时将事故受照人员撤离现场。检查受照人员受危害的程度。并积极采取救护措施,同时向上级部门报告。

2. 根据电离辐射事故的性质、受照的不同剂量水平、不同病程,迅速采取相应对策和治疗措施。在抢救中应首先处理危及生命的外伤、出血和休克等,对估计受照剂量较大者应选用抗放射药物。

3. 对疑有体表污染的人员,首先应进行体表污染的监测,并迅速进行去污染处理,防止污染的扩散。

4. 对电离辐射事故受照人员逐个登记并建立档案,除进行及时诊断和治疗外,尚应根据其受照情况和损伤程度进行相应的随访观察,以便及时发现可能出现的远期效应,达到早期诊断和治疗的目的。

(二) 外照射事故照射人员的医学处理原则

1. 早期剂量估算可根据受照人员的初期症状和外周血淋巴细胞绝对数,并参照物理剂量的估算结果,迅速作出病情的初步估计。有条件者可进行外周血淋巴细胞染色体畸变分析(适用剂量范围为0.25~5.00Gy)和淋巴细胞微核测定等作进一步的生物学剂量估算。

2. 受照剂量小于0.1Gy者只作一般医学检查,确定是否需治疗;受照剂量大于0.25Gy者应予以对症治疗;对受照剂量大于0.5Gy者,应住院观察,并给予及时治疗;受照剂量大于1Gy者,必须住院严密观察和治疗。

3. 外照射急性放射患者,应根据GBZ 104—2002《外照射急性放射病诊断标准》,采取综合性治疗。

4. 对伴有急性放射皮肤损伤的患者,应根据GBZ 106—2016《职业性放射性皮肤损伤诊断》,进行分度诊断和治疗。

(三) 内照射事故照射人员的医学处理原则

放射性核素可分别经呼吸道、消化道、皮肤伤口甚至完好的皮肤进入体内造成内照射损伤。

1. 内照射放射患者应根据GBZ 96—2011《内照射放射病诊断标准》诊断治疗。

2. 内照射的判定可依据污染史(事故性质、事故现场放射性核素的种类、浓度、入体途径等),生物样品的测定分析(如血、尿、粪及其他内容物等)和全身或靶器官的放射性测量及临床表现等综合判定。依据体内放射性核素的种类和器官内沉积量及受照时间估算剂量。

3. **放射性核素进入人体内的医学处理**

(1) 尽早清除初始进入部位的放射性核素:包括彻底洗消体表沾染,防止沾染物的扩散。疑有吸入时,应清拭鼻腔、含漱、祛痰,必要时使用局部血管收缩剂。有摄入时,可催吐、洗胃、使用缓泻剂和抑制吸收药物。

(2) 根据放射性核素的种类和进入量,尽早选用相应药物进行促排治疗:有放射性碘进入体内时,应力争在6小时内服用稳定性碘;有氚进入体内时应大量饮水或补液。

4. 对超过2个年摄入量限值(ALI)的放射性核素内照射人员应进行医学观察及相应的治疗;超过20个ALI者属于严重内照射,应进行长期、严密的医学观察和积极治疗,注意远期效应。

(四) 内外混合照射事故照射人员的医学处理原则

内外混合照射时的医学处理可参照上述进行。伴有体表创伤时,可用生理盐水、络合剂反复冲洗。对用生理盐水和络合剂难以去除的污染,可考虑手术切除。

四、放射性污染的控制

1. 首先控制污染,保护好事故现场,阻断一切扩散污染的可能途径。如暂时关闭通风系统或控制载带放射性核素的液体外溢,或用物体吸附或遮盖密封,防止污染再扩散。

2. 隔离污染区,禁止无关人员和车辆随意出入现场。或用路障、或用明显线条标记出污染的边界区域及其污染程度。由隔离区进入清洁区,要通过缓冲区,确保清洁区不受放射性污染。

3. 进入污染区必须穿戴个人防护用具,通过缓冲区进入污染区。

(1) 从污染区出来的人员,要进行个人监测,手、脸、头发、鞋要给以特别注意,其次是臀部、膝、袖口等处。

(2) 由污染区携出的物品、设备,必须在缓冲区经过检查和处理,达到去污标准后,才能带入清洁区。

(3) 污染的监测结果必须记录,用一定面积的平均计数率值表示之,如监测地板、天花板、墙表面用 $1000cm^2$ 上的平均计数率值,桌、衣服等用 $300cm^2$,皮肤污染测量用 $100cm^2$,最容易受污染的手指尖和手掌,按 $30cm^2$ 计算。

4. 任何表面受到放射性污染后,应及时采取综合去污措施,尽可能清洗到本底水平。

5. 个人去污时用肥皂、温水和软毛刷认真擦洗。洗消时要按顺序进行,先轻度污染部位后重度污染位,防止交叉污染。要特别注意手部,尤其是指甲沟、手指缝。必要时可用弹力粘膏敷贴 2~3 小时,揭去粘膏再用水清洗,对去除残留性污染有较好效果。或采用特种去污剂。擦洗头发一般用大量肥皂和水,要特别注意防止肥皂泡沫流入眼睛、耳、鼻和嘴。每次洗消前后要进行监测,对比去污效率。除污染的废水须收集,经监测后方可酌情处理。

6. 受过严重放射性污染的车辆或设备,其表面虽然经除污达到了许可水平,但是,当检修、拆卸内部结构时,仍要谨慎,防止结构内部污染的扩散,要进行监测和控制。

五、应急对策

1. **隐蔽**　人员隐蔽于室内,可使来自放射性烟云的外照射剂量减少到 1/10~1/2。关闭门窗和通风系统就可减少因吸入放射性核素污染所致的剂量,隐蔽也可降低由沉降于地面的放射性核素所致的外照射剂量,一般预计可降低到 1/10~1/5。减弱系数要视建筑物类型及人员所处位置而定。

2. **个人防护方法**　空气中有放射性核素污染的情况下,可用简易法进行呼吸道防护,例如用手帕、毛巾、纸等捂住口鼻,可使吸入的放射性核素所致剂量减少到 1/10。防护效果与粒子大小、防护材料特点及防护物(如口罩)周围的泄漏情况等有关。体表防护可用日常服装,包括帽子、头巾、雨衣、手套和靴子等。公众采取简易的个人防护措施,一般不会引起伤害,所花代价也不高。但进行呼吸道防护时,对有呼吸系统疾病或心脏病的人,应注意不利影响,这点不可忽视。

3. **服用稳定性碘**　碘化钾或碘酸钾可以减少放射性碘同位素进入甲状腺。一次服用 100mg 碘(相当于 130mgKI 或 170mgKIO$_3$),一般在 5~30 分钟内就可阻止甲状腺对放射性碘的吸收,大约在 1 周后对碘的吸收恢复正常。服碘时间对防护效果有明显影响,在摄入放射性碘前或摄入后立即给药效果最好;摄入后 6 小时给药,可使甲状腺剂量减少约 50%;摄入后 12 小时给药,预期防护效果很小;24 小时后给药已基本无效。

4. **撤离**　最有效的防护对策,可使人们避免或减少受到来自各种途径的照射。但也是各种对策中难度最大的一种,特别是在事故早期,如果进行不当,可能付出较大的代价,所以对此应采取周密的计划。在事先制订应急计划时,必须考虑多方面的因素。如事故大小和特点,撤离人员的多少及其具体情况,可利用的道路、运输工具和所需时间,可利用的收容中心、地点、设施、气象条件等。

5. **避迁**　与撤离的区别主要是采取行动的时间长短不同,如果照射量率没有高到需及时撤离,但长时间照射的累积剂量又较大,此时就可能需要有控制地将人群从受污染地区避迁。这种对策可避免人们遭受已沉降的放射性核素的持续照射。

6. **管理食物和水** 放射性核素释放到环境时,就会直接或间接地转移到食物和水中。牛奶中的 ^{131}I 峰值一般在一次孤立的放射性核素释放后 48 小时出现,因此对牛奶的控制较其他食物尤为重要。事故发生后,越早将奶牛和其他肉食用的牲畜撤离受污染的牧场,并喂以未污染的饲料,牛奶及其他肉食品的污染水平就越低,人们可能接受的照射剂量就越小。受污染的食物(牛奶、水果、蔬菜、谷物等),可采用加工、洗消、去皮等方法除污染,也可在低温下保存,使短寿命的放射性核素自行蜕变,以达到可食用的水平。

7. **控制出入** 采取此对策可减少放射性核素由污染区向外扩散,并避免进入污染区而受照射。其主要困难在于长时间控制出入后,人们会急着要离开或返回自己家中,以便照料生产或由封锁区运出货物、产品等。

8. **人员除污染** 应对已受到或可疑受到污染的人员除污染。其方法简单,但不要因为人员除污染而延误撤离或避迁。

9. **地区除污染** 即对受放射性物质污染的地区消除污染。道路和建筑物表面可用水冲或真空抽吸法。设备可用水和适当的清洗剂清洗,耕种的农田和牧场可去掉表层土移往贮存点埋藏,也可深耕而使受污染的表层移向深层。

10. **医学处理** 只有发生的事故严重,早期对策无效,对工作人员和公众造成危害时,才需进行医学处理。

(洪 峰)

思 考 题

1. 突发公共卫生事件具有哪些特征?

2. 医疗机构和临床医生在发现和处理突发公共卫生事件中如何发挥作用?

3. 作为临床医生,如果您怀疑接诊的患者是甲类或不明原因传染病患者,该如何处理? 医院应采取什么控制措施? 医护人员需做好哪些防护工作?

4. 如果你参加了某化学中毒事故救治,如何进行现场处置及应急救援?

第四篇
卫生服务体系与卫生管理

　　预防医学的教学目的不仅要培养医学生掌握为个体和不同群体提供预防服务的能力,也要让医学生树立大健康观的系统思维方式。本篇通过讲述卫生系统包括医疗体系和公共卫生体系及其功能、医疗保障制度、全球健康策略与健康中国这几个方面的内容,介绍了有关卫生管理、健康中国乃至全球健康的一些基本知识。目的是让同学们站在更高的高度,以全球的宏观视角审视人群健康,以及人群健康在社会发展和全球的可持续发展中的作用,在将来的工作中既要看到树木,更要看到森林,从而成为一名合格的医疗决策者和服务管理者。

第二十一章 卫生系统及中国卫生体制改革

卫生系统对个人、家庭和社会的健康发展至关重要。一个国家拥有健全的卫生服务组织体系、高效的疾病预防控制网络是保障国民健康的基础。从预防医学的视角来说,卫生系统是落实中国预防为主的方针,保护、促进和维护人群健康的重要载体。作为医学工作者,了解和掌握卫生系统的组织机构、功能与目标、公共卫生保障以及医疗服务的要素,对于全面构建我们的专业知识体系、有效地进行医学职业服务、出色地完成保障人民健康的工作具有重要的作用。

第一节 卫生系统与卫生组织机构

一、卫生系统概述

(一) 卫生系统的定义

在世界卫生组织(WHO)发布的《2000 年世界卫生报告》中,卫生系统(health systems)被定义为所有致力于进行卫生活动的组织、机构和资源。所谓的卫生活动(health action)是指无论是个体的医疗或是公共卫生服务,还是多部门主动发起的健康促进活动,只要是以促进、恢复和维护健康为基本目标的任何努力,均属于卫生活动的范畴。卫生系统是一个复杂、综合、动态的系统。在这个系统内,其参与者包括卫生服务的提供者、消费者、购买者、决策者和监管者这几大类。参与者使用的资源包括资金、人员、设施、技术和信息,这些资源通过提供者、购买者和决策者的配合组织,为消费者提供服务。它是一个在购买者、提供者、消费者和决策者之间存在很多反馈环的动态系统,每一部分相互联系,相互影响而又相互制约,改变系统中的任何一个部分都可能对整个系统有直接或间接的影响,因此,需要共同努力才能实现系统的最终目标。卫生系统的结构和运行同时也受到其所处的政治、经济、社会、人口和技术等外部环境的影响。

(二) 卫生系统的目标

卫生系统是受社会驱动而建立的,主要目的在于促进和维护健康,体现社会因素和社会运动在健康中的作用。然而,卫生系统不仅有责任提高人们的健康水平,同时也有责任减少患者的经费开支。一个有效的、运行良好的卫生系统不仅需要提供令人满意的卫生服务,也有责任尽量减少卫生服务利用的不公平。卫生系统的目标主要包括:提高人群总体健康水平和公平获得良好的健康,提高卫生系统对人们的需求和期望的反应性,以及保证卫生资金筹集过程中的资金公平性。

1. **获得良好的健康** 卫生工作关注的是人,各个卫生系统的核心领域都是在进行两种人的独特交流:需要服务的人群以及被认可能够提供服务的人群。毋需置疑促进健康是卫生系统的重要目标,但并不是唯一的目标。良好健康的目标包括两个方面,即人群健康平均水平较高以及群体或个体之间的健康水平差异较小。健康公平性(equity in health)要求所有社会成员均有公平的机会获得尽可能高的健康水平,这是人类的基本权利。因此,健康公平性又被理解为创造相等的获得健康的机会,并将不同社会人群健康的差别降到最低水平。

2. **加强人们所期望的反应能力** 反应性(responsiveness)是指卫生系统能够满足人们合理期望的程度。这个期望并非是对医疗方面的期望,而是指患者在享受医疗服务的过程中对非医疗方面的各种期望。反应性强调两点:非卫生技术性(non-health aspects)服务和普遍的合理性期望(universally legitimate expectations)。这是因为卫生系统不仅有提高人群健康水平的责任,还应保证患者的尊严不受侵犯。反应性测量分为主观性指标"对人的尊重"和客观性指标"以卫生服务对象为中心"两个部分,主要包括尊严、机密性、自主性、及时性、社会支持、基本设施以及服务者的选择共7个领域。

(1)"对个人的尊重"内容包括:①尊重个人尊严:医患双方是平等的,都有独立的人格,患者在就诊过程中应受到医务人员的尊重,这体现了患者的基本人权。一般情况下是指不能侮辱、贬低或歧视患者。特殊情况下是指不能消灭具有某种遗传缺陷的个体或禁锢传染性疾病患者;②自主性:患者具有做出自己健康选择的自主权,并参与治疗方案等的选择;③保密性:患者个人的健康资料应受到保密;④交流:该项是WHO结合各方面的意见后于2001年新增的领域。充分的交流是尊重患者的体现,也是患者自主选择、参与决定的基础。医护人员应该认真倾听患者述说、耐心向患者解释,使患者能够理解;同时还要让患者有时间提问,医护人员尽量回答。

(2)"以卫生服务对象为中心"内容包括:①及时性:患者应得到及时的医疗服务,包括看急诊得到尽快处理,非急诊病例候诊的时间要合理等;②基本设施质量:卫生系统应为卫生服务对象提供质量优良的就医环境,如就医环境的清洁、方便与舒适,医院的饮食质量保障等;③就诊的选择性:卫生服务对象可自由选择提供医疗保健的机构或组织,以及卫生系统工作或服务人员;④社会支持:患者可获得家庭和亲友的关怀和照顾。因此医疗机构应该:允许亲友探视;对病情恶化或终末期患者提供支持;出院后对其提供支持等。

可见,卫生系统反应性的测量主要通过了解卫生服务利用对象在接受医疗卫生服务时的经历、体验和认知来反映他们对卫生系统的评价。反应性测量领域的具体内容及其权重参见表21-1。从权重上看,及时关注最为重要,其次分别是尊严、自主权、保密性。

表21-1　WHO 提出的卫生系统反应性测量内容及其权重

领域	权重	测量内容
对个人的尊重	0.5	
尊严	0.1667	在卫生机构受到尊敬;体检时卫生人员应保护服务对象的隐私
自主性	0.1667	病患能参与保健和治疗的决定;检查或治疗前应征求服务对象的同意
保密性	0.1667	卫生人员对个人的信息保密;与医护人员咨询时或讨论时应防止被其他无关人员倾听
交流*	—	卫生人员应仔细地听取服务对象及家属的叙述;卫生人员对问题的解释需通俗易懂;并给予服务对象询问的时间
以卫生服务对象为中心	0.5	
及时性	0.2	服务人群从家至卫生机构的距离和交通时间合适(从家步行到卫生机构需15分钟以内);急诊时能得到快速医疗服务;预约和咨询的等待时间适宜,能迅速进行相关检查;非急诊手术的等待时间较短
基础设施质量	0.15	候诊室有足够的空间、座位和新鲜空气;设施干净(如厕所清洁);提供健康、安全的食品
选择卫生机构和人员	0.1	卫生服务对象可以选择不同的医疗机构;自由选择卫生人员
社会支持网络	0.05	医疗机构允许亲友探视,并允许亲友携带食品或其他礼物;住院期间患者可以自由参加社会活动

*在《2000年世界卫生报告》公布后新增的领域
(资料来源:GPE Discussion Paper No. 21-23,Geneva,WHO)

3. 确保卫生筹资的公平性　卫生筹资(health financing)是指为各项卫生活动筹集所用资金,以及合理配置和利用这些资金。卫生筹资的目标是在卫生领域筹集足够的用于卫生服务的资金,不断提升医疗服务的公益性和公平性,确保卫生服务质量,满足人们的服务需求并提供经济风险保护,同时实现可利用卫生资源的最佳使用效率。卫生系统的合理筹资应根据支付能力而非疾病的危险来分散每个家庭因支付卫生服务的花费而面临的风险。一个公平的卫生系统应该能够确保对所有人的经济保护，包括贫困者，而不至于使一些家庭因支付医疗费而陷入贫困之中。因此，在卫生筹资过程中，不同人群间的经济负担应该公平，支付额应与其支付能力相一致，支付能力越高，支付的筹资额应越大。具体可表现为水平公平和垂直公平两类。具有相同支付能力的人支付相同的费用为筹资的水平公平；具有不同支付能力的人支付的卫生费用不同，支付能力高的人支付更多的费用，支付能力低的人支付较少的费用为垂直公平。

卫生系统涉及公平性，除了卫生筹资的公平性外，从受益者的角度来讲，还包括卫生保健的公平性。卫生保健公平性（equity in health care）指按照需要公正、平等地分配各种可利用的卫生资源，使整个人群都能有相同的机会从中受益，亦包括水平公平和垂直公平。水平公平指相同的卫生服务需要，应该获得相同的卫生服务利用；垂直公平指具有不同卫生服务需要的人群，应该获得不同的卫生服务利用，或者根据不同健康状况的个体需要提供不同的卫生服务。所有的社会成员所接受的卫生服务质量应该同等。此外公平还有其他的定义：比如对卫生系统的可及性、利用以及结果的公平性，人群健康状况的公平等等。获得公平的卫生保健和服务受到诸如财政资源，卫生系统各部门的组织、人力资源，管理能力和信息系统等多方面的限制。

（三）卫生系统的功能

1. **卫生系统的主要功能**　实现卫生系统的目标在很大程度上决定于系统所执行的功能。WHO 把卫生系统的功能（health system functions）归纳为四项：提供服务（service delivery）、创建资源（creating resources）、筹措资金（financing）和监督管理（stewardship）。

（1）提供服务：提供服务是卫生系统最常见也是最重要的功能。事实上，通常可能只通过提供服务来鉴定整个卫生系统的功能。在大多数卫生系统中，卫生服务分为个人卫生服务和公共卫生服务。个人卫生服务主要指针对个人的预防、诊断、治疗和康复等，公共卫生服务主要指针对群体的健康教育、环境卫生等。个人卫生服务一般涉及公立/私立卫生服务，而公共卫生服务则更多涉及政府责任。很多国家经验证明，个人卫生服务的提供日趋多元化，应通过有效的服务网络加以协调，并通过竞争提高效率。随着私立卫生服务机构的增加，应进一步促使公共部门加强管理，改善工作绩效。

（2）创建资源：卫生资源是在一定社会经济条件下，国家、社会和个人对卫生部门综合投资的客观指标，包括卫生人力、卫生费用、卫生设施、卫生装备和药品、卫生信息等。卫生系统的功能之一是确保供给与需求之间的平衡，如卫生人力资源应合理配置，不能因此加剧卫生服务的不公平；同样，卫生机构及技术的投资也应根据国家的重点进行配置，从而提高卫生系统的整体绩效。

（3）筹措资金：适宜的筹资方式可以促进卫生系统的持续发展。资金筹集意味着通过一定的渠道从家庭、公司、政府和捐资机构筹集资金。这些渠道包括个人付费、商业保险、强制性社会保险、普通税收、非政府机构的捐款以及国际机构的转移支付。资金一旦筹集起来，就需要建立抗风险的统筹资金以及面向个人和卫生服务机构的资金分配方式。卫生筹资的主要挑战在于如何扩大预付制、提高公共筹资的力度、增加对资金的公共管理强度等。

（4）监督管理：在卫生系统的四个功能中，监督管理处于核心地位，直接影响其他三个功能及其发展方向。它包括制定公正的运行规则及确定整个卫生系统的战略方向，其核心问题是如何定位政府的作用。在管理方面最主要的挑战就是要强化国家卫生行政部门对卫生系统提供政策指导方向的能力。

有研究提出，构建一个运行良好的卫生系统，关键因素主要包括以下 6 个方面：①领导和执政能力；②卫生信息系统；③卫生筹资；④卫生人力资源；⑤基本医疗产品和技术；⑥卫生服务提供。

卫生系统的功能与目标的关系如图 21-1 所示。

2. **卫生服务需要、需求和利用**　为了达到良好健康的目标，有效发挥卫生系统的功能，需要了解和分析卫生服务的需要（求）量和利用量。它也是评价卫生系统工作效率和潜力、合理组织卫生服

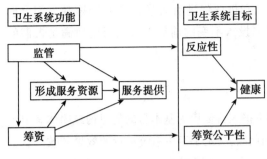

图 21-1　卫生系统的功能与目标之间的关系（WHO，2000）

务、解决服务供需矛盾的有效手段。

（1）卫生服务需要（health service need）：主要取决于居民的自身健康状况，是依据人们的实际健康状况与"理想健康状态"之间存在差距而提出的对预防、医疗、保健、康复等卫生服务的客观需要，包括个体觉察到的需要（perceived need）和由医疗卫生专业人员判定的需要，两者有一致性和差异性。一般情况下，只有当一个人觉察到有卫生服务需要时，才有可能去寻求利用卫生服务。另一种情况是，某个人实际存在健康问题或患有疾病，但尚未被察觉，当其进行医学检查被确诊为患有某种疾病或障碍时，才有卫生服务的需要。这种情况会对健康产生不利的影响。发现未察觉到的卫生服务需要，最有效的方法是进行人群健康筛检，以确定哪些是已经觉察到的需要，哪些是还未被察觉到的潜在需要（potential need）。这对于医疗服务和预防保健工作都有积极的作用。

（2）卫生服务需求（health service demand）：指从经济和价值观念出发，在一定时期内和一定价格水平上，人们愿意而且有能力消费的卫生服务量。卫生服务需求的形成必须具备两个条件：①消费者的购买愿望；②消费者的支付能力。卫生服务需求一般可分为两类。第一类是由需要转化而来的需求：人们的卫生服务需要只有转化为需求，才有可能去利用卫生服务。但在现实生活中，并不是所有的卫生服务需要都能转化为需求。需要能否转化为需求，除了与居民本身是否觉察到有卫生服务需要相关外，还与其收入水平、享有的健康保障制度、交通便利程度、风俗习惯、健康意识，以及卫生机构提供的服务类型和质量等多种因素有关。第二类是没有需要的需求：通常由不良的就医行为和行医行为造成。一方面，有时候居民提出的一些"卫生服务需求"，可能经医疗卫生专家按服务规范判定是不必要的，或被认为是过分的要求。例如有些患者就医时要求医生多开药或延长住院时间等而过度利用卫生服务。另一方面，在不规范的卫生服务市场条件下，由于经济利益的驱动使某些医疗卫生人员对就诊者实施一些不必要的检查、治疗、开大处方等，诱导病患过度的服务需求。上述"求非所需"和"供非所求"的情况均可导致没有需要的需求量增加。而这些没有需要的需求者往往会与真正需要卫生服务的人竞争有限的卫生资源，进而造成卫生资源的浪费和短缺。

（3）卫生服务利用（health service utilization）：指需求者实际利用卫生服务的数量（即有效需求量），是人群卫生服务需要量和卫生资源供给量相互制约的结果，直接反映卫生系统为人群健康提供卫生服务的数量和工作效率，间接反映卫生系统通过卫生服务对居民健康状况的影响，但是不能直接用于评价卫生服务的效果。

（4）卫生服务需要、需求、利用之间的关系：卫生服务需要是卫生服务需求的基础。当人们的卫生服务需要转换成卫生服务需求，且所有的需求都是以来自健康角度的客观需要为基础时，卫生服务的利用就会达到既满足居民健康的合理需要，又没有资源浪费的状态（图 21-2，C 区）。但现实中，人们可能由于前述的种种主观和客观的原因，没能使卫生服务需要转化成实际的卫生服务需求，而造成卫生服务利用率的降低（图 21-2，A 区）；反之有些人的卫生服务需求又是在没有需要的基础上发生的（图 21-2，B 区），造成卫生资源的浪费。

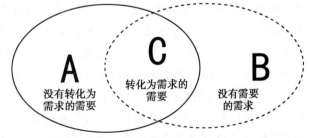

图 21-2　卫生服务需要、需求、利用之间的关系

为了改善广大居民卫生服务利用的能力和公平性，需要政府及有关职能部门在发展整个社会经济的同时，通过建立适宜的健康保障制度、合理配置卫生资源、控制医疗卫生服务价格、提高服务效率和质

量,同时杜绝不良的就医和行医行为、开展公众健康教育和健康促进活动等措施和方法,使人们合理的卫生服务需要能更多地转化为需求,才能在卫生资源投入不变的前提下最大限度地满足人们的需求。

二、卫生组织机构

卫生组织(health organization)是指以促进、恢复和维护人群健康为基本目的的机构或团体。卫生组织机构是卫生系统的重要组成部分,其设置的形式和层次,决定了卫生系统运行的效果和效率。卫生组织机构主要包括卫生行政组织,卫生服务组织以及与卫生直接相关的第三方组织,此外,国际卫生组织,如世界卫生组织、联合国儿童基金会等也属于卫生组织机构的范畴。

(一)卫生行政组织

卫生行政组织(health administrative organization)是指那些通过制定和执行卫生政策、法规来引导和调控卫生事业的发展,将组织和管理卫生相关事务作为主要职能的政府组织。卫生行政组织是国家公共行政组织的一种,是卫生公共政策的具体执行机构,通过法律手段贯彻和执行国家的健康与卫生工作方针、政策与法规,是具有合法性、强制性、权威性的政府机构。卫生行政组织在内部结构上具有集中统一、系统化和层级分明的特征。中国的卫生行政组织主要包括:国家及地方各级卫生健康委员会(局)、医疗保障组织等。

1. 国家及地方各级卫生健康委员会(局)　为推动实施健康中国战略,树立大卫生、大健康理念,把以治病为中心转变到以人民健康为中心,预防控制重大疾病,积极应对人口老龄化,加快老龄事业和产业发展,为人民群众提供全方位全周期健康服务,国务院机构改革方案提出,将国家卫生和计划生育委员会、国务院深化医药卫生体制改革领导小组办公室、全国老龄工作委员会办公室的职责,工业和信息化部的牵头《烟草控制框架公约》履约工作职责,国家安全生产监督管理总局的职业安全健康监督管理职责整合,组建国家卫生健康委员会,作为国务院组成部门。2018 年 3 月,根据第十三届全国人民代表大会第一次会议批准了国务院机构改革方案,设立中华人民共和国国家卫生健康委员会(National Health Commission of the People's Republic of China)。国家卫生健康委员会的主要职责是,拟订国民健康政策,协调推进深化医药卫生体制改革,组织制定国家基本药物制度,监督管理公共卫生、医疗服务和卫生应急,负责计划生育管理和服务工作,拟订应对人口老龄化、医养结合政策措施等。

各级卫生健康委员会(局)分别在同级政府和上级卫生行政部门的领导下,管理本辖区的卫生行政工作。

2. 医疗保障组织　医疗保障组织(medical security organization)是指从事组织、管理医疗保障等事务的相关组织。为完善统一的城乡居民基本医疗保险制度和大病保险制度,不断提高医疗保障水平,确保医保资金合理使用、安全可控,推进医疗、医保、医药"三医联动"改革,更好地保障病有所医,2018 年 3 月,十三届全国人大一次会议表决通过了关于国务院机构改革方案的决定,组建中华人民共和国国家医疗保障局(National Medical Security Commission of the People's Republic of China),将人力资源和社会保障部的城镇职工和城镇居民基本医疗保险、生育保险职责,国家卫生和计划生育委员会的新型农村合作医疗职责,国家发展和改革委员会的药品和医疗服务价格管理职责,民政部的医疗救助职责整合,作为国务院直属机构。其主要职责是,拟订医疗保险、生育保险、医疗救助等医疗保障制度的政策、规划、标准并组织实施,监督管理相关医疗保障基金,完善国家异地就医管理和费用结算平台,组织制定和调整药品、医疗服务价格和收费标准,制定药品和医用耗材的招标采购政策并监督实施,监督管理纳入医保支出范围内的医疗服务行为和医疗费用等。

保护人群健康是全社会的责任,除了直接负责的卫生行政组织以外,其他许多政府机构包括教育、劳动生产、民政、体育、商业、农业等部门也相应地承担着卫生保健的任务。

（二）卫生服务组织

卫生服务组织（health service organization）是以保障居民健康为主要目标,直接或间接向居民提供预防服务、医疗服务、康复服务、健康教育和健康促进等服务的组织。在中国,狭义的卫生服务组织主要包括医疗服务组织及专业公共卫生组织,前者包括医院、疗养院、社区卫生服务中心（站）、卫生院、诊所等;后者包括疾病预防控制中心、妇幼保健院、健康教育所等。广义的卫生服务组织还包括血液及血液制品生产组织、药品和医疗器械生产机构、医学科研组织、医学教育组织等。关于具体的卫生服务机构详见本章第二节。

（三）卫生第三方组织

第三方组织主要是指与卫生有关的各种非政府组织（non-governmental organization,NGO）。卫生第三方组织主要是由各种非政府部门、职业群体或群众自发组建的与健康有关的社会团体。第三方组织具有协助政府组织的职能,其功能与政府组织相辅相成,可以弥补政府组织管理的不足,促进卫生行业管理。中国卫生第三方组织主要包括与卫生相关的学会、协会、基金会等。

1. **学会**　学会是由科技工作者自愿组成的科技学术性团体,是科技发展的必然产物。学会的根本任务是科学研究、学术交流、促进学科发展、促进科技成果转化等。学会的成员主要是专业机构、高等院校、科研机构和各界中的广大科技工作者。目前国内卫生领域规模体系较大的学会主要有中华医学会（Chinse Medical Association,CMA）、中华预防医学会（Chinse Preventive Medicine Association,CP-MA）、中国药学会（Chinese Pharmaceutical Association,CPA）,中华中医药学会（Chinse Association of Chinese Medicine,CACM）、中华护理学会（Chinese Nursing Association,CNA）等。

2. **协会**　协会是由某行业工作者、行业内组织,为达到某种目标,通过签署协议自愿组成的团体或组织。协会的职能包括制定行业从业规则、统计行业信息、代表职业群体与政府沟通等。目前国内卫生领域的协会主要有中国红十字会（Red Cross Society Of China,RCSC）、中国医师协会（Chinese Medical Doctor Association,CMDA）、中国医院协会（Chinese Hospital Association,CHA）,中国农村卫生协会（China Rural Health Association,CRHA）。

3. **基金会**　《基金会管理条例》将基金会界定为:"利用自然人、法人或者其他组织捐赠的财产,以从事公益事业为目的,按照本条例的规定成立的非营利性法人。"基金会的资金具有明确的目的和用途。其宗旨是通过无偿资助,促进社会的科学、文化教育事业和社会福利救助等公益性事业的发展。公益性、非营利性、非政府性和基金信托性是基金会的基本特征。中国基金会的活动领域大多集中在文化教育、救灾济贫、医疗救助、公共服务以及公益支持等方面。与卫生有关的基金会有:中国初级卫生保健基金会（Primary Health Care Foundation of China,PHCFC）、中国医学基金会（China Medical Foundation,CMF）、中国医药卫生事业发展基金会（China Health & Medical Development Foundation）等。

（四）国际卫生组织

随着人类国际交往的加深,相互依存的加强,保障健康成为国际性事业,各种国际组织和国际公约应运而生,为促进人类卫生保健事业做出了重要贡献。主要的国际卫生组织包括世界卫生组织、联合国儿童基金会、国际红十字会等。

1. **世界卫生组织**　世界卫生组织（World Health Organization,简称 WHO）,是联合国系统内指导和协调卫生工作的权威机构,于 1948 年 4 月 7 日成立,总部设置在瑞士日内瓦,是国际上最大的政府间卫生组织。世界卫生组织的宗旨是使全世界人民获得尽可能高水平的健康,其主要职能包括:促进流行病和地方病的防治;提供和改进公共卫生、疾病医疗和有关事项的教学与训练;推动确定生物制品的国际标准。

2. **联合国儿童基金会**　联合国儿童基金会（United Nations International Children's Emergency Fund,简称 UNICEF）,于 1946 年 12 月 11 日创建,全球总部设在美国纽约,是致力于保护和促进儿童权益的联合国机构。其资金来源主要来自于各国政府、个人、企业和基金会的自愿捐款。联合国儿童基金会是一个不代表任何党派的组织,主要通过国别合作方案和国家委员会,在全世界范围内开展工作。它所从事的工作重点关注儿童的卫生与营养、教育、儿童保护、社会政策、艾滋病、水与环境卫生以及灾害应急准备和响应。在全球服务于儿童和青少年的国际机构中,联合国儿童基金会是其中的领先者,在主管青少年事务的国际组织中拥有无法取代的位置。

3. 红十字会国际委员会   红十字会国际委员会(International Committee of the Red Cross),1863年创立于日内瓦,是一个独立的非政府的人道主义团体。其资金主要来自于各国政府以及国家红十字会和红新月会的自愿捐赠。红十字国际委员会是一个公正、中立和独立的组织,其特有的人道使命是保护武装冲突和其他暴力局势受难者的生命与尊严,并向他们提供援助。它独立于任何政府以外,是落实国际人道法规的监督者,是全世界组织最庞大,也是最具影响力的救援组织。

第二节 中国卫生服务体系

卫生服务体系是指由卫生服务组织机构构成的系统,按职能可分为公共卫生服务体系和医疗卫生服务体系。卫生服务体系通过提供卫生服务分工协作,由医疗机构提供医疗康复服务,妇幼保健机构提供妇幼卫生保健服务,疾控中心提供疾病预防与控制服务,来促进、恢复和维护区域内居民的健康。卫生服务机构在接受卫生行政组织领导的同时,接受上级卫生服务组织的业务指导,并指导下级卫生服务机构,实现了卫生服务的纵向连续性供给。

一、公共卫生服务体系

(一)公共卫生概述

1. 公共卫生的定义   公共卫生是保障公民的健康长寿、社会前进的必要条件。随着时代的发展,人们对公共卫生的认识也不断深化。1920 年,被誉为现代公共卫生创始人的美国耶鲁大学公共卫生教授温斯洛(Charles-Edward A. Winslow)将公共卫生定义为:公共卫生(public health)是指通过有组织的社区努力来预防疾病、延长寿命、促进健康和提高效益的科学和艺术。这些努力包括:改善环境卫生,控制传染病,教育人们注意个人卫生,组织医护人员提供疾病早期诊断和预防性治疗的服务,以及建立社会机制来保证每个人都达到足以维护健康的生活标准。以这样的形式来组织这些效益的目的是使每个公民都能实现其与生俱有的健康和长寿权利。这一定义概括了公共卫生的本质、工作范围和目的。此定义在 1952 年被 WHO 采纳并沿用至今。在中国,2003 年 7 月 28 日,作为当时中国公共卫生界的官方领军人物,时任中国副总理兼卫生部部长的吴仪,在全国卫生工作会议上代表政府对公共卫生作了如下诠释:"公共卫生就是组织社会共同努力,改善环境卫生条件,预防、控制传染病和其他疾病流行,培养良好卫生习惯和文明生活方式,提供医疗服务,达到预防疾病,促进人民身体健康的目的"。这是中国第一次明确提出的,比较系统全面的公共卫生定义,反映了中国现代公共卫生的共识。

2. 公共卫生的功能   随着公共卫生的发展,对公共卫生的主要功能也有不同的认识。美国医学会(1988 年)提出,公共卫生要完成"确保人人健康环境,满足社会健康利益"的使命,应该具备三大核心功能:

(1)评估(assessment):即定期系统地收集、整理、分析社区的健康信息,包括反映健康状况的统计学资料,社区卫生需求以及有关健康问题的流行病学和其他研究的资料,做出社区诊断。

(2)制定政策(policy development):即推进公共卫生决策中科学知识的运用和引领公共卫生政策的形成,服务大众的利益。

(3)保障(assurance):即通过委托、管理、或直接提供公共卫生服务来确保个人和社区获得必要的卫生服务,达到公众同意预设的目标。

2000 年,泛美卫生组织/世界卫生组织(PAHO/WHO)根据公共卫生的发展,制定了 11 项公共卫生的基本职能(EPHF)见表 21-2,用以评估卫生部门在发挥公共卫生方面的作用的能力。在世界银行(The World Bank)网站中举办的"加强公共卫生功能"的课程中,也将此作为学习的目标。

表 21-2　泛美卫生组织/世界卫生组织制定的 11 项公共卫生的基本职能

职能代号	职能描述
EPHF 1	监督、评估和分析人群健康状况
EPHF 2	监测、研究和控制威胁公众健康的危险因素
EPHF 3	健康促进
EPHF 4	社会参与公共卫生
EPHF 5	发展公共卫生规划政策和管理制度
EPHF 6	加强公众健康的管理和执行能力
EPHF 7	评价和促进卫生服务利用的公平性
EPHF 8	发展和培养公共卫生的人力资源
EPHF 9	保障个人和公众卫生服务的质量
EPHF 10	调查研究公共卫生问题
EPHF 11	降低突发公共卫生事件和疾病对健康的影响

（二）专业公共卫生服务组织机构

为了有效地保障人群健康,中国建立了一套完整的公共卫生与疾病预防网络。广义的公共卫生机构是指一切能促进健康、预防疾病、保护健康的机构。狭义的公共卫生机构即专业公共卫生机构是指向辖区内提供专业公共卫生服务(主要包括疾病预防控制、健康教育、妇幼保健、精神卫生、急救、采供血、综合监督执法、食品安全风险监测评估与标准管理、计划生育、出生缺陷防治等),并承担相应管理工作的机构。专业公共卫生机构主要包括疾病预防控制机构、综合监督执法机构、妇幼保健计划生育服务机构、急救中心(站)、血站等,原则上由政府举办。与医疗机构重在治疗相比,公共卫生机构重在预防,主要通过社会预防疾病,促进健康和延长寿命。

1. **疾病预防控制中心（center for disease prevention and control，CDC）**　是实施政府卫生防病职能的专业机构,集疾病监测和分析、预防与控制、检验与评价、应用科研与指导、技术管理与服务、综合防治与健康促进为一体,以预防和控制危险因素、疾病、伤害和失能,提高所辖区域人群健康水平和生命质量为目标。围绕国家和当地疾病预防控制重点任务,加强对疾病预防控制策略与措施的研究,做好各类疾病预防控制工作规划的组织实施;在继续加强传染病预防和控制的同时,积极开展对慢性非传染性疾病的预防和控制,快速应对突发公共卫生事件,重点加强疾病预防的技术决策、信息综合、防治实施、应用研究和预防服务等功能。

中国国家疾病预防控制中心的具体职责为:

（1）为拟订与疾病预防控制和公共卫生相关的法律、法规、规章、政策、标准和疾病防治规划等提供科学依据,为卫生行政部门提供政策咨询。

（2）拟订并实施全国重大疾病预防控制和重点公共卫生服务工作计划和实施方案,并对全国实施情况进行质量检查和效果评价。

（3）指导建立国家公共卫生监测系统,对影响人群生活、学习、工作等生存环境质量及生命质量的危险因素,进行营养食品、劳动、环境、放射、学校卫生等公共卫生学监测;对传染病、地方病、寄生虫病、慢性非传染性疾病、职业病、公害病、食源性疾病、学生常见病、老年卫生、精神卫生、口腔卫生、伤害、中毒等重大疾病发生、发展和分布的规律进行流行病学监测,并提出预防控制对策。

（4）参与和指导地方处理重大疫情、突发公共卫生事件,建立国家重大疾病、中毒、卫生污染、救灾防病等重大公共卫生问题的应急反应系统。配合并参与国际组织对重大国际突发公共卫生事件的调查处理。

（5）参与开展疫苗研究,开展疫苗应用效果评价和免疫规划策略研究,并对全国免疫策略的实施进行技术指导与评价。

（6）研究开发并推广先进的检测、检验方法,建立质量控制体系,促进全国公共卫生检验工作规范化,提供有关技术仲裁服务,受国家卫生计生委认定,开展健康相关产品的卫生质量检测、检验,安全性评价和危险性分析。

（7）建立和完善国家级疾病预防控制和公共卫生信息网络,负责国内外疾病预防控制及相关信息搜集、分析和预测预报,为疾病预防控制决策提供科学依据。

（8）组织实施全国性重大疾病和公共卫生专题调查,为国家国民经济与社会发展规划公共卫生战略的制定提供科学依据。

（9）开展对影响国家社会经济发展和国民健康的重大疾病和公共卫生问题防治策略与措施的研究与评价,推广成熟的技术与方案。

（10）组织实施国家级健康教育与健康促进项目,指导、参与和建立国家级社区卫生服务示范项目,探讨社区卫生服务的工作机制,推广成熟的技术与经验。

（11）负责农村改水、改厕工作技术指导,研究农村事业发展中与饮用水卫生相关的问题,为有关部门做好饮用水开发利用和管理提供依据。

（12）组织和承担与疾病预防控制和公共卫生工作相关科学研究,开发和推广先进技术。

（13）负责对下级疾病预防控制机构人员的培训。

（14）开展国际合作与技术交流,引进和推广先进技术。

（15）承担国家卫生计生委交付的其他工作任务。

各省市和地方的疾病预防控制中心则根据当地人群健康问题的重点确定与国家疾病预防控制中心相应的职责。

2. 妇幼保健机构（maternal and child health care institution）　妇幼保健是公共卫生的一项重要内容,妇幼保健机构是公共卫生服务体系的重要组成部分。主要提供以群体保健工作为基础,面向基层、预防为主,为妇女儿童提供健康教育、预防保健等公共卫生服务。在切实履行公共卫生职责的同时,开展与妇女儿童健康密切相关的基本医疗服务。因此,妇幼保健机构的专业工作内容兼有临床医疗与卫生保健双重性质,在中国卫生专业组织机构中具有特殊地位。中国妇幼保健机构由政府设置,分省、市(地)、县三级。上级妇幼保健机构承担对下级机构的技术指导、培训和检查等职责,并协助下级机构开展技术服务。

中国妇幼保健机构承担的主要职责为：

（1）完成各级政府和卫生行政部门下达的指令性任务。

（2）掌握本辖区妇女儿童健康状况及影响因素,协助卫生行政部门制定本辖区妇幼卫生工作的相关政策、技术规范及各项规章制度。

（3）受卫生行政部门委托对本辖区各级各类医疗保健机构开展的妇幼卫生服务进行检查、考核与评价。

（4）负责指导和开展本辖区的妇幼保健健康教育与健康促进工作;组织实施本辖区母婴保健技术培训,对基层医疗保健机构开展业务指导,并提供技术支持。

（5）负责本辖区孕产妇死亡、婴儿及5岁以下儿童死亡、出生缺陷监测、妇幼卫生服务及技术管理等信息的收集、统计、分析、质量控制和汇总上报。

（6）开展妇女保健服务,包括青春期保健、婚前和孕前保健、孕产期保健、更年期保健、老年期保健。重点加强心理卫生咨询、营养指导、计划生育技术服务、生殖道感染/性传播疾病等妇女常见病防治。

（7）开展儿童保健服务,包括胎儿期、新生儿期、婴幼儿期、学龄前期及学龄期保健,受卫生行政部门委托对托幼园所卫生保健进行管理和业务指导。重点加强儿童早期综合发展、营养与喂养指导、生长发育监测、心理行为咨询、儿童疾病综合管理等儿童保健服务。

（8）开展妇幼卫生、生殖健康的应用性科学研究并组织推广适宜技术。

此外,妇幼保健机构还提供基本医疗服务,包括妇女儿童常见疾病诊治、计划生育技术服务、产前筛查、新生儿疾病筛查、助产技术服务等,根据需要和条件,开展产前诊断、产科并发症处理、新生儿危重症抢救和治疗等。

（三）公共卫生服务体系构成

公共卫生是一项公共事业,属于国家和全体国民所有。公共卫生建设需要国家、社会、团体和民众的广泛参与和共同努力。公共卫生体系(public health system)是在一定的权限范围内提供必要的公共卫生服务的公共、民营和志愿组织的总体。它常常被描述为具有不同功能、相互关联和相互作用的网络,为整个社区和地方公众健康和福祉服务的各种组织机构(图 21-3)。公共卫生体系一般包括:

1. **国家、省市和地方的公共卫生服务专业机构**　它们是公共卫生体系的支柱,是负责公共卫生实施的业务部门,承担着政府保障人群健康的职责。

2. **医疗服务体系**　它们一般作为突发公共卫生事件的第一报告人、疾病监测的前哨以及日常各种个体化预防服务和疾病管理服务的提供者,在保障公众健康中起到积极的作用。临床医生同样也是公共卫生的一员,针对传染病,临床医生须完成监测和报告、患者的隔离控制等工作,在"防"与"治"两个方面均承担重要的作用。

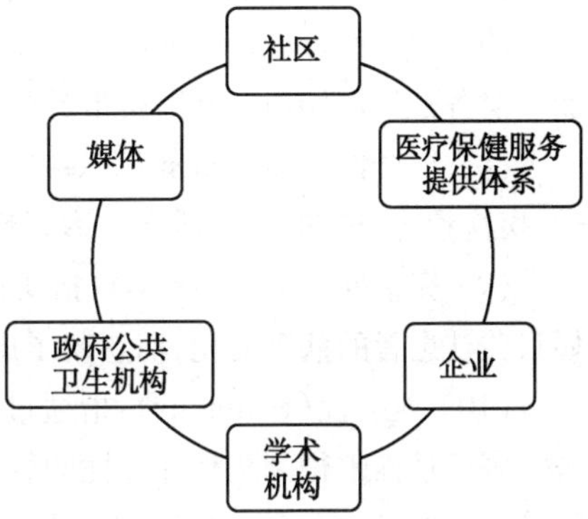

3. **社区**　这是人们集聚和生活的地方,它既是公共卫生措施具体实施的场所,同时也作为各种合作部门(如公共安全、环保、救助、社会教育团体等)的整体,成为公共卫生体系的重要合作伙伴。

图 21-3　公共卫生体系

4. **企事业单位**　主要代表了在职人员工作的场所。它除了需要保护和促进本单位人群的健康外,还负有保护环境、帮助社区等社会责任(即所谓的企业社会责任,corporate social responsibility, CSR)。

5. **大众媒体**　它是公共卫生信息传播的主要载体,对公众的健康心理和行为产生着重大的影响和引导作用。

6. **学术研究机构**　作为公共卫生人才培养的主要机构,也是公共卫生创新性研究的重要部门,它为改善和发展公共卫生事业及服务水平提供基础资料。

由此可见,政府公共卫生机构和医疗保健的提供者应是公共卫生的主体,它们与社会其他的组织及政府其他部门建立和维持伙伴关系,共同保障和促进全人群的健康。

二、医疗服务体系

（一）医疗服务概述

1. **医疗服务的定义**　医疗服务是指为满足顾客的需要,在同顾客的接触中,由医疗机构所提供的医疗活动和医疗活动的结果。

2. **医疗服务的功能**　医疗服务的功能是通过为居民提供医疗、保健和康复服务,达到以下的目的:①延长寿命;②增进个体的功能;③缓解患者其家庭因健康问题带来的心理压力;④解释患者及其家庭有关的健康和医学问题;⑤为患者提供有关预后的咨询;⑥为患者及其家庭提供支持和照料。

3. **良好医疗服务（good medical care, GMC）的基本要求**　包括 10 个方面,又简称为"7A3C",它也是评价医疗服务质量的重要指标。

（1）可供性(availability):指当人们需要医疗时所能提供服务的程度。例如某一医疗机构每周工作 5 天,每天工作时间是从上午 8 点到下午 5 点,那么,许多上班的人就很难得到所需服务。

（2）适量性(adequacy):指拥有的医务人员和医疗设备能满足社区医疗服务需要和需求的能力。

（3）可及性(accessibility):指在地理、物质和经济上能得到医疗服务。对一个没有适当的交通工具的残疾人,或一个没有适当经济来源又没有医疗保险的患者而言,他/她就可能得不到所需的医疗服务。

（4）可接受性（acceptability）:它包括服务提供者是否能够很好地与患者交流、所提供的服务是否以人为本、患者所提供的信息是否可以得到保密或个人隐私权是否得到保障等。

（5）适宜性（appropriateness）:所提供的服务中,实施服务的医务人员及场所是否适宜。如在一个不具备条件的农村医务室开展心脏手术就被认为是不合适的。

（6）可评估性（assessability）:指所开展的医疗服务工作是否可以被评估,包括医疗服务实施的记录、财务制度的完整性、与计算机联网的程度等。

（7）责任性（accountability）:即医疗服务的公众责任。如医疗机构的理事会是否有公众代表参加? 财务是否定期由公共财会审计? 是否有向公众公布财务记录和服务质量的制度等。

（8）综合性（comprehensiveness）:指所提供的服务必须关注该医学问题的所有方面,包括健康促进、疾病预防、早期检查、适当的诊断治疗、随访和康复等。

（9）完整性（completeness）:指所提供的服务应当涵盖所有的健康问题,包括心理和社会方面。如只关注患者的病理变化,而忽视了患者的心理和社会问题,那么这种服务则是不完整的。

（10）连续性（continuity）:指通过对患者在不同服务提供者之间的有效沟通和协调,保证患者在医疗服务过程中得到全程连续性的管理。患者在患病后,可能不止看一个医生,也可能不止在一家医院治疗。这时,如何协调好医生与医生之间,医院与医院的关系与责任,做好患者医疗保健的全程管理,直接影响到服务患者的质量、有效性和可接受性。确定好服务过程中的责任医生,往往是得到这种连续性服务的保证。

（二）医疗服务组织机构

医疗机构以救死扶伤,防病治病,为公民的健康服务为宗旨。医疗机构的主要功能是提供以医疗服务为主,并开展预防、保健、康复等服务,同时承担部分公共卫生服务,如健康教育和健康促进,应对突发事件的紧急医疗救治,支援基层医疗机构等。设置医疗机构应当符合医疗机构设置规划,经卫生行政部门批准,取得《医疗机构执业许可证》方可开业。任何单位和个人未取得《医疗机构执业许可证》,不得行医。

1. **医疗机构分级**　中国医疗机构实行等级管理,共分三级。一级医疗保健机构是直接为社区提供医疗、预防、康复、保健综合服务的基层卫生保健机构。其主要功能是直接对人群提供预防保健服务,在社区管理多发病常见病现症患者并对疑难重症做好正确转诊,协助高层次医院做好中间或院后服务,合理分流患者。二级医院是为多个社区提供医疗卫生服务的地区性医院,是地区性医疗预防的技术中心。其主要功能是参与指导对高危人群的监测,接受一级转诊,对一级医疗机构进行业务技术指导,并能进行一定程度的教学和科研。三级医院是跨地区、省、市以及向全国范围提供医疗卫生服务的医院,是具有全面医疗、教学、科研能力的医疗预防技术中心。其主要功能是提供专科（包括特殊专科）的医疗服务,解决危重疑难病症,接受二级转诊,对下级医院进行业务技术指导和培训人才;完成培养各种高级医疗专业人才的教学并承担科研项目的任务;参与和指导一、二级预防工作。

2. **医疗机构的规模**　医院的规模主要指医院开设的床位数。根据医院的规模大小不同,其床位、卫生技术人员数和行政人员数的比例都有相应的标准。根据医院的床位数以及规模大小,人员配备,硬件设施,科研能力,每个等级又分甲乙丙三等。医院内部科室的设定根据医院管理的需要而定,一般设行政管理、医务、医疗、护理、科教、财务、设备管理、总务、保卫、病案管理等科室。此外,根据服务内容又分为综合性医院和专科医院。

3. **医疗机构分类**　随着中国经济体制的发展,医疗市场进一步开放,医疗机构又可根据其经营性质、社会功能及其承担的任务,分为营利性和非营利性两类。非营利性医疗机构（non-profit medical organization）指为公众利益服务而设置、不以营利为目的的医疗机构,其收入用于补偿医疗服务成本,实际运营中的收支结余只能用于发展。营利性医疗机构（profit medical organization）以投资获利为目的,可以更多地从事某些专科服务及特需服务,中外合作合资医疗机构、股份制医院和私营医院都属于营利性医疗机构。

需要提出的是,医疗服务机构并不仅仅是提供医疗服务,临床医务工作者在健康促进和疾病预防同样起着非常重要的作用。另外,在临床场所提供个体化的预防服务——临床预防服务则是临床医务工作者的优势所在。这在相应的章节已有具体介绍。

三、中国的城乡卫生服务体系

国办发〔2015〕14 号文件《全国医疗卫生服务体系规划纲要(2015—2020 年)》指出,中国已经建立了由医院、基层医疗卫生机构、专业公共卫生机构等组成的覆盖城乡的医疗卫生服务体系。依据中国城乡二元化的结构,中国的卫生服务体系可划分为城市卫生服务体系和农村卫生服务体系。

(一) 城市卫生服务体系

中国的城市卫生服务体系是由社区卫生服务机构与区域卫生专业机构组成的两级卫生服务网络。以社区卫生服务机构为基础,社区卫生服务机构与医院和公共卫生机构分工协作,保障城市居民的健康需求。社区卫生服务机构包括社区卫生服务中心和社区卫生服务站,以社区常住居民为服务对象,以妇女、儿童、老人、慢性患者、残疾人、贫困居民等为服务重点人群,提供基本医疗服务和基本公共卫生服务。区域综合医院和专科医院承担区域内的危急重症和疑难病症的诊疗服务,与社区卫生服务机构开展业务合作以及双向转诊。疾控机构、妇幼保健院及其他专业卫生服务组织对社区卫生服务机构提供业务指导,并与社区卫生服务机构协作,为城市居民提供全方位的公共卫生服务。如图 21-4 所示。

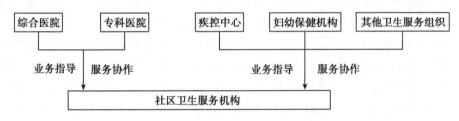

图 21-4　中国城市卫生服务体系

(二) 农村卫生服务体系

中国的农村卫生服务体系主要是指县及县以下的卫生服务组织,包括县(包括县级市)、乡、村三级卫生服务机构,组成"农村三级医疗卫生服务网",即以县级卫生服务组织为龙头,乡镇卫生院为骨干,村卫生室为基础的卫生服务组织体系,是落实中国农村医疗、预防、保健功能的组织保障(图 21-5)。

县级医院是县域内的医疗和业务技术指导中心,也是连接城市大医院与农村基层医疗卫生机构的桥梁,主要负责基本医疗服务及危重急症患者的抢救,并承担对乡村两级卫生组织的业务指导和卫生人员的进修培训;乡镇卫生院综合提供常见病、多发病的诊疗及公共卫生服务,并承担对村卫生室的业务管理和技术指导;村卫生室承担行政村的公共卫生服务及一般疾病的诊治和转诊工作等。

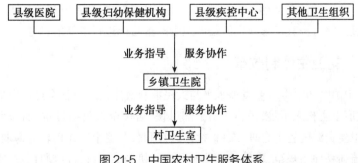

图 21-5　中国农村卫生服务体系

第三节　中国卫生体制改革

卫生体制改革(health system reform)是为改善卫生系统绩效而进行的有目的、可持续、战略性的变革,根本目的是为了完善卫生服务系统、改善人民健康水平、提供健康风险保护、提高公众满意度。卫生体制改革不仅仅是技术问题,也是政治问题;不仅仅是卫生部门单独的职责,还需要政府相关部门乃至全社会的努力,只有政府领导,多部门协调,全社会共同参与才能有效推进。近年来,世界政治经济格局发生深刻变化,生态环境、生产和生活方式变化对人类健康带来前所未有的挑战。人口老龄化速度不断加快、新的传染病不断出现、慢性非传染性疾病负担持续增加,医药费用持续上涨、健康不公平性日益加剧,传统卫生体制受到严重冲击。国际社会日益认识到人类健康不仅是经济发展的结果,更是促进经济发展的重要保证。人类健康和卫生事业发展受到前所未有的关注。这也成为各国推进卫生体制改革的主要因素。中国正处于社会经济快速发展时期,改革难度更大,机遇与挑战并存。

一、中国卫生体制改革历程

中国的卫生体制改革始于 20 世纪 80 年代末。为了解决计划经济体制下卫生事业发展存在的体制僵化、机制不活、供给短缺、能力不强等问题,引入了经济体制改革的思想,套用企业改革的思路进行卫生改革,将医疗卫生推向市场。改革在扩大医疗卫生服务资源总量、提高服务能力、调动医务人员积极性等方面取得了较好的成效。但也产生了许多负面效应,医疗机构过度追求经济利益、政府投入减少,使公立医院的公益性淡化,公共卫生服务被严重削弱。而受经济体制变革影响,农村合作医疗、劳保医疗、公费医疗等医疗保障制度受到很大冲击,健康公平性问题日益突出。

1997 年,面向市场条件下卫生工作中出现的诸多问题,中共中央、国务院出台了《中共中央、国务院关于卫生改革与发展的决定》,着重强调卫生事业的公益属性,并制定了"以农村为重点,预防为主,中西医并重,依靠科技与教育,动员全社会参与,为人民健康服务,为社会主义现代化建设服务"的新时期卫生工作方针。在这一方针的指引下,国家制定了一系列支持农村卫生、公共卫生、中医药事业发展的举措,如建立农村合作医疗制度、把妇幼保健目标纳入国家总体发展规划、大力开展爱国卫生运动等,卫生事业取得了新发展。2000 年,国务院颁布了《关于城镇医药卫生体制改革的指导意见》,提出"用比较低廉的费用提供比较优质的医疗服务,努力满足广大人民群众基本医疗服务的需要"的总体改革目标。在此期间,城镇职工基本医疗保险制度不断发展,新型农村合作医疗制度和医疗救助制度开始启动。但由于相关的重要配套政策未能及时出台,政策执行情况较差,"看病难、看病贵"问题逐步成为群众反映强烈的社会问题。而在这一时期,卫生体制改革开始注重改革的整体设计,开始触动制约卫生改革发展的一些深层次矛盾和体制机制问题,为新一轮的卫生体制改革积累了宝贵的理论和实践基础。

2003 年的非典疫情,充分暴露了中国卫生服务体系建设严重滞后于经济发展的问题,加快卫生事业改革发展成为全社会的共识。2005 年,国务院发展研究中心医改课题组关于"中国医改基本不成功"的结论引起广泛的关注及激烈争论。政府和社会各界对中国近 30 年来的卫生改革进行了系统而客观的评价与反思,并对一直以来众说纷纭的卫生改革目标进行了新的思考。

二、中国新一轮卫生体制改革

进入 21 世纪,中国医药卫生事业发展水平与人民群众健康需求及社会经济发展水平不适应的矛盾仍较为突出。政府卫生投入不足,医药费用上涨过快,居民个人负担过重,而城乡和区域医疗卫生事业发展不均衡,卫生资源配置不合理,农村、社区医疗和公共卫生工作仍较为薄弱,医疗保障制度不健全,药品生产和流通秩序不规范,医院管理体制和运行机制不完善等问题日益严重。同时,工业化、城镇化、人口老龄化、疾病谱转变以及生态环境的变化,中国医疗卫生服务体系面临着新的严峻挑战。深化医药卫生体制改革,成为加快医药卫生事业发展的战略选择。

2009 年 4 月,中共中央、国务院出台了《关于深化医药卫生体制改革的意见》和《深化医药卫生体制改革近期重点实施方案(2009—2011 年)》,拉开了新一轮医改的序幕。

(一) 新医改的基本原则

新一轮医改(简称新医改)政策设计的基本思路是保基本、强基层、建机制、全民享有。在此思路下,新医改遵循的基本原则是:

1. **坚持以人为本,把维护人民健康权益放在第一位** 强调医药卫生事业的公益性,把基本医疗卫生制度作为公共产品向全民提供,实现人人享有基本医疗卫生服务。

2. **坚持立足国情,建立中国特色医药卫生体制** 强调因地制宜,坚持基本医疗卫生服务水平与经济社会发展相协调。

3. **坚持公平与效率统一,政府主导与发挥市场机制作用相结合** 强调政府在基本医疗卫生制度中的责任,以维护公共医疗卫生的公益性,促进公平公正。但也注重发挥市场机制作用,动员社会力量参与,以提高医疗卫生运行效率、服务水平和质量。

4. **坚持统筹兼顾,把解决当前突出问题与完善制度体系结合起来** 在明确总体改革方向目标和基本框架下,突出重点,分步实施,积极稳妥地推进改革。

(二) 新医改的主要内容

新医改的主要内容被概括为"一个目标、四大体系和八项支撑"。

1. **一个目标** 即新医改的总体目标,指到 2020 年,建立健全覆盖城乡居民的基本医疗卫生制度,为居民提供安全、有效、方便、价廉的医疗卫生服务。

2. **四大体系** 是指为了构建覆盖城乡居民的基本医疗卫生制度,需要完善的医药卫生四大体系。包括全面加强公共卫生服务体系建设,进一步完善医疗服务体系,加快建设医疗保障体系,建立健全药品供应保障体系等。四大体系相辅相成,应配套建设,协调发展。

3. **八项支撑** 是为了保障医药卫生体系有效规范运转而需要完善的八个方面的体制机制。主要包括建立协调统一的医药卫生管理体制、高效规范的医药卫生机构运行机制、政府主导的多元卫生投入机制、科学合理的医药价格形成机制、严格有效的医药卫生监管体制、可持续发展的医药卫生科技创新和人才保障机制、实用共享的医药卫生信息系统和健全的医药卫生法律制度。

新医改方案是中国当前卫生改革发展的最新纲领性文件,对中国当前乃至未来相当长一段时间的卫生政策制定与卫生事业发展起到重要指导作用。但是,医药卫生体制改革也是一项复杂的社会系统工程,涉及各方利益关系的调整,需要统筹兼顾、分阶段、有重点地协调推进,逐步落实。同时,随着中国医疗卫生体制改革的推进,基层医疗卫生服务体系建设不断发展,基层医疗服务机构与大型医疗机构协作配合、合理分工的问题日益成为社会关注的热点。

三、中国的分级诊疗制度

国内外学者普遍认同建立分级诊疗制度不仅有利于实现不同级别和类型医疗卫生机构之间的分工协作,提高医疗卫生服务体系的总体效率;同时还有利于引导常见病、多发病患者的合理分流,减轻患者就医经济负担。在国外自 1957 年 WHO 正式提出三级医疗卫生服务模式并建议各国实施,以基层医疗卫生服务为主体的分级诊疗在世界各国陆续开展。英国拥有全科医生模式下严格的疾病分级管理体系,美国无严格的医院分级,是依赖于家庭医生制度的疾病分级管理体系,德国是区域性医疗分级管理体系,日本是医疗层级式分级管理体系。与国外系统而较为成熟的分级诊疗制度相比,中国的分级诊疗制度建设还处于起步阶段,各地在国家方针政策的指引下初步开展了相关的试点和实践。

(一) 中国分级诊疗的发展历程

自新中国成立以来,中国在城市、乡镇、农村分别建立了三级医疗预防保健网络布局。在城镇以劳保医疗和公费医疗实行"分级就医转诊制度",在农村以赤脚医生作为"守门人",为居民提供初级医疗服务,基本解决了当时的主要健康问题,得到世界卫生组织的赞誉。改革开放之后,由于片面强调了市场化,忽视了政府责任,违背了医疗卫生事业的公益性质,形成了"行政型市场化"的行业特征,医疗机构逐利性增强,医疗资源配置严重失衡,呈现"倒三角"结构,患者就医混乱无序,分级诊疗体系逐渐瓦解。最终导致医疗卫生服务效率低下,可及性降低,医疗卫生费用逐年攀升,卫生筹资公平性大幅下降,一度被列为医疗最不公平的国家之一。

新医改以来,建立分级诊疗制度被视为缓解"看病难、看病贵"问题的重要举措而重新提上了日程,并不断向前推进。2013年,党的十八届三中全会审议通过《中共中央关于全面深化改革若干重大问题的决定》,就深化医疗卫生体制改革提出"完善合理分级诊疗模式,建立社区医生和居民契约服务关系"。标志着分级诊疗这一曾经与医疗服务公益性理念相伴相生的制度再一次出现在医疗改革的舞台上,并快速成为备受期待和认可的改革路径。

2014年,国务院出台《深化医药卫生体制改革2014年重点工作任务》,明确提出制定分级诊疗办法。在2014年3月25日召开的国务院常务会议上,李克强总理部署了医改的5项重点工作,其中提到"继续深入推进医改,就是要合理把控公立大医院规模,优化医疗资源布局,完善分级诊疗、双向诊疗,为患者就近就医创造条件。"

2015年1月,国务院常务会议提出统筹不同区域、类型和层级的医疗资源,优化结构。同年5月,国务院办公厅出台《关于城市公立医院综合改革试点的指导意见》,提出构建分工协作的医疗服务体系和分级诊疗就医格局。9月,国务院办公厅正式出台《关于推进分级诊疗制度建设的指导意见》[国办发(2015)70号],指出"到2017年,分级诊疗政策体系逐步完善,医疗卫生机构分工协作机制基本形成,优质医疗资源有序有效下沉,以全科医生为重点的基层医疗卫生人才队伍建设得到加强,医疗资源利用效率和整体效益进一步提高,基层医疗卫生机构诊疗量占总诊疗量比例明显提升,就医秩序更加合理规范。到2020年,分级诊疗服务能力全面提升,保障机制逐步健全,布局合理、规模适当、层级优化、职责明晰、功能完善、富有效率的医疗服务体系基本构建,基层首诊、双向转诊、急慢分治、上下联动的分级诊疗模式逐步形成,基本建立符合国情的分级诊疗制度。"12月1日,国家卫生计生委发布《关于做好高血压、糖尿病分级诊疗试点工作的通知》[国卫办医函(2015)1026号],指导综合医改试点省份和公立医院改革国家联系试点城市开展高血压、糖尿病等慢性病分级诊疗试点工作,并组织制定了详细的技术方案。

2016年3月,《中华人民共和国国民经济和社会发展第十三个五年规划纲要》的总目标是个人卫生支出占比下降的前提下,分级诊疗逐步形成,力争在制度建设上取得突破。2016年8月19日,在中国健康与卫生大会上,习近平总书记做了重要讲话,再次强调了分级诊疗的重要作用。2016年10月,中共中央、国务院印发的《"健康中国2030"规划纲要》中提到,要"建立不同层级、不同类别、不同举办主体医疗卫生机构间目标明确、权责清晰的分工协作机制,不断完善服务网络、运行机制和激励机制,基层普遍具备居民健康守门人的能力,完善家庭医生签约服务,全面建立成熟完善的分级诊疗制度,形成基层首诊、双向转诊、上下联动、急慢分治的合理就医秩序,健全治疗-康复-长期护理服务链。引导三级公立医院逐步减少普通门诊,重点发展危急重症、疑难病症诊疗。完善医疗联合体、医院集团等多种分工协作模式,提高服务体系整体绩效。加快医疗卫生领域军民融合,积极发挥军队医疗卫生机构的作用,更好为人民服务。"

由此,中国已经将建立分级诊疗制度作为优化和完善医疗卫生服务体系的重要举措和深化医药卫生体制改革的重点内容,并且迈出了实质性的步伐。截至2016年底,中国已有26个省份出台了分级诊疗相关政策文件,九成以上的城市启动了分级诊疗试点,多地区已形成一定的疾病分级管理样本模式,主要包括"闵行模式""西安模式""安徽儿科模式""厦门模式""新疆模式""嘉定模式"以及"三明模式"等。

（二）分级诊疗的概念及内涵

国际上尚没有与中国分级诊疗完全对应的概念和标准。与之相似和相关的概念有三级医疗卫生服务模式（hierarchical care）、首诊（first-contact）或"守门人"制度（general practice care/gatekeeper arrangements）、转诊（referral）、协同医疗服务（coordinated care）、整合型医疗卫生服务体系（integrated delivery system）等。新医改以来，国内学术界对分级诊疗的概念进行了诸多探讨，从不同角度对分级诊疗进行了界定。达成的共识包括：

1. **合理的就医格局**　即明确不同医疗机构的功能定位，鼓励常见病、多发病患者首先到基层医疗卫生机构就诊，通过完善转诊程序，实现不同级别和类别医疗机构之间的有序转诊，规范就医秩序。

2. **无缝衔接**　结合疾病诊疗特点，围绕患者预防、治疗、康复、护理等不同需求提供科学、适宜、连续、高效的诊疗服务，实现服务的有机"整合"。

3. **协同服务**　通过建立医疗机构之间的分工协作机制，促进优质医疗资源纵向流动。

综上，所谓的分级诊疗指按照疾病的轻、重、缓、急及治疗的难易程度进行分级，不同级别的医疗卫生机构应承担不同的职能，从而实现基层首诊、双向转诊、急慢分治和上下联动的服务流程和就医秩序，切实促进基本医疗卫生服务的公平可及。针对分级诊疗，基层首诊和双向转诊是其主要内容。

1. **基层首诊（gatekeeper system）**　指坚持群众自愿、政策引导，鼓励并逐步规范常见病、多发病患者首先到基层医疗卫生机构就诊，对于超出基层医疗卫生机构功能定位和服务能力的疾病，由基层医疗卫生机构为患者提供转诊服务。因此，基层首诊包含两个方面的内容：一是由基层医疗卫生机构对患者进行首诊，二是由基层医疗卫生机构承担对患者的转诊。

基层首诊的有效落实，至少需要满足以下条件：①基层医疗卫生机构应具备接受居民首诊所需的诊疗能力、设备设施以及药品供应等；②居民在需要诊疗服务时愿意首选基层医疗卫生机构，这需要居民信任基层医疗卫生机构有能力满足其基本医疗服务需求，并且能维护其健康权益（如及时帮助其转诊并做好相关医疗衔接支持）；③各级医疗卫生机构之间分工协作，并完善利益分配机制；④完善相关配套政策及措施。如加大政府对基层卫生机构财政投入，确保机构运行经费和基本公共卫生服务经费的增长，用于保障机构的有效运行；完善不同级别医疗机构的医保差异化支付政策，适当提高基层医疗卫生机构医保支付比例，引导居民基层首诊等。

实施基层首诊可以对患者进行合理地分流，对于建立层次分明、功能合理的卫生服务体系，合理使用卫生资源，控制卫生费用不合理增长至关重要，是开展分级诊疗制度的必要条件。但由于中国现阶段基层医疗卫生服务能力尚很薄弱，居民对基层医疗卫生机构信任感偏低，相关的配套政策及措施不完善，落实基层首诊制度仍任重道远。

2. **双向转诊（two-way transfer for medical treatment）**　是根据病情需要而进行的上下级医院间、专科医院间或综合医院与专科医院间的转院诊治的过程。它有纵向转诊、横向转诊两种形式。纵向转诊，即下级医疗对于超出本院诊治范围的患者或在本院确诊，但治疗有困难的患者转至上级医院就医；反之，上级医院对病情得到控制后相对稳定的患者，亦可转至下级医院继续治疗，从而形成有效的双向转诊。横向转诊，即综合医院可将患者转至同级专科医院治疗，专科医院亦可将出现其他症状的患者转至同级综合医院处置。同样，不同的专科医院之间也可进行上述转诊活动。

双向转诊制度的建立应具备以下三个基本条件：①合理的区域卫生规划和卫生机构设置规划，组成结构适宜的卫生服务体系；②对不同的卫生机构的功能进行定位，分工分级医疗；③完善的标准体系和程序，制定出各级各类医疗机构的诊治范围、诊疗程序、诊治标准，如抢救成功标准、急性病出院标准等。

双向转诊制度是今后中国卫生改革与发展的方向性问题，它可以有效地引导患者合理流动，促进卫生资源合理利用，是分级诊疗实施的重要内容。目前中国建立双向转诊制度仍要做许多工作，关键是做好区域卫生规划。双向转诊制度必须与医疗保障制度改革相衔接，配套，在政策上要鼓励、引导患者按照规定合理就诊。经济上对不同级别医院拉开收费标准，技术上规定病种分级诊断、治疗和转诊标准,指导医疗服务供需双方的行为,以保证双向转诊制度的建立和实施。

(三) 中国实施分级诊疗的重点路径

1. 明确各层级医疗机构功能定位　层级思维是分级诊疗的核心所在,无论是"医联体",还是区域协同医疗,这一切有关医疗资源优化配置的实施路径背后都需要有效的分层定位系统给予支持和引导。在总结国外分级诊疗经验、结合中国国情和实践的基础上,中国分级诊疗制度中各级医疗机构目前的功能定位如下:在构建的分级诊疗体系中,城市三级医院应主要提供危急重症和疑难复杂疾病的诊疗服务;城市二级医院主要接受三级医院转诊的急性病恢复期患者、术后恢复期患者及危急重症稳定期患者;县级医院则主要提供县域内常见病、多发病诊疗,危急重症患者抢救和疑难复杂向上转诊服务;慢性病医疗机构,主要包括基层医疗卫生机构、康复医院、护理院等,为诊断明确、病情稳定的慢性病患者,康复期患者,老年病患者,晚期肿瘤患者提供治疗、康复、护理服务;此外,个体诊所也承担就地就近为基层群众提供医疗服务的职责。这也是国务院办公厅《关于推进分级诊疗制度建设的指导意见》中为各等级医疗机构的功能进行的明确界定和区分。

2. 建立多种形式医疗联合体　医疗联合体(health alliance)简称医联体,是指不同层级医疗卫生机构通过纵向或横向的资源整合而形成的医疗组织。中国的医联体主要是以不同层级医疗卫生机构之间的纵向整合为主,即以三级医院、二级医院以及基层医疗卫生机构的"3+2+1"模式组建而成的联合体。

患者在医联体内,可以享受到基层医疗机构与区域医疗中心之间的双向转诊、化验检验结果互认、专家社区坐诊、远程会诊等便捷的优质诊疗服务。根据医联体内医疗机构关系的紧密程度,可以将当前中国的医联体划分为3种类型:松散型的技术协作联盟、紧密型的医疗服务集团以及兼有两种类型特征的混合型医疗联合体。各地在试点医联体的过程中,根据当地的实际情况将其中一类作为主要的医联体类型,松散型如京鼓楼医院集团、北京世纪坛医院医疗联合体;紧密型如大庆油田总医院集团、郑州人民医疗集团;混合型如上海瑞金医院集团等。无论采用哪种类型,最终要达到的效果和目标是一致的,即建立不同层级医疗机构之间的分工协作机制,优化医疗资源结构和布局,提高基层的医疗服务能力和质量,控制医疗费用,从而更好地实现进一步深化医改的目标。

组建医联体有利于分级诊疗服务体系的构建。医联体的建设有利于医疗资源整合,提高优势医疗资源的利用效率。医联体可以改变区域内不同层级医疗机构之间相互割裂的局面,实现基层医疗机构与三级医院之间的合作与沟通。一方面,医联体内的基层医院可以在大医院的带领下提升服务质量和水平,达到"强基层"的目标;另一方面,医联体内部"双向转诊"的渠道更加顺畅,能使康复期或普通病患者及时转到二级及以下医院诊治,使大医院能够集中更多力量救治急症、重症患者,减轻大医院的人流和病床压力,以节省患者的就医时间、缓解错位就医问题。

3. 推进家庭医生签约服务　分级诊疗已成为中国改善医疗资源配置和利用效率、理顺全民就医秩序、控制医疗费用过快上涨、减少医患矛盾的重要途径,但同时也对基层卫生机构是否"接得住"的能力提出了挑战,其突破口便是实施符合中国国情的家庭医生签约服务。2016年6月,国务院七部委联合发布《关于推进家庭医生签约服务的指导意见》。主要目标是到2017年,家庭医生签约服务覆盖率达到30%以上,重点人群签约服务覆盖率达到60%以上。到2020年,力争将签约服务扩大到全人群,形成长期稳定的契约服务关系,基本实现家庭医生签约服务制度的全覆盖。

家庭医生是为群众提供签约服务的第一责任人。家庭医生(family doctor)或称全科医生(general practitioner),美国的家庭医疗学会(AASP)对其定义为"家庭医生是经过家庭医疗这种范围宽广的医学专业教育训练的医生。家庭医生具有独特的态度、技能和知识,使其具有资格向家庭的每个成员提供连续性和综合性的医疗照顾、健康维护和预防服务,并作为所有健康相关事务的组织者,包括适当的利用专科医生、卫生服务以及社区资源。"由此可见,家庭医生是在基层承担预防保健、常见病多发病诊疗和转诊、患者康复和慢性病管理、健康管理等一体化服务的综合程度较高的医学人才,被称为社区居民健康的"守门人"。中国现阶段家庭医生主要由以下人员承担:一是基层医疗卫生机构注册全科医生(含助理全科医生和中医类别全科医生);二是具备能力的乡镇卫生院医师和乡村医生,三是符合条件的公立医院医师和中级以上职称的退休临床医师,特别是内科、妇科、儿科、中医医师。同时还鼓励符合条件的非政府办医疗卫生机构(含个体诊所)提供签约服务,并享受同样的收付费政策。未来随着全科医生人才队伍的发展,逐步形成以全科医生为核心的签约服务队伍。

　　家庭医生签约服务原则上应当采取团队服务形式,主要由家庭医生、社区护士、公卫医师(含助理公卫医师)等组成。服务的内容主要包括基本医疗服务、公共卫生服务和健康管理服务,具体而言,基本医疗服务涵盖常见病、多发病的中西医诊治,合理用药,就医路径指导和转诊预约等;公共卫生服务涵盖国家基本公共卫生服务项目和规定的其他公共卫生服务;健康管理服务主要是针对居民健康状况和需求,制定不同类型的个性化签约服务内容,可包括健康评估、康复指导、家庭病床、家庭护理、中医药治未病服务、远程健康监测等。家庭医生团队为居民提供约定的签约服务,根据签约人数按年收取签约服务费,由医保基金、基本公共卫生服务经费和签约居民付费等方式共同分担。

(高　博)

思　考　题

1. 卫生系统的功能、目标及其相互的关系。
2. 什么是卫生系统的反应性? 测量卫生系统反应性有何意义?
3. 如何理解卫生服务需要、需求及利用的关系。
4. 试述中国公共卫生服务体系的构成及其作用。
5. 中国卫生服务组织体系的职能分类和城乡设置的差异是什么?
6. 简述中国分级诊疗制度的主要内容和实施路径。

第二十二章 医疗保险与医疗费用控制

上一章介绍了合理的卫生筹资是保证各项卫生活动顺利开展,满足人们的服务需求并提供经济风险保护的重要环节。随着经济的快速发展,人口老龄化趋势日益加快,人民群众对健康的要求越来越高,心脑血管疾病、恶性肿瘤等慢性病患者呈现年轻化趋势而造成的疾病经济负担越来越重。医疗费用带来的经济压力影响了人们的生产和生活,是造成社会不稳定因素之一。为此,国家一般通过建立医疗保险制度来解决诊治疾病和伤痛所需医疗费用,同时又采取一定的措施来遏制医方费用的不合理增长,从而保证劳动力的再生产和社会生产的正常进行,促进社会和谐稳定。

第一节 医疗保险概述

一、医疗保险的概念和特点

(一)基本概念

医疗保险(medical insurance)是将多种渠道筹集的经费(保险费)集中起来形成基金(医疗保险基金),用于补偿个人(被保险人)因病或其他损伤所造成的经济损失的一种制度。对疾病导致的医疗费用(medical expenditures),尤其是基本医疗服务费用进行补偿是所有医疗保险的基本责任。一些国家的医疗保险还承保预防、保健等项目,补偿疾病给个人造成的经济损失。医疗保险受到社会、经济、文化、价值观、历史沿革等因素的影响。

医疗保险有广义与狭义之分,我们通常所说的医疗保险是指狭义的医疗保险,即针对疾病诊治所发生的医疗费用进行补偿的保险;广义的医疗保险也称健康保险(health insurance)。健康保险是指保险公司通过疾病保险、医疗保险、失能收入损失保险和护理保险等方式对因健康原因导致的损失给付保险金的保险。它不仅补偿由于疾病给人们带来的直接经济损失(医疗费用),还补偿由于疾病带来的间接经济损失(如误工工资等),对分娩、残疾和死亡等也给予经济补偿,甚至支持疾病预防和健康维护等。广义和狭义的医疗保险之间没有严格的界限,只是保险范围和程度的差异。

(二)医疗保险的特点

在各国的社会保险体系中,医疗保险是一项非常重要的社会保障制度(social security system)。由于疾病自身风险的特殊性、医疗服务的特殊性、专业性及复杂性,使得为抗御疾病风险建立的医疗保险与其他保险相比具有明显不同的特点。

1. **保障对象的广泛性** 医疗保险的保障对象是一个国家的全体居民,社会的每个成员。每个人无论其经济状况好坏、社会地位高低,从出生到死亡,都必然面对疾病威胁其健康的问题。健康是每个人的基本权利,因此医疗保险是每个社会成员的基本需求,每个社会成员都有权利获得健康保障,故医疗保险保障对象具有广泛性。

2. **保障的服务性** 医疗保险是对参保者在患病后所发生的医疗费用提供一定的补偿,其关键是患病后能够得到及时和必要的医疗救治,核心是医疗服务,因此是对医疗服务的保障。与其他保险不同的是,医疗保险一般可以直接将保险费用支付给医疗机构,通过医疗机构来提供参保者需要的医疗服务。

3. 实施的复杂性　医疗保险涉及社会的各个行业、各种人群,要把他们有机地纳入统一的医疗保险体系中,合理制定保费费率和支付标准,同时还涉及控费和费用监管等,管理上有一定复杂性。同时随人口老龄化趋势、疾病谱变化以及医疗新技术出现,医疗保险保障内容需适时调整。医疗保险不仅受到政府、企事业单位、个人的影响,还受到医疗服务供方的影响。医疗服务供方在服务中占有绝对的技术和信息主导地位,易产生不规范的医疗服务,因此医疗保险必须建立结构复杂,专业化强的运行机制来规范医疗行为。

4. 风险的难预测性　医疗保险的赔付不像其他保险那样进行简单的定额支付,一般要依患者病情而定。人人都可能患病,但何时患病,患什么病,病情严重程度如何,需要的医疗费用是多少,一般很难准确预测。疾病风险的难以预测性、医疗服务需求的无限性、医疗服务供方的逐利性、医疗费用监管的复杂性等因素造成医疗保险风险难以预测和控制。

二、医疗保险的种类

医疗保险按照不同的划分标准就有不同的医疗保险类型,一般有以下几种分类。

（一）以保险覆盖范围分类

根据保险覆盖范围,可将医疗保险分为基本医疗保险和补充医疗保险。

1. 基本医疗保险　是在生产力、社会经济承受能力、卫生资源和卫生服务供给等达到一定水平的条件下,在国家或地区的基本健康保障范围内,为参保人获得基础性的、必不可少的医疗服务而提供的保险。

2. 补充医疗保险　是基本医疗保险的一个相对概念,它指单位、行业或特定人群,根据其经济收入水平、疾病谱的特征、卫生服务需求和利用状况、人群的人口学特点等,自愿参加的一种辅助医疗保险,它是基本医疗保险的有益补充。一般情况下,基本医疗保险是强制的社会保险(social insurance),而补充医疗保险则为用人单位或个人自愿参加的保险。

（二）以保险经营性质分类

根据保险经营的性质,可将医疗保险分为社会医疗保险和商业医疗保险。

1. 社会医疗保险　是社会保险的重要组成部分,一般由政府部门承办,借助经济、行政和法律手段强制实施并进行组织管理。在医疗保险基金遇到特大风险时,政府将给予适当帮助,如政府财政补助等,必要时,政府还出面协调医疗保险机构与有关各方的关系,使社会医疗保险得以顺利推行。

2. 商业医疗保险　是商业保险(commercial insurance)的一种,是指当被保险人在投保一定期限后患有保险合同规定的某种疾病或因意外伤害导致支出医疗费用时,由保险公司向被保险人支付相应的保险金,使被保险人的疾病风险降低的一种商业保险模式。商业医疗保险又可分为普通医疗保险和特种疾病医疗保险。商业医疗保险由商业保险公司经办,以营利为目的,政府不参与保险经营,采取自愿参加的原则。

（三）以保险内容的范围分类

根据保险内容的范围,可将医疗保险分为综合医疗保险、住院医疗保险和病种医疗保险。

1. 综合医疗保险　综合医疗保险不仅对门诊医疗服务提供费用补偿,而且对住院医疗服务费用进行补偿,不分大病、小病和重病、轻病,保障范围广,管理难度较大。

2. 住院医疗保险　现在理论界基本上把住院医疗保险视为大病医疗保险。该保险保费较低,经济负担较轻,因此深受被保险人的欢迎。住院医疗保险最大的不足是门诊费用有可能向住院费用转嫁,导致过度利用医疗服务。

3. 病种医疗保险　主要针对单个费用较高的疾病,适合于在没有开展医疗保险地区的全体人群或虽已经开展了医疗保险但尚未被纳入保险范围的群体中实行,如癌症医疗保险,参保人每年只需缴纳少量的医疗保险费,一旦患了癌症,保险机构将按医疗保险合同规定补偿因接受与癌症有关的医疗服务所支出的门诊、住院费用。

第二节　医疗保险的主要模式

医疗保险模式按医疗保险基金筹集方式来划分,主要可分为国家医疗保险、社会医疗保险、商业医疗保险和储蓄医疗保险等模式。

一、国家医疗保险模式

国家医疗保险模式(national health service,NHS),指政府直接举办医疗保险事业,通过税收筹集医疗保险基金,并通过国家财政预算拨款和建立专项基金的形式,有计划地、逐级地拨给有关部门或直接拨给医疗服务提供方,医疗机构向全体国民提供免费或低收费的医疗服务。医疗卫生机构以公有制为主,医务人员为国家公职人员,医疗服务机构的所有权及控制权归国家所有。英国、加拿大、瑞典、爱尔兰、丹麦等国家所实行的全民医疗保险制度即属于此类,其中英国实行国家医疗保险模式最早,也最具代表性。中国20世纪90年代以前的公费医疗制度(government welfare insurance scheme)也属于此类,但覆盖人群只限于机关事业单位。

1. **优点**　本模式医疗保险经费的主要来源为政府财政预算拨款,因此资金来源稳定。由于是全民保险,医疗保险覆盖面广,社会共济能力强。医疗卫生事业作为国家福利事业的一个组成部分,公共卫生和预防服务能够得到充分保障。医疗服务基本为免费或低收费服务,体现了社会公平性和福利性,属于福利性的医疗保险制度(medical insurance system,MIS)。

2. **缺点**　本模式医疗费用筹资渠道单一,且医疗卫生资源的配置、医疗服务的价格几乎不利用市场机制的调节作用,不能满足日益增长的医疗需求。由于医疗机构之间缺乏竞争,医院、医护人员服务积极性不高,导致医疗服务效率低,甚至服务质量低下。由于医疗机构和居民都缺乏费用意识和有效的费用约束机制,导致医疗费用增长过快,财政不堪重负。

二、社会医疗保险模式

社会医疗保险模式(social health insurance)保险基金的来源主要是由雇主(或参保单位)和雇员(或参保人员)按一定比例缴纳,政府适当补贴。当参保者及其家属因疾病需要医疗服务时,由社会医疗保险机构支付一定医疗费用。这种模式在管理上属于计划与市场相结合的体制,实行这类医疗保险的国家有德国、日本、法国、韩国,其中德国的社会医疗保险制度历史最悠久,最具有代表性。

1. **优点**　社会医疗保险一般有法律的强制性保证。在风险分担方面,由于参保覆盖面广,基金统一筹集、管理和使用,互助共济性强,有利于个人医疗风险的横向转移;在分担机制方面,个人需缴纳保险费和承担一定的医疗费用,有利于加强个人的医疗费用控制意识及医疗费用约束机制;在费用管控方面,社会医疗保险经办机构同医疗机构建立协议服务关系,引入了竞争机制,促使医院提供优质服务,有利于规范医疗服务行为和控制医疗费用;在基金积累方面,医疗保险基金实行现收现付制(pay-as-you-go),一般不会有积累或积累很少。

2. **缺点**　由于实行现收现付,没有纵向积累,抗风险能力弱,本模式不能解决两代人之间医疗保险费用负担的代际转移问题。随着人口老龄化社会的到来,这种矛盾将日趋尖锐。社会医疗保险由于资金来源渠道有限,在保障的范围方面一般将预防保健服务排除在外,不利于预防服务的开展。由于不同地区经济水平的差异和筹资水平的不同,社会医疗保险存在负担水平和待遇水平的差异。

三、商业医疗保险模式

商业医疗保险模式(private health insurance)也称市场医疗保险模式,是由商业保险公司承办、以营利为目的的一种医疗保险形式,主要通过市场机制来筹集费用和提供服务,政府基本不干预或很少

笔记

干预。本模式医疗保险的资金主要来源于参保者个人或雇主(企事业单位)通过自愿购买商业保险公司的医疗保险项目所支付的保险费用。保险人与被保险人签订合同,双方履行相应的权利和义务。美国是实施市场型医疗保险模式的典型代表,其特点是公共医疗保险和商业医疗保险共存的多元化医疗保险制度,但以商业医疗保险为主。

1. 优点　商业医疗保险是一种商业行为,政府承担有限的责任,节约公共资源。由于其管理形式灵活、多样化,受政府干预较少,能够遵循市场需求满足不同社会阶层对医疗服务的需求。商业医疗保险服务的价格、资金的筹集由保险公司自主决策,市场机制充分发挥调节作用。由于其保险的非强制性,是否参保完全由人群自由选择,使保险公司必须在服务价格和质量上进行竞争,从而使参保人获得质量更高、更全面的医疗保险服务。

2. 缺点　大多数商业保险机构以营利为目的,医疗保险的价格都比较昂贵,低收入者难以支付,体弱多病者和老年人等高医疗消费人群往往被排除在外,且不同人群享受医疗保险的待遇差距较大,社会公平性较差。医疗消费主要通过市场机制来调节,缺乏有力干预措施和监控措施,易造成医疗费用失控或变相转嫁到参保人群身上。

四、储蓄医疗保险模式

储蓄医疗保险模式是一种通过立法,强制劳方或劳资双方缴费,以雇员或家庭的名义建立保健储蓄账户,并逐步积累,用以支付个人及家庭成员日后患病所需的医疗费用的一种医疗保险制度,是强制储蓄保险的一种形式。储蓄医疗保险模式属于公积金制度的一部分,来源于新加坡,目前斯里兰卡、印尼等十几个发展中国家也实行这种制度。

1. 优点　此种保险模式下,个人享受的医疗服务水平越高,支付的费用越多,有利于避免过度利用医疗服务,因此比较强调个人责任。每个国民从开始工作有收入之日起都要为其医疗服务需求储蓄积累,政府保证个人医疗储蓄资金等保值增值,能较好地解决人口老龄化带来的预防保健筹资等费用问题,从而解决了医疗费用的代际转移问题,管理效率较高。

2. 缺点　储蓄医疗保险过分强调效率,忽视公平性。由于医疗保险基金不能横向流动,不能实现收入再分配,从而缺乏共济性,承担风险能力不强。对于低收入者或无收入者来说,由于个人账户资金储蓄不足,就可能出现医疗费用支付能力低的问题。

第三节　中国的多层次医疗保障体系

中华人民共和国成立以后,中国医疗保险制度有三种类型:免费医疗(包括公费医疗和企业劳保医疗)、集资医疗(主要是合作医疗)和自费医疗。公费医疗制度针对国家机关和事业单位工作人员,以及大专院校学生,医疗经费来源于国家预算拨款。劳保医疗制度是针对企业单位职工(免费医疗)及其家属(半费医疗),经费来源于企业的纯收入。合作医疗制度针对农民,经费主要来源于农村集体经济。这三类医疗保障制度较好地保障了职工和农民的基本医疗,提高了其健康水平,极大地调动了其生产积极性,维护了社会稳定,为新中国的建立和发展发挥了重要作用。

改革开放之后,随着社会主义市场经济的建立和发展,在计划经济体制下建立起来的公费、劳保和合作医疗制度,已不能适应社会经济发展的要求,出现很多问题,如医疗保障的覆盖面较窄,医疗保障资金筹集机制不健全,管理和服务的社会化程度低,医疗风险承担能力低,缺乏有效的费用约束机制等。这些问题已严重影响到中国社会主义市场经济的发展。针对原有医疗保障制度的弊端,全国各地开始全面启动医疗保障制度改革,建立基本医疗保险制度,从此拉开了中国的医疗保障体系改革的序幕。

目前中国的基本医疗保险本着广覆盖、保基本、可持续的原则,强调医疗保障水平要与中国社会经济发展水平相适应,其筹资水平要根据财政、企事业单位的实际承受能力合理确定。根据"以收定支,收支平衡"的原则,确定基本医疗保险可以支付的医疗服务范围和支付标准。2009年4月,中共中央国务院《关于深化医药卫生体制改革的意见》中,将医疗保障体系作为中国的基本医疗卫生制度的四大体系之一,并要求加快建设医疗保障体系,建立和完善以基本医疗保障为主体,其他多种形式补充医疗保险和商业健康保险为补充,覆盖城乡居民的多层次医疗保障体系。其中,基本医疗保障体系由城镇职工基本医疗保险、城镇居民基本医疗保险、新型农村合作医疗和城乡医疗救助共同组成,分别覆盖城镇就业人口、城镇非就业人口、农村人口和城乡困难人群。在医疗保险制度的改革探索中,中国逐步建立了多层次医疗保障体系,以满足不同人群对医疗服务的需求。目前,中国多层次医疗保障体系包括三个层次:基本医疗保险(包括城镇职工基本医疗保险、城乡居民基本医疗保险)、医疗救助制度、补充医疗保险(包括城乡居民大病保险、商业医疗保险),下面将展开介绍中国的多层次医疗保障体系。

一、城镇职工基本医疗保险

城镇职工基本医疗保险是为补偿企事业单位职工因疾病风险遭受经济损失而建立一项社会保险制度。通过用人单位和个人缴费,建立医疗保险基金,参保人员患病就诊发生医疗费用后,医疗保险经办机构给予一定的经济补偿,以避免或减轻职工因患病、治疗造成的经济负担。1994年,国家体改委、财政部、劳动部、卫生部四部委联合发布了《关于职工医疗制度改革的试点意见》,同年国务院发布了《关于江苏省镇江市、江西省九江市职工医疗保障制度改革试点方案批复的通知》,正式开始了职工医疗保障制度改革试点工作。1998年12月,国务院颁布了《关于建立城镇职工基本医疗保险制度的决定》,明确要求在全国范围内建立覆盖全体城镇职工的基本医疗保险制度。

1. **参保范围**　覆盖城镇所有用人单位的职工。不同性质单位的职工都能享受基本医疗保险,有利于促进劳动力资源的合理流动与有效配置,同时也是医疗保险共济性特点所要求的,参保人数越多,医疗保险基金的共济能力越强,抵御疾病风险的能力也就越强。

在统筹层次上,实行属地化管理,原则上以地级以上行政区为统筹单位。对少数地级行政区内,县(市)经济发展水平和医疗消费水平差异较大,以及管理跨度过大的,也可以实行县(市)级统筹。

2. **资金筹集**　基本医疗保险费由用人单位和职工个人共同缴纳。根据医疗保障体制改革前几年全国职工医疗费用支出,以及财政和企业的负担能力等实际情况,全国城镇职工基本医疗保险用人单位缴费率控制在工资总额的6%左右,个人缴费比例一般为本人工资的2%。各统筹地区的具体筹资标准由当地政府确定,筹资标准可随经济发展适当调整。基本医疗保险费由用人单位和职工个人双方负担。既体现了国家和单位对职工的健康负责,也体现权利和义务对等原则,可以增强参保人员的费用意识,合理进行医疗消费,减少浪费。

3. **城镇职工基本医疗保险的管理**　基本医疗保险基金实行社会统筹和个人账户相结合。个人账户是职工基本医疗保险为参保职工个人建立的主要用于门诊医疗支出的医疗保险专门账户。统筹基金主要用于解决大病重病的医疗费用问题,包括住院费用和门诊特殊疾病的门诊费用,具有社会共济互助的作用。统账结合模式既可以发挥个人账户的积累作用,增强个人的自我保健意识,节约医疗费用,又可以发挥统筹基金的互济作用,起到保障大额医疗风险的作用。

基本医疗保险实行社会化管理。一般由劳动保障行政部门制定医疗保险政策,同时建立独立于企事业单位之外的、政府主管的医疗保险经办机构,负责医疗保险业务,以及对医疗保险运作进行监督管理。

二、城乡居民基本医疗保险

2016年1月,国务院颁布了《关于整合城乡居民基本医疗保险制度的意见》,明确要求整合城镇居民基本医疗保险和新型农村合作医疗两项制度,建立统一的城乡居民基本医疗保险制度,推动保障更加公平、管理服务更加规范、医疗资源利用更加有效,促进全民医保体系持续健康发展。据文献报告,截止到 2017 年 11 月,全国已经有 23 个省份的城镇居民基本医疗保险与新型农村合作医疗制度实现整合,并统一由社会保险部门管理。两项制度的整合是推进医药卫生体制改革的重大举措,实现城乡居民公平享有基本医疗保险权益,有益于提高制度运行效率,促进社会公平正义,增进人民福祉,有益于城乡经济社会协调发展和全面建成小康社会。

（一）新型农村合作医疗

新型农村合作医疗是由政府组织、引导、支持,农民自愿参加,个人、集体和政府多方筹资,以大病统筹为主的农民医疗互助共济制度。2003 年 1 月,卫生部、财政部、农业部等部门联合颁布《关于建立新型农村合作医疗制度的意见》,当年,全国各地开始先行试点新农合。2009 年,全国建立起了基本覆盖农村居民的新农合制度。据 2015 年中国卫生和计划生育事业发展统计公报统计,截至 2015 年底,全国参加新型农村合作医疗人口数达 6.7 亿人,参合率为 98.8%。

1. 参保范围　新型农村合作医疗的覆盖对象为所有农村居民,乡镇企业职工(不含以农民家庭为单位参加新型农村合作医疗的人员)是否参加新型农村合作医疗由县级人民政府确定。

2. 资金筹集　新型农村合作医疗制度实行个人缴费、集体扶持和政府资助相结合的筹资机制。2003 年建立初期,全国新农合筹资水平为每人每年 20 元,农民个人每年的缴费标准不应低于 10 元,经济条件好的地区可相应提高缴费标准。地方财政每年对参加新型农村合作医疗农民的资助不低于人均 10 元。中央财政每年通过专项转移支付对中西部地区除市区以外的参加新型农村合作医疗的农民按人均 10 元安排补助资金;2009 年,全国新农合筹资水平达到每人每年 100 元,其中:中央财政对中西部地区参合农民按 40 元标准补助,地方财政补助标准要不低于 40 元,农民个人缴费增加到不低于 20 元。2017 年,各级财政对新农合的人均补助标准达到 450 元,其中:中央财政对新增部分按照西部地区 80%、中部地区 60% 的比例进行补助,对东部地区各省份分别按一定比例补助,农民个人缴费标准原则上在全国平均达到 180 元左右。

3. 新型农村合作医疗的管理　新型农村合作医疗制度一般采取以县(市)为单位进行统筹,各省、地级人民政府成立由卫生、财政、农业、民政、审计、扶贫等部门组成的农村合作医疗协调小组。各级卫生行政部门内部设立专门的农村合作医疗管理机构。县级人民政府成立由有关部门和参加合作医疗的农民代表组成的农村合作医疗管理委员会,负责有关组织、协调、管理和指导工作。委员会下设经办机构,负责具体业务工作。

农村合作医疗基金由农村合作医疗管理委员会及其经办机构进行管理。农村合作医疗经办机构在管理委员会认定的国有商业银行设立农村合作医疗基金专用账户,确保基金的安全和完整,并建立健全农村合作医疗基金管理的规章制度,按照规定合理筹集、及时审核支付农村合作医疗基金。

（二）城镇居民基本医疗保险

2007 年 7 月,国务院颁布《关于开展城镇居民基本医疗保险试点的指导意见》,全国 79 个城市开始居民医保试点。此后,城镇居民基本医疗保险政策不断得到完善。2009 年 6 月,人力资源和社会保障部、财政部《关于全面开展城镇居民基本医疗保险工作的通知》,标志着城镇居民基本医疗保险已覆盖全国所有行政区域。

1. 参保范围　覆盖对象为城镇非就业人口,主要包括中小学阶段的学生(包括职业高中、中专、技校学生)、少年儿童和其他非从业城镇居民。2010 年,在校大学生全部纳入城镇居民医保。同时,符合条件的灵活就业人员、农民工等流动就业人员可以选择参加城镇居民医疗保险。

2. 资金筹集　城镇居民基本医疗保险属于自愿参加,保险费以家庭缴费为主,政府给予适当补助。2007 年试点起初,各级财政每年按不低于人均 40 元给予补助,其中,中央财政对中西部地区按人均 20 元给予补助;2017 年,各级财政人均补助标准平均每人每年达到 450 元,其中,中央财政对西部、中部地区分别按照 80%、60% 的比例进行补助,对东部地区各省分别按一定比例进行补助,人均个人缴费标准平均每人每年达到 180 元。

政府也鼓励有条件的用人单位对职工家属参保缴费给予补助。国家对个人缴费和单位补助资金制定税收鼓励政策。在财政补助标准提高的同时,可以根据经济发展、城镇居民可支配收入等情况,适当提高个人缴费水平。

3. **城镇居民基本医疗保险的管理** 将城镇居民基本医疗保险基金纳入社会保障基金(social security fund)财政专户统一管理,单独列账。城镇居民基本医疗保险基金重点用于参保居民的住院和门诊大病医疗支出,有条件的地区可以逐步试行门诊医疗费用统筹。2009 年,有条件的地区开始试行城镇居民基本医疗保险门诊统筹。2011 年全国开始普遍开展此项工作。

三、医疗救助制度

医疗救助制度(medicaid)是政府通过提供财政和技术上的支持,社会通过慈善捐助,对贫困人群中因病而无法支付医疗费用或因支付高额医疗费用陷入困境的人群实施帮助和支持的制度安排。在中国,医疗救助制度初步建立时分为两大块:城市医疗救助制度和农村医疗救助制度。目前,两项制度已经合并为城乡医疗救助制度。

1999 年,国务院发布《城市居民最低生活保障条例》标志着政府开始救助贫困人口。2005 年 3 月,民政部、卫生部、劳动保障部、财政部《关于建立城市医疗救助制度试点工作的意见》,从各地实际情况出发,通过多渠道筹措资金,逐步建立适合中国国情的城市医疗救助制度,切实帮助城市贫困群众解决就医方面的困难和问题,标志着中国已开始城市医疗救助制度的实施探索。

2002 年,中共中央国务院发布《关于进一步加强农村卫生工作的决定》提出要建立和完善农村合作医疗制度和医疗救助制度,要求对农村“五保户”和贫困家庭实施以大病补偿为主的医疗救助,并对贫困家庭参加新型农村合作医疗给予资助。2003 年 11 月,民政部、卫生部、财政部《关于实施农村医疗救助的意见》指出建立和实施农村医疗救助制度,对患大病农村五保户和贫困农民家庭实行医疗救助,要求到 2005 年,在全国基本建立起规范、完善的农村医疗救助制度。

2009 年 6 月,民政部、财政部、卫生部、人力资源和社会保障部《关于进一步完善城乡医疗救助制度的意见》指出,进一步完善城乡医疗救助制度,筑牢医疗保障底线,保障困难群众能够享受到基本医疗卫生服务。2015 年 4 月,民政部、财政部、人力资源社会保障部、卫生计生委、保监会《关于进一步完善医疗救助制度全面开展重特大疾病医疗救助工作的意见》,要求整合城乡医疗救助制度,全面开展重特大疾病医疗救助工作,实现医疗救助制度科学规范、运行有效,与相关社会救助(social succour)、医疗保障政策相配套,保障城乡居民基本医疗权益。

1. **救助对象** 救助对象为城乡困难人群,其中,最低生活保障家庭成员和特困供养人员是医疗救助的重点救助对象。逐步将低收入家庭的老年人、未成年人、重度残疾人和重病患者等困难群众,以及县级以上人民政府规定的其他特殊困难人员纳入救助范围。

2. **资金筹集** 多渠道筹集资金。地方各级财政特别是省级财政要切实调整财政支出结构,增加投入,进一步扩大医疗救助基金规模。中央财政安排专项资金,对困难地区开展城乡医疗救助给予补助。动员和发动社会力量,通过慈善和社会捐助等,多渠道筹集资金。

3. **城乡医疗救助的管理** 县级财政部门要在社会保障基金财政专户中设立城市和农村医疗救助基金专账,办理医疗救助资金的筹集、拨付。县级民政部门要做好医疗救助资金的发放工作。要加强对城乡医疗救助基金的管理,在确保基金安全的前提下,做到基金收支基本平衡,略有结余。

四、补充医疗保险

补充医疗保险(supplementary medical insurance)是由单位、企业或特定人群,根据自己的经济承担能力,在基本医疗保险制度基础上自愿参加的各种辅助性的医疗保险,其主要解决参保人员基本医疗保险支付范围以外的医疗费用,是对基本医疗保险制度的补充。

基本医疗保险体现了医疗保险的公平性,但只能满足较低水平的基本医疗需求。而在中国不同地区、不同行业的人群,经济水平和健康观念存在差异,医疗消费不同,对医疗保险的需求也是多层次的。另外医药技术的发展和医疗服务设施的改善,也形成了多层次的医疗服务。因此,补充医疗保险将有利于在基本医疗保险的基础上满足人们多层次的医疗保障需求。

在基本医疗保险基础上的补充医疗保险有利于解决参保人员享受基本医疗保险后个人负担仍然较重的问题;可以满足部分特殊人群,如公务员、原享受公费医疗的事业单位人员、退休人员,以及原来待遇较好的企业,尤其是大中型国有企业,在基本医疗保险制度下与原公费医疗相比待遇不会明显下降的要求;有利于减轻国家或政府的社会保障责任,从而将有利于保障基本医疗保险制度顺利实施。

1. 保障范围　补充医疗保险一般是高水平的医疗保险,其承担的风险较大,单位和个人是否参加补充医疗保险完全取决于自愿,不带有强制性。在实际操作中一些补充医疗保险带有半强制性,即政府通过文件的形式要求单位参加补充医疗保险,但单位是否参加并没有硬性的规定,也没有不参加将受到什么处罚的规定。半强制性体现了政府的重视,对树立补充医疗保险的信誉有益,因此能争取更多的参保单位,增加补充医疗保险的风险承担能力。

补充医疗保险是基本医疗保险的补充,因此,一般要求参保补充医疗保险的前提条件是参加了基本医疗保险。但实际操作中,一些补充医疗保险具备商业医疗保险的性质,即使没有参加基本医疗保险,单位和个人仍然可以购买补充医疗保险,只不过在发生医疗费用时,先按基本医疗保险政策计算,实际并未支付此部分费用,然后按补充医疗保险政策报销支付。

补充医疗保险的保障范围主要是:超过个人账户支付额度的部分;统筹基金支付封顶线以上的部分;统筹支付起付线至封顶线以下的医疗费用,按照基本医疗保险政策个人需要承担的部分,包括乙类药品和部分支付诊疗项目个人需要首先支付的部分,按比例分担个人要分担的部分。

2. 资金筹集　补充医疗保险的风险是承办补充医疗保险的机构自己承担,政府一般不承担责任,因此其保险基金的筹集以单位和个人筹集为主。个人筹资体现多投保多受益,少投保少受益,不投保不受益的原则。

3. 补充医疗保险的管理　目前来看,中国的补充医疗保险主要是住院补充医疗保险,管理形式具有多样性,主要的管理形式包括:

(1)社会医疗保险经办机构单独承办:社会医疗保险经办机构根据参保人群的特点以及基本医疗保险政策,自己设计补充医疗保险方案,征收筹集保费,进行医疗费用的审核补偿,实行风险自担。

(2)企事业单位或行业单独承办:一些规模较大、效益较好的企事业单位或行业可以自己筹集资金,或单位与职工按比例缴纳费用,建立补充医疗保险专项基金,用于对职工高额医疗费用的补偿或者减轻个人的医疗费用负担。这种方式属于企事业或行业自办保险的模式,一般由企事业单位或行业单独对补充医疗保险基金进行运作。

(3)商业保险公司和单位联合承办:已经参加基本医疗保险的单位向商业保险公司投保基本医疗保险支付范围以外的医疗保险。保险方案一般是由保险公司根据企事业单位的特点和要求进行设计,因此针对性强。补充医疗保险保费一般由商业保险公司向单位征收,商业保险公司通过单位向参保职工支付医疗费用,但医疗保险的风险和医疗费用控制只在保险公司一方。由于商业保险公司一般风险承担能力强,管理效率高、成本低、服务周到,对广大职工和部分企业有一定的吸引力。

(4)社会医疗保险经办机构和商业保险公司联合承办:社会医疗保险经办机构作为基本医疗保险参保人的投保代理人,集体向商业保险公司购买保险。该方式集合了社会医疗保险经办管理和商业医疗保险的优势,保险基金筹集和医疗费用的支付针对性强,补充医疗保险基金的收缴和管理优势明显,医疗费用控制由社保机构和保险公司共同进行,风险承担能力强,因此是补充医疗保险管理的较好方式。目前,中国的城乡居民大病保险采用这种管理形式。

五、城乡居民大病保险

城乡居民大病保险,是在基本医疗保障的基础上,对大病患者发生的高额医疗费用给予进一步保障的一项制度性安排,可进一步放大保障效用,是基本医疗保障制度的拓展和延伸,是对基本医疗保障的有益补充。

2012 年 8 月,国家发展改革委、卫生部、财政部、人力资源社会保障部、民政部、保监会《关于开展城乡居民大病保险工作的指导意见》,指出开展城乡居民大病保险工作是必要的。2015 年 8 月,国务院办公厅《关于全面实施城乡居民大病保险的意见》指出,城乡居民大病保险是基本医疗保障制度的拓展和延伸,是对大病患者发生的高额医疗费用给予进一步保障的一项新的制度性安排。

1. **保障对象及范围** 保障对象为城镇居民基本医疗保险、新型农村合作医疗的参保(合)人。保障范围为参保(合)人患大病发生高额医疗费用的情况下,对城镇居民基本医疗保险、新型农村合作医疗补偿后需个人负担的合规医疗费用给予保障。2015 年大病保险支付比例应达到 50% 以上,随着大病保险筹资能力、管理水平不断提高,进一步提高支付比例,更有效地减轻个人医疗费用负担。

2. **资金来源** 从城镇居民医保基金、新农合基金中划出一定比例或额度作为大病保险资金。

3. **城乡居民大病保险的管理** 采取向商业保险机构购买大病保险的方式。地方政府卫生、人力资源社会保障、财政、发展改革部门制定大病保险的筹资、报销范围、最低补偿比例,以及就医、结算管理等基本政策要求,并通过政府招标选定承办大病保险的商业保险机构。

六、长期护理保险

长期护理保险(long-term care insurance,LTCI)是指对被保险人因为年老、严重或慢性疾病、意外伤残等导致身体上的某些功能全部或部分丧失,生活无法自理,需要入住长期护理机构,譬如安养院等接受长期的康复和支持护理或在家中接受他人护理时支付的各种费用给予补偿的一种健康保险。长期护理通常周期较长,一般可长达半年、数年甚至十几年,其重点在于尽最大可能长久地维持和增进患者的身体机能,提高其生存质量,并不是以完全康复为目标,更多的情况是使患者的情况稍有好转,或仅仅维持现状。

2016 年 6 月,国家人力资源社会保障部办公厅发布《关于开展长期护理保险制度试点的指导意见》,要求探索建立长期护理保险制度,指出长期护理保险制度是应对人口老龄化、促进社会经济发展的战略举措,是实现共享发展改革成果的重大民生工程,是健全社会保障体系的重要制度安排,同时指出在中国启动 14 个省(直辖市)的试点工作。

1. **保障范围** 长期护理保险制度以长期处于失能状态的参保人群为保障对象,重点解决重度失能人员基本生活照料和与基本生活密切相关的医疗护理等所需费用。试点地区可根据基金承受能力,确定重点保障人群和具体保障内容,并随经济发展逐步调整保障范围和保障水平。试点阶段,长期护理保险制度原则上主要覆盖城镇职工基本医疗保险参保人群。

2. **资金筹集** 试点阶段,可通过优化职工医保统账结构、划转职工医保统筹基金结余、调剂职工医保费率等途径筹集资金,并逐步探索建立互助共济、责任共担的长期护理保险多渠道筹资机制。筹资标准根据当地经济发展水平、护理需求、护理服务成本以及保障范围和水平等因素,按照以收定支、收支平衡、略有结余的原则合理确定。建立与经济社会发展和保障水平相适应的动态筹资机制。

3. **长期护理保险制度的管理** 长期护理保险基金参照现行社会保险基金有关管理制度执行。基金单独管理,专款专用。健全对护理服务机构和从业人员的协议管理和监督稽核等制度。社会保险经办机构可以探索委托管理、购买以及定制护理服务和护理产品等多种实施路径、方法,在确保基金安全和有效监控前提下,积极发挥具有资质的商业保险机构等各类社会力量的作用,提高经办管理服务能力。

七、商业医疗保险

商业医疗保险是由商业保险公司开办,以营利为目的,参保人员自愿参加的一种医疗保险制度。商业医疗保险是广义的补充医疗保险,纯商业化的保险,一般不与基本医疗保险支付范围接轨。

1. **商业医疗保险的内涵**　商业保险公司一般根据市场需求设计多种医疗保险产品,可满足不同人群、不同层次的医疗保障需要。由于其是一种高层次的医疗保险,往往承担了较高医疗风险,因此所收取的保费也比较高,能充分体现多投保多受益原则,参保人员可以根据自己的经济收入状况和医疗服务需求自愿的购买商业医疗保险产品,并以合同的形式约定双方的权利和义务。商业医疗保险一般是独立自主运作,风险自担,但国家给予税收优惠政策,所获利润部分,国家实行税收减免政策。

2. **商业医疗保险的主要形式**　商业医疗保险的形式根据其运作模式,可以分为与社会医疗保险经办机构合作承保的"共同保险模式""再保险模式"和商业化经营的"直接(独立)保险模式"。前两种模式都要求与基本医疗保险接轨,如保险费征缴一般由政府或参保单位的直接参与,医疗费用的补偿要在基本医疗保险支付基础上进行,而且一般不容许太多的盈利,因此很大程度上是狭义的补充医疗保险。直接(独立)保险模式的保险更具商业化特征。这是一种选择性大,完全自由参保,以营利为目的,保费和补偿范围一般不与基本医疗保险接轨的医疗保险,在管理上灵活自主经营,风险完全自控自担,市场化程度很高。

根据商业医疗保险提供的补偿形式,可以将商业医疗保险分为疾病型、费用型和津贴型三类。疾病型保险,即按病种给付费用的保险,当被保险人患有保险合同规定的疾病时,按约定补偿一定的医疗费用。例如,手术意外险是针对非预见性的手术意外而设立的险种。非预见性指的是手术之前未确定的、仅具有可能性的事件,包括但并不限于手术知情同意书所列举的可能发生的不利后果,以及针对该不利后果在术前已经确定的手术计划。手术意外指的是术中、术后患者所发生的一系列病理改变,可能会造成患者死亡、残疾或费用的增加等后果。手术意外险则是针对这些不良后果给予患方一定经济补偿的医疗险种。费用型保险是以被保险人在疾病的诊断治疗过程中实际发生的医疗费用为依据,按照保险合同的约定,补偿其全部或部分医疗费用,在理赔时须提供医疗费用支付的原始凭证,如处方、检查单、治疗单、出院证明、收据等。津贴型保险是按单元给付费用的保险,是指不考虑被保险人的实际费用支出,而是以保险合同约定的保险金额支付保险金的保险,以弥补被保险人因患疾病导致的收入的减少,在理赔时无须提供原始医疗费用收据。

第四节　医疗费用控制

建立医疗保险制度的目的之一是为了在保障人们基本医疗需要的同时又要遏制医方费用的不合理增长。医疗保险涉及医疗服务提供方、医疗保险需求方和医疗保险管理方,由于利益的驱动可能导致医疗服务供方和需方出现违反规定的行为,如果医疗保险管理方不加强监督和规范各方的行为,就可能导致不合理的医疗保险利用,使保险费用出现风险的概率增加。因此,医疗保险的费用控制措施包括控制医疗服务供方的措施、医疗服务需方的措施和第三方(医疗保险管理方)的管理措施。

一、控制医疗服务供方的措施

医疗机构是直接给被保险人提供医疗服务的供方,其掌握了大量的医疗信息,并且在医疗服务中居于主导地位。因此,通过采取一些措施促使医疗服务的供方规范医疗行为,合理利用医疗资源,将有助于医疗费用的有效控制。

医疗服务供方的控制措施主要在改变费用支付方式(payment method)。传统的医疗保险给付方式是按服务项目付费(fee for service,FFS)方式,即医疗保险机构按照被保险人利用医疗服务项目的多少,并依据每种项目的价格向医疗机构支付医疗费用。属于医疗费用后付制(post-payment)类型。此种付费方式操作简单,但容易刺激和诱导过度的医疗服务需求,医疗保险机构只能事后审核,难以有效地控制费用;并且医疗机构容易弄虚作假,将不符合规定的医疗服务项目或根本没有提供的服务项目列入支付范围。而预付制(pre-payment)的费用支付方式较按服务项目付费可以在不同程度上控制医疗费用。

（一）按病种付费

按病种付费，又称疾病诊断相关组（diagnosis related groups，DRGs），属于预付制，是根据国际疾病分类（ICD）的方法，将住院患者的疾病按主要诊断和主要操作分为若干组，每组又根据疾病的严重程度及有无合并症、并发症分为若干组，对每一组中不同级别的病种分别给予定价，并向医院一次性支付。该方法最早于1983年在美国的老年医疗保险中得到应用，后被公认是一种相对合理的医疗费用管理方法。

1. **优点**　能促使医疗机构主动提高诊疗水平，缩短住院天数，控制住院费用，减少诱导性医疗费用的支出。

2. **缺点**　医疗机构可能会为了获取更多补偿，将诊断升级、增加患者住院次数等，因此管理难度和成本较高。

DRGs在很多国家或地区得到推广和应用。在国家相关部门的大力支持下，DRGs已经在中国福建三明、广东深圳、新疆克拉玛依进行试点并取得一定成效，很多地区也都积极进行尝试。

（二）总额预付

总额预付又称总额预算（global budget），是由政府或医疗保险机构与医疗机构协商，根据医院的实际确定医疗保险支付每个医疗机构医疗费用年度总预算额。年度预算额一旦确定，医院从医疗保险获取的费用就不能随着服务量的增加和住院日的延长而增加，医疗机构必须按规定为参保人员提供医疗服务。确定年度总预算要综合考虑医院规模、医疗服务质量（quality of medical service）、服务半径、服务人口密度、设施与设备情况等因素。一般医疗费用预算总额每年协商调整一次。

1. **优点**　该支付方式能有效控制医疗费用，是费用控制效果较好的方法之一。可以简化医疗保险的管理流程、降低管理成本。使用此方法还有利于促使医院积极主动控制医疗费用、降低服务成本，提高资源的利用率，有利于卫生资源的合理配置。

2. **缺点**　该支付方式可能使服务提供方缺乏积极性，导致服务质量和态度下降，科学合理确定预算额度也较为困难。在总额控制的情况下，如果医院不能合理计划并有效提供服务，则很可能出现阶段性的服务过度和服务不足的情况。

这种办法多在政府对医疗服务控制力较强或医疗保险一方力量较强的国家或地区中采用，如英国、澳大利亚、加拿大、德国、法国、丹麦等。

（三）按人头预付方式

按人头预付方式（capitation）是指医疗保险机构按月、季、年或其他规定的时间，根据医生服务的参保人数和每个人的支付定额标准，预先支付费用的付费方式。在此期间医生提供合同规定范围的医疗服务均不再另行收费。该方式具有预付制的特点，是控制医疗费用较好的方法之一。为保证医疗质量，按人头预付费用需要限定每个医生服务人数的最高限额，许多国家每个医生服务的被保险者一般在2000~3000人。

1. **优点**　此付费方式可以鼓励供方降低成本，防止过度提供服务，促进供方更加注重预防保健和公共卫生服务，减少更加昂贵的治疗性服务。

2. **缺点**　此种支付方式可能出现服务提供方为节省费用而减少服务提供、降低服务质量、推诿重症患者等现象。

实行按人头预付方式的典型国家有泰国、英国、美国等。

（四）按服务单元付费

服务单元（per-diem）是指将医疗服务的过程按照一个特定的参数划分为相同的部分，每一个部分成为一个服务单元。例如一个门诊人次，一个住院人次或一个住院床位。按服务单元付费（episode-based payment）又称平均费用付费，指预先确定服务单元平均费用标准，根据服务提供方的服务单元数量进行支付。

1. **优点**　该支付方式比较简便，有利于鼓励服务提供方提高工作效率，费用控制效果比较明显。

2. 缺点　可能出现服务提供方延长患者的住院日,分解患者住院次数的行为,从而达到增加住院日总数或单元数的目的。

欧洲一些国家、中国深圳、广州实行了该支付方式。

无论是后付制还是预付制,单一的费用支付方式都有各自的特点。实际上,很少有国家或地区选择单一的支付方式。由后付制向预付制转变,采用混合支付的方式是目前从医疗服务供方进行医疗费用控制的有效手段。

二、控制医疗服务需方的措施

对医疗服务需方的控制措施主要是通过费用分担的方式,促使需方增加费用意识,主动控制医疗费用的不合理利用。主要的共付措施包括起付线、共付比例以及封顶线。

（一）起付线

起付线(deductibles)又称扣除保险,是指医疗保险开始支付医疗费用的最低标准,低于起付线的医疗费用由被保险人自付,超过起付线以上的医疗费用由医疗保险按规定支付。如广西北部湾经济区城镇职工基本医疗保险统筹基金,对年内第一次在定点医疗机构住院的起付线为:一级医院 200 元,二级医院 400 元,三级医院 600 元。

合理的起付线可以抑制一部分被保险人的医疗需求,有利于减少浪费,也可以使医疗保险机构减少大量的小额医疗费报销工作量,有利于降低管理成本。起付线的合理确定是起付线支付方式的关键,过低的起付线可能导致被保险人过度利用卫生服务,不利于有效控制医疗费用;过高的起付线可能超过部分参保者的承受能力,抑制其正常的医疗需求,同时过高的起付线,会影响医疗保险的覆盖面和受益面。

（二）共付比例

医疗保险机构按照合同或政府的规定对被保险人的医疗费用按一定的比例进行补偿,剩余比例的费用由个人自己负担,称为共同付费(coinsurance)方式,又称按比例分担。如广西北部湾经济区城镇职工基本医疗保险中,使用国家和广西规定《基本医疗保险药品目录》中乙类药品费用的在职人员共付比例(co-payment rate)为 25%。共同付费方式中的补偿比例可以固定,也可以变动。确定合理的个人负担比例是共同付费方式的关键。个人负担比例过低,起不到对需方的有效约束作用,达不到控制医疗费用不合理增长的目的;个人负担比例过高,可能超过被保险人的承受能力,加重经济负担和降低医疗服务的利用。

（三）封顶线

封顶线(ceiling)也叫最高支付限额,低于封顶线的医疗费用由医疗保险按比例支付,超出封顶线的医疗费用由被保险人自己负担,这种方式称为最高支付限额方式。如广西北部湾经济区城镇职工基本医疗保险,统筹基金最高支付限额为统计部门最新公布的上年度广西城镇单位在岗职工平均工资的 6 倍。该方式的特点是有利于抑制高额医疗服务的过度需求,以及医疗机构过度提供高额医疗服务。合理的封顶线是这种方式的关键,过高的封顶线起不到抑制高额医疗服务的作用,过低又加重被保险人的负担。

三、第三方（医疗保险管理方）的管理措施

医疗保险管理方主要通过开展医疗保险监督来规范单位和个人的参保就医行为,医疗机构和药店的服务行为,以及医疗保险管理和经办机构的保险服务行为。监督可以保证医疗保险各方的行为按照医疗保险的既定目标和要求进行。通过监督可以分析和发现影响医疗服务质量和增大医疗保险基金支出的因素,以便及时采取有效的预防措施。

（一）医疗保险需方监督

医疗保险基金收支平衡是医疗保险管理的重点。而医疗保险需方从收支两方面影响医疗保险基

金平衡,因此需方监督也从两方面进行。

1. 针对医疗保险费征缴的监督   重点稽查参保单位缴费基数和防止逆向选择参保。在医疗保险费征缴中,缴费基数一般以单位上报的年度工资数额为准。个人缴费基数以上年度本人工资收入总额为准,缺乏个人工资收入数据的以上年度社会平均工资为缴费基数。稽查缴费基数首先要稽查申报工资总额的合理性,是否少报。一旦发现申报工资存在不合理性时,就应该采取重点调查的方法到有关单位进行调查和核实。在防止逆向选择性参保方面,应该建立完善的退休人员资格审查监督制度。申报年龄已达退休年龄者,重点是在其年龄的核实上,提前退休人员,重点是在其退休原因上。对于每一次参保单位的信息申报,都要进行新增加退休人员的资格认定工作,必要时要到单位或向职工本人、亲属或知晓内情的人进行调查。

2. 针对医疗保险费使用的监督   主要是规范参保人员合理地利用医疗服务,防止不合理医疗需求转化为不合理医疗费用支出。重点监督参保人员是否按照有关规定使用医疗保险证卡,有无借、转、伪造证卡就医的现象;有无过度进行检查治疗;是否有套取个人账户上的现金,用个人账户购买自费药品、保健品、非疾病诊断和治疗用的其他物品的现象;是否按规定办理入院手续,有无冒名住院、挂名住院、不够入院标准的住院,应当出院而拒不出院等,是否利用出差、探亲、进修的机会在异地非急诊急救住院。

(二) 医疗服务机构监督

医疗保险基金支付的合理性,购买的医疗服务质量如何,医院的医疗行为是否规范,都将直接影响到医疗保险基金的平衡,因此对医疗机构的监督是医疗保险监督中的重要内容之一。医疗服务机构的监督基于设立保险定点医院,在此基础上对定点医疗机构的就诊过程、诊疗项目、药品使用、住院、医疗收费等各方面进行监督。常用的方法主要包括:

1. 针对医疗机构的监督   审批支付监督医疗保险经办机构在审批支付医疗费用的过程中可以实施对医疗机构的监督。一般医疗审核人员在一定时间内都可以对定点机构提供服务的行为进行初步判定,发现医疗机构带有普遍性的违规行为。审核支付监督可以为进一步的重点监督提供线索。这种监督方式一般在日常的医疗保险业务中实施,比较方便和节省费用,但监督比较粗糙,效率一般较低。

2. 针对住院病历的稽查   抽查住院费用一般按照定点服务协议,对医疗机构报送的住院病历要进行抽查。病历抽查的样本大小可以根据医院报送的住院人次数,至少按10%的比例抽取。抽样的方法最好能采取分层抽样的方法,如按科室分层,保证有关科室的住院患者都能进入审查范围。病历审查需要根据医院报送医疗保险经办机构的住院费用清单,到医疗机构现场去稽查。审核的方法可以采取住院费用清单与原始的医疗记录相对照,根据医学专业知识判定,调查相关的医务人员,走访住院患者或家属,咨询专家委员会等。

3. 设置医疗费用预警监控系统   医疗保险经办机构根据医疗保险政策设置医疗费用监控预警系统,在医疗费用监控指标超出设置的标准后,监控系统报警,医疗保险监督机构根据监控系统报警的内容对相关的医院进行重点调查。风险监控需要得到医疗保险计算机网络系统的支持。

4. 针对医疗违规事件的重点调查   对医疗违规事件的重点调查是指对医疗服务发生过程的一些重要事件、典型事件进行比较深入的调查。这类事件一般是性质严重,对患者的利益或医疗保险基金的损害极大。重点调查的案件来自于:住院抽查过程中发现的严重的违规事件,通过一般的审核无法查清楚的事件,以及参保患者或其家属投诉的医疗机构的违规行为,或者是医疗保险经办机构在日常的医疗费用审核支付事务中发现的可疑事件等。

5. 针对定点医疗机构的考核   定点医疗机构考核是一种有效的医疗服务监督方式。考核需要制订详细的方案。一般半年或一年进行一次考核。考核的主要内容包括医疗机构对医疗保险的重视程度、执行物价政策的情况、医疗费用结算情况等。一般都是以劳动和社会保障部门、医疗保险经办机构为主体,联合卫生、中医、物价、药品监督等相关部门共同实施。实施时首先分析各医院的基本指标,按要求抽取相应的住院费用清单,然后到考核医院进行现场查验核实。对考核的结果一般采用评分制,排名在末尾的医疗机构可以采取末位淘汰制,停止医疗保险定点资格,也可以将考核评分与医疗费用保证金的返还挂钩。

（三）定点零售药店监督

定点零售药店(简称定点药店)给参保人员提供药品服务,医疗保险个人账户支付相应的费用,这是中国医疗保险制度的一大特色。个人账户上的资金虽然属于参保者个人,但仍然是医疗保险资金,其使用要符合基本医疗保险的相关规定,这就需要对定点药店提供的药品服务实施监督。监督的内容包括提供购药服务监督和药品费用监督。常用监督方法包括审核支付、抽查、暗访、重点调查、定点药店考核等。

（左延莉）

思 考 题

1. 结合四种主要医疗保险模式,分析我国医疗保险模式的特点。
2. 比较预付制与后付制的特点。
3. 结合实际,谈谈目前我国社会医疗保险基金筹集中存在的问题以及解决问题的途径。

第二十三章　全球健康策略与健康中国

全球健康策略是指为促进卫生发展和维护人群健康,由国际组织基于全球健康状况及全球面临的挑战,所做出的战略部署。既包括卫生领域内的措施,如人人享有卫生保健、初级卫生保健,也包括联合国可持续发展目标等宏观领域的策略。中国在实现全球健康策略方面一直处于发展中国家的前列,并把"健康中国"提升为国家战略,发布了《"健康中国 2030"规划纲要》作为行动纲领。

第一节　全球健康概述

一、全球健康定义

全球健康(global health)是以提高全球范围内的健康水平、实现全球健康公平为宗旨,重点关注超越国界和地域的健康问题、健康决定因素和解决方案,提倡不同学科间的通力合作。全球健康是一个实践性极强的领域,其根本目的在于切实解决全球范围内的卫生与健康问题。

二、全球健康特点

全球健康与以往的临床医学、公共卫生、卫生体系等有密切联系,但又表现出新特点。

1. **领域跨度大**　在地理范围上,全球健康关注所有国家公共的健康问题;在合作水平上,全球健康需要通过国际合作来发展与实施相关解决方案;在人群保健方面,全球健康同时包含群体预防与个体治疗的相关内容;在健康保障方面,全球健康的目标是让所有人获得公平的健康保障;在学科支撑方面,全球健康既需要医学范畴内外的多学科及交叉学科的参与,也需要社会学和行为学等学科的合作,如经济学、社会学、政治学、国际关系学、心理学、人类学,还包括生物医学、环境科学、工程学、商业和管理学、公共政策、法律、历史及宗教等。这些学科的知识和技能有助于了解并处理各种健康决定因素,提升全人类的健康。

2. **研究对象广**　全球健康是从国际卫生过渡而来,国际卫生是处理以国界界定的健康问题,而全球健康则扩展到处理穿越国界的健康问题和影响健康的危险因素。全球健康更加注重全球各种力量的参与合作,而不仅仅是国与国之间的卫生合作。人口流动、国际贸易、国际旅游等因素对公共卫生和人类健康带来了巨大影响,形成了人类疾病和健康问题的新格局,公共卫生已经不再是一个国家的问题,而是需要全球协作与共同面对,才能得到真正解决。

3. **强调公平性**　全球健康工作的目的是消除全球范围内健康水平和卫生服务可及性中存在的不平等,其研究和实践的目标是公平性。过去,热带医学的工作重点是西方国家的殖民地,了解离本国很远且几乎影响不到本国的热带地区卫生问题,积累相关医学知识。如今,全球化和迅捷的信息传播,让人无法对全球健康水平差异继续视而不见,需要通过行动解决全球健康公平性的问题。

4. **以解决问题为导向**　全球健康不仅研究目前存在的问题,更注重提供相应现实可行的解决方案,以应对和解决全球卫生中存在的挑战和差异。因此,通过跨领域、多对象、保障公平性的研究和实践,确定健康问题的起因和解决方案至关重要。起因包括社会、经济、物质环境,以及个人特点和行为等环境性因素。根据起因、可用资源、政治意愿、时间要求和目标范围,由政府、学术界、民间团体和私营部门共同制定具体化的解决方案,帮助各相关部门制定工作重点,并配置相应资源,最终解决所存在的问题。

可见,全球健康关注全球视角下的共同健康挑战、疾病、知识、影响因素、筹资以及体制机制问题;它既考虑到全球多样化和健康的独特性,又考虑一体化和卫生公平的共同价值基础。

三、全球健康当前面临的挑战

2017 年,世界卫生组织发布的《2017 年世界卫生统计报告》在分析当前的现状与趋势中提出:"许多国家在实现与健康相关的千年发展目标方面进展顺利;而在另一些国家,由于冲突、管理不当、经济或人道主义危机以及缺乏资源,进展有限。"因此,当今全球健康仍面临着巨大挑战。

1. **妇女、儿童健康问题仍需关注**　2015 年,全球每天约有 830 名女性因孕期或产期并发症死亡。2015 年的孕产妇死亡率为 216/10 万活产,全球青少年生育率为 44.1/1000(15～19 岁女孩),全球 5 岁以下儿童死亡率为 43/1000 活产,新生儿死亡率为 19/1000 活产。报告认为全球范围内儿童死亡率虽然在持续下降,但穷国与富国之间的差距很大。报告指出,"营养不良是大约 1/3 儿童死亡的主要原因"。

2. **传染病控制仍迫在眉睫**　2015 年,估计全球有 210 万人新感染了 HIV,有 110 万人死于 HIV 相关疾病。到 2015 年底,估计有 3670 万人感染了 HIV 病毒。WHO 非洲区域影响最严重,4.4% 的 15～49 岁人群感染了 HIV。2015 年,全球估计有 2.12 亿疟疾病例,发病率为 94/1000 高危人群;全球估计有 1040 万新发结核病例和 140 万结核死亡病例;有 2.57 亿人感染 HBV,7100 万感染 HCV。从 20 世纪 70 年代始,已有 40 余种新发现的传染病。如近年来禽流感、SARS、甲型 H1N1、埃博拉等传染病的暴发和流行,表明了传染病控制仍迫在眉睫。

3. **慢性非传染性疾病和精神疾病负担加重**　当今世界,无论是发达国家还是发展中国家,慢性非传染性疾病的发病率和死亡率大多处于上升趋势,造成疾病负担不断增加。2015 年,估计有 4000 万人死于非传染性疾病(NCD),占总死亡人数(5600 万)的 70%。主要由四大疾病所致,心血管疾病约占 45%,癌症约占 22%,慢性呼吸系统疾病约占 10%,糖尿病约占 4%。2015 年,全球约有 80 万人自杀死亡,成为伤害所致死亡的第二大死因,仅次于道路交通伤害。

4. **伤害和暴力仍居高不下**　2013 年,约有 125 万人死于道路交通伤害,共有 5000 万人在交通事故中受到非致死性伤害。道路交通伤害是造成 15～29 岁人群死亡的主要原因。2000 至 2013 年,全球道路交通所致死亡增加了约 13%。最新估计显示,全球约有 1/4(23%)成人在儿童期遭受了身体虐待,约有 1/3(35%)的女性经历过来自于伴侣的身体虐待/性暴力或者非伴侣的性暴力。在 2015 年,估计有 46.8 万人死于凶杀,其中 4/5 为男性。

5. **全民健康覆盖任重道远**　2014 年,国家对卫生的投入占政府支出的比例平均为 11.7%,东地中海区域为 8.8%,美洲区域为 13.6%。2015 年,百白破三联疫苗的全球覆盖率为 86%,2007 年至 2014 年的数据显示,公共部门的基本药物平均可及性在选定的低收入国家为 60%,中低收入国家为 56%。慢性病与非传染性疾病的药物可及性比急性病更低。卫生人力在全球的分布也极不均衡。2005 年至 2015 年的数据显示,40% 的国家每千人口的医生数小于 1,50% 的国家每千人口的护士与助产士数小于 3,而且农村或偏远地区更低。

6. **环境风险不容忽视**　全世界约有 30 亿人仍使用固体燃料(即木材、农作物废料、木炭、煤炭等)进行取暖和烹饪。2012 年,这种室内空气污染造成了全球 430 万死亡。妇女和儿童暴露于室内空气污染时患病风险高,占此类污染所致死亡的 60%。2014 年,92% 的世界人口所在地的空气质量未达到 WHO 空气质量标准。2012 年,城市和农村地区的室外空气污染造成约 300 万人死亡,其中 87% 发生在低收入和中等收入国家。2015 年,约有 10.8 万人死亡是因无意中毒造成。在低收入和中等收入国家,农药、煤油、家用化学品和一氧化碳是常见的中毒原因。在高收入国家,主要为一氧化碳、药品、家用清洁品和个人护理产品。

第二节　全球健康的内容

一、全球健康发展

（一）卫生发展

1. 卫生发展会影响社会发展　卫生发展是全球健康的组成部分之一,它包括促进公共健康、实现全民医保、保障公共卫生,以及全面发展国家医药卫生事业与能力。卫生与经济、政治、安全领域息息相关,但政治、经济环境无法提供人民的正常卫生需求,卫生条件会直接影响人民的健康水平,并进而对社会发展产生不良影响。意识到卫生发展与社会发展的关系,发达国家通过增加卫生领域投入,改善公民的健康生活,促进了国家稳定、经济发展,而发展中国家却存在着恶性循环的发展模式。

2. 各国之间卫生发展不平衡　从目前看,西太平洋地区的进展最快,其中中国的进步尤为明显;美洲地区也取得了很大进步。另外一些地区的进展则比较缓慢,包括东南亚地区,如印度、印度尼西亚;还有东地中海地区,很多因素影响到人们获得必要的卫生服务;另外还有非洲地区。目前全世界仍有 10 亿人口无法获得基本卫生服务,其中撒哈拉以南地区的卫生发展情况尤其不容乐观。目前该地区卫生资金需求缺口达到 1500 亿美元,占全球健康资金缺口的 60%。当地几乎没有完备的基础医疗体系,基础设施、运输设备以及人力资源的建设都急需全球健康援助系统的支持。

为确保世界上最脆弱的人群获得必要的医疗服务,需要更加有效的全球健康治理,需要全球所有组织和个体的共同参与。

（二）健康权

健康权是全球健康治理的价值基础,也是国际组织处理相互之间关系以及进行合作的价值基础。

1. 加强国家体系和全球所有参与者的能力　需要联合多个机构,解决各种挑战,如直接的健康威胁、不安全的产品或不公平的商业活动,确保全球健康公共品的有效提供,确保高水平的健康保护和世界所有公民的健康权利。这些工作无法通过个人和社区控制,也难以通过一国之力得到有效解决。

2. 建立适宜的筹资机制和全球健康协议　针对所有参与者进行全球公共品的筹资,比自愿援助难度更大,联合国艾滋病联合规划署创建的筹资机制提供了很好的范例。其原则是"受益人付费",使富裕国家及其公民,以及主要的跨国公司在短时间内将成为全球行动主要的受益人。全球健康协议将通过一系列制度或多方委员会予以管控。例如:控制不安全产品和商品;解决跨国/集体人身安全相关的健康问题;确保所有人获得基本药物、疫苗和健康知识;抗击主要的疾病,定义全球紧急卫生事件,包括快速应对;建立监测预警和信息系统;协调援助,并优先用于初级卫生保健和公共卫生基础设施建设;提高全球专业人员的专业知识能力,保障人力资源。

二、全球健康安全

全球公共健康安全(global public health security)是指对危及不同区域以及跨国范围公众群体健康的紧急公共卫生事件,尽可能减少危害而采取的预防性和反应性行动。全球公共健康安全的总体目标是在全世界面临众多新出现和重现的健康威胁时,全球公共卫生集体行动,为人类构建安全的未来。根据《国际卫生条例(2005)》,全球公共健康安全涉及传染病、人类行为、气候、人为破坏事件、自然灾害等因素导致的健康问题。

（一）传染性疾病

1. 新旧传染病双重威胁　较早出现且至今仍反复对卫生安全造成威胁的传染性疾病有鼠疫、霍乱、疟疾、流感、肺炎、结核,以及一系列导致腹泻的疾病,近几十年才出现的传染性疾病有埃博拉、严重急性呼吸道综合征(SARS)、H5N1 禽流感。这些疾病不但在局部地区肆虐,随着全球化进程的快速推进,还可以散播到世界的各个角落,对全球健康安全和政治经济稳定产生快速、广泛的威胁。

2. 通过国际合作遏制疫情传播　针对这些卫生安全问题,帮助预防传染性疾病的发生和传播的三项重要公共卫生措施是:隔离检疫、卫生条件改善和免疫接种。尽管目前预防、控制和治疗传染病的方法越来越先进,但是传染病仍对健康安全构成巨大威胁,因为发展中国家发现和应对传染病的能力比发达国家弱,很可能导致疾病快速传向其他国家,而且一旦人类与动物间的物种屏障被打破,很可能导致新发传染病的暴发和传播。因此,《国际卫生条例》提供了关于疫情防范措施的法律框架,指导各国报告境内发现的重要公共卫生威胁与可能在国际间散播或需要各国协同应对的突发事件,遏制疫情跨国传播。在要求各国建立有效的传染病防控措施并获取相关资源的同时,强调国际协调与合作,以最大可能保障健康安全。

（二） 人为因素导致健康安全问题

1. 对公共卫生的投入和重视不足　在一些传染性疾病被大规模控制后,人们看到了一些成效而放松警惕或削减防治资源,因而会造成疾病死灰复燃。例如,经过一系列控制虫媒传染病项目后,在20世纪60年代末,认为登革热病毒已不再是全球大部分地区面临的主要健康问题,随后的松懈使登革热卷土重来,不仅重新在撒哈拉以南非洲地区流行,还随着全球化在新的地区暴发。

2. 监测国家卫生体系不够合理有效　监测不及时、不全面,尤其对一些异常的、新兴的传染性疾病,影响疫情的及时防控。最具代表性的例子是艾滋病的出现和全球范围内的迅速蔓延。艾滋病出现于20世纪70年代末的非洲和海地,然而在80年代初的美国发现的第一例艾滋病患者。正因为非洲和海地包括监测系统在内的整体卫生体系不发达,导致无法发现新病毒及感染病毒的患者和携带者。然而美国发现首例艾滋病患者纯属意外,并非靠监测系统发现。因此,监测系统不力导致早期控制艾滋病流行工作的延误。

3. 其他威胁健康安全的人为因素　传播关于疾病的不实信息、滥用抗生素、武装冲突、生物恐怖袭击、工业事故、畜牧业管理和食品加工不合理等人为因素都会带来健康问题。除了传染性疾病会越过国界影响全球健康安全以外,非传染性疾病的危险因素同样也能通过全球化和相应贸易活动对健康造成威胁。吸烟导致心血管疾病、癌症等其他非传染性疾病的现象也影响着世界上几乎所有国家,需要通过集合国家以及全球行动的《世界卫生组织烟草控制框架公约》解决问题,保障公共和个人的健康安全。

（三） 气候变化导致健康安全问题

1. 气候变化　气候条件的改变导致人类暴露于不同的传染病中,厄尔尼诺现象导致一些地区的降雨量高于平均水平,蚊子孳生增加,导致虫媒传染病暴发。

2. 空气污染　空气污染现象也让一些传染性疾病的发生和传播加剧。雾霾中的悬浮颗粒和平均气温与儿童流感例数有关联。同时,空气污染本身也直接导致一些疾病的发病率与死亡率增加。例如,20世纪50年代初,伦敦的烟雾事件期间人群死亡率明显增加,而无法用当时的流感来解释这样高的死亡率,只能归结为雾霾本身导致死亡。

3. 全球变暖　因全球变暖导致的频繁森林火灾,造成受灾地区和附近区域支气管哮喘、急性呼吸道感染和结膜炎的发病率增加。

为应对全球健康安全问题,国际社会开展了持续的努力和合作。2007年,世界卫生组织发布世界卫生报告——《构建安全未来:21世纪全球公共卫生安全》,报告指出,没有任何一个国家能够独自应对公共卫生安全威胁,而构建一个安全的未来,是全球国家的共同愿景和责任。

三、全球健康合作

全球健康的治理过程涉及多样化的、具有不同利益取向的行为主体。健康合作是这些行动主体之间进行的广泛、灵活的互动,其目的在于维护和促进自身乃至全球范围的健康目标,是全球健康治理的基本活动形式。全球健康治理的合作包括多个层面,既包括政府间国际组织的领导与协调、其与非政府组织建立的参与日常管理的机制,也包括国家和非国家行为体之间的密切关系,如建立全球公私伙伴合作关系,还包括传统的援助方与受援方的对话机制,这些机制的建立都是为促进健康交流合作和全球健康治理的效率,实现治理目的,实现充分沟通、广泛参与。依据全球健康的主题,全球健康合作可以从发展、安全、援助三个领域来认识。

（一）发展领域合作

卫生与发展密切相关,人群健康促进经济和社会发展,同时发展也改善健康。通过例如千年发展目标(MDG)和可持续发展目标(SDG)这类多领域、多边合作策略可以同时有效实现健康和发展的推进。

1. **千年发展目标**　千年发展目标倡导公私领域的各行为体建立全球合作伙伴关系,共同达成人类发展工作的八项目标,其中有三项针对健康。在千年发展目标制定后成立的全球抗艾滋病、肺结核和疟疾基金会(The Global Fund to Fight AIDS, Tuberculosis and Malaria)汇聚了世界卫生组织、世界银行、盖茨基金会等在卫生领域和发展领域有重要领导力的组织,同时也与私营部门实体合作,认识到公私领域间在经济能力和资源上的差距,强调公私领域间存在很大共同目标和利益。

2. **可持续发展目标**　可持续发展目标延续了卫生和发展领域的合作理念,强调影响人类发展的各个领域间的相互交织和相互依靠。17 个可持续发展目标每一个都与改善健康和人类发展有密切关系,旨在消除贫困、保护地球并保证所有人的繁荣发展。

3. **其他合作**　除了以上提及的组织以外,发展领域的参与方和合作形式随着人类对全球健康的重视度提升而越来越多。例如,二十国集团(G20)这个具有很大影响力的共同行动机构;各国自己的卫生发展项目和计划,如美国总统防治艾滋病紧急救助计划(PEPFAR);企业,尤其是烟草和制药领域企业等。此外,这些推动发展领域的国家和组织也不再单一地选择与例如世卫组织的联合国系统内机构合作,而是把更多的资源投向非政府机构或与中低收入国家直接合作开展双边援助项目。

（二）安全领域合作

1. **扩展预防接种项目**　在 20 世纪中期,肆虐全球的天花被各国的预防接种根除项目彻底消灭后,世界卫生组织和联合国儿童基金会开始实行扩展预防接种项目(Expanded Program on Immunization, EPI),长期、持续地为儿童提供百白破、麻疹、脊髓灰质炎疫苗,保护儿童不患上或死于这些传染病。EPI 项目随后演变成了现在的全球疫苗与预防接种联盟(The Global Alliance for Vaccines and Immunization, GAVI),一个全球公私伙伴关系,通过向贫困国家提供新疫苗和使用不足的疫苗防止卫生安全问题发生。

2. **共同对抗埃博拉**　2014—2016 年,在西非四国暴发埃博拉,并蔓延至全世界其他地区,联合国系统内的各机构与众多非政府组织和各国政府开展联合对抗。联合国专门设立了埃博拉应急响应行动组织(UN Mission for Ebola Emergency Response),协调联合国系统内的世卫组织、儿童基金会在内的 6 家组织采取应急措施。同时,世卫组织也与非洲联盟、美国疾控中心、无国界医生组织、国际红十字会及其他全球疫情警报和反应网络中的合作伙伴共同合作、配合,将重要的疫情监测、临床和公共卫生干预措施尽快在最大范围内公开。比如世卫组织与联合国儿童基金会和世界粮食计划署等提供了150 万套个人保护设备,并为医护人员和前线人员提供了深入的培训。世卫组织还与美国疾控中心以及疫情最受影响的三个国家的政府联合,实施了监控、病例寻找、接触路径跟踪、数据管理和流行病学分析。世界卫生组织与超过 110 个国家的政府合作,确保应对潜在埃博拉感染的反应能力。58 支国外医疗队在疫情最重的地区,管理超过 60 家治疗中心。世卫组织、GAVI 还与默克制药快速完成了埃博拉疫苗研发和生产。

（三）卫生援助

在卫生合作中,最重要的形式是各类卫生发展援助,即由各国政府、基金会等捐赠方为卫生领域提供的资金、人力、技术等各方面的支持,渠道通常是各国政府的双边援助机构、联合国机构、非政府组织、发展银行、区域性机构和公私合作关系。

1. **成立组织开展国际援助**　从参与国际援助的援助者来看,早期国际发展援助的援助方主要是发达国家和国际机构。由于缺乏经验以及援助边界的模糊性,发展援助并没有得到各国足够的重视,对外援助管理也比较混乱。在 20 世纪 60 年代,这种情况得到了改善。经济合作与发展组织(OECD)在 1960 年成立了发展援助集团,并于 1961 年改名为发展援助委员会(DAC),具体负责 OECD 对外援助事宜。与 OECD-DAC 建立的同时,多边机构和发达国家援外机制基本建立,纷纷建立援外机构。例如,1960 年,世界银行成立了国际发展协会(IDA),向发展中国家提供贷款,条件较其一般性贷款宽松;同年,加拿大成立了援外办公室,于 1968 年更名为加拿大国际发展署(CIDA);1961 年,法国成立了合作部,主要负责对发展中国家(主要是非洲国家)提供援助,也即法国发展署(AFD)的前身;1961 年,美国颁布援外法案,成立了美国国际发展署(USAID)。

2. **卫生发展援助不断得到重视**　在上个十年间,卫生领域的投资巨大增长,证明发展中国家面临的健康挑战得到了空前的政治关注。虽然 DAC 成员国提供的官方发展援助在国际发展援助中仍然占据主导地位,但是非 DAC 国家(如中国、印度、巴西和南非等)提供的援助上升幅度较为明显,从 20 世纪 90 年代末的 1.88% 上升到 2008 年的 6.13%。在这些援助组织的对外援助清单中,卫生和健康作为社会基础公共服务一直都是重点援助领域,如中国从 1963 年开始向其他发展中国家派遣医疗队,已向以非洲为主的五大洲派出医疗队队员 2 万多人,诊治患者 2.7 亿人次。卫生发展援助占官方发展援助的比例已经从 1990 年的 4.6% 增长到 2013 年的 19.3%。据美国健康指标和评估研究所估计,卫生发展援助在上一个十年连续增长,在 2013 年达到最高点,即 313 亿美元。卫生发展援助的快速增长也促进了卫生成果的发展:艾滋病的应对措施显著增加;很多疟疾流行国家的疫情控制有了显著改善;针对严重影响贫穷国家的疾病的药物研究重新启动;儿童死亡率显著降低。

第三节　人人享有卫生保健与联合国可持续发展目标

一、人人享有卫生保健

(一)人人享有卫生保健的概念

人人享有卫生保健是世界卫生组织(World Health Organization,WHO)于 1977 年的第 30 届世界卫生大会提出的全球健康战略目标,即"到 2000 年使世界全体人民都能享有基本的卫生保健服务,并且通过消除和控制影响健康的各种有害因素,使人们都能享有在社会和经济生活方面均富有成效的健康水平,达到身体、精神和社会适应的完好状态"。人人享有卫生保健(health for all)不是指医护人员将为世界上每一个人治愈全部疾病,也不是不再有人生病或成为残疾。它是指人们必须在工作和生活场所能保持健康;能运用比现在更好的办法去预防疾病,减少不可避免的疾病和伤残导致的痛苦,健康的进入成年和老年并安然地告别人世;公平地分配一切卫生资源,使所有的个人和家庭能在可接受和提供的范围内通过充分参与,享受到基本的卫生保健服务;使人们明白疾病不是不可避免的,自己有力量摆脱可以避免的疾病桎梏,创造自己及其家庭的健康幸福生活。随着社会的发展和人类生存环境的改变,全球健康仍面临许多新的挑战。为了应对这些新的挑战,在 1998 年第 51 届世界卫生大会上,WHO 发表了《21 世纪人人享有卫生保健》宣言,指出"人人享有卫生保健"不是一个单一的、有限的目标,它是促使人民健康状况不断改善的过程。每个公民都有相同的权利、义务和责任获得最大可能的健康;人类健康水平的提高和幸福是社会经济发展的最终目标。

(二)人人享有卫生保健的价值准则

人人享有卫生保健的战略目标旨在使人们普遍享有并保持最大可能的健康水准,要实现这一目标需要有一些社会共同认定的价值准则。

1. **承认享有最高可能的健康水平是一项基本人权**　健康是充分享有一切其他权利的前提,应确保全体人民都能利用可持续发展的卫生系统,并促进部门间的行动以处理影响健康的危险因素。

2. **公平** 公平是 21 世纪人人享有卫生保健的基础。公平准则要求根据人们的需要来提供卫生服务,消除个人之间和群体之间的不公平、不合理的差别,实施以公平为导向的政策和策略,并强调团结。

3. **伦理** 在卫生政策制定、科学研究和服务提供过程中,继续加强应用伦理原则,用伦理原则指导人人享有卫生保健计划制定和实施的所有方面。

4. **性别观** 在卫生政策的制定中,必须承认妇女和男子具有同等的卫生需求,强调男女平等。

二、初级卫生保健

(一) 初级卫生保健的涵义

初级卫生保健(primary health care,PHC)又称基层卫生保健,是一种基本的卫生保健,它依靠切实可行、安全可靠、又为社会所接受的方法和技术,为社区的个人和家庭提供普遍能够享受的,能够负担得起的保健服务。它即是国家卫生系统的组织部分、功能中心和活动焦点,也是社会整个经济发展的组成部分。

1978 年 WHO 和联合国儿童基金会(UNICEF)在哈萨克斯坦首府阿拉木图联合召开了国际初级卫生保健大会,会议发表的《阿拉木图宣言》明确指出初级卫生保健是实现"2000 年人人享有卫生保健"全球健康战略目标的基本策略和途径。

各个国家根据本国的经济发展水平,在采纳初级卫生保健策略时可有一定的差异,中国对初级卫生保健的定义表述为:初级卫生保健是最基本的、人人都能享有的、体现社会平等权利的、人民群众和政府都能负担得起的基本卫生保健服务。

(二) 实施初级卫生保健的基本原则

1. **合理布局** 卫生资源的合理布局是保障卫生保健服务公平性的关键,是使人人能够均等享有基本卫生保健服务的保证。政府应该承担起相应的责任,在卫生资源布局中对基层卫生保健机构给予更多倾斜,努力缩小地区之间、人群之间的差异,加强偏远农村和山区的初级卫生保健工作,使人们接受卫生服务的机会均等。尤其应该更多的关注老年、失业、贫困等弱势人群,给予他们足够的医疗救助。

2. **社区参与** 要求在政府的统一领导下,各部门密切协作,社区居民积极主动地参与本地卫生保健政策的制定与实施。应向居民大力宣传初级卫生保健的目标、意义和方法,使居民充分认识到必须通过自己的努力维护和促进健康,引导居民建立健康的行为与生活方式,积极参与社区卫生保健活动,合理利用适宜的卫生保健服务和技术,并成为卫生保健机构的合作者和健康促进的倡导者。

3. **预防为主** 初级卫生保健的重点是预防疾病和促进健康,而不仅仅是治疗服务。预防为主是初级卫生保健的最重要的内容,实践表明,预防服务是最具成本效益的,它有利于充分利用卫生保健资源,满足大多数人的卫生保健需求。

4. **适宜技术** 适宜技术是初级卫生保健工作者提供或使用的既科学又易于推广、适合当地社会经济发展水平、且能为广大群众所接受的技术和方法;是实施初级卫生保健的重要基础,对改善卫生服务的公平性、缓解过快增长的医药卫生费用与居民经济承受能力的矛盾具有重要的现实意义。

5. **综合利用** 提供基本医疗卫生服务仅是初级卫生保健的一个部分,人群健康的保障还涉及营养、教育、饮水供应以及住房等诸多方面,这些都是人类生活中最基本的需要。因此,要实现人人享有健康单靠卫生部门是不够的,必须动员全社会各领域与相关部门密切配合,相互支持,共同为促进居民健康而努力。

(三) 初级卫生保健的基本内容

1. **健康促进** 通过健康教育和各种政策、法规等社会环境支持,促使人们养成并保持良好的行为生活方式,注重自我保健意识和能力的提高。通过合理营养、安全卫生的饮用水以及改善卫生设施等,消除或减轻影响健康的危险因素,促进健康,提高生命质量。

2. **预防保健** 研究影响健康的因素和疾病发生、发展规律,在未发病或发病前期采取积极有效的措施,预防各种疾病的发生、发展和流行,如开展特定传染病的预防接种、疾病筛查、慢性病管理等。以优生优育、提高人口素质和生命质量为目标,为妇女儿童和老年人等特殊人群提供有针对性的保健服务。

3. **基本医疗** 采取适宜有效的措施,为辖区居民提供及时、可及的基本医疗服务,防止疾病恶化或向慢性化发展,力求做到早发现、早诊断、早治疗,促进疾病早日痊愈。

4. **社区康复** 对丧失正常生理功能或功能缺陷者,通过医学、教育、职业和社会等综合措施,加强生理、心理和社会的康复治疗,最大程度的恢复其功能,适应社会生活。

三、联合国可持续发展目标

联合国可持续发展目标(Sustainable Development Goals,SDGs)诞生于 2012 年联合国可持续发展大会。SDGs 是一套普遍适用于所有国家而又考虑到各国不同的国情、能力和发展水平,同时尊重国家政策和优先目标以平衡可持续发展的三大支柱(环境保护、社会发展和经济发展),将根本性地改变片面追求经济增长的传统发展观,坚持包容性增长和经济、社会、环境协调发展的可持续发展理念。SDGs 无论是广度、深度、难度、力度都远远超越了千年发展目标,为全球可持续发展描绘了一幅雄心勃勃的蓝图。

2015 年 9 月 25 日,联合国可持续发展峰会在纽约总部召开,联合国 193 个成员国在峰会上正式通过 17 个可持续发展目标。可持续发展目标旨在从 2015 年到 2030 年间以综合方式彻底解决社会、经济和环境三个维度的发展问题,转向可持续发展道路。

(一) 联合国可持续发展目标内容

1. **消除贫困** 在世界各地消除一切形式的贫困;
2. **消除饥饿** 消除饥饿,实现粮食安全、改善营养和促进可持续农业;
3. **良好健康与福祉** 确保健康的生活方式,促进各年龄段人群的福祉;
4. **优质教育** 确保包容、公平的优质教育,促进全民享有终身学习机会;
5. **性别平等** 实现性别平等,为所有妇女、女童增权;
6. **清洁饮水与卫生设施** 确保所有人享有水和环境卫生,实现水和环境卫生的可持续管理;
7. **廉价和清洁能源** 确保人人获得可负担、可靠和可持续的现代能源;
8. **体面工作和经济增长** 促进持久、包容、可持续的经济增长,实现充分和生产性就业,确保人人有体面工作;
9. **工业、创新和基础设施** 建设有风险抵御能力的基础设施、促进包容的可持续工业,并推动创新;
10. **缩小差距** 减少国家内部和国家之间的不平等;
11. **可持续城市和社区** 建设包容、安全、有风险抵御能力和可持续的城市及人类住区;
12. **负责任的消费和生产** 确保可持续消费和生产模式;
13. **气候行动** 采取紧急行动应对气候变化及其影响;
14. **水下生物** 保护和可持续利用海洋及海洋资源以促进可持续发展;
15. **陆地生物** 保护、恢复和促进可持续利用陆地生态系统、可持续森林管理、防治荒漠化、制止和扭转土地退化现象、遏制生物多样性的丧失;
16. **和平、正义与强大机构** 促进有利于可持续发展的和平和包容社会,为所有人提供诉诸司法的机会,在各层级建立有效、负责和包容的机构;
17. **促进目标实现的伙伴关系** 加强执行手段、重振可持续发展全球伙伴关系。

（二）联合国可持续发展目标的实施

《2017 年可持续发展目标报告》使用最新数据，概述了迄今为止全球开展的在落实 17 个可持续发展目标方面的情况，突出强调了取得进展的领域和需要采取更多行动的领域，以确保不让任何一个人掉队。2017 年的报告指出，虽然在过去十年里各个发展领域都取得了进展，但进展的速度不足且并不均衡，不足以达到全面执行可持续发展目标的要求。极端贫困比率下降至 11%，这意味着全球仍有 7.67 亿人每日的生活开销不足 1.9 美元。许多脱离贫困的人口，也仍然挣扎在贫困线上，有很大的可能重新成为贫困群体的一员。母婴死亡率有所下降，但需要让其成倍的减少以实现目标。数百万的儿童仍无法获得优质教育及学习的机会，很多儿童失学。性别不平等仍根深蒂固，年轻人失业的情况十分普遍。目前的进展还不能满足实现可承受、可依赖、可持续的现代化目标所需的条件。人类行为持续为环境带来巨大的负担，超过 20 亿人面临水资源短缺，90% 的城市居民呼吸着被污染的空气。全球气候变暖也正迫使人类必须立即行动，以应对危机。在可持续能源领域，2014 年使用清洁烹饪燃料和技术的人数占全球人口的 57%，高于 2000 年的 50%。但仍有超过 30 亿人口无法获得清洁的烹饪燃料和技术，导致 2012 年约 430 万人死亡。2015 年，85% 的城市人口使用安全管理的饮用水服务，而在农村人口中这一比例只有 55%。资金问题仍然是实现可持续发展的一个中心问题。2015 年至 2016 年，官方的援助实际增长了 8.9%，达到 1426 亿美元的历史新高，但对最不发达国家的双边援助实际下降了 3.9%。

第四节　健康中国战略

一、健康中国战略意义

党的十九大报告指出，"人民健康是民族昌盛和国家富强的重要标志。"这体现了我们党对人民健康重要价值和作用的认识达到新高度。实施健康中国战略，增进人民健康福祉，事关人的全面发展、社会全面进步，事关"两个一百年"奋斗目标的实现，必须从国家层面统筹谋划推进。

（一）新时代经济社会协调发展的必然要求

健康的、受过良好教育的劳动者是经济发展最重要的人力资源。"投资于健康"可以有效提高劳动力工作年限和劳动生产率，促进"人口红利"更多转化为"健康红利"，降低人口老龄化对劳动力结构的负面影响，延长重要战略机遇期。完善健康保障，深化供给侧结构性改革，可以解除群众后顾之忧，有利于释放投资和消费需求，拉动增长、扩大就业。实施健康中国战略，将为经济社会协调发展注入新活力。

（二）实现人民对美好生活新期盼的重要支撑

随着人民生活水平从小康向富裕过渡以及健康意识的增强，人们更加追求生活质量、关注健康安全，不仅要求看得上病、看得好病，更希望不得病、少得病，看病更舒心、服务更体贴，这必然带来层次更高、覆盖范围更广的全民健康需求。实施健康中国战略，可以更加精准对接和满足群众多层次、多样化、个性化的健康需求。

（三）维护国家安全与社会稳定的必备条件

随着经济全球化深入发展，传染病疫情、抗生素耐药等跨国播散的公共安全威胁日益严峻。如果出现重大疾病流行而解决不好，就会造成人心恐慌、社会不稳，甚至消解经济社会多年建设成果。实施健康中国战略，保证人人享有基本医疗卫生服务，是党和政府义不容辞的职责。

（四）医疗卫生事业改革发展的内在要求。

党的十八大以来，我国医疗卫生事业获得长足发展，深化医药卫生体制改革取得突破性进展，人民健康和医疗卫生水平大幅提高，主要健康指标优于中高收入国家平均水平。同时，随着工业化、城镇化、人口老龄化进程加快，疾病谱、生态环境、生活方式等发生变化，我国面临多重疾病威胁并存、多种影响因素交织的复杂局面，医疗卫生事业发展不平衡不充分与人民健康需求之间的矛盾比较突出。

实施健康中国战略,就是要坚持问题和需求双导向,最大限度降低健康危险因素,全面提升医疗卫生发展水平。

二、实施健康中国战略的基本思路

(一) 坚持以人民为中心,把人民健康放在优先发展的战略位置

一人之健康是立身之本,人民之健康是立国之基。把人民健康放在优先发展的战略位置,就是把健康优先体现在社会生活全过程,经济社会发展规划中突出健康目标,公共政策制定实施中向健康倾斜,财政投入上保障健康需求,切实维护人民健康权益。

(二) 贯彻新发展理念,坚持新时代卫生与健康工作方针

坚持预防为主、中西医并重等实践证明行之有效的指导思想;强调以基层为重点,推动工作重心下移、资源下沉到农村和城市社区,突出以改革创新为动力,以自我革命的精神,用中国办法破解医改世界性难题;特别倡导把健康融入所有政策,人民共建共享,推动政府、全社会、人民群众共同行动,激发积极性和创造力,实现"人人参与、人人尽力、人人享有"。

(三) 完善国民健康政策,全方位、全周期维护人民健康

以提高人民健康水平为核心,从健康影响因素的广泛性出发,转变卫生与健康发展方式,加快基本医疗卫生与健康促进法立法进程,把健康融入所有政策,将维护人民健康的范畴从传统的疾病防治拓展到生态环境保护、体育健身、职业安全、意外伤害、食品药品安全等领域,普及健康生活、优化健康服务、完善健康保障、建设健康环境、发展健康产业,实现对生命全程的健康服务和健康保障。

(四) 促进社会公平正义,坚持基本医疗卫生事业的公益性

毫不动摇把公益性写在医疗卫生事业的旗帜上,正确处理政府与市场、基本与非基本的关系,绝不走全盘市场化、商业化的路子。政府承担好公共卫生和基本医疗服务等组织管理职责,切实履行好领导、保障、管理和监督的办医责任,同时注重发挥竞争机制作用。在非基本医疗卫生服务领域,充分发挥市场配置资源作用,鼓励社会力量增加服务供给、优化结构。

三、健康中国 2030 规划纲要

推进健康中国建设,是全面建成小康社会、基本实现社会主义现代化的重要基础,是全面提升中华民族健康素质、实现人民健康与经济社会协调发展的国家战略,是积极参与全球健康治理、履行2030 年可持续发展议程国际承诺的重大举措。为推进健康中国建设,提高人民健康水平,根据党的十八届五中全会战略部署,制定《"健康中国"2030 规划纲要》,是推进健康中国建设的宏伟蓝图和行动纲领。

(一) 总体战略

1. **指导思想**　推进健康中国建设,必须高举中国特色社会主义伟大旗帜,全面贯彻党的十八大和十八届三中、四中、五中全会精神,以马克思列宁主义、毛泽东思想、邓小平理论、"三个代表"重要思想、科学发展观为指导,深入学习贯彻习近平总书记系列重要讲话精神,紧紧围绕统筹推进"五位一体"总体布局和协调推进"四个全面"战略布局,认真落实党中央、国务院决策部署,坚持以人民为中心的发展思想,牢固树立和贯彻落实新发展理念,坚持正确的卫生与健康工作方针,以提高人民健康水平为核心,以体制机制改革创新为动力,以普及健康生活、优化健康服务、完善健康保障、建设健康环境、发展健康产业为重点,把健康融入所有政策,加快转变健康领域发展方式,全方位、全周期维护和保障人民健康,大幅提高健康水平,显著改善健康公平,为实现"两个一百年"奋斗目标和中华民族伟大复兴的中国梦提供坚实健康基础。

2. **战略主题**　"共建共享、全民健康",是建设健康中国的战略主题。核心是以人民健康为中心,坚持以基层为重点,以改革创新为动力,预防为主,中西医并重,把健康融入所有政策,人民共建共享

的卫生与健康工作方针,针对生活行为方式、生产生活环境以及医疗卫生服务等健康影响因素,坚持政府主导与调动社会、个人的积极性相结合,推动人人参与、人人尽力、人人享有,落实预防为主,推行健康生活方式,减少疾病发生,强化早诊断、早治疗、早康复,实现全民健康。

3. 战略目标　到 2020 年,建立覆盖城乡居民的中国特色基本医疗卫生制度,健康素养水平持续提高,健康服务体系完善高效,人人享有基本医疗卫生服务和基本体育健身服务,基本形成内涵丰富、结构合理的健康产业体系,主要健康指标居于中高收入国家前列;到 2030 年,促进全民健康的制度体系更加完善,健康领域发展更加协调,健康生活方式得到普及,健康服务质量和健康保障水平不断提高,健康产业繁荣发展,基本实现健康公平,主要健康指标进入高收入国家行列;到 2050 年,建成与社会主义现代化国家相适应的健康国家。

（二）主要内容

1. 普及健康生活　加强健康教育,提高全民健康素养,加大学校健康教育力度,将健康教育纳入国民教育体系,把健康教育作为所有教育阶段素质教育的重要内容;塑造自主自律的健康行为,引导合理膳食,开展控烟限酒行动,促进心理健康,减少不安全性行为和毒品危害;完善全民健身公共服务体系,广泛开展全民健身运动,加强体医融合和非医疗健康干预,促进重点人群体育活动来提高全民身体素质。

2. 优化健康服务　强化覆盖全民的公共卫生服务,防治重大疾病,完善计划生育服务管理,推进基本公共卫生服务均等化;完善医疗卫生服务体系,创新医疗卫生服务供给模式,提升医疗服务水平和质量,提供优质高效的医疗服务;充分发挥中医药独特优势,提高中医药服务能力,发展中医养生保健治未病服务,推进中医药继承创新;加强重点人群健康服务,提高妇幼健康水平,促进健康老龄化,维护残疾人健康。

3. 完善健康保障　健全医疗保障体系,完善全民医保体系,健全医保管理服务体系,积极发展商业健康保险;完善药品供应保障体系,深化药品、医疗器械流通体制改革,完善国家药物政策。

4. 建设健康环境　深入开展爱国卫生运动,加强城乡环境卫生综合整治,建设健康城市和健康村镇;加强影响健康的环境问题治理,深入开展大气、水、土壤等污染防治,实施工业污染源全面达标排放计划,建立健全环境与健康监测、调查和风险评估制度;保障食品药品安全,加强食品安全监管,强化药品安全监管;完善公共安全体系,强化安全生产和职业健康,促进道路交通安全,预防和减少伤害,提高突发事件应急能力,健全口岸公共卫生体系。

5. 发展健康产业　优化多元办医格局;发展健康服务新业态;积极发展健身休闲运动产业;加强医药技术创新,提升产业发展水平,促进医药产业发展。

（三）保障与组织实施

1. 健全支撑与保障　深化体制机制改革,把健康融入所有政策,全面深化医药卫生体制改革,完善健康筹资机制,加快转变政府职能;加强健康人力资源建设,包括加强健康人才培养培训,创新人才使用评价激励机制;推动健康科技创新,构建国家医学科技创新体系,推进医学科技进步;建设健康信息化服务体系,完善人口健康信息服务体系建设,推进健康医疗大数据应用;加强健康法治建设与国际交流合作。

2. 强化组织实施　加强组织领导,完善健康中国建设推进协调机制,统筹协调推进健康中国建设全局性工作,审议重大项目、重大政策、重大工程、重大问题和重要工作安排,加强战略谋划,指导部门、地方开展工作;大力宣传党和国家关于维护促进人民健康的重大战略思想和方针政策,增强社会对健康中国建设的普遍认知,形成全社会关心支持健康中国建设的良好社会氛围;做好实施监测,制定实施五年规划等政策文件,并进行细化完善,建立常态化、经常化的督查考核机制,强化激励和问责,建立健全监测评价机制。

（王　健）

思 考 题

1. 结合临床专业工作实践,谈谈全球健康工作内容对你的启示?
2. 如何正确理解全球健康策略?
3. 实现健康中国战略的基本思路是什么?
4. 实施健康中国 2030 的主要任务有哪些?

实习一 南卡罗来纳州一起疾病流行的调查研究

一、目的和要求

通过本次课程的学习,初步掌握:

1. 在疾病暴发的调查中学会运用描述性流行病学的基本原理(时间、空间和人群)。
2. 运用恰当的表格或图形来描述疾病的流行病学状况,并通过病原学来建立假设。

二、内容

数年以前,美国东南部一个内科医生曾经报道过一种从没有被认识到的疾病的发生,但是由于此篇报道的阅读人群只限于一个州,再者由于当时的卫生服务有限,因此导致这种疾病的发生原因被完全忽略了。根据临床症状这种疾病可以轻易地被诊断,但是当时病原学还不是很清楚。而且,发病机制、传播方式、免疫性以及社会和环境因素等都尚在争议中。关于这种疾病的不同原理和理论也很多。

为了了解这种疾病的程度,我们将一份调查问卷寄给8个州的所有正在从事实际业务的医生,让其统计在过去5年里他们所见过的所有病例。其中,只有1/4的医生有应答。据他们统计在过去一年里病例数从622例增加到7017例。

问题1 我们可以将流行性疾病的病因分为哪几个范畴?

调查工作在南卡莱罗纳西北部正在流行该疾病的5个郡县进行。调查地区包括24个有磨坊的乡镇,各镇人口为500～1500人。这些村庄的卫生状况差异比较大,有些地区有公共供水系统,有些有污水处理系统,有些地区两者皆有,而有些地区两者都没有。调查主要聚焦在单一种族的家庭。在每一个村庄,调查员每一年中有两个星期前往各户去寻找病例。每个调查对象的姓名、年龄、性别和婚姻状况均被记录。通过回忆或体检来确定疾病是否发生,若碰到有疑问的病例,就让对诊断这种疾病有较多经验的专家来判断。调查结果见实习表1-1。

问题2 你需要哪些信息来描述疾病的流行特征?

实习表1-1 24个村庄一年来该疾病的分月发病情况(总人口=22 653)

月份	发病数	发病率(1/1000)	月份	发病数	发病率(1/1000)
1	0	0.0	7	154	6.8
2	4	0.2	8	57	2.5
3	28	1.2	9	28	1.3
4	120	5.5	10	14	0.6
5	310	13.7	11	0	0.0
6	432	19.7	12	0	0.0

问题3a 观察实习表1-1并将其整理成恰当的图,观察绘制的统计图讨论该疾病的时间分布特点。

问题3b 观察实习表1-2并将其整理成恰当的图,观察绘制的统计图讨论该疾病的性别和年龄分布特点。

实习表 1-2　24 个村庄一年来该疾病的分年龄、性别发病情况（总人口=22 653）

年龄组（岁）	男			女		
	人口数	病例数	发病率（1/1000）	人口数	病例数	发病率（1/1000）
<1	327	0	0.0	365	0	0.0
1	233	2	8.6	203	1	4.9
2	408	30	73.5	365	16	43.8
3	368	26	70.7	331	28	84.6
4	348	33	94.8	321	32	99.7
5~9	1574	193	122.6	1531	174	113.7
10~14	1329	131	98.6	1276	95	74.5
15~19	1212	4	3.3	1510	17	11.3
20~24	1055	1	0.9	1280	51	39.8
25~29	882	1	1.1	997	75	75.2
30~34	779	4	5.1	720	47	65.3
35~39	639	4	6.3	646	51	78.9
40~44	469	10	21.3	485	34	70.1
45~49	372	7	18.8	343	18	52.5
50~54	263	13	49.4	263	12	45.6
55~59	200	5	25.0	228	6	26.3
60~64	164	9	53.6	153	3	19.6
65~69	106	4	37.7	105	2	19.1
≥70	80	6	75	114	2	17.5
合计	10 812	483	44.7	11 238	664	59.1

问题 4　结合上面总结的该疾病分布特征，你就认为还可以从那些方面进行调查？

问题 5　观察实习表 1-3 将其整理成恰当的图，观察绘制的统计图讨论未婚女性和已婚女性发病率的差异。

实习表 1-3　该疾病的分年龄和婚姻状况发病率

年龄组（岁）	已婚女性			未婚女性		
	总人数	发病数	发病率（1/1000）	总人数	发病数	发病率（1/1000）
16~29	1905	89	46.7	1487	16	10.7
30~49	1684	98	58.2	141	4	28.4
≥50	387	4	10.3	26	0	0.0
合计	3976	191	48.0	1654	20	12.1

问题 6　利用实习表 1-4 的资料，计算并比较以下人群的罹患率：

（1）工厂工人和非工厂工人（不分性别）。

（2）女性工人和女性非工厂工人。

（3）男性工人和男性非工厂工人。

实习表 1-4   该疾病的不同职业、年龄和性别的发病率

性别	是否磨坊工人	年龄组(岁)	病例	健康者	合计	罹患率(%)
女	是	<10	0	0	0	—
		10 ~ 19	2	330	332	0.6
		20 ~ 29	4	194	198	2.0
		30 ~ 44	2	93	95	2.1
		45 ~ 54	0	9	9	0
		≥55	0	5	5	0
	否	<10	28	577	605	4.6
		10 ~ 19	5	200	205	2.4
		20 ~ 29	12	204	216	5.6
		30 ~ 44	16	220	236	6.8
		45 ~ 54	4	91	95	4.2
		≥55	1	92	93	1.1
男	是	<10	0	0	0	—
		10 ~ 19	3	355	358	0.8
		20 ~ 29	1	361	362	0.3
		30 ~ 44	3	318	321	0.9
		45 ~ 54	0	93	93	0
		≥55	1	51	52	1.9
	否	<10	23	629	652	3.5
		10 ~ 19	4	161	165	2.4
		20 ~ 29	1	12	13	7.7
		30 ~ 44	0	10	10	0
		45 ~ 54	1	14	15	6.7
		≥55	4	26	30	13.3

问题 7a   利用实习表 1-5 的资料,计算在所有人群中总的罹患率。

问题 7b   以户为单位的罹患率。

问题 7c   如果一个家庭中已有一个病例,那家庭中其他成员患同样疾病的危险度是多少?

问题 7d   在感染和未感染家庭中平均人数是多少?

问题 7e   解释上述的结果。

实习表 1-5   南卡罗莱纳 7 个村庄 9 个月内感染该疾病的人口数和家庭数

人口类别	感染或发病数
总人口数	4399
感染家庭的人口数	424
非感染家庭的人口数	3975
总病例数	115
感染家庭的首发病例数	77
感染家庭的其他病例数(一个感染家庭中首发病例后出现的病例)	38
总家庭数	798

问题 8a   观察实习表 1-6 的资料,讨论家庭社会经济状况和该疾病发病的关系。

问题 8b   一般来说,与社会阶层低相联系的哪些因素可能会影响疾病的发生?

实习表 1-6　24 个村庄 1 年间该疾病分经济状况发病情况（总人口 = 22 653）

家庭社会经济状况	发病数	人口数	发病率（1/1000）
层 1（最低）	99	796	124.4
层 2	240	2888	83.1
层 3	260	4868	53.4
层 4	177	5035	35.2
层 5	132	5549	23.8
层 6	23	1832	12.6
层 7（最高）	2	769	2.6
合计	933	21 737	42.9

　　在本次调查中亦包括卫生情况的调查。在调查中，每一个村庄作为一个单位，对一般卫生质量、排泄物的处理和饮用水的供应进行评分。实习图 1-1 就利用一张散点图来反映了 24 个村庄的卫生评分和疾病发病率之间的关系。（在散点图中，卫生质量评分高即代表卫生质量好。）

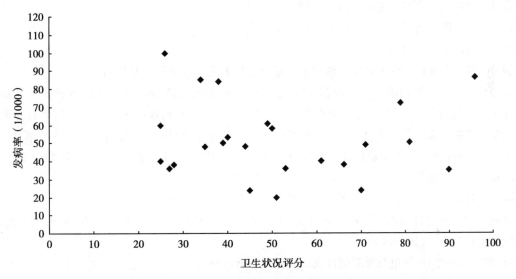

实习图 1-1　南卡罗莱纳州 24 个村庄的不明原因疾病发病率与卫生状况的关系

　　问题 9　结合实习图 1-1，讨论卫生质量和该疾病发病率之间的关系。

　　问题 10　现在总结一下这种疾病的主要流行病学特征。

　　问题 11　根据该疾病现有的流行病学特征，试问哪种可能的病因假设符合我们的资料？（可以假设几个病因进行讨论，如感染或饮食。）

　　问题 12　如果你认为感染或饮食是该疾病的病因，下一步你如何验证你的病因假设？

（本案例摘选自美国 CDC 的 CIS 培训案例）

（李晓霞）

实习二　吸烟与肺癌

一、目的和要求

1. 学习运用病例对照研究和队列研究方法探讨吸烟与肺癌的关联。

2. 练习计算 OR 值和 RR 值，并根据计算结果建立病因假设。

3. 比较病例对照研究和队列研究的优点和局限性。

二、内容

20 世纪 20 年代,许多工业发达国家报道,肺癌死亡率逐年升高。1901—1920 年,男性为 1.1/10 万,女性为 0.6/10 万,至 1936—1939 年上升到男性为 10.6/10 万,女性为 2.5/10 万。

关于肺癌的病因,当时有人提出吸烟、大气污染等可能是危险因素,但也有人认为肺癌死亡率的升高与人口寿命延长、人口老龄化密切相关,同时,肺癌诊断手段的改进,使肺癌的检出率与死因诊断水平提高,也会导致肺癌的死亡率升高。

问题 1　如何提出病因假设?

问题 2　为验证上述因素与肺癌之间是否存在因果关联,可采用哪些流行病学研究方法?

英国学者 Doll 和 Hill 于 1948 年 4 月—1952 年 2 月开展了吸烟和肺癌关系的专题研究。在 4 年间,搜集了伦敦及其附近 20 多所医院确诊为肺癌的患者作为调查对象,上述医院在此期间凡新收入肺癌、胃癌、结肠癌及直肠癌等患者时,即派调查员前往调查。每调查一例肺癌患者,同时配一例同医院同期住院的其他肿瘤患者作为对照。

问题 3　此为何种流行病学研究方法? 简述该研究方法的基本原理。

问题 4　简述该种研究方法的特点和应用

问题 5　简述该种研究方法中病例和对照的选择原则

问题 6　简述病例和对照的来源有哪些?

问题 7　本研究选择住院患者作为调查对象是否有代表性? 可能发生哪些偏倚?

肺癌患者大都经病理组织学或痰细胞学检查确诊,少部分患者依据肺部 X 线检查或支气管镜检查确诊。研究中事先规定 75 岁以上的患者不作为调查对象,并去除了开始误诊为肺癌但最后修订诊断的患者 80 例,因故未能调查的肺癌患者(包括调查时出院者 189 例,病危者 116 例,死亡者 67 例,耳聋者 24 例,不会英语者 11 例),这样被调查的肺癌患者大约占当时这些医院里肺癌患者总数的 85%,总计 1465 例。

问题 8　试述严格制定病例、对照诊断和排除标准的重要性。

问题 9　缺失因故未能调查的病例资料对研究结果有何影响?

该研究对照组的选择采取与肺癌病例组进行匹配的方法:年龄相差少于 5 岁;性别相同;居住地区相同;家庭条件相似;同期入住同一医院。

实习表 2-1 为肺癌病例组与对照组性别、年龄的均衡性比较。

实习表 2-1　肺癌组与对照组性别、年龄的均衡性比较

年龄(岁)	肺癌组		对照组	
	男	女	男	女
25 ~	17	3	17	3
35 ~	116	15	116	15
45 ~	493	38	493	38
55 ~	545	34	545	34
65 ~ 74	186	18	186	18
合计	1357	108	1357	108

问题 10　病例组和对照组匹配的目的是什么? 匹配的注意事项有哪些?

肺癌病例组和对照组患者均详细询问既往和现在的情况并填入统一的调查表,调查工作是由具备四年该种调查研究经验的调查员来完成的。研究者对各项调查内容均有明确规定,其中吸烟者的定义是,一个人每日吸一支烟或一支以上纸烟,持续一年以上者。不足此标准列为不吸烟者。为检验调查对象吸烟史回答的可靠性,作者随机抽查了 50 例,问过吸烟史后,间隔 6 个月后再次重新询问,两次回答的结果见实习表 2-2。

实习表 2-2　两次询问 50 人吸烟量(支/日)的一致性

第一次询问	第二次询问						合计
	0 ~	1 ~	5 ~	15 ~	25 ~	50 ~	
0 ~	8	1	0	0	0	0	9
1 ~	0	4	1	0	0	0	5
5 ~	0	1	13	3	0	0	17
15 ~	0	0	4	9	1	0	14
25 ~	0	0	0	1	3	0	4
50 ~	0	0	0	0	1	0	1
合计	8	6	18	13	5	0	50

问题 11　调查病例和对照"既往"暴露情况时,对"既往"如何界定?

问题 12　在进行病例对照研究时,调查可靠性检验的目的是什么?

问题 13　根据实习表 2-2,计算第一次询问和第二次询问结果的一致性,即调查的可靠性,并对结果进行评价。

$$两次调查结果的一致性 = \frac{两次结果一致的例数}{总调查例数}$$

研究者对男性调查结果进行了下列两种分析,见实习表 2-3 和实习表 2-4。

实习表 2-3　男性肺癌患者与对照的吸烟习惯比较

组别	吸烟	不吸烟	合计
肺癌组	1350	7	1357
对照组	1396	61	1357
合计	2646	68	2714

实习表 2-4　男性肺癌患者与对照吸烟情况比较

病例组	对照组		合计
	吸烟	不吸烟	
吸烟	1289	61	1350
不吸烟	7	0	7
合计	1296	61	1357

问题 14　分别根据实习表 2-3 和实习表 2-4,计算 OR 值和 95% CI。比较两个表的设计、数据整理和分析原理有何不同? 本研究采用哪一种分析方法更合理? 为什么?

研究者进一步对每日吸烟量和肺癌之间的关系进行了分析,结果见实习表 2-5。

实习表 2-5　男性每日吸烟量与肺癌的关系

吸烟量(支/日)	肺癌组		对照组		OR	χ^2
	例数	%	例数	%		
0	7	0.5	61	4.5	1.00	0.00
1 ~	49	3.6	91	6.7		
5 ~	516	38.0	615	45.3		
15 ~	445	32.8	408	0.1		
25 ~	299	22.1	162	11.9		
50 及以上	41	3.0	20	1.5		
合计	1357	100.0	1357	100.0		

总 $\chi^2 = 113.70$, df = 5, $P = 0.00$ (df, degree of freedom, 自由度);趋势性 $\chi^2 = 104.94$, df = 5, $P = 0.00$

问题 15　计算实习表 2-5 中各行的 OR 值和 χ^2 值。

研究者另将调查对象已吸烟总量与肺癌的关系进行统计分析,结果见实习表 2-6。

实习表 2-6　已吸烟总量与肺癌的关系

组别	各吸烟总量(支)的病例数					χ^2 检验
	365 ~	50 000 ~	150 000 ~	250 000 ~	500 000 ~	
男性:肺癌患者	19	145	183	225	75	$\chi^2 = 30.60$　df = 4
非肺癌患者	36	190	182	179	35	$P < 0.001$
女性:肺癌患者	10	19	5	7	0	$\chi^2 = 312.97$　df = 3
非肺癌患者	19	5	3	1	0	$P < 0.001$

问题 16　从实习表 2-5 和实习表 2-6 的资料分析中可以看出什么趋势? 呈何种关系?

问题 17　从本研究中可以得出什么结论? 尚需何种研究进一步验证吸烟和肺癌之间的因果关系?

Doll 和 Hill 之后,又有许多学者进行了类似的研究,绝大多数得到同样的结论,但也有一个例外,McConnell,Gordon,和 Jones 研究得到的结论是不吸烟与肺癌发生存在关联。因此,有人认为例外只有一个,而绝大多数研究得到相同结论可以说明吸烟是肺癌的一个危险因素;但也有人认为目前证据还不充分,不能论证两者有因果关联。

问题 18　有学者认为现有的证据还不能论证吸烟和肺癌有因果关联,简述可能的原因是什么? 论证因果关联的步骤和方法是什么?

Doll 和 Hill 认为继续进行同样的回顾性的研究不会为吸烟和肺癌的关联增加新的证据,因此,他们主张采用一种新的方法,即前瞻性的方法进行研究。1951 年 11 月,Doll 和 Hill 采用英国在职医生作为研究对象,通过问卷调查了解每个研究对象的吸烟习惯并分组。分组时不考虑调查之前的吸烟习惯,只考虑当时的状态。每年随访一次,随访到 1956 年 4 月,调查员每年 11 月 1 日收集研究对象的吸烟暴露和生存结局信息。

问题 19　此为何种流行病学研究方法? 简述该研究方法的基本原理。

问题 20　简述该种研究方法的特点和应用。

通过英国的医师注册机构,Doll 和 Hill 将问卷通过邮件形式发送给全部 59 600 名医生,其中 41 024 名医生收到邮件并回复,40 701 名医生回答问卷信息完整有效,包括男性医生 34 494 名和女性医生 6207 名,有效回复率为 68.29%。实习表 2-7 是按年龄分组,研究对象每年随访的暴露数据。

实习表 2-7　不同年龄组英国医生随访期间吸烟暴露人年数

年龄(岁)	随访时间点存活人数						总人年数
	1/11/51	1/11/52	1/11/53	1/11/54	1/11/55	1/4/56	
35 以下	10 140	9145	8232	7389	6281	5779	35 489
35 ~ 44	8886	9149	9287	9414	9710	9796	41 211
45 ~ 54	7117	7257	7318	7351	7215	7191	32 156
55 ~ 64	4094	4212	4375	4601	5057	5243	19 909
65 ~ 74	2694	2754	2823	2873	2902	2928	12 462
75 ~ 84	1382	1433	1457	1485	1483	1513	6431
85 以上	181	200	223	256	278	296	1028
合计	34 494	34 150	33 778	33 369	32 926	32 746	148 686

问题 21　上述研究为何计算总人年数?

问题 22　上表中显示随随访时间的延长,总人数逐渐减少,这是否为失访? 失访的定义是什么?

问题 23　简述什么是研究结局和研究终点。

随访结束后,研究者将研究对象标准死亡率整理如实习表 2-8,由于本次研究中 35 岁以下男性医生没有死于肺癌者及全部女性医生中只有 3 人死于肺癌,所以报告中只包含 35 岁及以上男性医生的死亡信息。

实习表 2-8　35 岁及以上英国男性医生死亡率

死因	死亡人数	死亡率(1/1000 人年)					
		所有男性	不吸烟者	全程吸烟者	平均吸烟量		
					1~14g	15~24g	25g 以上
肺癌	84	0.81	0.07	0.90	0.47	0.86	1.66
其他肿瘤	220	2.02	2.04	2.02	2.01	1.56	2.63
其他呼吸系统疾病	126	1.10	0.81	1.13	1.00	1.11	1.41
心血管栓塞	508	4.78	4.22	4.87	4.64	4.60	5.99
其他死因	779	6.79	6.11	6.89	6.82	6.38	7.19
合计	1714	15.48	13.25	15.78	14.92	14.49	18.84

问题 24　若研究吸烟与肺癌的关系,该研究的对照应选择实习表 2-8 中哪一组人群? 队列研究的对照选择有哪些类型? 本研究属于哪种对照?

问题 25　为何同时收集其他死因的信息? 这体现了队列研究的什么特点?

问题 26　从实习表 2-8 中可以大致看出吸烟与肺癌存在什么关系? 这种关系的特点和作用是什么?

问题 27　研究中去除 35 岁以下男性和所有女性医生的数据结果有什么影响? 如果不去掉又会有什么影响?

根据上表信息,研究者分析不吸烟者和三组不同剂量吸烟者的肺癌死亡率趋势性检验,发现有统计学意义,说明 35 以上男性医生肺癌死亡率与吸烟呈明显的剂量反应关系。随后研究者将研究对象按年龄分组统计肺癌死亡率信息如实习表 2-9:

实习表 2-9　35 岁以上男性医生不同年龄组肺癌死亡率

年龄(岁)	死亡人数	死亡率(1/1000 人年)			
		不吸烟者	平均吸烟量		
			1~14g	15~24g	25g 以上
35~54	10	0.00	0.09	0.17	0.26
55~64	24	0.00	0.32	0.52	3.10
65~74	31	0.00	1.35	3.34	4.81
75 以上	19	0.70	2.78	2.07	4.16
合计	84	0.07	0.47	0.86	1.66

问题 28　为什么要按年龄分组? 按年龄分组是否有必要?

问题 29　通过实习表 2-9 数据,是否能说明 75 岁之前男性医生肺癌死亡率随年龄的增长而增加? 为什么?

现对不同吸烟量的 35 岁以上男性医生的肺癌死亡人数情况整理成实习表 2-10:

实习表 2-10　每天吸烟不同支数的 35 岁以上男性医生肺癌死亡情况

吸烟量(g/天)	暴露人年数	死亡人数	RR	RR 95% CI	AR	AR%
不吸烟	25 250	1				
1g ~	51 134	22				
15g ~	46 091	27				
25g ~	26 211	34				
合计	148 686	84				

问题 30　以不吸烟组为对照,计算不同吸烟量肺癌死亡率的 RR 值及其 95% CI,AR 值和 AR% ,并说明每个值的意义。

问题 31　上述结论是否能验证吸烟与肺癌的因果关联? 为什么?

问题 32　上述队列研究的局限性在哪里?

问题 33　比较病例对照研究和队列研究的优点和局限性。

（刘爱忠）

实习三　临床试验设计

一、目的和要求

了解实验流行病学和临床试验的概念及特点;掌握临床试验设计的基本原则、方法、步骤和内容评价。

二、内容

（一）头孢美唑钠注射剂治疗呼吸系统感染的随机、双盲、多中心临床试验

1. **背景资料**　头孢美唑(cefmetazole)为日本三共株式会社研发的第二代半合成头孢菌素,它具有抗菌谱广,对 β-内酰胺酶稳定性好等特点。头孢美唑对葡萄球菌属、链球菌属、大肠埃希菌、克雷伯菌属、异型柠檬酸杆菌、吲哚阳性的变形菌、普城菌、弗氏柠檬酸杆菌、流感嗜血杆菌、黏膜炎布兰汉菌、淋病奈瑟菌和脑膜炎奈瑟菌等多种革兰阳性菌、革兰阴性菌及厌氧菌具有良好的杀菌作用。

为评价广东某药业公司生产的国产头孢美唑钠治疗中、重度呼吸系统感染的临床效果和安全性,研究者在 2004 年 8 月至 2005 年 2 月以进口头孢美唑钠(日本三共株式会社出品,商品名:先锋美他醇)为对照,通过随机双盲试验设计,进行效果评价。本项临床试验获国家食品药品监督管理局批准(批号 2004L01676、2004L03620)。

问题 1　本研究是什么类型的流行病学研究?

2. **研究设计**

（1）病例选择

1) 纳入标准:年龄 18 ~ 64 岁的住院或门诊患者;性别不限;临床症状、体征及实验室检查确诊为中、重度细菌性呼吸系统感染者;本次感染未用过其他抗菌药物,或用过抗菌药物治疗无效者;用药前做头孢美唑皮试为阴性;依从性好,自愿签署知情同意书者。

2) 排除标准:对 β-内酰胺类抗生素有过敏史或为高敏体质者,或本次试验用头孢美唑皮试阳性者;严重心、肝、肾功能不全或造血功能障碍、出血倾向及出血性疾病患者;有精神、神经系统疾患者以及晚期肿瘤患者;儿童、妊娠或哺乳期妇女;依从性差或生命垂危,不能完成疗程者;非细菌性感染或由对头孢美唑耐药的细菌所引起的感染者;有严重的免疫功能缺陷者;需全身联合应用其他抗菌药物治疗者。

（2）药品与剂量:试验药为广东某药业公司生产注射用头孢美唑钠(1g,批号 20040608);对照药为日本三共株式会社出品的注射用进口头孢美唑钠(1g,批号 TE010)。

（3）疗效判断标准:临床疗效评价按痊愈、显效、进步、无效 4 级评定,痊愈与显效合计为有效,并据此计算有效率。

（4）病例分组:本次临床试验共入选病例 144 例,试验组和对照组各 72 例,其中可进入一般资料分析的病例共 143 例,试验组 72 例,对照组 71 例(其中 1 例因用药 1 次后发现肝肾功能严重损害而剔除)。可进入临床疗效分析的病例数为 137 例,试验组和对照组分别为 70 例、67 例。

问题 2　本研究研究对象选择和样本量大小是否合适?

3. **研究人群一般特征**　试验组和对照组之间的一般特征和病情程度等方面的比较见实习表 3-1

实习表 3-1　试验组和对照组研究人群一般资料比较

项目	试验组(n=72)	对照组(n=71)	x^2 值或 t 值	P 值
性别(例,男/女)	32/40	38/33	1.1736	0.2787
年龄(岁,$\bar{X}\pm S$)	42.24±16.43	45.75±15.71	−1.31	0.1938
病情程度(例,中/重)	62/10	63/8	0.2108	0.6462
体重(kg,$\bar{X}\pm S$)	55.54±9.03	57.10±10.50	−0.85	0.3432
伴随疾病(例,有/无)	16/56	15/56	0.0211	0.8845
病程(天,$\bar{X}\pm S$)	9.49±9.73	12.85±16.81	−1.46	0.1472
用药前体温升高(例,有/无)	41/31	45/26	0.6837	0.4083
用药前白细胞(例,升高/正常)	33/39	33/38	0.0075	0.9176
用药前细菌(例,阳性/阴性)	51/21	47/24	0.3402	0.5597
就诊形式(例,门诊/住院)	38/34	34/37	0.4560	0.4995
试验前 3 天抗感染药物使用(例,有/无)	16/56	11/60	1.3602	0.2435
合并用药(例,有/无)	34/38	34/37	0.0060	0.9380

问题 3　试验组和对照组可比性是否满意? 为什么?

4. **结果**

问题 4　试计算两组的痊愈率和有效率及有无统计学差别?

试验组和对照组每天经静脉注射 2.0g 的药物,疗程为 5～12 天。试验期间每日详细观察患者症状、体征变化,并详细记录。试验结果见实习表 3-2。

实习表 3-2　不同病种临床疗效比较

感染性疾病	试验组(n=72)					对照组(n=71)				
	n	痊愈	显效	进步	无效	n	痊愈	显效	进步	无效
急性化脓性扁桃体炎	5	2	1	2	0	7	5	1	1	0
肺炎	20	5	11	3	1	18	4	9	4	1
急性支气管炎	21	4	12	4	1	21	9	9	3	0
慢性支气管炎急性发作	19	4	8	6	1	19	6	9	4	0
支气管扩张伴感染	5	0	5	0	0	2	0	1	1	0
合计	70	15	37	15	3	67	24	29	13	1
总痊愈率(%)										
总有效率(%)										

问题5 本研究设计和分析有何不足?

（二）甲状腺功能正常的甲状腺自身免疫状态妇女接受 L-甲状腺素治疗后的妊娠结局研究：一项随机临床试验

1. **背景资料** 甲状腺自身免疫状态是指血中存在甲状腺自身抗体,包括抗甲状腺过氧化物酶抗体 (TPOAb)和抗甲状腺球蛋白抗体。既往的队列研究结果显示,在甲状腺功能正常的妇女中,与甲状腺自身抗体阴性组相比,甲状腺自身抗体阳性组在自然妊娠或 IVF-ET 妊娠后的流产风险显著升高。小型 RCT 研究和队列研究显示,在甲状腺功能正常的甲状腺自身抗体阳性妇女中,L-甲状腺素治疗可能降低这类人群的流产风险。因此,在临床实践中,有很多这类不孕症妇女主动或被动地接受 L-甲状腺素治疗,以期能够降低流产风险。然而,现有的临床研究证据的级别相对较低,主要来自数量非常有限的小型 RCT 研究,无法明确回答 L-甲状腺素治疗究竟能否改善妊娠结局这样的热点问题。因此,绝大多数国际权威专业指南(包括美国甲状腺学会 2017 年版指南)均指出,对于这类人群,究竟应该推荐还是反对使用 L-甲状腺素治疗,目前尚缺乏充分的临床研究证据。

有鉴于此,北京大学第三医院于 2012 年成立了由内分泌科、生殖医学中心、临床流行病学研究中心等组成的跨学科研究团队,共同制定了"甲状腺功能正常的甲状腺自身免疫状态妇女接受 L-甲状腺素治疗后的妊娠结局研究"(Pregnancy Outcome Study in euthyroid women with Thyroid Autoimmunity after Levothyroxine,简称 POSTAL 研究)的研究方案,组建了专门的研究小组。该研究旨在明确 L-甲状腺素治疗能否改善甲状腺自身抗体阳性但甲状腺功能正常的不孕症妇女的妊娠结局,为指导临床实践提供更高级别的循证医学证据。该研究是甲状腺自身免疫状态与体外受精-胚胎移植(IVF-ET)妊娠结局相关研究领域迄今为止国际上报道的临床研究中样本量最大的 RCT 研究。

2. **研究设计** 2012 年 9 月至 2017 年 3 月,北京大学第三医院开展了一项开放性随机临床试验,采用 RCT 的研究设计和方法,按照纳入标准和排除标准从 30 000 多例不孕症妇女中进行筛选。研究通过伦理委员会审核,获得研究对象知情同意。

(1)样本量计算及分组:既往的相关 meta 分析结果显示甲状腺自身免疫状态的妇女不孕率为 30%, L-甲状腺素治疗可以降低 50% 的不孕风险,α 值为 0.05,β 取值为 0.2,考虑 5% 的失访率,经计算每组需要 300 人。将最终入组 600 例 TPOAb 阳性,但甲状腺功能正常的不孕症妇女,依据随机数字表(EpiCalc 2000)分为干预组和对照组。两组患者均采用标准的 IVF-ET 操作流程,并按照相同的随访方案进行现场随访和电话随访,以监测并记录随机分组的依从性和妊娠结局。动态监测孕期甲状腺功能的变化,以指导 L-甲状腺素的剂量调整。

(2)干预措施:干预组($n = 300$)在研究开始时接受 $25\,\mu g/d$ 或 $50\,\mu g/d$ 剂量的 L-甲状腺素,根据妊娠期的促甲状腺激素水平进行滴定。对照组($n = 300$)的妇女没有接受 L-甲状腺素。所有参与者收到相同的 IVF-ET 处理。主要结局是流产率(在妊娠 28 周之前流产,在怀孕的妇女中计算)。次要结局是临床宫内妊娠率(胚胎移植后第 30 天的超声观察到的胎儿心脏活动)和活产率(妊娠 28 周后至少有 1 例活产)。

问题6 本研究所采用的分组方法具体为哪一种随机方法? 其优缺点是?

3. **研究流程** 研究流程如实习图 3-1。

4. **研究人群** 研究人群特征比较见实习表 3-3。

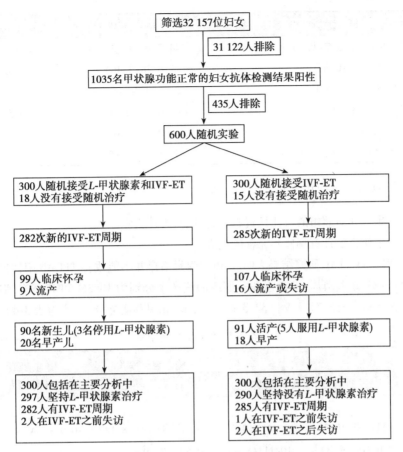

实习图3-1　POSTAL 研究流程图

实习表3-3　参与者的基线特征

特　　征	干预(n=300)	对照(n=300)
年龄,均值(SD),y	31.3(3.9)	31.7(3.8)
体重指数,均值(SD)ª	22.7(3.3)	22.8(3.2)
原发性不孕不育(%)	169(56.3)	160(53.3)
不育的持续时间,中位数(IQR),y	4(2~7)	4(2~7)
不孕原因,(%)		
男性因素	128(42.7)	119(39.7)
女性因素		
输卵管因素	140(46.7)	142(47.3)
多囊卵巢综合征	37(12.3)	35(11.7)
子宫内膜异位症	10(3.3)	14(4.7)
子宫畸形	15(5.0)	22(7.3)
宫腔内人工授精失败	37(12.3)	27(9.0)
未知因素	21(7.0)	12(4.0)
总甲状腺素,均值(SD),μg/dl	8.49(1.26)	8.74(1.30)
游离甲状腺素,均值(SD),ng/dl	1.16(0.13)	1.19(0.14)
促甲状腺素,中位数(IQR),mIU/L	2.94(2.04~3.74)	2.12(1.5~2.8)
抗甲氧基过氧化物酶抗体,中位数(IQR),mIU/L	1185.5(307.8~1350.0)	803.7(187.2~1350.0)

续表

特 征	干预(n=300)	对照(n=300)
抗甲状腺球蛋白抗体,中位数(IQR),mIU/L	144.7(61.4~259.8)	135.9(44.3~244.8)
促卵泡激素平均(SD),mIU/ml	6.78(2.46)	6.47(2.42)
黄体生成素,中位数(IQR),mIU/ml	3.56(2.40~5.05)	3.37(2.22~5.06)
雌二醇,中位数(IQR),pmol/L	154.0(110.0~196.0)	150.5(115.0~197.3)
睾酮,平均值(SD),nmol/L	0.77(0.31)	0.83(0.34)
催乳素,中位数(IQR),ng/ml	11.9(8.8~16.5)	11.5(8.7~15.3)

缩写:IQR,四分位数间距

[a] 体重指数是以千克为单位的重量除以以米为单位的身高的平方

问题7 你对干预组和对照组的可比性资料是否满意,为什么?

问题8 你认为本研究设计有哪些不完善的地方?

5. 结论和相关性 POSTAL 研究结果表明,L-甲状腺素治疗并不能改善 TPOAb 阳性但甲状腺功能正常的不孕症妇女的 IVF-ET 妊娠结局,干预组和对照组的流产率分别为 10.3% 和 10.6%,临床妊娠率分别为 35.7% 和 37.7%,活产率分别为 31.7% 和 32.3%,两组间均未见显著差异。(实习表 3-4)

实习表 3-4 参与者的怀孕结果

IVF-ET 结果	总数(%) 干预组	总数(%) 对照组	绝对差异率% (95%CI)[e]	相对危险度 (95%CI)	P 值
主要结果					
流产[ab]	11/107(10.3)	12/113(10.6)	-0.34(-8.65~8.12)	0.97(0.45~2.10)	0.94
早	10/107(9.3)	10/113(8.8)	0.50(-7.39~8.55)	1.06(0.46~2.44)	0.90
晚	1/107(0.9)	2/113(1.8)	-0.84(-5.36~3.53)	0.53(0.05~5.74)	>0.99[f]
次要结果					
临床宫内妊娠[a]	107/300(35.7)	113/300(37.7)	-2.00(-9.65~5.69)	0.95(0.77~1.17)	0.61
双胎妊娠[c]	39/107(36.4)	32/113(28.3)	8.13(-4.19~20.18)	1.29(0.88~1.89)	0.20
活产[a]	95/300(31.7)	97/300(32.3)	-0.67(-8.09~6.77)	0.98(0.78~1.24)	0.86
早产[a,d]	21/95(22.1)	19/97(19.6)	2.52(-8.98~13.99)	1.13(0.65~1.96)	0.67

缩写:IVF-ET,体外受精和胚胎移植

[a] 干预组有 8 个自发概念,其中 3 人是早期流产,5 人是活产(包括 1 例早产)

对照组有 6 个自发性概念,均导致活产(包括 1 例早产)

[b] 流产被定义为怀孕 28 周之前的怀孕损失;流产率被定义为每个临床宫内妊娠流产

[c] 双胎妊娠率定义为每个临床宫内妊娠双胎妊娠

[d] 早产率定义为早产分娩

[e] 使用 Newcombe-Wilson 计算绝对速率差异的 95%CI 评分法

[f] Fisher 确切概率法

问题9 你认为从本研究结果可以得出哪些结论?

问题10 请总结该类试验研究设计的特点。

本研究结果提示,甲状腺功能正常但甲状腺自身抗体阳性的不孕症女性在进行 IVF-ET 过程中不需要预防性应用 L-甲状腺素,但需要监测甲状腺功能的变化。该研究对于合理诊治 TPOAb 阳性的不孕症患者具有重要的临床指导意义,对相关治疗指南的修订也将提供重要参考。值得注意的是,由于本研究排除了具有反复流产史的患者,故本研究结论对于流产高风险的不孕症患者可能并不适用。

(段广才)

实习四　诊断试验与筛检试验的评价

一、目的和要求

1. 掌握诊断试验与筛检试验的真实性、可靠性和预测值等各项指标的含义及其计算。
2. 了解提高诊断试验与筛检试验效率的方法。
3. 学习如何绘制受试者工作特征曲线(ROC 曲线),掌握确定试验截断值的原则和方法。
4. 掌握预测值与真实性指标、患病率的关系。

二、内容

(一) 评价诊断试验与筛检试验的真实性

甲状腺功能减退症(简称甲减)是由各种原因导致的低甲状腺激素血症或甲状腺激素抵抗而引起的全身性低代谢综合征,可以引起机体多个系统功能低下及代谢紊乱。甲状腺功能指标异常,并不一定就是甲状腺疾病,要针对不同人群,结合临床加以综合判断,才能作出准确诊断。外周血的检测指标,不影响人体的代谢功能,而且随着检验技术灵敏度的提高,对甲状腺疾病的诊断、鉴别诊断及预后判断有着非常重要的临床意义。血清 T_4 是诊断甲状腺功能减退的主要指标之一,实习表 4-1 引用张克坚研究员在该方面的研究数据,作为学习诊断试验与筛检试验评价的实例。

实习表 4-1　血清 T_4 检测甲状腺癌功能减退与正常的结果

血清 T_4 浓度(nmol/L)	金标准		合计
	功能减退	功能正常	
阳性(<77)	22	7	29
阴性(≥77)	5	86	91
合计	27	93	120

问题1　何谓金标准? 简述金标准的目的。

问题2　计算实习表 4-1 中血清 T_4 检测试验的灵敏度、特异度、假阴性率、假阳性率、一致率、约登指数、阳性似然比、阴性似然比,并说明各项指标的意义。

(二) 联合试验对灵敏度和特异度的影响

为了提高诊断试验的灵敏度和特异度,除了探索新的试验方法之外,可以将现有的两种或两种以上的试验结合起来,如联合检测血清中 T_4 与垂体 TSH 水平来诊断甲状腺功能减退症,检测结果见实习表 4-2。

实习表 4-2　血清 T_4 和垂体 TSH 联合应用检测甲状腺功能的结果

试验结果		金标准		合计
血清 T_4(<77nmol/L)	垂体 TSH(≥40μIU/ml)	功能减退	功能正常	
+	–	3	4	7
+	+	21	1	22
–	–	1	85	86
–	+	2	3	5
合计		27	93	120

问题3　请结合实习表 4-2 数据,计算串联和并联试验的灵敏度,特异度以及预测值。

问题4　请结合问题 3 的计算结果,说明联合试验对灵敏度、特异度和预测值有何影响?

问题5　提高诊断试验效率的方法有哪些?

（三）试验结果阳性截断值的确定

血清 T_4 浓度在 51nmol/L 以下者为甲状腺功能减退症患者,浓度大于 103nmol/L 为正常者。血清 T_4 浓度在 51~103nmol/L 范围内则包含患者与正常者。

实习表 4-3　120 例甲状腺癌功能减退与正常人血清 T_4 的浓度

血清 T_4 浓度 (nmol/L)	功能减退	功能正常	合计
<13	2	0	2
13 ~	3	0	3
26 ~	1	0	1
39 ~	8	0	8
51 ~	4	1	5
64 ~	4	6	10
77 ~	3	11	14
90 ~	0	19	19
103 ~	2	17	19
116 ~	0	20	20
129 ~	0	11	11
142 ~	0	4	4
>150	0	4	4
合计	27	93	120

问题 6　根据实习表 4-3 数据,在坐标纸上或利用统计软件绘制 ROC 曲线,并找出截断点。

问题 7　对于定量资料,简述确定阳性截断值的原则和方法

（四）诊断试验临床应用价值的评价

若血清 T_4 检测的灵敏度为 81.48%,特异度为 92.47%,用这种方法来筛查 10 万人群中的甲状腺功能,假定该人群中甲状腺功能减退的患病率为 5/10 万。

问题 8　试根据该方法的假阳性人数和阳性预测值来考虑能否在该人群开展甲状腺功能的筛查? 为什么?

假设在另一地区人群甲状腺功能减退患病率为 50/10 万,同样用血清 T_4 检测的方法对 10 万人群进行筛检,请计算在该人群的阳性预测值和阴性预测值。

问题 9　两种不同人群预测值的差异,说明了什么?

问题 10　简述筛检的应用原则。

（黄　芬）

实习五　一次伤寒暴发调查

一、目的和要求

1. 学习和掌握疾病暴发调查的基本步骤和方法。

2. 通过疾病暴发调查的学习,加深对流行病学基本理论、方法的认识。

二、内容

（一）背景

某年 6 月 20 日,某市疾病预防控制中心接到当地××学院疫情报告:"近 10 日内该院相继发生了近百例发热患者,并且发病人数仍在增加。"

疾病预防控制中心接到报告后立即组织人力于当日到达现场。通过听取该校领导和卫生所负责人的报告,并询问有关细节,了解到该校和疫情发生以来的如下信息:

××学院有教职工426人,学生480人,家属329人(其中72人为在托儿童),共计1235人。学生宿舍为两栋三层楼房,有部分单身教职工与学生混杂居住;另有部分学生在教学大楼四层居住。学生一般每室4~6人不等。教职工及家属多数住平房,也有楼房。楼房内厕所均为水冲式;平房为水泥粪坑、无盖。该学院有自己的深水井、水塔和供水系统。学生全部在学生食堂就餐;在学生食堂旁边相邻有职工食堂,经常在职工食堂就餐的教职工约150人左右,大部分教职工在家分散就餐。另有回民食堂,就餐人数很少。该校自己有一日托托儿所,入托儿童约80人。

6月10日发生第一例患者,15日以后患者数急骤上升,到20日已增至100多人。患者的主要症状为发热、头痛、头晕、全身关节酸痛。多数患者发热持续不退,并热度较高(39℃或以上)。部分患者主诉有恶心及其他胃肠道不适。18日,卫生所医生曾带领症状较重的数十名患者去医院就诊,查血象发现白细胞数偏低(4000~5000个/mm³)。该医院诊断为"流感"。有部分患者嗜酸性粒细胞减少或消失,也有人怀疑为"沙门氏菌属感染"。按流感进行服药治疗,目前患者未见好转,疫情仍在继续发展,每日均有新病例发生。

患者主要发生在学生中,教职工中目前尚未见有患者。家属、儿童中有无发病情况尚不详。与该校毗邻的另一学校,未见有类似情况发生。以往该校从未发生类似情况。

问题1 假如你是疾病预防控制中心人员,了解到以上情况后,为进一步查清疫情性质,尽快扑灭疫情,你应进行哪些工作?

问题2 书面拟订一调查提纲和一个流行病学调查表。在拟订调查提纲和调查表时,要考虑到为迅速确诊病人,对以上类似"流感"的发热患者应采集哪些样品进行实验室检查?检查什么项目?

(二)调查情况

经流行病学调查后,收集到以下资料:

1. **临床和实验室检查方面** 患者发热时间最短2天,最长25天,平均8.4±4.2天,57.9%的患者发热5~9天。50%的患者发热超过39℃,多表现为弛张热,朝轻暮重。除了发热外,其他常见症状为头痛、头晕、全身不适、四肢酸痛等。并且,有20%~30%的患者同时有腹痛、腹泻等胃肠道症状。

实验室检查白细胞计数在5000个/mm³以下者占61.2%;72.4%的患者嗜酸性粒细胞减少或消失。

采集了9份发热一周内的患者的血液进行细菌培养,5份检出伤寒杆菌。采集了6份发热3天内的患者的含漱液,接种鸡胚羊膜和尿囊,均未分离出流感病毒。采集病程2~4周患者的血做肥达试验,O凝集效价为1:386,H为1:279。从恢复期患者的粪便中共检出伤寒杆菌13株,恢复期患者带菌率为5.3%。

2. **人群发病情况方面** 学生分甲、乙两系。甲系有三个年级:一、二、三年级;乙系也有三个年级,但是,当时二年级学生集体外出实习,不在学校,仅一年级和三年级学生在校。从6月10日开始,按各人群逐日发病统计如下。

学生甲系一年级:6月10—14日:0 0 0 0 2;15—19日:2 8 9 6 7;20—24日:4 1 3 4 2;25—29日:1 1 0 0 0;30—7月4日:2 1 0 0 0;5—9日:0 1 0 0 0。共计54例。

甲系二年级:6月10—14日:0 0 0 2 0;15—19日:6 5 12 18 3;20—24日:4 2 3 2 2;25—29日:2 2 1 4 1;30—7月4日:0 6 2 1 0;5—9日:0 0 0 0 0。共计78例。

甲系三年级:6月10—14日:0 0 0 2 1;15—19日:1 3 5 9 3;20—24日:1 3 0 3 1;25—29日:3 0 0 2 0;30—7月4日:0 0 0 0 0;5—9日:2 0 0 0 0。共计39例。

乙系一年级:6月10—14日:1 0 0 0 7;15—19日:1 4 3 5 4;20—24日:6 0 0 1 1;25—29日:0 0 0 1 0;30—7月4日:0 0 1 0 0;5—9日:0 2 0 0 0。共计37例。

乙系三年级:6月10—14日:0 0 0 0 1;15—19日:1 5 5 6 1;20—24日:1 1 1 0 2;25—29日:1 2 0 1 0;30—7月4日:1 0 1 0 0;5—9日:0 0 0 0 0。共计30例。

教职工、托儿所儿童:6月10—14日:0 0 0 0 0;15—19日:0 0 0 1 1;20—24日:0 1 0 0 0;25—29日:0 0 1 0 1;30—7月4日:0 0 1 0 1;5—9日:0 0 0 0 0。共计7例(其中托儿所儿童1例)。

家属中无病例。

以往该校从未发生过类似情况。附近单位和地区也无类似患者发生。

学生发病238例,医护人员1例,教师2例,炊管人员3例,集体儿童1例,干部、工人中无病例。以上各人群人口数:学生480人,医护人员9人,教师156人,炊管人员29人,集体儿童72人,干部、工人232人。

学生中男249人,发病126例;女231人,发病112例。

问题3 描述疾病分布特点,用以上资料制表并制图表达之。

(1)疾病的空间分布,制表以表达之。并注意各单位部门间发病有无真正差别,进行显著性检验。

(2)疾病的时间分布,制表并制图表达之。

(3)疾病的人群分布,制表以表达之,必要时进行显著性检验。

(4)空间和时间相结合分布,制图表达之。

问题4 根据以上所给的临床和实验室检查资料并结合疾病分布特点分析,对该校出现的疾病做出确切的诊断。从临床、实验室检查和流行病学三方面加以分析(提供人群和地区相结合分布图作为参考,见实习图5-1)。

问题5 根据疾病分布特点的分析,对本次疫情的可能来源做出假设(用文字叙述)。

问题6 为证实以上"假设",拟订下一步调查提纲(重点从哪几方面调查)。

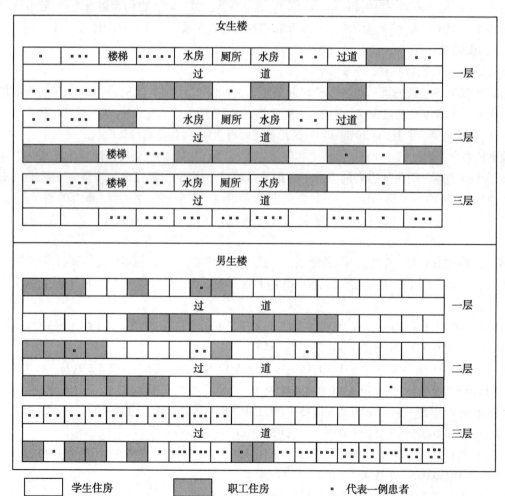

实习图5-1 同住一栋楼学生与教职工伤寒发病按居住房间分布示意图

（三）进一步收集到的资料

1. 通过进一步调查收集到以下资料

（1）关于续发病例情况：以班级为单位进行统计。每个班级有首发病例，首发病例发病后 2 周内的发病者算作原发病例（包括首发病例），2～4 周出现的病例算作续发病例（伤寒病后两周开始排菌，再加上伤寒的常见潜伏期）。按此标准计算，学生各班级共有原发病例 224 人，续发病例 14 人。

（2）饮食情况调查：在学生食堂就餐的 499 人中，发病 241 人；在职工食堂就餐的 152 人中，发病 3 人；在回民食堂就餐 5 人，无发病；在家分散就餐 579 人，发病 1 人。

在学生食堂就餐发病的 241 人中，有 238 人为学生，3 人为炊事员。3 名炊管人员的发病时间为 6 月 21 日、29 日和 7 月 4 日。

在职工食堂就餐及在家就餐发病的 4 人中，有 1 人在发病前一周曾在学生食堂就餐过。其他 3 名"非学生食堂就餐发病者"，1 名为某教师的 4 岁女孩，每天下午 4 时由托儿所接回后就在某女生宿舍玩耍。该女孩 6 月 27 日发病，与她密切接触的一女学生 6 月 18 日发病。1 名为卫生所医生，7 月 2 日发病，从 6 月 10 日开始就密切接触患者。

所有炊管人员及小卖部工作人员 48 人，进行了以往病史询问、查体并采三次粪便做细菌培养，均未检出伤寒菌。仅发现一名炊事员 20 年前曾患过伤寒。

学生和职工食堂一般卫生状况差。无卫生制度，也无食谱可查询。炊事员多为未经训练的临时工。食具不消毒，生、熟，刀、板不分开，经常吃凉拌菜也无消毒措施。学生对食堂卫生问题反映较强烈。

（3）水源情况调查：上已述及，该校有自己的深水井和供水系统。6 月 22 日采水样检查结果见实习表 5-1：

实习表 5-1　该校 6 月 22 日采水样检查结果

检号	细菌总数	大肠菌指数	大肠菌值	肠道致病菌
183	47	2	455	未捡出
184	10	16	62	未捡出
185	127	9	109	未捡出
186	1160	2	455	未捡出
187	1100	2	455	未捡出

（4）控制工作进行情况：6 月 20 日隔离收治当时的全部患者，同时做好患者排泄物的消毒处理，划定疫区范围；大力开展卫生宣传教育工作，大搞食堂和炊水卫生，做好炊水消毒；打扫环境卫生，喷洒消毒药物消灭苍蝇；7 月 1 日对全体人员普种伤寒、副伤寒甲、乙三联菌苗（每周 1 次，共注射 3 次为全程）等。

2. 分析提示

（1）算出续发率和原发病例与续发病例之比。

$$续发率 = \frac{续发病例数}{班内接触者人数} \times 100\%$$

$$班内接触者人数 = 班总人数 - 原发（首例）病人数$$

（2）续发率与暴发流行期间的罹患率进行比较，注意观察时间的不同，用"人月"处理。

（3）算出在不同食堂就餐者的罹患率，并比较差别，制表表达之。

问题 7　用以上分析的数据，进一步阐述本次疫情的性质，是否为共同来源引起？有何根据？

问题 8　用以上分析的数据，分析共同来源是什么？提出根据。

问题 9　用以上分析的数据，评价本次采取的控制措施的效果。

问题 10　总结本次事件的教训，提出该校今后预防类似事件发生的意见。

（庄贵华）

实习六　健康风险评估

一、目的和要求

疾病的发病和致死往往与某些可以改变的危险因素如行为生活方式等有关。如果我们能够及早地识别这些危险因素并予以控制,可以在很大程度上避免悲剧的发生。作为一名临床医生,应该在临床工作中重视危险因素的收集并进行评估,及时发现影响健康的潜在危险因素,建立健康行为。健康风险评估(health risk appraisal,HRA)作为临床预防服务的重要内容,提供了如何评估危险因素和疾病的发生和死亡之间数量关系的手段。本实习通过介绍简单实用的风险分数计算方法,帮助学生掌握健康风险评估的原理和初步应用。

二、内容

健康风险评估是研究致病危险因素和慢性病发病率及死亡率之间数量依存关系及其规律性的一种技术。它将生活方式等因素转化为可测量的指标,预测个体在未来一定时间发生疾病或死亡的风险,同时估计个体降低危险因素的潜在可能,并将信息反馈给个体。

(一) 风险分数概念

风险分数是代表发病风险的指标。对于个体某一疾病的风险分数而言,风险分数为该个体发生该疾病的概率与同年龄组同性别人群发生该疾病的概率的比值。通过对个体的评估,可以计算以下三种风险分数:

1. **目前的风险分数**　根据目前的情况所计算的现实的个体风险分数。根据个体的生活方式、遗传因素以及生理指标等确定。

2. **一般人群的风险分数**　同年龄组、同性别个体的平均风险分数。作为评估对象的参照。因此都为1。

3. **目标风险分数**　由于有些与行为方式有关的危险因素是可以改变的,因此,计算出全面建立健康行为的理想生活方式下个体的风险分数。目标风险分数应小于或等于目前的风险分数。

(二) 风险分数计算

对于大多数慢性病来说,其危险因素往往不是单一的,因此,需要计算组合风险分数,即把每一项危险因素对某病发病或死亡的影响进行综合。

1. **组合风险分数计算方法**　先根据风险分数表查得在每一项危险因素中的风险分数,再根据下列公式计算:

$$P_z = (P_1 - 1) + (P_2 - 1) + \cdots + (P_n - 1) + Q_1 \times Q_2 \times \cdots \times Q_m$$

P_i:≥1 的各项风险分数

Q_i:<1 的各项风险分数

将大于 1 的风险分数减 1 作为相加项,小于或等于 1 的部分相乘作为相乘项,相加项和相乘项之和即为组合风险分数。

对于个体的风险计算,

$$发病风险 = 人群总发病率 \times 组合风险分数$$

事实上,人们对所计算出来的发病风险的认知往往比较抽象,因为常人无法判断例如 5/10 000 的肺癌发病风险究竟意味着什么。而计算的风险分数则非常直观,例如某男性肺癌的风险分数为 10,这就意味着他发生肺癌的风险是和他同年龄组男性的风险平均值的 10 倍,因此他属于肺癌的高危人群。因此,我们可以直接用(组合)风险分数来评估个体发病风险。

2. 目标风险分数的计算 应该看到,有些危险因素是人为无法改变的,如家族史、既往病史等。而有些因素通过努力是可以改变的,如吸烟,酗酒等。如果改变不良习惯,可降低疾病的风险。计算这些可改变的危险因素消除或降低后的发病风险即为目标风险分数。

计算目标风险分数的方法与上述的组合风险分数计算方法一致,只是所估计是不良因素得到控制或改变情况下的风险分数。

健康风险的个体评估,通过比较目前的风险分数、一般人群的风险分数以及目标风险分数就可以对该病的发病风险进行评估。评估结果可以分为:

(1)低风险型:被评估者发生该病的目前风险分数小于1,即低于同年龄组、性别一般人群的发病风险。当然,通过进一步调整行为方式仍然可以进一步降低风险,但改进空间有限。

(2)自创型:被评估者发生该病的目前风险分数大于1,而目标风险分数远小于目前风险分数。被评估者发生该病的目前风险分数大于1,说明风险分数的平均水平较高;目标风险分数和目前风险分数相差较大,说明这些风险分数属于自创性,通过降低危险因素的措施,可以降低发病风险。

(3)难以改变的危险因素型:被评估者发生该病的目前风险分数大于1,但目标风险分数和目前风险分数相差较小。说明个体危险因素主要来自生物遗传因素和既往疾病史,通常不易改变,降低发病风险的可能性较小。

(4)一般风险型:被评估者发生该病的目前风险分数接近于1,目标风险分数和目前风险分数相接近。说明被评估者的发病风险接近于一般人群,降低的可能性有限。

三、实习步骤

1. 收集危险因素资料,获取与评估疾病有关的各项危险因素的指标。

2. 查阅该年龄、性别的风险分数表,得到各项因素所对应的风险分数。

3. 利用组合风险分数计算方法计算目前的风险分数。

4. 对各项危险因素进行重新评估,根据改变不良行为方式后的因素组合,查表获得各项因素所对应的新的风险分数。

5. 利用组合风险分数计算方法计算目标风险分数。

6. 通过目前风险分数、目标风险分数和一般人群风险分数的比较,确定发病风险的类型。

举例:

个体风险分数的计算:例如,一名23岁的男性,每天吸烟20支,酗酒,血压130/90mmHg,超重,不参加锻炼。无糖尿病史。请对该个体发生脑卒中的风险进行评估。

首先需要查20～24岁组男性个体的风险分数表,获得各项因素所对应的风险分数。

则目前的各项风险分数分别为:1.25,1.23,0.99,1.05。

目前的风险分数为:1.25+1.23+1.05-3+0.99=1.52

如果戒烟并使舒张压降低10mmHg,并参加体育锻炼则风险分数分别为:0.98,0.74,0.99,0.61

目标风险分数为:0.98×0.74×0.99×0.61=0.44

也就是说,目前该个体发生脑卒中的风险是同年龄组男性的1.52倍,如果该个体能够建立健康的生活方式并控制血压,发生风险降低为0.44倍。

综上,该个体的脑卒中的风险评估为自创风险型。

诚然,对于23岁的年轻男性而言,发生脑卒中的概率接近于0,因此,尽管他目前的风险分数达到1.52,就发病的绝对风险而言,仍然是相当低的。但是,如果不采取措施,随着年龄的增长,他发生脑卒中的风险将会呈几何级数上升,因此同样值得关注。

实习问卷6-1为健康风险评估问卷,里面包括了冠心病、脑卒中、部分肿瘤的常见危险因素,通过问卷的填写和查表,可以计算冠心病、脑卒中、肺癌、肝癌、胃癌、乳腺癌(女性)、膀胱癌、肠癌、食管癌等疾病的目前的风险分数和目标风险分数,从而进行风险评估。

实习问卷 6-1　健康风险评估问卷

（一）健康指标

1. 身高_____厘米

2. 体重_____公斤

3. 腰围_____厘米

4. 您最近一次测量的血压值为_____/_____ mmHg

5. 如果您不知道您的血压,请按照下面的标准进行估计:
  A. 高   B. 适中或低   C. 不知道

6. 您最近一次血中的胆固醇含量为_____
  A. ≤200mg/d   B. 200～239mg/d   C. ≥240mg/dl

7. 如果您没有测量过,请按照下面的标准进行估计:
  A. 高   B. 适中或低   C 不知道

（二）健康行为

1. 您目前的吸烟状况:
  A. 不吸烟(跳至第 4 题) B. 正在吸烟   C. 已戒烟(跳至第 3 题)

2. 如果您仍在吸烟,
  1)平均每天吸多少支: A. <10 B. 10～19 C. 20～29 D. ≥30
  2)您已经吸烟多少年? A. <10 B. 10～19 C. 20～39 D. ≥40

3. 如果您已经戒烟,
  1)您从戒烟到现在有多久了?
    A. <6 个月 B. 6 个月～<1 年 C. 1 年～<2 年 D. 2 年～<10 年 E. ≥10 年
  2)戒烟前两年,平均每天吸多少支烟?
    A. <10 B. 10～19   C. 20～29   D. ≥30

4. 您是否经常遭受二手烟? A. 无(跳至第 7 题) B. 有

5. 您已经遭受二手烟多少年了?____
  A. <10 B. 10～19 C. 20～29 D. ≥30 E. 记不清

6. 平均每日暴露于环境烟草烟雾的支数约为多少支?____
  A. <10 B. 10～19 C. 20～29 D. ≥30 E. 记不清

以下问题请按您过去 30 天的情况回答:

7. 在过去 30 天内,您是否饮用过含酒精的饮料?
  A. 是   B. 否

8. 您每周大约饮多少含酒精的饮料?
  _____啤酒/瓶
  _____烈酒、白酒/两
  _____葡萄酒、果酒等/杯

9. 过去的 30 天中,您有_____回一次饮用过 3 两以上白酒或含相同酒精的其他酒?

10. 与一般人相比,您是否口味较重,喜欢吃较咸的食物?
  A. 是的,口味较重 B. 一般   C. 口味清淡

11. 每周有几天吃含油或脂肪多的食品(油炸食品或肥肉等)?
  A. 从不吃或很少吃 B. 1～2 天 C. ≥3 天

12. 每周有几天吃腌制食品 20 克以上?
  A. 从不吃或很少吃 B. 1～2 天 C. ≥3 天

13. 每周有几天吃新鲜蔬菜水果?
  A. 从不吃或很少吃 B. 1～2 天 C. ≥3 天

14. 您每周有几天步行/骑自行车/超过 30 分钟(包括上下班、日常购物等)?
  A. 0 天 B. 1～2 天 C. 3～5 天 D. >5 天

15. 目前您每周平均参加多少次使您心跳加速,微微出汗,每次持续在 20 分钟以上的体育锻炼和工作?
(如:跑、快走、游泳、自行车等)
  A. 基本不参加 B. 1～2 次 C. ≥3 次

16. 平均每日睡眠时间
  A. 6 小时以下 B. 6 小时 C. 7～8 小时 D. 8 小时以上

17. 饮水的水源
  A. 自来水   B. 纯净水

　　C. 深井水　　　　　　　D. 沟塘水(转至 18,选其他答案转至 19)
　　E. 其他
18. 您饮用沟塘水大约多少年?
　　A. <35 年　　　　　B. 35~49 年　　　　C. ≥50 年
19. 每年食用糖精的次数(这里指有意识将糖精作为甜味剂使用)?
　　A. 从不食用　　　　B. 1~19 次　　　　C. ≥20 次
20. 您是否经常食用霉变的花生或玉米?
　　A. 否　　　　　　　B. 是
21. 您是否有持续一年以上的精神压抑,情绪低落?
　　A. 否　　　　　　　B. 是
22. 您是否经常生闷气吃饭?
　　A. 从不或很少　　　B. 经常
23. 请女性回答,您是否在烹调时经常眼睛受到油烟刺激?
　　A. 从未　　　　　　B. 有时　　　　　　C. 经常
24. 您在工作中是否经常接触以下物质:
　　A. 汽油　　　　　　B. 其他有机溶剂　　C. 都没有
(三) 健康史
您的家族成员(父母、兄弟、姐妹、祖父母)中是否有下列疾病:
1. 肺癌　　　　　　　　A. 没有　B. 有　C. 不清楚
2. 肝癌　　　　　　　　A. 没有　B. 有　C. 不清楚
如选择 B 请选择　1)父母　2)兄弟　3)姐妹　4)祖父母
3. 乳腺癌　　　　　　　A. 没有　B. 有　C. 不清楚
4. 食管癌　　　　　　　A. 没有　B. 有　C. 不清楚
5. 高血压　　　　　　　A. 没有　B. 有　C. 不清楚
6. 心脏病　　　　　　　A. 没有　B. 有　C. 不清楚
7. 糖尿病　　　　　　　A. 没有　B. 有　C. 不清楚
8. 高脂血症　　　　　　A. 没有　B. 有　C. 不清楚
您是否有以下病史
9. 心脏病　　　　　　　A. 没有　B. 有　C. 不清楚
10. 糖尿病　　　　　　　A. 没有　B. 有　C. 不清楚
11. 高血压　　　　　　　A. 没有　B. 有　C. 不清楚
12. 慢性支气管炎或肺气肿　A. 没有　B. 有　C. 不清楚
13. 乙型肝炎或肝硬化　　A. 没有　B. 有　C. 不清楚
14. 肠息肉　　　　　　　A. 没有　B. 有　C. 不清楚
15. 溃疡性结肠炎　　　　A. 没有　B. 有　C. 不清楚
16. 血吸虫　　　　　　　A. 没有　B. 有　C. 不清楚
(四) 女性生育史
1. 初潮年龄
　　A. ≤13 岁　　　　　B. 14~16 岁　　　　C. ≥17 岁
2. 是否已经生育(不包括流产)?
　　A. 否　　　　　　　B. 是
3. 初产年龄
　　A. <25 岁　　　　　B. 25~29 岁　　　　C. ≥30 岁
4. 是否曾经母乳喂养婴儿四个月及以上(这里指双侧哺乳)?
　　A. 否　　　　　　　B. 是　　　　　　　C. 不清楚
5. 是否已经绝经?
　　A. 否　　　　　　　B. 是
6. 绝经年龄:
　　A. <45 岁　　　　　B. 45~49 岁　　　　C. ≥50 岁
7. 月经周期是否正常?
　　A. 紊乱　　　　　　B. 正常　　　　　　C. 不清楚

　　风险分数表是风险评估的核心。实习表 6-1 为 20～24 岁男性和女性的风险分数表。第一列为所评估的疾病,第二列为评估的危险因素,第三列为各种危险因素所对应的风险分数,第四列针对部分可以控制或消除的危险因素,在建立健康行为后新的风险分数。

实习表 6-1　风险分数表 20～24 (男性)

疾病	危险因素	目前的风险分数	目标风险分数
肺癌	吸烟		
	否	0.45	
	<10 支/天	0.59	0.45
	10～	1.51	0.61
	20～	3.52	1.41
	30～	4.81	1.92
	已戒烟	0.59	
	被动吸烟	1.17	
	呼吸系统病史		
	无	0.83	
	有	1.9	
	家族肿瘤史		
	无	0.9	
	有	1.62	
	长期精神压抑		
	无	0.89	
	有	2.36	
	蔬菜水果摄取		
	5～7 天/周	0.91	
	<5 天/周	1.54	0.91
肝癌	HBV 感染		
	无	0.29	
	有	2.6	
	HBsAg(+)		
	无	0.58	
	有	5.25	
	丙肝感染		
	无	0.86	
	有	5.18	
	经常食用霉变食物		
	无	0.71	
	有	2.22	0.71
	慢性饮酒或酗酒		
	否	0.76	
	是	1.22	0.76
	家族肝癌史		
	无	0.33	
	二级亲属有	0.5	
	一级亲属有	3.6	
	一二级均有	7.68	

续表

疾病	危险因素	目前的风险分数	目标风险分数
食管癌	吸烟状况		
	不吸烟	0.53	
	<10 支/天	0.83	0.53
	10 ~	1.32	0.87
	已戒烟	0.87	
	食管癌家族史		
	无	0.92	
	有	2.11	
	慢性饮酒或酗酒		
	否	0.79	
	是	1.19	0.79
	蔬菜水果摄取		
	5~7 天/周	0.88	
	<5 天/周	1.7	0.88
	食用腌制食品		
	<1 天/周	0.72	
	≥1 天/周	1.52	0.72
膀胱癌	吸烟年限		
	不吸烟	0.61	
	<20 年	0.77	0.73
	20~40 年	1.19	0.89
	戒烟<10 年	0.89	
	戒烟≥10 年	0.73	
	职业暴露年龄		
	无	0.8	
	<20 岁	1.88	
	≥20 岁	1.39	
	每年用糖精次数		
	<1	0.67	
	1~19	1.47	0.67
	≥20	2.85	0.67
	蔬菜水果摄取		
	5~7 天/周	0.96	
	<5 天/周	1.27	0.96
大肠癌	肠息肉		
	无	0.96	
	有	21.54	
	溃疡性结肠炎		
	无	0.99	
	有	2.58	
	血吸虫史		
	无	0.99	
	有	1.59	
	食用油炸食品		
	0 次	0.81	
	1~3 次/周	1.12	0.81

续表

疾病	危险因素	目前的风险分数	目标风险分数
	≥3 次/周	1.54	0.81
	食用腌制食品		
	0 次	0.92	
	1~3 次/周	1.15	0.92
	≥3 次/周	1.44	0.92
	食用新鲜蔬菜		
	0 次	1.44	0.99
	1~3 次/周	1.19	0.99
	≥3 次/周	0.99	
胃癌	吸烟状况		
	不吸烟	0.62	
	吸烟	1.34	0.62
	慢性饮酒或酗酒		
	否	0.58	
	是	1.38	0.58
	食用油炸食品		
	<3 次/周	0.9	
	≥3 次/周	1.65	0.9
	食用腌制食品		
	<3 次/周	0.94	
	≥3 次/周	2.11	0.94
	食用新鲜蔬菜		
	<5 天/周	1.49	0.92
	5~7 天/周	0.92	
	摄盐		
	正常	0.88	
	过多	1.44	0.88
	胃癌家族史		
	无	0.74	
	有	2.11	
	生闷气吃饭		
	无	0.99	
	经常	2.97	0.99

脑卒中　血压

舒张压	收缩压		
	<140	140~159	≥160
<90	0.85	0.94	5.74
90~	1.63	3.26	4.96
≥100	3.19	3.74	7.97

危险因素	目前的风险分数	目标风险分数
吸烟		
否	0.78	
<10 支/天	0.86	0.78
10~	1.11	0.98
20~	1.25	0.98
戒烟	0.98	
慢性饮酒或酗酒		
否	0.74	
是	1.23	0.74

续表

疾病	危险因素	目前的风险分数	目标风险分数	
	糖尿病			
	无	0.99		
	有,未控制	3.35	2.47	
	有,已控制	2.47		
	体育锻炼			
	<3 次/周	1.05	0.61	
	≥3 次/周	0.61		
冠心病	吸烟			
	不吸烟	0.61		
	<10 支/天	1.08	0.68	
	10 ~	1.29	0.68	
	20 ~	2.37	0.68	
	戒烟	0.68		
	血压			

		收缩压		
		<140	140 ~ 159	≥160
舒张压	<90	0.88	1.75	6.63
	90 ~	1.87	2.18	2.07
	≥100	0.97	2.36	2.41
	高血压家族史			
	无	0.96		
	有	2.14		
	高胆固醇血症			
	无	0.75		
	有	1.75	0.75	
	慢性饮酒或酗酒			
	否	0.8		
	是	1.18	0.8	
	体重(BMI)			
	正常 BMI≤24	0.82		
	超重 BMI(24 ~ 27.9)	1.09	0.82	
	肥胖 BMI>28	1.42	0.82	
	糖尿病			
	无	0.98		
	有,未控制	4.89	2.45	
	有,已控制	2.45		
	体育锻炼			
	<3 次/周	1.39	0.73	
	≥3 次/周	0.73		

实习表 6-2　风险分数表 20 ~ 24 岁(女性)

疾病	危险因素	风险分数	可改变的风险分数
肺癌	吸烟		
	不吸烟	0.98	
	<10 支	1.22	0.98
	10 ~	2.99	1.2
	20 ~	6.19	2.47

续表

疾病	危险因素	风险分数	可改变的风险分数
	已戒烟	1.49	
	被动吸烟指数(PSI=每日吸烟支数×吸烟年数)		
	被动吸烟,但无 PSI	0.99	
	0	0.63	
	<200	1.56	
	200～400	1.73	
	>400	3.23	
	呼吸系统病史		
	无	0.83	
	有	1.9	
	家族肺癌史		
	无	0.9	
	有	1.62	
	长期精神压抑		
	无	0.89	
	有	2.36	
	烹调油烟		
	有时	1.39	
	经常	1.69	1.39
	从未	0.87	
	蔬菜水果摄取		
	5~7 天/周	0.91	
	<5 天/周	1.54	0.91
肝癌	HBV 感染		
	无	0.29	
	有	2.6	
	HBsAg(+)		
	无	0.58	
	有	5.25	
	丙肝感染		
	无	0.86	
	有	5.18	
	经常食用霉变食物		
	无	0.71	
	有	2.22	0.71
	慢性饮酒或酗酒		
	否	0.92	
	是	1.5	0.92
	家族肝癌史		
	无	0.33	
	二级亲属有	0.5	
	一级亲属有	3.6	
	一二级均有	7.68	

续表

疾病	危险因素	风险分数	可改变的风险分数
乳腺癌	初潮年龄		
	≥17	0.73	
	14~16	1.05	
	≤13	1.29	
	月经周期		
	正常	0.88	
	紊乱	1.45	
	家族史		
	无	0.87	
	有	3.4	
	乳腺病史		
	无	0.85	
	有	2.87	
	体重（BMI）		
	正常 BMI≤24	0.97	
	超重 BMI（24~27.9）	1.08	0.97
	肥胖 BMI>28	1.47	0.97
食管癌	吸烟状况		
	不吸烟	0.97	
	<10 支	1.52	0.97
	10~	2.42	1.58
	已戒烟	1.58	
	食管癌家族史		
	无	0.91	
	有	2.18	
	慢性饮酒或酗酒		
	否	0.93	
	是	1.4	0.93
	蔬菜水果摄取		
	5~7 天/周	0.88	
	<5 天/周	1.7	0.88
	食用腌制食品		
	<3 次/周	0.72	
	≥3 次/周	1.52	0.72
膀胱癌	吸烟年限		
	不吸烟	0.99	
	<20 年	1.24	1.19
	20~40 年	1.92	1.44
	戒烟<10 年	1.44	
	戒烟≥10 年	1.19	
	职业暴露年限		
	无	0.8	
	<20 年	1.88	

疾病	危险因素	风险分数	可改变的风险分数
	≥20 年	1.39	
	每年用糖精次数		
	<1 次	0.67	
	1~19 次	1.47	0.67
	≥20 次	2.85	0.67
	憋尿情况		
	无	0.85	
	偶有	2	0.85
	常有	2.66	0.85
	蔬菜水果摄取		
	5~7 天/周	0.96	
	<5 天/周	1.27	0.96
大肠癌	肠息肉		
	无	0.96	
	有	21.54	
	溃疡性结肠炎		
	无	0.99	
	有	2.58	
	血吸虫史		
	无	0.99	
	有	1.59	
	食用油炸食品		
	0 次	0.81	
	1~3 次/周	1.12	0.81
	≥3 次/周	1.54	0.81
	食用腌制食品		
	0 次	0.92	
	1~3 次/周	1.15	0.92
	≥3 次/周	1.44	0.92
	食用新鲜蔬菜		
	0 次	1.44	0.99
	1~3 次/周	1.19	0.99
	≥3 次/周	0.99	
胃癌	吸烟状况		
	不吸烟	0.99	
	吸烟	2.12	0.99
	慢性饮酒或酗酒		
	否	0.83	
	是	1.97	0.83
	食用油炸食品		
	<3 次/周	0.76	
	≥3 次/周	2.51	0.76
	食用腌制食品		
	<3 次/周	0.94	
	≥3 次/周	2.11	0.94

续表

疾病	危险因素	风险分数		可改变的风险分数
	食用新鲜蔬菜			
	<5 天/周	1.97		0.84
	≥5 天/周	0.84		
	摄盐			
	正常	0.88		
	过多	1.44		0.88
	胃癌家族史			
	无	0.77		
	有	2		
	生闷气吃饭			
	无	0.99		
	经常	2.97		0.99

疾病	危险因素	风险分数		可改变的风险分数
脑卒中	血压			
	收缩压	<140	140~159	≥160
舒张压	<90	0.93	1.02	6.28
	90~	1.79	3.56	5.43
	≥100	3.49	4.09	8.72
	吸烟			
	否	1		
	<10	1.1	1	
	10~	1.42	1.26	
	20~	1.59	1.26	
	戒烟	1.26		
	慢性饮酒或酗酒			
	否	0.91		
	是	1.52	0.91	
	糖尿病			
	无	0.99		
	有,未控制	3.35	2.47	
	有,已控制	2.47		

疾病	危险因素	风险分数		可改变的风险分数
冠心病	吸烟			
	不吸烟	0.99		
	<10 支	1.75		1.11
	10~	2.09		1.11
	20~	3.84		1.11
	戒烟	1.11		
	血压			
	收缩压	<140	140~159	≥160
舒张压	<90	0.95	1.89	7.14
	90~	2.01	2.35	2.23
	≥100	1.05	2.55	2.60
	高血压家族史			
	无	0.94		
	有	2.1		
	高胆固醇血症			

续表

疾病	危险因素	风险分数	可改变的风险分数
	无	1	
	有	2.33	1
	慢性饮酒或酗酒		
	否	0.93	
	是	1.37	0.93
	体重(BMI)		
	正常 BMI≤24	0.95	
	超重 BMI(24~27.9)	1.26	0.95
	肥胖 BMI>28	1.65	0.95
	糖尿病		
	无	0.98	
	有,未控制	4.89	2.45
	有,已控制	2.45	
	体育锻炼		
	<3 次/周	1.39	0.73
	≥3 次/周	0.73	

请同学选择 4~5 种疾病,对自己进行风险评估,并将结果填在实习表6-3。

注:实习表6-1 与实习表6-2 仅列出各疾病几种公认的危险因素,而对于某些危险因素,由于难以定量或测量未能纳入,可能会对结果产生一定影响。特别重要的是,健康风险评估并非精准预测,而是基于现有研究结果和人群分布的推测,并将人群结果应用到个体,期间会受到一系列因素的影响,该方法更加适合的是作为健康教育的工具,帮助评估者意识到目前的风险和行为改变的必要性。

实习表6-3   风险评估表

姓名   性别   年龄

疾病名称	目前风险指标	测量结果	风险分数		目前组合风险分数	可以改变的风险指标	新风险分数		目标风险分数	评估结果
			≥1	<1			<1	≥1		

(郑频频)

实习七 主要慢性病筛检方法评价（以糖尿病为例）

一、目的和要求

掌握糖尿病的常用筛检方法的优缺点；熟悉糖尿病筛检方案。

二、内容

糖尿病是一种由于血糖失控高出正常水平所造成的全身性进行性疾病，糖尿病是由于胰岛素分泌不足和（或）胰岛素的作用不足引起的以高血糖为主要特点的全身性代谢紊乱性疾病，可引起多种严重并发症。我国未诊断的糖尿病比例高于发达国家，大量未被诊断的糖尿病患者及在诊断时已发生并发症的比例增加使得筛检越来越重要。同时，在糖耐量受损的高危人群中进行生活方式的干预是可以预防糖尿病的，因此在社区人群进行糖尿病风险评估具有非常重要的意义。

（一）糖尿病高风险人群的识别

糖尿病诊断的葡萄糖耐量试验（OGTT）方法繁琐，不适合大规模的糖尿病患者人群筛检。国内有专家提出，可采用逐步筛检法筛检糖尿病，使用风险评分来确定糖尿病高风险人群，在确定高风险人群后再进行确诊试验。《中国2型糖尿病防治指南（2013年版）》首次以附录给出中国糖尿病风险评分表（C-DRS）（实习表7-1），用以筛检糖尿病患病风险，其切点为25分。

实习表 7-1 中国糖尿病风险评分表

评分指标	分值	评分指标	分值
年龄（岁）		收缩压（mmHg）	
20～24	0	<110	0
25～34	4	110～119	1
35～39	8	120～129	3
40～44	11	130～139	6
45～49	12	140～149	7
50～54	13	150～159	8
55～59	15	≥160	10
60～64	16	糖尿病家族史（父母、同胞、子女）	
65～74	18	无	0
体重指数（kg/m²）		有	6
<22	0	性别	
22～23.9	1	女性	0
24～29.9	3	男性	2
≥30	5		
腰围（cm）			
男性<75，女性<70	0		
男性75～79.9，女性70～74.9	3		
男性80～84.9，女性75～79.9	5		
男性85～89.9，女性80～84.9	7		
男性90～94.9，女性85～89.9	8		
男性≥95，女性≥90	10		

问题1 某51岁女性，身高1.65m，体重70kg，腰围81cm，血压90/135mmHg，其父亲是糖尿病患者。请根据实习表7-1判断她是否为糖尿病高风险人群？

北京大学王培玉教授课题组采用现况调查方法，应用C-DRS对6978名中国内蒙古乌海市社区人群进行糖尿病患病风险评估，结果见实习表7-2。

实习表 7-2　中国糖尿病风险评分表在社区人群筛检糖尿病的结果

风险评分	糖尿病人数	非糖尿病人数	合计
<25	99	3395	3494
≥25	597	2887	3484
合计	696	6282	6978

注:糖尿病判定标准:①自报患有糖尿病(经社区医生及以上级别医生确诊);②FPG≥7.0mmol/L;③有糖尿病症状且 HbA1c≥6.5%。具备上述条件之一者认为患有糖尿病

问题2　请根据实习表 7-2 计算《中国糖尿病风险评分表》的灵敏度、特异度、正确指数、阳性似然比、阴性似然比、阳性预测值和阴性预测值。

乌海市的研究结果发现随着 C-DRS 分值的增加,FPG 和 HbA1c 水平均呈上升趋势,其 ROC 曲线下的面积(AUC)为 0.77(95% CI:0.75~0.79),最佳切点为 26 分。下面三个国内同类研究均以 1999 年 WHO 糖尿病诊断标准作为评价 C-DRS 预测 2 型糖尿病检出效果的"金标准"(空腹血糖≥7.0mmol/L,或 OGTT 2h≥11.1mmol/L)。宁波地区 232 名体检人群,发现 AUC 为 0.79(95% CI:0.73~0.85),C-DRS 评分值愈高,患 2 型糖尿病的概率也愈高。安徽地区 2093 名体检人群的 C-DRS 评估发现,其 AUC 为 0.89(95% CI:0.84~0.95),该人群的最佳切点为 20 分。北京地区 1181 名老年体检人群中进行 C-DRS 的筛检糖尿病的 AUC 为 0.75(95% CI:0.72~0.78),最佳切点值为 32.5 分时,灵敏度 86.50%,特异度 60.84%。

问题3　上述研究结果能否说明 C-DRS 体现了我国成年人的糖尿病患病风险?为什么?

问题4　为什不同研究的最佳切点存在差异?尚需进行何种研究论证其最佳切点?

(二) 空腹血浆葡萄糖检测与口服葡萄糖耐量试验

全国糖尿病协作组分析了 1994 年全国 25 岁以上 25 万人群糖尿病普查中经标准 OGTT 试验(75g 葡萄糖)检查人群的资料,其中:OGTT 后 2 小时静脉血浆血糖(2h PG)≥11.1mmol/L 为新诊断 2 型糖尿病组,共 2380 例(男 1298 例,女 1082 例),平均年龄 53.5 岁(25~82 岁)。2h PG 7.8~11.0mmol/L 和 FPG<7.8mmol/L 为糖耐量减低(IGT)组,共 3106 例(男 1742 例,女 1364 例),平均年龄 48 岁(25~93 岁)。2h PG<7.8mmol/L 和 FPG<6.1mmol/L 为 OGTT 正常组,共 7725 例(男 4516 例,女 3209 例),平均年龄 47.1 岁(25~93 岁)。总人群为 13 211 例。初查采用馒头餐(至少含 80g 碳水化合物),用快速血糖测定仪(One Touch Ⅱ)及同一批生产的血糖试纸测定早餐后 2 小时指尖血糖。凡早餐后 2 小时指尖血糖≥6.67mmol/L 接受标准 OGTT 试验(75g 葡萄糖),测定服糖前及服糖后 2 小时静脉血浆血糖。糖尿病、IGT 均按 1985 年 WHO 提出的诊断标准。研究结果发现新诊断糖尿病组(NDM)中约 50% 的人 FPG<7.9mmol/L,约 25% 的人 FPG<6.5mmol/L。IGT 组中约 50% 的人 FPG<5.9mmol/L。OGTT 正常组中约 95% 的人 FPG<6.0mmol/L(实习表 7-3)。1986 年大庆地区 25 岁以上 11 万人群糖尿病普查中新诊断的糖尿病和 IGT 的 FPG 分布情况与之基本相同(实习表 7-4)。

实习表 7-3　各组人群 FPG(mmol/L)的分布

组别	百分位点						
	5%	10%	25%	50%	75%	90%	95%
正常组 n=7725	3.8	4.1	4.6	5.0	5.6	5.8	6.0
IGT 组 n=3106	4.4	4.8	5.3	5.9	6.5	7.1	7.3
NDM 组 n=2380	5.1	5.6	6.5	7.9	10.1	13.0	15.0
总人群 N=13 211	4.0	4.3	4.8	5.4	6.1	7.6	9.8

实习表 7-4   1986 年大庆地区普查出的新诊断 DM 和 IGT 的 FPG(mmol/L)分布

组别	百分位点						
	5%	10%	25%	50%	75%	90%	95%
IGT 组 n=3106	4.3	4.6	5.0	5.6	6.1	6.7	7.1
NDM 组 n=2380	4.8	5.4	6.4	8.0	10.0	13.0	14.4

对有关 FPG 值进行真实性检验。发现 FPG≥7.0mmol/L 的特异度高于 FPG≥6.7mmol/L(分别为 95% 和 91%),其灵敏度好于 FPG≥7.8mmol/L(分别为 67% 和 53%),见实习表 7-5。

实习表 7-5   不同 FPG(mmol/L)水平作为糖尿病诊断标准的灵敏度和特异度

真实性指标	FPG(mmol/L)					
	≥5.6	≥5.9	≥6.1	≥6.7	≥7.0	≥7.8
灵敏度(%)	90	86	84	72	67	53
特异度(%)	58	73	75	91	95	100
正确指数(%)	48	59	59	63	62	53
假阴性率(%)	10	14	16	28	33	47
假阳性率(%)	42	27	25	9	5	0

问题 5 1999 年 WHO 糖尿病诊断和分类专家委员会以 FPG 为诊断糖尿病的标准定为:FPG<6.1mmol/L 为正常,FPG≥6.1mmol/L 但<7.0mmol/L 为 IGT,FPG≥7.0mmol/L 为糖尿病。请根据实习表 7-3 至实习表 7-5 的结果说明其合理性。

问题 6 《中国 2 型糖尿病防治指南(2017 年版)》建议已达到糖调节受损(空腹血糖受损+IGT)的人群,应行 OGTT 检查。请用实习表 7-4 和实习表 7-5 的结果说明其合理性。

(三)糖化血红蛋白检测

部分国家将糖化血红蛋白(HbA1c)作为筛检糖尿病高危人群和诊断糖尿病的一种方法。HbA1c 较 OGTT 简便易行,结果稳定,变异性小,且不受进食时间及短期生活方式改变的影响,患者依从性好。2010 年 ADA 正式提出,以 HbA1c≥6.5% 作为诊断糖尿病的新标准,建议 HbA1c 5.7%~6.4% 者应进一步确诊。2011 年 WHO 推荐有条件的地方采用 HbA1c≥6.5% 作为诊断糖尿病的切点。

问题 7 《中国 2 型糖尿病防治指南(2017 年版)》仍不推荐在我国采用 HbA1c 诊断糖尿病。请说明原因。

(四)联合筛检

中华医学会糖尿病学分会全国糖尿病调查协作组于 2007 年 6 月—2008 年 5 月对北京、上海、广州、新疆、黑龙江等 14 个省市自治区进行了调查,使用一步法 OGTT 的筛检方法,结果显示,在新诊断的糖尿病患者中 46.6% 的是 FPC<7.0mmol/L,但 OGTT 后 2h PG≥11.1mmol/L,糖尿病前期的人群中 70% 是孤立的 IGT。

某医院门诊及住院进行 HbA1c 和 FPG 测定及 OGTT 的患者 766 例,根据 1999 年 WHO 修订的糖尿病诊断标准,即以餐后 2h PG≥11.1mmol/L 为糖尿病组(n=628)和 2h PG<11.1mmol/L 为非糖尿病(n=138)。绘制受试者工作特征(ROC)曲线,分析 HbA1c 和 FPG 诊断糖尿病的适宜切点。结果发现,HbA1c 诊断糖尿病的 AUC 为 0.92(95% CI:0.90~0.94),得出 HbA1c 的最佳切点是 6.55%;FPG 诊断糖尿病的 AUC 为 0.90(95% CI:0.88~0.93),得出 FPG 的最佳切点是 6.23mmol/L。HbA1c、FPG 以及 HbA1c 和 FPG 联合应用的灵敏度、特异度、Kappa 值见实习表 7-6。

实习表 7-6   不同血糖指标界值对糖尿病的诊断价值

血糖指标界值	灵敏度(%)	特异度(%)	Kappa 值
HbA1c≥6.55%	90.1	75.4	0.63
HbA1c≥6.5%	90.6	74.1	0.63
FPG≥7.0mmol/L	72.8	90.6	0.42
FPG≥6.23mmol/L	85.0	81.9	0.65
HbA1c≥6.55%且FPG≥6.23mmol/L	76.6	95.5	0.70

问题8   请根据实习表 7-6 的结果计算不同血糖指标界值的正确指数、阳性似然比和阴性似然比,并说明如何提高人群的糖尿病筛检效率。

某社区占地面积 0.80 平方公里,常住人口 8500 人,外来人口 1300 人。社区内 60 岁以上老人 1530 人(占 18%)。该社区有 7 名卫生服务人员(2 名全科医生、2 名护士、2 名助理医生和 1 名公卫人员)。近年来该社区糖尿病患病率有逐年上升趋势,由 1996 年的 4.6% 上升到 2017 年的 10.0%。2017 年,该社区卫生服务站开始开展家庭医生签约服务,进一步完善以糖尿病规范管理为重点的社区慢性病管理工作。

问题9   为了早期发现该社区无症状糖尿病患者,请为该社区卫生服务站设计糖尿病筛检方案。

(王培玉)

实习八   糖尿病食谱编制

一、目的和要求

根据糖尿病营养治疗的原则与要求,将每日各餐主、副食的品种、数量、用餐时间排列成表。食谱有一日食谱和一周食谱。通过调整糖尿病患者的膳食结构和饮食量,使患者维持和恢复正常的血糖、尿糖和血脂水平,达到维持理想体重,从而控制病情及防治各种并发症。以糖尿病患者一日食谱为例进行计算,初步掌握食谱的制订程序和评价方法。

二、内容

1. 糖尿病食谱编制的方法与程序。
2. 营养成分计算法。
3. 食物交换份法。
4. 对编制食谱进行评价,评价其是否能满足糖尿病患者的营养需要。

三、方法

根据糖尿病患者的病情、年龄、身高、体重、体力活动、是否有并发症、目前饮食状态、饮食习惯、每天所需的总能量和各种营养素的数量,参照食物成分表(见实习表 8-6)、经济条件、市场供应情况等制订食谱。

(一)营养成分计算法

1. **计算患者理想(标准)体重及 BMI,判断其体型(消瘦、正常、肥胖)**   判断体重状况的方法有以下几种:①理想体重法:理想体重(kg)= 身高(cm)-105,或理想体重(kg)= [身高(cm)-100]×0.9,或查阅正常人体身高体重表。判断标准为:(实际体重-理想体重)/理想体重×100%,此值≥20% 为肥胖,≤20% 为消瘦;②体质指数法:BMI=体重(kg)/[身高(m)]^2。判断标准为:BMI 在 18.5~23.9 为体重正常,24.0~27.9 为超重,≥28 为肥胖。

2. **计算全天总能量**   根据体重和劳动强度参考实习表 8-1 确定全天总能量供给量。全日能量供给量

（kcal）=理想体重（kg）×能量需要量［kcal/（kg·d）］

实习表 8-1　成年人糖尿病能量供给量［kJ（kcal）/kg］

体型	卧床	轻体力活动	中体力活动	重体力活动
消瘦	105～125（25～30）	146（35）	167（40）	188～209（45～50）
正常	84～105（20～25）	125（30）	146（35）	167（40）
肥胖	63（15）	84～105（20～25）	126（30）	146（35）

引自：孙长颢.营养与食品卫生学.8 版.北京：人民卫生出版社，2017：252.

3. 根据碳水化合物、脂肪、蛋白质所占总能量比例，计算碳水化合物、脂肪、蛋白质供给量

全日碳水化合物供给量（g）=全日能量供给量（kcal）×（50%～60%）÷碳水化合物能量系数（4kcal）；

全日脂肪供给量（g）=全日能量供给量（kcal）×（20%～25%）÷脂肪能量系数（9kcal）；

全日蛋白质供给量（g）=全日能量供给量（kcal）×（15%～20%）÷蛋白质能量系数（4kcal）。

碳水化合物占全天总能量的 50%～60%，以复合碳水化合物为主。碳水化合物的摄入量应根据患者个体差异、病情、血糖、糖化血红蛋白和用药情况进行计算并调整至适宜的量。计算碳水化合物的量及其在食物中的供能比例时，还要考虑食物的血糖指数（GI）。糖尿病患者应选择低 GI 的食物。一般来说，粗粮的 GI 低于细粮，复合碳水化合物低于精制糖。增加膳食纤维丰富的食物，膳食纤维摄入总量应该在 25～30g/d。

脂肪摄入量占总能量较合适的比例为 20%～25%，最高不应超过 30%。饱和脂肪酸的比例应小于 10%。虽然多不饱和脂肪酸有降血脂和预防动脉粥样硬化的作用，但由于多不饱和脂肪酸在体内代谢过程中容易氧化而可对机体产生不利影响，因此也不宜超过总能量的 10%。而单不饱和脂肪酸则是较理想的脂肪来源，应大于总能量摄入的 12%。胆固醇摄入量应低于 300mg/d，相当于 1 个鸡蛋黄中胆固醇的含量，合并高脂血症者应低于 200mg/d。

应保证蛋白质的摄入量，约占总能量的 15%～20%，其中至少 30% 来自高生物价的蛋白质，如乳、蛋、瘦肉及大豆制品。成人可摄入 1.2～1.5g/（kg·d），儿童、孕妇、乳母及营养不良者可达 1.5～2.0g/（kg·d）。对于已患糖尿病肾病的患者，应根据肾功能损害程度限制蛋白质摄入量，一般为 0.5～0.8g/（kg·d）。

4. 计算主食、副食、油脂用量　根据患者饮食习惯先确定主食的品种和种类，并计算主食蛋白质含量，在此基础上用全天总蛋白质需要量减去主食蛋白质含量，即可确定副食应提供蛋白质的数量，从而确定副食的品种和数量。再计算主副食脂肪含量，用全天所需总脂肪量减去主副食脂肪含量，即可确定每日烹调油脂用量。

5. 粗配食谱　根据主副食的数量，选择食物形成一日食谱，并按照比例分配到三餐中根据血糖升高时间、用药时间和病情是否稳定等情况，并结合患者的饮食习惯合理分配餐次，至少一日 3 餐，尽量定时、定量，早、中、晚餐能量按 25%、40%、35% 的比例分配。口服降糖药或注射胰岛素后易出现低血糖的患者，可在 3 次正餐之间加餐 2～3 次。加餐量应从正餐的总量中扣除，做到加餐不加量。

6. 调整食谱　根据已形成的一日食谱计算其营养成分，与患者营养素供给量进行比较，如果 80%～100% 符合要求则可以确定，如不符合则需要进行调整，直至符合要求。

7. 编制一周食谱　根据已确定的一日食谱，采用同类食物替换或改变烹调方法等，编制一周食谱。

（二）食物交换份法

食物交换份法是国内外普遍采用的糖尿病膳食计算方法，它可以快速、简便地制定食谱。食物交换份是将食物按照来源、性质分成六大类，即谷薯类；蔬菜类；水果类；鱼肉蛋类；豆类和乳类；油脂类。每一个食物交换份的任何食物所含的能量相似，约为 334.4～376.2kJ（80～90kcal），且同类食物在一定重量内所含的蛋白质、脂肪、碳水化合物和能量相近。因此制定食谱时，同类食物中的各种食物可以互相交换。

六类食物中，每一食物交换份所含能量、碳水化合物、脂肪、蛋白质等营养素及食物重量，如下：

1. **谷薯类** 每份大约能量 90kcal,蛋白质 2g,脂肪 0.5g,碳水化合物 20g。每份食物重量为:各种主食(生重)25g,包括大米、小米、高粱米、面粉、玉米面、莜麦面、荞麦面、燕麦、面条、各种干豆及干粉条等;马铃薯、山药、红薯、白薯、鲜玉米粒等约 100g。

2. **蔬菜类** 每份蔬菜能量 80kcal,蛋白质 5g,碳水化合物 15g。每份食物重量为:①1%～3% 糖类蔬菜约 500g。如:叶菜类:白菜,圆白菜,菠菜,油菜;根茎类:芹菜,竹笋,茎蓝;瓜果类:西葫芦,丝瓜,冬瓜,茄子,黄瓜,西红柿,苦瓜;其他:绿豆芽,鲜蘑菇,茭白,龙须菜,冬笋,花菜。②≥4% 糖类蔬菜约 100～350g,如萝卜,倭瓜,柿子椒 350g;鲜豇豆,扁豆 250g;胡萝卜,蒜苗 200g;毛豆、鲜豌豆 100g。

3. **水果类** 每份供热量 90kcal,蛋白质 1g,碳水化合物 21g。每份食物重量为:西瓜 500g;梨,桃,苹果,橘子,橙子,柚子,李子,杏,葡萄,猕猴桃 200g;香蕉,芒果,柿子,鲜荔枝 150g;草莓 300g。

4. **鱼肉蛋类** 每份供热量 80kcal,蛋白质 9g,脂肪 6g。每份食物重量为:各种畜肉约 25～50g(精瘦肉 50g,肥瘦肉 25g);禽肉约 70g;鱼虾类约 80～120g;鸭蛋、大个鸡蛋 1 个或鹌鹑蛋 6 个;瘦香肠 20g。

5. **豆类和乳类** 豆类每份大约能量 90kcal,蛋白质 9g,脂肪 4g,碳水化合物 4g。每份食物重量为:大豆、油豆腐 25g,豆干(丝)50g,北豆腐 100g,南豆腐 100g;豆浆 250g。乳类每份大约能量 90kcal,蛋白质 5g,脂肪 5g,碳水化合物 6g。每份食物重量为:牛奶 160g,乳酪 25g。

6. **油脂类** 每份供热量 90kcal,脂肪 10g。每份食物重量约为 10g。坚果类每份供热量 90kcal,蛋白质 4g,脂肪 7g,碳水化合物 2g。每份食物重量为:花生、腰果、杏仁、核桃仁 15g;葵花籽、南瓜子、西瓜子、松子 25～40g。

（三）利用食物交换份法制定食谱分以下六步

第一步计算理想体重;第二步计算全日所需总热量;第三步计算全天食物交换份份数;第四步根据实习表 8-2 查出各类食物的分配比例;第五步对设计的食谱进行评价和调整;第六步根据自己习惯和嗜好选择并交换食物。

实习表 8-2 不同能量治疗饮食交换份额

总热卡 （kcal）	总交换 （份）	谷类 （份）	蔬菜类 （份）	肉类 （份）	水果类 （份）	乳类 （份）	油脂类 （份）
1000	12	6	1	2	0	2	1
1200	14.5	7	1	3	0	2	1.5
1400	16.5	9	1	3	0	2	1.5
1600	19	9	1	4	1	2	2
1800	21	11	1	4	1	2	2
2000	24	13	1.5	4.5	1	2	2
2200	26	15	1.5	4.5	1	2	2
2400	28.5	17	1.5	5	1	2	2

引自:孙长颢. 营养与食品卫生学.8 版,北京:人民卫生出版社,2017;254

四、食谱举例

糖尿病患者张某,男性,52 岁,身高 170cm,体重 83kg,教师(轻体力活动)。血糖和尿糖均高,无并发症,口服降糖药。

计算全日总能量和三大产热营养素

（1）计算理想体重(标准体重):

$$理想体重(kg) = 身高(cm) - 105 = 170 - 105 = 65(kg)$$

（实际体重-理想体重）/理想体重×100% =（83-65）/65×100% =27.7% ,>20% ,属于肥胖。

BMI=体重(kg)/[身高(m)]^2=83/(1.7)^2=28.7,>28,属于肥胖。

（2）计算全日能量和三大产热营养素供给量：根据实习表8-1,计算全日能量供给量 = 65×（20 ~ 25）= 1300 ~ 1625（kcal）

根据循序渐进原则,对张某的总能量供给量可定为1600kcal。

$$碳水化合物按总能量60\% \ 供给 = 1600×60\% ÷4 = 240（g）$$
$$蛋白质按1g/kg \ BW \ 供给,约占总能量17\% = 1600×17\% ÷4 = 68（g）$$
$$脂肪按总能量20\% \ 供给 = 1600×20\% ÷9 = 35（g）$$

（3）营养成分计算法：以计算出来的主食、副食用量为基础,粗配食谱;调整食谱;编制一周食谱。

（4）食品交换份法：计算全天食品交换份份数 = 1600÷（80 ~ 90）= 18 ~ 20（份）,根据实习表 8-2 查得,总交换份 19 份,分别为谷类 9 份、蔬菜类 1 份、水果类 1 份、肉类 4 份、豆、乳类 2 份、油脂 2 份。

患者可根据本人饮食习惯进行食品种类的调整,例如,第 1、2、3 类食品间,第 4、5 类食品间可按单位相互交换。同类食品中也可根据等值交换表调换品种,例如猪肉换羊肉,米换面或面包,白菜换芹菜等。

（5）对设计的食谱进行评价：根据该患者的实际情况,为其设计的食谱如下：

早餐　馒头、无糖奶、凉拌豆腐丝黄瓜

　　　富强粉　50g　玉米面　25g　奶　250ml

　　　黄瓜　100g　豆腐丝　30g　芝麻油　3g

加餐　橙子　　200g

午餐　米饭、肉末豆腐炖白菜

粳米　100g　瘦猪肉　25g　白菜200g　豆油　7g　盐　　2g

晚餐　荞麦面条、肉丝炒芹菜

　　　荞麦面　75g　鸡肉　75g　芹菜　200g　豆油　10g　盐　　2g

试对上述设计的食谱进行评价（所用到的表见实习表8-3 至实习表8-5）。

实习表8-3　一日营养摄取量计算表

食物名称	重量 g	蛋白质 g	脂肪 g	碳水化合物 G	能量 kJ	钙	磷	铁	维生素A μg	胡萝卜素 μg	硫胺素 mg	核黄素 mg	烟酸 mg	维生素C mg

实习表8-4　能量来源分配

营养素	摄入量（g）	能量（kcal）	百分比（%）
蛋白质			
脂肪			
碳水化合物			

实习表8-5　三餐能量分配

餐别	摄入量（g）	能量（kcal）	百分比（%）
早餐			
午餐			
晚餐			
合计			

实习表8-6　食物成分表

类别	名称	食部(%)	蛋白质(g)	脂肪(g)	碳水化合物(g)	能量(kcal)	粗纤维(g)	钙(mg)	铁(mg)	磷(mg)	胡萝卜素(µg)	硫胺素(mg)	核黄素(mg)	烟酸(mg)	抗坏血酸(mg)
粮食类	稻米	100	7.4	0.8	77.9	347	0.7	13	2.3	110	0	0.11	0.05	1.9	–
	粳米	100	8.0	0.6	77.7	347	0.4	3	0.4	99	0	0.22	0.05	2.6	–
	标准粉	100	11.2	1.5	73.6	344	2.1	31	3.5	188	0	0.28	0.08	2.0	–
	富强粉	100	10.3	1.1	75.2	350	0.6	27	2.7	114	0	0.17	0.06	2.0	–
	小米	100	9.0	3.1	75.1	358	1.6	41	5.1	229	0.1	0.33	0.10	1.5	–
	玉米面	100	8.1	3.3	75.2	341	5.6	22	3.2	196	0.04	0.26	0.09	2.3	–
	甜薯	90	1.1	0.2	24.7	99	1.6	23	0.5	39	0.75	0.04	0.04	0.6	26
豆及豆制品类	黄豆	100	35.0	16.0	34.2	359	15.5	191	8.2	465	0.22	0.41	0.20	2.1	–
	绿豆	100	21.6	0.8	62.0	316	6.4	81	6.5	337	0.13	0.25	0.11	2.0	–
	赤小豆	100	20.2	0.6	63.4	309	7.7	74	7.4	305	0.08	0.16	0.11	2.0	–
	黄豆芽	100	4.5	1.6	4.5	44	1.5	21	0.9	74	0.03	0.04	0.07	0.6	8
	绿豆芽	100	2.1	0.1	2.9	18	0.8	37	0.6	37	0.02	0.05	0.06	0.5	6
	豆浆	100	1.8	0.7	1.1	14	1.1	10	0.5	30	0.09	0.02	0.02	0.1	–
	豆腐	100	8.1	3.7	4.2	81	0.4	164	1.9	119	–	0.04	0.03	0.2	–
	豆腐干	100	16.2	3.6	11.5	140	0.8	308	4.9	273	–	0.03	0.07	0.3	–
	粉条	100	0.5	0.1	84.2	337	0.6	35	5.2	23	–	0.01	…	0.1	–
鲜豆类	毛豆	53	13.1	5.0	10.5	123	4.0	135	3.5	188	0.13	0.15	0.07	1.4	27
	蚕豆	31	8.8	0.4	19.5	104	3.1	16	3.5	200	0.31	0.37	0.1	1.5	16
	豆角	96	2.5	0.2	6.7	30	2.1	29	1.5	55	0.2	0.05	0.07	0.9	18
根茎类	马铃薯	94	2.0	0.2	17.2	76	0.7	8	0.8	40	0.03	0.08	0.04	1.1	27
	芋头	84	2.2	0.2	18.1	79	1.0	36	1.0	55	0.16	0.06	0.05	0.7	6
	白萝卜	95	0.9	0.1	5.0	21	1.0	36	0.5	26	0.02	0.02	0.03	0.3	21
	青萝卜	95	1.3	0.2	6.8	31	0.8	40	0.8	34	0.06	0.04	0.06	–	14
	胡萝卜	96	1.0	0.2	8.8	37	1.1	32	1.0	27	4.13	0.04	0.03	0.6	13
	洋葱	90	1.1	0.2	9.0	39	0.9	24	0.6	39	0.02	0.03	0.03	0.3	8
	藕	88	1.9	0.2	16.4	70	1.2	39	1.4	58	0.09		0.03	0.3	44
蔬菜类	大白菜	87	1.5	0.1	3.2	17	0.8	50	0.7	31	0.12	0.04	0.05	0.6	31
	油菜	87	1.8	0.5	3.8	23	1.1	108	1.2	39	0.62	0.04	0.11	0.7	36
	卷心菜	86	1.5	0.2	4.6	22	1.0	49	0.6	124	0.07	0.03	0.03	0.4	40
	菠菜	89	2.6	0.3	4.5	24	1.7	66	2.9	47	2.92	0.04	0.11	0.6	32
	韭菜	90	2.4	0.4	4.6	26	1.4	42	1.6	38	1.41	0.02	0.09	0.8	24
	芹菜	66	0.8	0.1	3.9	14	1.4	48	0.8	50	0.06	0.01	0.08	0.4	12
	菜花	82	2.1	0.2	4.6	24	1.2	23	1.1	47	0.03	0.03	0.03	0.6	61

续表

类别	名称	食部(%)	蛋白质(g)	脂肪(g)	碳水化合物(g)	能量(kcal)	粗纤维(g)	钙(mg)	铁(mg)	磷(mg)	胡萝卜素(μg)	硫胺素(mg)	核黄素(mg)	烟酸(mg)	抗坏血酸(mg)
瓜果类	西红柿	97	0.9	0.2	4.0	19	0.5	10	0.4	23	0.55	0.03	0.03	0.6	19
	茄子	93	1.1	0.2	4.9	21	1.3	24	0.5	23	0.05	0.02	0.04	0.6	5
	青椒	84	1.4	0.3	5.8	23	2.1	15	0.7	33	0.34	0.03	0.04	0.5	62
	冬瓜	80	0.4	0.2	2.6	11	0.7	19	0.2	12	0.08	0.01	0.01	0.3	18
	黄瓜	92	0.8	0.2	2.9	15	0.5	24	0.5	24	0.09	0.02	0.03	0.2	9
	南瓜	85	0.7	0.1	5.3	22	0.8	16	0.4	24	0.89	0.03	0.04	0.4	8
	西瓜	56	0.6	0.1	5.8	25	0.3	8	0.3	9	0.45	0.02	0.04	0.2	6
鲜果及干果类	柑橘	77	0.7	0.2	11.9	51	0.4	35	0.2	18	0.89	0.08	0.04	0.4	28
	苹果	76	0.2	0.2	13.5	52	1.2	4	0.6	12	0.02	0.06	0.02	0.2	4
	葡萄	86	0.5	0.2	10.3	43	0.4	5	0.4	13	0.05	0.04	0.02	0.2	25
	桃	86	0.9	0.1	12.2	48	1.3	6	0.8	20	0.02	0.01	0.03	0.7	7
	柿	87	0.4	0.1	18.5	71	1.4	9	0.2	23	0.12	0.02	0.02	0.3	30
	杏	91	0.9	0.1	9.3	36	1.3	14	0.6	15	0.45	0.02	0.03	0.6	4
	枣(鲜)	87	1.1	0.3	30.5	122	1.9	22	1.2	23	0.24	0.06	0.09	0.9	243
	香蕉	59	1.4	0.2	22	91	1.2	7	0.4	28	0.06	0.02	0.04	0.7	8
	菠萝	68	0.5	0.1	10.8	41	1.3	12	0.6	9	0.02	0.04	0.02	0.2	18
	红枣(干)	80	3.2	0.5	67.8	264	6.2	64	2.3	51	0.01	0.06	0.16	0.9	14
	西瓜子(炒)	43	32.7	44.8	14.2	573	4.5	28	8.2	765	–	0.04	0.08	3.4	–
	葵花子(炒)	52	22.6	52.8	17.3	616	4.8	72	6.1	564	0.03	0.43	0.26	4.8	–
菌藻类	蘑菇(鲜)	99	2.7	0.1	4.1	20	2.1	6	1.2	94	0.01	0.08	0.35	4.0	2
	香菇(干)	95	20.0	1.2	61.7	211	31.6	83	10.5	258	0.02	0.19	1.26	20.5	5
	海带	100	1.2	0.1	2.1	12	0.5	46	0.9	22	–	0.02	0.15	1.3	–
	紫菜	100	26.7	1.1	44.1	207	21.6	264	54.9	350	1.37	0.27	1.02	7.3	2
肉及禽类	肥瘦猪肉	100	13.2	37.0	2.4	395	–	6	1.6	162	–	0.22	0.16	3.5	–
	猪肝	99	19.3	3.5	5.0	129	–	6	22.6	310	4972	0.21	2.08	15.0	20
	猪肾	93	15.4	3.2	1.4	96	–	12	6.1	215	–	0.31	1.14	8.0	13
	猪血	100	12.2	0.3	0.9	55	–	4	8.7	–	–	0.03	0.04	0.3	–
	肥瘦牛肉	99	19.9	4.2	2.0	125	–	23	3.3	168	7	0.04	0.14	5.6	–
	肥瘦羊肉	90	19.0	14.1	0	203	–	6	2.3	146	22	0.05	0.14	4.5	–
	羊肝	100	17.9	3.6	7.4	134	–	8	7.5	299	20972	0.21	1.75	22.1	–
	鸡	66	19.3	9.4	1.3	167	–	9	1.4	156	48	0.05	0.09	5.6	–
	鸡肝	100	16.6	4.8	2.8	121	–	7	12.0	263	10414	0.38	1.10	11.9	–
	鸭	68	15.5	19.7	0.2	240	–	6	2.2	122	52	0.08	0.22	4.2	–

续表

类别	名称	食部 (%)	蛋白质 (g)	脂肪 (g)	碳水化合物 (g)	能量 (kcal)	粗纤维 (g)	钙 (mg)	铁 (mg)	磷 (mg)	胡萝卜素 (μg)	硫胺素 (mg)	核黄素 (mg)	烟酸 (mg)	抗坏血酸 (mg)
蛋类	鸡蛋	88	13.3	8.8	2.8	144	–	56	2.0	130	234	0.11	0.27	0.2	–
	鸭蛋	87	12.6	13.0	3.1	180	–	62	2.9	226	261	0.17	0.35	0.2	–
水产类	黄花鱼	66	17.7	2.5	0.8	97	–	53	0.7	174	–	0.03	0.10	1.9	–
	带鱼	76	17.7	4.9	3.1	127	–	28	1.2	191	29	0.02	0.06	2.8	–
	鲤鱼	54	17.6	4.1	0.5	109	–	50	1.0	204	25	0.03	0.09	2.7	–
	鲫鱼	54	17.1	2.7	3.8	108	–	79	1.3	193	17	0.04	0.09	2.5	–
	河虾	86	16.4	2.4	0.0	87	–	325	4.0	186	48	0.04	0.03	…	–
	对虾	61	18.6	0.8	2.8	93	–	62	1.5	228	15	0.01	0.07	1.7	–
乳类	人乳	100	1.3	3.4	7.4	65	–	30	0.1	13	11	0.01	0.05	0.2	5
	牛乳	100	3.0	3.2	3.4	54	–	104	0.3	73	24	0.03	0.14	0.1	1
	羊乳	100	1.5	3.5	5.4	59	–	82	0.5	98	84	0.04	0.12	2.1	–
油脂及调味品类	猪油(炼)	100	…	99.6	0.2	897	–	–	–	–	27	0.02	0.03	…	–
	豆油	100	…	99.9	0.0	899	–	13	2.0	7	–	…	Tr	Tr	–
	芝麻酱	100	19.2	52.7	22.7	618	5.9	1170	50.3	626	17	0.16	0.22	5.8	–
	白糖	100	…	…	99.9	400	…	20	0.6	8	–	…	…	…	–
	红糖	100	0.7	…	96.6	389	–	23	1.4	…	–	0.01	…	0.3	–

注:1kcal×4.184=1kJ;– 表示未测定;… 表示未检出;Tr 表示微量

摘自:杨月欣,王亚光,潘兴昌.中国食物成分表(第2版).北京:北京大学出版社,2009.

(黄国伟)

实习九　环境相关疾病案例分析

一、目的和要求

通过本案例的学习和讨论,培养学生在临床思维中重视环境相关疾病,从环境暴露探寻疾病发生的原因,掌握在临床诊断过程中收集环境暴露信息的内容和方法。

二、内容

(一)案例背景介绍

1. **病例资料**　患者,男性,52岁,主诉过去3周头痛伴头晕,无呕吐;上周日早晨醒来突发轻微的心绞痛,在含服硝酸甘油几分钟后得到缓解。

(1)病史:3年前诊断患有心绞痛,一直用硝酸甘油控制病情。患者在进行强度较大的活动前都坚持舌下含服0.4mg硝酸甘油。患者每隔1天服用1片阿司匹林,无烟酒嗜好。已连续2年半无心绞痛症状。

(2)一般检查:该患者衣着整洁,面色微红。目前,血压120/85mmHg,脉搏80次/分,呼吸20次/分。

(3)体格检查:心、肺、中枢神经系统均正常。ECG检查无异常。

(4)实验室检查:血脂、血沉、血糖、甲状腺功能等均属正常。

2. **讨论问题**

问题1　该患者有哪些健康问题?

问题2　你的诊断结果是什么?你认为引起这些问题的原因是什么?

问题3　为了帮助你诊断,还需收集哪些信息? 为什么?

（二）环境暴露史信息收集

职业环境和生活环境中的各种有害因素可以对职业人群和生活在该环境下的居民产生健康损害。患者往往以某一系统或多系统症状前来就诊,在对患者进行诊断和病因分析时,收集环境有害因素的暴露史,可提供线索,帮助医生去调查患者是否有暴露环境有害因素,以判断患者的表现是否与某种环境有害因素有关。

环境暴露史信息收集一般通过回答调查表获得(实习表9-1),患者可以自己填表,也可以医生询问患者回答。环境暴露史收集的主要内容包括职业环境暴露史和生活环境暴露史。

实习表9-1　环境暴露史问询表

姓名:_____　　性别:_____　　出生日期:_____

就诊日期:_____

一、职业环境暴露
1. 暴露来源
1.1　您目前的工作中是否暴露下列物质(请打√)? 　　金属　　粉尘　　化学物　　烟雾　　电离辐射　　非电离辐射 　　噪声　　振动　　高温　　低温　　低气压　　生物因素
1.2　您以前的工作中是否暴露下列物质(请打√)? 　　金属　　粉尘　　化学物　　烟雾　　电离辐射　　非电离辐射 　　噪声　　振动　　高温　　低温　　低气压　　生物因素
1.3　您家人(居住在一起)是否暴露上述物质? 　　是　　　否
上述3个问题中只要回答暴露某种物质,则请继续回答下列问题。
1.4　请写出具体的物质名称:_____、_____
1.5　在您的工作室能闻到异味吗? 　　是　　　否
1.6　您在工作中使用下列个人防护用品吗? 　　手套　　口罩　　面罩　　呼吸器　　防护服　　耳塞/耳罩 　　其他_____
1.7　您工作中是否用溶剂洗手? 　　是　　　否
1.8　您在车间/办公室抽烟吗? 　　是　　　否
1.9　您工作时或在家里,身旁是否有人经常抽烟? 　　是　　　否
1.10　您有在车间吃饭的习惯吗? 　　是　　　否
1.11　您的同事中是否有人出现和您一样的症状? 　　是　　　否
1.12　您的家人中是否有人出现和您一样的症状? 　　是　　　否
1.13　您的症状在下列情况下是否会有所改变(加重或减轻)? 　　工作中　　是　　否 　　在家中　　是　　否 　　周　末　　是　　否 　　休假时　　是　　否
1.14　您的工作(如工作环境、方式、压力)最近几个月中是否有变动? 　　是　　　否
1.15　您是否服用或使用过中药? 　　是　　　否

1.16 您下班前洗澡吗?
　　　　是　　　　否

1.17 您有穿工作服回家的习惯吗?
　　　　是　　　　否

2. 职业史

2.1 请描述您目前或最后一个工作的情况。
　　　公司名称:_____
　　　所属行业:_____
　　　从事的工种:_____
　　　工种描述:_____
　　　_____
　　　开始工作时间:_____　　　　结束时间:_____

2.2 请填写以前所从事的工作的情况
　　　开始工作时间　　　　工　　种　　　暴露的有害因素　　　防护措施
　　　_____　　_____　　_____　　_____

2.3 您工作的车间,通风设施的效果如何?
　　　好　　　不好

二、生活环境暴露

1. 您家居住的区域是?
　　工业区　　商业区　　居住区　　郊区　　其他(请说明)_____

2. 您感觉您居住的区域环境质量如何?
　　好　　　　不好_____

3. 您家最近是否装修过或购买过新家具?
　　是　　　　否

4. 您家是否经常使用杀虫剂或农药?
　　是　　　　否

5. 您家饮用何种水?
　　集中式供水　　井水　　沟塘水　　其他_____

6. 您是否感觉到您家的饮用水有异常?
　　颜色异常_____　　　　有异味_____　　　　无异常

　　1. **职业环境暴露史的询问**　如第十七章所述,询问职业史一般包括:①您是做什么工作的? ②您的具体工作岗位是什么? ③您是否知道在工作中接触过什么特别的有害因素? ④您的同事中也有类似表现吗? ⑤您对自己的工作环境满意吗? 在此基础上,进一步明确患者工作岗位的工种和工龄、接触有害因素的种类、时间和剂量,接触方式及防护措施使用情况,并判定患者对工作环境中职业性有害因素的知晓情况,同时排除可引起类似职业中毒征象的非职业性接触,如家庭使用农药、有机溶剂、服药史等。

　　(1)暴露来源

　　1)暴露史:目前及过去是否暴露粉尘、化学物品、有毒金属、电离辐射、非电离辐射、噪声、振动、生物性有害因素等;

　　2)工作日写实:典型工作日的工作任务、地点、原料、使用物品,每个岗位停留时间;

　　3)一般表现:与通常不同的一些变化;其他同事或家人是否同样受影响。

　　(2)工作场所的职业病防护措施

　　1)防尘、防毒、防噪声、防高温等的职业病防护设施及其防护效果;

　　2)职业卫生检测结果;

　　3)职业健康监护情况;

4）个人使用的职业病防护用品；

5）工作场所的应急救援设施、警示标识、告知卡等；

6）个人卫生习惯。

（3）职业史：描述目前和以前做过的所有工作，包括短期、季节性的、兼职工作或兵役情况。

（4）生活环境暴露史的询问内容包括：①家庭居住环境（室内和小区环境）；②家庭成员的工作；③所住房屋的隔离、供热、降温系统；④家用化学品如清洁剂、洗涤剂等；⑤使用农药和杀虫剂情况；⑥供水情况；⑦居室装修；⑧空气污染（室内、室外）；⑨个人爱好（画画、雕刻、木工、园艺等）。

本案例中的患者是一名会计，在现工作单位工作了12年。在填写《环境暴露史问询表》时，该男子回答了3个肯定的问题："您的家人有和您一样的症状吗？""您的症状在工作时减轻吗？""在周末时加重吗？"。这些信息提示他的症状与其居住环境可能有关。

根据这个线索，需要开展生活环境暴露史的询问。

2. **生活环境暴露史的询问**

医生详细地询问患者：

医生：您妻子也有头痛？

患者：是的，她最近头痛的次数比以前增多了，而且头痛更重一些。

医生：您妻子的工作？

患者：她是律师。

医生：周末时，头痛会加重？

患者：是的。但在工作日，一般离家一段时间，头痛会慢慢消失。

……

医生：您家的房子最近装修了吗？

患者：是的，我已住进新房有2个月了。

医生：您周末时，一般是在家里，还是在外面？

患者：大部分时间在家里。

医生：您在家时开门窗吗？

患者：由于天气较冷，最近没有开门窗。

医生：您有没有闻到家里有异味？

患者：有一股刺鼻的味道。

医生：您有没有请环境检测机构对新房进行检测？

患者：没有。

医生：有必要请室内环境检测机构对家里的室内空气检测一下。

3. **生活环境现场检测**　室内空气检测：该男子随后请某室内环境检测公司对其家里的室内空气进行检测，结果发现，甲醛和苯均超过国家《室内空气质量标准》（GB/T 18883—2002）。

（三）环境相关疾病案例讨论

问题4　从以上谈话内容中你认为患者头痛、头晕的原因是什么？为什么？

问题5　您应该对患者进行哪些检查？

问题6　在室内空气污染引起的疾病中，该患者的情况是属于不良建筑物综合征，还是建筑物相关疾病？如何鉴别？

（余日安）

实习十　食物中毒案例讨论

一、目的和要求

通过对本案例的学习和讨论，掌握食物中毒的特点、诊断与急救原则，熟悉食物中毒的分类、调查处理和预防措施。

二、内容

某县疾病预防控制中心于 2017 年 9 月 8 日 8:50 接到当地卫生院电话,得知该医院收治多例疑似食物中毒患者,均有前日中午在当地的 A 饭店就餐史。该县疾病预防控制中心立即组织调查组,会同该县市场监督管理局赶赴现场,对当地卫生院和 A 饭店展开流行病学调查,并对 A 饭店剩余部分菜肴以及 14 例患者的粪便进行采样检测。

由流行病学调查得知,患者均于 2017 年 9 月 7 日 12:00 在 A 饭店就餐。根据 A 饭店提供的食谱,主要有肘子、虾、扣肉、油炸带鱼、丸子、海米冬瓜、京酱肉丝、牛肉豆芽、扒鸡等。当日晚间陆续有 14 人出现头疼、头晕、呕吐等症状,随即到当地卫生院就诊。本次事件患者中发病时间最早的是 9 月 7 日 17 时,最晚 9 月 8 日 8 时,主要集中在 9 月 7 日 21 时到 9 月 8 日 3 时,最短潜伏期 5 小时,最长潜伏期 20 小时。通过流行病学调查分析可得,患者进餐史、发病时间、临床症状均类似,临床症状均表现为初期腹部不适,尤其是上腹部疼痛或胃痉挛,继之出现恶心、呕吐、腹泻,体温升高,发病 5~6 小时后,腹痛加剧,以脐部阵发性绞痛为特点,与副溶血性弧菌感染引起的食物中毒症状相似。

该县市场监督管理局对 A 饭店进行现场调查,宴席所用食材均从某农贸市场购入。由于饭店当天的菜未进行留样备份,因此只把剩余的菜做了采样。调查中患者提及的油炸鱼冷菜,有很大可疑,但没有采到样品。另外该饭店未见有效卫生许可证,卫生条件一般,但厨房工作人员和服务员均可提供有效健康合格证。经检测分析,本次食物中毒事件所采集的剩菜样品均未检出致病菌,但是所采集的患者 3 份肛拭子及 1 份大便标本,均检出副溶血性弧菌,生化反应、血清学分型、毒力基因检测结果均一致。

14 例患者均在当地卫生院就诊,临床医生初步诊断为"食物中毒",对患者采取补液、护胃、抗菌等对症治疗。9 月 8 日 15 时就诊患者均已痊愈回家。

问题 1   作为临床医生,如何判断食物中毒事件?

食物中毒是指食用了被有毒有害物质污染的食品或者食用了含有毒有害物质的食品后出现的非传染性急性、亚急性疾病。食物中毒发生的原因各不相同,但发病具有以下共同特点:

(1)发病潜伏期短:一般在 24~48 小时以内,来势急剧,呈爆发性,短时间内可能有多数人发病。

(2)发病与食物有关:患者有食用同一有毒食物史,流行波及范围与有毒食物供应范围相一致,停止该食物供应后,流行即告终止。

(3)中毒患者临床表现基本相似:以恶心、呕吐、腹痛、腹泻等胃肠道症状为主。

(4)一般情况下,人与人之间无直接传染:发病曲线呈突然上升之后又迅速下降的趋势,无传染病流行时的余波。

根据上述食物中毒的特点,再结合临床表现和实验室检查,一般可以对食物中毒做出判断。通过流行病学调查分析,患者进餐史相同,发病时间相近,临床症状相类似,均为腹痛、腹泻、恶心、呕吐等症状,与副溶血性弧菌感染引起的食物中毒症状一致。排除患者之间相互感染的可能性,依据 WS/T 81—1996《副溶血性弧菌食物中毒诊断标准及处理原则》,虽然没有从剩余菜肴检出相同的致病菌,此次事件仍然符合食物中毒的特征。

问题 2   临床医生对食物中毒患者应采取哪些紧急处理措施?

临床医生应对患者采取紧急处理措施,并及时向当地卫生行政部门和食品安全综合监管部门报告。临床治疗应主要包括以下措施:①停止食用中毒食品;②采集患者标本,以备送检;③对危重患者实施急救治疗,包括急救(催吐、洗胃、清肠),对症治疗和特殊治疗。

问题 3   食物中毒事件调查主要包括哪些内容?

(1)人群流行病学调查:制订病例定义,开展病例搜索;统一个案调查方法,开展个案调查;采集有关标本和样品;描述发病人群、发病时间和发病地区分布特征;初步判断事故可疑致病因素、可疑餐次和可疑食品。

（2）危害因素调查：访谈相关人员，查阅有关资料，获取就餐环境、可疑食品、配方、加工工艺流程、生产经营过程危害因素控制、生产经营记录、从业人员健康状况等信息；现场调查可疑食品的原料、生产加工、储存、运输、销售、食用等过程中的相关危害因素；采集可疑食品、原料、半成品、环境样品及相关从业人员生物标本。

（3）实验室检验：送检标本和样品应当由调查员提供检验项目和样品相关信息，由具备检验能力的技术机构检验。标本和样品应当尽可能在采集后24小时内进行检验。实验室应当妥善保存标本和样品，并按照规定期限留样。

问题4 造成此案例中食物中毒事件的原因是什么？

此案例中食物中毒是由于进食被副溶血性弧菌污染的食物引起。副溶血性弧菌是引起食物中毒的常见致病菌，主要存在于海产品中，近年来由副溶血性弧菌引起的食物中毒事件常见报道，且以O3∶K6和O4∶K8两种血清型最为常见。

问题5 细菌性食物中毒和化学性食物中毒有何区别？

细菌性食物中毒指摄入被细菌和（或）其毒素污染的食物而引起的中毒，在食物中毒中最为常见，发病率较高，病死率较低，发病有明显的季节性，以夏秋季节最多见。

化学性食物中毒指摄入含有化学性有毒成分的食品而引起的中毒。一般发病率、病死率均较高，发病无明显的季节性和地区性。化学性中毒食品主要有4种来源：①被有毒有害的化学物质污染的食品；②误将有毒有害的化学物质当做食品或食品添加剂；③在食品中滥用食品添加剂或添加非法添加物；④食品中的营养成分发生了化学变化，如油脂酸败。

问题6 对中毒食品和中毒场所应如何控制和处理？

（1）对中毒食品控制处理：①保护现场，封存中毒食品或疑似中毒食品；②追回已售出的中毒食品或疑似中毒食品；③对中毒食品进行无害化处理或销毁。

（2）对中毒场所采取消毒处理：针对不同的中毒食品，对中毒场所采取相应的消毒处理。

问题7 如何预防类似食物中毒事件的发生？

预防措施：①防止食品受到致病菌污染：加强对污染源、食品从业人员和食品生产、加工、销售、储藏等各个环节的卫生监督和管理；②控制细菌繁殖和外毒素产生：食物在烹饪后至食用前需要较长时间（超过2小时）存放时，应低温冷藏（<10℃）或高温保存（>60℃）；食品盐腌（加盐量≥10%）、合理使用防腐剂或真空条件下保存；③彻底加热灭菌及破坏毒素：食物在食用前宜煮熟、煮透。

（杨　燕）

实习十一　突发公共卫生事件案例讨论

一、目的和要求

通过本案例学习和讨论，掌握突发公共卫生事件的概念、特点、分类、分级，医疗卫生机构的责任，熟悉群体性不明原因疾病现场控制措施、救治与隔离原则、患者转运的要求，通过桌面推演了解传染性公共卫生事件应急程序和处置措施。

二、内容

（一）案例分析

2004年10月4日上午，某乡党委书记匆忙地赶到该县县委报告：该乡G村10月3日向乡政府报告，该村有5名群众不明原因急性死亡。县委立即派专业人员到现场进行核实，同时向州政府报告了疫情。该村从9月10日到10月6日，与此事件有关的可能病例有15例（分布在5户村民中，分布在10岁以上各年龄段），陆续死亡了7人，全部是发病3天后死亡。7名死者分布于4户人家，其中有2户分别死亡1人，有1户死亡2人，有1户死亡3人。第1例死亡者是村医，其他为普通牧民。死者均未到医院就诊，相互之间有家族和亲戚的关系。调查组通过询问死亡者家属获取了每 1 例死亡病例的临床信息,发现 7 例死亡病例的主要临床表现基本一致:急起发热、全身酸痛、剧烈头痛、咳嗽、咳痰、痰中带血,呼吸困难。同时发现部分死者家中已经出现了类似相同症状的患者。

通过采取 8 例患者的血液和血痰进行实验室检测,均分离出鼠疫菌,据此诊断 8 例患者为肺鼠疫。7 例死亡病例通过实验室检测尸解样本,其中 6 例确诊肺鼠疫,1 例没有找到直接的实验室证据,只能诊断为可能的肺鼠疫患者。

问题 1　该事件是否为突发公共卫生事件,依据是什么?

突发公共卫生事件是指突然发生,造成或者可能造成社会公众健康严重损害的重大传染病疫情、群体性不明原因疾病、重大食物和职业中毒以及其他严重影响公众健康的事件。

突发公共卫生事件具有突发性、普遍性、严重性和复杂性的特点,根据突发公共事件导致人员伤亡和健康危害的情况,分为特别重大事件(Ⅰ级)、重大事件(Ⅱ级)、较大事件(Ⅲ级)和一般事件(Ⅳ级)四级。

问题 2　这起事件属于哪一类突发公共卫生事件? 属于哪一级事件?

群体性不明原因疾病指一定时间内(通常是指 2 周内),在某个相对集中的区域(如同一个医疗机构、自然村、社区、建筑工地、学校等集体单位)内同时或者相继出现 3 例及以上相同临床表现,经县级及以上医院组织专家会诊,不能诊断或解释病因,有重症病例或死亡病例发生的疾病。

根据案例资料,该事件属于Ⅲ级(较大群体性不明原因疾病事件),即一定时间内,在一个省的一个县(市)行政区域内发生群体性不明原因疾病。

问题 3　作为临床医生参与该事件调查核实,你最需要了解什么信息? 怎么去获取? 需要采取什么控制措施?

最需要了解是否还有其他的类似、危重的患者,每例死亡病例的临床表现与体征是否具有共同的特征。

由于所有病例未到医院就诊,因此无病历记录,只有通过询问现症患者或死者家属回顾获取临床表现等信息。

因为 7 名死者全部为不明原因死亡,当地人怀疑为传染性的疾病引起,作为调查组成员接触死者家属或现症患者,必须做好自我防护;对现症患者进行及时的隔离治疗;告知死者家属暂时不参加人群聚集的活动,防止疫情扩散;要求当地村委会如该地再出现不明原因死亡,及时报告,不能举行葬礼。

问题 4　医疗卫生机构在该事件中责任是什么?

主要负责病例(疫情)的诊断和报告,并开展临床救治。发现疑似病例应及时上报所在辖区的疾病预防控制中心,同时主动配合疾病预防控制中心开展事件的流行病学和卫生学调查、实验室检测样本的采集等工作,落实医院内的各项疾病预防控制措施;并按照可能的病因假设采取针对性的治疗措施,积极抢救危重病例,尽可能减少并发症,降低病死率。

问题 5　疑似传染性不明原因疾病的现场控制措施与救治原则是什么?

1. 现场控制措施

(1)现场处置人员进入疫区时,应采取保护性预防措施。

(2)隔离治疗患者。按照传染病隔离病房要求,对患者进行隔离治疗。重症患者立即就地治疗,症状好转后转送隔离医院。患者在转运中要注意采取有效的防护措施。治疗前注意采集有关标本。患者达到出院标准方可出院。

(3)如有暴发或者扩散的可能,符合封锁标准的,要向当地政府提出封锁建议,封锁的范围根据流行病学调查结果来确定。

(4)对患者家属和密切接触者进行医学观察,观察期限根据流行病学调查的潜伏期和最后接触日期决定。

(5)严格实施消毒,按照《中华人民共和国传染病防治法》要求处理尸体,并按照《传染病患者或疑似传染病患者尸体解剖查验规定》开展尸检并采集相关样本。对可能被污染的物品、场所、环境、动植物等进行消毒、杀虫、灭鼠等卫生学处理。疫区内重点部位要开展经常性消毒。

（6）疫区内家禽、家畜应实行圈养。如有必要，报经当地政府同意后，对可能染疫的野生动物、家禽家畜进行控制或捕杀。

（7）开展健康教育，提高居民自我保护意识，做到群防群治。

（8）现场处理结束时要对疫源地进行终末消毒，妥善处理医疗废物和临时隔离点的物品。

2. 救治原则　在群体性不明原因疾病处置中，鉴于传染病对人群和社会危害较大，因此，在感染性疾病尚未明确是否具有传染性之前，应按传染病进行救治。

救治原则包括：消毒隔离，防止传播；及时对症治疗，减少死亡；正确用药，提高疗效，精心护理，促进康复。

3. 隔离原则　对患者进行严格的隔离治疗；如果患者较少，可就地隔离，在患者家进行治疗；若患者较多，应建立临时隔离病院，将患者收入医院进行隔离治疗；患者必须单独处理，单一病房。

问题6　转运患者的注意事项有哪些？

转运患者应专车、人员严格防护，路途抢救设备齐全，患者戴口罩，患者的排泄物、痰液严格消毒处理。负责转移患者的医务人员和工作人员均做好最严密防护的准备，同时给患者准备痰盂装患者的痰液，有专职医生监测患者的身体状况；到达医院后，将患者送进隔离病房，对运送患者的车进行彻底消毒，对患者的痰液进行严格消毒处理。

（二）桌面推演

以某县 CDC 接到某卫生院报告 1 名怀疑为感染高致病性禽流感的患者为例，模拟演习接到报告后各项应急程序和处置措施：应急响应程序、现场指挥调度；疫点的消毒处理过程；现场流行病学调查；样品的采集与处理操作等内容。

1. 教师对学生进行分组，组成突发公共卫生事件应急处理小组。包括：

（1）疫情控制演练指挥组：职责：负责本次演练的组织领导，制定应急演练方案，指挥各组实施演练，组织对应急演练进行评价和总结及负责应急演练全程指挥。

（2）流行病学调查组：职责：组织开展流行病学调查，追踪调查密切接触者，拟定隔离观察方案，并确定隔离观察对象，落实相关措施。

（3）现场检验组：职责：标本采集、运输、保藏并进行检测。

（4）消杀组：职责：及时对疫点、疫区范围内包括患者的住所、工作场地、转运车辆等进行消毒处理及终末消毒。

（5）健康教育组：职责：悬挂演练横幅及张贴安民告示书，避免引起社会恐慌。利用多种形式开展卫生宣传和健康教育，向群众宣传普及防控知识，以增强群众的防病意识。

（6）后勤保障组：职责：负责演练人员、防护装备、消毒药品和器材的准备、调度及保障。

（7）信息组：职责：演练信息的收集、整理、汇总、储存。

2. 应急响应

（1）疫情的发现与报告

1）要点：接到疫情报告后，接报人员按照相关规定和要求用电话向有关部门报告，并做好记录。

2）要求：熟悉收集疫情信息应包括的主要内容；熟悉上报疫情的要求；掌握接到报告后的处理程序。

（2）指挥系统及物质保障

1）要点：包括人员、装备、个人防护用品的准备。抽调现场处置人员，作好物资、交通、技术准备。

2）要求：了解禽流感应急处理的指挥系统要求，熟悉应急处理应准备的物质和技术准备。

（3）应急处置现场

1）要点：抵达现场后，立即行动开展疫情控制工作，包括警戒隔离区域设置、消毒、现场流行病学调查、样本采集、宣传教育等。

2）要求：了解如何布置警戒线、开辟清洁区、掌握个人防护着装卸装、疫点消毒、现场流行病学调查、样本采集等基本应急技能。

3）现场处理步骤：

A. 集合由流行病学、检验、消杀、健康教育等技术人员组成的现场调查组,赶赴禽流感疫情现场。在进入现场前作好个人防护。步骤如下：

步骤1：戴帽子,注意双手不接触面部；

步骤2：穿防护服；

步骤3：戴口罩；

步骤4：戴上防护眼镜；

步骤5：穿上鞋套或胶鞋；

步骤6：戴上手套,将手套套在防护服袖口外面。

B. 进入现场后工作流程

a. 流行病学组布置警戒线,划分清洁区、污染区、疫点,用比较醒目带红旗的绳线标明。

b. 现场流行病学调查。开展流行病学调查,填写《人禽流感病例个案调查表》,追溯可能的感染来源；追踪调查密切接触者,拟定隔离观察方案,对病例的家属以及家禽进行隔离观察。将调查结果及时向专家诊断组汇报。同时进行网络直报。

c. 首次疫区消毒,对道路及各种物品进行消毒。对污染场所、物品进行消毒处理。

d. 检验人员采集样品。现场流行病学调查完毕后,检验人员采集密切接触者血液和口咽拭子标本。

口咽拭子采集：用无菌棉棒擦拭咽后壁部位,但不要触及舌部。标本采完后,迅速将棉棒放入装有病毒保存液、带垫圈的螺口塑料冻存管中,在靠近顶端处折断棉棒,旋紧塑料管的盖子,在48小时内冷藏运输到实验室。

咽漱液：用10ml不含抗生素的采样液漱口。漱口时让患者头部微后仰,发"噢"声,让洗液在咽部转动。然后将咽漱液收集于50ml无菌的螺口塑料管中。无条件的可用平皿或烧杯收集咽漱液并转入10ml螺口采样管中。

标本采集完毕后,进行唯一性样品标示标记,放入可封性无菌塑料袋内,封口,加无菌外包装,以备转运。填写标本登记表,放入可封性无菌塑料袋内,封口,加无菌外包装,以备带回实验室。

e. 卸载个人防护用品。

步骤1：现场流行病学调查和采样人员将现场流行病学调查表和采集的标本分别装入洁净的黑色塑料袋中,封口,转运。然后将戴手套的双手浸泡在0.2%过氧乙酸中消毒3分钟。

步骤2：摘下防护镜,放入消毒液中。

步骤3：解防护服。

步骤4：摘掉手套,一次性手套应将里面朝外,放入黄色塑料袋中,橡胶手套放入消毒液中。

步骤5：脱掉防护服,将里面朝外,放入污衣袋中。

步骤6：将手指反掏进帽子,将帽子轻轻摘下,里面朝外,放入黄色塑料袋中或污衣袋中。

步骤7：摘口罩,一手按住口罩,另一只手将口罩带摘下,放入黄色塑料袋中,注意双手不接触面部。

步骤8：脱下鞋套或胶鞋,将鞋套里面朝外,放入黄色塑料袋中,将胶鞋放入消毒液中。

步骤9：洗手、消毒。

f. 终末消毒：现场流行病学调查和检验人员撤出现场后,消毒人员进行终末消毒。消毒人员对禽舍、厕所和病家的地面、墙壁、门窗、动物的排泄物、餐具、家用物品、家具等进行有效消毒,指导病员家庭进行消毒。消毒完毕后,消毒人员撤离现场。

g. 健康教育：开展卫生宣传与健康教育,向群众宣传普及防控知识,以增强群众防范意识。

h. 现场清理,撤队。

（4）评估总结

（洪　峰）

推荐阅读

［1］ HUBER M，KNOTTNERUS JA，GREEN L，et al. How should we define health？ BMJ，2011，343：d4163.

［2］ WHO. World Report on Ageing and Health. Geneva：World Health Organization［R/OL］. 2015.［2018-02-27］http：//www. who. int/ageing/events/world-report-2015-launch/en/

［3］ 世界银行集团，世界卫生组织，财政部，等. 深化中国医药卫生体制改革：建设基于价值的优质服务提供体系. 马尼拉：世界卫生组织西太平洋区域［R/OL］. 2016.［2018-02-27］http：//www. wpro. who. int/china/publications/2016-healthy-china-service-delivery/zh/

［4］ 詹思延. 流行病学. 8 版. 北京：人民卫生出版社，2017.

［5］ 黄民主，刘爱忠. 临床流行病学. 2 版. 北京：高等教育出版社，2013.

［6］ JEKEL JF，KATZ DA，ELMORE JG，et al. Epidemiology，Biostatistics and Preventive Medicine. 3rd Edition. Elsevier，2007

［7］ 傅华. 临床预防医学. 2 版. 上海：复旦大学出版社，2014.

［8］ Rockville：Agency for Healthcare Research and Quality（US）.//THE U. S. PREVENTIVE SERVICES TASK FORCE. The Guide to Clinical Preventive Service. 2014［R/OL］.（2014-07）［2018-06-26］. https：//www. ahrq. gov/professionals/clinicians-providers/guidelines-recommendations/guide/index. html

［9］ WOLFF TA，KRIST AH，LEFEVRE M，et al. Update on the methods of the U. S. Preventive Services Task Force：linking intermediate outcomes and health outcomes in prevention. Am J Prev Med. 2018，54（1S1）：S4-S10.

［10］ KRIST AH，WOLFF TA，JONAS DE，et al. Update on the Methods of the U. S. Preventive Services Task Force：methods for understanding certainty and net benefit when making recommendations. Am J Prev Med. 2018，54（1S1）：S11-S18.

［11］ 傅华. 健康教育学. 3 版. 北京：人民卫生出版社，2017.

［12］ WHO. Global Conference on Health Promotion：Shanghai Declaration on Promoting Health in the 2030 Agenda for Sustainable Development［R/OL］.（2016-11-21）［2016-06-14］. http：//www. who. int/healthpromotion/conferences/9gchp/shanghai-declaration/en/

［13］ 杨功焕. 执业医师与控烟. 北京：人民卫生出版社，2013.

［14］ 中华人民共和国卫生部. 中国吸烟危害健康报告［R/OL］.（2012-05-31）［2018-02-14］. http：//www. gov. cn/jrzg/2012-05/31/content_2149305. htm

［15］ 姜垣，杨焱，王立立. 简短戒烟干预手册. 北京：军事医学科学出版社，2013.

［16］ 中国营养学会. 中国居民膳食指南 2016. 北京：人民卫生出版社，2016.

［17］ 孙长颢. 营养与食品卫生学. 8 版. 北京：人民卫生出版社，2017.

［18］ 中华人民共和国卫生部疾病预防控制局. 中国成人身体活动指南（试行）. 北京：人民卫生出版社，2011.

［19］ 美国运动医学学会. ACSM 运动测试与运动处方指南. 9 版. 王艳，王正珍，译. 北京：北京体育大学出版社，2015.

［20］ 王培玉. 健康管理学. 北京：北京大学医学部出版社，2012.

［21］ 中国成人血脂异常防治指南修订联合委员会. 中国成人血脂异常防治指南（2016 年修订版），北京：中国循环杂志，2016，31（10）：937-953。

［22］ KUH D，COOPER R，HARDY R，et al. Life Course Approach to Healthy Ageing. Oxford：Oxford University Press，2014.

［23］ 杨克敌. 环境卫生学. 8 版. 北京：人民卫生出版社，2017.

［24］ SNASHALL D，PATEL D，SNASHALL D，et al. ABC of Occupational and Environmental Medicine. Wiley-Blackwell，2012，59（114）：1-15.

［25］ 邬堂春. 职业卫生与职业医学. 8 版. 北京：人民卫生出版社，2017.

［26］ ILO：Safety and Health at Work：A Vision for Sustainable Prevention［R/OL］.（2014-08-25）［2018-02-14］. http：//www. ilo. org/safework/info/publications/WCMS_301214/lang--en/index. htm

［27］ 任筑山，陈君石. 中国的食品安全：过去、现在与未来. 北京：中国科学技术出版社，2016.

［28］ 邓秀武，高亚娟，司海丰，等. 食源性疾病现状及监控技术的研究. 食品安全质量检测学报，2016，7（6）：2235-2239.

［29］ LAM HM，REMAIS J，FUNG MC，et al. Food supply and food safety issues in China. Lancet. 2013，381（9882）：

2044-2053.

［30］STEVENS CD. Five Tactics to Quickly Build Quality Improvement and Patient Safety Capacity at Academic Health Centers. Academic Medicine Journal of the Association of American Medical Colleges,2016,92(1):13-15.

［31］WHO. World Alliance for Patient Safety:WHO draft guidelines for adverse event reporting and learning systems:from information to action. Geneva:World Health Organization,2005.

［32］李宁秀. 社会医学. 成都:四川大学出版社,2017.

［33］杨肖光,陈文. 全球卫生治理视角下的中国经验与策略. 上海:复旦大学出版社,2017.

［34］UN. 可持续发展目标[R/OL]. [2018-02-28]https://www.un.org/sustainabledevelopment/zh/

［35］中共中央,国务院:"健康中国 2030"规划纲要[R/OL]. 2016. [2018-06-28] http://www.gov.cn/gongbao/content/2016/content_5133024.htm.

中英文名词对照索引